教育部高等学校电工电子基础课程教学指导分委员会推荐教材

模拟电子技术基础

第2版

○ 华北电力大学电子技术课程组　编
○ 主　编　刘向军
○ 副主编　孙淑艳　刘春颖

中国教育出版传媒集团
高等教育出版社·北京

内容简介

本书为教育部高等学校电工电子基础课程教学指导分委员会推荐教材，主要内容包括：半导体二极管及应用电路、晶体管及基本放大电路、场效晶体管及场效晶体管放大电路、功率放大电路、多级放大电路和集成运算放大器、负反馈放大电路、集成运算放大器的应用电路、信号产生电路、直流稳压电源和电流模电路基础。本书采用边讲器件边讲电路、先分立后集成、先原理后应用的方式进行内容的组织安排，建立了由浅入深、由简单到复杂的系统知识体系，将利用 Multisim 进行电子电路的仿真分析贯穿全书，每章对知识点进行归纳总结，并设计了大量的习题和思考题。本书为体现模拟电路的新技术增加了电流模电路部分，为加强与后续课程的衔接在直流稳压电源部分增加了与电力电子有关的一些初步知识，为使学习者更好地掌握和理解教材内容，提升学习效果，提供了教学视频、习题详解等丰富的数字课程资源。

本书可作为高等学校电类相关专业的“模拟电子技术基础课程”的教材，同时也可作为各类电子竞赛学生自学的参考书以及相关工程技术人员的参考书。

图书在版编目（CIP）数据

模拟电子技术基础 / 华北电力大学电子技术课程组编；刘向军主编；孙淑艳，刘春颖副主编. -- 2 版. 北京：高等教育出版社，2025. 7. -- ISBN 978-7-04-064478-4

Ⅰ. TN710. 4

中国国家版本馆 CIP 数据核字第 2025GP6493 号

Moni Dianzi Jishu Jichu

策划编辑 王耀锋　　责任编辑 王耀锋　　封面设计 杨立新　　版式设计 童 丹
责任绘图 李沛蓉　　责任校对 刘丽娴　　责任印制 赵 佳

出版发行	高等教育出版社	网　　址	http://www.hep.edu.cn
社　　址	北京市西城区德外大街 4 号		http://www.hep.com.cn
邮政编码	100120	网上订购	http://www.hepmall.com.cn
印　　刷	涿州市星河印刷有限公司		http://www.hepmall.com
开　　本	787mm×1092mm　1/16		http://www.hepmall.cn
印　　张	26.25	版　　次	2016 年 7 月第 1 版
字　　数	620 千字		2025 年 7 月第 2 版
购书热线	010－58581118	印　　次	2025 年 7 月第 1 次印刷
咨询电话	400－810－0598	定　　价	58.00 元

物 料 号　64478-00

新形态教材网使用说明

模拟电子技术基础
（第2版）

主编
刘向军

计算机访问：

1 计算机访问https://abooks.hep.com.cn/64478。

2 注册并登录，进入“个人中心”，点击“绑定防伪码”，输入图书封底防伪码（20位密码，刮开涂层可见），完成课程绑定。

3 在“个人中心”→“我的图书”中选择本书，开始学习。

手机访问：

1 手机微信扫描下方二维码。

2 注册并登录后，点击“扫码”按钮，使用“扫码绑图书”功能或者输入图书封底防伪码（20位密码，刮开涂层可见），完成课程绑定。

3 在“个人中心”→“我的图书”中选择本书，开始学习。

受硬件限制，部分内容无法在手机端显示，请按提示通过计算机访问学习。

如有使用问题，请直接在页面点击答疑图标进行问题咨询。

第2版前言

本书是在第1版的基础上，参考电类相关专业培养方案和教育部高等学校工科基础课程教学指导委员会编写的“模拟电子技术基础课程教学基本要求”，总结提高、修改删减而成的。本书呈现了理论性强、实践性强、工程性强的特点，在观念上体现了教材不仅是知识的载体，更是认知过程和思维方法的载体；在内容上体现了课程与思政、经典与现代、理论与实践、工程与仿真的有机结合；在体系上体现了课程群之间相互关系以及课程内知识点之间的内在联系。本次修订主要做了以下几方面的工作：(1) 在满足教学大纲要求的前提下，强调“夯实基础，注重应用”的宗旨，精选课程内容，删减物理过程推导，例如精简了放大电路的频率分析、集成运算放大器的内部电路等内容；(2) 为使学习者更好地掌握和理解教材内容，提升学习效果，制作并提供了大量的教学微视频；(3) 重新整理并增删了各章所附的思考题和习题，并且为每章的习题编写了详细的习题解答，以便读者深入理解教材内容；(4) 为开阔学生视野，扩展思路，通过电子文档的方式提供了大量延展内容；(5) 为了方便工程案例的更新，将每章的 Multisim 仿真部分列入电子文档。

本书基本上由原编者修订，文亚凤负责编写第3章、第4章、第9章，刘向军负责编写第2章、第10章，孙淑艳负责编写第1章、第5章、第9章，王赟负责编写第7章、第8章，刘春颖负责编写第6章。由刘向军任主编，负责全书的统稿和定稿，孙淑艳和刘春颖任副主编。在本教材的编写、修订和出版过程中，充分借鉴了我校张瑞华教授主编的《电子技术基础简明教程》(1993年获北京市高等教育科学研究优秀专著成果奖)，受益匪浅。张瑞华教授还为本教材各章撰写了约15万字的书稿，在此向他表示衷心的感谢。本书的再版还得到了华北电力大学电工电子中心各位老师的帮助，在此也向他们表示感谢。本书由北京邮电大学王莹教授主审，王教授在百忙之中对书稿进行了认真细致地审阅，提出了不少宝贵意见，再次向她表示真挚感谢。

使用本书第1版的教师和学生也给出了很多宝贵意见和建议，编者在此深表感谢。

本书内容虽有所改进，但是还存在很多不足，恳请使用本教材的师生和其他读者予以批评指正，以便不断提高。编者邮箱为 Lxjun@ncepu.edu.cn。

编　者

2024年11月于华北电力大学

第 1 版前言

为贯彻落实教育部《关于进一步加强高等学校本科教学工作的若干意见》文件的精神，根据当前教育教学改革的发展趋势，本着满足大学生的知识结构、综合能力、创新能力等方面的需求，华北电力大学电子技术课程组编写了一套电子技术基础课程系列教材。该系列教材是编者对高等学校电工电子系列课程的内容和体系进行了深入研究，针对华北电力大学电类和非电类专业的特点，并在总结多年理论教学和实践经验的基础上编写而成的。本套系列教材充分体现工程技术教育的特点，力求达到教学与实验相结合、理论与应用相统一，培养学生运用电子技术解决实际问题的工程能力和实践能力，其主要内容覆盖模拟电子技术、数字电子技术、电子电路的测试技术以及计算机辅助分析和设计方法等。本套教材包括《电子技术基础》《模拟电子技术基础》《数字电子技术基础》《电子技术实验指导书》《模拟电子技术实验指导书》《数字电子技术实验指导书》《电子技术综合实验指导书》。

《模拟电子技术基础》是系列教材中的一部。

一、教材编写背景

随着电子技术的迅猛发展，其已日益渗透到其他学科，深入到国民经济的各个领域，可谓是“无所不用，无处不在”。模拟电子技术基础是电类专业本科生的一门必修技术基础课，它是一门理论性和实践性很强的课程，在电类专业的课程体系中有着不可替代的地位。

一方面，随着半导体技术的发展，模拟电子技术课程所涵盖的内容越来越多，但受限于新的教学大纲和学生知识结构的变化，本课程的授课学时数却越来越少；另一方面，不同专业要求不同，不同行业侧重点也不同，为适应这种形式的需要和体现电力行业特色的需要，编写了该教材。

二、教材内容

本书涵盖了模拟电子技术基础课程大纲要求的全部内容，主要包括：半导体二极管及应用电路、晶体管及基本放大电路、场效晶体管及场效晶体管放大电路、功率放大电路、多级放大电路和集成运算放大器、负反馈放大电路、集成运算放大器的应用电路、信号产生电路、直流稳压电源和电流模电路基础。

三、教材特点

编者分析研究了最近几年出版或再版的若干国内外同类优秀教材的特长，结合多年教学实践体会，力求体现以下思路和特色。

1. 写作思路上，以“夯实基础，拓展应用”为宗旨。虽然电子技术日新月异，但基本概念、基本原理不会变化。所以注重强调概念的物理本质和含义，把基本概念、基本原理和基本分析方法贯穿全书的各章节。单元分立元件电路重基础，集成电路重应用，首先要打好基础，才能有效地提高学生“读电路”的能力，做到灵活应用集成电路，发挥好集成电路的作用。

2. 教材理念上，力求体现归类对比、问题启发式、系统论等教学理念。做到增加可读性，减少学生阅读和学习的困难，文字叙述上做到易教、易读、易学。充分体现以学生为本的教育思路。

3. 内容组织上,删繁就简,以利于教和学。以“边器件边电路”的方法组织内容,体现管为路用的思路。放大电路的分析按照先基础电路后实用变形电路来编排。在章节次序的安排上尽量符合由浅入深、由个别到一般的认识规律。

4. 分析计算上,抓住主要矛盾忽略次要因素。既不失计算的正确性和可靠性,又能使分析和设计计算简单化,减少烦琐的数学公式推导,减轻学生的学习负担。

5. 知识更新上,面对新世纪人才培养的要求,基础课程的教学应该与科技发展同步。教材除了对通用模拟集成电路集成运算放大器重点分析外,对电流模技术也做适当的介绍,以增加学习兴趣,开阔视野和拓展思路,适应现代科技对人才的要求。

6. 课程体系上,保证模拟电子技术课程的系统性。每章内容建立了理论、实例、思考题、归纳总结、习题、仿真的体系;章与章之间建立了简单到复杂、分立到集成、原理到应用、基本到拓展的知识体系结构;建立了课程与专业的衔接,让学生感受到它不是孤立的一门课,而是课程系统群中的一个环节。例如,为体现电力行业特色,确立了模拟电子技术在电力强电专业的课程群中的地位,实现与后续课程的衔接。

四、适用范围

本书可作为高等学校电类专业本科生模拟电子技术课程的教材,还可供有关工程技术人员参考。

参加本书编写工作的有文亚凤(第三章、第四章、第九章)、刘向军(第二章、第十章)、孙淑艳(第一章、第五章、第九章)、王赟(第七章、第八章)、刘春颖(第六章)。由刘向军任主编,负责全书的统稿工作,孙淑艳和刘春颖任副主编。本书的编写还得到了华北电力大学电工电子中心各位老师的帮助,在此,向他们表示感谢。本书由山东理工大学李震梅教授主审,李教授在百忙中对书稿进行了认真负责地审阅,提出了不少宝贵意见,我们谨向她表示衷心的感谢。

本书尚有许多待改进之处,敬请读者在使用本书时,将发现的问题及时指出,并将意见和建议及时反馈给我们,以便今后不断改进。编者邮箱为 Lxjun@ncepu.edu.cn。

编　者

2015年8月于华北电力大学

常用符号说明

一、几点原则

1. 电流和电压（以基极电流为例,其他电流、电压可类比）

$I_B(I_{BQ})$	大写字母、大写下标，表示直流量（或静态电流）
i_B	小写字母、大写下标，表示交、直流量的瞬时总量
I_b	大写字母、小写下标，表示交流有效值
i_b	小写字母、小写下标，表示交流瞬时值
$\dot{I}_b$	大写字母并上加小黑点、小写下标,表示交流复数值
Δi_B	表示瞬时总值的变化量

2. 电阻

R	电路中的电阻或等效电阻
r	器件内部的等效电阻

二、基本符号

1. 电流和电压

I、i	电流的通用符号
U、u	电压的通用符号
i_I、u_I	输入电流、输入电压
i_O、u_O	输出电流、输出电压
i_S、u_S	信号源电流、信号源电压
i_F、u_F	反馈电流、反馈电压
I_Q、U_Q	电流、电压静态值
I_{REF}、U_{REF}	参考电流、参考电压
u_{Ic}、Δu_{Ic}	共模输入电压、共模输入电压增量
u_{Id}、Δu_{Id}	差模输入电压、差模输入电压增量
i_P、u_P	集成运算放大器同相输入端的电流、电位
i_N、u_N	集成运算放大器反相输入端的电流、电位
U_T	电压比较器的阈值电压
U_{OH}、U_{OL}	电压比较器的输出高电平、输出低电平
V_{BB}、V_{CC}、V_{EE}	基极、集电极、发射极回路电源
V_{DD}、V_{SS}	漏极、源极回路电源

2. 电阻

R	电阻通用符号
R_b、R_c、R_e	晶体管外接的基极电阻、集电极电阻、发射极电阻
R_g、R_d、R_s	场效晶体管外接的栅极电阻、漏极电阻、源极电阻
R_i、R_{if}	放大电路的输入电阻、负反馈放大电路的输入电阻
R_o、R_{of}	放大电路的输出电阻、负反馈放大电路的输出电阻
R_L	负载电阻

R_S 信号源内阻

3. 放大倍数(增益)

A 放大倍数(增益)的通用符号

A_{uc} 共模电压放大倍数

A_{ud} 差模电压放大倍数

$\dot{A}_u$ 电压放大倍数的通用符号,$\dot{A}_u = \dot{U}_o / \dot{U}_i$

$\dot{A}_{us}$ 源电压放大倍数的通用符号,$\dot{A}_{us} = \dot{U}_o / \dot{U}_s$

$\dot{A}_{uu}$ 电压放大倍数的符号,第一个下标为输出量,第二个下标为输入量,$\dot{A}_{ui}$、$\dot{A}_{ii}$、$\dot{A}_{iu}$…以此类推,分别称为互阻放大倍数、电流放大倍数、互导放大倍数。

$\dot{A}_{up}$ 有源滤波电路的通带放大倍数

$\dot{F}$ 反馈系数的通用符号

$\dot{F}_{uu}$ 反馈系数,$\dot{F}_{uu} = \dot{U}_f / \dot{U}_o$,第一个下标为反馈量,第二个下标为输出量,$\dot{F}_{ui}$、$\dot{F}_{ii}$、$\dot{F}_{iu}$…以此类推。

4. 功率

P 功率的通用符号

p 瞬时功率

P_o 输出交流功率

P_{om} 最大输出交流功率

P_T 晶体管的耗散功率

P_V 电源消耗的功率

5. 频率

f 频率的通用符号

ω 角频率的通用符号

BW 通频带

f_H、f_L 放大电路的上限截止频率、下限截止频率

f_P 滤波电路的通带截止频率

三、器件的参数符号

1. 半导体二极管

D 二极管的通用符号

D_Z 硅稳压二极管的通用符号

U_{on} 二极管的开启电压

U_D 二极管的导通电压(正向压降)

$U_{(BR)}$ 二极管的反向击穿电压

I_D 二极管的电流

I_F 二极管的最大整流平均电流

I_R、I_S 二极管的反向电流、反向饱和电流

r_d 二极管导通时的动态电阻

r_z 稳压二极管工作在稳压状态下的动态电阻

2. 晶体管

T 晶体管的通用符号

b、c、e 基极、集电极、发射极

I_{CBO} 集电极-基极反向饱和电流
I_{CEO} 集电极-发射极反向饱和电流(穿透电流)
$U_{(BR)CEO}$ 集电极-发射极反向击穿电压
I_{CM} 集电极最大允许电流
P_{CM} 集电极最大允许耗散功率
I_{BS} 基极临界饱和电流
I_{CS} 集电极饱和电流
U_{CES} 晶体管的饱和压降
α 晶体管的共基极交流电流放大系数
β 晶体管的共发射极交流电流放大系数

3. 场效晶体管

T 场效晶体管的通用符号
T_N N 沟道 MOS 场效晶体管
T_P P 沟道 MOS 场效晶体管
d、g、s 漏极、栅极、源极
g_m 低频跨导
$U_{GS(off)}$ 或 U_P 耗尽型场效晶体管的夹断电压
$U_{GS(th)}$ 或 U_T 增强型场效晶体管的开启电压
I_{DO} 增强型 MOS 管在 $U_{GS}=2U_{GS(th)}$ 时的漏极电流
r_{ds} 漏极-源极间的动态电阻

4. 集成运算放大器

A 集成运算放大器的通用符号
A_{od} 开环差模电压放大倍数
r_{id} 差模输入电阻
r_o 输出电阻
K_{CMR} 共模抑制比
I_{IB} 输入偏置电流
I_{IO} 输入失调电流
U_{IO} 输入失调电压
SR 转换速率

四、其他符号

X 电抗的通用符号
G 电导的通用符号
C 电容的通用符号
L 电感的通用符号
K 热力学温度的单位
Q 静态工作点
T 温度,周期
η 功率放大电路的效率
τ 时间常数
φ 相位角

目　　录

第 0 章 绪论

通过本章的学习，学生可以了解电子技术的发展及其应用，掌握模拟信号与数字信号的区别，了解模拟电子技术基础的课程内容及电子电路的仿真软件，了解其工程性与实践性强的特点，从而正确掌握模拟电子技术基础课程的学习方法。

电子技术是19世纪末20世纪初开始发展起来的新兴技术，20世纪发展最迅速、应用最广泛，已成为近代科学技术发展的一个重要标志。

0.1 电子技术的发展史

教学视频 0.1
绪论

电子技术的发展很大程度反映在电子器件的发展上，基本分为四个阶段。

第一阶段：电子管的发明

1904年，英国的弗莱明发明了真空二极管。1906年，美国的德福雷斯特发明了真空三极管，这是电子学发展史上的第一个里程碑。但是电子管笨重、能耗大、寿命短、噪声大、制作工艺复杂。

第二阶段：晶体管的诞生

1947年11月底，贝尔实验室的三位科学家发明了晶体管，并在12月16日正式宣布"晶体管"的诞生。由于这一贡献，这三位科学家一起获得了1956年的诺贝尔物理学奖。

与电子管相比，晶体管具有诸多优越性：晶体管的寿命比电子管长100到1 000倍；晶体管消耗电子少，仅为电子管的十分之一或几十分之一；晶体管结实可靠，比电子管可靠100倍，耐冲击、耐震动。因此，晶体管在很多领域替代了电子管。

晶体管的性能明显优于电子管，从而大大促进了电子技术的应用与发展，晶体管的发明是电子学发展史上的第二个里程碑。

第三阶段:集成电路问世

20世纪50年代末期世界上出现了第一块集成电路。

1958年9月12日美国德州仪器公司的实验室里,基尔比成功地实现了将电子电路集成在一块半导体材料上的构想,并于2000年获诺贝尔物理学奖,为现代信息技术奠定了基础。

集成电路是通过一系列特定的加工工艺,将晶体管、二极管等有源器件和电阻、电容等无源器件,按照一定规则互联,集成在一块半导体晶片上,从而执行特定电路或系统的功能。于得克萨斯发明的第一片集成电路只有4个晶体管,而1997年一片集成电路中有4亿个晶体管。

第四阶段:大规模集成电路和超大规模集成电路的出现

集成电路由起初的小规模集成电路(SSI)发展到中规模集成电路(MSI)、大规模集成电路(LSI)、超大规模集成电路(VLSI),集成度逐渐提高、器件尺寸逐渐减小。大规模集成电路和超大规模集成电路的出现使电子装置发生了根本变化。电子设备的功能、速率、体积、功耗、可靠性等方面都取得了惊人的成就。电子技术发展至今,已经进入了微电子学的时代。

0.2 电子技术的应用

随着电子技术的发展,国民经济的各个领域都离不开电子技术的应用。

一、农业领域的应用

电子技术在农业中得到了广泛的应用:节水灌溉作业的自动控制、农业温室的自动控制、果实收获作业的自动控制、农产品加工的自动控制和农业生产工厂化等方面。比如,在温度控制机电一体化中,通过温度传感器芯片、继电器、电机控制侧面的卷帘和热屏遮阴系统,能充分利用太阳光热资源,白天使作物进行旺盛的光合作用,日落后又促使光合产物的转移,并尽量减少消耗呼吸,这样可大大提高果蔬的产量。

二、汽车领域的应用

电子技术作为支撑现代汽车工程的技术基础之一,在解决提高汽车性能、环保、能源、安全等问题中占有不可替代的地位。成熟的汽车电子控制系统主要有发动机电子控制、底盘电子控制、车身电子控制、信息传递等领域。

电子技术的应用使汽车的各种性能更加完美,控制更加精确,乘坐更加舒适。比如,以前的汽车用化油器,现在是用电喷,这就是电子技术的应用,电喷车使燃油控制更加精确,喷油正时、点火正时以及点火提前角的调整使汽车的燃油经济性和动力性都得到了提高。

三、医学中的应用

电子技术在医学中的应用主要有电子病历、生物芯片、便携式医疗电子检测仪、远程诊疗系统等。电子病历是电子技术和网络技术的结合,可以为医疗机构提供实时的医疗信息,是系统化的居民健康档案,也可以为医疗责任提供证据;利用传感器的生物芯片,可以对人体进行DNA的检测,快速处理相关信息,以及用于亲子鉴定等;电子技术应用于便携式医疗电子检测仪,可以通过微控制器,连接医疗机构网络,实现医生对患者的后期诊疗观察,有利于医疗效果的发挥;同时,利用医学与网络技术、微电子技术等,可以达到医学的远程诊疗,实现医学资源的共享,有利于偏远地区的医学诊疗。

四、军事领域的应用

国防事业的发展很大程度上依赖于国防电子企业的发展,而国防电子企业的发展又依赖于电子技术的进步。比如海湾战争中大规模电子战术的运用,涉及电子侦察、电子干扰、电子通信等,美军运用自己先进的电子技术对伊拉克的雷达阵地进行破坏和电子干扰,使伊拉克的导弹和机场成了活靶子,这反映了电子技术在现代战争中的重要地位。

五、电力系统中的应用

电子技术包括信息电子技术和电力电子技术两大分支。信息电子技术主要用于对信息的处理,如我们熟悉的扩音器就是一种对语音信号进行放大的电路,人的声音通过话筒转变为微弱的电信号,然后送到扩音器中去放大,最后使扬声器发出洪亮的声音。而电力电子技术则主要用于对电能的变换和控制,如蓄电池、太阳能电池等都是直流电源,当需要这些电源向交流负载(如交流电机)供电时,就需要利用电能变换(逆变)电路把直流电转变成交流电。

电力电子技术是电力与电子技术的融合,是强电与弱电的融合,以电力电子器件为工具,通过弱电对强电的控制,实现电能变换与控制的技术。电力电子技术的应用已涉及电力系统的各个方面,包括发电环节、输配电系统、储能系统等。

总而言之,现在的世界,电子技术已无处不在。

0.3 模拟信号与模拟电子电路

一、电子信息系统

所谓电子系统,是指由一些基本电路组成的能完成某一特定功能的复杂电子电路。电子系统的示意图如图 0.3.1 所示。

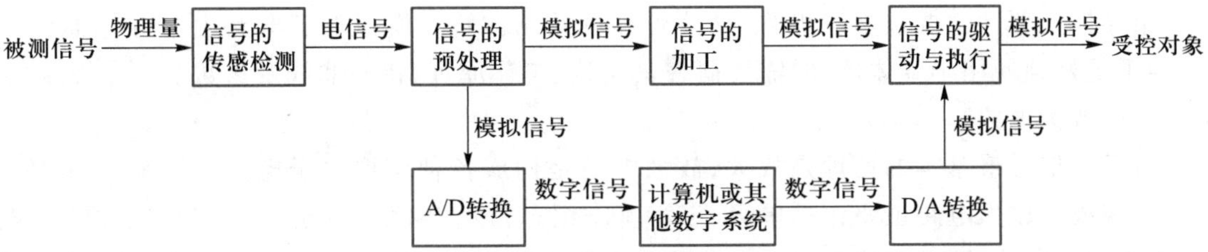

图 0.3.1　电子系统的示意图

通常电子系统的输入信号来自各种传感器,它们将不同的物理量(如声音、温度、压力、流量等)转换成相应的电信号。由于传感器所提供的电信号不仅幅值很小,而且还可能混入干扰和噪声,因此,系统还应对传感器提供的电信号进行预处理,以将有用信号分离出来,然后将所得的有用信号进行放大处理,使有用信号在幅度等方面比较适合做进一步的分析或处理,对放大了的有用信号再进行变换、运算、传输等加工。有的系统,直接将模拟信号进行加工处理,但大部分现代电子系统都是先将预处理后所得的模拟信号用 A/D 转换器转换为数字信号,经计算机或其他数字系统处理后,再将数字信号用 D/A 转换器转换为模拟信号,最后去驱动负载,为了驱动执行机构(即受控对象),系统常常要对信号进行功率放大。

二、模拟信号与数字信号

时间上、数值上都连续的信号称为模拟信号,比如正弦波。从宏观上看,我们周围世界中的大多数物理量都是时间连续、数值连续的变量,如气温、气压、风速、压力等。由于非电的物理量很容易转换成电信号,而且电信号又容易传送和控制,因此电信号成为应用最为广泛的信号。非电的物理量通过相应的传感器可转换为模拟电信号输入到电子系统中。模拟电信号的形式有电压和电流两种,即模拟电信号是指随时间而变化的电压 u 或电流 i ,记作 $u=f(t)$ 或 $i=f(t)$,如图 0.3.2(a)所示。在电子电路中模拟信号指的就是模拟电信号。

时间和幅值都离散的信号称为数字信号,如脉冲波形,如图 0.3.2(b)所示。

处理模拟信号的电子电路称为模拟电子电路。处理数字信号的电子电路称为数字电子电路。

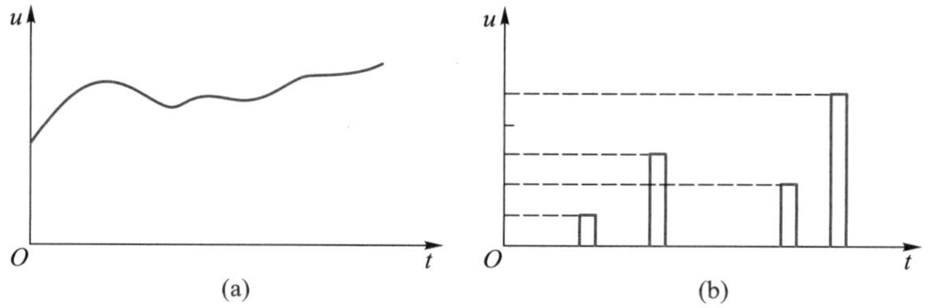

图 0.3.2　模拟信号与数字信号

(a) 模拟信号　(b) 数字信号

三、模拟电子电路

模拟电子电路以半导体元器件为基础,放大电路为核心,实现对模拟信号的放大、滤波、产生等,其主要内容包括以下几个方面。

(1) 半导体元器件

半导体元器件主要包括二极管、晶体管和场效晶体管。模拟电子电路由半导体器件构成,为了更好地使用半导体器件,需要研究其结构、工作原理、特性曲线及参数。

(2) 放大电路

对模拟信号最基本的处理是放大,放大电路是构成各种模拟电子电路的基础。其中分立元件构成的放大电路主要包括单级(三种基本组态)放大电路、差分放大电路、功率放大电路、多级放大电路,要研究各个放大电路的特点及性能指标。对集成运算放大器的研究内容包括其特点、组成、工作原理及参数。

(3) 负反馈放大电路

在放大电路中引入负反馈构成负反馈放大电路,以改善放大电路的一些性能指标。

(4) 集成运算放大器的应用

集成运算放大器的应用分两大类:一类是线性应用,主要的应用电路有信号的运算和有源滤波;另一类是非线性应用,主要是比较器、非正弦信号发生器。

(5) 信号产生电路

信号产生电路包括正弦信号产生电路和非正弦信号产生电路。其中正弦信号产生电路

有 *RC* 正弦振荡、*LC* 正弦振荡和石英晶体正弦振荡电路;非正弦信号产生电路包括方波、矩形波、三角波、锯齿波产生电路。

(6) 直流电源

直流电源为电子系统中各部分电路提供所需的电源,是任何电子系统中必不可少的组成部分。

0.4 电子电路的仿真软件介绍

随着计算机技术的飞速发展,建立在计算机辅助设计(computer aided design,简称 CAD)基础上的 EDA 技术,是电子设计自动化(electronic design automation)的简称,是现代电子工程领域的一门新技术,它提供了基于计算机和信息技术的电路系统设计方法。

传统的电子电路与系统设计方法周期长、耗材多、效率低,难以满足电子技术飞速发展的要求,引入 EDA 技术改变了以定量估算和电路实验为基础的电路设计方法,极大地提高了电子电路与系统的设计质量和效率。熟练掌握和运用 EDA 技术是电子电路分析与设计的基本技能之一。

EDA 技术是 20 世纪 70 年代开始发展起来的,1972 年美国加利福尼亚大学伯克利分校首先研发成功 SPICE 软件,并在 1975 年推出了实用化版本。此后,各种以 SPICE 为核心的商用仿真软件不断涌现,其中以 PSpice 和 Electronics Workbench EDA(简称 EWB)最为常用。

PSpice 是非常优秀的 EDA 软件,1984 年,美国 MicroSim 公司推出了基于 SPICE 的微机版 PSPICE(Personal-SPICE),其版本不断更新,它是功能强大的模拟和数字电路混合仿真 EDA 软件,在国内也得到了普遍使用。利用 PSPICE 可以进行各种各样的电路仿真、激励建立、温度与噪声分析、模拟控制、波形输出、数据输出,并在同一窗口内同时显示模拟与数字的仿真结果。无论对哪种器件、哪些电路进行仿真,都可以得到精确的仿真结果,并可以自行建立元器件及元器件库。

EWB 是基于 PC 平台的电子设计软件,它创造了全新的设计环境,把电路原理图的输入、仿真和分析紧密地结合了起来,并支持模拟和数字混合电路的分析和设计。软件以图形界面为主,采用菜单、工具栏和热键相结合的方式,具有一般 Windows 应用软件的界面风格,用户可以根据自己的习惯和熟悉程度自如地使用。

美国 NI 公司(美国国家仪器公司)的 Multisim 软件就是这方面很好的一个工具,Multisim 14 是 NI 公司推出的版本比较新的一款软件,因为具有直观的图形界面、丰富的元器件库、丰富的测试仪器仪表、完备的分析手段、强大的仿真能力以及完美的兼容能力而被广泛使用,它主要用于对各种电路进行全面的仿真分析和设计,当需要改变电路参数和电路结构时,可以通过仿真清楚地观察到各种变化对电路性能的影响,具有丰富的仿真分析能力,可以方便地把刚学到的理论知识用 Multisim 真实地再现出来,很好地解决了理论教学与实际动手实验相脱节的这一难题。

在电子电路分析与设计过程中,计算机仿真是一种非常有效的辅助手段。本书将借助于 Multisim14 仿真程序介绍电子电路的分析与设计。

0.5 课程特点及学习方法

一、课程的性质

模拟电子技术基础属于专业基础课，先修数学、物理和电路，后修电力电子、控制理论等专业课，是基础理论课与专业课程之间的桥梁，有着承前启后的作用，目的是使学生初步掌握模拟电子电路的基本理论、基本知识和基本技能。

二、课程的特点

1. 工程性比较强

实际工程需要证明其可行性，强调定性分析，在工程上，满足基本性能指标的前提下允许存在一定的误差范围，定量分析为“估算”，但是近似分析要合理，需要选择合适的模型，抓住主要因素，忽略次要因素。

2. 实践性比较强

实用的模拟电子电路都要通过调试才能达到预期的指标，电子仪器的使用方法、模拟电路的测试方法、故障的判断和排除方法、元器件参数对电路性能的影响、对所要测试电路原理的理解、电路的仿真方法等都是要认真学习的知识。

三、课程的学习方法

1. 牢固掌握基本概念、基本电路和基本分析方法

概念是不变的，应用是灵活的，万变不离其宗，应熟练掌握每一个基本的概念，明确其物理意义；基本电路构成的原则不变，具体电路多种多样，应熟练掌握每一种基本电路，掌握了基本电路就能读懂电子电路图，进一步明确其功能和特点；不同类型的电路有不同的性能指标和描述方法，因而不同电路有不同的分析方法，应熟练掌握基本的分析方法，包括电路的识别方法、性能指标的估算和描述方法、电路形式以及电路参数的选择方法。

2. 重视定性分析和定量估算

模拟电子电路中包含的电子器件是非线性的，同时，在模拟电子电路的分析和设计中会遇到很多实际问题，所以精确地分析和计算非常困难。因此需要学会从工程的角度思考和处理问题，根据实际情况，对器件的数学模型和电路的工作条件进行合理地近似，以便既用简便的分析方法又能获得具有实际意义的结果。强调工程的观念，抓住主要矛盾忽略次要矛盾。注意理论联系实践，抓重点、重实验，主动学习，培养自学能力、善于归纳总结。

3. 注重理论联系实践

理论与实践紧密结合，才能更好地培养发现问题、分析问题和解决问题的能力。所以初学者必须十分重视与该课程相配套的实验环节。

4. 学会辩证全面地分析电子电路

不同电路的特点不同，最适合需要的电路才是最好的电路。

5. 注意电路中常用定理在电子电路中的应用

第1章 半导体二极管及应用电路

半导体器件是现代电子技术的重要组成部分,由于它具有体积小、重量轻、使用寿命长、功耗低等优点而得到广泛应用。那么,半导体器件是由什么材料制成的？半导体对电信号的导通性是否介于导体与绝缘体之间？什么是 PN 结？它为什么具有单向导电性？半导体器件的参数为什么会受温度的影响？稳压二极管在电路中为什么可以起到稳压作用？如何选择限流电阻？

要想解决这些问题,必须深入半导体器件内部。本章从半导体器件的工作机理出发,简单介绍半导体物理基础知识,包括本征半导体、杂质半导体、PN 结、半导体二极管的特性和典型应用电路,在此基础上,对稳压二极管、发光二极管和光电二极管也做了简要的介绍。

1.1 半导体基础

自然界中的各种介质,从导电性能上可以大致分为导体、绝缘体和半导体三类。导体对电信号有较好的导通性,如绝大多数金属、电离气体及电解液等。绝缘体对电信号具有阻隔作用,如橡胶、玻璃及云母等。半导体对电信号的导通性介于导体与绝缘体之间,常用的半导体材料有:元素半导体,如硅(Si)、锗(Ge)等;化合物半导体,如砷化镓(GaAs)等。其中硅是最常用的一种半导体材料。半导体导电能力除了介于导体与绝缘体之间外,还会随着温度、光照和掺杂等因素发生显著变化,这些特点使它们成为制作半导体器件的重要材料。为了理解半导体的这些特点,必须了解半导体的结构。

1.1.1 半导体的共价键结构

物质的导电性能取决于电子结构，由其价电子决定。导体的价电子数少于4个，它们的最外层电子极易摆脱原子核的束缚成为自由电子，在外电场的作用下产生定向移动，形成电流。绝缘体的价电子数是8个，最外层电子受原子核束缚力很强，很难成为自由电子，所以导电性极差。常用半导体材料硅(Si)和锗(Ge)的价电子数都是4个，它们的原子形成有序的排列，称为晶格。硅原子结构简化模型和二维晶格结构图如图1.1.1所示。由于相邻原子间的距离很小，因此，相邻的两个原子的一对最外层电子不但各自围绕着自身所属的原子核运动，而且出现在相邻原子所属的外层轨道上，受两个原子核的束缚，称为**受束缚电子**，这样的结构称为**共价键结构**。

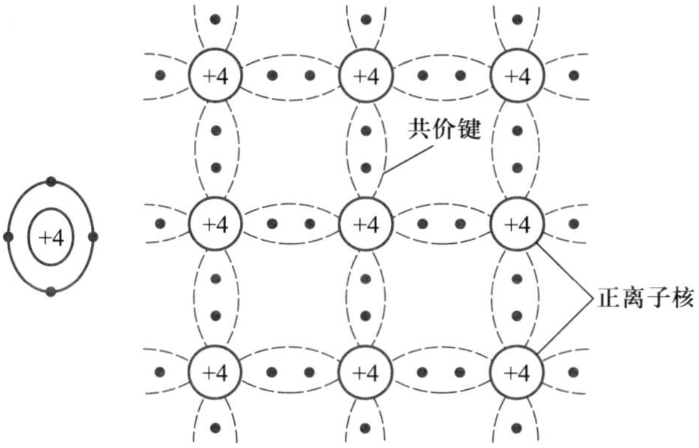

图1.1.1 硅原子结构简化模型和二维晶格结构图

1.1.2 本征半导体

本征半导体是一种完全纯净的、结构完整的半导体晶体。在本征半导体的晶体结构中，共价键具有很强的束缚力，在 $T=0$ 和没有外界激发时，受束缚电子被共价键束缚，没有自由电子，本征半导体相当于绝缘体。但是在常温下(或光照热激发下)，受束缚电子获得足够能量，挣脱共价键的束缚，成为**自由电子**，同时在共价键处留下空位，称为**空穴**。空穴相当于一个单位的正电荷，如图1.1.2所示，这种现象称为**本征激发**。本征激发产生成对的自由电子和空穴，所以本征半导体中自由电子和空穴的数量相同。

自由电子可以在本征半导体的晶格结构中自由移动，而出现空穴的原子因带正电可以吸引相邻共价键的束缚电子过来填补，而在相邻位置产生新的空穴，相当于空穴移动到了新的位置，这个过程进行下去，空穴也可以在半导体中自由移动，如图1.1.3所示。因此，在本征激发的作用下，本征半导体出现了带负电的自由电子和带正电的空穴，两者可以参与导电，在半导体中，常把可以运动的带电粒子称为**载流子**，它们在电场作用下做定向运动，便可形成电流。

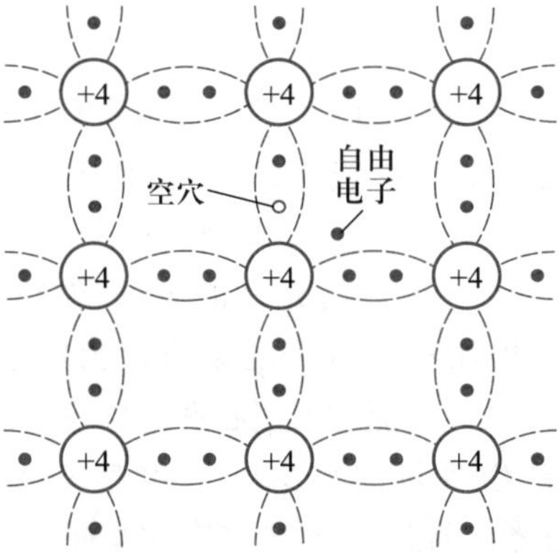

图 1.1.2 本征半导体中的自由电子和空穴

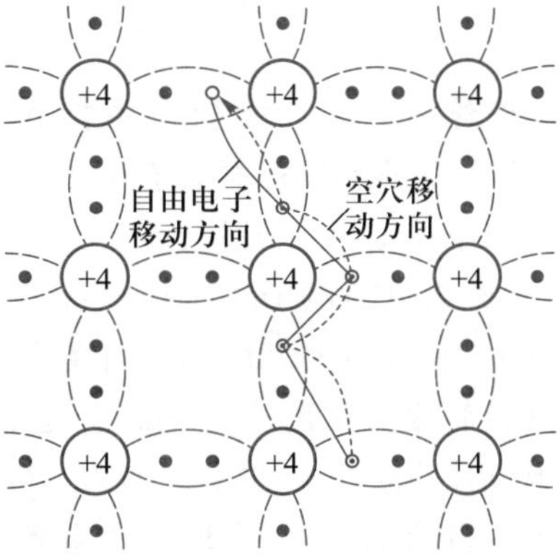

图 1.1.3 自由电子和空穴的移动

本征激发使半导体中的自由电子和空穴增多，两者在移动过程中相遇的机会就大。相遇时自由电子填入空穴，并释放能量，从而消失一对载流子，这个过程称为**复合**。不难想象，随着本征激发的进行，复合的概率也不断加大，所以本征半导体在某一温度下，本征激发和复合最终进入**平衡状态**，载流子的浓度不再变化。分别用 n_i 和 p_i 表示自由电子和空穴的浓度（cm^{-3}），理论上

$$n_i = p_i = K_0 T^{\frac{3}{2}} e^{-\frac{E_{G0}}{2kT}} \tag{1.1.1}$$

式中，T 为热力学温度（K），k 为玻耳兹曼常数（8.63×10^{-5} eV/K），E_{G0} 为 $T=0$ K 时的破坏共价键所需的能量，又称禁带宽度（硅为 1.21 eV，锗为 0.785 eV），K_0 是与半导体材料有关的常数（硅为 $3.87\times10^{16}\ cm^{-3}\cdot K^{-3/2}$，锗为 $1.76\times10^{16}\ cm^{-3}\cdot K^{-3/2}$）。

式（1.1.1）表明了载流子浓度与温度近似的指数关系，所以本征半导体导电能力对温度变化很敏感。在 $T=0$ K 时，自由电子与空穴的浓度均为零，本征半导体成为绝缘体；在一定范围内，当温度升高时，本征半导体载流子的浓度近似按指数曲线升高。在常温下，即 $T=300$ K 时，可以计算出本征半导体硅的载流子浓度 $n_i=p_i=1.43\times10^{10}\ cm^{-3}$，锗的载流子浓度 $n_i=p_i=2.38\times10^{10} cm^{-3}$，这说明本征半导体的导电能力很弱。半导体材料性能对温度的这种敏感性，既可以用来制作热敏和光敏器件，又是造成半导体器件温度稳定性差的原因。

如果在本征半导体两端外加一个电场，半导体中的载流子进行定向运动，就会形成半导体中的电流。其中，自由电子的定向运动形成电子电流 I_n，因为电子带负电，所以 I_n 的正方向与电子的运动方向相反；空穴的定向运动形成空穴电流 I_p，因为空穴带正电，所以 I_p 的正方向就是空穴的运动方向。本征半导体中的电流 I 则是这两股电流的叠加，即

$$I = I_n + I_p = 2\ I_n \tag{1.1.2}$$

由于在室温下产生的自由电子-空穴对的数量是很少的，电路中的电流很小，因此，本征半导体的导电性能很差。

1.1.3 杂质半导体

鉴于本征半导体的导电性能较差，在其材料基础上，可以通过扩散工艺，人工掺入少量某些元素的原子，从而显著提高半导体的导电能力，这样获得的半导体称为**杂质半导体**。根

据掺杂的元素不同,杂质半导体分为 N 型半导体和 P 型半导体。

一、N 型半导体

N 型半导体是在本征半导体中掺入适量五价元素的原子,如磷、砷、锑等原子。如图 1.1.4所示,这些原子的最外层有五个价电子,取代晶格中的硅或锗原子后,除其中四个价电子与周围的原子构成共价键外,还多出一个电子。这个电子不受共价键的束缚,只需获得很少的能量,就成为自由电子。这样 N 型半导体中每掺入一个杂质元素的原子,就给半导体提供一个自由电子,从而大大增加了自由电子的浓度。提供自由电子的杂质称为**施主杂质**,在失去一个电子后成为**正离子**。正离子是带正电的离子核,不能移动,无法参与导电。

杂质半导体中仍然存在本征激发,本征激发会产生少量的自由电子和空穴对。由于掺杂产生大量的自由电子,大大增加了空穴被复合的机会,因此空穴的浓度比本征半导体中空穴浓度要低。所以,在 N 型半导体中,自由电子的浓度远大于空穴的浓度,故称自由电子为**多数载流子**,简称**多子**;空穴为**少数载流子**,简称**少子**。因此,用正离子(有正号的小圆圈)、大量自由电子和少量空穴表示 N 型半导体,如图 1.1.4 所示。

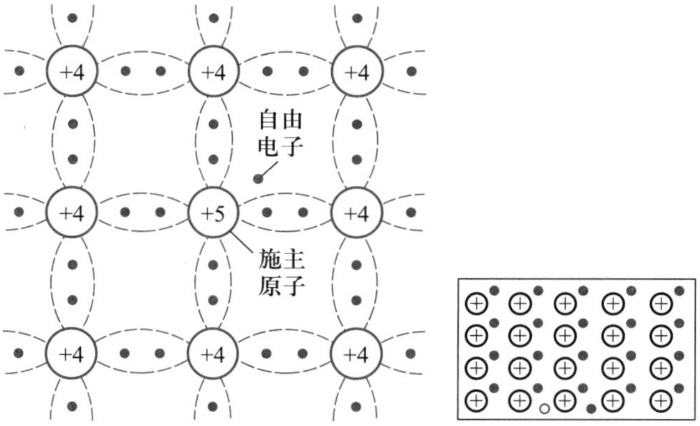

图 1.1.4　N 型半导体

在 N 型半导体中,虽然自由电子占多数,但施主正离子的存在使正、负电荷保持平衡,所以 N 型半导体仍然呈电中性。

二、P 型半导体

P 型半导体是在本征半导体中掺入适量三价元素的原子,如硼、铝、铟等原子。如图 1.1.5 所示,这些原子的最外层有三个价电子,取代晶格中的硅或锗原子后,这三个价电子与周围的原子构成共价键时,剩下一个共价键因缺少一个价电子而产生一个空位。在很小的能量激发时,邻近共价键内的电子就能过来填补空位形成共价键,在原来的空位处留下一个空穴。杂质原子因为接受了一个电子成为不可移动的负离子,所以该杂质称为**受主杂质**。在室温下,这样 P 型半导体中每掺入一个杂质元素的原子,就给半导体提供一个空穴,从而大大增加了空穴的浓度。此外,由于本征激发产生少量的自由电子和空穴对,大大增加了自由电子被复合的机会,因此自由电子的浓度比本征半导体中的浓度要低。所以,在 P 型半导体中,空穴是多子;自由电子是少子。因此,用负离子(有负号的小圆圈)、大量空穴和少量自由电子表示 P 型半导体,如图 1.1.5 所示。

P 型半导体中,虽然空穴占多数,但受主负离子的存在使正、负电荷保持平衡,所以 P 型

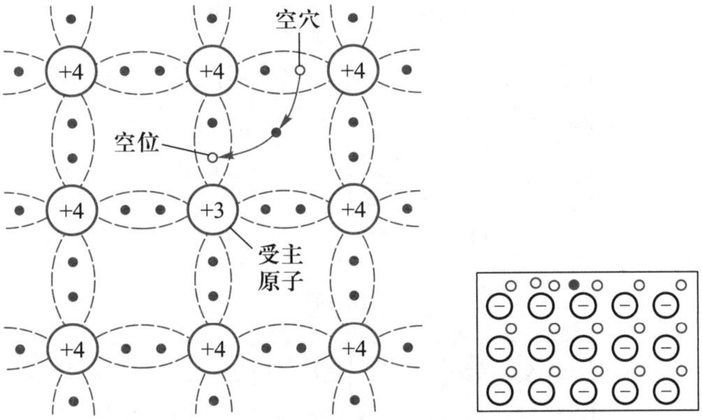

图 1.1.5 P 型半导体

半导体也呈电中性。

综上可知,半导体掺入杂质后,多子的数目会大大增加。对于杂质半导体,多子的浓度越高,少子的浓度就越低。多子的浓度主要取决于掺杂原子的浓度,受温度影响比较小;而少子的浓度主要取决于本征激发,所以尽管其浓度很低,却对温度非常敏感,这将影响半导体器件的性能。

1.1.4 PN 结

如前所述,P 型半导体中含有受主杂质,在常温下,受主杂质电离为带正电的空穴和带负电的离子。N 型半导体中含有施主杂质,在常温下,施主杂质电离为带负电的电子和带正电的离子。除此之外,P 型和 N 型半导体中还有少数受本征激发产生的电子-空穴对,通常本征激发产生的载流子要比掺杂产生的载流子少得多。如果说把半导体的一半做成 P 型半导体,另一半做成 N 型半导体,制作在一块硅片上,将会发生什么现象呢?

采用不同的掺杂工艺,将 P 型半导体和 N 型半导体制作在一块硅片上,在它们的交界面处就会形成一个有特殊物理性质的薄层,称为 **PN 结**。PN 结是构成各种半导体器件的基础。

一、PN 结的形成

如果把结合在一起的 P 型半导体和 N 型半导体视为一个整体,该半导体中的载流子的分布就是不均匀的。P 型一侧空穴多,自由电子少,N 型一侧自由电子多,空穴少。这样,由于载流子的浓度差而在两种半导体的交界面处就存在多子的**扩散运动**。P 区中的空穴向 N 区扩散,N 区中的自由电子向 P 区扩散,如图 1.1.6(a)所示。由于扩散到 N 区中的空穴与自由电子复合,扩散到 P 区中的自由电子与空穴复合,所以在交界面处多子的浓度下降,P 区出现负离子区,N 区出现正离子区,它们都是不能移动的,称为**空间电荷区**,从而形成**内电场**。随着扩散运动的进行,空间电荷区加宽,内电场增强,其方向由 N 区指向 P 区。

内电场是由多子的扩散运动引起的,伴随着它的建立将带来两种影响:一是内电场将阻碍多子的扩散;二是 P 区、N 区的少子一旦靠近空间电荷区,将在内电场的作用下漂移到对方, N 区中的少子空穴向 P 区运动,P 区中的少子自由电子向 N 区运动。把内电场使半导

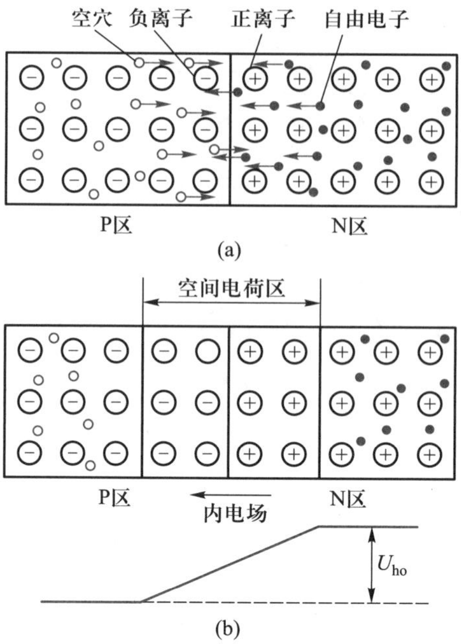

图 1.1.6 PN 结的形成

(a) P 区与 N 区中载流子的运动 (b) 动态平衡时的 PN 结

体中少子进行的运动称为**漂移运动**,漂移运动的方向正好跟扩散运动方向相反,从 N 区漂移到 P 区中的空穴补充了原来交界面处 P 区失去的空穴,而从 P 区漂移到 N 区中的自由电子补充了原来交界面处 N 区失去的自由电子,使得空间电荷区变窄。

在无外电场和其他激发作用下,参与扩散运动的多子和参与漂移运动的少子数目相同时,最后会达到动态平衡,空间电荷区的宽窄不再发生变化,此时的空间电荷区称为 **PN 结**,如图 1.1.6(b)所示。此时,空间电荷区具有一定的宽度,电位差为 U_{ho},电流为零。空间电荷区内,正、负电荷的电量相等;因此,当 P 区与 N 区杂质浓度相等时,负离子区与正离子区的宽度也相等,称为**对称 PN 结**;当两边杂质浓度不同时,浓度高的一侧离子区宽度比浓度低的一侧离子区宽度窄,称为**不对称 PN 结**;两种 PN 结的外特性是相同的。

由于空间电荷区内基本上没有载流子,同时其中的电位分布又对载流子的扩散运动起阻挡作用,所以空间电荷区又称为**耗尽层或势垒区**,它的电阻率很高。

二、PN 结的单向导电性

如果在 PN 结的两端通过外电路加电压,就将破坏原来的平衡状态。此时,扩散电流不再与漂移电流相等,因而 PN 结将有电流流过。当外加电压极性不同时,PN 结表现出截然不同的导电性能,即呈现单向导电特性。

1. PN 结外加正向电压时处于导通状态

如图 1.1.7 所示,通过外电路给 PN 结加正向电压 U,使 P 区的电位高于 N 区的电位,称为**正向偏置**,简称**正偏**。在整个半导体上,因为耗尽区的电阻明显高于 P 区和 N 区,所以,大部分电压都加在了耗尽区上,耗尽区两端的电压减小为($U_{ho}-U$)。P 区中的多子空穴和 N 区中的多子自由电子将向 PN 结移动,当 N 区内的电子进入正空间电荷区后,就要和部分正离子中和,使 N 区内的正空间电荷区的厚度和空间电荷量减小,同样,P 区的空穴进入负空间电荷区后中和了部分负离子,使 P 区的正空间电荷区的厚度和空间电荷量减小。结果是,PN 结总的宽度变窄。变窄的耗尽区导致多子的浓度梯度变大,同时又因为内部电场减小,所以扩散运动加强,而少子的漂移运动则显著减弱,结果扩散运动和漂移运动不再平衡,扩散电流大于漂移电流,多出来的电流流过半导体,在电路中(多子扩散运动)形成正向电流 I。此时,PN 结处于正向导通状态,呈低电阻态。在电路中,正向电流的方向从电源 V 的正极流出,再由 P 区流向 N 区,然后回到电源的负极,其电流的大小受外电路限流电阻 R 的限制。

2. PN 结外加反向电压时处于截止状态

将外加电源反方向接入,则可以使 P 区的电位低于 N 区的电位,称为**反向偏置**,简称**反偏**。同样,该反向电压大部分加在了耗尽区上,结果耗尽区两端的电压变为($U_{ho}+U$)。P 区中电场把空穴推离耗尽区,露出了受主负离子,加入耗尽区,而 N 区中电场则把自由电子推离耗尽区,露出了施主正离子,也加入耗尽区,结果耗尽区变宽。变宽的耗尽区导致多子的浓度梯度减小,同时又因为内部电场增强,所以扩散运动减弱,而少子的漂移运动则增强,因而扩散电流小于漂移电流,漂移电流多出的部分流过半导体,在电路中(少子漂移运动)形成反向电流 I_R,如图 1.1.8 所示。反向电流的方向是从电源 V 的正极流出,再由 N 区流向 P 区,然后回到电源的负极。

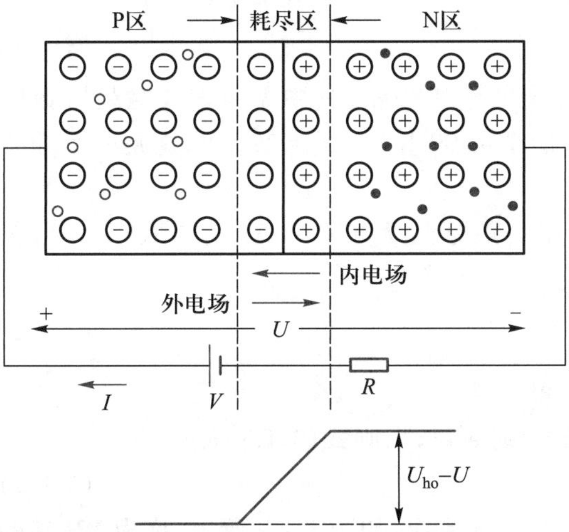

图 1.1.7 正向偏置的 PN 结

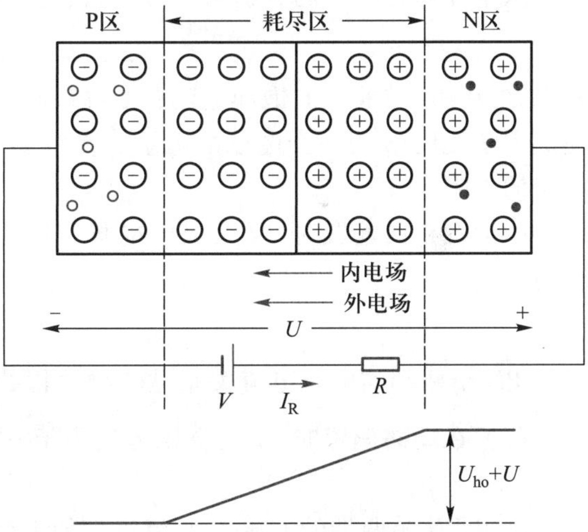

图 1.1.8 反向偏置的 PN 结

由以上讨论可知,PN 结正偏时,因为 U_{ho} 很小,所以 PN 结只需要较小的正向电压就可以使耗尽区变得很薄,PN 结呈现低电阻,故多子扩散运动产生较大的正向电流,而且正向电流随正向电压的微小变化会发生明显改变,此时称 **PN 结导通**;而在反偏时,由于少子的漂移运动,空间电荷区变宽,PN 结呈现高电阻,产生很小的反向电流,并且基本上不随反向电压而变化,此时称 PN 结截止。这就是 PN 结的单向导电特性。

3. PN 结的击穿特性

实验表明,当 PN 结上的反偏电压足够大时,其中的反向电流会急剧增大,这种现象称为 PN 结的**反向击穿**(电击穿)。发生击穿所需的反向电压称为**反向击穿电压,记为 U_{BR}**。从产生机理上，击穿分雪崩击穿和齐纳击穿。

(1) 雪崩击穿

反偏的 PN 结中，耗尽区中少子在漂移运动中被电场做功，动能增大。当反偏电压足够大时，少子的动能足以使其在与价电子碰撞时发生碰撞电离，价电子脱离共价键，产生一对自由电子和空穴。新产生的自由电子和空穴又可以继续发生这样的碰撞，连锁反应使得耗尽区内的载流子数量剧增，引起比较大的反向电流，这种击穿称为**雪崩击穿**。雪崩击穿需要少子能够在耗尽区内运动足够长的距离，从而获得足够大的动能，同时长距离运动中碰撞的几率会增加，这就要求耗尽区应该足够宽，所以这种击穿出现在掺杂浓度低的 PN 结中。

(2) 齐纳击穿

在掺杂浓度高的 PN 结中，耗尽区较窄，所以反偏电压在其中产生较强的电场。当反偏电压足够大时，电场强度能直接将价电子从共价键中拉出，产生大量的自由电子和空穴，使得反向电流急剧增大，这种击穿称为**齐纳击穿**。

PN 结发生雪崩击穿或齐纳击穿时，只要限制反向电流不要过大，PN 结就不会损坏。但是，如果反向电流和反向电压的乘积超过 PN 结允许的耗散功率，因为热量无法及时散发出去，故 PN 结温度上升，直到过热而烧坏，这种现象称为**热击穿**。电击穿可为人们所利用，比如齐纳二极管(即稳压管)，而热击穿必须尽量避免发生。

三、PN 结的伏安特性

从半导体物理学的分析可以知道，流过 PN 结的电流 I 与 PN 结外加电压 U 的关系为

$$I=I_S(e^{\frac{U}{U_T}}-1) \tag{1.1.3}$$

式中，I_S为 PN 结的反向饱和电流；$U_T=kT/q$，为温度的电压当量，其中 k 为玻耳兹曼常数，T 为热力学温度，q 为一个电子的电量。在常温下，即 $T=300$ K 时，$U_T=26$ mV，这是一个非常有用的数字。

(1) 在正向偏置时，要克服内电场，外加电压一般远远大于 26 mV，所以式(1.1.3)简化为

$$I=I_S e^{\frac{U}{U_T}} \tag{1.1.4}$$

可见 PN 结两端的电压电流关系是非线性指数关系。

(2) 在反向偏置时，反向电压远远小于−26mV，则 $e^{\frac{U}{U_T}}\ll 1$，则式(1.1.3)简化为

$$I=-I_S \tag{1.1.5}$$

画出 PN 结两端的电压 U 与流过它的电流 I 的关系曲线，如图 1.1.9 所示，称为 **PN 结的伏安特性**。其中，$U>0$ 的部分为正向特性，如图 1.1.9 中①所示；$U<0$ 的部分为反向特性，如图 1.1.9 中②所示；当反向电压超过一定数值(U_{BR})后，反向电流激增，称为反向击穿，如图 1.1.9中的③所示。

四、PN 结的温度特性

当温度升高时，半导体中本征激发加强，少子浓度上升，从而增大了反向饱和电流 I_S。测试表明，温度每升高 10 ℃，I_S约增加一倍，导致二极管的反向电流随温度升高而绝对值变大。正向电流中，虽然电压当量 U_T增加使得 e^{U/U_T}减小，但 I_S的作用更明显，所以总体上正向电流也随温度升高而变大，继而使得正向压降 U 相应减小。测试表明，温度每升高 1℃，U 下降 2.0~2.5 mV。如图 1.1.9 中的虚线所示，温度升高时，正向特性曲线左移，反向特性曲

线下移。

五、PN 结的电容效应

PN 结外加电压发生变化时，PN 结具有电容效应。根据产生的原因不同，把 PN 结电容分为势垒电容和扩散电容。PN 结工作于高频时，必须考虑电容效应。

1. 势垒电容

PN 结交界处形成的势垒区是积累空间电荷的区域。PN 结两端电压 u 的改变会引起 PN 结空间电荷的改变。比如，当外加反向电压增大时，空间电荷区变宽，即空间电荷增多，外加反向电压减少时，空间电荷区变窄，空间电荷减小，这种现象与普通电容在外加电压作用下进行充放电的过程相似，从而 PN 结的势垒区表现出了类似电容的效应。用来描述势垒区的空间电荷随电压变化而产生的电容效应的电容称为**PN 结的势垒电容 C_B**。

C_B具有非线性，它与结面积、耗尽层宽度、半导体的介电常数及外加电压有关。对于一个制作好的 PN 结，C_B与外加电压的关系如图 1.1.10 所示。可见，反向偏置时势垒电容较小，但是反偏时 PN 结的电阻大，所以尽管势垒电容较小，它的作用还是不能忽视的，特别是在高频时影响更大。而正向偏置时，尽管势垒电容较大，但是其偏置电阻很小，其作用相对来说反而比较小。所以势垒电容在反向偏置时显得更重要，利用这一特性，可以制成各种变容管。

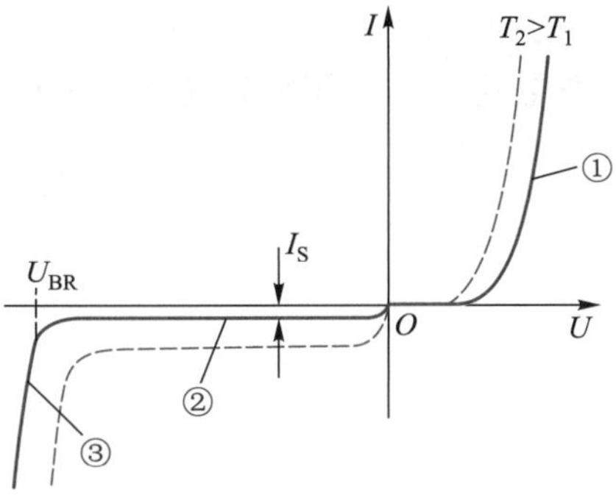

图 1.1.9　PN 结的伏安特性

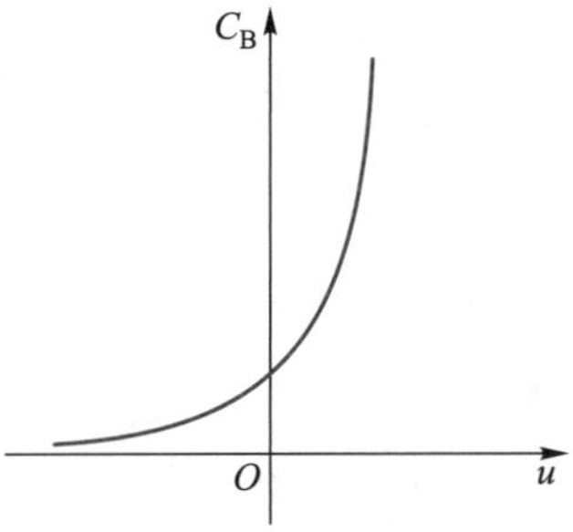

图 1.1.10　势垒电容与外加电压的关系

2. 扩散电容

PN 结处于平衡状态时的少子称为**平衡少子**。当 PN 结正偏时，从 P 区扩散到 N 区的空穴和从 N 区扩散到 P 区的自由电子称为**非平衡少子**，又称**存储电荷**。当外加正向电压一定时，从 P 区扩散到 N 区的空穴并不是马上与自由电子发生复合，而是在向 N 区纵深的扩散中逐渐被复合，形成图 1.1.11 中所示的浓度分布曲线 p_n，最终等于 N 区中平衡少子空穴的浓度 p_{n0}。图中的阴影部分代表 N 区存储电荷 Q_n。当外加电压有变化 Δu 时，浓度分布也发生变化，如图1.1.11所示。新的浓度分布曲线和原浓度分布曲线之间所夹的面积就是存储电荷的变化量 ΔQ_n。同理，自由电子从 N 区扩散到 P 区后，称为**非平衡电子**，在 P 区形成浓度分布 n_p，从而产生存储电荷 Q_p。u 的变化也引起 P 区存储电荷的变化量 ΔQ_p。这样 Δu 导致的 N 区和 P 区总的存储电荷的变化量 $\Delta Q=\Delta Q_n+\Delta Q_p$，不同大小的正向电压会引起不同的 ΔQ，此现象就如电容充放电一样，可以用扩散电容来描述这种效应，以 C_D表示，C_D与 PN 结正向电流 I 成正比。

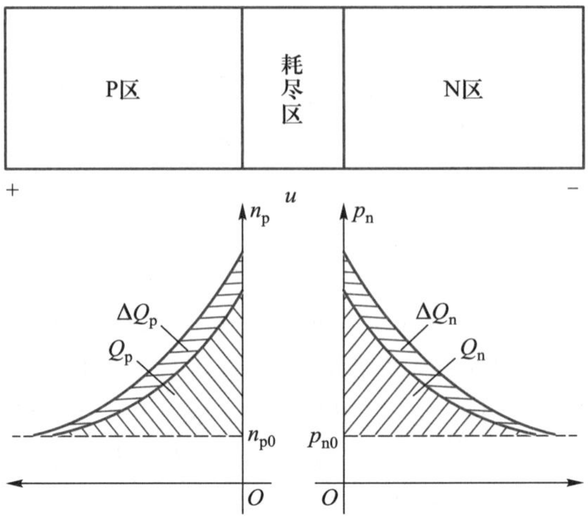

图 1.1.11 耗尽区两侧存储电荷的情况以及 Δu 引起的存储电荷的变化

3. PN 结的结电容

PN 结的结电容为势垒电容和扩散电容之和，即 $C_j = C_B + C_D$。C_B和 C_D都随外加电压的变化而变化，都是非线性电容。当 PN 结正偏时，C_D远大于 C_B，即 $C_j \approx C_D$；反偏时，C_B远大于 C_D，则$C_j \approx C_B$。由于 C_B和 C_D一般都很小，结面积小的为 1 pF 左右，结面积大的一般为几十至几百皮法，对于低频信号呈现出很大的容抗，其在电路中的作用可以忽略，因而只有在信号频率较高时才考虑结电容的作用。

思考题

1.1.1 为什么称空穴是载流子？在空穴导电时，自由电子运动吗？

1.1.2 P 型半导体中掺入的是几价元素？其中的多子是哪种载流子？

1.1.3 空间电荷区是由自由电子、空穴还是由施主离子、受主离子构成的？为什么空间电荷区又称为耗尽区或势垒区？

1.1.4 扩散电流和漂移电流的产生分别取决于哪种载流子？

1.1.5 PN 结有什么特性？它的特性在什么外部条件下才能显示出来？

1.1.6 什么是 PN 结的电击穿？它是如何产生的？它和热击穿的区别是什么？

1.1.7 PN 结为什么具有电容效应？它是怎么形成的？

1.2 半导体二极管

教学视频 1.1
半导体二极管

在 PN 结的外面接上引线，用管壳封装起来，就制成了半导体二极管，简称二极管。由 P 区引出的电极为阳极，由 N 区引出的电极为阴极。常见的外形如图 1.2.1 所示。

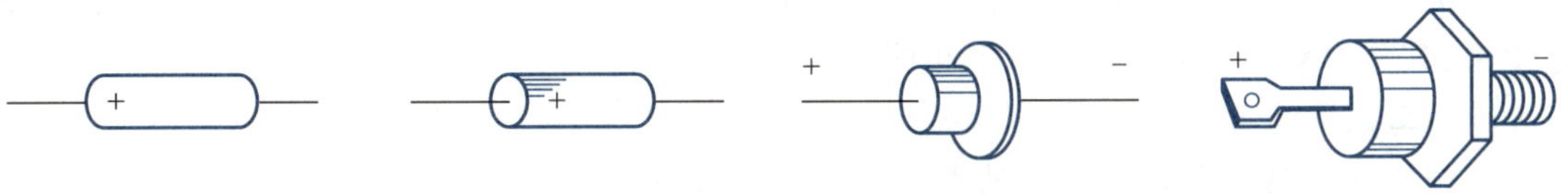

图 1.2.1 二极管的几种外形

1.2.1 半导体二极管的结构

半导体二极管按其结构的不同大致可分为点接触型、面接触型和平面接触型三类,如图 1.2.2(a)(b)(c)所示,二极管的符号如图 1.2.2(d)所示,图中符号的箭头表示正向电流的方向。

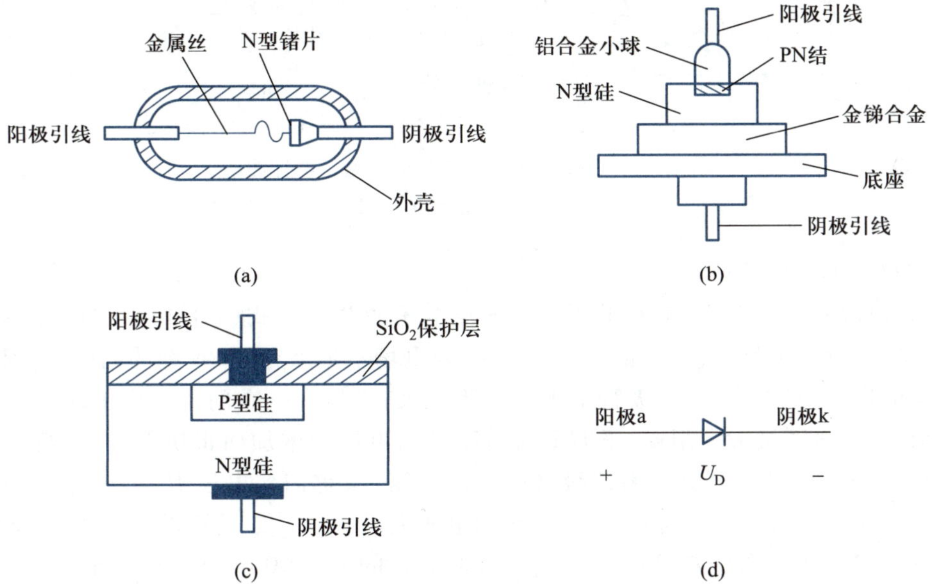

图 1.2.2 半导体二极管的结构与符号

图 1.2.2(a)所示为点接触型二极管,由一根金属丝经过特殊工艺与半导体表面相接形成 PN 结。结面积小,不能通过较大的电流,但结电容小,常用于高频电路和小功率整流。

图 1.2.2(b)所示为面接触型二极管,是采用合金工艺制成的。其结面积大,可承受较大的电流,但结电容较大,只能在较低频率下工作,常用于工频大电流整流。

图 1.2.2(c)所示为平面二极管,是采用扩散的方法制成的,往往用于集成电路制造工艺中。其结面积可大可小,结面积较大的可用于大功率整流,结面积小的可作为脉冲数字电路中的开关管。

根据使用的半导体材料,二极管可以分为硅二极管和锗二极管,简称硅管和锗管。

1.2.2 半导体二极管的特性曲线及参数

我们已经知道 PN 结具有单向导电性,而半导体二极管是由一个 PN 结构成的,所以半导体二极管也具有单向导电性。半导体二极管的这种单向导电性也可以用它的伏安特性表达出来,其与PN结的伏安特性基本相同。

一、二极管的 *V-I* 特性曲线

二极管伏安特性测试电路及特性曲线如图1.2.3所示。

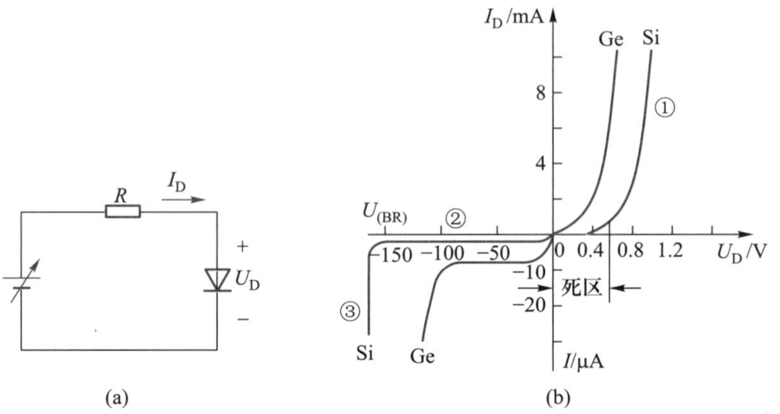

图1.2.3 二极管伏安特性测试电路及特性曲线

(a) 二极管伏安特性测试电路 (b) 二极管伏安特性曲线

1. 二极管的正向特性

正向特性如图1.2.3(b)中的①所示。电流电压的关系见式(1.1.4)。二极管在正向特性的起始部分有一个死区,由于正向电压较小,外电场不足以克服PN结的内电场,因此这时的正向电流很小,基本为零,二极管呈现的电阻很大,好像有一个门槛。当正向电压超过某一个数值时,内电场被大大削弱,正向电流就随正向电压的增加而很快上升,二极管的正向电阻变得很小。这时的电压称为**二极管的开启电压**(又称门槛电压 U_{th}),记为 U_{on},硅管的 U_{on} 约为0.5 V,锗管的 U_{on} 约为0.1 V。当正向电压大于 U_{on} 后,二极管正向导通,导通时的正向压降称为**二极管的导通电压**,记为 U_D。一般硅管的 U_D 为0.6~0.8 V,锗管的 U_D 为0.1~0.3 V。

2. 二极管的反向特性

反向特性如图1.2.3(b)中的②所示。当二极管加反向电压时,少子(P型半导体中的少数载流子——电子和N型半导体中的少数载流子——空穴)通过PN结形成反向电流,反向电流很小,而且锗二极管的反向电流大于硅二极管的反向电流。反向电流有两个特点:一是随温度上升而很快增大;二是当反向电压在一定范围内变化时,反向电流基本上不随反向电压的变化而变化,所以称为**反向饱和电流**,记为 I_S。

3. 二极管的反向击穿特性

反向击穿特性如图1.2.3(b)中的③所示。当二极管外加反向电压增大到一定数值($U_{(BR)}$)时,反向电流急剧增大,二极管反向击穿,$U_{(BR)}$ 称为**反向击穿电压**。其原因和PN结击穿的原因相同。

二、半导体二极管的主要参数

半导体二极管的寿命很长,但若使用不当,则可能会损坏。为了合理选择和正确使用半导体二极管,保证它在电路中安全可靠地工作,必须掌握二极管的参数。半导体二极管的参

数主要有以下几个。

1. 最大整流电流 I_F

最大整流电流是指半导体二极管长期工作时，允许通过的最大正向平均电流。使用二极管时，如管子的正向平均电流大于最大整流电流，则可能把 PN 结烧坏，从而导致管子损坏。

2. 最高反向工作电压 U_R

最高反向工作电压是指半导体二极管允许施加的反向电压的最大值。二极管工作时，若所承受的反向电压值超过最高反向工作电压，管子就有可能因反向击穿而失去单向导电性。为了留有余地，通常取反向击穿电压 $U_{(BR)}$ 的一半作为半导体二极管的最高反向工作电压。

3. 反向电流 I_R

反向电流是指二极管未击穿时反向电流的数值。其值越小，二极管的单向导电性越好。在使用时应注意温度对反向电流的影响。

4. 直流电阻 R_D

直流电阻指的是加在二极管上的直流电压与流过管子的直流电流之比。例如，当二极管工作于图 1.2.4(a)中的 Q 点时，它对应的直流电压和直流电流分别为 U_{DQ} 和 I_{DQ}，则二极管在 Q 点的直流等效电阻 R_D 为

$$R_D = \frac{U_{DQ}}{I_{DQ}} \tag{1.2.1}$$

应该指出，二极管直流电阻的大小是随工作点而变化的，二极管的正向电阻为几十欧至几千欧，反向电阻则大于几十千欧至几百千欧。用万用表测得的二极管电阻就是直流电阻。

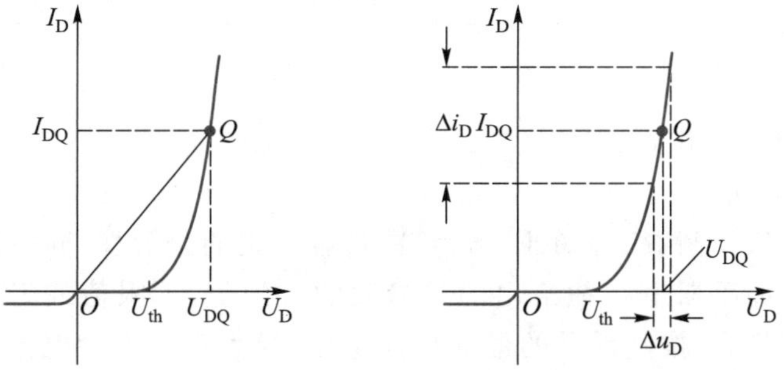

图 1.2.4 二极管的电阻

(a) 直流电阻 r_D (b) 交流电阻 r_d

5. 微变电阻 r_d

微变电阻指的是在工作点 Q 附近，二极管上电压的变化量和与之对应的电流变化量之比。二极管上外加直流正向电压时，对应有一直流电流，曲线上反映该电压电流的点为**静态工作点 Q**，如图 1.2.4(b)所示。在 Q 点基础上外加微小的电压变化量 Δu_D，对应的电流的变化量为 Δi_D，则可以用以 Q 点为切点的直线来近似微小变化范围内的曲线，将非线性的二极管等效成线性电阻 r_d，即

$$r_d=\frac{\Delta u_D}{\Delta i_D} \tag{1.2.2}$$

利用二极管的电流方程可以求出 r_d。

$$\frac{1}{r_d}=\frac{\Delta i_D}{\Delta u_D}\bigg|_Q=\frac{d\left[I_S\left(e^{\frac{U}{U_T}}-1\right)\right]}{dU}\bigg|_Q=\frac{I_S}{U_T}\cdot e^{\frac{U}{U_T}}\bigg|_Q\approx\frac{I_{DQ}}{U_T}$$

$$r_d=\frac{U_T}{I_{DQ}} \tag{1.2.3}$$

式中的 I_{DQ} 是 Q 点的电流。r_d 的大小也是随静态工作点而变化的，直流工作电流越大，r_d 越小。当正向电流较大时，r_d 的大小在几欧至几十欧的范围内变化。

注意：电路在直流的基础上有微小变化时，二极管用 r_d 代替计算变化量。

几种半导体二极管的主要参数如表 1.2.1 所示。

表 1.2.1 几种不同型号二极管的主要参数

型号	参数				
	最大整流电流 I_F/mA	最高反向工作电压 $U_{(BR)}$/V	反向电流 I_R/μA	最高工作频率 f_M/MHz	主要用途
2AP5	16	75	≤250	150	点接触型锗管，用于检波和小电流整流
2CP12	100	100	≤5	50×10^3	面接触型硅管，用于整流
2CZ14	10×10^3	50	$\leq 6\times10^3$	$<3\times10^3$	用于大电流整流

6. 最高工作频率 f_M

f_M 是二极管工作的上限截止频率。超过此频率值时，由于结电容的作用，二极管将不能很好地体现单向导电性。

应当指出，由于管子制造工艺的限制，参数具有一定的分散性，同一型号管子的参数可能会有很大差异，因而手册上往往给出的是参数的上限值、下限值或者范围。在实际应用中，应根据管子所用场合，按其承受的最大反向电压、最大正向平均电流、工作频率、环境温度等条件，选择满足要求的二极管。

思考题

1.2.1 如何用万用表的"Ω"挡来辨别一只二极管的阳、阴电极？（提示：指针万用表的黑表笔接表内直流电源的正端，红表笔接负端；而数字万用表则相反。）

1.2.2 为什么截面积小的二极管的整流平均电流 I_F 小，而最高工作频率 f_M 高？而截面积大的二极管的整流平均电流 I_F 大，而最高工作频率 f_M 低？

1.2.3 其他条件不变，当温度升高时，二极管的电流将会产生怎样的变化？硅二极管和锗二极管哪种受温度影响大？

1.2.4 在使用二极管时,为什么要特别注意不要超过最大整流电流和最高反向工作电压?

1.2.5 什么是二极管的直流电阻 R_D 和交流电阻 r_d? 两者有什么区别?

1.3 半导体二极管的应用电路

教学视频 1.2
半导体二极管
的应用电路

在电子技术中,二极管电路得到广泛的应用。从二极管伏安特性曲线可以看出,二极管是一种非线性器件,这给二极管应用电路的分析带来一定的困难。为了便于分析,常在一定条件下,用线性元件所构成的电路来近似模拟二极管的模型,并用之取代电路中的二极管。能够模拟二极管特性的电路称为**二极管的等效电路**,也称为**二极管的等效模型**。

1.3.1 二极管的模型

二极管的等效模型有直流模型和交流小信号模型。直流模型应用于直流信号或大信号作用下的电路分析和计算中;交流小信号模型应用于交流小信号电路的分析和计算中。直流模型有理想模型、恒压降模型、折线模型和指数模型四种,不同的模型计算结果的误差也不相同,其中直流理想模型最简单,但计算结果误差最大;直流指数模型比较复杂,但计算结果相对精确,在实际应用中,根据对计算结果的误差要求选取合适的模型。

一、直流模型

二极管的直流模型用在只有直流电源或大信号作用的二极管电路中。

1. 理想模型

二极管理想模型的伏安特性曲线如图 1.3.1(a)中的粗实线所示,虚线表示实际伏安特性。粗实线表明二极管正偏时导通,管压降为 0 V;反偏时截止,电流为 0 mA,称为**理想二极管**,用空心的二极管符号表示。

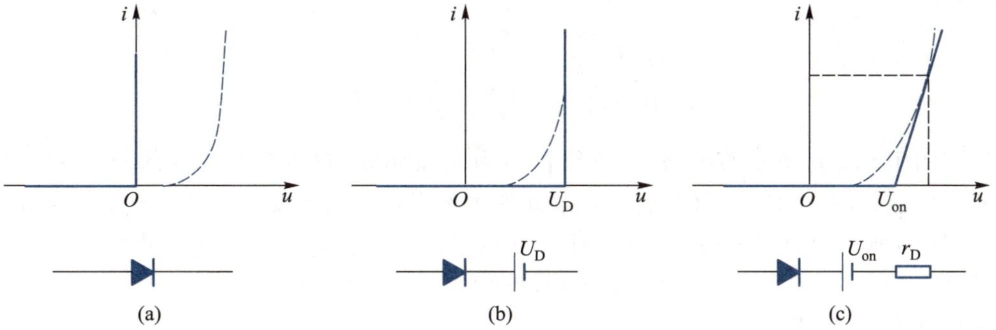

图 1.3.1 二极管的直流模型

(a) 理想模型 (b) 恒压降模型 (c) 折线模型

处于理想状态下的二极管可以视为一个理想的开关,正偏时导通,相当于开关闭合;反偏时截止，相当于开关断开。

2. 恒压降模型

二极管恒压降模型的伏安特性曲线如图 1.3.1(b)中的粗实线所示，表明二极管正偏时导通，管压降认为是恒定的 U_D，即 U_D = 常数(硅管典型值为 0.7 V，锗管为 0.2 V)；反偏时截止，电流为0 mA。所以，等效电路是理想二极管串联一个电压为 U_D的电压源。

3. 折线模型

二极管折线模型的伏安特性曲线如图 1.3.1(c)中的粗实线所示，表明二极管正向电压大于 U_{on}后其电流 I_D与 U_D呈线性关系，直线斜率为 $1/r_D$；反偏时截止，电流为 0 mA。所以等效电路是理想二极管串联一个电压源 U_{on} 和一个电阻 r_D，二极管的电压电流关系如式(1.3.1)所示。

$$U=U_{on}+r_D I \tag{1.3.1}$$

电阻 r_D可以这样确定，当二极管的导通电流为 1 mA 时，管压降为 0.7 V。于是 r_D的值可计算如下

$$r_D=\frac{0.7-0.5}{0.001}\ \Omega=200\ \Omega$$

由于二极管的特性参数不同，所以 U_{on}和 r_D的值不是固定不变的。

例 1.3.1　二极管电路如图 1.3.2(a)所示，图(b)是它的习惯画法。已知 $R=10\ k\Omega$。对于下列两种情况，求二极管两端电压 U_D和流过二极管的电流 I_D：(1) $V_{DD}=10$ V；(2) $V_{DD}=1$ V。在两种情况下，应用理想模型、恒压降模型和折线模型求解。设折线模型中 $r_D=200\ \Omega$。

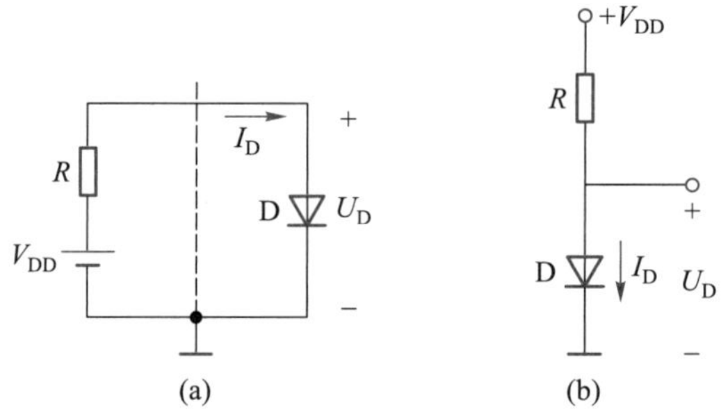

图 1.3.2　例 1.3.1 的电路
(a) 简单二极管电路　(b) 习惯画法

解　图 1.3.2(a)所示的电路中，虚线左边为线性部分，右边为非线性部分 。符号“⊥”为参考电位点，电路中任一点的电位，都以此作为参考点。为了便于分析，图(a)所示的电路常采用图(b)所示的习惯画法，不画电源 V_{DD}的符号，只标出它对参考电位点“⊥”的电压值 V_{DD}和极性(“+”或“−”)。电子电路的习惯画法今后经常会用到。

现按题意，分别求解如下。

(1) $V_{DD}=10$ V 时

① 二极管使用理想模型

首先将原始电路中的二极管用它的理想模型代替，得到如图 1.3.3(a)所示的电路；然后判断理想二极管的状态是导通还是截止。方法如下。

利用二极管的单向导电性判断二极管的状态：将理想二极管断开，求理想二极管阳极（a）和阴极（k）的电位差，若电位差大于 0 V，理想二极管导通，相当于开关闭合，用导线代替理想二极管；若电位差小于 0 V，则理想二极管截止，相当于开关断开。

在本题中，理想二极管的阳阴极电位差 $U_{ak}=(10-0)\ \text{V}=10\ \text{V}>0\ \text{V}$，所以理想二极管导通，用导线代替理想二极管，此时可得二极管两端电压 U_D 和流过二极管的电流 I_D 分别为

$$U_D=0\ \text{V}$$

$$I_D=\frac{V_{DD}}{R}=\frac{10}{10\times10^3}\ \text{A}=1\ \text{mA}$$

② 二极管使用恒压降模型

首先将原始电路中的二极管用它的恒压降模型代替，得到如图 1.3.3（b）所示的电路，然后判断理想二极管的状态是导通还是截止，判断方法同前。

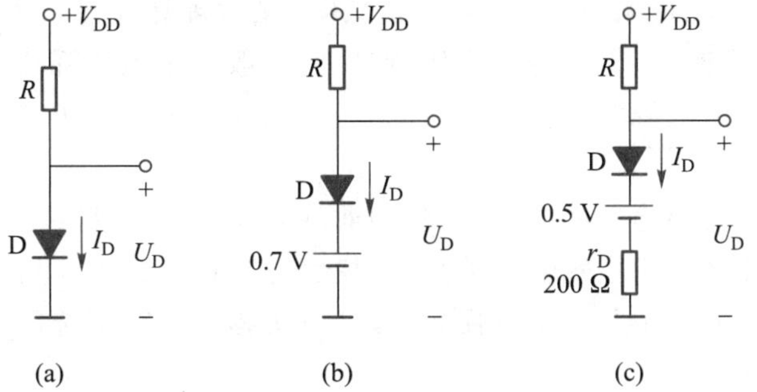

图 1.3.3 二极管电路的等效电路
（a）理想模型 （b）恒压降模型 （c）折线模型

在本题中，理想二极管的阳阴极电位差 $U_{ak}=(10-0.7)\ \text{V}=9.3\ \text{V}>0\ \text{V}$，所以理想二极管导通，用导线代替理想二极管，此时可得二极管两端电压 U_D 和流过二极管的电流 I_D 分别为

$$U_D=0.7\ \text{V}$$

$$I_D=\frac{V_{DD}-U_D}{R}=\frac{10-0.7}{10\times10^3}\ \text{A}=0.93\ \text{mA}$$

③ 二极管使用折线模型

首先将原始电路中的二极管用它的折线模型代替，得到如图 1.3.3（c）所示的电路，然后判断理想二极管的状态是导通还是截止，判断方法同前。

在本题中，理想二极管的阳阴极电位差 $U_{ak}=(10-0.5)\ \text{V}=9.5\ \text{V}>0\ \text{V}$，所以理想二极管导通，用导线代替理想二极管，此时可得二极管两端电压 U_D 和流过二极管的电流 I_D 分别为

$$I_D=\frac{V_{DD}-U_{on}}{R+r_D}=\frac{10-0.5}{(10+0.2)\times10^3}\ \text{A}\approx0.931\ \text{mA}$$

$$U_D=0.5+I_Dr_D\approx(0.5+0.931\times10^{-3}\times200)\ \text{V}\approx0.69\ \text{V}$$

（2）$V_{DD}=1\ \text{V}$ 时

① 二极管使用理想模型

$$U_D=0\ \text{V}$$

$$I_D=\frac{V_{DD}}{R}=\frac{1}{10\times10^3}\ \text{A}=0.1\ \text{mA}$$

② 二极管使用恒压降模型

$$U_D=0.7\ \text{V}$$

$$I_D=\frac{V_{DD}-U_D}{R}=\frac{1-0.7}{10\times10^3}\ \text{A}=0.03\ \text{mA}$$

③ 二极管使用折线模型

$$I_D=\frac{V_{DD}-U_{on}}{R+r_D}=\frac{1-0.5}{(10+0.2)\times10^3}\ \text{A}\approx0.049\ \text{mA}$$

$$U_D=0.5+I_Dr_D\approx(0.5+0.049\times10^{-3}\times200)\ \text{V}=0.509\ 8\ \text{V}$$

上例表明，当电源电压远大于二极管管压降时，采用三种模型的计算结果近似，所以可以采用理想模型或恒压降模型；当电源电压较低时，显然理想模型误差太大，虽然使用折线模型可以得到比较合理的结果，但是计算比较复杂，一般采用恒压降模型即可。在实际应用中，要根据电路外加直流电源的具体情况，选择合适的模型进行分析。

4. 指数模型

实际上，二极管正向导通后，它的伏安特性曲线是由式(1.1.4)决定的，如图1.2.3(b)中①所示，电流与管压降之间成指数变化关系，此模型称为指数模型。用指数模型分析二极管电路的结果更准确些，但应用起来不方便，一般计算机程序计算可选用指数模型。

二、交流小信号模型

在电子电路中常常要计算变化量的大小，当二极管已经处于导通状态时，若要分析微小信号作用下的电压电流，则需要建立小信号模型。在二极管两端有直流电压的基础上又叠加一个小的交流电压信号，这时二极管的直流电压和电流对应 V-I 特性曲线上的一点，称为静态工作点，用 Q 表示，如图1.3.4(a)所示。微小的交流电压信号作用下，在 Q 点附近的特性曲线可以看成是直线，将非线性按线性处理，则可以用交流电阻 r_d 来等效，模型如图1.3.4(b)所示。

图1.3.4中，Q 为二极管的静态工作点，即二极管在直流电源的作用下二极管的正向压降 U_D 和流过二极管的电流 I_D。可利用式(1.2.3)计算 r_d。

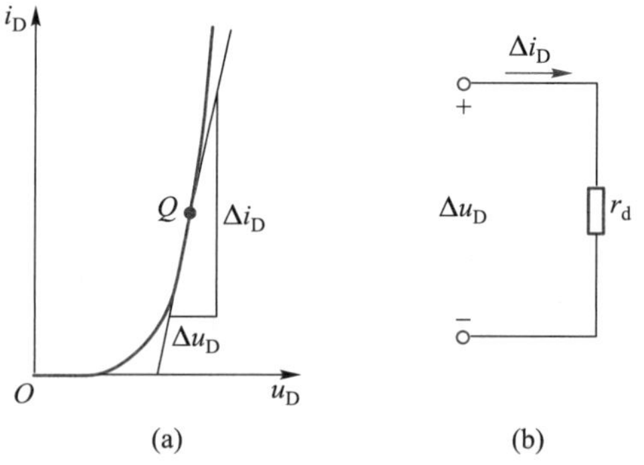

图1.3.4 二极管的交流小信号模型

(a) 交流小信号模型示意图 (b) 交流小信号模型

1.3.2 二极管的应用电路分析

对二极管单向导电特性的利用可以构成整流、限幅、开关电路等，这些都是二极管应用最为广泛的领域。大信号工作的二极管处于导通或截止状态时对外电路的表现不一样，对其分析时，应该判断不同信号范围内二极管的工作状态，确定对应的线性电路，进行分析计算，最后综合得到整个信号范围内电路的功能，这是分析二极管基本电路的基本思想。

一、整流电路

整流电路可以把输入的双极性电压变成单极性输出电压，或者从电流角度看，是把双向电流变成单向的电流。如果输出信号中只保留了输入信号的正半周或负半周的波形，则称为半波整流；如果输出信号中既保留了输入信号的正半周，又保留了输入信号的负半周，并且变化方向相同，则称为全波整流。

例 1.3.2　二极管基本电路如图 1.3.5(a)所示，已知 $u_i = 10\sin\omega t$ V，如图 1.3.5(b)所示。二极管采用恒压降模型，其导通压降 $U_D = 0.7$ V，试分析此电路的工作原理，并画出输出电压 u_O的波形。

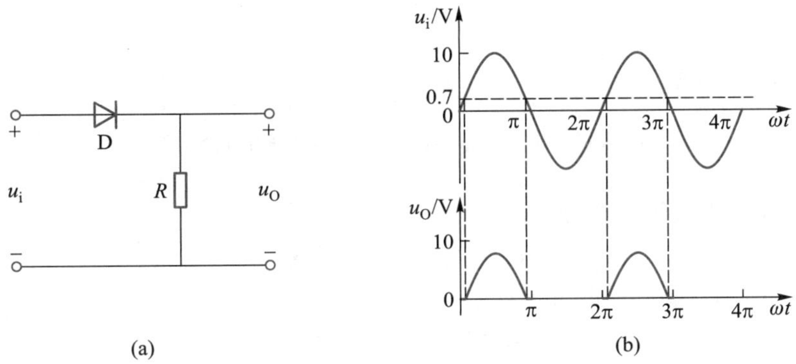

图 1.3.5　例 1.3.2 的电路

(a) 整流电路　(b) $u_i = 10\sin\omega t$ V 时输出电压 u_O的波形

解　二极管采用恒压降模型，u_i为正弦信号，因为输入信号是在一定范围内变化的，需要分段讨论二极管的状态。

当 $u_i > 0.7$ V 时，二极管正向导通，管压降为 0.7 V，所以 $u_O = u_i - 0.7$。

当 $u_i \leqslant 0.7$ V 时，二极管反向截止，相当于断路，$u_O = 0$。所以输出电压 u_O的波形如图 1.3.5(b)所示。电路实现了半波整流。

二、限幅电路

在电子电路中，常用限幅电路对各种信号进行处理。利用二极管的单向导电性和导通后两端电压基本不变的特点，可组成限幅(削波)电路，用来限制输出电压的幅度。限幅电路分为上限幅电路、下限幅电路和双向限幅电路。限幅电路可用作保护电路，以保护半导体器件不受过电压的危害。

例 1.3.3　限幅电路如图 1.3.6(a)所示，已知 $R = 1$ kΩ，$U_{REF} = 3$ V，二极管为硅管。求当输入电压 u_i分别为 0 V、4 V、6 V 和正弦波 $u_i = 6\sin\omega t$ V 时输出电压 u_O的值，并画出 $u_i = 6\sin\omega t$ V 时输出电压 u_O的波形。

解　首先考虑选用何种二极管模型。

(1) 当 u_i分别为 0 V、4 V、6 V 时，因为只有直流电源作用，所以二极管只有一种工作状态，导通或者截止。选择二极管的恒压降模型进行分析，然后判断理想二极管是导通还是截止。

① $u_i = 0$ V 时，二极管截止，此时，

$$u_O = u_i = 0 \text{ V}$$

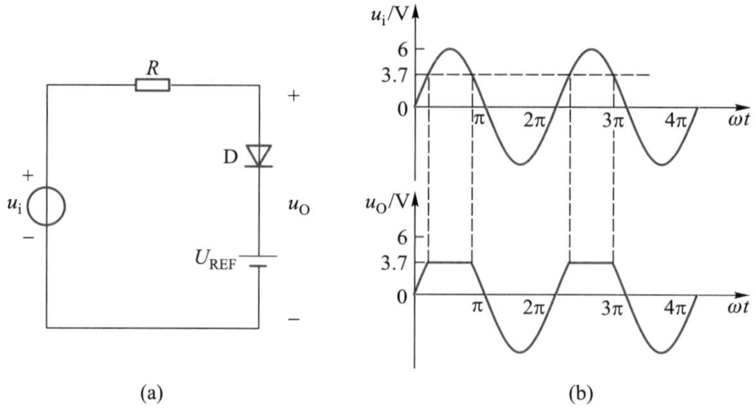

图 1.3.6 例 1.3.3 的电路

（a）限幅电路 （b）$u_i=6\sin\omega t$ V 时输出电压 u_O 的波形

② $u_i=4$ V 时，二极管导通，此时

$$u_O=U_D+U_{REF}=3.7\text{ V}$$

③ $u_i=6$ V 时，二极管导通，此时

$$u_O=U_D+U_{REF}=3.7\text{ V}$$

（2）因为 $u_i=6\sin\omega t$ V 是一个交流大信号，所以二极管仍然采用直流模型，需要分段考虑。

当 $u_i\leqslant3.7$ V 时，二极管反向截止，相当于开路，$u_O=u_i$；

当 $u_i>3.7$ V 时，二极管正向导通，相当于短路，此时 $u_O=U_{REF}+U_D=3.7$ V，输出波形如图 1.3.6(b)所示，电路实现上限幅。

分析二极管限幅电路时，可以首先确定使二极管处于临界状态的输入电压的临界值，然后分段讨论二极管的状态，最后得到输出电压的结果。

三、开关电路

利用二极管的导通、截止相当于开关的通和断，从而实现一些逻辑关系，称为开关电路，开关电路在数字电路中得到了广泛的应用。

例 1.3.4 二极管开关电路如图 1.3.7(a)所示，图(b)为习惯画法。设二极管 D_1、D_2 的导通压降 $U_D=0.7$ V，判断两个二极管的状态，并求输出电压 u_O 的值。

解 每个输入都有 0.3 V 和 3 V 两种情况，共有四种组合，下面分别进行讨论。

（1）$u_{I1}=0.3$ V，$u_{I2}=0.3$ V，将两个二极管从电路中断开，可知 D_1、D_2 承受相同的正向电压，均处于导通状态，导通压降 0.7 V，此时 $u_O=1$ V；

（2）$u_{I1}=3$ V，$u_{I2}=0.3$ V，将两个二极管从电路中断开，可知 D_2 承受正向电压比 D_1 承受正向电压大，假设先导通，导通压降 0.7 V，此时 $u_O=1$ V，且使 D_1 管阳极（1 V）比阴极（3 V）电位低，D_1 承受反向电压而截止，结果是 $u_O=1$ V；

（3）$u_{I1}=0.3$ V，$u_{I2}=3$ V，将两个二极管从电路中断开，可知 D_1 承受正向电压比 D_2 承受正向电压大，假设先导通，导通压降 0.7 V，此时 $u_O=1$ V，且使 D_2 管阳极（1 V）比阴极（3 V）电位低，D_2 承受反向电压而截止，结果是 $u_O=1$ V；

（4）$u_{I1}=3$ V，$u_{I2}=3$ V，将两个二极管从电路中断开，可知 D_1、D_2 承受相同的正向电压，

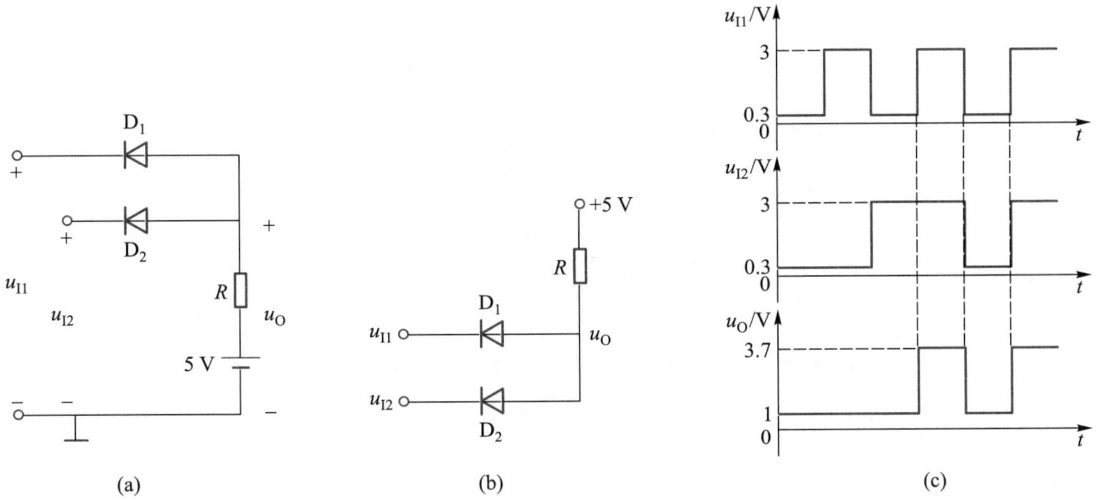

图 1.3.7 例 1.3.5 的电路

（a）二极管开关电路 （b）习惯画法 （c）波形图

均处于导通状态，导通压降 0.7 V，此时 $u_O=3.7$ V。

通过分析可获得如图 1.3.7(c)所示的输出波形。电路中的输入只有全为 3 V 时输出才为3.7 V，只要输入有 0.3 V，输出就为 1 V。在数字电路中实现了逻辑**与**的功能。

四、小信号工作情况分析

在利用小信号模型分析二极管电路时，一般是首先分析电路的静态工作情况，求得静态工作点 Q；其次，再计算出交流电阻 r_d；然后，根据小信号模型求出小信号作用下电路的交流电压、电流；最后将交流值与静态值相加，得到最终的结果。

例 1.3.5 电路如图 1.3.8 所示。设 $V_{DD}=5$ V，$R=5$ kΩ，二极管的导通压降 $U_D=0.7$ V，$u_i=10\sin\omega t$ mV。试计算输出电压 u_O的交流量。

解 根据叠加定理，可以将两个电源分开考虑，得到相应的电路模型如图 1.3.9(a)(b)所示。

由图 1.3.9(a)可知，理想二极管是导通的，所以电路的静态工作点为

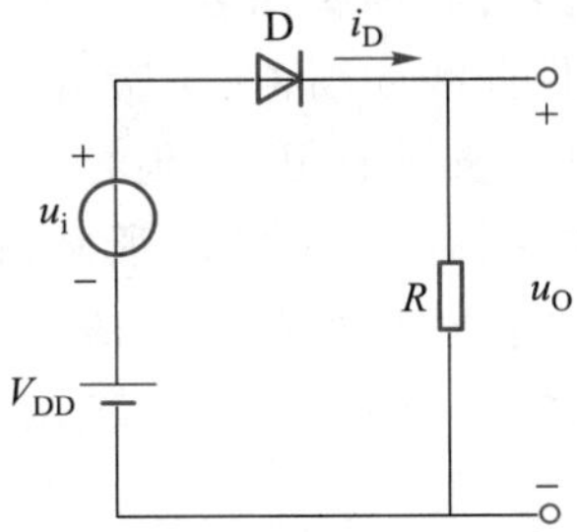

图 1.3.8 例 1.3.5 的电路

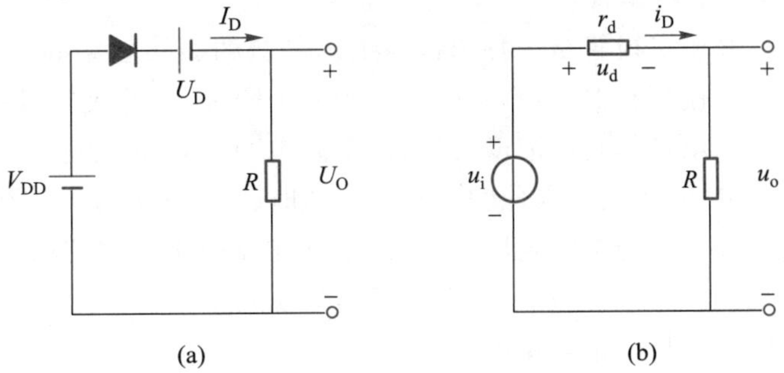

图 1.3.9 例 1.3.5 的求解

（a）直流信号作用下的等效电路 （b）小信号模型等效电路

$$U_D = 0.7\ \text{V}$$

$$I_D = \frac{V_{DD} - U_D}{R} = \frac{5 - 0.7}{5 \times 10^3}\ \text{A} = 0.86\ \text{mA}$$

根据式(1.2.3)可求得交流电阻

$$r_d = \frac{U_T}{I_D} = \frac{26 \times 10^{-3}}{0.86 \times 10^{-3}}\ \Omega \approx 30\ \Omega$$

根据图1.3.9(b)得到输出电压的交流分量为

$$u_o = \frac{R}{R + r_d} u_i \approx \frac{5 \times 10^3}{5 \times 10^3 + 30} \times 10\sin\omega t\ \text{mV} \approx 9.94\sin\omega t\ \text{mV}$$

思考题

1.3.1 二极管的直流模型有几种？在实际应用场合，如何选择适当的直流模型进行电路分析？

1.3.2 什么是二极管的交流小信号模型？如何确定交流等效电阻 r_d？什么情况下应用二极管的交流小信号模型来分析电路？

1.4 特殊二极管

前面讨论的二极管都是普通二极管，一般只工作在导通和截止两个状态，还有若干种特殊二极管，如稳压二极管、变容二极管、光电二极管以及发光二极管等，这些特殊二极管外部工作条件不尽相同，工作原理略有差异，现分别介绍如下。

1.4.1 稳压二极管

一、结构特点

稳压二极管是一种用特殊工艺制造的面接触型硅半导体二极管，简称**稳压管**。外形与普通二极管相似，也有一个阳极和一个阴极，其代表符号和伏安特性曲线如图1.4.1所示。

稳压管的杂质浓度比较大，空间电荷区内的电荷密度也大，因而该区域很窄，很容易形成强电场，当反向电压加到某一定值时，反向电流激增，产生反向击穿如图1.4.1(b)所示，该电压称为**反向击穿电压 U_Z**。稳压管在反向击穿时，反向击穿特性很陡峭，当反向电流在较大范围内变化时，管子两端的反向电压几乎保持 U_Z 值不变，表现出稳压特性，因而广泛用于稳压电源与限幅电路中。

由于采用了特殊的制造工艺，故与普通半导体二极管不同，稳压管的反向击穿是可逆的，只要击穿后反向电流不超过允许的最大值，反向击穿后管子就不会损坏，当去掉反向电压后，管子又恢复正常。为了保证反向电流不超过允许的最大值，在使用硅稳压管时，必须

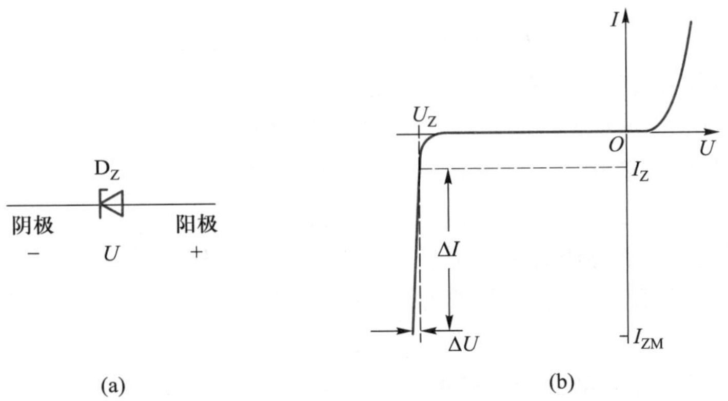

图 1.4.1 稳压管的符号及伏安特性曲线

(a) 稳压管的符号 (b) 稳压管的伏安特性曲线

串联一个合适的限流电阻 R。

由于硅管的热稳定性较好,一般都用硅材料来制造稳压管,所以称为硅稳压管。

二、稳压二极管的主要参数

稳压管的主要参数如下。

1. 稳定电压 U_Z

稳定电压 U_Z就是硅稳压管的反向击穿电压。需要说明的是,由于制造工艺不易控制,对于同一型号的不同稳压管,它们的稳定电压值是不同的,具有一定的分散性。例如,2CW13 型稳压管的 $U_Z=5\sim6.5$ V,也就是说,同样都是 2CW13 型的管子,一个管子的 U_Z可能是 5 V,另一个管子的 U_Z可能是 6 V 等。

2. 稳定电流 I_Z

稳定电流是指为了使稳压管具有良好的稳压性能所需流过管子的参考电流。例如,2CW13 型稳压管的 $I_Z=10$ mA。稳压管的实际工作电流小于 I_Z时,稳压效果极差;大于 I_Z时,工作电流越大,稳压效果越好,但不允许超过稳压管的最大稳定电流 I_{ZM}。

3. 最大耗散功率 P_{ZM}

最大耗散功率是指稳压管不致因过热而损坏所允许的最大功率损耗,且 $P_{ZM}=U_Z\cdot I_{ZM}$。式中,I_{ZM}是稳压管的最大稳定电流。知道了稳压管的 P_{ZM}和 U_Z后,即可求出 I_{ZM}。例如 2CW13 型管的 $P_{ZM}=0.25$ W,$I_{ZM}=38$ mA。

4. 动态电阻 r_Z

动态电阻是指硅稳压管在反向击穿特性的工作范围内,管子两端的电压变化量 ΔU_Z与相应电流变化量 ΔI_Z之比,即 $r_Z=\Delta U_Z/\Delta I_Z$。管子的 r_Z越小,由同样电流变化量 ΔI_Z所引起的管子两端电压的变化量 ΔU_Z越小,稳压管的稳压效果越好。

稳压管的 r_Z与工作电流有关,工作电流加大时,r_Z减小。另外,不同型号的稳压管的 r_Z是不同的。

5. 电压温度系数 α_Z

电压温度系数是指温度变化 1 ℃时,稳压管的稳定电压变化的百分数,即 $\alpha_Z=\Delta U_Z/\Delta T$。$\alpha_Z$是表示稳压管温度稳定性的参数。例如,某一 2CW17 型稳压管的 $U_Z=10$ V,它的 α_Z是

+0.09%/℃，则当环境温度升高 1℃时，它的 U_Z将增加 10 V×0.09% = 9 mV。

稳定电压不同的管子，具有不同的 α_Z。U_Z<4 V 的管子，α_Z为负值；U_Z>7 V 的管子，α_Z为正值；U_Z接近 4~7 V 的管子，α_Z有正有负。在要求温度稳定性高的场合，可采用 2DW7 系列的具有温度补偿的稳压管。这种管子是由两个稳压管反向串联制成的，如图 1.4.2 所示。

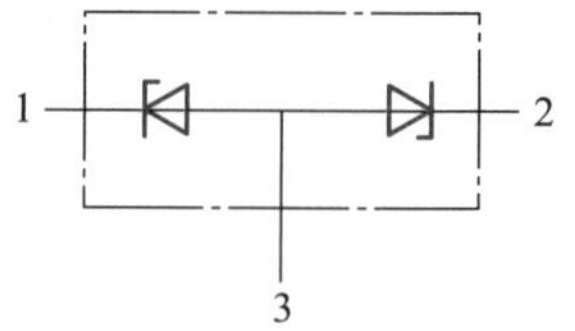

图 1.4.2　2DW7 系列稳压管

当使用 1、2 端引线时，总有一个稳压管处于反向击穿状态，具有正温度值，另一个稳压管来承受正向电压，具有负温度系数，而这两个管子用同一工艺制造在同一块硅片上，所以补偿效果很好。

表 1.4.1 列出了几种典型的稳压管的主要参数。

表 1.4.1　几种典型的稳压管的主要参数

型号	稳定电压 U_Z/V	稳定电流 I_Z/mA	最大稳定电流 I_{ZM}/mA	耗散功率 P_M/W	动态电阻 r_Z/Ω	温度系数 α_Z/(10^{-4}/℃)
2CW52	3.2~4.5	10	55	0.25	<70	≥-8
2CW107	8.5~9.5	5	100	1		8
2DW232*	6.0~6.5	10	30	0.20	≤10	±0.05

注：2DW232 为具有温度补偿的稳压管。

三、稳压管应用电路

简单的稳压管稳压电路如图 1.4.3 所示，U_I为待稳定的直流电源电压，D_Z为稳压管，R 为限流电阻，其作用是使电路有一个合适的工作状态，并限定电路的工作电流（$I_{Zmin}<I_Z<I_{Zmax}$），R_L为负载电阻，输出为稳压管的稳定电压 U_Z，因为在输入电压和负载电阻一定的变化范围内输出电压（即负载上的电压）基本不变，故称为**稳压电路**。

稳压原理：U_I升高（或负载增大），引起输出电压 U_O升高时，将使稳压管的反向电压升高，由图 1.4.1 所示的稳压管的伏安特性可知，D_Z上反向电压稍有升高，流过稳压管 D_Z 的电流 I_Z将急剧增加，使 $I_R = I_Z + I_O$增加很多，调整电阻 R 上的压降增大，U_I的升高量绝大部分降落在 R 上，从而使输出电压 U_O基本上保持不变。

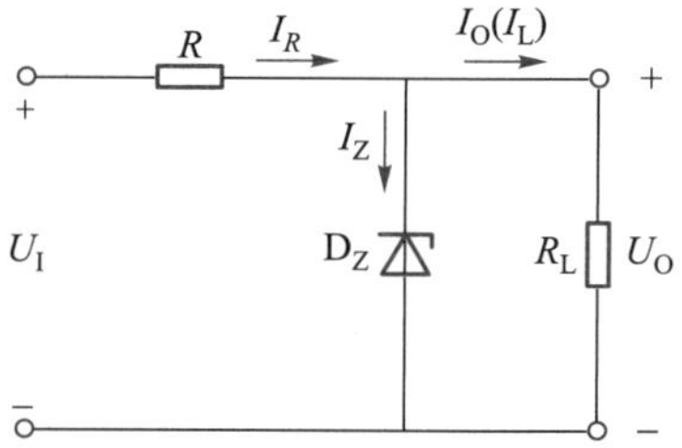

图 1.4.3　简单的稳压管稳压电路

注意：(1) 稳压管工作时应反接。

(2) 限流电阻必不可少。一是电阻起限流作用，以保护稳压管；二是当输入电压或负载电流变化时，调节稳压管的工作电流，通过电阻上压降的变化，起到稳压作用。

(3) 限流电阻值要适当，保证稳压管在稳压范围，即稳压管的电流满足 $I_{Zmin}<I_Z<I_{Zmax}$。

例 1.4.1　稳压电路如图 1.4.3 所示。已知 $U_I = 10$ V，稳压管的稳定电压 $U_Z = 6$ V，最小稳定电流 $I_{Zmin} = 5$ mA，最大稳定电流 $I_{Zmax} = 25$ mA，负载电阻 $R_L = 600$ Ω。求限流电阻 R 的取值范围。

解 从图 1.4.3 所示电路可知，根据基尔霍夫电流定律，R 上电流 I_R 等于稳压管中电流 I_Z 和负载电流 I_L 之和，即 $I_R=I_Z+I_L$。其中 $I_Z=5\sim25\ \text{mA}$，$I_L=U_Z/R_L=6/600\ \text{A}=10\ \text{mA}$，所以 $I_R=15\sim35\ \text{mA}$。

由基尔霍夫电压定律可知，$U_R=U_I-U_Z=(10-6)\ \text{V}=4\ \text{V}$，因此

$$R_{min}=\frac{U_R}{I_{Rmax}}=\frac{4}{35\times10^{-3}}\ \Omega\approx114\ \Omega$$

$$R_{max}=\frac{U_R}{I_{Rmin}}=\frac{4}{15\times10^{-3}}\ \Omega\approx267\ \Omega$$

限流电阻 R 的取值范围为 114~267 Ω。

1.4.2 其他特殊二极管

在电子技术领域中，光信号在信号传输和存储等环节中应用越来越广泛。例如 CD 或 VCD 碟片、计算机光盘以及船舶和飞机的导航装置中，均采用了现代化的光电子系统。光电子系统的突出优点是：抗干扰能力强，传输信息量大，传输损耗小，工作可靠性高。它的缺点在于光路比较复杂，光信号的操作和调制要求比较精细。光信号和电信号的接口需要一些特殊的二极管，相关内容可查阅文档 1.1。

文档 1.1
特殊二极管

思考题

1.4.1 稳压管处于稳压区需要什么条件？

1.4.2 稳压管构成的稳压电路中限流电阻 R 起什么作用？如何确定限流电阻的取值范围？

1.4.3 光电二极管和发光二极管对外加工作电压的极性是否有要求？

文档 1.2
二极管应用电路的 Multisim 仿真

1.5 二极管应用电路的 Multisim 仿真

1.5.1 二极管电路的静态分析

对图 1.3.2 所示电路进行仿真，研究二极管的不同等效模型。将计算机仿真结果与例 1.3.1 中的理想型、恒压降型、折线型的计算机结果进行比较。

1.5.2 二极管的应用电路

研究二极管在限幅电路和整流电路中的应用。

具体内容见文档 1.2。

本章小结

PPT
第 1 章
教学课件

一、知识结构图

- 半导体基础
  - 本征半导体
  - 杂质半导体
  - PN 结:单向导电性
- 二极管
  - 结构符号
  - 特性曲线
  - 参数
  - 电路分析
    - 模型
      - 直流模型
        - 理想模型
        - 恒压降模型
        - 折线模型
        - 指数模型
      - 交流模型:小信号模型
    - 应用电路分析
- 特殊二极管
  - 稳压管及稳压管电路
  - 其他特殊二极管

二、归纳总结

(1) 半导体的导电能力介于导体与绝缘体之间,具有热敏特性、光敏特性和掺杂特性。半导体中有两种载流子:自由电子和空穴。载流子有两种运动方式:扩散运动和漂移运动。本征激发使半导体中产生自由电子-空穴对,但它们的数目很少,并与温度有密切关系。在本征半导体中掺入不同的杂质,可分别形成 P 型和 N 型半导体,它们是构成各种半导体器件的基本材料。PN 结是构成各种半导体器件的基本结构形式。PN 结的重要特性是具有单向导电性。

(2) 半导体二极管由一个 PN 结构成,具有单向导电性。二极管的伏安特性是非线性的,所以它是非线性器件,由二极管构成的电子电路是非线性电路。为分析计算二极管电路方便,引入二极管模型。主要介绍了理想模型、恒压降模型、折线模型和交流小信号模型,它们是在一定条件下,用线性元件所构成的电路来近似模拟二极管,并用之取代电路中的二极管,从而把非线性的二极管电路转化为线性电路来分析。在实际应用中,在分析电路的静态或大信号情况时,根据输入信号的大小,选用不同的直流模型;只有当信号很微小且有一个静态偏置时,才采用小信号模型。

(3) 特殊二极管也具有单向导电性。利用 PN 结击穿时的特性可以制成稳压管,稳压管在电路中具有稳压作用,稳压管动态电阻 r_Z越小,稳压性能越好;利用 PN 结的光敏特性可以制成光电二极管,利用发光材料可以制成发光二极管。

(4) 计算机辅助分析与设计是电子电路分析设计的有效方法,通过辅助分析与设计,可以缩短设计周期,目前已得到广泛应用。二极管的 SPICE 模型比较复杂,与实际器件特性非常接近,所以仿真结果精度很高。

本章的重要题型分析见文档 1.3。

习　　题

1.1.1　选择合适的答案填入空内。

(1) 在本征半导体中加入________元素可形成 N 型半导体，加入________元素可形成 P 型半导体。

A. 五价　　B. 四价　　C. 三价

(2) PN 结加正向电压时，空间电荷区将________。

A. 变窄　　B. 基本不变　　C. 变宽

(3) 当温度升高时，二极管的反向饱和电流将________。

A. 增大　　B. 不变　　C. 减小

(4) 稳压管的稳压区是指其工作在________。

A.正向导通　　B.反向截止　　C.反向击穿

1.2.1　写出图 P1.2.1 所示各电路的输出电压值，设二极管是理想的。

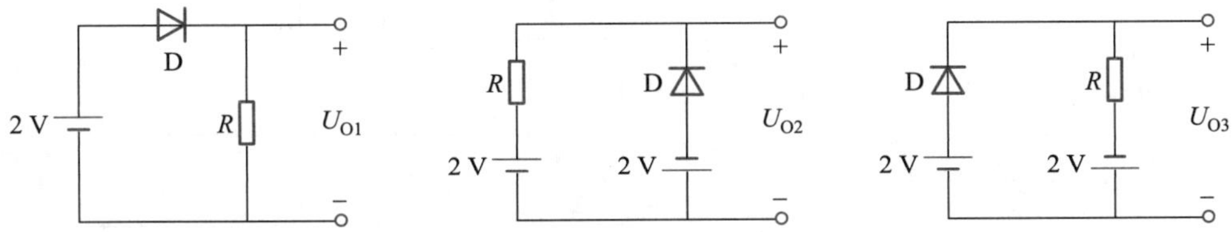

图 P1.2.1

1.2.2　写出图 P1.2.2 所示各电路的输出电压值，设二极管导通电压 $U_D=0.7$ V。

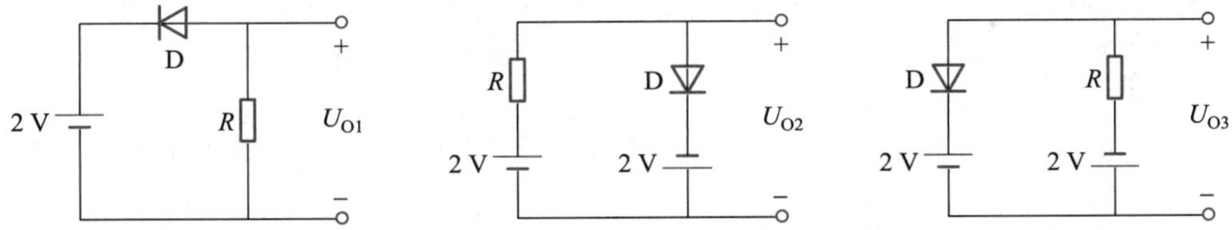

图 P1.2.2

1.3.1　电路如图 P1.3.1 所示，设二极管采用恒压降模型且正向压降为 0.7 V，试判断图中各二极管是否导通，并求出电路的输出电压 U_O。

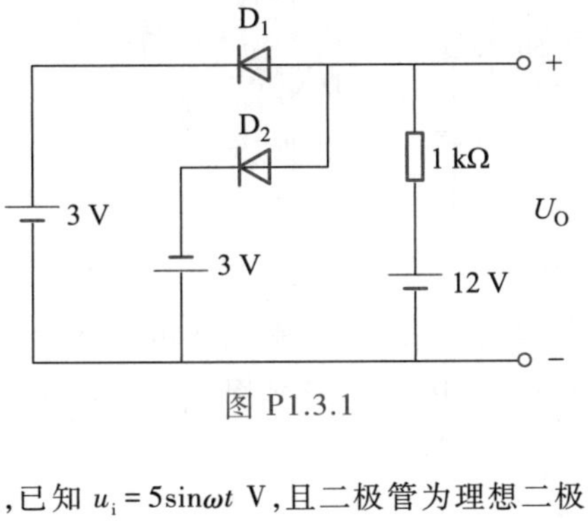

图 P1.3.1

1.3.2　电路如图 P1.3.2 所示，已知 $u_i=5\sin\omega t$ V，且二极管为理想二极管。试画出 u_i 与 u_O 的波形，并标

出幅值。

1.3.3 电路如图 P1.3.3 所示，已知 $u_i = 10\sin\omega t$ V，试画出 u_i 与 u_O 的波形。设二极管导通电压 $U_D = 0.7$ V。

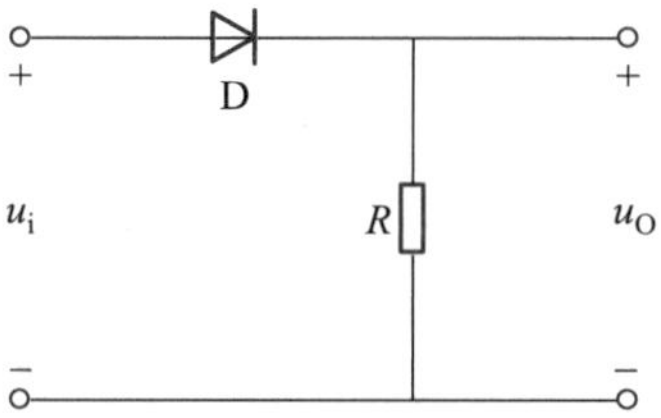

图 P1.3.2

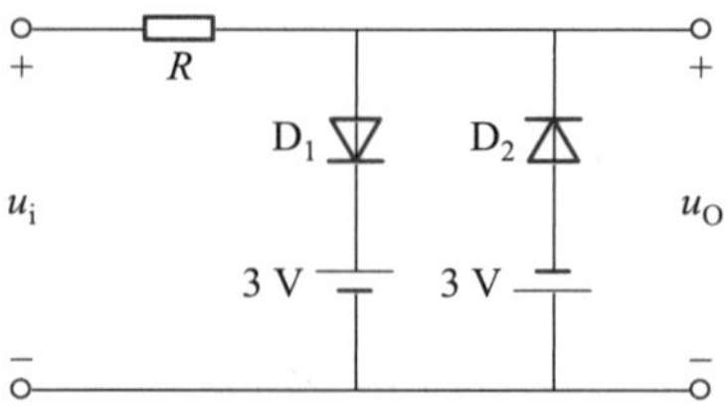

图 P1.3.3

1.3.4 电路如图 P1.3.4(a) 所示，其输入电压 u_{I1} 和 u_{I2} 的波形如图 P1.3.4(b) 所示，二极管导通电压 $U_D = 0.7$ V。试画出输出电压 u_O 的波形，并标出幅值。

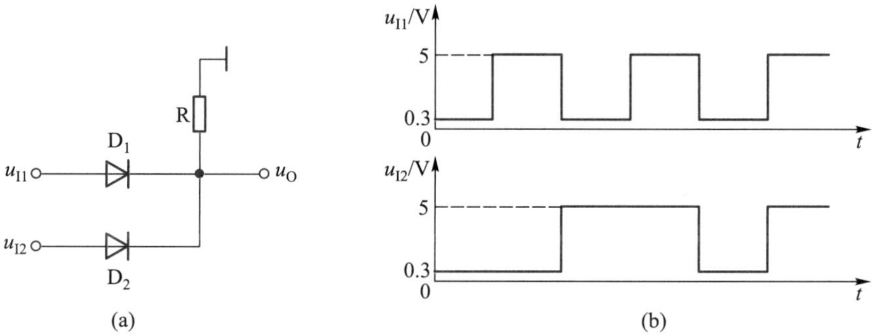

图 P1.3.4

1.3.5 电路如图 P1.3.5 所示，二极管导通电压 $U_D = 0.7$ V，常温下 $U_T \approx 26$ mV，电容 C 对交流信号可视为短路；u_i 为正弦波，有效值为 10 mV。$U = 2$ V、5 V、10 V 时二极管中的直流电流各为多少？二极管中的交流电流有效值各为多少？

1.3.6 电路如图 P1.3.6 所示，设 $U_I = 10$ V，$R = 10$ kΩ。若直流电源 U_I 变化 ±1 V 时，问相应的输出电压 U_O 将如何变化？

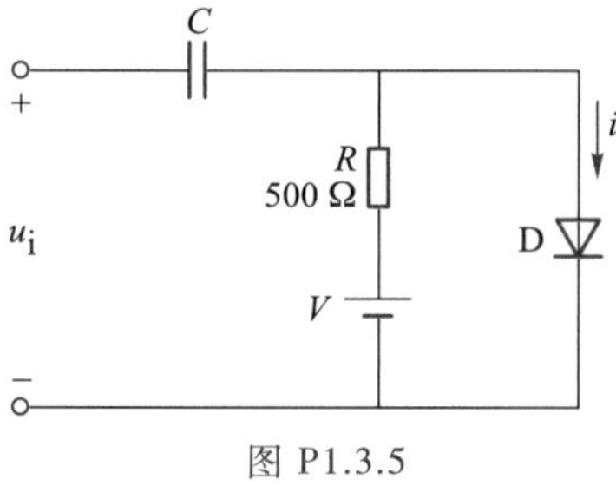

图 P1.3.5

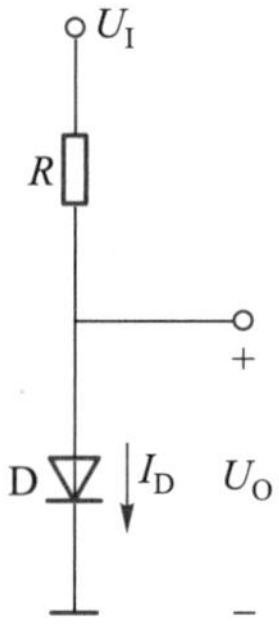

图 P1.3.6

1.3.7 二极管电路如图 P1.3.7(a) 所示。(1) 判断二极管 D_1 和 D_2 是导通还是截止，并求出 U_{AO}。(2) 若将开关 S_1 打开，S_2 合上，接通 u_I，其中 u_I 的波形如图 P1.3.7(b) 所示，试画出 u_O 的波形。设二极管均为理想二极管。

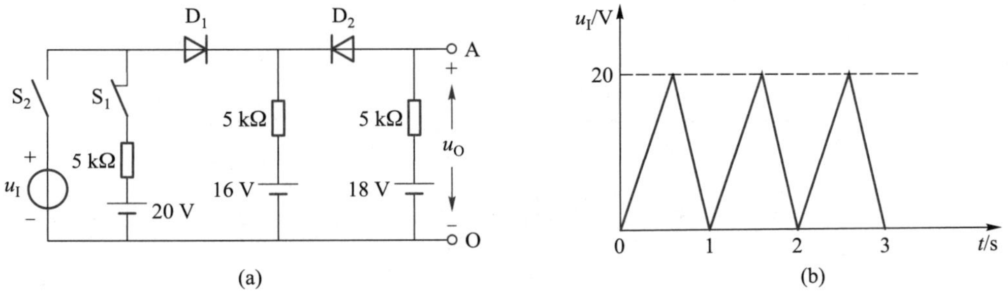

图 P1.3.7

1.4.1 现有两只稳压管,它们的稳定电压分别为 6 V 和 8 V,正向导通电压为 0.7 V。试问:

(1) 若将它们串联相接,则可得到几种稳压值? 各为多少?

(2) 若将它们并联相接,则又可得到几种稳压值? 各为多少?

1.4.2 已知稳压管的稳定电压 $U_Z = 6$ V,稳定电流的最小值 $I_{Zmin} = 5$ mA,最大功耗 $P_{ZM} = 150$ mW。试求图 P1.4.2 所示电路中电阻 R 的取值范围。

1.4.3 已知图 P1.4.3 所示电路中稳压管的稳定电压 $U_Z = 6$ V,最小稳定电流 $I_{Zmin} = 5$ mA,最大稳定电流$I_{Zmax} = 25$ mA。

(1) 分别计算 U_I为 10 V、15 V、35 V 三种情况下输出电压 U_O的值;

(2) 若 $U_I = 35$ V 时负载开路,则会出现什么现象? 为什么?

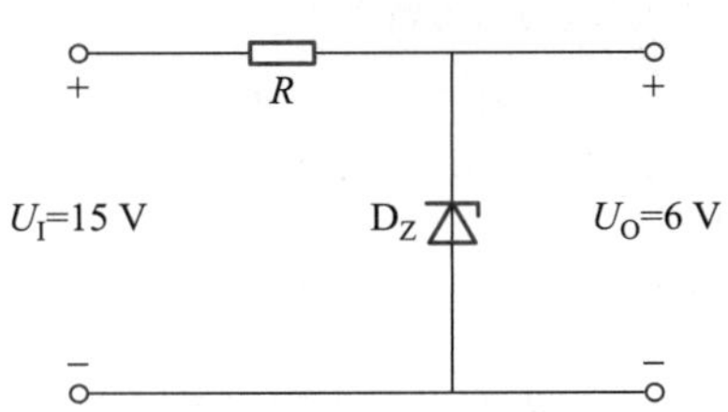

图 P1.4.2

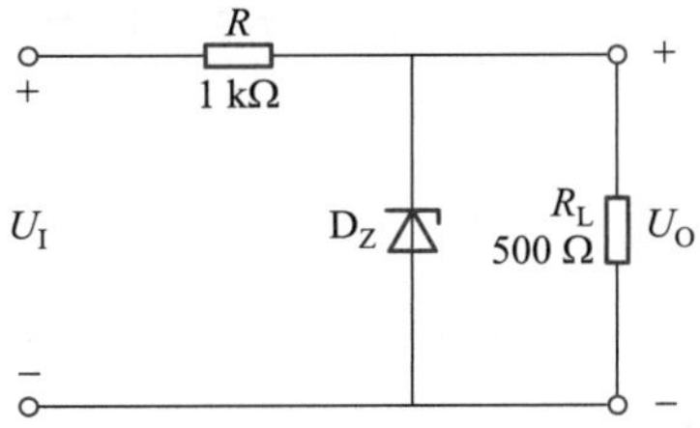

图 P1.4.3

1.4.4 电路如图 P1.4.4(a)(b)所示,稳压管的稳定电压 $U_Z = 3$ V,R 的取值合适,u_I的波形如图 P1.4.4(c)所示。试分别画出 u_{O1}和 u_{O2}的波形。

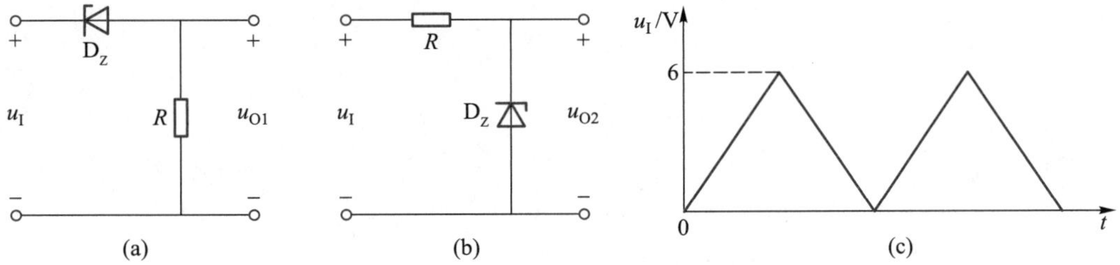

图 P1.4.4

1.4.5 稳压电路如图 P1.4.5 所示。已知 $U_I = 12$ V,稳压管的 $U_Z = 6$ V,负载电阻 $R_L = 1$ kΩ。当限流电阻 $R = 200$ Ω 时,求稳定电流 I_Z和输出电压 U_O;当限流电阻 $R = 11$ kΩ 时,再求 I_Z和 U_O。

1.4.6 在图 P1.4.6 所示电路中,发光二极管导通电压 $U_D = 1.5$ V,正向电流在 5~15 mA 时才能正常工作。试问:

(1) 开关 S 在什么位置时发光二极管才能发光?

(2) R 的取值范围是多少?

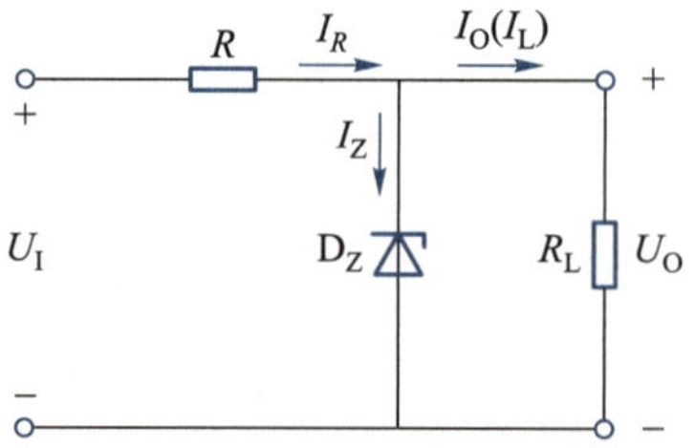

图 P1.4.5

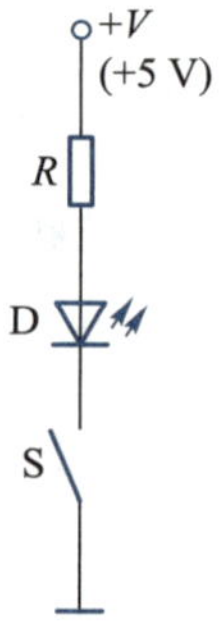

图 P1.4.6

1.5.1 利用 Multisim 研究图 P1.3.5 所示电路在 R 的阻值变化时二极管的直流电压和交流电流的变化,并总结仿真结果。

1.5.2 利用 Multisim 研究图 P1.4.4 所示电路的输出电压波形。

文档 1.3
第 1 章重要题型分析

文档 1.4
第 1 章部分习题答案

第2章 晶体管及基本放大电路

双极结型晶体管(bipolar junction transistor,缩写 BJT)是一种三端器件,内部含有两个 PN 结,使 PN 结的使用发生了质的飞跃。两个 PN 结上加不同极性、不同大小的偏置电压,晶体管呈现不同的特性和功能。

放大电路的功能是将微弱的电信号不失真地放大到需要的数值。为了增强微弱信号,几乎每个电子系统中都要用到放大电路。BJT 是放大电路的核心元件。

本章将首先介绍 BJT 的结构、工作原理、特性曲线和主要参数,接着以共射基本放大电路为例,阐述放大电路的基本组成、基本概念和基本工作原理,重点介绍放大电路的两种分析方法:图解法和微变等效电路分析法。在分析放大电路的静态工作点的基础上,分析计算放大电路的动态指标:电压放大倍数、输入电阻和输出电阻。然后讨论工作点稳定电路、共集电极和共基极放大电路的分析计算,并总结电路的特点。最后分析放大电路的频率响应。

2.1 晶体管

晶体管是通过一定的工艺,将两个 PN 结结合在一起而构成的有源器件。由于在晶体管中有自由电子和空穴两种载流子参与导电,故称为**双极结型晶体管**(BJT),简称晶体管。它的种类很多,按制造材料分,有硅管和锗管;按功率大小分,有大、中、小功率管;按工作频率分,有高频管和低频管等。常见外形如图 2.1.1 所示。

2.1.1 晶体管的结构和类型

晶体管按结构分为 NPN 型和 PNP 型两类。晶体管的结构和符号如图 2.1.2 所示。其中

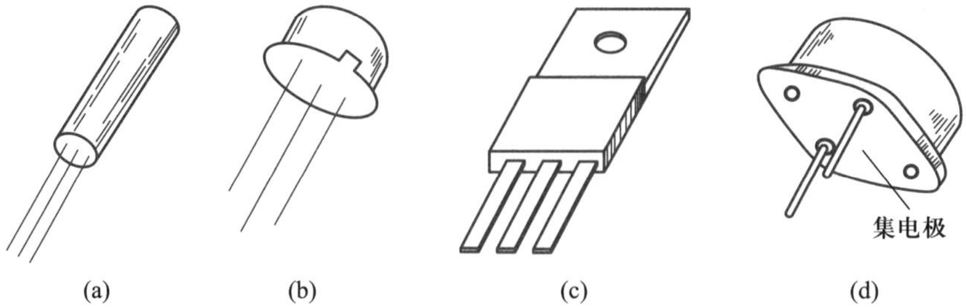

图 2.1.1 晶体管的几种常见外形
(a) 小功率管 (b) 小功率管 (c) 中功率管 (d) 大功率管

图(a)为 NPN 型晶体管的结构和符号,图(b)为 PNP 型晶体管的结构和符号,无论是哪种类型,它们均由三个掺杂区和两个 PN 结构成。晶体管的中间区称为**基区**,两侧的异型区分别称为**发射区**和**集电区**。三个区各自引出一个电极与外电路相连,分别称为**基极 b**、**发射极 e** 和**集电极 c**。发射区和基区之间的 PN 结称为**发射结**,基区和集电区之间的 PN 结称为**集电结**。

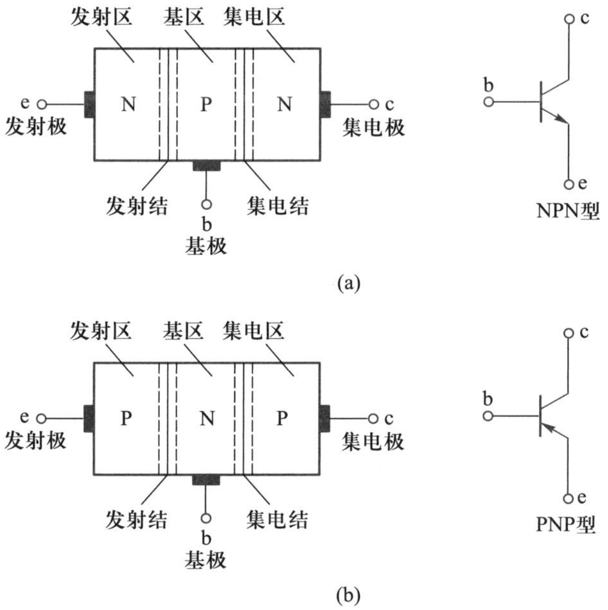

图 2.1.2 晶体管的结构和符号
(a) NPN 型晶体管的结构和符号 (b) PNP 型晶体管的结构和符号

晶体管的结构特点:基区很薄且掺杂浓度低,一般仅为几微米到几十微米;发射区用于发射载流子,因而杂质浓度高,以 NPN 型晶体管为例,N 型发射区的自由电子浓度要比 P 型基区中的空穴浓度大得多,一般为其 100 倍以上;集电区用于收集载流子,因而面积远大于发射区的面积。发射区与集电区不对称,不能互换,这些特点是保证晶体管具有电流放大作用的内部条件。

晶体管还可根据所用半导体材料的不同而分为硅管和锗管,无论是硅管或锗管,都可以制成 NPN 和 PNP 两种类型。但是,我国目前生产的硅管多为 NPN 型,锗管多为 PNP 型。

PNP 型晶体管与 NPN 型晶体管具有几乎等同的特性,二者只不过是各电极间的电压极性和各电极电流的流向不同而已。本节主要讨论 NPN 型晶体管的电流放大作用、输入特性曲线、输出特性曲线和主要参数。

2.1.2 晶体管的放大原理

一、感性认识

为了对晶体管中的电流分配和电流放大作用有一个感性认识,设计一个实验电路,如图 2.1.3 所示。

图 2.1.3 中,NPN 型晶体管的两个 PN 结和外电路一起形成两个回路:基极-发射极回路(也称输入回路)和集电极-发射极回路(也称输出回路)。由于这两个回路以发射极作为公共端,所以称为**共发射极电路**。

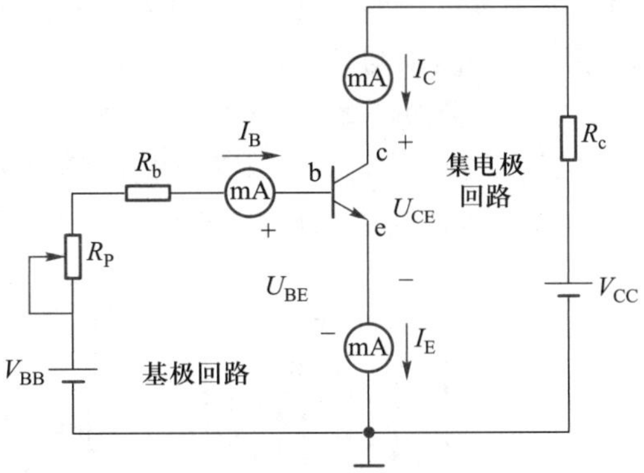

图 2.1.3 晶体管中的电流关系

要使晶体管具有电流放大作用,除了其内部条件外,还需要具备外部条件:发射结正偏,集电结反偏。为此,在输入回路加基极电源 V_{BB}以保证发射结正偏,在输出回路加集电极电源 V_{CC},且 V_{CC}比 V_{BB}大得多,使 $U_{CE} \gg U_{BE}$,则晶体管的集电结反偏,电源极性及三个电极的电流方向如图 2.1.3 所示。不断改变可变电阻 R_P的值,电流 I_B、I_C及 I_E都会发生变化,它们的值可分别由电流表读出,其结果如表 2.1.1 所示。

表 2.1.1 晶体管中电流分配关系的测试数据

I_B/mA	−0.004	0	0.01	0.02	0.03	0.04	0.05
I_C/mA	0.004	0.01	1.09	1.98	3.07	4.06	5.05
I_E/mA	0	0.01	1.10	2.00	3.10	4.10	5.10

分析表 2.1.1 所列数据,可以发现以下规律。

(1) 观察数据表格中的每一列可知,发射极电流 I_E 等于集电极电流 I_C 和基极电流 I_B 之和,即

$$I_E = I_B + I_C \tag{2.1.1}$$

式(2.1.1)说明晶体管实质上是一个电流分配器,它把发射极电流 I_E 分成两部分,一部分分配给集电极,作为集电极电流 I_C,另一部分分配给基极,作为基极电流 I_B。

(2) 基极电流 I_B 比集电极电流 I_C 和发射极电流 I_E 小得多。例如从表 2.1.1 第四列的数据可得 I_C 与 I_B 的比值为

$$\frac{I_C}{I_B} = \frac{1.98}{0.02} = 99$$

可见，在晶体管中，用微小的基极电流 I_B，可以控制较大的集电极电流 I_C。

（3）基极电流的微小变化可以引起集电极电流的较大变化。例如，由表 2.1.1 可知，当基极电流 I_B 由 0.02 mA 变化为 0.03 mA 时，集电极电流 I_C 将由 1.98 mA 变化为 3.07 mA，即

$$\frac{\Delta I_C}{\Delta I_B}=\frac{3.07-1.98}{0.03-0.02}=109$$

在晶体管中，由于用微小的基极电流可以控制较大的集电极电流，也可以用基极电流的微小变化，使集电极电流产生较大的变化，故把晶体管称为**电流控制电流的器件**，它有电流的放大作用，这是晶体管最重要和最基本的特征。

晶体管为什么是一个电流分配器？它为什么具有电流放大作用？要回答这两个问题，必须深入到晶体管的内部，分析其在合适外加电压的作用下，管子内部载流子的运动规律，找出载流子的运动与外部电流的关系，才能得到答案。

二、晶体管内部载流子的传输过程

以图 2.1.4(a)所示的 NPN 型晶体管为例，图中外加电压 V_{BB} 使得晶体管的发射结正偏，V_{CC} 使得晶体管的集电结反偏，我们分三个过程来探究其中载流子的运动规律。

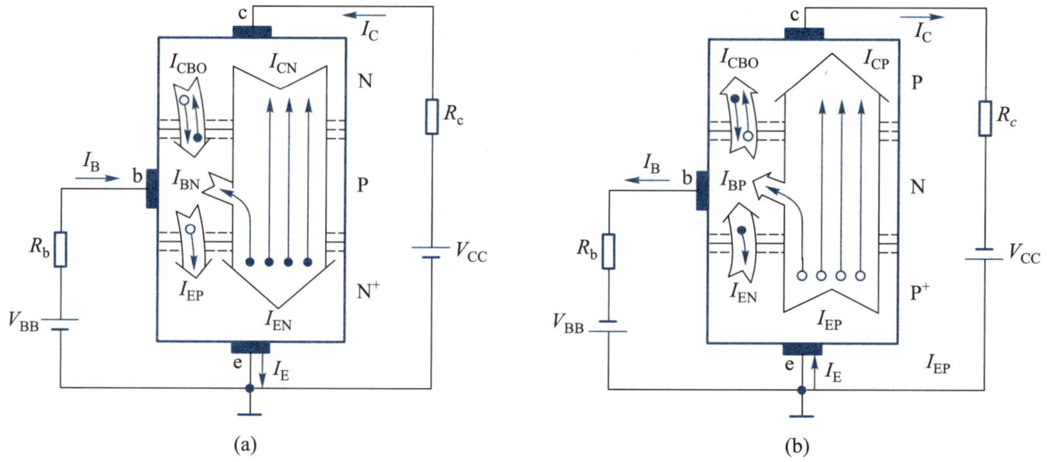

图 2.1.4 晶体管内部载流子运动与外部电流

（a）NPN 型晶体管 （b）PNP 型晶体管

1. 发射区向基区注入电子的过程形成发射极电流 I_E

由于发射结加正向电压，又因为发射区的掺杂浓度高，所以发射区中的多子（自由电子）将不断通过发射结扩散到基区，形成自由电子扩散电流 I_{EN}，其方向与自由电子扩散运动的方向相反。同时，基区中的多子（空穴）也要扩散到发射区，形成空穴扩散电流 I_{EP}，其方向与空穴扩散运动的方向相同，即 I_{EP} 与 I_{EN} 方向相同。I_{EP} 与 I_{EN} 一起构成发射极电流 I_E。但由于基区掺杂浓度低，所以 I_{EP} 非常小，近似分析时可以忽略不计，即

$$I_E=I_{EP}+I_{EN}\approx I_{EN} \tag{2.1.2}$$

应该指出，电源 V_{BB} 会不断向发射区补充因扩散而失去的自由电子。

2. 自由电子在基区中扩散和复合的过程形成基极电流 I_{BN}

发射区中大量的自由电子注入基区后，由于靠近发射结的自由电子很多，靠近集电结的

自由电子很少,在基区中形成了自由电子浓度上的差别,导致自由电子继续从发射结向集电结扩散。扩散中,部分自由电子可能与基区中的空穴相遇而被复合,形成基区复合电流 I_{BN}。由于基区很薄,掺杂浓度低,所以被复合的自由电子很少,I_{BN}很小,绝大多数自由电子都能扩散到集电结边缘。基区被复合掉的空穴由电源 V_{BB}从基区拉走自由电子来补充。

3. 集电区收集自由电子的过程形成集电极电流 I_C

由于集电结上外加反向电压,故外电场加强了集电结的内电场,对基区扩散到集电结边缘的载流子自由电子有很强的吸引力,使它们很快漂移过集电结,被集电区收集,形成收集电流 I_{CN},其方向与自由电子漂移方向相反。另外,基区自身的少子(自由电子)和集电区的少子(空穴)也要产生漂移运动,形成集电结反向饱和电流 I_{CBO},其方向与 I_{CN}方向一致。I_{CN}和 I_{CBO}一起构成集电极电流 I_C,即

$$I_C = I_{CN} + I_{CBO} \tag{2.1.3}$$

根据图 2.1.4(a)所示的 NPN 型晶体管内部载流子电流的分布及其方向和式(2.1.2)、式(2.1.3)可以得到晶体管的基极电流为

$$I_B = I_{EP} + I_{BN} - I_{CBO} = I_{EP} + I_{EN} - I_{CN} - I_{CBO} = I_E - I_C$$

可得

$$I_E = I_B + I_C \tag{2.1.4}$$

式(2.1.4)说明,晶体管各电极电流的代数和为零,满足基尔霍夫电流定律。

通过以上分析可知,晶体管中有空穴和电子两种载流子参与导电,故常称**晶体管为双极性器件**。以上是对 NPN 型晶体管的电流分析,PNP 型晶体管与其不同的是外加电源电压的极性相反,产生的电流方向相反,如图 2.1.4(b)所示。对 NPN 型晶体管的分析结果仍然适用于 PNP 型晶体管。

总之,在 NPN 型晶体管的发射结上加正向电压,目的是使发射区能够向基区注入自由电子;在 NPN 型晶体管的集电结上加反向电压,目的是使集电区能够收集从发射区扩散到基区的自由电子。因此,要使晶体管具有电流放大作用,除了晶体管本身的内部条件外,还必须有合适的外部条件,即外加电压使发射结正偏,集电结反偏。

三、晶体管的电流分配关系

从载流子的传输过程可以看出,晶体管三个电极的电流并不是独立的,它们之间存在着特定的关系。

把集电极电流 I_{CN}与基区复合电流 I_{BN}之比用符号 $\overline{\beta}$ 表示,反映由发射区注入基区中的自由电子的扩散和复合的比例,称为**共发射极直流电流放大系数**,即

$$\overline{\beta} = \frac{I_{CN}}{I_{BN}} \approx \frac{I_C - I_{CBO}}{I_B + I_{CBO}} \approx \frac{I_C}{I_B}$$

$\overline{\beta}$ 表示出了集电极电流 I_C与基极电流 I_B之间的关系。

把集电极电流 I_{CN}与自由电子注入电流 I_{EN}之比用符号 $\overline{\alpha}$ 表示,称为**共基极直流电流放大系数**,即

$$\overline{\alpha} = \frac{I_{CN}}{I_{EN}} \approx \frac{I_C - I_{CBO}}{I_E} \approx \frac{I_C}{I_E}$$

$\overline{\alpha}$表示出了集电极电流I_C与发射极电流I_E之间的关系。即$I_C \approx \overline{\alpha} I_E$。

$\overline{\alpha}$也间接反映由发射区注入基区中的自由电子的扩散和复合的比例，所以$\overline{\beta}$与$\overline{\alpha}$有必然的换算关系

$$\overline{\beta} = \frac{I_{CN}}{I_{BN}} = \frac{I_{CN}}{I_{EN} - I_{CN}} = \frac{\overline{\alpha} I_{EN}}{I_{EN} - \overline{\alpha} I_{EN}} = \frac{\overline{\alpha}}{1 - \overline{\alpha}} \tag{2.1.5}$$

$$\overline{\alpha} = \frac{I_{CN}}{I_{EN}} = \frac{I_{CN}}{I_{BN} + I_{CN}} = \frac{\overline{\beta} I_{BN}}{I_{BN} + \overline{\beta} I_{BN}} = \frac{\overline{\beta}}{1 + \overline{\beta}} \tag{2.1.6}$$

$\overline{\beta}$和$\overline{\alpha}$是表征晶体管放大能力的直流参数，它的值取决于基区的宽度、掺杂浓度等因素，每个晶体管制作完成后，这两个参数就基本确定了，$\overline{\beta}$值一般在20~200之间，而$\overline{\alpha}$值在0.97~0.99之间。

在近似分析中，$\overline{\beta}$和$\overline{\alpha}$通常用来描述晶体管各个电极电流之间的比例关系。

因为

$$I_C = I_{CN} + I_{CBO} \approx \overline{\beta}(I_B + I_{CBO}) + I_{CBO} = \overline{\beta} I_B + (1 + \overline{\beta}) I_{CBO} = \overline{\beta} I_B + I_{CEO}$$

所以

$$I_{CEO} = (1 + \overline{\beta}) I_{CBO}$$

其中，I_{CEO}称为**穿透电流**，取值很小，如果将其忽略，则有

$$I_C = \overline{\beta} I_B \tag{2.1.7}$$

$$I_E = I_B + I_C = (1 + \overline{\beta}) I_B \tag{2.1.8}$$

式(2.1.7)和式(2.1.8)是用$\overline{\beta}$描述的晶体管各电极电流的关系。经过类似推导，我们也可以将晶体管各电极电流的关系用$\overline{\alpha}$进行描述

$$I_C = \overline{\alpha} I_E \tag{2.1.9}$$

$$I_B = (1 - \overline{\alpha}) I_E \tag{2.1.10}$$

上述电流分配关系说明，NPN型晶体管在发射结正偏、集电结反偏，而且$\overline{\alpha}$或$\overline{\beta}$保持不变时，输出电流I_C与输入电流I_E或I_B成正比。如果能控制输入电流(I_E或I_B)，就能控制输出电流I_C，所以将晶体管称为**电流控制器件**。利用晶体管的电流控制作用，可以将微小的输入信号进行放大。

四、晶体管放大交流信号的基本原理

在图2.1.4(a)所示电路的基础上，为了简化分析，忽略空穴注入电流I_{EP}和反向饱和电流I_{CBO}。给晶体管的输入端叠加一个微小的变化电压ΔU_I，如图2.1.5(a)所示。ΔU_I使得发射结电压在原来的基础上发生变化，但是因为ΔU_I的幅值比较小，所以变化过程中发射结始终处于正偏。发射极电流I_E会随正偏电压的微小变化产生明显改变，即只要很小的输入电压ΔU_I(变化量)就能引起发射极电流有很大变化量ΔI_E。因为晶体管是电流控制器件，故集电极电流I_C也会产生相应的变化量ΔI_C。通过集电极负载电阻R_c产生一个电压变化量ΔU_O，只要选择合适的R_c值，使受输入信号ΔU_I控制的输出电压ΔU_O大于输入电压，就可实

现电压放大作用。同理,PNP 管组成的电路如图 2.1.5(b)所示。

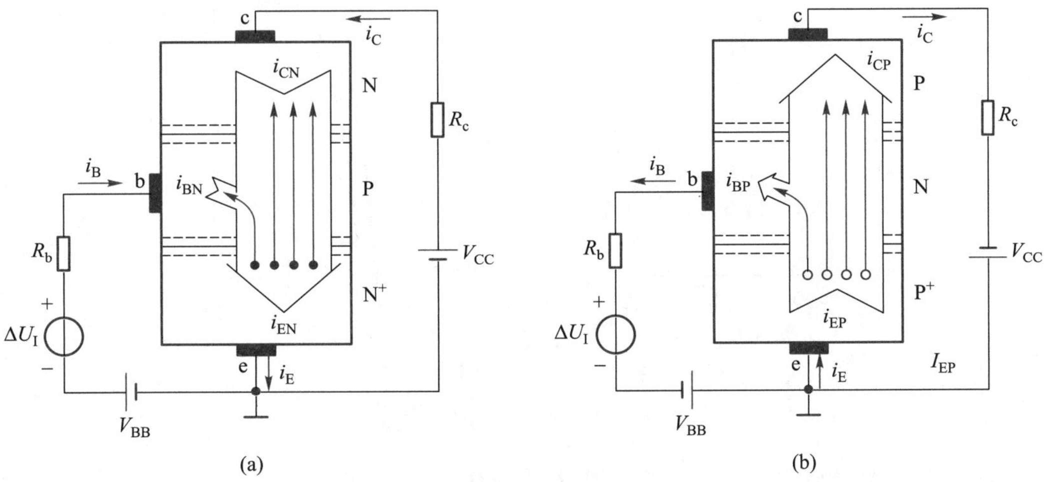

图 2.1.5 晶体管放大交流信号

(a) NPN 型晶体管 (b) PNP 型晶体管

2.1.3 晶体管的特性曲线及工作状态

晶体管的特性曲线是指晶体管各电极之间电压、电流之间的关系曲线,是晶体管内部载流子运动的外部表现,用于对晶体管的性能、参数和晶体管电路的分析估算。

在实际应用中,共发射极电路应用最为广泛,因此,我们将着重讨论晶体管在共发射极接法时的特性曲线,称为**共发射极特性曲线**。

一、输入特性曲线

输入特性曲线描述的是在管压降 u_{CE} 为某一常数时,基极电流 i_B 与发射结压降 u_{BE} 之间的函数关系,即

$$i_B = f(u_{BE})\big|_{u_{CE}=常数} \tag{2.1.11}$$

当 $u_{CE}=0$ V 时,晶体管的集电极与发射极短路,即发射结与集电结并联。因此,晶体管的输入特性曲线与 PN 结的伏安特性曲线类似,呈指数关系,如图 2.1.6 中标注 $u_{CE}=0$ V 的那条曲线所示。

当 u_{CE} 增大时,由于发射区注入基区的自由电子有一部分越过集电结形成集电极电流 i_C,故在基区参与复合运动的自由电子随 u_{CE} 的增大(即集电结反向电压的增大)而减少,则 i_B 减小;因此,要获得同样的 i_B,就必须加大 u_{BE},使发射区向基区注入更多的自由电子,所以曲线将右移。如果 u_{CE} 再增大,只要 u_{BE} 保持不变,由发射区注入基区的自由电子数一定,i_B 就基本上不随 u_{CE} 的增大而变化了。因此,当 u_{CE} 超过一定数值后,各条输入特性曲线基本重合,如图 2.1.6 中标注 $u_{CE}\geqslant 1$ V 的曲线所示。通常认为 $u_{CE}\geqslant 1$ V。

由图 2.1.6 可知,晶体管的输入特性曲线也有一段死区,只有当发射结的正向电压大于开启电压 $U_{BE(on)}$ 时,晶体管中才会出现基极电流 i_B。硅管的开启电压约为 0.5 V,锗管的开启电压约为 0.1 V。在正常工作情况下,NPN 型硅晶体管的发射结正向电压 $U_{BE}=0.6$ ~

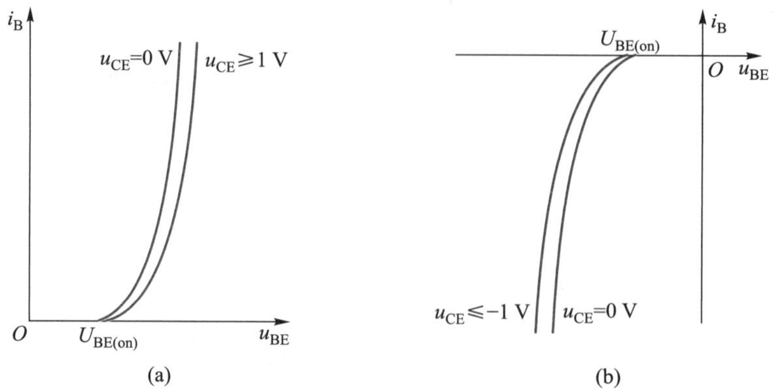

图 2.1.6 晶体管的输入特性曲线
（a）NPN 型晶体管 （b）PNP 型晶体管

0.7 V，PNP 型锗晶体管的发射结正向电压 $U_{BE}=-0.3\sim-0.2$ V。

二、输出特性曲线

输出特性曲线描述的是在基极电流 i_B 为某一常数时，集电极电流 i_C 与管压降 u_{CE} 之间的函数关系，即

$$i_C=f(u_{CE})\big|_{i_B=\text{常数}} \tag{2.1.12}$$

对于每一个确定的 i_B，都有一条曲线，所以输出特性曲线是一族曲线，如图 2.1.7 所示。

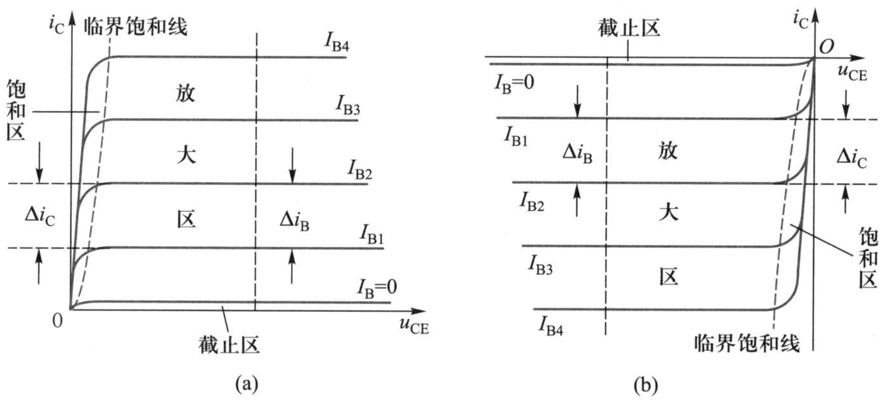

图 2.1.7 晶体管的输出特性曲线
（a）NPN 型晶体管 （b）PNP 型晶体管

1. 输出特性曲线的特点

由图 2.1.7(a)可以看出，NPN 型晶体管的共发射极输出特性曲线有以下一些特点。

（1）当 u_{CE} 比较小时，输出特性很陡，i_C 随着 u_{CE} 的增大而很快增大。这是因为，当 u_{CE} 较小时，集电结的反向电压比较小，集电区收集自由电子的能力比较弱，集电极电流 i_C 比较小。当 u_{CE} 稍有增加时，集电区收集自由电子的能力迅速增强，集电极电流 i_C 就随之增大。

（2）当 u_{CE} 大于某一数值以后，输出特性变得比较平坦，当 u_{CE} 再增大时，i_C 基本上保持不变。这时，i_C 主要由 i_B 决定，与 u_{CE} 基本无关，这种现象称为**晶体管的恒流特性**。产生这种

现象的原因是,当 u_{CE} 大于某一数值以后,集电结的反向电压已经足够大,能够把发射区注入基区的大部分自由电子都吸引到集电区,所以,即使 u_{CE} 再继续增大,i_C 也不再继续增大了。

(3) i_B 越大,输出特性越向上移。这是因为 i_B 的增大是靠发射区向基区注入更多的自由电子,即靠 i_E 的增大来实现的,i_E 增大了,i_C 也必然要增大。

2. 晶体管的三个工作区域

从输出特性曲线可以看出,晶体管有三个工作区域:放大区、截止区和饱和区,如图 2.1.7(a)中所标注。通过控制晶体管的发射结和集电结的偏置,可以使晶体管分别工作在这三个区域。

(1) 放大区

输出特性曲线族中近于水平部分的区域是**放大区**。在理想情况下,当 i_B 按等差变化时,输出特性是一族与横轴平行的等距离直线。在此区域内,晶体管具有电流放大作用,i_C 几乎仅仅取决于 i_B,而与 u_{CE} 无关,表现出 i_B 对 i_C 的控制作用,$i_C=\beta i_B$。晶体管工作在放大区的外部条件是发射结正偏,集电结反偏。

用共射极交流电流放大倍数 β 来衡量 i_B 的变化量对 i_C 的变化量之间的关系

$$\beta=\frac{\Delta i_C}{\Delta i_B} \tag{2.1.13}$$

由于 I_{CEO} 很小,所以 $\beta\approx\bar{\beta}$。

(2) 截止区

输出特性曲线族中 $I_B=0$ 的那条输出特性曲线与 u_{CE} 轴之间的区域称为**截止区**。在此区域中,$I_B\approx0$,$i_C\approx I_{CEO}$,I_{CEO} 值比较小,因此在近似分析中可以认为 $i_C\approx0$,晶体管基本不导电,处于截止状态。晶体管工作在截止区的外部条件是发射结反偏或发射结正偏但结压降小于开启电压 $U_{BE(on)}$,且集电结反偏。

(3) 饱和区

输出特性曲线族中几乎垂直上升和弯曲的部分与 i_C 轴之间的区域称为**饱和区**。在此区域中,不同 I_B 值的输出特性曲线几乎是重合的,即此时 i_B 对 i_C 不再有控制作用,管子失去电流放大作用,这种现象称为**晶体管的饱和现象**。但 i_C 随 u_{CE} 增加而迅速增大。该区域中的 u_{CE} 很小,称为**晶体管的饱和压降 U_{CES}**,在近似分析时,小功率硅管的 U_{CES} 取 0.3 V,小功率锗管的 U_{CES} 取 0.1 V。图 2.1.7(a)中虚线是饱和区与放大区的分界线,称为临界饱和线。对于小功率,可以认为当 $u_{CE}=u_{BE}$(即 $u_{CB}=0$)时,晶体管处于临界饱和(或临界放大)状态。晶体管工作在饱和区的外部条件是发射结和集电结均正偏。

在模拟电路中,绝大多数情况下应保证晶体管工作在放大状态。

晶体管工作在三种不同工作区域的外部条件和特点见表 2.1.2。

表 2.1.2 晶体管工作在三种不同工作区域的外部条件和特点

工作状态	条件	特点
截止状态	发射结反偏或正偏但小于开启电压 $U_{BE(on)}$、集电结反偏	$i_B=0,i_C\approx0$
放大状态	发射结正偏、集电结反偏	$i_C\approx\beta i_B$
饱和状态	发射结、集电结均正偏	$u_{CE}=U_{CES},i_C<\beta i_B$

应该指出，由于制造工艺上的差别，即使是同一型号的不同晶体管，它们的特性曲线也会有很大的差别，所以，在半导体器件手册中，只能给出晶体管的典型特性曲线。在实际使用晶体管时，还应采用晶体管特性图示仪测出每个管子的实际特性曲线。

在实际电路中，一般采用如下步骤确定晶体管工作在哪个工作区，从而判断晶体管的工作状态。

(1) 把晶体管从电路中断开，在此电路拓扑结构下求晶体管的发射结电压，若发射结反偏或零偏或小于开启电压值，则晶体管截止。若发射结正偏，则晶体管可能处于放大状态或处于饱和状态，需要进一步判断。进入步骤(2)。

(2) 把晶体管放回电路中，电路的拓扑结构返回原状。假设晶体管处于饱和状态（硅管的 U_{CES} 取 0.3 V，小功率锗管的 U_{CES} 取 0.1 V），求此时晶体管的集电极饱和电流 I_{CS}，进而求出基极饱和电流 I_{BS}。

(3) 在原始电路拓扑结构基础上，求出晶体管的基极支路中实际流动的电流 I_B。

(4) 比较 I_B 和 I_{BS} 的大小：若 $I_B>I_{BS}$（或者 $\beta I_B>I_{CS}$），则晶体管处于饱和状态。否则，晶体管处于放大状态。

例 2.1.1　电路如图 2.1.8 所示，已知晶体管发射结的正向导通电压为 0.7 V，$\beta=50$，$U_{CES}=0.3$ V。当输入电压 u_I 分别为 0 V、3 V 和 6 V 时，判断晶体管的工作状态，并计算输出电压 u_O。

解　由于晶体管外加的输入信号是直流信号，故三个电极产生的电流也是直流电流，电流方向如图 2.1.8 所示。

当 $u_I=0$ V 时，发射结零偏，集电结反偏，晶体管处于截止状态，此时 $I_B=0$，$I_C=0$，$u_O=V_{CC}-I_CR_c=12$ V。

当 $u_I=3$ V 时，发射结正偏，晶体管处于放大或饱和状态。因为 $V_{CC}\gg U_{CES}$，所以晶体管的集电极饱和电流 $I_{CS}\approx\dfrac{V_{CC}}{R_c}=3$ mA，基极饱和电流 $I_{BS}=\dfrac{I_{CS}}{\beta}=60\ \mu A$。电路的输入回路中，实际的基极电流为 $I_B=(u_I-U_{BE})/R_b\approx38\ \mu A$，由于 $I_B<I_{BS}$，所以晶体管工作在放大状态，$u_O=V_{CC}-I_CR_c=V_{CC}-\beta I_BR_c=(12-50\times0.038\times4)\text{ V}=4.4$ V。

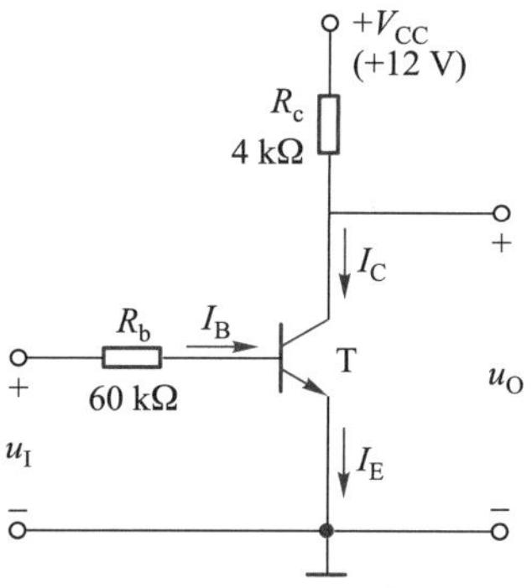

图 2.1.8　例 2.1.1 电路图

当 $u_I=6$ V 时，发射结正偏，晶体管处于放大或饱和状态。此时，$I_B=\dfrac{u_I-U_{BE}}{R_b}\approx88\ \mu A$，由于 $I_B>I_{BS}$，所以晶体管工作在饱和状态，$u_O=U_{CES}=0.3$ V。

2.1.4　晶体管的主要参数

晶体管的参数是用来表示晶体管的性能优劣和它的适用范围的数据，是合理选择和正确使用晶体管的依据。在计算机辅助分析和设计中，根据晶体管的结构和特性，要用几十个参数全面描述它。这里只介绍在近似分析中常用的主要参数，它们均可在半导体器件手册中查到。

一、直流参数

1. 共射极直流电流放大系数 $\overline{\beta}$

共射极直流电流放大系数表示的是集电极直流电流和基极直流电流之间的关系，即

$$\overline{\beta}=\frac{I_{CN}}{I_{BN}}\approx\frac{I_C - I_{CBO}}{I_B + I_{CBO}}$$

整理上式有

$$I_C = \beta I_B + (1+\beta)I_{CBO} = \overline{\beta}I_B + I_{CEO}$$

式中，I_{CEO}是晶体管的穿透电流。当 $I_C \gg I_{CEO}$时，有

$$\overline{\beta}\approx\frac{I_C}{I_B}$$

2. 共基极直流电流放大系数 $\overline{\alpha}$

共基极直流电流放大系数表示的是集电极直流电流和发射极直流电流之间的关系，即

$$\overline{\alpha}=\frac{I_C - I_{CBO}}{I_E}$$

当 $I_C \gg I_{CBO}$时，$\overline{\alpha}\approx\frac{I_C}{I_E}$。

3. 极间反向电流

（1）集电极-基极反向饱和电流 I_{CBO}

I_{CBO}是发射极开路时集电结的反向饱和电流，测量电路如图 2.1.9(a)所示。在一定温度下，I_{CBO}基本是个常数，所以称为反向饱和电流。一般 I_{CBO}的数值很小，小功率硅管 I_{CBO}在 1 μA以下，小功率锗管的 I_{CBO}约为 10 μA。当环境温度变化时，I_{CBO}随着变化，因此在温度变化范围大的工作环境应选用硅管。

（2）集电极-发射极反向饱和电流 I_{CEO}

I_{CEO}是基极开路时集电极与发射极间的穿透电流，测量电路如图 2.1.9(b)所示，如前所述，$I_{CEO}=(1+\overline{\beta})I_{CBO}$。小功率硅管的 I_{CEO}在几微安以下，小功率锗管的 I_{CEO}在几十微安以上。

同一型号晶体管的反向电流越小，性能越稳定。所以在选用晶体管时，I_{CBO}与 I_{CEO}应尽量小。硅管比锗管的极间反向电流小 2~3 个数量级，因此温度稳定性比锗管好。

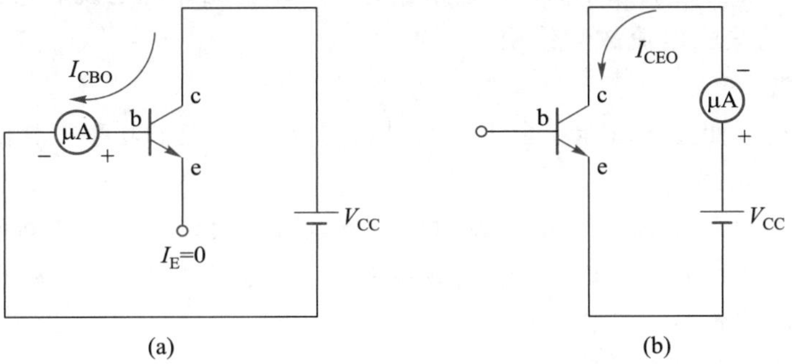

图 2.1.9 测量反向饱和电流的电路

(a) I_{CBO}的测量 (b) I_{CEO}的测量

二、交流参数

交流参数是描述晶体管对于动态信号的性能指标。

1. 共射极交流电流放大系数 β

集电极和发射极之间的电压 u_{CE} 保持常数时，晶体管集电极电流的变化量与基极电流变化量的比值，称为晶体管的共发射极交流电流放大系数，即

$$\beta = \left.\frac{\Delta i_C}{\Delta i_B}\right|_{u_{CE}=\text{常数}}$$

如图 2.1.7 中所标注，取某一个 U_{CE}，作一条垂直线，由图可得到相应的 Δi_B 和 Δi_C，即可由上式求出 β 值。

对于晶体管的电流放大系数，应该指出以下几点。

（1）β 和 $\bar{\beta}$ 的概念是不同的，$\bar{\beta}$ 反映的是静态（直流工作状态）时的电流放大系数，而 β 反映的是动态（交流工作状态）时的电流放大系数。

（2）由于晶体管特性曲线的非线性，故 β 值与管子的工作电流有关，只有在特性曲线的线性部分，才可以认为 β 值是基本恒定的。当工作电流太小或太大时，β 值都要减小。

（3）在工作电流不是很大的情况下，可以认为 $\beta \approx \bar{\beta}$，故在对电子电路进行近似计算时，二者可以混用。

（4）由于制造工艺的分散性，即使是同一型号的晶体管，不同管子的 β 值也会有很大差别，常用晶体管的 β 值为 20 ～ 100。一般放大电路中，采用 β = 30 ～ 80 的晶体管为宜。

2. 共基极交流电流放大系数 α

集电极和基极之间的电压 u_{CB} 保持常数时，晶体管集电极电流变化量与发射极电流变化量的比值，称为晶体管的共基极交流电流放大系数，即

$$\alpha = \left.\frac{\Delta i_C}{\Delta i_E}\right|_{u_{CB}=\text{常数}}$$

近似分析中可以认为 $\alpha \approx \bar{\alpha} \approx 1$。

3. 特征频率 f_T

由于晶体管中 PN 结结电容的存在，晶体管的交流电流放大系数 β 会随着信号频率 f 变化而变化。当信号频率升高到一定程度时，β 将随 f 的升高而减小，并产生相移。使 β 减小到 1 时的信号频率称为特征频率 f_T。f_T 是标志一个晶体管能保持电流放大作用的最高频率。当 $f > f_T$ 时，晶体管将失去电流放大作用。

三、极限参数

极限参数是指为使晶体管能安全工作而对它的电压、电流和功率损耗的限制。

1. 集电极最大允许电流 I_{CM}

当集电极电流太大时，晶体管的共发射极交流电流放大系数 β 的值将明显减小，一般把 β 值减小到额定值的 2/3 时的集电极电流规定为管子的集电极最大允许电流。当集电极电流 i_C 大于 I_{CM} 时，晶体管不一定会损坏。

2. 集电极最大允许耗散功率 P_{CM}

晶体管的集电极电流 i_C 与电压 u_{CE} 的乘积称为集电极耗散功率，即

$$P_C = i_C u_{CE}$$

这个功率将使晶体管集电结的温度(简称结温)升高。结温太高会使晶体管的性能变坏,甚至烧毁晶体管。硅管的最高结温为 150 ℃,锗管约为 75 ℃。为了不超过最高结温,使用晶体管时,其集电极耗散功率不允许超过最大允许耗散功率 P_{CM},即 $P_{CM}=i_C u_{CE}$ = 常数。根据半导体器件手册中给出的 P_{CM} 值,可以在晶体管的输出特性曲线上画出 P_{CM} 线,如图 2.1.10 所示。曲线右上方为过损耗区。

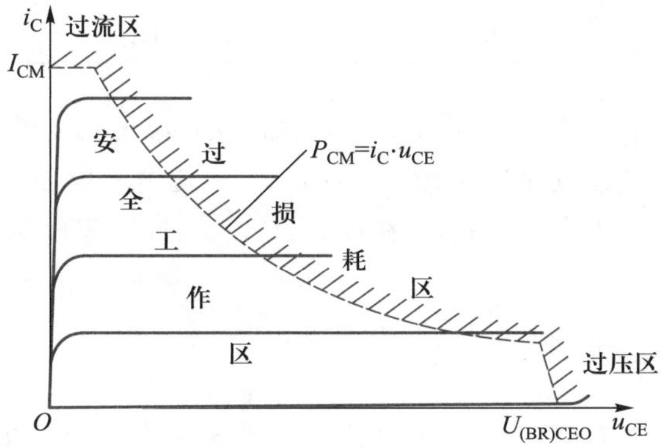

图 2.1.10 晶体管的功率极限损耗线

对于大功率管来说,应该加装合适尺寸的散热片以满足散热条件。

3. 反向击穿电压

(1) 集电极-发射极反向击穿电压 $U_{(BR)CEO}$

$U_{(BR)CEO}$ 是基极开路时集电极和发射极之间允许施加的最大电压。在实际电路中,如果集电极和发射极之间的电压超过 $U_{(BR)CEO}$,晶体管的集电极电流将变得很大,产生击穿现象。此时,轻则使晶体管的性能变坏,重则使管子损坏。

(2) 集电极-基极反向击穿电压 $U_{(BR)CBO}$

$U_{(BR)CBO}$ 是发射极开路时集电极和基极之间允许施加的最大反向电压。在实际电路中,如果集电极和基极之间的反向电压超过 $U_{(BR)CBO}$,集电结将被反向击穿。

(3) 发射极-基极反向击穿电压 $U_{(BR)EBO}$

$U_{(BR)EBO}$ 是集电极开路时发射极和基极之间允许施加的最大反向电压。在实际电路中,如果发射极和基极之间的反向电压超过 $U_{(BR)EBO}$,发射结将被反向击穿。

对于不同型号的晶体管,$U_{(BR)CBO}$ 为几十伏到上千伏,$U_{(BR)CEO}$ 小于 $U_{(BR)CBO}$,而 $U_{(BR)EBO}$ 只有1 V以下到几伏。

由 I_{CM}、P_{CM} 和 $U_{(BR)EBO}$ 在输出特性曲线上可以确定四个区:过损耗区、过流区、过压区和安全工作区。在组成晶体管电路时,应根据工作条件合理选择管子的型号。为保证晶体管可以可靠工作,必须使它工作在图 2.1.10 所示的安全工作区中。

应该指出,由于晶体管制造工艺的限制,其参数具有一定的分散性,即使是同一型号的晶体管,不同管子间的参数可能也会有很大的差异。因此半导体器件手册上所给出的往往是参数的上限值、下限值或参数的参考范围。

例 2.1.2 在一个晶体管放大电路中,电源电压为 20 V,已知三只晶体管的参数如表 2.1.3所示,请选用一只管子,并说明理由。

表 2.1.3 例 2.1.2 三只晶体管的参数表

晶体管名称	晶体管参数		
	$I_{CBO}/\mu A$	$U_{(BR)CEO}/V$	β
T_1	0.01	30	20
T_2	0.02	60	100
T_3	0.01	15	100

解 由表 2.1.3 提供的参数可以看出，T_1管 I_{CBO}很小，温度稳定性好，但β较小，放大能力差，所以不能选用。T_3管 I_{CBO}也比较小，β大，但 $U_{(BR)CEO}$比电源电压还小，在工作过程中有可能会被击穿，故不能选用。T_2管 I_{CBO}较小，β较大，$U_{(BR)CEO}$远大于电源电压，所以选用 T_2。

思考题

2.1.1 晶体管具有两个 PN 结，可否用两只二极管背靠背相连接构成一只晶体管，试说明理由。

2.1.2 为使 NPN 型管和 PNP 型管工作在放大状态，它们的外部工作条件分别是什么？

2.1.3 为什么晶体管是电流控制器件？简要说明其电流控制原理。

2.1.4 如何用指针式万用表判别一只晶体管的三个电极 b、e、c？

2.1.5 在晶体管的参数中，哪些参数可以确定晶体管的安全工作区？

2.2 放大的概念和放大电路的主要性能指标

教学视频 2.1 放大电路的性能指标

放大电路的应用十分广泛，例如，无论是在日常使用的收音机和电视机中，还是在精密的测量仪器和复杂的自动控制系统中，放大电路都是它们的重要组成部分。在这些电子设备中，放大电路的作用是将加在它输入端的微弱的电信号加以放大，而在它的输出端获得较大的不失真电压信号或功率信号，以便于测量和利用。

2.2.1 放大的概念

所谓“放大”，表面看来是将信号的幅度增大，其本质是能量的控制，即能量的转换。在实际应用中，信号有时只有微伏或毫伏的量级，其能量过于微弱，不足以驱动负载（或执行机构）工作，这时就必须通过放大电路将信号进行“放大”。为了实现“放大”，必须给放大电路提供能源，电路中需要直流电源供电。由直流电源供电的放大电路，通过加在其输入端的能量比较小的输入信号，借助晶体管来控制直流电源提供能量，最后使输出端的负载上得到能量比较大的输出信号。因此，我们常说：“放大”的实质是“小能量控制大能量”。

“放大”的对象是变化量；“放大”的前提是输出信号不能产生失真。放大电路的核心是电子有源器件,如晶体管。

2.2.2 放大电路的主要性能指标

一个放大电路总是要和其他电路发生联系的。例如,放大电路的输入端一定要接信号源,它的输出端一定要接上负载或与其他电路相连(相当于该放大电路的负载),可由图 2.2.1来描述。

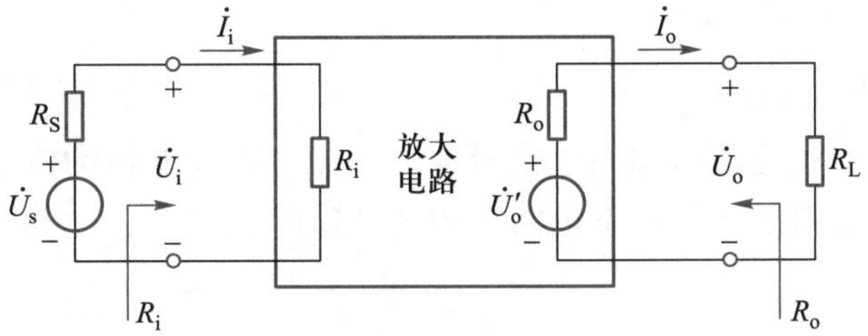

图 2.2.1　放大电路与信号源和负载的连接框图

图 2.2.1 中,R_S 是信号源$\dot{U}_s$ 的内阻,R_L为放大电路的负载。

可以把放大电路看成是有输入端和输出端的二端口网络:从输入端看进去,可将放大电路等效为一个电阻 R_i,相当于信号源的负载;从输出端看进去,可将放大电路等效为一个带有内阻 R_o 的信号源$\dot{U}'_o$,相当于负载 R_L的信号源。$\dot{U}_i$ 是放大电路输入端获得的电压,称为**放大电路的输入电压**;$\dot{I}_i$ 为流进放大电路输入端的电流,称为**放大电路的输入电流**;$\dot{U}_o$ 是放大电路输出端的电压(负载上的电压),称为**放大电路的输出电压**;$\dot{I}_o$ 是从放大电路输出端流出的电流,称为**放大电路的输出电流**。

一、电压放大倍数

电压放大倍数是用来衡量放大电路放大能力的重要指标,是输出正弦电压的复数值$\dot{U}_o$和输入正弦电压的复数值$\dot{U}_i$ 之比,通常用 $\dot{A}_u$ 来表示,即

$$\dot{A}_u = \frac{\dot{U}_o}{\dot{U}_i} = |\dot{A}_u|\underline{/\varphi} \tag{2.2.1}$$

$$|\dot{A}_u| = \frac{U_o}{U_i}, \underline{/\varphi} = \varphi_o - \varphi_i \tag{2.2.2}$$

可见,电压放大倍数是个复数,其绝对值表示放大电路输出电压和输入电压的有效值之比,它的辐角则表示输出电压与输入电压之间的相位差。

讨论电压放大倍数的前提是,放大电路应在不失真的情况下工作,即当输入电压为正弦波时,应保证输出电压也为正弦波。

当输入信号为缓慢的变化量或直流变化量时,输入电压用 ΔU_i表示,输出电压用 ΔU_o表示,则电压放大倍数为

$$A_u = \frac{\Delta U_o}{\Delta U_i} \tag{2.2.3}$$

放大电路的输出电流与输入电流的比称为**电流放大倍数**，即 $A_i = \frac{\Delta I_o}{\Delta I_i}$；输出电压与输入电流的比，称为**互阻放大倍数**，量纲为电阻，即 $A_r = \frac{\Delta U_o}{\Delta I_i}$；输出电流与输入电压的比，称为**互导放大倍数**，量纲为电导，即 $A_g = \frac{\Delta I_o}{\Delta U_i}$。

二、放大电路的输入电阻

当放大电路与信号源连接时相当于信号源的负载。放大电路的输入电阻是从放大电路的输入端看进去放大电路的等效动态电阻。由图 2.2.1 可知，放大电路的输入电阻为

$$R_i = \frac{\dot{U}_i}{\dot{I}_i} \tag{2.2.4}$$

一般情况下，希望放大电路的输入电阻尽可能大一些。当放大电路的输入电阻较大时，放大电路从信号源吸取的电流较小，可减轻信号源的负担。在图 2.2.1 中，把内阻为 R_S 的正弦信号 $\dot{U}_s$ 加到放大电路的输入端时，放大电路的输入端实际获得的输入电压为

$$\dot{U}_i = \dot{U}_s \frac{R_i}{R_S + R_i} \tag{2.2.5}$$

可见，当放大电路的输入电阻较大时，加到放大电路的实际输入电压也较大，使信号受到的衰减程度减小。因此，放大电路的输入电阻是衡量放大电路对输入信号源电压衰减程度的一个重要指标。

应该注意：(1) 放大电路的输入电阻 R_i 是动态电阻，而不是直流电阻；(2) 在今后分析放大电路时，要把放大电路的输入电阻 R_i 与晶体管的输入电阻 r_{be} 从概念上严格区分开来。

在放大电路中，常把输出电压 $\dot{U}_o$ 与信号源电压 $\dot{U}_s$ 的比称为**源电压放大倍数**，即

$$\dot{A}_{us} = \frac{\dot{U}_o}{\dot{U}_s} = \frac{\dot{U}_o}{\dot{U}_i} \cdot \frac{\dot{U}_i}{\dot{U}_s} = \frac{R_i}{R_S + R_i}\dot{A}_u \tag{2.2.6}$$

三、放大电路的输出电阻

人们发现，当放大电路的输出端接上负载电阻 R_L 后，其输出电压将低于空载时的输出电压。这一现象可用放大电路的输出电阻来解释。从放大电路的输出端看进去，可以把放大电路等效成一个具有内阻 R_o 的电压源 $\dot{U}'_o$，如图 2.2.1 所示，我们把这个等效电压源的内阻称为**放大电路的输出电阻**。

求放大电路的输出电阻 R_o 可以利用电路中加压求流的方法，如图 2.2.2 所示：先将信号源 $\dot{U}_s$ 短路，保留其内阻 R_S；再在放大电路的输出端去掉负载电阻 R_L，并外加一交流电压 $\dot{U}$；最后求出流进输出端的电流 $\dot{I}$。

由图 2.2.2 即可得到放大电路的输出电阻 R_o 为

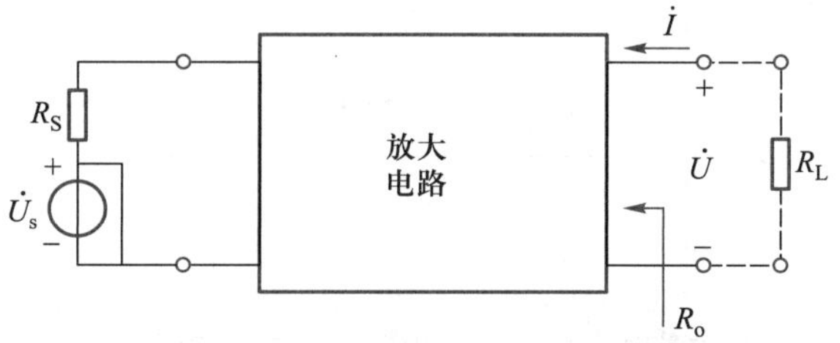

图 2.2.2 求放大电路的输出电阻的方法

$$R_o = \left.\frac{\dot{U}}{\dot{I}}\right|_{\dot{U}_s=0, R_L=\infty} \tag{2.2.7}$$

由图 2.2.1 可知,有负载时的输出电压 $\dot{U}_o$ 与负载开路时的输出电压 $\dot{U}'_o$的关系为

$$\dot{U}_o = \frac{R_L}{R_L + R_o}\dot{U}'_o \tag{2.2.8}$$

放大电路的输出电阻也可以用实验方法求得:分别测出负载开路时输出电压的有效值 U'_o和有负载时输出电压的有效值 U_o,即可根据下式计算出放大电路的输出电阻为

$$R_o = \left(\frac{U'_o}{U_o} - 1\right) \cdot R_L \tag{2.2.9}$$

一般情况下,希望放大电路的输出电阻尽可能小一些。由式(2.2.8)可以知道,放大电路的输出电阻越小,有负载和无负载时的输出电压越接近。由此可知,放大电路的输出电阻越小,当负载电阻变化时,输出电压的变化也越小,放大电路受负载影响的程度越小,即放大电路的带负载能力越强。因此,放大电路的输出电阻是衡量放大电路带负载能力的一个重要指标。

应当注意:放大电路的输出电阻也是一个动态电阻。

四、最大输出幅度

放大电路的最大输出幅度是指放大电路在不失真的前提下所能提供的最大输出电压或最大输出电流。一般用有效值表示,也可以用峰值来表示。

五、通频带

由于放大电路中往往存在电抗性元件,晶体管本身也有极间电容,电路的连接线还存在接线电容,因此,不难想象,放大电路的放大倍数将会随着信号频率的高低而改变。一般情况下,当输入信号的频率太低或太高时,放大倍数都要下降,而在中间一段频率范围内,放大倍数保持基本不变,如图 2.2.3 所示。通常把放大倍数在高频段和低频段下降到中频放大倍数(即在中间一段频率范围内的放大倍数)的 0.707 倍时的对应频率分别称为**上限频率 f_H** 和**下限频率 f_L**,两个频率间的范围,叫作放大电路的**通频带 BW**,即 $BW=f_H-f_L$。

一般情况,放大电路只适用于放大某一个通频带内的信号。

六、最大输出功率 P_{om}

放大电路的最大输出功率是指它能够向负载提供的最大功率,通常以 P_{om}表示。放大电路的功能是,通过晶体管的控制作用,把直流电源提供的直流功率,转化为负载所要求的随输入信号而变化的输出功率,因此,在转换过程中,存在着一个功率转化时的效率问题。我们把输出功率 P_o与直流电源消耗的功率 P_V之比,定义为放大电路的效率 η,即

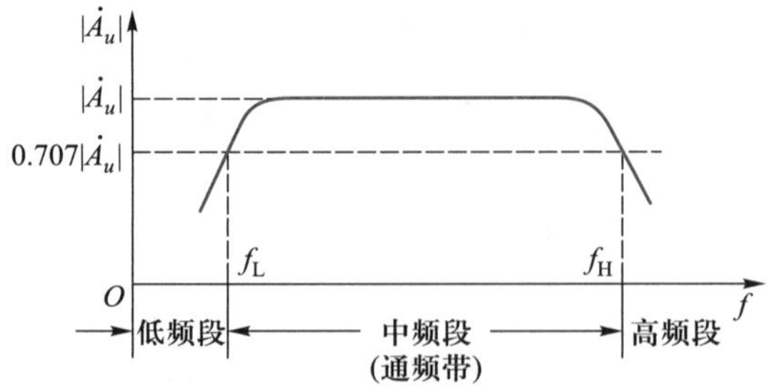

图 2.2.3 放大电路的放大倍数与频率的关系曲线

$$\eta=\frac{P_o}{P_V} \tag{2.2.10}$$

此外,放大电路的性能指标还有抗干扰能力、非线性失真等。以上仅是放大电路的几个主要技术指标,其他技术指标可参阅有关文献资料。

思考题

2.2.1 在放大电路中,放大的实质是什么?放大的对象是什么?负载上获得的电压或功率来自何处?

2.2.2 如果放大电路的负载需要电流,应该采取何种放大电路,对输出电阻有何要求?

2.2.3 自拟放大电路的输入电阻、输出电阻、频带宽度和最大不失真输出范围的测量方法。

2.3 放大电路的组成和工作原理

由 2.1 节分析可知,晶体管是一种电流控制器件,晶体管的一个基本应用就是构成放大电路。所谓基本放大器,是指由一个晶体管和部分电阻、电容等组成的单级放大电路。晶体管有三个电极,在电路中将构成两个回路,其中一个为输入回路,另一个为输出回路,故三个电极中必有一个电极作为两个回路的公共端。根据放大电路输入回路、输出回路公共端所接的电极不同,有共发射极、共集电极和共基极三种组态的放大电路,如图 2.3.1 所示。

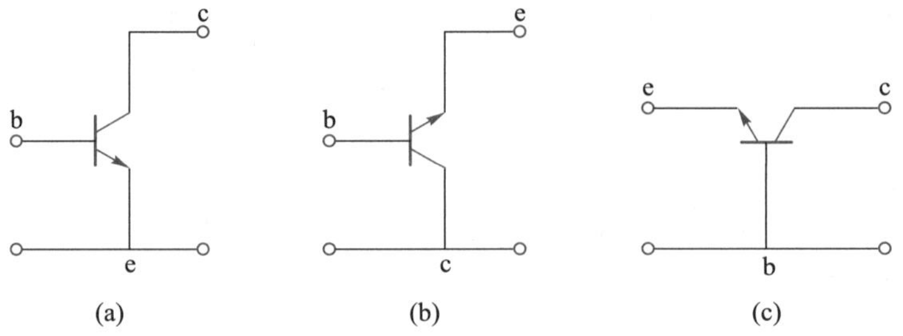

图 2.3.1 晶体管放大电路的三种组态

(a) 共发射极 (b) 共集电极 (c) 共基极

基本共发射极放大电路是放大电路的一种基本电路形式，应用非常广泛。本节以共发射极放大电路为例，介绍放大电路的基本组成、基本工作原理。

2.3.1 基本共发射极放大电路的组成

图 2.3.2 为单管基本共发射极放大电路的原理图。因为晶体管的发射极是该放大电路输入回路和输出回路的公共端，所以称为**共发射极放大电路**，简称共射极放大电路。

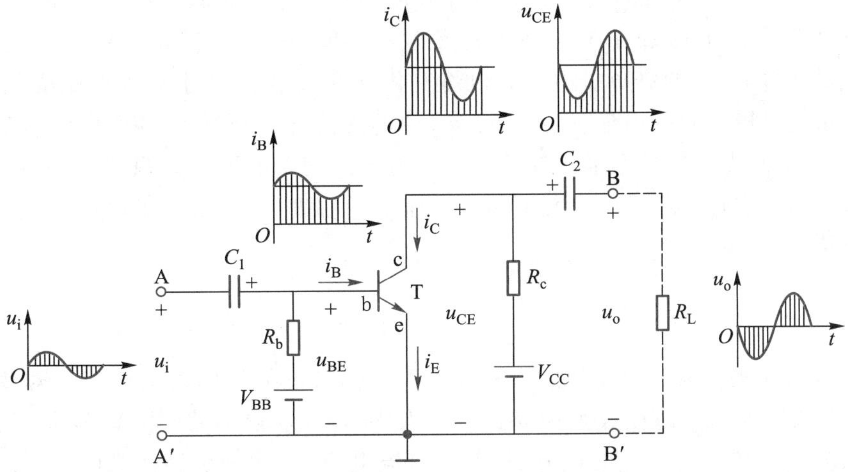

图 2.3.2 基本共发射极放大电路

电路中各元器件的作用如下。

T 是一个 NPN 型晶体管，它在电路中起电流放大作用，是放大电路的核心。

基极直流电源 V_{BB}的负端接 T 的发射极，正端通过电阻 R_b接 T 的基极，以保证发射结加正向电压而处于正向偏置状态；同时 V_{BB}与电阻 R_b相配合，为 T 提供一个大小合适的基极直流电流（偏流）I_B。此外，R_b的存在还可以保证在输入信号 u_i的作用下能使基极电流 i_B作相应的变化。若 $R_b=0$，则 $u_{BE}=V_{BB}$为常数，i_B和 i_C就不会随 u_i发生变化了，输入的交流信号也就得不到放大。R_b一般为几十千欧或几百千欧。

集电极直流电源 V_{CC}的负端接 T 的发射极，正端通过 R_c接到 T 的集电极，以保证 T 的集电结加反向电压而处于反向偏置状态。V_{CC}还为放大电路提供能量，V_{CC}一般为几伏至几十伏。

集电极电阻 R_c的作用是将晶体管的集电极电流 i_C的变化转变为晶体管集电极和发射极之间的电压 u_{CE}的变化。若将 R_c短接，则晶体管的集电极电流在变化时，晶体管的管压降 u_{CE}是不变的，放大电路就无法输出变化的电压了。R_c一般为几千欧至几十千欧。

耦合电容 C_1和 C_2一方面起隔离直流的作用：利用 C_1可隔断放大电路与信号源之间的直流通路；利用 C_2可隔断放大电路和负载之间的直流通路。有了 C_1和 C_2后，可使信号源、放大电路和负载之间无直流联系，在直流方面三者互不影响。由于这个缘故，C_1和 C_2又称为**隔直电容**。另一方面 C_1和 C_2又起着耦合交流的作用，故称 C_1和 C_2为**耦合电容**。只要适当选择这两个电容的电容量，可使它们对交流信号的容抗很小，以保证信号源的交流信号能畅通地送入放大电路，放大后的交流信号能畅通地送到负载上。

对于 C_1 和 C_2，既要求它们有较大的电容量(几微法或几十微法)，又要求它们有较小的体积。所以，一般采用电解电容器。在使用电解电容器时，要注意它的极性是否与它两端的实际工作电压的极性相符合。

2.3.2　基本共发射极放大电路的工作原理

如图 2.3.2 所示，待放大的输入交流信号 u_i 加在放大电路的输入端 A、A′两点之间，由于 C_1 的容抗近似为零，u_i 直接加在 T 的基极和发射极之间，引起基极电流 i_B 作相应的变化，通过 T 的电流放大作用，T 的集电极电流 i_C 也将变化，i_C 的变化使 R_c 上产生电压变化，从而引起 T 的集电极和发射极之间的电压 u_{CE} 变化。u_{CE} 中的交流分量经过 C_2 畅通地传送到接在放大电路输出端 B、B′两点之间的负载电阻 R_L 上，成为输出交流电压 u_o。只要电路参数选择得合适，就可使输出电压 u_o 的幅度远远大于输入电压 u_i 的幅度，从而实现了电压放大作用。以上过程可归结为

$$u_i \xrightarrow{C_1} u_{BE} \xrightarrow{T} i_B \xrightarrow{T} i_C \xrightarrow{R_c} u_{CE} \xrightarrow{C_2} u_o$$

从以上放大过程可以看出，电路的放大作用是通过晶体管的基极电流 i_B 对集电极电流 i_C 的控制作用来实现的。即在放大电路的输入端加上能量较小的输入信号 u_i 后，通过晶体管的基极电流 i_B 去控制集电极电流 i_C，从而将直流电源 V_{CC} 的能量转换为所需要的形式提供给负载。因此，放大作用的实质是通过晶体管的电流控制作用，以实现能量控制的过程。还应特别强调，放大作用是对变化量而言的。

在图 2.3.2 中，放大电路要用两个直流电源 V_{BB} 和 V_{CC}，既不经济，使用起来又不方便。实际上，由于两个直流电源的负极连在一起，若选 $V_{BB}=V_{CC}$，把两个直流电源合并成一个，就可以达到简化电源的目的。

在放大电路中，通常把输入电压、输出电压和直流电源的公共端称为"地"。通常设"地"端为零电位，作为电路中其他各点电位的参考点。为了画图方便，习惯上不画电源的符号，只标出它对"地"的电压值和极性，如图 2.3.3 所示，这就是放大电路的习惯画法。

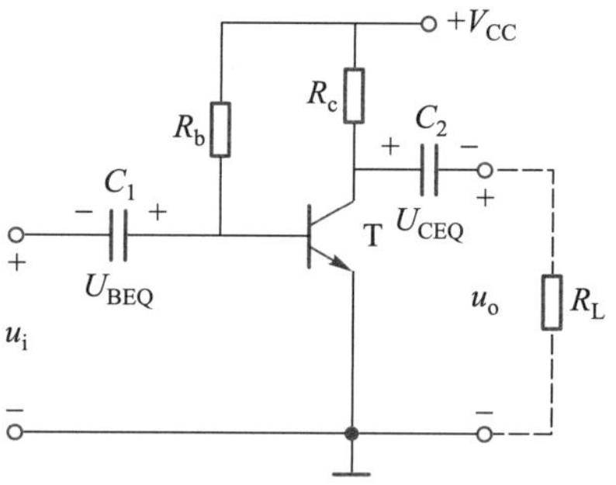

图 2.3.3　共发射极放大电路的简化和习惯画法

为了分析问题方便，规定：电压的正方向以公共端为负端，其他各点为正端。电流的正方向规定为：当晶体管为 NPN 型时，i_B、i_C 以流入电极为正，如图 2.3.2 中的箭头所示；当晶体管为 PNP 型时，电流的正方向刚好相反。

在图 2.3.3 所示电路中，通过耦合电容 C_1 和 C_2 分别将信号源与放大电路、放大电路与负载连接起来，放大电路的这种接线方式称为阻容耦合方式，这样的放大电路称为**阻容耦合放大电路**。本章主要对阻容耦合放大电路进行分析和讨论。阻容耦合放大电路只能放大交流信号。对于直流或变化缓慢的信号应采用直接耦合的接线方式，这样的放大电路称为**直接耦合放大电路**。关于直接耦合放大电路的内容将在第 5 章中介绍。

2.3.3 放大电路的组成原则

通过上面的讨论，可以归纳出组成放大电路时必须遵循的几个原则：

(1) 直流电源的极性必须使晶体管的发射结为正向偏置，集电结为反向偏置，以保证晶体管具有电流放大作用；

(2) 输入回路的接法应使输入电压的变化能引起基极电流（或发射极电流）的变化，从而去控制集电极电流的变化；

(3) 输出回路的接法应当使得集电极电流的变化能引起负载电压的变化，保证输出信号能有效地传送到负载上；

(4) 电路参数的选择要合适，以建立合适的静态工作点（这个问题将会在以后做介绍）。

例 2.3.1 电路如图 2.3.4 所示，设图中电容对交流信号均可视为短路，试分析此电路是否能够放大正弦交流信号，简述理由。

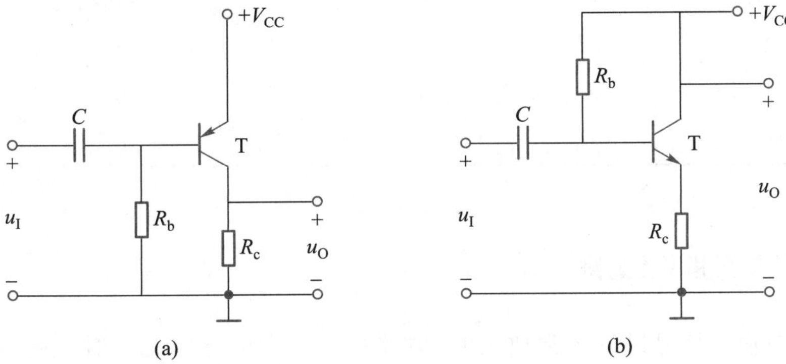

图 2.3.4 例 2.3.1 电路图

解 根据晶体管放大电路的组成原则可知：

图 2.3.4(a)所示电路因为满足晶体管放大电路的组成原则，所以能放大正弦交流信号。

图 2.3.4(b)所示电路不能放大正弦交流信号。因为输出信号恒为 V_{CC}，无变化量输出。

思考题

2.3.1 在基本共发射极放大电路中，输入为零时，两个电容 C_1和 C_2的电压等于多少？

2.3.2 组成放大电路的原则有哪几点？

2.3.3 试用 PNP 型管组成一个阻容耦合的共射极放大电路，并标出极间电压和电极电流的极性。

2.3.4 PNP 型管共发射极放大电路的输出电压与输入电压反相吗？试用波形加以分析。

2.4 放大电路的基本分析方法

在初步掌握了放大电路的组成及了解了信号的放大过程后，就可以对放大电路的工作进行较详细地分析了。

由于放大电路中电压和电流的名称较多，所采用的符号又各不相同，特将其列于表 2.4.1 中，以供学习时参考，希望大家能把它们严格区分开来。

表 2.4.1 放大电路中电压和电流的符号

名称	静态值	交流分量			总电压或总电流的瞬时值
		瞬时值	有效值	复数值	
基极电流	I_B	i_b	I_b	$\dot{I}_b$	i_B
集电极电流	I_C	i_c	I_c	$\dot{I}_c$	i_C
发射极电流	I_E	i_e	I_e	$\dot{I}_e$	i_E
基极-发射极电压	U_{BE}	u_{be}	U_{be}	$\dot{U}_{be}$	u_{BE}
集电极-发射极电压	U_{CE}	u_{ce}	U_{ce}	$\dot{U}_{ce}$	u_{CE}

2.4.1 直流通路和交流通路

放大电路对输入信号进行正常放大时，电路中电压和电流的总瞬时值是直流量与交流量的叠加，前者是直流电源作用的结果，后者是输入信号作用的结果。因此，对于一个放大电路进行定量分析时，主要做两方面的工作：(1) 静态分析，求出它的静态值 I_B、I_C 和 U_{CE}；(2) 动态分析，分析放大电路的动态指标。以后将会看到，只有放大电路的静态值设置合适时，分析动态指标才会有意义。

一、放大电路的静态和直流通路

当输入电压 u_i 为零时，称放大电路的工作处于静止状态，简称为**放大电路的静态**。在静态时，放大电路中各处的电压和电流都是由直流电源产生的固定不变的直流量。

在静态时，直流电流在放大电路中流通的路径称为**放大电路的直流通路**。

在静态时，直流电流是不能通过耦合电容 C_1 和 C_2 的，因此在分析放大电路的静态时，可把 C_1 和 C_2 看成开路，此时只需研究由 V_{CC}、R_b、R_c 和晶体管组成的电路就可以了。基本共发射极放大电路(如图 2.3.3 所示)的直流通路如图 2.4.1 所示。

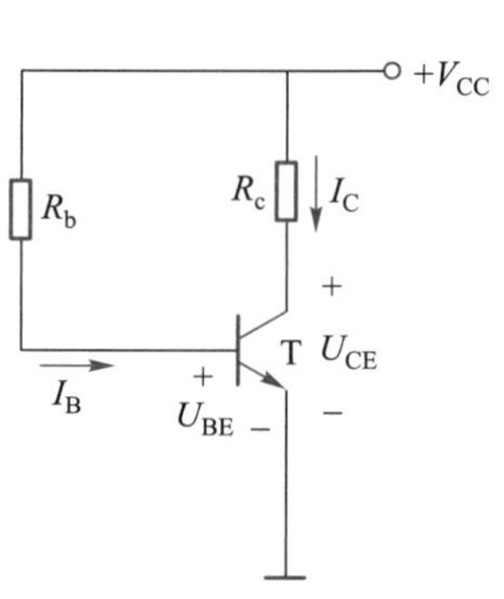

图 2.4.1 基本共发射极放大电路的直流通路

静态分析的任务是：在已知电路参数以及晶体管的参数或特性曲线的情况下，求出电路中有关电流和电压的静态值(直流量)，主要指晶体管的 I_B、I_C 和 U_{CE}，也称为**放大电路的静态工作点**，此时常将静态值用 I_{BQ}、I_{CQ} 和 U_{CEQ} 来表示。

分析图 2.4.1 所示的放大电路的直流通路，已知晶体管的 β，可以用列方程的方法估算静态工作点。

由基极回路可得静态基极电流为

$$I_B=\frac{V_{CC}-U_{BE}}{R_b} \tag{2.4.1}$$

式中，U_{BE} 是晶体管发射结的正向压降。对 NPN 型硅管来说，$U_{BE}\approx 0.7\ \mathrm{V}$。当 $V_{CC}\gg U_{BE}$ 时，上式可简化为

$$I_B\approx\frac{V_{CC}}{R_b} \tag{2.4.2}$$

晶体管的静态集电极电流为

$$I_C=\bar{\beta}I_B+I_{CEO} \tag{2.4.3}$$

当 $I_C\gg I_{CEO}$（晶体管的穿透电流），且取 $\bar{\beta}\approx\beta$ 时，可得

$$I_C\approx\beta I_B \tag{2.4.4}$$

由图 2.4.1 的集电极回路可得到集电极和发射极之间的静态电压（亦称管压降）为

$$U_{CE}=V_{CC}-I_CR_c \tag{2.4.5}$$

例 2.4.1　在图 2.3.3 中，已知 $V_{CC}=12\ \mathrm{V}$，$R_c=3\ \mathrm{k\Omega}$，$R_b=300\ \mathrm{k\Omega}$，$\beta=50$，$U_{BE}=0.7\ \mathrm{V}$。试求放大电路的静态工作点。

解　由式(2.4.1)、式(2.4.4)、式(2.4.5)可计算出静态工作点 I_{BQ}、I_{CQ}、U_{CEQ}。

$$I_{BQ}=\frac{V_{CC}-U_{BE}}{R_b}=\frac{12-0.7}{300}\ \mathrm{mA}\approx 38\ \mu\mathrm{A}$$

$$I_{CQ}\approx\beta I_{BQ}\approx 50\times 38\ \mu\mathrm{A}=1.9\ \mathrm{mA}$$

$$U_{CEQ}=V_{CC}-I_CR_c=(12-1.9\times 3)\mathrm{V}=6.3\ \mathrm{V}$$

二、放大电路的动态和交流通路

当放大电路的输入端接入交流小信号 u_i 后，电路中各处的电压和电流都将处于变动状态，简称为**放大电路的动态**。

在动态时，集电极电流的交流分量有两个通路：一个是通过 R_c 的；另一个是通过 C_2 和 R_L 的。交流电流在放大电路中流通的路径称为**放大电路的交流通路**。

画放大电路交流通路的原则是：(1) 耦合电容或旁路电容的容量足够大，对交流信号的容抗近似为零，可把它们视为短路；(2) 直流电源的内阻很小，也可视为短路。按照上述原则，将图 2.3.3 所示电路中的耦合电容 C_1 和 C_2 短路，直流电源 V_{CC} 对“地”短接，即可画出基本共发射极放大电路的交流通路，如图 2.4.2 所示。

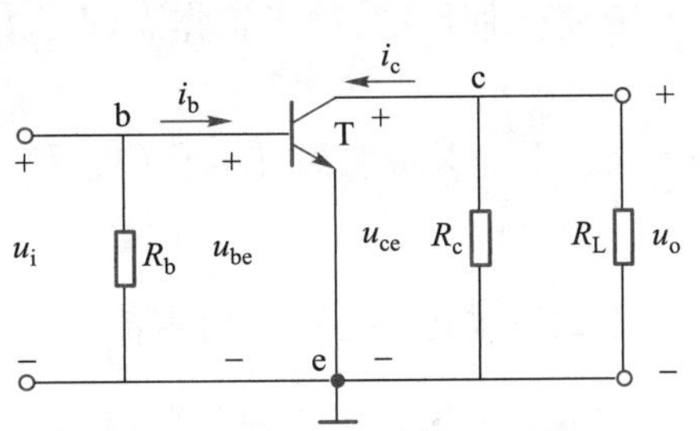

图 2.4.2　基本共发射极放大电路的交流通路

应该指出，交流通路是为了便于分析放大电路中的交流分量而从实际电路中抽象出来的。交流通

路中所标的电压和电流都是交流量。

搞清了放大电路的静态和动态、直流通路和交流通路的概念以后，就可以对放大电路进行分析了。

分析放大电路的方法主要有图解法和微变等效电路分析法两种。

2.4.2 图解法

在放大电路中，晶体管各极间的电压和各极电流之间的关系常用特性曲线来表示，所以常用作图的方法来分析放大电路的工作情况。

所谓图解法，就是利用晶体管的输入特性曲线和输出特性曲线，用作图的方法来分析放大电路中各个电压和电流之间的相互关系和变化情况。下面分静态和动态两种情况来分析放大电路的工作情况。

一、用图解法分析静态工作点

放大电路的静态工作点可用前面的估算方法求得，也可用图解法来确定。在利用图解法求放大电路的静态工作点时，需要利用晶体管的特性曲线。

以图2.3.2所示的共发射极放大电路为例，说明如何利用图解法来确定放大电路的静态工作点。为了便于观察，将图2.3.2所示的基本共发射极放大电路的直流通路变换成图2.4.3所示的形式，并用虚线把电路分成三部分：晶体管、晶体管输入端的管外线性电路和输出端的管外线性电路。由图可知，晶体管输入回路和输出回路各极的电流和极间电压，不但取决于晶体管自身的特性，还取决于晶体管以外线性电路的电流电压关系方程。

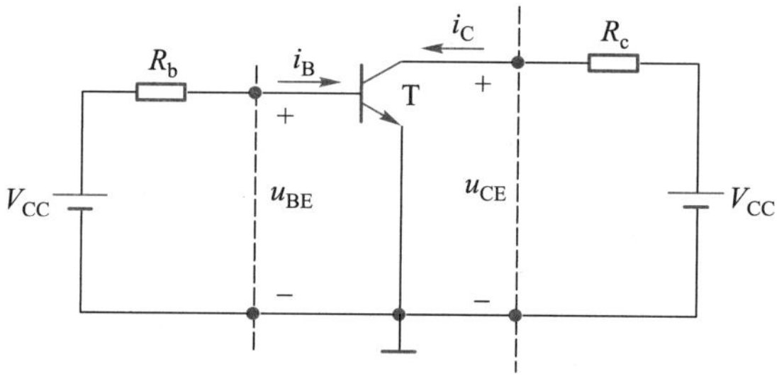

图2.4.3　基本共发射极放大电路的直流通路

（1）在输入特性曲线上找 Q 点获得 I_{BQ}、U_{BEQ}

在输入回路中，静态工作点（I_{BQ}、U_{BEQ}）在BJT的输入特性曲线上，即

$$i_B = f(u_{BE})\big|_{u_{CE}=\text{常数}} \tag{2.4.6}$$

并且 I_{BQ}、U_{BEQ} 又应满足外电路（V_{CC} 和 R_b）的电流电压方程

$$u_{BE} = V_{CC} - i_B R_b \tag{2.4.7}$$

上式所描述的是一条由直流通路确定且斜率为 $-\dfrac{1}{R_b}$ 的直线，称为**输入直流负载线**。

在BJT的输入特性曲线的坐标系中画输入直流负载线，即在横轴上取点（V_{CC}，0），纵轴上取一点 $\left(0, \dfrac{V_{CC}}{R_b}\right)$，连接两点成直线，如图2.4.4（a）所示，与输入特性曲线的交点就是所求

的静态工作点 Q,对应的电流电压既满足非线性器件晶体管的电流电压关系又满足线性电路的电流电压关系,其横坐标为 U_{BEQ},纵坐标为 I_{BQ}。

(2) 在输出特性曲线的坐标平面上做直流负载线,求静态工作点 Q,获得 I_{CQ}、U_{CEQ}

在输出回路中,静态工作点(I_{CQ}、U_{CEQ})在 $i_B=I_{BQ}$对应的输出特性曲线上,即

$$i_C = f(u_{CE}) \mid i_B = I_{BQ} \tag{2.4.8}$$

并且 I_{CQ}、U_{CEQ}又应满足输出回路中晶体管以外线性电路的电流电压方程

$$u_{CE} = V_{CC} - i_C R_c \tag{2.4.9}$$

上式所描述的是一条由直流通路决定且斜率为$-\frac{1}{R_c}$的直线,称为**输出直流负载线**。一般直流负载线是指输出直流负载线。

首先在 BJT 的输出特性曲线族中找到 I_{BQ}对应的那条输出特性曲线,然后在该坐标平面上画出输出直流负载线,负载线与横轴的交点为(V_{CC},0),负载线与纵轴的交点为$\left(0,\frac{V_{CC}}{R_c}\right)$,连接两点成直线,如图 2.4.4(b)所示,与输出特性曲线的交点就是所求的静态工作点 Q,横坐标为 U_{CEQ},纵坐标为 I_{CQ}。

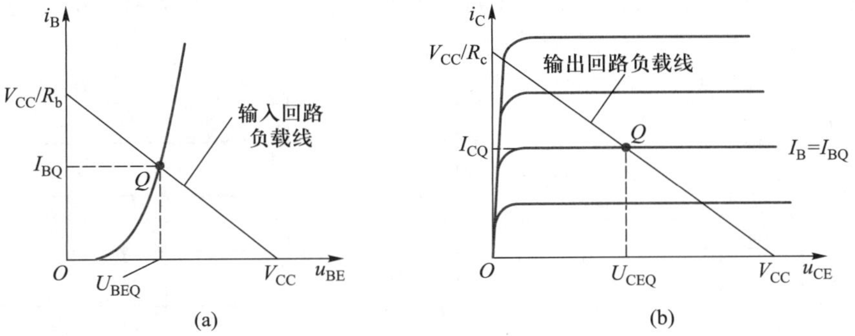

图 2.4.4　静态工作点的图解分析

(a) I_{BQ}、U_{BEQ}的图解分析　(b) I_{CQ}、U_{CEQ}的图解分析

二、用图解法分析动态工作情况

当确定了放大电路的静态工作点以后,就可以在此基础上分析放大电路的动态工作情况了。仍然以图 2.3.2 所示的共发射极放大电路为例,分析放大电路的动态工作情况。

用图解法分析动态工作情况要解决的问题是:在已知电路参数和晶体管特性曲线的情况下,假设输入电压 u_i为正弦波,在晶体管的特性曲线上作图,画出输出电压 u_o的波形,从而求出电路的电压放大倍数,并进一步分析 u_o与 u_i之间的相位关系、u_o波形的失真和最大不失真范围等问题。

用图解法分析动态工作情况的步骤是:

(1) 根据输入电压 u_i的波形,通过输入特性曲线画出基极总电流 i_B的波形;

(2) 根据 i_B的波形,通过输出特性曲线画出集电极总电流 i_C及集电极和发射极间的总电压 u_{CE}的波形;

(3) 根据 u_{CE}的波形得到输出电压 u_o的波形。

1. 分析电压放大倍数

在输入电压 u_i 作用下，首先确定基极电流 i_B 的变化波形，然后在输出特性中得到集电极电流 i_C 和集电极与发射极之间的电压 u_{CE} 的波形，u_{CE} 去掉其直流成分即为输出电压 u_o。分别测出输入电压和输出电压的峰值，二者的比值就是放大倍数。

（1）利用输入特性曲线分析输入回路

分析输入回路的目的是根据输入电压 u_i 的波形，画出输入回路中基极总电流 i_B 的波形。

设输入电压 u_i 为正弦波形，因为耦合电容 C_1 足够大，对交流信号相当于短路，所以 u_i 直接叠加在晶体管的基极和发射极之间，使基极和发射极间的总电压 u_{BE} 在直流电压 U_{BEQ} 的基础上叠加了一个交流成分 u_i，即

$$u_{BE}=U_{BEQ}+u_i \tag{2.4.10}$$

由式(2.4.10)可画出 u_{BE} 的波形，如图 2.4.5(a)中的曲线①所示。

根据 u_{BE} 的波形，即可在输入特性曲线上用作图法画出 i_B 的波形。在静态时，基极和发射极间的总电压 $u_{BE}=U_{BEQ}$，放大电路在输入特性上的工作点即为静态工作点 Q。当 u_{BE} 随着输入电压的变化达到最大值时，由图 2.4.5(a)可知，电路的工作点为 Q_1；当 u_{BE} 随着输入电压的变化达到最小值时，电路的工作点为 Q_2。由此可知，对应于 u_{BE} 的每一个瞬时 ωt，就可以找到一个工作点，由这个工作点就可以得到该瞬时的一个 i_B。因此，通过逐点作图的方法就可画出基极总电流 i_B 的波形，如图 2.4.5(a)中的曲线②所示。可见基极总电流为

$$i_B=I_{BQ}+i_b \tag{2.4.11}$$

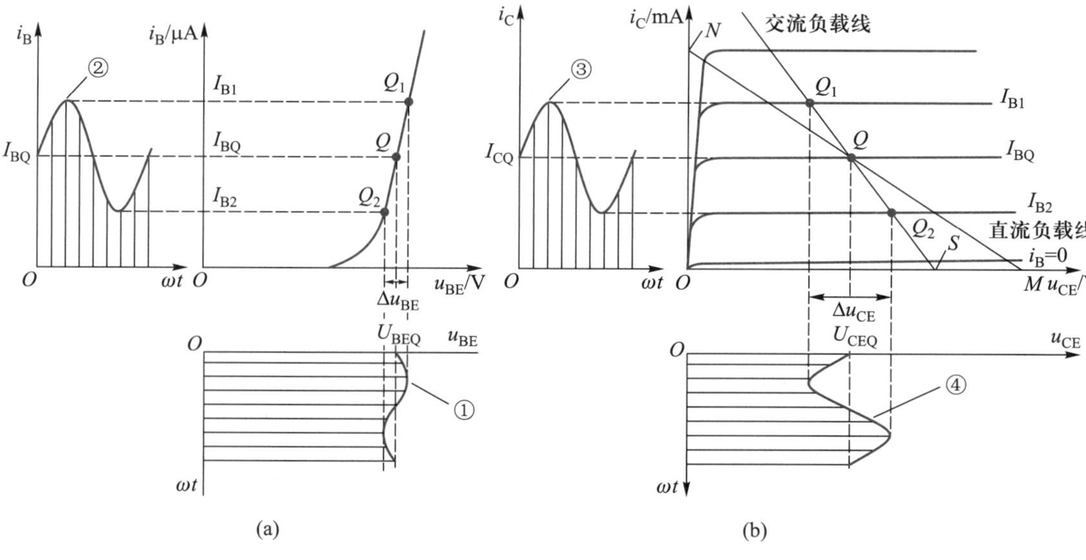

图 2.4.5 用图解法分析放大电路的动态工作情况

（a）输入回路的图解分析 （b）输出回路的图解分析

（2）利用输出特性曲线分析输出回路

分析输出回路的目的是，根据 i_B 的波形，画出输出回路中总电流 i_C 和总电压 u_{CE} 的波形。为此，先要介绍交流负载线的概念，并说明在交流输入信号作用下放大电路工作点的变化规律。

当放大电路的输出端接有负载电阻 R_L时，电路如图 2.3.2 所示。设在正弦输入电压作用下输出电压也为正弦波，则在输出回路中，u_{CE}在直流电压 U_{CEQ}的基础上叠加了一个交流成分，即

$$u_{CE} = U_{CEQ} + u_{ce} \tag{2.4.12}$$

同样，电流 i_C也在直流电流 I_{CQ}的基础上叠加了一个交流成分，即

$$i_C = I_{CQ} + i_c \tag{2.4.13}$$

同时，由图 2.4.2 所示的放大电路交流通路的输出回路可得

$$u_{ce} = -i_c(R_c // R_L) = -(i_C - I_{CQ})(R_c // R_L)$$

令

$$R'_L = R_c // R_L$$

而

$$\begin{aligned} u_{CE} &= u_{ce} + U_{CEQ} = -(i_C - I_{CQ})R'_L + U_{CEQ} \\ &= -i_C R'_L + I_{CQ}R'_L + U_{CEQ} \end{aligned} \tag{2.4.14}$$

式中，I_{CQ}、U_{CEQ}为静态值，是常数，故式(2.4.14)表示的是一个直线方程。当 $i_C = I_{CQ}$时，$u_{CE} = U_{CEQ}$，说明该直线一定通过静态工作点 Q；当 $i_C = 0$ 时，该直线在横轴上的截距为 $u_{CE} = I_{CQ}R'_L + U_{CEQ}$，由此可在图 2.4.5(b)的横轴上得到 S 点。连接 Q、S 两点的直线称为**交流负载线**。交流负载线揭示了有输入信号作用时，放大电路中集电极总电流 i_C和晶体管的总管压降 u_{CE}之间的关系。由式(2.4.14)可得

$$i_C = -\frac{1}{R'_L}u_{CE} + \left(I_{CQ} + \frac{U_{CEQ}}{R'_L}\right) \tag{2.4.15}$$

可见，交流负载线的斜率为$-1/R'_L$。所以，有负载电阻 R_L时，放大电路的交流负载线是一条通过 Q 点且斜率为$-1/R'_L$的直线。

因为 $R'_L < R_c$，所以，有负载电阻 R_L时的交流负载线一定比直流负载线陡。当负载开路时，放大电路晶体管的总管压降 u_{CE}与总电流 i_C 的关系为 $u_{CE} = V_{CC} - i_C R_c$，交流负载线与直流负载线相同。

在静态时，基极总电流 $i_B = I_{BQ}$，放大电路的工作点为静态工作点 Q。当 i_B随着输入电压变化达到最大值时，基极总电流 $i_B = I_{B1}$，I_{B1}对应的输出特性曲线与交流负载线的交点(即电路的工作点)为 Q_1；当 i_B达到最小值时，基极总电流 $i_B = I_{B2}$，I_{B2}对应的输出特性曲线与交流负载线的交点为 Q_2。由此可见，放大电路的工作点以静态工作点 Q 为中心，沿着交流负载线的 Q_1Q_2段运动。交流负载线上的 Q_1Q_2段是输入信号 u_i作用下放大电路工作点运动的轨迹，通常称为**放大电路的动态工作范围**。

在输入信号作用下，掌握了放大电路工作点变化的规律以后，就可以通过晶体管的输出特性，方便地由 i_B的波形画出 i_C和 u_{CE}的波形。因为，放大电路在输入信号作用下，每一个工作点都确定着一组 i_C和 u_{CE}，于是，对应于输入信号的每一个瞬时 ωt，就可以找到一个工作点，通过逐点作图的方法，便可画出 i_C 和 u_{CE}的波形，分别如图 2.4.5(b)中的曲线③和④所示。

通过上面的分析和作图过程，可以整理出与输入电压 u_i相对应的有关电流和电压的波形，如图 2.4.6 所示。仔细观察这些波形，我们可以得到以下几个重要的结论，也是几个重要的基本概念。

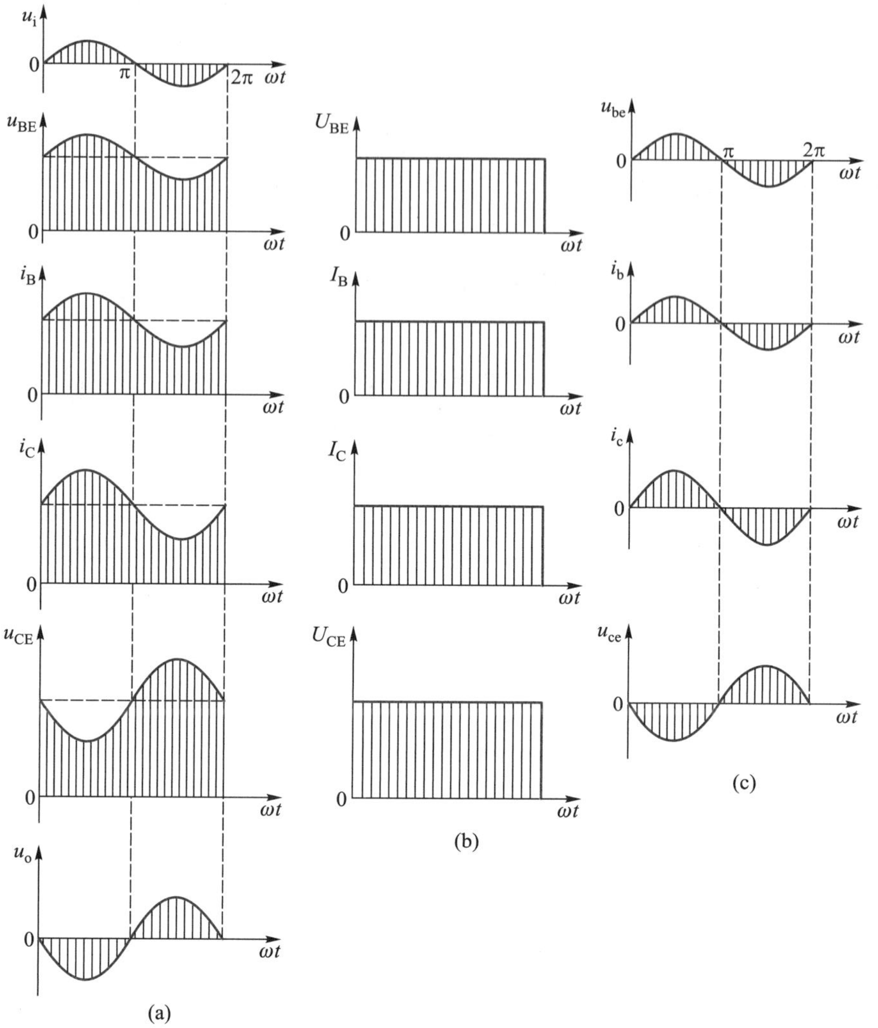

图 2.4.6 共发射极基本放大电路中的电流和电压的波形图

（a）总瞬时值波形 （b）直流分量波形 （c）交流分量波形

（1）u_{BE}、i_B、i_C和 u_{CE}都由两个分量组成：一个是没有外加输入信号时的直流分量（也就是静态工作点处的数值），另一个是随着输入信号变化而变化的交流分量。虽然 u_{BE}、i_B、i_C和 u_{CE}的瞬时值都是在变化的，但它们的方向却始终保持不变。

（2）当静态工作点选择得合适，使晶体管在特性曲线的线性区工作时，若输入电压 u_i为正弦波，则输出电压 u_o也为同频率的正弦波，而且 u_o的幅度远大于 u_i的幅度，放大电路获得了一定的电压放大倍数，实现了电压放大作用。所以，我们所说的放大作用，只是指输出信号和输入信号交流量之间的关系，也就是说放大的对象是变化量。

（3）由于 i_C在 R_c上的压降随 u_i的增大而增大，使 u_{CE}随着 u_i的增大而减小，因此 u_o也随着 u_i的增大而减小。所以，u_o与 u_i的相位相反，两者的相位差为 180°，这种现象称为**放大电路的倒相作用**。

在图 2.4.5 中可测量 u_o的峰峰值与输入电压 u_i的峰峰值，二者的比即为电压放大倍

数，即

$$A_u = \frac{\Delta u_{CE}}{\Delta u_{BE}} \tag{2.4.16}$$

当输入 u_i 正半周增大时，基极电流增大，集电极电流增大，R_c 上的压降增大，总电压 V_{CC} 不变，所以 c-e 间的电压减小，即输出是负半周，说明输出与输入相位相反。

无负载时交流负载线和直流负载线是同一条，与 I_{B1} 和 I_{B2} 对应的两条输出特性曲线的交点为 Q_1' 和 Q_2'，对应画出输出电压的波形如图 2.4.7 所示。可见，在同一个输入电压作用下，有负载比无负载的输出电压变小了，放大倍数减小了。

2. 放大电路的非线性失真

对于一个放大电路来说，除了希望得到所要求的电压放大倍数外，还要求输出电压波形的失真尽可能小，否则，放大也就失去了意义。所谓失真，是指输出电压波形的变化规律与输入电压波形不同。如果放大电路的静态工作点选得不合适，将使晶体管的工作范围进入特性曲线的非线性区，导致输出电压波形失真，这种失真称为**非线性失真**。

要使放大电路在输入信号的整个周期内不失真地放大信号，必须为放大电路设置合适的静态工作点。

（1）电路参数对静态工作点的影响

在图 2.3.2 所示的基本共发射极放大电路中，当电路参数改变时，静态工作点会发生变化，具体情况如图 2.4.8 所示。

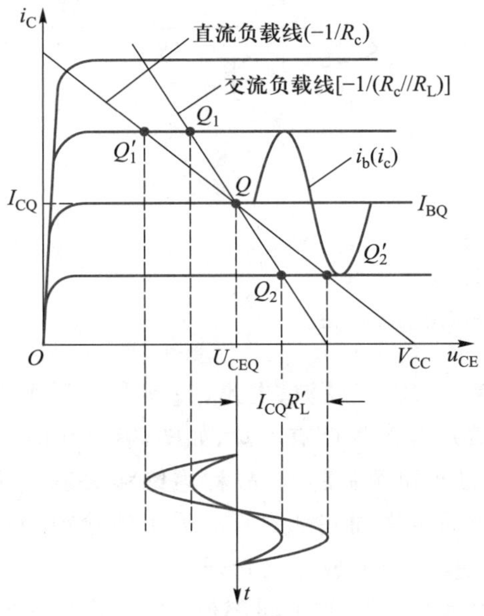

图 2.4.7 无负载时的动态分析

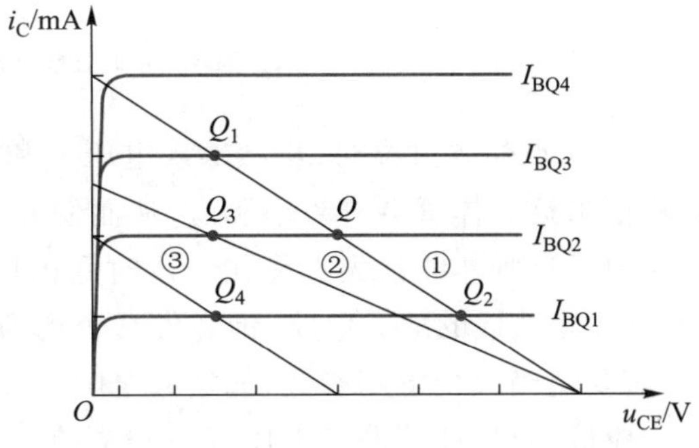

图 2.4.8 电路参数对静态工作点的影响

当电源电压 V_{CC} 和集电极电阻 R_c 不变，而改变基极电阻 R_b 时，可以改变静态工作点的位置。当 R_b 减小使静态基极电流由 I_{BQ2} 增大到 I_{BQ3} 时，由于直流负载线①未变，静态工作点将由 Q 点移动到 Q_1 点，向饱和区方向移动；当电阻 R_b 增大使静态基极电流由 I_{BQ2} 减小到 I_{BQ1} 时，Q 点将移动到 Q_2 点，向截止区方向移动。

当电源电压 V_{CC} 和基极电阻 R_b 不变，而增大 R_c 时，直流负载线的斜率会减小，其位置将

以 V_{CC} 为中心逆时针转动到②，当静态基极电流为 I_{BQ2} 时，静态工作点将由 Q 点移动到 Q_3 点。此时集电极电流 I_{CQ} 基本不变，管压降 U_{CEQ} 将减小。

当集电极电阻 R_c 和基极电阻 R_b 均不变，仅减小电源电压 V_{CC} 时，直流负载线会从①向左下方平移到③，如静态基极电流减小为 I_{BQ1}，将使静态工作点处于 Q_4 点的位置，使集电极电流 I_{CQ} 和管压降 U_{CEQ} 都减小。

(2) 静态工作点对输出波形失真的影响

当 Q 点位置过低时，虽然输入电压为正弦波，但是在信号负半周的峰值附近，因 u_{BE} 较小，晶体管将进入输入特性的非线性区和死区，使 i_B、i_C 和 u_{CE} 的波形都产生严重失真，如图 2.4.9所示。由于这种失真是在一段时间内晶体管的工作状态进入了截止区而造成的，故称这种非线性失真为**截止失真**。对于 NPN 管组成的放大电路，输出电压的波形表现为正半周顶部失真。通过增大电源电压或减小电阻 R_b，可以提高静态工作点，从而消除截止失真。

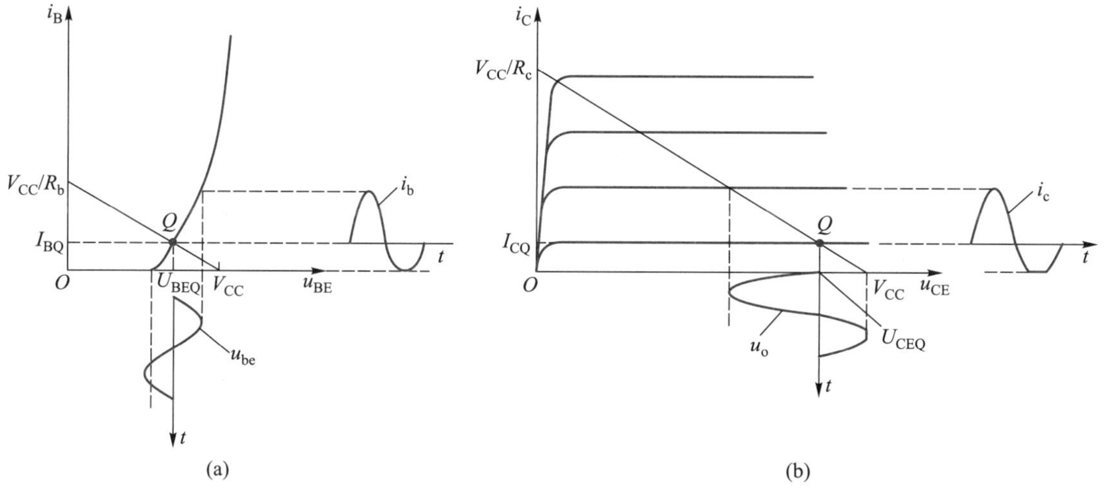

图 2.4.9　共发射极基本放大电路的截止失真
(a) 输入回路的波形分析　(b) 输出回路的波形分析

当 Q 点位置过高时，虽然输入电压 u_i 和基极电流 i_b 均为正弦波，但是，在 u_i 和 i_b 正半周的峰值附近晶体管会进入饱和区，从而使 i_C 和 u_{CE} 的波形都产生严重失真，如图 2.4.10(b)所示。由于这种非线性失真是在一段时间内因晶体管的饱和而引起的，故称为**饱和失真**。对于 NPN 管组成的放大电路，饱和失真表现为输出电压的负半周底部失真。为了消除饱和失真，需要适当改变电路参数，如增大电阻 R_b，减小 R_c 或换一只 β 较小的管子。

应该指出，即使静态工作点 Q 设置在输出特性曲线放大区的中间部位，即 Q 点处于交流负载线的中央，如果输入信号的幅度太大，也会使输出电压的顶部和底部产生失真，即**双向失真**，此时，不改变直流电源的情况下，只有减小输入信号的幅度才能避免失真。

3. 放大电路的最大不失真范围

由以上分析可知，当放大电路的静态工作点选择得合适时，在正弦波输入电压的作用下，可以在放大电路的输出端获得放大了的正弦波输出电压。那么，放大电路能正常输出的不失真电压的最大幅值是多大呢？在放大电路参数给定的情况下，既不产生截止失真又不

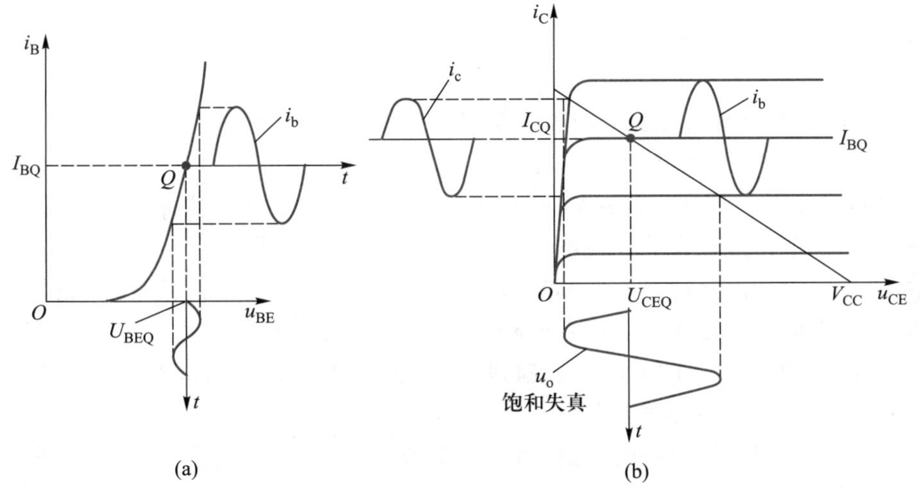

图 2.4.10 基本共射放大电路的饱和失真

（a）输入回路的波形分析 （b）输出回路的波形分析

产生饱和失真时，输出电压幅值的最大值称为**最大不失真输出电压幅值**。

在图 2.4.11 中，在交流负载线上可定出两个点 R 和 S。若输入电压足够大，在输入电压的负半周，当工作点下移到 S 点时，晶体管会进入截止区，输出波形将产生截止失真，故 U_S 是受截止失真限制的最大不失真输出电压幅值，且 $U_S=I_{CQ}R'_L$；若输入电压足够大，在输入电压的正半周，当工作点上移到 R 点后，晶体管会进入饱和区，输出波形将产生饱和失真，故 U_R 是受饱和失真限制的最大不失真输出电压幅值，且 $U_R=U_{CEQ}-U_{CES}$，其中 U_{CES}是晶体管的饱和压降。

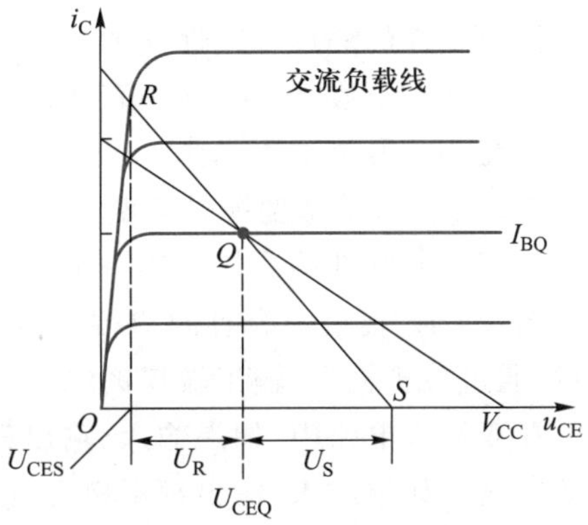

图 2.4.11 放大电路的最大不失真输出电压幅值

既然放大电路的最大不失真输出电压幅值是既不产生截止失真又不产生饱和失真时输出电压幅值，那么就只能取 U_R 和 U_S 两者中的较小者作为放大电路的最大不失真输出电压幅值。最大不失真输出电压用 U_{omax} 表示，有

$$U_{omax}=\min(U_{CEQ}-U_{CES},\ I_{CQ}R'_L) \quad (2.4.17)$$

一般地说，当静态工作点选择在交流负载线的中央时，可获得最大不失真输出电压。

三、图解法的特点

利用图解法虽然能直观、全面而形象地理解放大电路的工作情况，能够帮助大家正确理解静态工作点的选取、放大电路中信号的传送过程以及输出波形的失真等问题，但是由于图解法要利用晶体管的特性曲线，而且各个晶体管的特性曲线又是各不相同的，所以给图解法的使用带来了不便。另外，当输入信号很微小时，作图时既困难又不准确。更遗憾的是，图解法不能用来分析复杂的放大电路（如反馈放大电路），也不能用来分析计算放大电路的某些性能指标（如放大电路的输入电阻和输出电阻等）。图解法更适合于分析大信号作用时的放大电路（如功率放大电路）。

2.4.3 微变等效电路分析法

一、提出微变等效电路分析法的指导思想

1. 提出微变等效电路分析法的出发点

放大电路的分析之所以比较麻烦，是由于晶体管是一个非线性器件，即由晶体管构成的放大电路是一个非线性电路。

教学视频 2.2 晶体管的微变等效模型

为了简化动态分析，如果在一定条件下，对于交流信号来说，能把非线性的放大电路等效为一个线性电路，我们就能利用分析线性电路的方法来分析放大电路的动态工作情况了，这就是提出微变等效电路分析法的出发点。

2. 微变等效的条件

实现这种想法的关键是，在一定条件下，对于交流信号，把一个非线性的晶体管用一个与之等效的线性电路来代替，以共发射极接法为例，如图 2.4.12 所示。

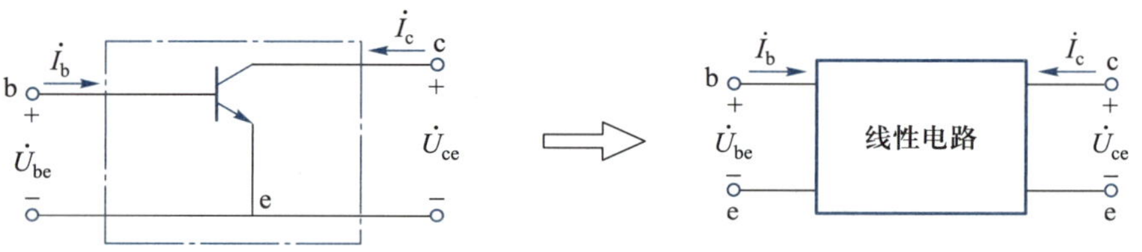

图 2.4.12 将非线性的晶体管用线性电路等效

把非线性的晶体管线性化的条件是晶体管在小信号下工作。只有这样，才能把静态工作点附近的一小段特性曲线用直线段来近似。我们所说的"微变"是指微小变化的意思，即晶体管在小信号情况下工作。

二、晶体管的微变等效电路模型

如何把非线性的晶体管用一个线性电路来等效呢?

图 2.4.12 表示一个有源双端口网络，这个网络有两个端口，电压、电流的参考方向如图所示，通过分析输入、输出端口的电压、电流来分析网络的特性。

在双端口电路中，如果输入、输出都以电流 i 为自变量，电压 u 为因变量，就构成 Z 参数等效电路。如果输入、输出都以电压 u 为自变量，电流 i 为因变量，就构成 Y 参数等效电路。如果输入以电压 u 为因变量，以 i、u 为自变量，输出以电流 i 为因变量，以 i、u 为自变量，则构成 h(混合)参数等效电路。

1. 微变等效电路模型的分析

晶体管的共发射极接法如图 2.4.12 所示，对于 BJT 双端口网络，分别以 b-e 作为输入端口，c-e 作为输出端口，其外部端电压电流的关系就是 BJT 的输入输出特性曲线，关系如下

$$i_{B}=f\left(u_{BE}\right)\big|_{u_{CE}=常数}$$

$$i_{C}=f\left(u_{CE}\right)\big|_{i_{B}=常数}$$

对于晶体管，基极电流不仅与发射结的电压有关，还与 u_{CE} 有关，集电极的电流不仅与基极电流有关，还与 u_{CE} 有关。用 h(混合)参数等效 BJT 双端口网络，则输入端以 u_{BE} 为因变量，以 i_B、u_{CE} 为自变量，输出端以 i_C 为因变量，以 i_B、u_{CE} 为自变量，有

$$u_{BE}=f(i_B,u_{CE}) \tag{2.4.18}$$

$$i_C=f(i_B,u_{CE}) \tag{2.4.19}$$

式中的电流、电压代表各电量的总瞬时值，是直流分量与交流分量瞬时值之和。对上两式取全微分得

$$\mathrm{d}u_{BE}=\left.\frac{\partial u_{BE}}{\partial i_B}\right|_{U_{CE}}\cdot \mathrm{d}i_B+\left.\frac{\partial u_{BE}}{\partial u_{CE}}\right|_{I_B}\cdot \mathrm{d}u_{CE} \tag{2.4.20}$$

$$\mathrm{d}i_C=\left.\frac{\partial i_C}{\partial i_B}\right|_{U_{CE}}\cdot \mathrm{d}i_B+\left.\frac{\partial i_C}{\partial u_{CE}}\right|_{I_B}\cdot \mathrm{d}u_{CE} \tag{2.4.21}$$

式中 $\mathrm{d}u_{BE}$表示 u_{BE}中的变化量，对应的是交流小信号，所以 $\mathrm{d}u_{BE}$可用 $\dot{U}_{be}$表示，同理，$\mathrm{d}u_{CE}$、$\mathrm{d}i_B$、$\mathrm{d}i_C$分别用 $\dot{U}_{ce}$、$\dot{I}_b$、$\dot{I}_c$ 表示。

令

$$h_{11}=\left.\frac{\partial u_{BE}}{\partial i_B}\right|_{U_{CE}}$$

$$h_{12}=\left.\frac{\partial u_{BE}}{\partial u_{CE}}\right|_{I_B}$$

$$h_{21}=\left.\frac{\partial i_C}{\partial i_B}\right|_{U_{CE}}$$

$$h_{22}=\left.\frac{\partial i_C}{\partial u_{CE}}\right|_{I_B}$$

则全微分形式的表达式(2.4.20)和式(2.4.21)用交流信号的形式表达为

$$\dot{U}_{be}=h_{11}\cdot \dot{I}_b+h_{12}\cdot \dot{U}_{ce} \tag{2.4.22}$$

$$\dot{I}_c=h_{21}\cdot \dot{I}_b+h_{22}\cdot \dot{U}_{ce} \tag{2.4.23}$$

式中 h_{11}、h_{12}、h_{21}、h_{22}称为共射极连接的 h 参数。四个参数量纲各不相同，故称为**混合参数（h 参数）**。

由式(2.4.22)可以知道，输入端口看电压，由两部分组成，第一项是电阻，第二项是受控电压源，所以 b-e 间等效成一个电阻和一个受控电压源的串联；由式(2.4.23)可以知道，输出端口看电流，也是两部分组成，第一项是受控电流源，第二项是电导，所以 c-e 间等效成一个受控电流源和一个电阻的并联，所有的交流量用向量复数形式表示，为此获得晶体管的 h 参数小信号模型，也就是微变等效电路模型，如图 2.4.13 所示。

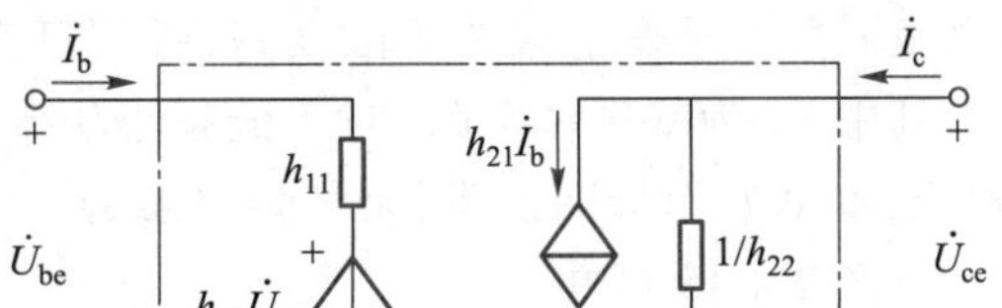

图 2.4.13　晶体管的微变等效电路模型

2. 微变等效参数的分析

在晶体管的特性曲线上分析微变等效电路中的各个 h 参数，从而进一步理解 h 参数的物理意义和求解方法。

（1）从输入特性曲线到晶体管的输入回路

$h_{11}=\left.\frac{\partial u_{BE}}{\partial i_B}\right|_{U_{CE}}$ 是当 BJT 输出端电压为常数 U_{CEQ}（交流短路 $u_{ce}=0$）时 u_{BE}对 i_B的偏导数，

是$u_{CE}=U_{CEQ}$对应的输入特性曲线上 Q 点处切线斜率的倒数。h_{11}反映了晶体管输入回路中电压u_{be}和电流 i_b之间的关系。

当输入微变(即微小变化)信号,在静态工作点 Q 附近有微小变动时,Q 点附近的工作段被认为是直线,微变量可用交流分量来代替,即 $\Delta u_{BE}=u_{be}$,$\Delta i_B=i_b$,则 $h_{11}=\left.\dfrac{\partial u_{BE}}{\partial i_B}\right|_{U_{CE}}\approx\dfrac{\Delta u_{BE}}{\Delta i_B}$,如图 2.4.14(a)所示。我们把 Δu_{BE}与 Δi_B之比称为**晶体管的输入电阻**,则 h_{11}表示小信号下晶体管的 b-e 间动态电阻,又称晶体管的交流输入电阻,单位为欧姆 Ω,常用 r_{be}表示。在小信号情况下,微变量可用交流分量来代替,即 $\Delta u_{BE}=u_{be}$,$\Delta i_B=i_b$。

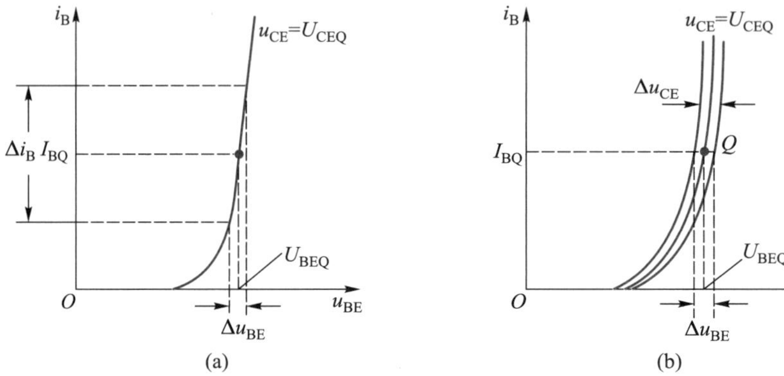

图 2.4.14 在输入特性曲线上分析 h_{11}和 h_{12}

(a) 在输入特性曲线上分析 h_{11} (b) 在输入特性曲线上分析 h_{12}

故有

$$r_{be}=\frac{u_{be}}{i_b}=\frac{\dot U_{be}}{\dot I_b} \tag{2.4.24}$$

r_{be}可用图示仪测出,一般也用公式估算。

晶体管 b-e 之间的内部结构如图 2.4.15 所示,交流小信号电流电压用复数形式表达。b-e之间有基区半导体的体电阻 $r_{bb'}$,发射结的电阻 $r_{b'e'}$及发射区体电阻 $r_{e'e}$,由于发射区杂质浓度高,所以阻值小,$r_{e'e}$可忽略。

其中 $r_{bb'}$为基区体电阻,对于低频小功率晶体管取 100 Ω 至 300 Ω,本书如无特别说明,取 $r_{bb'}\approx 300\ \Omega$。

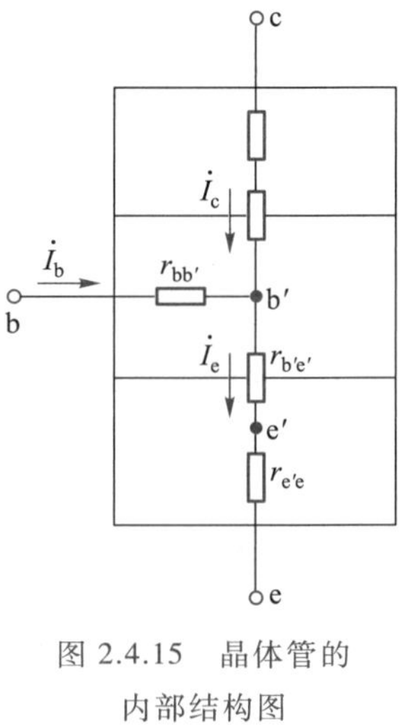

图 2.4.15 晶体管的内部结构图

由图 2.4.15 可知

$$\dot U_{be}\approx\dot I_b r_{bb'}+\dot I_e r_{b'e'}$$

根据电阻的定义有

$$r_{be}=\frac{\dot U_{be}}{\dot I_b}=\frac{\dot I_b r_{bb'}+\dot I_e r_{b'e'}}{\dot I_b}=r_{bb'}+(1+\beta)r_{b'e'}$$

由第一章 PN 结的电流电压方程可以知道

$$i_E=I_S\left(e^{\frac{u_{B'E'}}{U_T}}-1\right)$$

因为发射结处于正偏,发射结的电压大于 PN 结的开启电

压，而在室温（$T=300$ K）下，$U_T=26$ mV，因此可以认为

$$i_E \approx I_S e^{\frac{u_{B'E'}}{U_T}}$$

发射结的动态电阻 $r_{b'e'}$ 为

$$\frac{1}{r_{b'e'}}=\frac{di_E}{du_{B'E'}}=\frac{1}{U_T}\cdot I_S\cdot e^{\frac{u_{B'E'}}{U_T}}\bigg|_Q=\frac{I_E}{U_T}$$

即

$$r_{b'e'}=\frac{U_T}{I_{EQ}}=\frac{26\ \text{mV}}{I_{EQ}}$$

所以

$$r_{be}=r_{bb'}+(1+\beta)\frac{26\ \text{mV}}{I_E}=300\ \Omega+\frac{26\ \text{mV}}{I_B} \tag{2.4.25}$$

应当指出，电阻 r_{be} 是一个动态电阻（即交流电阻）。r_{be} 是与静态工作点密切相关的，静态工作点不同，r_{be} 也不同。在半导体器件手册中 r_{be} 常用 h_{ie} 表示。r_{be} 的数值一般在几百欧到几千欧之间。

$h_{12}=\frac{\partial u_{BE}}{\partial u_{CE}}\bigg|_{I_B}$ 是输入电流为常数 $i_B=I_{BQ}$（交流开路 $i_b=0$）时的反向电压传输系数，它反映的是输出电压对输入回路电压的影响。由图 2.4.14(b)所示的输入特性曲线可以知道，晶体管的基极电流 i_B 不仅与发射结电压 u_{BE} 有关，还与 u_{CE} 有关，但是，一般认为 $u_{CE}\geqslant 1$ V 时的输入特性曲线是同一条，说明 u_{CE} 对输入端的影响很小，h_{12} 一般为 $10^{-3}\sim10^{-4}$，可以忽略不计，认为此参数为 0。

（2）从输出特性曲线到晶体管的输出回路

$h_{21}=\frac{\partial i_C}{\partial i_B}\bigg|_{U_{CE}}$ 是输出电压为常数 $u_{CE}=U_{CEQ}$（输出交流短路 $u_{ce}=0$）时 i_C 对 i_B 的偏导数，它反映了基极电流对集电极电流的影响。由输出特性曲线可以知道，Q 点附近，在小信号作用时，微变量可用交流分量来代替，即 $\Delta i_C=i_c$，$\Delta i_B=i_b$，则 $h_{21}=\frac{\partial i_C}{\partial i_B}\bigg|_{U_{CE}}\approx\frac{\Delta i_C}{\Delta i_B}$，如图 2.4.16(a)所示。$h_{21}$ 表示晶体管在 Q 点的电流放大系数 β。

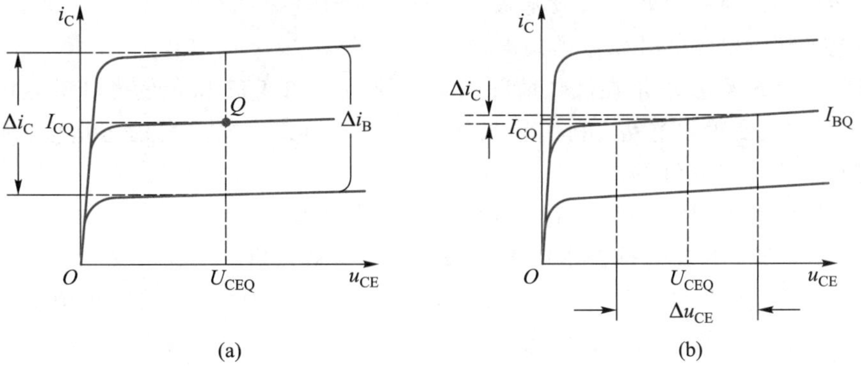

图 2.4.16　在输出特性曲线上分析 h_{21} 和 h_{22}

（a）在输出特性曲线上分析 h_{21}　（b）在输出特性曲线上分析 h_{22}

在小信号的条件下，β 可以认为是常数，一般用晶体管特性测试仪测出。它反映了基极电流 i_b 对晶体管输出回路中集电极电流 i_c 的控制关系，这种关系可用一个受控电流源 $\dot{I}_c=\beta\dot{I}_b$ 来等效，如图 2.4.13 所示。

应该注意，$\beta\dot{I}_b$ 是受控电流源，当 $\dot{I}_b=0$ 时，$\beta\dot{I}_b$ 也就不存在了。

$h_{22}=\left.\dfrac{\partial i_C}{\partial u_{CE}}\right|_{I_B}$ 是输入电流为常数 $i_B=I_{BQ}$（交流开路 $i_b=0$）时 i_C 对 u_{CE} 的偏导数，它反映了输出电压对集电极电流的影响。由输出特性曲线可以知道，输出特性曲线不完全与横轴平行，在 Q 点附近，小信号情况下，微变量可用交流分量来代替，即 $\Delta u_{CE}=u_{ce}$，$\Delta i_C=i_c$，则 $h_{22}=\left.\dfrac{\partial i_C}{\partial u_{CE}}\right|_{I_B}\approx\dfrac{\Delta i_C}{\Delta u_{CE}}$，如图 2.4.16（b）所示。$h_{22}$ 表示小信号下晶体管的输出电导，单位为西门子（S），常称 $1/h_{22}$ 为晶体管 c-e 间的动态电阻，用 r_{ce} 表示。即

$$r_{ce}=\frac{\Delta u_{CE}}{\Delta i_C}$$

由图 2.4.16（b）可以看到，u_{CE} 有很大的变化，而相应的 i_C 变化很小，所以 r_{ce} 很高，可达几十千欧到几百千欧，一般认为曲线几乎与横轴平行，输出电压变化时，电流基本不变，在工程上一般可忽略它的影响，将 r_{ce} 看成无穷大。

3. 简化的晶体管微变等效电路

通过前面的分析可知，在输入回路，h_{12} 很小可以忽略不计，则晶体管的输入回路近似等效为一个电阻 r_{be}；在输出回路，因为 r_{ce} 很大，可以看成开路，所以晶体管的输出回路等效为一个受控电流源 $\dot{I}_c=\beta\dot{I}_b$。因此，可获得简化的晶体管微变等效电路，如图 2.4.17 所示。

4. 对于晶体管微变等效电路的几点说明

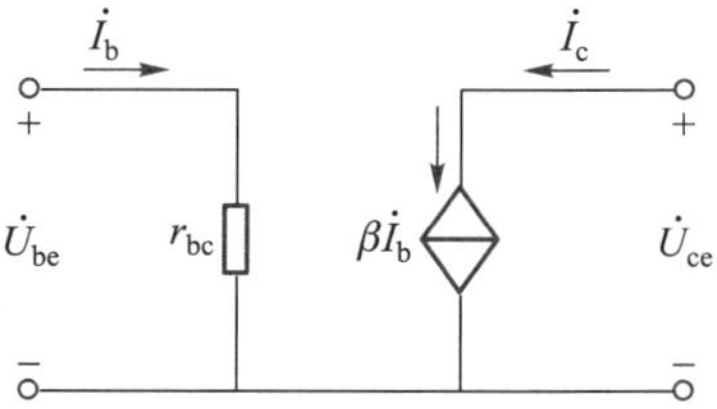

图 2.4.17　简化的晶体管微变等效电路

（1）微变等效电路是在 Q 点附近的小区域内完成的，所以等效电路中的微变参数 r_{be}、r_{ce} 和 β 应在 Q 点求出。

（2）微变等效电路反映的对象是变化量，所以不能用微变等效电路法计算放大电路的静态工作点。

（3）微变等效电路中的受控电流源 βi_b 受基极交流电流 i_b 的控制，没有 i_b 就没有 i_c。因此，受控电流源 βi_b 的方向必须与 i_b 的方向一致，即如果假设基极交流电流 i_b 流进基极，则集电极交流电流 i_c 必须流进集电极。

（4）因为 r_{be}、r_{ce} 和 β 均是在低频情况下测出的，故图 2.4.13 所示的微变等效电路是晶体管在中低频时的微变等效电路，利用它只能分析中低频放大电路的动态指标，其误差不超过 10%，这在工程上是允许的。

（5）PNP 型管和 NPN 型管的微变等效电路完全一致。

教学视频 2.3 微变等效电路分析方法

三、共发射极基本放大电路的动态参数分析

我们以图 2.3.2 所示的共发射极放大电路为例来说明应用微变等效电路分析法分析放大电路的步骤。

1. 画出放大电路的交流通路

因为是分析动态工作情况，所以必须先画出放大电路的交流通路。根据前

面介绍的原则，只要将耦合电容和直流电源短路，就可画出如图 2.4.2 所示的交流通路。

2. 画出放大电路的微变等效电路

用晶体管的微变等效电路代替交流通路中的晶体管，即可得到放大电路在中低频小信号时的微变等效电路，如图 2.4.18 所示。由于在分析和测试放大电路时，经常用正弦信号，所以等效电路中的电压和电流都用复数符号表示。

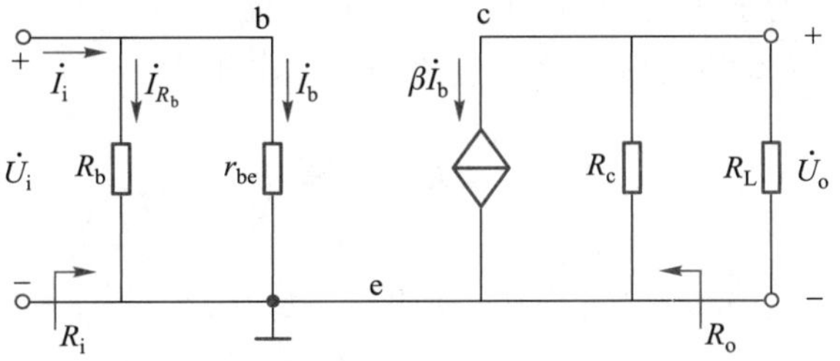

图 2.4.18　图 2.3.2 所示放大电路的微变等效电路

3. 分析放大电路的动态指标

利用放大电路的微变等效电路即可分析放大电路的动态指标。

（1）求放大电路的电压放大倍数

由图 2.4.18 所示的输入回路可得

$$\dot{U}_i=\dot{I}_b r_{be}$$

由图 2.4.18 所示的输出回路可得

$$\dot{U}_o=-\dot{I}_c(R_c /\!/ R_L)=-\beta\dot{I}_b R'_L$$

因此，可得到如图 2.3.2 所示的基本共发射极放大电路的电压放大倍数为

$$\dot{A}_u=\frac{-\beta\dot{I}_b R'_L}{\dot{I}_b r_{be}}=-\frac{\beta R'_L}{r_{be}} \tag{2.4.26}$$

式(2.4.26)中的负号说明输出电压与输入电压的相位相反。

当放大电路的输出端不接负载电阻 R_L时，电压放大倍数为

$$\dot{A}_u=\frac{-\beta\dot{I}_b R_c}{\dot{I}_b r_{be}}=-\frac{\beta R_c}{r_{be}} \tag{2.4.27}$$

因为 $R'_L<R_c$，所以放大电路的输出端接上负载电阻 R_L后，电压放大倍数会下降。

（2）求放大电路的输入电阻

由图 2.4.18 所示的输入回路可得

$$\dot{I}_i=\dot{I}_{R_b}+\dot{I}_b=\frac{\dot{U}_i}{R_b}+\frac{\dot{U}_i}{r_{be}}$$

根据放大电路输入电阻的定义，可得到基本共发射极放大电路的输入电阻为

$$R_i=\frac{\dot{U}_i}{\dot{I}_i}=R_b /\!/ r_{be} \tag{2.4.28}$$

由于 $R_b \gg r_{be}$，所以放大电路的输入电阻 R_i 近似等于晶体管的输入电阻 r_{be}。由于晶体管的 r_{be} 的数值只有几百欧到几千欧，所以基本共发射极放大电路的输入电阻较低。

（3）求放大电路的输出电阻

放大电路的输出电阻应该在信号源短路、负载电阻 R_L 开路的条件下计算，于是在图 2.4.18 所示电路的基础上，便可画出如图 2.4.19 所示的计算基本共发射极放大电路输出电阻的等效电路。在图中，因为信号源短路，所以 $\dot{I}_b=0$、受控电流源 $\beta\dot{I}_b=0$；晶体管的输出电阻 r_{ce} 很大，可视为开路。所以，基本共发射极放大电路的输出电阻为

$$R_o=\frac{\dot{U}}{\dot{I}}=R_c /\!/ r_{ce}\approx R_c \tag{2.4.29}$$

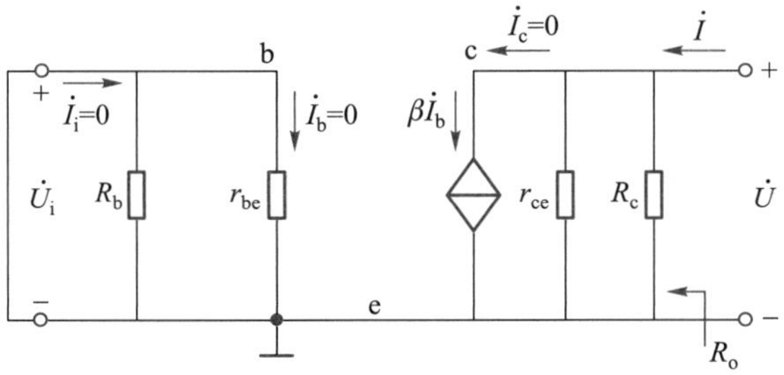

图 2.4.19 求基本共发射极放大电路输出电阻的等效电路

例 2.4.2 如图 2.4.20(a)所示的放大电路，设晶体管的 $\beta=80$。（1）计算静态工作点。（2）计算电压放大倍数、输入电阻、输出电阻以及放大电路对信号源的电压放大倍数。（3）如果 $\beta=100$，电路中的哪些指标有改变？

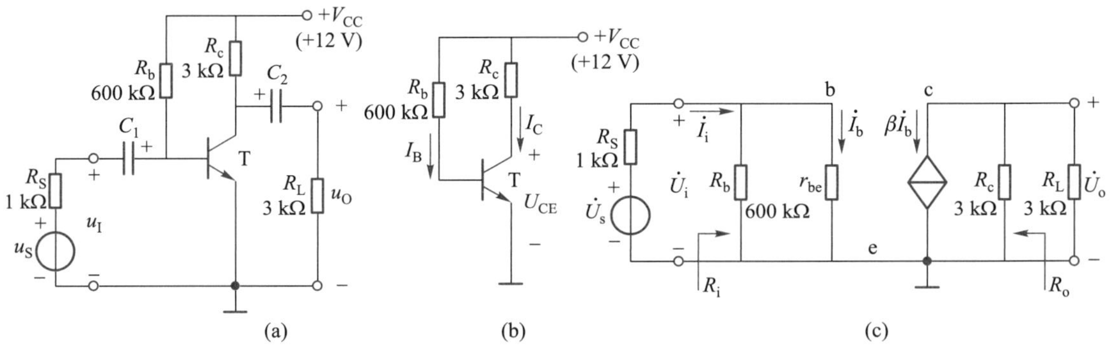

图 2.4.20 例 2.4.2 的电路

（a）电路图 （b）直流通路 （c）微变等效电路

解 （1）画出直流通路，如图 2.4.20(b)所示。由图可得

$$I_{BQ}=\frac{V_{CC}-U_{BEQ}}{R_b}\approx\frac{12}{600}\ \text{mA}=20\ \mu\text{A}$$

$$I_{CQ}\approx\beta I_{BQ}=80\times20\ \mu\text{A}=1.6\ \text{mA}$$

$$U_{CEQ}=V_{CC}-I_{CQ}R_c=(12-1.6\times3)\text{ V}=7.2\text{V}$$

（2）画出放大电路的微变等效电路，如图 2.4.20(c)所示。

将静态 $I_{CQ}\approx I_{EQ}$或 I_{BQ}的值代入式(2.4.25)中，有

$$r_{be}=300\ \Omega+(1+\beta)\frac{26}{I_{EQ}}=300\ \Omega+\frac{26}{I_{BQ}}=1.6\ \text{k}\Omega$$

电压放大倍数为

$$\dot{A}_u=-\frac{\beta(R_c /\!/ R_L)}{r_{be}}=-\frac{80\times\dfrac{3\times3}{3+3}}{1.6}=-75$$

输入电阻为

$$R_i=R_b /\!/ r_{be}\approx r_{be}=1.6\ \text{k}\Omega$$

输出电阻为

$$R_o\approx R_c=3\ \text{k}\Omega$$

当考虑信号源的内阻时，放大电路对信号源的电压放大倍数为

$$\dot{A}_{us}=\frac{\dot{U}_o}{\dot{U}_s}=\frac{\dot{U}_i}{\dot{U}_s}\cdot\frac{\dot{U}_o}{\dot{U}_i}=\frac{R_i}{R_S+R_i}\cdot\dot{A}_u=\frac{1.6}{1+1.6}\times(-75)\approx-46$$

（3）当晶体管的$\beta=100$时，因为静态基极电流 I_{BQ}与β无关，所以 I_{BQ}不变。但是，I_{CQ}增大了，U_{CEQ}减小了；因为 I_{BQ}不变，r_{be}也不变，所以电压放大倍数会提高；输入电阻和输出电阻均不变。

四、微变等效电路分析法的特点

因为晶体管的微变等效电路仅反映电压和电流的交流分量，又因微变等效电路是在小信号条件下得到的，所以，微变等效电路分析法只能用来分析放大电路在小信号条件下的动态工作情况。

思考题

2.4.1 如何画放大电路的直流通路和交流通路？求静态工作点应根据哪个通路？

2.4.2 什么叫直流负载线和交流负载线？二者有何关系？用图解法分析电压放大倍数应根据哪种负载线？

2.4.3 Q 点设置在何处将产生截止失真或饱和失真？试用图解法示意说明。

2.4.4 如果出现截止失真或饱和失真，应该调整电路中哪些参数？

2.4.5 分别画出 PNP 管组成的基本放大电路产生截止失真和饱和失真的波形。

2.4.6 试说明图解法的特点。

2.4.7 试说明晶体管的微变等效模型中各参数的含义。

2.4.8 微变等效电路分析法求动态指标的基本步骤是什么？运用的条件是什么？

2.5 放大电路静态工作点的稳定问题

2.5.1 固定偏流放大电路的优缺点

如前所述,放大电路的静态工作点对于电路的动态工作情况有着非常大的影响,它不仅关系到输出波形会不会失真,而且对电路的电压放大倍数也有着很大的影响(因为电压放大倍数与晶体管的 r_{be} 有关,而 r_{be} 又与晶体管的静态电流密切相关)。因此,为使放大电路有较好的性能,必须为放大电路设置一个合适的静态工作点。

图 2.3.2 所示的共发射极基本放大电路又称为**固定偏流放大电路**,因为该电路的静态基极电流(称为偏流)为

$$I_B=\frac{V_{CC}-U_{BE}}{R_b}\approx\frac{V_{CC}}{R_b}$$

当电源电压 V_{CC} 和基极偏置电阻 R_b 选定后,偏流 I_B 可近似认为固定不变。

固定偏流放大电路的优点是,电路结构简单,调试方便,只要适当改变基极偏置电阻 R_b 的大小,即可改变偏流 I_B,使静态工作点处于合适位置,保证放大电路有较好的动态性能。

固定偏流放大电路的缺点是,当更换晶体管或环境温度变化引起管子参数变化时,放大电路的静态工作点会发生移动,严重时会使放大电路不能正常工作。

因此,必须设计出一种放大电路,保证它的静态工作点基本上不受更换晶体管或环境温度变化的影响,即要求放大电路的静态工作点是稳定的。

2.5.2 温度对放大电路静态工作点的影响

造成固定偏流放大电路静态工作点不稳定的因素很多,例如电源电压和电路参数的变化,管子老化后使其参数发生变化以及环境温度的变化等,但主要因素是晶体管的参数(I_{CBO}、β、U_{BE})随温度的变化。在图 2.5.1 和图 2.5.2 中,用实线表示温度较低时的特性曲线,用虚线表示温度较高时的特性曲线。

1. 发射结正向压降 U_{BE} 随温度变化对静态工作点的影响

温度升高时,晶体管共射极连接时的输入特性曲线将向左移动,如图 2.5.1 所示。这说明在 i_B 相同的条件下,u_{BE} 将减小,所以 u_{BE} 具有负温度系数。实验表明,温度每升高 1 ℃,u_{BE} 将减小2~2.5 mV。在固定偏流放大电路中,因温度升高引起 U_{BE} 减小,则 I_B 将增大,静态工作点将沿直流负载线上移,I_C 也随之增大。

2. 反向饱和电流 I_{CBO} 随温度变化对静态工作点的影响

晶体管的集电极反向饱和电流 I_{CBO} 对温度的变化是十分敏感的。当环境温度上升时,集电区的少数载流子会急剧增多,使 I_{CBO} 随温度上升而按指数规律增大。一般说来,温度每升高 10℃,硅管和锗管的 I_{CBO} 要增加一倍。但是,由于硅管的 I_{CBO} 要比锗管小得多,所以,对硅管来说,I_{CBO} 随温度的变化常常不是引起静态工作点变化的主要原因。

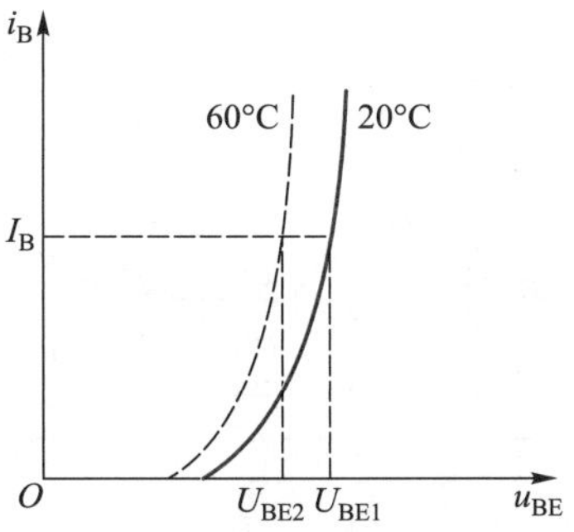

图 2.5.1　温度对 u_{BE} 的影响

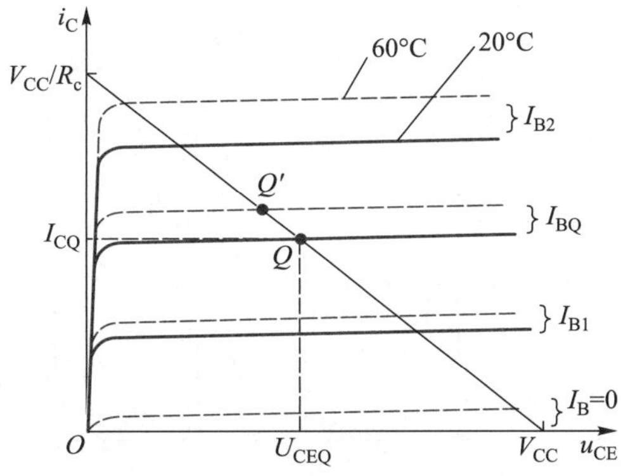

图 2.5.2　晶体管在不同环境温度下的输出特性曲线

I_{CBO}随温度上升而增大这一现象,反映在晶体管的特性曲线上是使整个输出特性曲线向上平移。图 2.5.2 画出了某晶体管的输出特性曲线随温度上升而向上平移的情况。晶体管的输出特性曲线随温度上升而向上平移的原因是:当 I_{CBO} 随温度上升而增大时,管子的穿透电流 I_{CEO} 也要随温度上升而急剧增大,使 $i_B=0$ μA 的那条输出特性曲线上移,其他各条输出特性曲线也同时上移相同高度。

3. 电流放大系数 β 随温度变化对静态工作点的影响

实验证明,温度每上升 1 ℃,晶体管的 β 要增加 0.5%～1.0%。β 变大后,输出特性上相邻曲线间的间隔将变宽,如图 2.5.2 所示,静态工作点将上移,静态集电极电流 I_C将增大。

由以上讨论,可得出以下结论。

在固定偏流放大电路中,电路参数选定后,直流负载线和偏流 I_B 均是固定的,但是当温度上升后,晶体管的 I_{CBO}、β、U_{BE}随温度上升而变化的结果,都会使静态集电极电流 I_C 增大,导致放大电路静态工作点不稳定,静态工作点将从 Q 点上升到 Q'点,靠近饱和区,输出电压有可能出现饱和失真。

2.5.3　工作点稳定的发射极偏置放大电路

由以上分析可知,晶体管的参数随温度而变化是造成放大电路静态工作点不稳定的原因,且静态工作点的不稳定最终都反映在静态集电极电流 I_C的变化上。因此,所谓稳定静态工作点,就是指当温度变化时,设法使放大电路的静态集电极电流 I_C 基本上保持不变。

如果能设计出一种新的放大电路,使该放大电路的静态集电极电流 I_C 基本上与晶体管的参数 I_{CBO}、β 、U_{BE}无关,那么这种放大电路的静态集电极电流 I_C 就基本上不会随温度而变化,因而它的静态工作点也基本上是稳定的。

下面介绍的发射极偏置放大电路,只要电路的参数选择得合适,它的静态工作点就是稳定的。

一、电路的组成

图 2.5.3(a)是发射极偏置放大电路的原理图,它有以下两个特点。

1. 利用电阻 R_{b1} 和 R_{b2}组成的分压器固定晶体管的基极电位

由图 2.5.3(b)所示的直流通路可得

$$I_1 = I_B + I_2$$

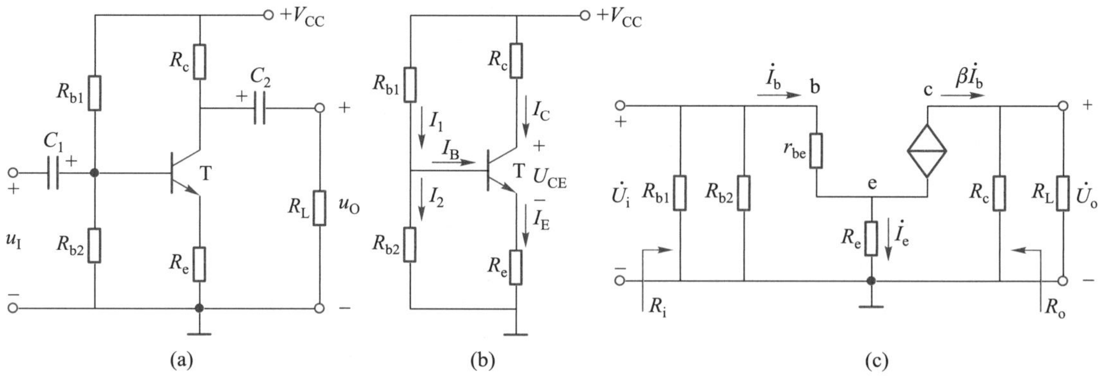

图 2.5.3　发射极偏置放大电路

（a）电路　（b）直流通路　（c）微变等效电路

若电路参数的选择能使

$$I_2 \gg I_B \tag{2.5.1}$$

则有

$$I_1 \approx I_2 \approx \frac{V_{CC}}{R_{b1}+R_{b2}}$$

这时，静态基极电位为

$$U_B = I_2 R_{b2} \approx V_{CC}\frac{R_{b2}}{R_{b1}+R_{b2}} \tag{2.5.2}$$

由此可见，当电路参数能满足式（2.5.1）要求的条件时，可以认为放大电路的静态基极电位 U_B 基本上与晶体管的参数无关，即 U_B 基本上不随温度变化而变化。

2. 发射极电阻 R_e 的作用

利用发射极电阻 R_e，将输出回路电流 I_E 的变化转换成电压 $I_E R_e$ 的变化，然后送回输入电路，使静态集电极电流 I_C 基本上稳定。

二、稳定静态工作点的物理过程和稳定条件分析

1. 稳定静态工作点的物理过程

发射极偏置放大电路稳定静态工作点的物理过程是这样的：由于某种原因使 I_C 上升时，I_E 将增大，发射极电阻 R_e 上的压降增大，发射极电位 U_E 上升，由于晶体管的基极电位 U_B 基本上是固定的，故 U_{BE} 要减小，从而使得 I_B 自动减小，最后牵制了 I_C 的增大，保证静态工作点基本稳定。以上稳定静态工作点的物理过程可以表示为：

$$I_C\uparrow(I_E\uparrow)\xrightarrow{R_e}U_E\uparrow\xrightarrow{U_B\text{ 固定}}U_{BE}\downarrow$$

$$I_C\downarrow\longleftarrow I_B\downarrow\longleftarrow$$

由此可见，发射极偏置放大电路稳定静态工作点的实质是，利用静态电流 I_C（或 I_E）的变化，通过发射极电阻 R_e 转换成 U_E 的变化，再送回输入回路去抑制静态基极电流 I_B 的变化，从而控制集电极电流 I_C 保持基本不变。

2. 稳定条件分析

在发射极偏置放大电路中，要使静态工作点稳定，必须满足式(2.5.1)要求的条件，即$I_2 \gg I_B$，这个条件就是发射极偏置放大电路稳定静态工作点的条件。从稳定静态工作点的效果看，似乎I_2越大越好。但是，当I_2太大时，R_{b1}和R_{b2}的数值必须取得较小，这不仅使电源的耗电增大，还会降低放大电路的输入电阻(将在下面分析)。因此，一般取

$$\left.\begin{array}{l} I_2=(5\sim10)I_B(\text{硅管}) \\ I_2=(10\sim20)I_B(\text{锗管}) \end{array}\right\} \tag{2.5.3}$$

三、静态工作点的估算

利用图 2.5.3(b)所示的直流通路分析静态工作点。由式(2.5.2)可知

$$U_B=I_2R_{b2}\approx V_{CC}\frac{R_{b2}}{R_{b1}+R_{b2}}$$

$$I_C\approx I_E=\frac{U_B-U_{BE}}{R_e} \tag{2.5.4}$$

所以

$$U_{CE}=V_{CC}-I_CR_c-I_ER_e\approx V_{CC}-I_C(R_c+R_e) \tag{2.5.5}$$

$$I_B\approx\frac{I_C}{\beta} \tag{2.5.6}$$

当电路参数已知时，即可利用以上各式估算出放大电路的静态工作点I_C、I_B和U_{CE}。

四、动态性能指标分析

1. 电压放大倍数

发射极偏置放大电路的微变等效电路如图 2.5.3(c)所示。由图可得

$$\dot{U}_i=\dot{I}_br_{be}+(1+\beta)\dot{I}_bR_e=\dot{I}_b[r_{be}+(1+\beta)R_e]$$

$$\dot{U}_o=-\dot{I}_c(R_c/\!/R_L)=-\beta\dot{I}_bR_L' \qquad R_L'=R_c/\!/R_L$$

所以

$$\dot{A}_u=\frac{\dot{U}_o}{\dot{U}_i}=\frac{-\beta\dot{I}_bR_L'}{\dot{I}_b[r_{be}+(1+\beta)R_e]}=-\frac{\beta R_L'}{r_{be}+(1+\beta)R_e} \tag{2.5.7}$$

若$(1+\beta)R_e\gg r_{be}$，则

$$\dot{A}_u\approx-\frac{R_L'}{R_e}$$

2. 输入电阻

由图 2.5.3(c)可得发射极偏置放大电路的输入电阻为

$$R_i=\frac{\dot{U}_i}{\dot{I}_i}=R_{b1}/\!/R_{b2}/\!/R_i'$$

其中

$$R_i'=\frac{\dot{U}_i}{\dot{I}_b}=\frac{\dot{I}_br_{be}+(1+\beta)\dot{I}_bR_e}{\dot{I}_b}=r_{be}+(1+\beta)R_e$$

所以

$$R_i = R_{b1} // R_{b2} // [r_{be} + (1+\beta) R_e] \tag{2.5.8}$$

3. 输出电阻

从图 2.5.3(c)的输出端看进去,可得发射极偏置放大电路的输出电阻为

$$R_o \approx R_c \tag{2.5.9}$$

五、具有旁路电容的发射极偏置放大电路

式(2.5.7)表明:发射极电阻 R_e 的接入,虽然能起到稳定静态工作点的作用,但却降低了放大电路的电压放大倍数,而且 R_e 越大,电压放大倍数降低得越多。为了解决这一矛盾,可在发射极电阻 R_e 两端并联一个大电容 C_e(其容量一般为几十到几百微法),如图 2.5.4(a)所示。由于 C_e 的容量很大,它对交流信号来说相当于短路,故放大电路的微变等效电路如图 2.5.4(b)所示。可见,对于交流电流来说,晶体管的发射极直接接地,故称 C_e 为**发射极旁路电容**。

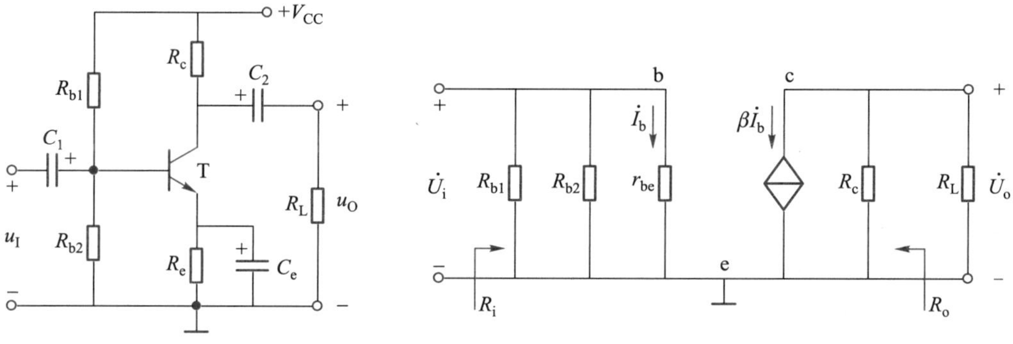

图 2.5.4 具有旁路电容的发射极偏置放大电路

(a) 电路 (b) 微变等效电路

具有发射极旁路电容的发射极偏置放大电路的直流通路与图 2.5.3(b)相同,所以静态工作点的计算方法与图 2.5.3(a)所示的电路相同。

具有发射极旁路电容的发射极偏置放大电路的微变等效电路如图 2.5.4(b)所示。由图 2.5.4(b)可得电压放大倍数为

$$\dot{A}_u = \frac{\dot{U}_o}{\dot{U}_i} = \frac{-\beta \dot{I}_b R'_L}{\dot{I}_b r_{be}} = -\frac{\beta R'_L}{r_{be}} \tag{2.5.10}$$

式(2.5.10)与式(2.4.26)完全相同,因此,具有发射极旁路电容的发射极偏置放大电路既能稳定静态工作点,又具有较高的电压放大倍数。

由图 2.5.4(b)可得具有发射极旁路电容的发射极偏置放大电路的输入电阻为

$$R_i = \frac{\dot{U}_i}{\dot{I}_i} = R_{b1} // R_{b2} // r_{be} \tag{2.5.11}$$

当 $R_b = R_{b1} // R_{b2} \gg r_{be}$ 时,有

$$R_i \approx r_{be}$$

由于图 2.5.4(b)与图 2.4.18 类似,故具有发射极旁路电容的发射极偏置放大电路在忽略 r_{ce}时的输出电阻与式(2.4.29)相同,即

$$R_o \approx R_c \tag{2.5.12}$$

思考题

2.5.1 温度变化时,晶体管的哪些参数会发生变化?如何变化?

2.5.2 温度升高,晶体管有可能进入哪种工作状态?

2.5.3 工作点稳定电路中晶体管的电流放大系数 β 增大,对静态工作点有何影响?

2.5.4 基本共发射极放大电路引入电阻 R_e后,都有哪些性能指标发生了改变?

2.6 共集电极放大电路和共基极放大电路

根据放大电路输入回路和输出回路公共端的不同,可把放大电路分为三种基本组态:共发射极放大电路、共集电极放大电路和共基极放大电路。前面已对共发射极放大电路做了讨论,下面分别讨论共集电极放大电路和共基极放大电路。

2.6.1 共集电极放大电路

一、电路的组成

共集电极放大电路的原理图如图 2.6.1(a)所示,图 2.6.1(b)和(c)分别是它的直流通路和微变等效电路。由图 2.6.1(c)可以看出,晶体管的集电极交流接地,是输入回路和输出回路的公共端,故称为**共集电极放大电路**。负载电阻 R_L 接在晶体管的发射极上,即输出电压从晶体管的发射极输出,所以又把共集电极放大电路称为**射极输出器**。

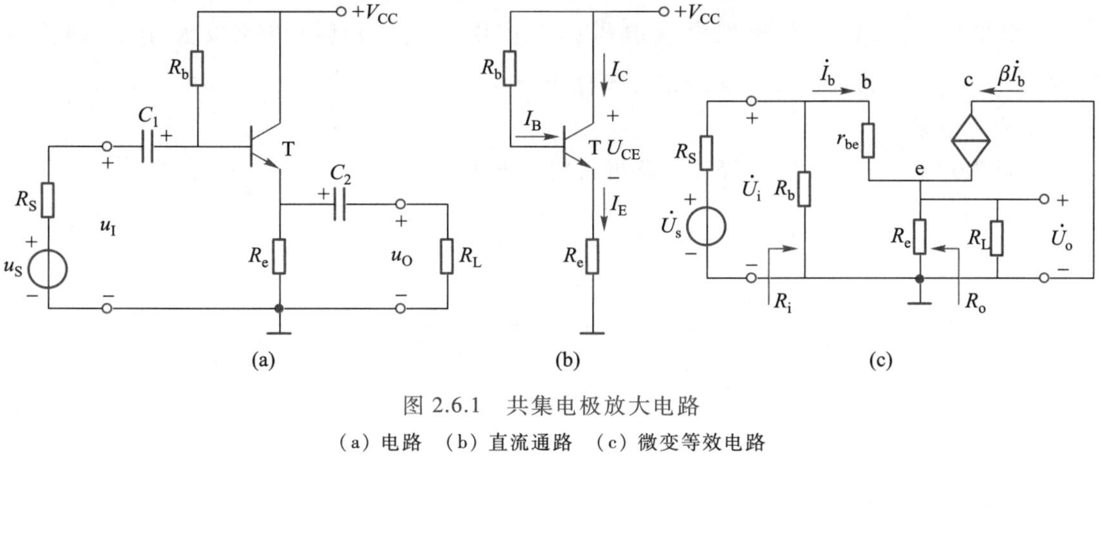

图 2.6.1 共集电极放大电路

(a) 电路 (b) 直流通路 (c) 微变等效电路

二、静态工作点的估算

由图 2.6.1(b)所示的直流通路的基极回路可得

$$V_{CC}=I_BR_b+U_{BE}+U_E \tag{2.6.1}$$

式中，U_E 是发射极的静态电位，且

$$U_E=I_ER_e=(1+\beta)I_BR_e \tag{2.6.2}$$

整理后可得

$$I_B=\frac{V_{CC}-U_{BE}}{R_b+(1+\beta)R_e} \tag{2.6.3}$$

由此可求得静态工作点处的 I_E 和 U_{CE} 分别为

$$I_E=(1+\beta)I_B \tag{2.6.4}$$

$$U_{CE}=V_{CC}-I_ER_e \tag{2.6.5}$$

应当指出，由于 R_e 的存在，射极输出器的静态工作点是稳定的。

三、动态指标分析

1. 电压放大倍数

由图 2.6.1(c)所示的微变等效电路的输入回路可得

$$\dot{U}_i=\dot{I}_br_{be}+(1+\beta)\dot{I}_bR'_L$$

式中

$$R'_L=R_e/\!/R_L$$

由输出回路可得

$$\dot{U}_o=\dot{I}_eR'_L=(1+\beta)\dot{I}_bR'_L$$

所以，射极输出器的电压放大倍数为

$$\dot{A}_u=\frac{\dot{U}_o}{\dot{U}_i}=\frac{(1+\beta)\dot{I}_bR'_L}{\dot{I}_b[r_{be}+(1+\beta)R'_L]}=\frac{(1+\beta)R'_L}{r_{be}+(1+\beta)R'_L} \tag{2.6.6}$$

在一般情况下，有 $(1+\beta)R'_L\gg r_{be}$。所以，射极输出器的电压放大倍数略小于 1，但接近于 1。由式(2.6.6)可知，在射极输出器中，输出电压与输入电压同相。由于输出电压的大小和相位都跟随输入电压而变化，故射极输出器又称为**射极跟随器**。

应该指出，射极输出器虽然没有电压放大作用，但它仍具有电流放大作用，即 $\dot{I}_e=(1+\beta)\dot{I}_b$。因此，射极输出器具有功率放大作用。

2. 输入电阻

由图 2.6.1(c)所示的微变等效电路可得输入电阻为

$$R_i=\frac{\dot{U}_i}{\dot{I}_i}=R_b/\!/R'_i$$

$$R'_i=\frac{\dot{U}_i}{\dot{I}_b}=\frac{\dot{I}_br_{be}+(1+\beta)\dot{I}_bR'_L}{\dot{I}_b}=r_{be}+(1+\beta)R'_L$$

式中

$$R'_L=R_e/\!/R_L$$

所以

$$R_i = R_b /\!/ [r_{be} + (1+\beta)R_L'] \tag{2.6.7}$$

通常，R_b的数值很大（一般为几十千欧到几百千欧），而且 $r_{be}+(1+\beta)R_L'$也比共发射极基本放大电路的输入电阻（$R_i \approx r_{be}$）大得多，所以，射极输出器的输入电阻是很高的，一般可达几十千欧到几百千欧。式(2.6.7)表明，为了提高射极输出器的输入电阻，应选用 β 值大的晶体管。另外，应该注意，射极输出器的输入电阻与负载电阻 R_L有关。

3. 输出电阻

射极输出器的输出电阻应该在信号源短路和负载电阻 R_L开路的条件下计算。计算射极输出器输出电阻的微变等效电路如图 2.6.2 所示。

由图 2.6.2 可得

$$\dot{I} = \dot{I}_b + \beta \dot{I}_b + \dot{I}_{Re} = \frac{\dot{U}}{R_S'+r_{be}} + \beta \frac{\dot{U}}{R_S'+r_{be}} + \frac{\dot{U}}{R_e}$$

式中

$$R_S' = R_S /\!/ R_b$$

将上式整理后可得

$$\frac{\dot{I}}{\dot{U}} = (1+\beta)\frac{1}{R_S'+r_{be}} + \frac{1}{R_e}$$

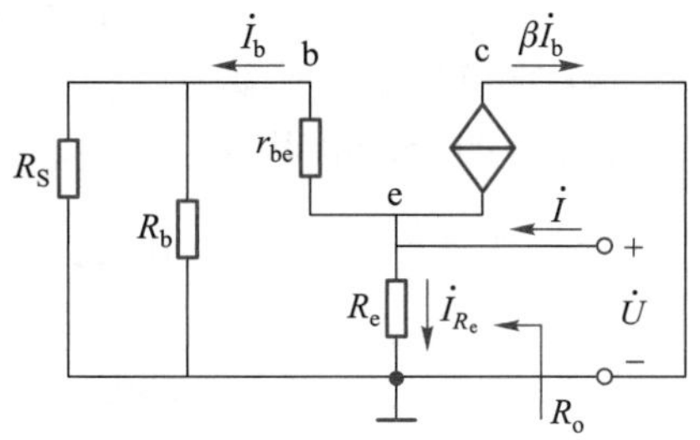

图 2.6.2　分析射极输出器输出电阻的微变等效电路

因此，射极输出器的输出电阻为

$$R_o = \frac{\dot{U}}{\dot{I}} = R_e /\!/ \frac{R_S'+r_{be}}{1+\beta} \tag{2.6.8}$$

式(2.6.8)表明，射极输出器的输出电阻是由发射极电阻 R_e 与电阻$(R_S'+r_{be})/(1+\beta)$并联所组成的。后一部分电阻是基极回路的电阻 $R_S'+r_{be}$折算到发射极回路的等效电阻。因为发射极电流是基极电流的$(1+\beta)$倍，故折算时要将 $R_S'+r_{be}$除以$(1+\beta)$。

在一般情况下，有 $R_e \gg \frac{R_S'+r_{be}}{1+\beta}$和 $\beta \gg 1$，故有

$$R_o \approx \frac{R_S'+r_{be}}{\beta} \tag{2.6.9}$$

可见，射极输出器的输出电阻是很低的，一般只有几十欧到几百欧。由式(2.6.9)可知，为了降低射极输出器的输出电阻，应选用 β 值较大的晶体管。

四、射极输出器的特点和应用

1. 射极输出器的特点

综上所述，射极输出器具有以下特点：电压放大倍数小于 1，但接近 1；输出电压与输入电压同相；输入电阻高；输出电阻低。

2. 射极输出器的应用

尽管射极输出器没有电压放大作用，但是由于它具有较高的输入电阻，可以减小对信号源的影响，所以常用射极输出器作多级放大电路的输入级。由于它具有较低的输出电阻，带负载能力较强，负载变化时对放大倍数的影响较小，加之它具有较大的电流放大作用，所以

常用射极输出器做多级放大电路的输出级。此外,利用射极输出器输入电阻高和输出电阻低的特点,在多级放大电路中,常用它做中间级,以隔离前级和后级之间的相互影响,起到阻抗变换的作用。

例 2.6.1 射极输出器如图 2.6.1(a)所示,试求它的静态工作点、电压放大倍数、输入电阻和输出电阻。已知:$V_{CC}=24\ \text{V}$,$R_b=200\ \text{k}\Omega$,$R_e=3.9\ \text{k}\Omega$,$R_L=2\ \text{k}\Omega$,$R_S=10\ \text{k}\Omega$,$\beta=60$。

解 (1) 求静态工作点。

$$I_B\approx\frac{V_{CC}-U_{BE}}{R_b+(1+\beta)R_e}=\frac{24-0.7}{200+(1+60)\times3.9}\ \text{mA}\approx53.2\ \mu\text{A}$$

$$I_E=(1+\beta)I_B\approx(1+60)\times0.0532\ \text{mA}\approx3.25\ \text{mA}$$

$$U_{CE}=V_{CC}-I_ER_e\approx(24-3.25\times3.9)\ \text{V}\approx11.3\ \text{V}$$

(2) 求电压放大倍数。

晶体管的输入电阻为

$$r_{be}=300\ \Omega+(1+\beta)\frac{26\ \text{mV}}{I_E}$$

$$\approx\left[300+(1+60)\times\frac{26}{3.25}\right]\Omega=788\ \Omega=0.788\ \text{k}\Omega$$

又

$$R_L'=R_e/\!/R_L=\frac{3.9\times2}{3.9+2}\ \text{k}\Omega\approx1.32\ \text{k}\Omega$$

由式(2.6.6)可得

$$\dot{A}_u=\frac{(1+\beta)R_L'}{r_{be}+(1+\beta)R_L'}\approx\frac{(1+60)\times1.32}{0.788+(1+60)\times1.32}\approx0.99$$

(3) 求输入电阻。

由式(2.6.7)可得

$$R_i=R_b/\!/[r_{be}+(1+\beta)R_L']=\frac{200\times[0.788+(1+60)\times1.32]}{200+[0.788+(1+60)\times1.32]}\ \text{k}\Omega=57.8\ \text{k}\Omega$$

(4) 求输出电阻。

$$R_S'=R_S/\!/R_b=\frac{10\times200}{10+200}\ \text{k}\Omega\approx9.52\ \text{k}\Omega$$

由式(2.6.8)可得

$$R_o=R_e/\!/\frac{R_S'+r_{be}}{1+\beta}=\frac{3.9\times\frac{9.52+0.788}{1+60}}{3.9+\frac{9.52+0.788}{1+60}}\ \text{k}\Omega\approx0.162\ \text{k}\Omega=162\ \Omega$$

2.6.2 共基极放大电路

一、电路的组成

共基极放大电路如图 2.6.3(a)所示,R_c是集电极电阻,R_{b1}和 R_{b2}是基极偏置电阻,用来为放大电路建立合适的静态工作点。

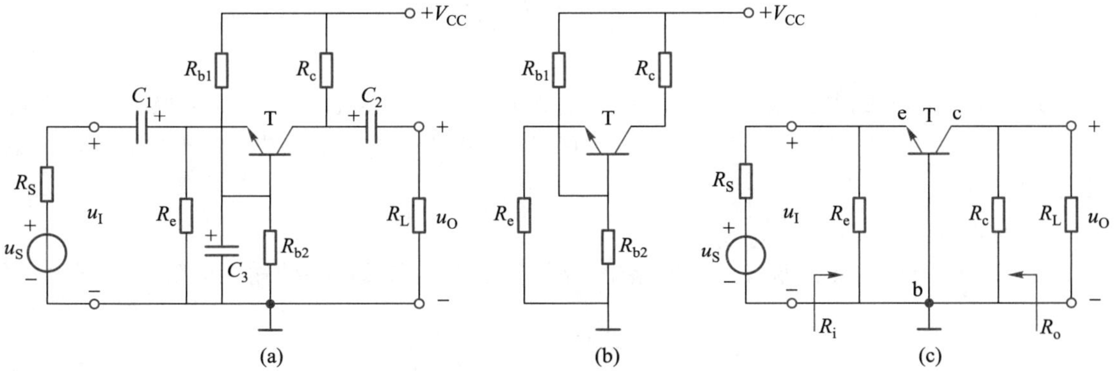

图 2.6.3　共基极放大电路

（a）电路　（b）直流通路　（c）交流通路

共基极放大电路的交流通路如图 2.6.3(c)所示。由交流通路可知，输入电压加在晶体管的发射极和基极之间，输出电压从晶体管的集电极和基极之间取出，晶体管的基极是输入回路和输出回路的公共端，故称**为共基极放大电路**。

二、静态工作点的估算

将隔直电容 C_1、C_2和 C_3视为开路，便可得到共基极放大电路的直流通路，如图 2.6.3(b)所示。可见，它与图 2.5.3(a)所示的发射极偏置放大电路的直流通路[图 2.5.3(b)]相同。因此，两者静态工作点的计算公式完全相同，此处不再赘述。

三、动态指标分析

1. 电压放大倍数

将图 2.6.3(c)中的晶体管用其微变等效电路代替，可画出共基极放大电路的微变等效电路，如图 2.6.4 所示。

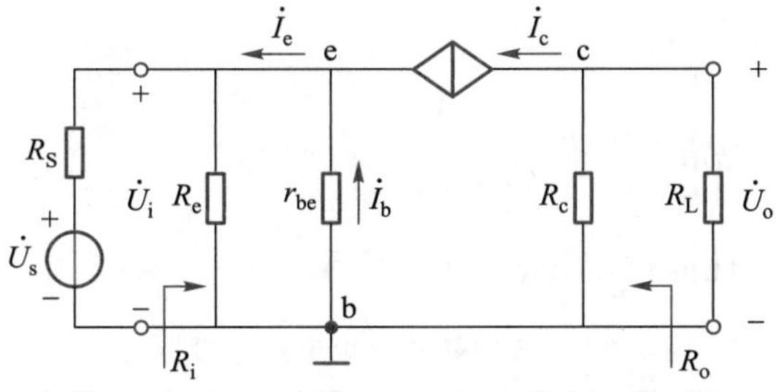

图 2.6.4　共基极放大电路的微变等效电路

由图 2.6.4 可得

$$\dot{U}_o = -\dot{I}_c R_L'$$

$$\dot{U}_i = -\dot{I}_b r_{be}$$

其中

$$R_L' = R_c // R_L$$

所以，共基极放大电路的电压放大倍数为

$$\dot{A}_u=\frac{\dot{U}_o}{\dot{U}_i}=\frac{-\dot{I}_c R_L'}{-\dot{I}_b r_{be}}=\frac{\beta R_L'}{r_{be}} \tag{2.6.10}$$

式(2.6.10)表明，共基极放大电路的电压放大倍数在数值上是与共发射极基本放大电路相同的，二者不同之处是相差一个负号。可见，在共基极放大电路中，输出电压与输入电压相位相同。

2. 输入电阻

由图 2.6.4 可知，在共基极放大电路中，晶体管发射极和基极间的输入电阻为

$$r_{eb}=\frac{\dot{U}_i}{-\dot{I}_e}=\frac{-\dot{I}_b r_{be}}{-(1+\beta)\dot{I}_b}=\frac{r_{be}}{(1+\beta)}$$

所以共基极放大电路的输入电阻为

$$R_i=R_e /\!/ r_{eb}\approx r_{eb}=\frac{r_{be}}{1+\beta} \tag{2.6.11}$$

式(2.6.11)表明，共基极放大电路的输入电阻比共发射极基本放大电路和发射极偏置放大电路的输入电阻低得多。这是因为，在共基极放大电路中，晶体管的输入电阻 r_{eb} 只有后两种放大电路晶体管输入电阻 r_{be} 的 $1/(1+\beta)$。通常，共基极放大电路的输入电阻只有几欧到几十欧。

3. 输出电阻

晶体管集电极和发射极之间的电阻 r_{ce} 很高，在共基极放大电路的微变等效电路中，可以认为晶体管的输出电阻 r_{cb} 为无穷大。所以，共基极放大电路的输出电阻为

$$R_o=R_c /\!/ r_{cb}\approx R_c \tag{2.6.12}$$

综上所述，共基极放大电路有以下特点：有与共发射极基本放大电路相同的电压放大能力，但是输出电压与输入电压同相；输入电阻小；输出电阻与共发射极放大电路的输出电阻相同。

2.6.3 三种基本放大电路的比较

三种基本放大电路的性能比较如表 2.6.1 所示。

表 2.6.1 三种基本放大电路的性能比较

电路名称	共发射极基本放大电路	共集电极放大电路	共基极放大电路
电路图	图 2.3.3	图 2.6.1(a)	图 2.6.3(a)
微变等效电路	图 2.4.18	图 2.6.1(c)	图 2.6.4
电压放大倍数	$\dot{A}_u=-\frac{\beta R_L'}{r_{be}}$ 大	近似为 1，但小于 1	$\dot{A}_u=\frac{\beta R_L'}{r_{be}}$ 大
电流放大系数	(β) 大	$(1+\beta)$ 大	[$\beta/(1+\beta)$ 近似为 1]小

续表

输入电阻	$R_i=R_b // r_{be}$
	中等(几百欧至几千欧)
		$R_i=R_b // [r_{be}+(1+\beta)R'_L]$
		高(可大于一百千欧)
			$R_i \approx \frac{r_{be}}{1+\beta}$
			低(可为几十欧)

输出电阻	$R_o \approx R_c$ 高(可达几十千欧)	$R_o \approx \frac{R'_S+r_{be}}{\beta}$ 低(可为几十欧)	$R_o \approx R_c$ 高(可达几十千欧)

对于三种基本放大电路的主要特点和应用可以大致归纳如下。

(1) 共发射极放大电路的特点是:具有较高的电压放大倍数和电流放大倍数;输入电阻和输出电阻适中。一般用于对输入电阻和输出电阻无特殊要求的场合,广泛地用作多级放大电路的输入级、中间级和输出级。

(2) 共集电极放大电路的特点是:输出电压跟随输入电压变化,电压放大倍数小于1,且接近1;输入电阻高;输出电阻低。常被用作多级放大电路的输入级、输出级或作为起隔离作用的中间级。利用它作为输入级可以减小信号源信号的衰减程度,使放大电路尽可能多地获得输入信号;作为输出级,用以提高放大电路的带负载能力,使负载变化时仍能获得稳定的输出电压。

(3) 共基极放大电路的突出特点在于:具有低输入电阻,可减小晶体管结电容的影响,以改善放大电路的高频特性,所以这种接法常用于宽频带放大电路中。

在实际使用时,应根据需要选择合适的放大电路。

思考题

2.6.1 说明共集电极放大电路的特点及应用。

2.6.2 三种放大电路的输出与输入的相位关系有何不同?

2.6.3 需要高输入电阻应选用哪种放大电路?

2.7 复合管及放大电路

2.7.1 复合管的基本概念

复合管是指用两个或多个晶体管按一定规律进行组合而成的等效晶体管。复合管又称**达林顿管**。

复合管的接法如图2.7.1所示,由图可以总结出以下规律。

(1) 用同型管组成复合管时,其管型不变,称为跟随型复合管。即由两个NPN型管组成的复合管仍为NPN型管,如图2.7.1(a)所示;由两个PNP型管组成的复合管仍为PNP型管,如图2.7.1(b)所示。

（2）用异型管组成复合管时，其管型由第一个管子的类型确定，称为互补型复合管。图 2.7.1(c)为 NPN 型复合管，图 2.7.1(d)为 PNP 型复合管。

（3）复合管的微变等效电路如图 2.7.2 所示，其中图 2.7.2(a)为两个晶体管组成的复合管对应的微变等效电路，其简化模型如图 2.7.2(b)所示。

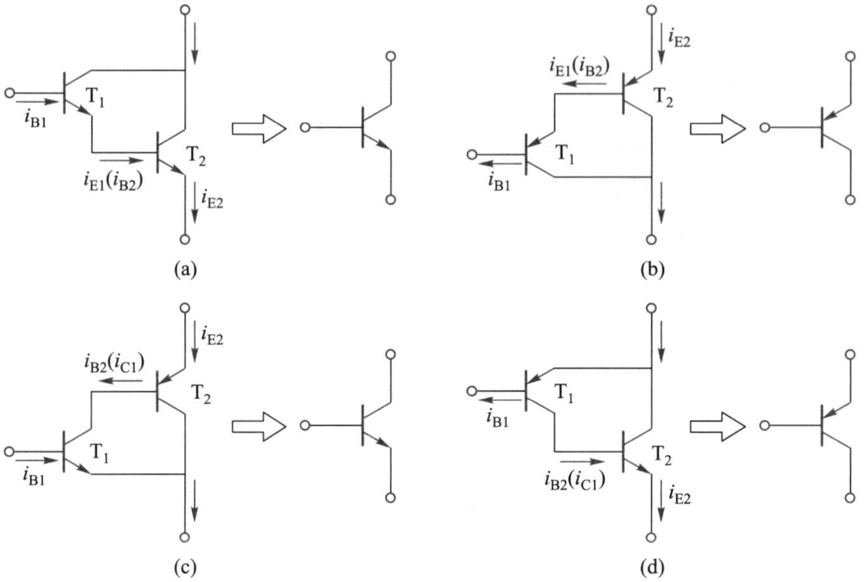

图 2.7.1　复合管的接法

(a) 由两个 NPN 型管组成　(b) 由两个 PNP 型管组成

(c) 由 NPN 型管和 PNP 型管组成　(d) 由 PNP 型管和 NPN 型管组成

由图 2.7.2(a)可知

$$\dot{U}_{be}=\dot{I}_{b1}r_{be1}+(1+\beta_1)\dot{I}_{b1}r_{be2}$$

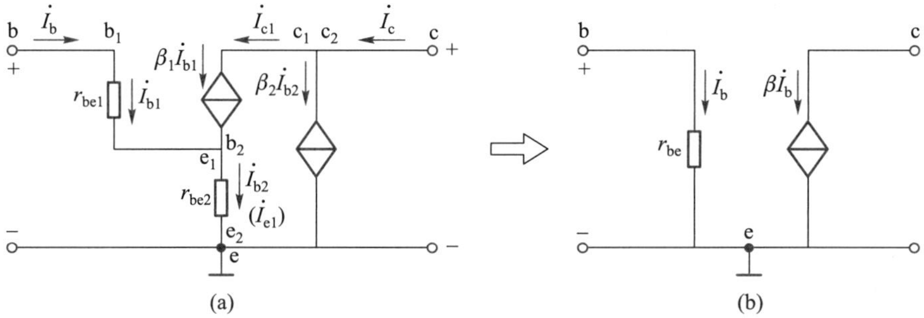

图 2.7.2　复合管的微变等效电路

(a) 复合管的微变等效模型　(b) 简化的复合管微变等效模型

且 $\dot{I}_{b1}=\dot{I}_b$，所以，有

$$r_{be}=\frac{\dot{U}_{be}}{\dot{I}_b}=r_{be1}+(1+\beta_1)r_{be2}$$

$$\dot{I}_{c}=\dot{I}_{c1}+\dot{I}_{c2}=\beta_1\dot{I}_{b1}+\beta_2\dot{I}_{b2}=\beta_1\dot{I}_{b1}+\beta_2(1+\beta_1)\dot{I}_{b1}$$
$$\approx\beta_1\dot{I}_{b1}+\beta_2\beta_1\dot{I}_{b1}=\beta_1(1+\beta_2)\dot{I}_{b1}\approx\beta_1\beta_2\dot{I}_{b}$$

可见，复合管的输入电阻比单管的输入电阻提高了很多，电流放大系数也大大提高了，近似等于两管电流放大系数的乘积，即 $\beta\approx\beta_1\beta_2$。

（4）复合管的缺点是穿透电流较大。

由图 2.7.3 可知，复合管的总穿透电流 $I_{CEO}=I_{CEO2}+\beta_2 I_{CEO1}$，$I_{CEO2}$为 T_2管本身的穿透电流，$\beta_2 I_{CEO1}$是 T_1管的穿透电流经 T_2放大后在 T_2中产生的电流。由于穿透电流受温度影响很大，所以复合管的温度稳定性较差。

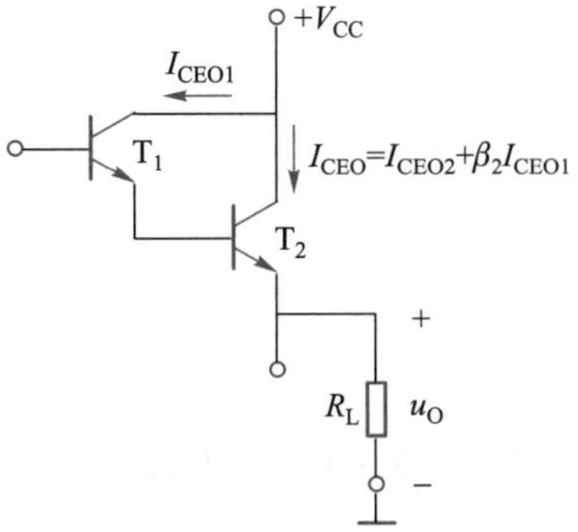

图 2.7.3　复合管的穿透电流

两个管子连接成复合管要遵守以下原则：

（1）在正确的外加电压下，每只管子的各极电流均有合适的通路，且均工作在放大区；

（2）为了实现电流放大，应将第一只管子的发射极电流或集电极电流作为第二只管子的基极电流。

2.7.2　复合管放大电路

复合管构成的共发射极放大电路如图 2.7.4（a）所示，交流微变等效电路如图 2.7.4（b）所示，其中 $r_{be}=r_{be1}+(1+\beta_1)r_{be2}$，$\beta\approx\beta_1\beta_2$。

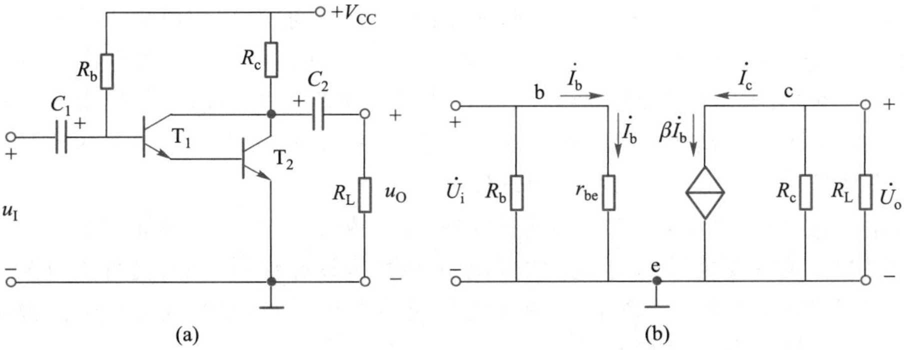

图 2.7.4　复合管共发射极放大电路

（a）电路　（b）微变等效电路

由图 2.7.4（b）可知

$$\dot{U}_o=-\dot{I}_c(R_c/\!/R_L)=-\beta\dot{I}_b(R_c/\!/R_L)=-\dot{I}_b\beta_1\beta_2(R_c/\!/R_L)$$
$$\dot{U}_i=\dot{I}_b r_{be}=\dot{I}_b[r_{be1}+(1+\beta_1)r_{be2}]$$

电压放大倍数

$$\dot{A}_u=\frac{\dot{U}_o}{\dot{U}_i}=\frac{-\dot{I}_b\beta_1\beta_2(R_c/\!/R_L)}{\dot{I}_b[r_{be1}+(1+\beta_1)r_{be2}]}=-\frac{-\beta_1\beta_2(R_c/\!/R_L)}{r_{be1}+(1+\beta_1)r_{be2}}$$

输入电阻

$$R_i = R_b // [r_{be1} + (1+\beta_1) r_{be2}]$$

与图 2.3.3 所示的基本共发射极放大电路比，输入电阻明显增大，当输入相同时，放大电路从信号源索取的电流将显著减小。

分析表明，复合管共发射极放大电路增强了电流放大能力，从而减小了对信号源驱动电流的要求；从另一角度看，若驱动电流不变，则采用复合管后，输出电流将大大增加。

思考题

2.7.1 两个晶体管任意连接都能组成复合管吗？

2.7.2 用复合管构成的放大电路有何特点？

2.8 放大电路的频率响应

在前面分析各种放大电路时，我们常常把单一频率的正弦波作为放大器的输入信号，并且认为在这一频率下，可以不考虑耦合电容、射极旁路电容以及器件的极间电容等的影响。然而，实际上，输入信号常常包含多种频率成分的复杂信号。那么，对于不同频率的信号成分，放大器是否具有相同的响应呢？哪些因素将影响它的响应呢？放大器的通频带是否越宽越好呢？为此，我们研究放大电路的频率特性是具有实际意义的。

当要求一个放大电路放大含有丰富频率成分的非正弦波输入信号时，如果放大电路不能使不同频率的信号得到“同等放大”（所谓“同等放大”是指不仅应将输入信号中各种频率成分的幅值放大相同的倍数，而且应该使各频率成分之间的相对相位关系保持不变），就会造成输出信号波形的失真，我们把这种失真称为**频率失真**。因为输入信号中各种频率成分的电压放大倍数不同而造成的输出波形失真称为**幅度失真**，因为不同频率的信号产生不同的相移所造成的输出波形的失真称为**相位失真**。

应该指出，频率失真没有改变输出信号中的频率成分，只是原有各频率成分之间的相对大小和相对相位关系发生了变化，是由电路中的线性电抗元件引起的，这种失真又称为**线性失真**。这与因半导体器件的非线性所造成的非线性失真不同，非线性失真会使输出波形中产生输入波形中所没有的频率成分。

我们在分析前面所述各种放大电路的动态工作情况时，都是以单一频率的正弦电压作为输入信号的。在实际应用中，输入信号往往不是单一频率的正弦波，其中含有基波和各种频率的谐波。因此，我们不仅需要知道放大电路对某一特定频率信号的放大作用，还要知道放大电路对不同频率的输入信号的放大作用。

2.8.1 频率响应的基本概念

一、什么是放大电路的频率特性

对于不同频率的信号，放大电路在放大幅度和相位关系上都会有所不同，因此放大电路的电压放大倍数是信号频率的函数，即

$$\dot{A}_u = |\dot{A}_u(f)| \angle \varphi(f) \tag{2.8.1}$$

式(2.8.1)中,$|\dot{A}_u(f)|$表示电压放大倍数的幅值与频率的关系,称为**放大电路的幅频特性**;$\varphi(f)$ 表示输出电压与输入电压之间的相位差与频率的关系,称为**放大电路的相频特性**。幅频特性和相频特性一起总称为**放大电路的频率特性**。

二、对放大电路频率特性的几点说明

由实验测得的单级阻容耦合共发射极放大电路的频率特性曲线如图 2.8.1 所示。现对放大电路的频率特性作以下几点说明。

(1) 在一个较宽的频率范围内,电压放大倍数基本上与频率无关,输出电压与输入电压之间的相位差为 $\varphi=-180°$,我们把这个频率范围称为中频区,电压放大倍数$|\dot{A}_{um}|$称为**放大电路的中频电压放大倍数**。

(2) 在中频区以外,随着频率的升高和降低,电压放大倍数都要下降,输出电压和输入电压之间的相位差也将在中频区的-180°的基础上发生变化,放大电路产生了附加相位移。

(3) 把电压放大倍数下降到中频电压放大倍数$|\dot{A}_{um}|$的 $1/\sqrt{2}$(≈0.707)倍时的两个频率分别称为下限频率f_L和上限频率f_H。f_L以下的频率范围称为**低频区**,f_H以上的频率范围称为**高频区**,f_H和f_L的差称为放大电路的**通频带或带宽**,并表示为 $BW=f_H-f_L$。

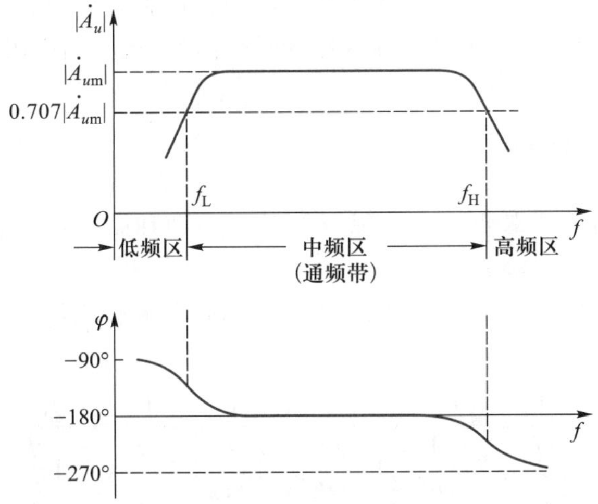

图 2.8.1 单级阻容耦合共发射极放大电路的频率特性曲线

三、放大电路的波特图

交流放大电路的信号频率范围很宽,可以从几赫兹到几万赫兹,甚至为兆赫数量级,电压放大倍数可以从几倍到几万倍,甚至为几百万倍。这时,为了缩短坐标,扩大视野,在画频率特性曲线时常常采用对数坐标,用对数坐标表示的频率特性称为**放大电路的波特图**。波特图由对数幅频特性和对数相频特性两部分组成,它们的横轴频率坐标采用对数分度 lg f,但是常常标注为f;幅频特性的纵轴电压放大倍数则用 $20\lg|\dot{A}_u|$表示,称为**放大电路的增益**,单位为分贝(dB);相频特性的纵轴仍用 φ 表示。图 2.8.1 所示的频率特性曲线的波特图如图 2.8.2 所示。因为 20 lg 0.707=-3 dB,所以f_L和f_H处增益下降 3 dB。

用对数频率刻度可将很宽的频率变化范围压缩在较窄的频率坐标以内。例如,频率从

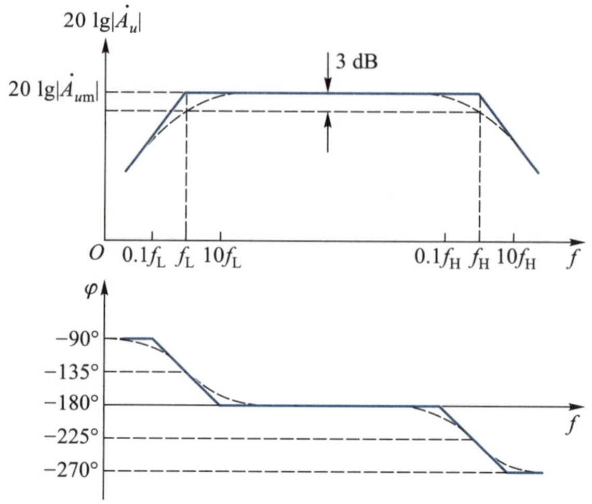

图 2.8.2　单级阻容耦合共发射极放大电路的波特图

10 Hz变化到 1 MHz 时，变化了 10^5倍，如果用普通频率坐标就无法绘图，而采用对数坐标后，则只需五倍的坐标刻度即可表示；电压放大倍数用分贝表示，不仅可以压缩电压放大倍数的坐标，而且可以将多级放大电路的电压放大倍数的相乘运算简化为相加运算；改成对数坐标后，可采用渐进折线来代替绘制十分麻烦的频率特性曲线，使绘图变得十分简便。

2.8.2　简单 *RC* 电路的频率响应分析

为了分析放大电路的频率特性，我们先来讨论一下两种简单 *RC* 电路的频率特性。

一、高通 *RC* 电路的频率特性

高通 *RC* 电路如图 2.8.3(a)所示。由图 2.8.3(a)可得其输出电压与输入电压的比为

$$\dot{A}_u=\frac{\dot{U}_o}{\dot{U}_i}=\frac{R}{R+\dfrac{1}{j\omega C}}=\frac{1}{1+\dfrac{1}{j\omega RC}}=\frac{1}{1+\dfrac{\omega_L}{j\omega}}=\frac{1}{1+\dfrac{f_L}{jf}}=\frac{j\dfrac{f}{f_L}}{1+j\dfrac{f}{f_L}} \tag{2.8.2}$$

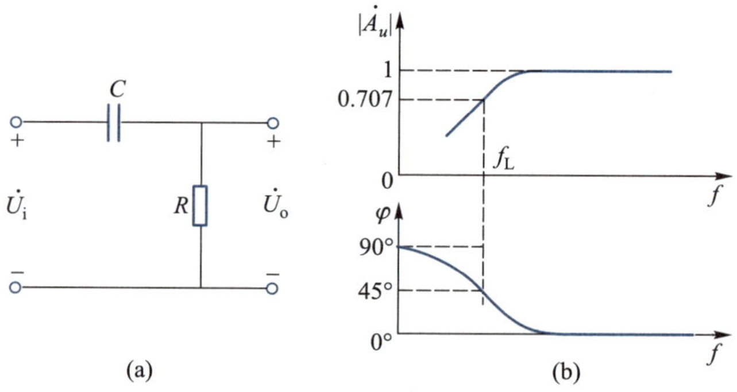

图 2.8.3　高通 *RC* 电路及频率特性

(a) 电路　(b) 频率特性

其中

$$\omega_L=\frac{1}{RC}\quad f_L=\frac{1}{2\pi RC} \tag{2.8.3}$$

ω_L和f_L分别称为RC高通电路的下限截止角频率和下限截止频率。

由式(2.8.2)可得其幅频特性和相频特性为

$$|\dot{A}_u|=\frac{\frac{f}{f_L}}{\sqrt{1+\left(\frac{f}{f_L}\right)^2}} \tag{2.8.4}$$

$$\varphi=90°-\arctan\left(\frac{f}{f_L}\right) \tag{2.8.5}$$

根据式(2.8.4)和式(2.8.5)可画出高通RC电路的频率特性曲线如图2.8.3(b)所示。当$f\gg f_L$时,可得$|\dot{A}_u|\approx 1,\varphi\to 0°$;当$f=f_L$时,$|\dot{A}_u|\approx\frac{1}{\sqrt{2}}=0.707,\varphi=+45°$;当$f\ll f_L$时,$|\dot{A}_u|\approx\frac{f}{f_L}$,表明$f$每下降10倍,放大倍数也下降10倍,当$f$趋于0时,$|\dot{A}_u|$也趋于0,$\varphi$趋于+90°。由图2.8.3(b)可以看出:当信号频率较低时,$|\dot{A}_u|$将随f下降而减小,信号频率越低,信号衰减越厉害;只有当信号频率较高时,$|\dot{A}_u|$才接近于1,信号才能顺利地通过RC电路。由于这个缘故,常把图2.8.3(a)所示的RC电路称为**高通电路**。

高通RC电路对应的对数幅频特性与对数相频特性为

$$20\lg|\dot{A}_u|=20\lg\frac{f}{f_L}-20\lg\sqrt{1+\left(\frac{f}{f_L}\right)^2} \tag{2.8.6}$$

$$\varphi=90°-\arctan\frac{f}{f_L} \tag{2.8.7}$$

根据式(2.8.6)和式(2.8.7)可画出RC高通电路的波特图如图2.8.4(a)所示:高频时,$f\gg f_L$,则$20\lg|\dot{A}_u|\approx 0$ dB,$\varphi\to 0$;低频时,$f\ll f_L$,则$20\lg|\dot{A}_u|=20\lg f/f_L$,表明$f$每下降10倍,放大倍数下降20 dB,当$f$趋于0时,$\varphi\to 90°$;当$f=f_L$,$|\dot{A}_u|=1/\sqrt{2}$,$20\lg|\dot{A}_u|=20\lg 0.707=-3$ dB,$\varphi=45°$。

二、低通RC电路的频率特性

低通RC电路如图2.8.5(a)所示。由图2.8.5(a)可得其输出电压与输入电压的比为

$$\dot{A}_u=\frac{\dot{U}_o}{\dot{U}_i}=\frac{\frac{1}{j\omega C}}{R+\frac{1}{j\omega C}}=\frac{1}{1+j\omega RC}=\frac{1}{1+j\frac{\omega}{\omega_H}}=\frac{1}{1+j\frac{f}{f_H}} \tag{2.8.8}$$

式中

$$\omega_H=\frac{1}{RC}\qquad f_H=\frac{1}{2\pi RC} \tag{2.8.9}$$

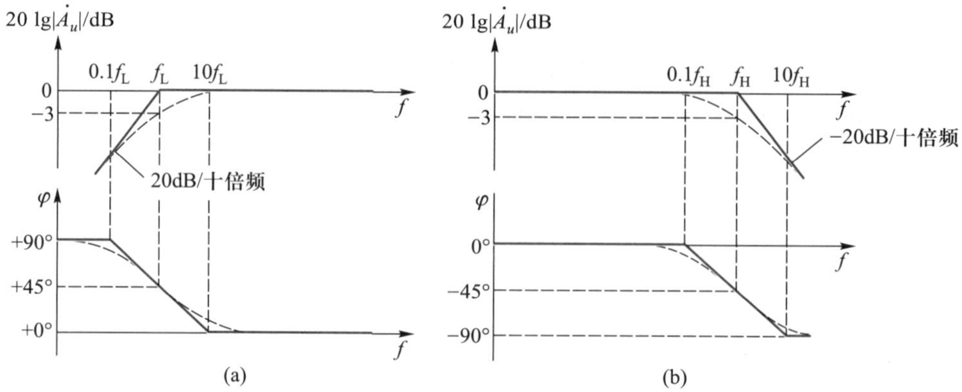

图 2.8.4　简单 *RC* 电路的波特图

（a）*RC* 高通电路的波特图　（b）*RC* 低通电路的波特图

ω_H和f_H分别称为低通 *RC* 电路的上限截止角频率和上限截止频率。

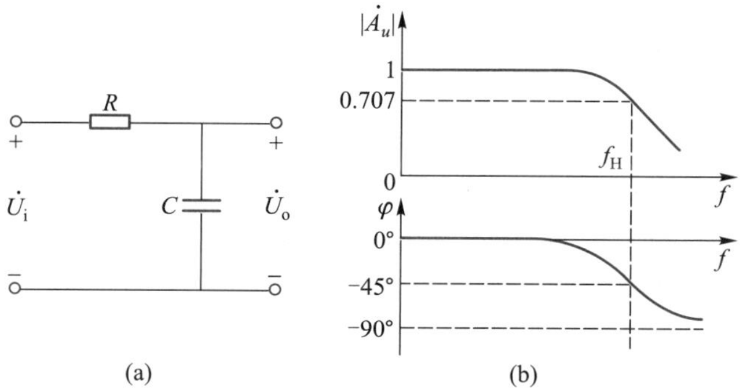

图 2.8.5　*RC* 低通电路及频率响应

（a）电路　（b）频率响应

由式(2.8.6)可得其幅频特性和相频特性为

$$|\dot{A}_u| = \frac{1}{\sqrt{1+\left(\dfrac{f}{f_H}\right)^2}} \tag{2.8.10}$$

$$\varphi = -\arctan\left(\frac{f}{f_H}\right) \tag{2.8.11}$$

根据式(2.8.10)和式(2.8.11)可画出低通 *RC* 电路的频率特性曲线如图 2.8.5（b)所示。当$f \ll f_H$时，可得$|\dot{A}_u| \approx 1, \varphi \to 0°$；当$f = f_H$时，$|\dot{A}_u| \approx \frac{1}{\sqrt{2}} = 0.707, \varphi = -45°$；当$f \gg f_H$时，$|\dot{A}_u| \approx \frac{f_H}{f}$，表明$f$每升高 10 倍，放大倍数将下降 10 倍，当$f$趋于无穷大时，$|\dot{A}_u|$趋于 0，$\varphi$趋于$-90°$。由图 2.8.5(b)可以看出：当信号频率较高时，$|\dot{A}_u|$将随f增大而减小，信号频率越高，信号衰减越厉害；只有当信号频率较低时，$|\dot{A}_u|$接近于 1，信号才能顺利地通过 *RC* 电路。由于这个

缘故,常把图 2.8.5(a)所示的 RC 电路称为**低通电路**。

低通 RC 电路对应的对数幅频特性与对数相频特性为

$$20\ \lg|\dot{A}_u| = -20\ \lg\sqrt{1+\left(\frac{f}{f_H}\right)^2} \tag{2.8.12}$$

$$\varphi = -\arctan\frac{f}{f_H} \tag{2.8.13}$$

根据式(2.8.12)和式(2.8.13)可画出 RC 低通电路的波特图如图 2.8.4(b)所示:低频时,$f \ll f_H$,则 $20\ \lg|\dot{A}_u| \approx 0$ dB,$\varphi \to 0°$;高频时,$f \gg f_H$,则$20\ \lg|\dot{A}_u| = 20\ \lg\frac{f_H}{f}$,表明$f$每升高 10 倍,放大倍数下降 20 dB,当频率 f 趋于无穷时,$\varphi \to -90°$;当 $f = f_H$ 时,$|\dot{A}_u| = \frac{1}{\sqrt{2}}$,$20\ \lg|\dot{A}_u| = 20\ \lg 0.707 = -3$ dB,$\varphi = -45°$。

晶体管是放大电路的核心,不同频率下晶体管的等效模型有差别。

2.8.3 晶体管的高频等效模型

从晶体管的物理结构出发,考虑发射结和集电结电容的影响,就可以得到在高频信号作用下的物理模型。

一、晶体管的混合 π 模型

我们知道,晶体管有两个 PN 结:发射结和集电结。考虑了结电容后,每个 PN 结都可以用一个结电阻和一个结电容并联等效,发射结正偏,其结电容主要由扩散电容决定,其数值可达到 100 pF 左右,集电结反偏,结电容由势垒电容决定,其值只有几个皮法,按照晶体管的结构,可得到晶体管的高频等效模型,如图 2.8.6(a)所示。其中,r_e 和 r_c 分别为发射区和集电区的体电阻,它们的数值很小,实际上可忽略不计。对应图 2.8.6(a)的简化高频等效电路如图 2.8.6(b)所示,因为电路形状与"Π"相似,又因为电路参数的量纲有多个,所以称为**混合 π 型等效模型**。

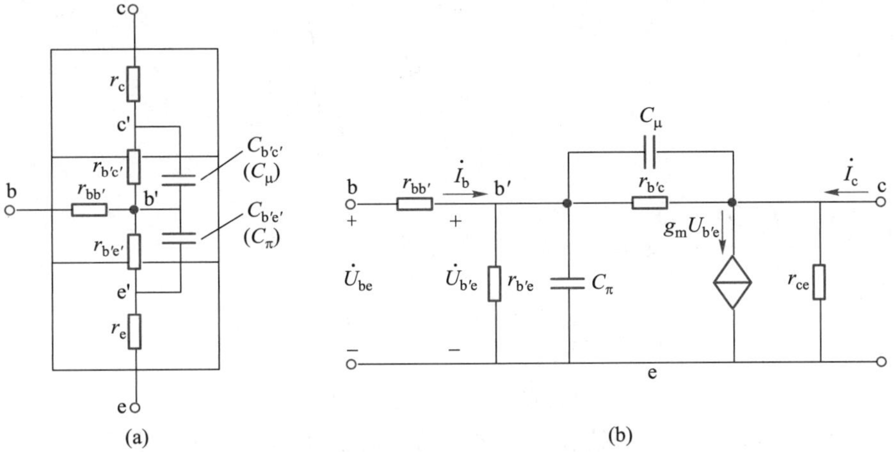

图 2.8.6 晶体管的高频小信号模型

(a) 晶体管的物理模型 (b) 混合 π 型等效模型

二、晶体管的高频简化模型

在高频作用下，由于 C_μ 的容抗很小，$r_{b'c}$ 可忽略，$r_{ce} \gg R_L$（电路中的负载），也可忽略，则可得简化模型如图 2.8.7(a)所示。

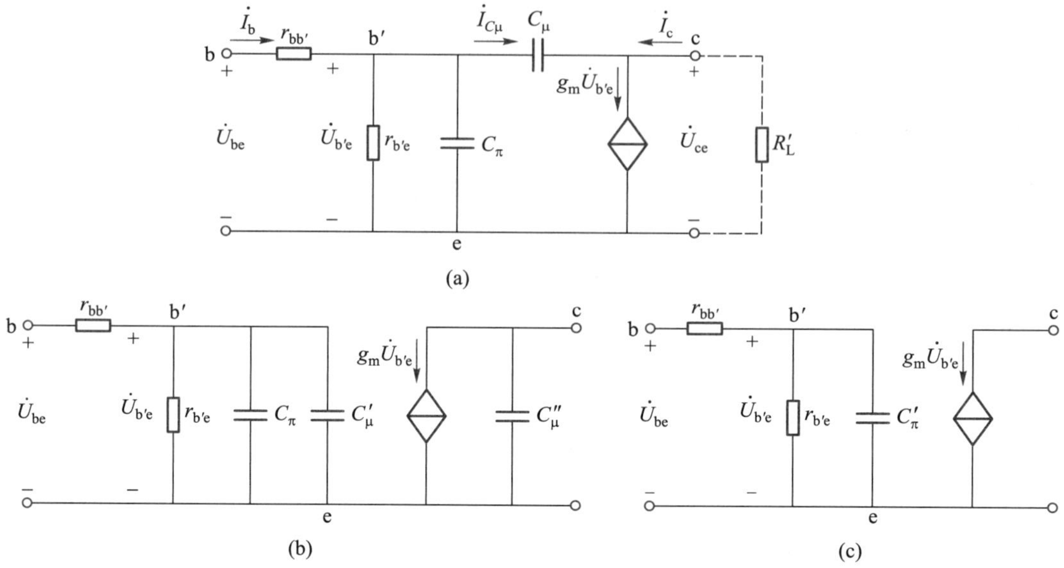

图 2.8.7 晶体管高频 π 模型的简化

(a) 简化的混合模型 (b) 处理 C_μ 后的混合 π 模型 (c) 忽略 C''_μ 的混合 π 模型

电容 C_μ 跨接在输入回路和输出回路之间，输入回路的任何变化都将通过 C_μ 直接传送到输出回路，同样，输出回路的任何变化也将通过 C_μ 直接传送到输入回路，使电路的分析计算十分复杂，为此，将电容 C_μ 分别等效到输入回路和输出回路中，使晶体管的等效电路进一步简化。

晶体管的高频等效电路模型如图 2.8.7(a)所示，其中 $R'_L = R_c \mathbin{/\mkern-6mu/} R_L$，将 C_μ 折合到 b′e 之间的电容为 C'_μ，折合到 ce 之间的电容为 C''_μ，则等效后的电路如图 2.8.7(b)所示。在图 2.8.7(a)中，从 b′e 两端向右看，流入 C_μ 的电流为

$$\dot I'_{C_\mu} = \frac{\dot U_{b'e} - \dot U_{ce}}{\dfrac{1}{j\omega C_\mu}} = \frac{\dot U_{b'e}\left(1 - \dfrac{\dot U_{ce}}{\dot U_{b'e}}\right)}{\dfrac{1}{j\omega C_\mu}}$$

其中，$\dfrac{\dot U_{ce}}{\dot U_{b'e}} = \dfrac{-g_m \dot U_{b'e} R'_L}{\dot U_{b'e}} = -g_m R'_L = -k$（常数），则

$$\dot I'_{C_\mu} = \frac{U_{b'e}(1+k)}{\dfrac{1}{j\omega C_\mu}} = \frac{U_{b'e}}{\dfrac{1}{j\omega(1+k)C_\mu}}$$

上式表明，从 b′e 两端看进去，跨接在 b′c 之间的电容的作用和一个并联在 b′e 两端且容值为 C'_μ 的电容等效，且 C'_μ 为

$$C'_{\mu}=(1+k)C_{\mu} \tag{2.8.14}$$

同理,从 ce 两端向左看,流入的电流为

$$\dot{I}''_{C\mu}=\frac{\dot{U}_{ce}-\dot{U}_{b'e}}{\dfrac{1}{j\omega C_{\mu}}}=\frac{\dot{U}_{ce}\left(1-\dfrac{\dot{U}_{b'e}}{\dot{U}_{ce}}\right)}{\dfrac{1}{j\omega C_{\mu}}}=\frac{\dot{U}_{ce}\left(1+\dfrac{1}{k}\right)}{\dfrac{1}{j\omega C_{\mu}}}=\frac{\dot{U}_{ce}}{\dfrac{1}{j\omega\left(1+\dfrac{1}{k}\right)C_{\mu}}}$$

也就是说,从 ce 两端看进去,C_{μ} 的作用和一个并联在 ce 两端且容值为 C''_{μ} 的电容等效,且 C''_{μ} 为

$$C''_{\mu}=\left(1+\frac{1}{k}\right)C_{\mu} \tag{2.8.15}$$

总之,跨接在 b′c 之间的电容 C_{μ} 可以用两个电容来等效,它们分别并联在 b′e 和 ce 两端,电容值为 $(1+k)C_{\mu}$ 的 C'_{μ} 和 $\left(1+\dfrac{1}{k}\right)C_{\mu}$ 的 C''_{μ},如图 2.8.7(b)所示,这就是密勒效应。图 2.8.7(a)所示的等效电路中输入回路和输出回路不再发生联系,为分析放大电路的频率响应带来了很大的方便。

一般情况下,C''_{μ} 的容抗很高,则 C''_{μ} 中的电流可忽略不计,简化后的混合模型如图 2.8.7(c)所示。

三、晶体管高频模型的主要参数

下面介绍晶体管高频模型的主要参数的取值。

基区体电阻 $r_{bb'}\approx 100\sim300\ \Omega$,本书取 300 Ω;发射结小信号电阻 $r_{b'e}\approx(1+\beta_0)r_{eb'}=(1+\beta_0)26\ (\mathrm{mV})/I_E$,在低频时,$r_{be}\approx r_{bb'}+r_{b'e}$。集电结电阻 $r_{b'c}\approx 100\ \mathrm{k\Omega}\sim10\ \mathrm{M\Omega}$;ce 之间的电阻 r_{ce} 约等于几百千欧。集电结电容 C_{μ} 通常可从手册中查到(手册中常用 C_0 表示),一般为 2~10 pF;发射结电容 $C_{\pi}(C_{b'e})$ 的数值由于不便直接测试,常通过手册中的特征频率 f_T 和静态工作点计算获得,C_{π} 一般为几十至几百皮法,其计算公式 $C_{\pi}=\dfrac{g_m}{2\pi f_T}$(在 β 的分析中有推导)。

由图 2.8.7(a)可知,由于高频时晶体管的电容存在,使得 β 跟频率有关。根据半导体物理的分析,晶体管的受控电流部分与晶体管的发射结电压有关并与之呈线性关系,且与频率无关,因此,引入一个参数 g_m,g_m 称为跨导。$g_m\dot{U}_{b'e}$ 表示受发射结电压控制的集电极电流,它与低频模型中的 β_0 相对应,这里,β_0 指低频段不计电容效应时的电流放大倍数。由于 $g_m\dot{U}_{b'e}=\beta_0\dot{I}_b$,$\dot{U}_{b'e}=\dot{I}_b r_{b'e}$,则有

$$g_m=\frac{\beta_0}{r_{b'e}}=\frac{\beta_0}{(1+\beta_0)\ U_T/I_E}\approx\frac{I_E(\mathrm{mA})}{26\ \mathrm{mV}} \tag{2.8.16}$$

四、晶体管电流放大系数的频率响应

在图 2.8.7(a)所示的混合 π 模型中,$\dot{I}_c$ 与 $\dot{I}_b$ 之比不是常量,$\dot{\beta}$ 是频率的函数。根据电流放大系数的定义

$$\dot{\beta}=\left.\frac{\dot{I}_c}{\dot{I}_b}\right|_{U_{CE}} \tag{2.8.17}$$

式(2.8.17)表明 $\dot{\beta}$ 是在 ce 间无动态电压，即 ce 间交流短路时，动态电流 $\dot{I}_c$ 与 $\dot{I}_b$ 之比，因此，

$$\dot{\beta}=\frac{\dot{I}_c}{\dot{I}_b}=\frac{g_m\dot{U}_{b'e}-\dot{I}_{C_\mu}}{\dot{I}_{r_{b'e}}+\dot{I}_{C_\pi}+\dot{I}_{C_\mu}}$$

因为 $\dot{I}_{C_\mu}$ 对集电极电流的影响比较小，所以可忽略，故

$$\begin{aligned}\dot{\beta}&=\frac{\dot{I}_c}{\dot{I}_b}=\frac{g_m\dot{U}_{b'e}}{\dot{I}_{r_{b'e}}+\dot{I}_{C_\pi}+\dot{I}_{C_\mu}}=\frac{g_m\dot{U}_{b'e}}{\dot{U}_{b'e}\left[\frac{1}{r_{b'e}}+j\omega(C_\pi+C_\mu)\right]}\\&=\frac{g_m r_{b'e}}{1+j\omega(C_\pi+C_\mu)r_{b'e}}=\frac{\beta_0}{1+j\omega(C_\pi+C_\mu)r_{b'e}}\end{aligned} \tag{2.8.18}$$

令

$$f_\beta=\frac{1}{2\pi(C_\pi+C_\mu)r_{b'e}}$$

将其代入式(2.8.18)，得出

$$\dot{\beta}=\frac{\beta_0}{1+j\frac{f}{f_\beta}} \tag{2.8.19}$$

f_β 为 β 的截止频率，称为**共射截止频率**，其值主要取决于管子的结构，对应的对数幅频特性与对数相频特性为

$$20\lg|\dot{\beta}|=20\lg\beta_0-20\lg\sqrt{1+(f/f_\beta)^2} \tag{2.8.20}$$

$$\varphi=-\arctan\frac{f}{f_\beta} \tag{2.8.21}$$

由式(2.8.20)和式(2.8.21)可知，$\dot{\beta}$ 的频率特性与低通 *RC* 电路的频率特性相似，其波特图如图 2.8.8 所示：① 低频时，$f \ll f_0$，则 $20\lg|\dot{\beta}|=20\lg\beta_0$，$\varphi\to 0°$；② 高频时，$f \gg f_0$，则 $20\lg|\dot{\beta}|=20\lg\beta_0-20\lg\frac{f}{f_\beta}$，表明 f 每升高 10 倍，$|\dot{\beta}|$ 减小 20 dB，按“-20 dB/十倍频”下降，$\varphi\to -90°$；③ 当 $f=f_\beta$，$20\lg|\dot{\beta}|=20\lg\beta_0-3$ dB，$20\lg|\dot{\beta}|$ 下降 3 dB，$\varphi=-45°$。

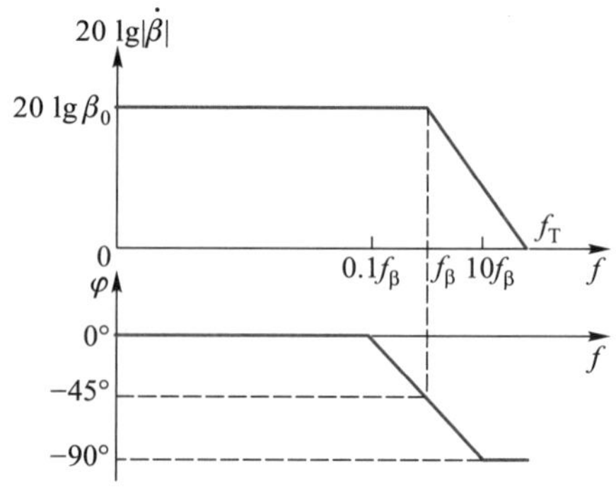

图 2.8.8 晶体管的电流放大系数 β 与信号频率 f 的关系曲线

图 2.8.8 中 f_T 是指 $20\lg|\dot{\beta}|$ 值以 -20dB/十倍频的斜率下降，直至增益为 0 dB($\beta=1$)时的频率，称为**晶体管的特征频率** f_T。f_T 是标志一个晶体管能

保持电流放大作用的最高频率。当 $f > f_{\mathrm{T}}$ 时，晶体管将失去电流放大作用。

令式(2.8.20)等于 0，则 $f = f_{\mathrm{T}}$，由此可求出 f_{T}。

$$20\lg|\dot{\beta}| = 20\lg\beta_0 - 20\lg\sqrt{1+(f_{\mathrm{T}}/f_\beta)^2} = 0$$

$$\sqrt{1+(f_{\mathrm{T}}/f_\beta)^2} = \beta_0$$

因为 $f_{\mathrm{T}} \gg f_\beta$，所以有

$$f_{\mathrm{T}} = \beta_0 f_\beta = \frac{g_{\mathrm{m}}}{2\pi(C_\mu + C_\pi)}$$

一般 $C_\pi \gg C_\mu$，则有

$$f_{\mathrm{T}} = \frac{g_{\mathrm{m}}}{2\pi C_\pi} \tag{2.8.22}$$

f_α 是**共基极截止频率**，一般 $f_\alpha > f_{\mathrm{T}} > f_\beta$。在器件手册中查出 f_{T}（或者 f_β，则 $f_{\mathrm{T}} = \beta_0 f_\beta$），估算静态工作点得到 r_{be}，算出 g_{m}，利用式(2.8.22) 即可求出 C_π 的值，即

$$C_\pi = \frac{g_{\mathrm{m}}}{2\pi f_{\mathrm{T}}} \tag{2.8.23}$$

下面分析如图 2.3.3 所示的单级共发射极放大电路的电压放大倍数的高频和低频特性。

2.8.4　放大电路的频率响应分析

一、共发射极放大电路的频率响应分析

下面以单管阻容耦合共发射极放大电路为例，分析其频率响应。共发射极放大电路如图 2.8.9(a)所示，考虑到耦合电容和晶体管的结电容的影响，利用图 2.8.7(c)所示的简单的高频等效模型，并且因为 R_{b} 很高，所以并联相当于开路，则画出对应的适用于任意频率的等效电路如图 2.8.9(b)所示。下面分别讨论中频、低频和高频时的频率特性。

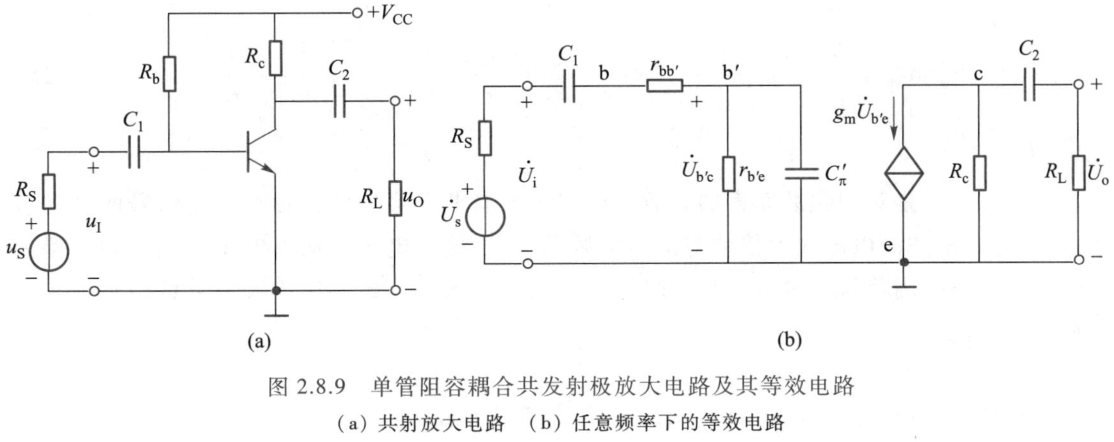

图 2.8.9　单管阻容耦合共发射极放大电路及其等效电路

(a) 共射放大电路　(b) 任意频率下的等效电路

1. 中频放大倍数

在中频区，由于电容 C_1、C_2 的容量足够大，它们对中频区信号所呈现的容抗都很小，故可以将它们视为短路。电容 C_π 和 C_μ 的容量均很小，它们对中频区信号所呈现的容抗都很

大,故可以将它们视为开路。因此,在中频区时图 2.8.9(b)的等效电路如图 2.8.10 所示。

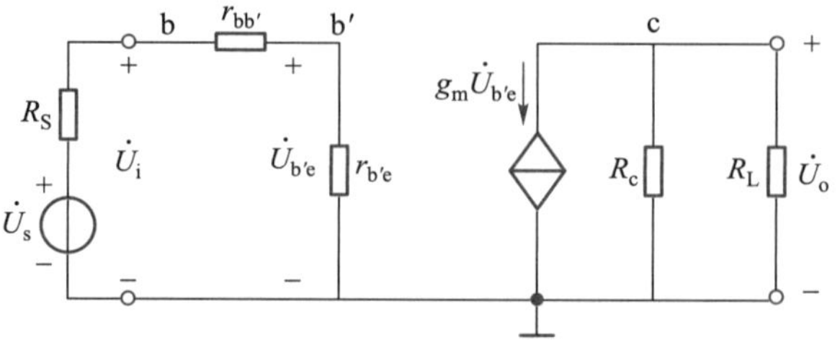

图 2.8.10　图 2.8.9(b)的中频区等效电路(1)

图 2.8.10 中的受控电流源在中频时有 $g_m\dot{U}_{b'e}=\beta\dot{I}_b$,且 $r_{be}=r_{b'b}+r_{b'e}$,因此中频等效电路如图 2.8.11 所示,与之前所述放大电路的微变等效电路是一致的。

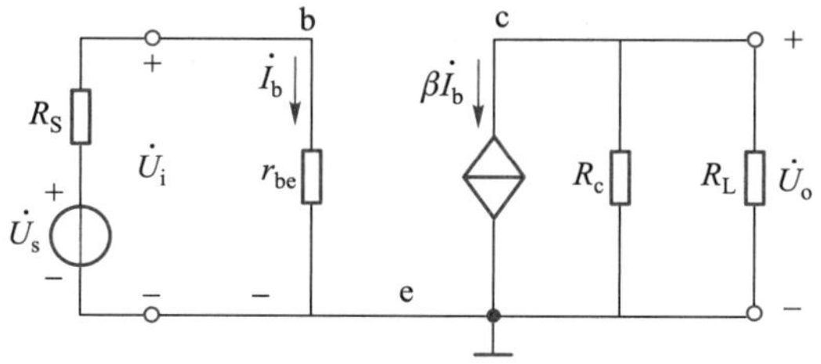

图 2.8.11　图 2.8.9(b)的中频区等效电路(2)

可见,中频时的电压放大倍数与前面我们分析共发射极放大电路时所得到的电压放大倍数的表达式一致。

$$\dot{A}_{um}=\frac{\dot{U}_o}{\dot{U}_i}=-\frac{g_m\dot{U}_{b'e}R'_L}{\dfrac{\dot{U}_{b'e}}{r_{b'e}}r_{be}}=-\frac{g_m r_{b'e}R'_L}{r_{be}}=-\frac{\beta R'_L}{r_{be}} \tag{2.8.24}$$

$$\dot{A}_{usm}=\frac{\dot{U}_o}{\dot{U}_S}=-\frac{r_{be}}{r_{be}+R_S}\cdot\frac{g_m r_{b'e}R'_L}{r_{be}}=-\frac{r_{b'e}g_m R'_L}{r_{be}+R_S}=-\frac{R_i}{R_i+R_S}\frac{\beta R'_L}{r_{be}} \tag{2.8.25}$$

其中, $R_i=r_{be}$。

$\dot{A}_{um}$ 、$\dot{A}_{usm}$ 就是对中频区而言的。放大电路中所有的电容均不会影响交流信号的畅通传送,放大电路的中频电压放大倍数与信号的频率无关,输出电压与输入电压之间的相位差为 180°。在本书的例题和习题中,如不做特殊说明,所要求计算的电压放大倍数就是指中频电压放大倍数。

2. 高频放大倍数

现在让我们研究图 2.8.9(a)所示的基本共发射极放大电路的高频特性。在高频区,由于信号频率较高, C_1 和 C_2 的容抗比中频区小,更可以把它们视为短路,但是, C_π 和 C_μ 的容抗将明显减小,它们的分流作用已不能忽略,于是利用简化的晶体管高频等效模型可画出放大电路在高频区的等效电路如图 2.8.12(a)所示。

利用戴维南定理,将高频等效电路图 2.8.12(a)的输入回路进行等效,可等效为内阻为

R 的信号源$\dot{U}'_s$,如图 2.8.12(b) 所示。将 b′ 和 e 之间开路,且信号源短路,求其左侧等效电阻 R 为

$$R = r_{b'e} \ /\!/ \ (r_{bb'} + R_S) \tag{2.8.26}$$

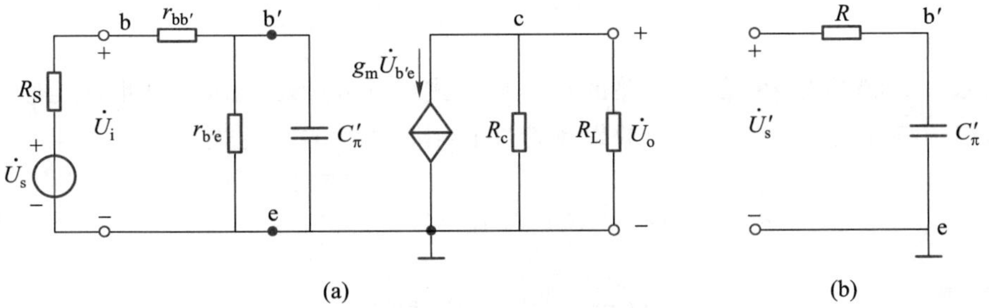

图 2.8.12 图 2.8.9(b)的高频等效电路

(a) 高频等效电路 (b) 输入回路的等效电路

将 b′和 e 之间开路, $\dot{U}_s$ 作用下的开路电压 $\dot{U}_{b'e}$ 即为 $\dot{U}'_s$

$$\dot{U}'_s = \dot{U}_i \frac{r_{b'e}}{r_{be}} = \frac{r_{b'e}}{r_{be}} \frac{R_i}{R_i + R_S} \dot{U}_s \tag{2.8.27}$$

其中:$R_i = r_{be} \ /\!/ \ R_b \approx r_{be}$。

图 2.8.12(b)与图 2.8.5 所示的低通 RC 电路相似,所以,单级共发射极放大电路在高频区的频率特性与低通 RC 电路的频率特性相似。

$$\dot{A}_{uH} = \frac{\dot{U}_o}{\dot{U}_i} = \frac{\dot{U}'_s}{\dot{U}_i} \cdot \frac{\dot{U}_{b'e}}{\dot{U}'_s} \cdot \frac{\dot{U}_o}{\dot{U}_{b'e}}$$

$$= \frac{r_{b'e}}{r_{be}} \cdot \frac{\dfrac{1}{j\omega C'_\pi}}{R + \dfrac{1}{j\omega C'_\pi}} \cdot (-g_m R'_L)$$

$$= \frac{-r_{b'e} g_m R'_L}{r_{be}(1 + j\omega R C'_\pi)}$$

$$= \frac{-\beta_0 R'_L}{r_{be}(1 + j\omega R C'_\pi)}$$

$$= \frac{\dot{A}_{um}}{1 + j\omega R C'_\pi}$$

设上限频率

$$f_H = \frac{1}{2\pi R C'_\pi} = \frac{1}{2\pi[(R_S + r_{bb'}) \ /\!/ \ r_{b'e}]C'_\pi} \tag{2.8.28}$$

因而

$$\dot{A}_{uH} = \frac{\dot{A}_{um}}{1 + j\dfrac{f}{f_H}} \tag{2.8.29}$$

其中
$$\dot{A}_{um} = \frac{-\beta_0 R'_L}{r_{be}}$$

$$\dot{A}_{usH} = \frac{\dot{U}_o}{\dot{U}_S} = \frac{R_i}{R_i + R_S} \cdot \frac{\dot{A}_{um}}{1 + j\omega RC'_\pi} = \frac{\dot{A}_{usm}}{1 + j\dfrac{f}{f_H}} \tag{2.8.30}$$

可见，式(2.8.30)与 RC 低通电路的频率响应式(2.8.8)形式相同，因此有类似的幅频特性曲线和相频特性曲线。相应的对数幅频特性和相频特性的表达式为

$$20\lg|\dot{A}_{usH}| = 20\lg|\dot{A}_{usm}| - 20\lg\sqrt{1 + \left(\frac{f}{f_H}\right)^2} \tag{2.8.31}$$

$$\varphi = -180° - \arctan\frac{f}{f_H} \tag{2.8.32}$$

可见，输出电压与输入电压之间的相位差将在中频区相位差的基础上产生一个滞后的附加相位移，信号频率越高，滞后的附加相位移越大，最大可达 90°，从而使输出电压与输入电压之间的相位差在−180°至−270°范围内变化，不考虑信号源内阻，则对应的放大电路高频特性曲线如图 2.8.1 所示。

由以上分析可知，为改善放大电路的高频特性，使通频带向高频端扩展，首先应选用高频性能良好(即极间电容小、f_T 高)的晶体管(如高频管)。另外还要使电路的布线合理，以减小接线分布电容。

3. 低频放大倍数

在低频区，由于信号频率较低，电容 C_π 和 C_μ 的容抗比中频区时更大，更可以把它们视为开路。电容 C_1 和 C_2 的容抗比中频区时增大，所以不能再把它们视为短路。考虑 C_1 和 C_2 后，图 2.8.9(b)所示电路的低频微变等效电路如图 2.8.13 所示。

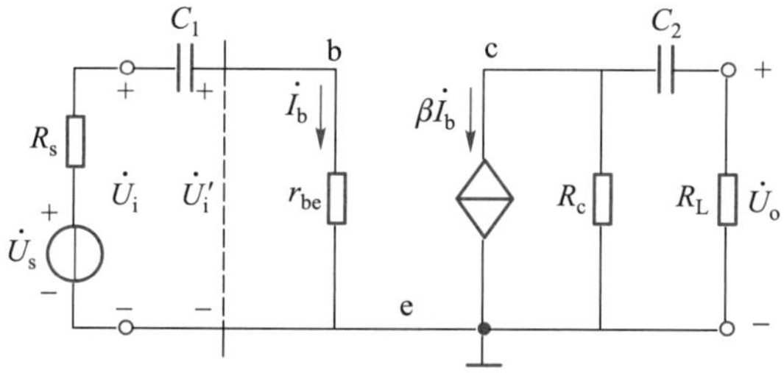

图 2.8.13　图 2.8.9(b)所示电路的低频微变等效电路

图 2.8.13 对应的框图形式如图 2.8.14 所示，在输入回路中，信号源 $\dot{U}_s$ 通过 R_iC_1 电路在放大电路的输入电阻上获得了 $\dot{U}'_i$，与 RC 高通电路的形式相同，在输出回路中，开路电压 $\dot{U}'_o$ 是无负载时放大电路的输出，其相当于内阻为 R_c 的信号源，经 R_LC_2 高通电路，在负载上得到输出电压 $\dot{U}_o$。

由图 2.8.14 可以看出，在低频区，输入回路和输出回路的耦合电路形式与图 2.8.3(a)所示的高通电路相似，所以单级共发射极放大电路在低频区的频率特性与高通 RC 电路的频率特性相似。

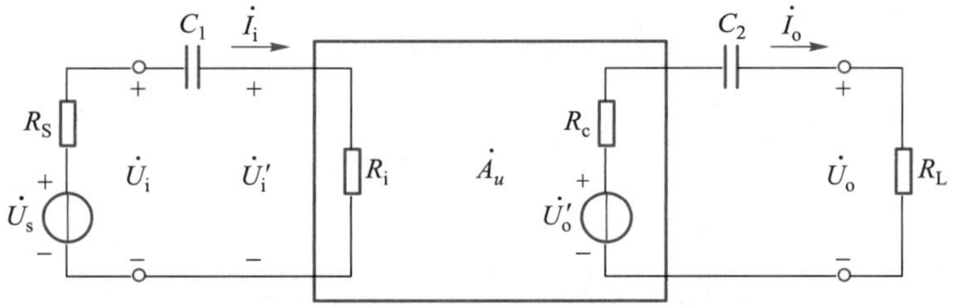

图 2.8.14 放大电路低频等效电路的框图

放大电路的低频放大倍数为

$$\dot{A}_{usL}=\frac{\dot{U}_o}{\dot{U}_s}=\frac{\dot{U}_o}{\dot{U}_o'}\cdot\frac{\dot{U}_o'}{\dot{U}_i'}\cdot\frac{\dot{U}_i'}{\dot{U}_i}\cdot\frac{\dot{U}_i}{\dot{U}_s}$$

其中

$$\begin{aligned}\frac{\dot{U}_o}{\dot{U}_o'}&=\frac{R_L}{R_c+R_L+1/\mathrm{j}\omega C_2}\\&=\frac{\mathrm{j}\omega R_L C_2}{1+\mathrm{j}\omega(R_c+R_L)\ C_2}\cdot\frac{(R_c+R_L)}{(R_c+R_L)}\\&=\frac{\mathrm{j}\omega(R_c+R_L)\ C_2}{1+\mathrm{j}\omega(R_c+R_L)\ C_2}\cdot\frac{R_L}{R_c+R_L}\end{aligned}$$

$$\frac{\dot{U}_o'}{\dot{U}_i'}=\frac{-\beta R_c}{r_{be}}$$

$$\begin{aligned}\frac{\dot{U}_i'}{\dot{U}_i}\frac{\dot{U}_i}{\dot{U}_s}&=\frac{R_b\ /\!/\ r_{be}}{1/\mathrm{j}\omega C_1+R_b\ /\!/\ r_{be}}\cdot\frac{1/\mathrm{j}\omega C_1+R_b\ /\!/\ r_{be}}{R_S+1/\mathrm{j}\omega C_1+R_b\ /\!/\ r_{be}}\\&=\frac{R_i}{R_S+R_i+1/\mathrm{j}\omega C_1}\\&=\frac{\mathrm{j}\omega(R_S+R_i)C_1}{\mathrm{j}\omega(R_S+R_i)C_1+1}\cdot\frac{R_i}{R_S+R_i}\end{aligned}$$

所以有

$$\begin{aligned}\dot{A}_{usL}&=\frac{\dot{U}_o}{\dot{U}_s}=\frac{\dot{U}_o}{\dot{U}_o'}\cdot\frac{\dot{U}_o'}{\dot{U}_i'}\cdot\frac{\dot{U}_i'}{\dot{U}_i}\cdot\frac{\dot{U}_i}{\dot{U}_s}\\&=\frac{\mathrm{j}\omega(R_c+R_L)\ C_2}{R_c+R_L+1/\mathrm{j}\omega C_2}\cdot\frac{R_L}{R_c+R_L}\cdot\frac{-\beta R_c}{r_{be}}\cdot\frac{\mathrm{j}\omega(R_S+R_i)C_1}{\mathrm{j}\omega(R_S+R_i)C_1+1}\cdot\frac{R_i}{R_S+R_i}\\&=\dot{A}_{usm}\cdot\frac{\mathrm{j}\omega(R_c+R_L)\ C_2}{1+\mathrm{j}\omega(R_c+R_L)\ C_2}\cdot\frac{\mathrm{j}\omega(R_S+R_i)C_1}{\mathrm{j}\omega(R_S+R_i)C_1+1}\end{aligned}$$

其中 $R_i\approx r_{be}$，$\dot{A}_{usm}=\dot{A}_{um}\dfrac{R_i}{R_S+R_i}$。

设下限频率为

$$f_{L1} = \frac{1}{2\pi(R_S + R_i)C_1} \tag{2.8.33}$$

$$f_{L2} = \frac{1}{2\pi(R_L + R_c)C_2} \tag{2.8.34}$$

则有

$$\dot{A}_{usL} = \dot{A}_{usm}\frac{\mathrm{j}f/f_{L1}}{1+\mathrm{j}f/f_{L1}}\cdot\frac{\mathrm{j}f/f_{L2}}{1+\mathrm{j}f/f_{L2}} \tag{2.8.35}$$

不考虑信号源内阻,则对应的放大电路低频频率特性曲线如图 2.8.1 所示。放大电路的下限频率取决于两个 *RC* 回路中时间常数较小的一个。与 *RC* 高通电路的频率响应类似,其幅频特性曲线和相频特性曲线也类似。

随着信号频率的下降,C_1 和 C_2 上的压降加大,电路的放大倍数也会随之减小。相应的,输出电压与输入电压之间的相位差将在中频区相位差的基础上产生一个超前的附加相位移,信号频率越低,超前的附加相位移越大,最大可达 90°,使输出电压与输入电压之间的相位差在-90°至-180°的范围内变化。

为了改善放大电路的低频特性,使通频带向低频端扩展,应选用容值足够大的 C_1 和 C_2。根据经验和理论计算,C_1 和 C_2 一般取几微法到几十微法。

其中把 C_2 和 R_L 分别看成是下一级的耦合电容和输入电阻,则本级低频放大倍数为

$$\dot{A}_{usL} = \dot{A}_{usm}\frac{\mathrm{j}f/f_{L1}}{1+\mathrm{j}f/f_{L1}}$$

将前面分别求出的中频区、低频区和高频区的源电压增益表达式综合起来,就构成了共发射极阻容耦合放大电路在全部频率范围内电压增益的表达式。

$$\dot{A}_{us} = \dot{A}_{usm}\frac{\mathrm{j}f/f_{L1}}{(1+\mathrm{j}f/f_{L1})\left(1+\mathrm{j}\dfrac{f}{f_H}\right)} \tag{2.8.36}$$

将中频区、低频区和高频区分别画出的波特图综合起来,就构成了共发射极电路完整的频率响应曲线,如图 2.8.2 所示。

4. 增益带宽积

由前面分析可知,放大电路的通频带为

$$BW = f_H - f_L$$

一般 $f_H \gg f_L$,则 $BW \approx f_H$。

实际上,采用中频区源电压增益与通频带的乘积作为放大电路的质量指标,称为**增益带宽积**。由式(2.8.25)和式(2.8.28)有

$$\begin{aligned}|\dot{A}_{usm}\cdot f_H| &= \frac{r_{b'e}g_m R'_L}{r_{be}+R_S}\cdot\frac{1}{2\pi RC'_\pi}\\ &= \frac{r_{b'e}g_m R'_L}{r_{be}+R_S}\cdot\frac{1}{2\pi[(R_S+r_{bb'}) /\!/ r_{b'e}]C'_\pi}\\ &= \frac{r_{b'e}g_m R'_L}{r_{be}+R_S}\cdot\frac{R_S+r_{bb'}+r_{b'e}}{2\pi[(R_S+r_{bb'})\cdot r_{b'e}][C_\pi+(1+g_m R'_L)C_\mu]}\end{aligned}$$

一般$(1+g_m R'_L)C_\mu \gg C_\pi$，则

$$|\dot{A}_{usm}\cdot f_H| \approx \frac{1}{2\pi(R_S + r_{bb'})C_\mu} \tag{2.8.37}$$

由上式可见，当电路参数及晶体管选定后，增益带宽积基本上是个常数，即中频源电压增益增加多少倍，通频带将下降同样的倍数。因此，要想制作一个通频带宽、放大倍数又大的放大电路，首要的就是必须选用 $r_{bb'}$ 及 C_μ 都很小的高频管。

例 2.8.1　电路如图 2.8.9(a)所示，已知，其中 BJT 的 $U_{BEQ}=0.7\ V$，$r_{bb'}=100\ \Omega$，$\beta=100$，$C_\mu=5\ pF$，$f_T=400\ MHz$，$V_{CC}=12\ V$，$R_b=600\ k\Omega$，$R_c=R_L=2\ k\Omega$，$R_S=1\ k\Omega$ 。分析上下限频率及频带宽度。

解　(1) 求 Q 点

$$I_B=\frac{V_{CC}-U_{BE}}{R_b}\approx\frac{V_{CC}}{R_b}=\frac{12\ V}{600\ k\Omega}=20\ \mu A$$

$$I_E\approx I_C=\beta I_B=100\times 20\ \mu A=2\ mA$$

$$U_{CE}=V_{CC}-I_C R_C=12\ V-2\ mA\times 2\ k\Omega=8\ V$$

可见，放大电路的 Q 点合适。

(2) 求混合 π 模型中的参数

$$r_{b'e}=(1+\beta)\frac{U_T}{I_{EQ}}=\frac{U_T}{I_{BQ}}=\frac{26\ mV}{20\ \mu A}=1.3\ k\Omega$$

由式(2.8.16)可知

$$g_m=\frac{\beta_0}{r_{b'e}}=\frac{\beta_0}{(1+\beta_0)U_T/I_E}\approx\frac{I_E}{26\ mV}=\frac{2\ mA}{26\ mV}\approx 0.08\ S$$

$$k=g_m(R_c\ /\!/\ R_L)\approx 0.08\ S\times 1\ k\Omega=80$$

一般 $C_\pi \gg C_\mu$，则利用式(2.8.23)有

$$C_\pi=\frac{g_m}{2\pi f_T}\approx\frac{0.08\ S}{2\pi\times 50\ MHz}\approx 255\ pF$$

由式(2.8.14)可知

$$C'_\mu=(1+k)C_\mu\approx 81\times 5\ pF=405\ pF$$

则

$$C'_\pi=C_\pi+C'_\mu\approx(255+405)\ pF=660\ pF$$

(3) 求中频电压放大倍数

$$r_{be}=r_{bb'}+r_{b'e}=100\ \Omega+1.3\ k\Omega=1.4\ k\Omega$$

$$R_i=R_b\ /\!/\ r_{be}=\frac{600\times 1.4}{600+1.4}\ k\Omega\approx 1.4\ k\Omega$$

由式(2.8.25)可知

$$\dot{A}_{usm}=\frac{\dot{U}_o}{\dot{U}_s}=-\frac{R_i}{R_i+R_S}\cdot\frac{\beta R'_L}{r_{be}}=-\frac{1.4\ k\Omega}{1.4\ k\Omega+1\ k\Omega}\times\frac{100\times 1\ k\Omega}{1.4\ k\Omega}\approx -42$$

(4) 求上下限频率及频带宽度

因为 $R_b \gg r_{be}$，所以由式(2.8.28)可知

$$f_H=\frac{1}{2\pi RC'_\pi}=\frac{1}{2\pi[(R_S+r_{bb'})\ /\!/\ r_{b'e}]\ C'_\pi}=\frac{1}{2\pi\times\dfrac{(1\ \text{k}\Omega+100\ \Omega)\times1.4\ \text{k}\Omega}{(1\ \text{k}\Omega+100\ \Omega)+1.4\ \text{k}\Omega}\times660\ \text{pF}}\approx392\ \text{kHz}$$

由式(2.8.33)和式(2.8.34)可知

$$f_{L1}=\frac{1}{2\pi(R_S+R_i)\ C_1}=\frac{1}{2\pi(1\ \text{k}\Omega+1.4\ \text{k}\Omega)\times10\times10^{-6}}\approx7\ \text{Hz}$$

$$f_{L2}=\frac{1}{2\pi(R_L+R_c)\ C_2}=\frac{1}{2\pi(2\ \text{k}\Omega+2\ \text{k}\Omega)\times10\times10^{-6}}\approx4\ \text{Hz}$$

则下限频率 $f_L=7$ Hz。

由前面分析知，$f_H\gg f_L$，则

$$BW\approx f_H=392\ \text{kHz}$$

二、共基极放大电路的频率响应分析

共发射极放大电路的带宽由于密勒效应的影响而较窄。可见，要增加带宽，必须减小或消除密勒效应。共基极放大电路满足这样的要求，下面以单管阻容耦合共基极放大电路为例，分析其频率响应。共基极放大电路如图 2.6.3(a)所示，其交流通路如图 2.8.15(a)所示。

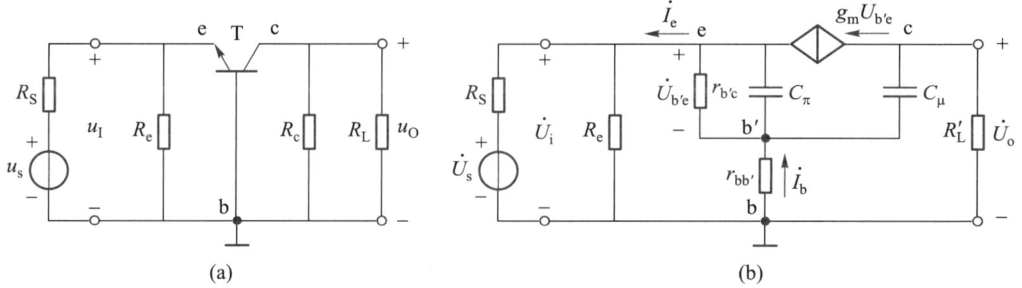

图 2.8.15 共基极放大电路的交流通路及高频等效电路

(a) 交流通路 (b) 高频等效电路

1. 共基极放大电路的高频等效电路

从 2.6.2 节的分析已知，共基极放大电路具有低输入阻抗、高输出阻抗和比较好的频率特性。这里重点分析其高频响应，高频等效电路如图 2.8.15(b)所示，其 $R'_L=R_c\ /\!/\ R_L$，由于 $\dot{I}_b$ 比 $\dot{I}_e$ 和 $\dot{I}_c$ 小得多，而且数值也很小，因此 $r_{bb'}$ 的交流电压可忽略，这样简化后的等效电路如图 2.8.16(a)所示。由此图可见，集电结电容 C_μ 接在输出端口，因此不存在密勒效应。

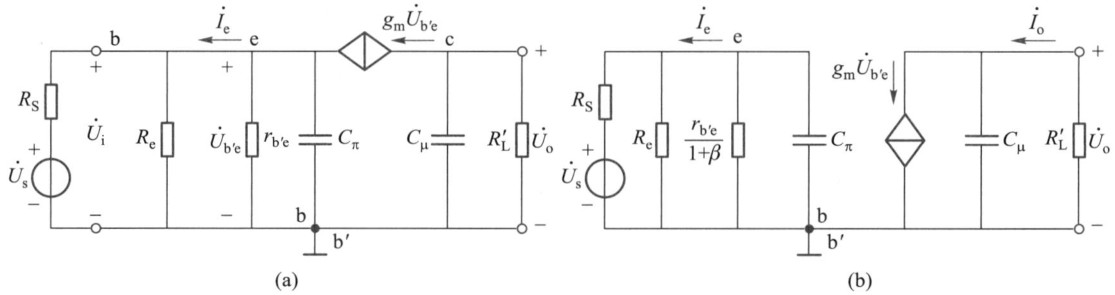

图 2.8.16 忽略 $r_{bb'}$ 的共基极高频等效简化电路

(a) 简化的高频等效电路 (b) 去密勒效应的简化等效电路

由图 2.8.16(a)可知

$$\dot{I}_{e}=\dot{U}_{b'e}\left(\frac{1}{r_{b'e}}+g_{m}+j\omega C_{\pi}\right)$$

由式(2.8.16)可知

$$g_{m}=\frac{\beta_{0}}{r_{b'e}}$$

所以有

$$\dot{I}_{e}=\dot{U}_{b'e}\left(\frac{1+\beta_{0}}{r_{b'e}}+j\omega C_{\pi}\right) \tag{2.8.38}$$

由式(2.8.38)可得从 BJT 发射极看进去的输入导纳为

$$\frac{\dot{I}_{e}}{\dot{U}_{b'e}}=\frac{1+\beta_{0}}{r_{b'e}}+j\omega C_{\pi}$$

于是得到如图 2.8.16(b)所示的高频简化等效电路。

2. 共基极放大电路的高频响应

由图 2.8.16(b)可得共基极放大电路的高频电压增益为

$$\dot{A}_{usH}=\frac{\dot{A}_{usm}}{\left(1+j\frac{f}{f_{H1}}\right)\left(1+j\frac{f}{f_{H2}}\right)} \tag{2.8.39a}$$

其中

$$f_{H1}=\frac{1}{2\pi\left(R_{S}\ /\!/\ R_{e}\ /\!/\ \frac{r_{b'e}}{1+\beta}\right)C_{\pi}} \tag{2.8.39b}$$

$$f_{H2}=\frac{1}{2\pi R'_{L}C_{\mu}} \tag{2.8.39c}$$

$$\dot{A}_{usm}=g_{m}R'_{L}\frac{R_{e}\ /\!/\ \frac{r_{b'e}}{1+\beta}}{R_{S}+R_{e}\ /\!/\ \frac{r_{b'e}}{1+\beta}} \tag{2.8.39d}$$

上述结果表明,由于共基极放大电路不存在密勒电容效应,而且 BJT 的输入电阻很小,因此 f_{H1} 很高,由于 C_{μ} 很小,所以 f_{H2} 也很高,所以共基极放大电路有比较好的高频特性。

思考题

2.8.1 解释频带宽度、上限频率、下限频率的含义。

2.8.2 定性说明基本共发射极放大电路的电压放大倍数为什么在低频和高频时下降?

2.8.3 某放大电路的电压增益为 120 dB,相当于多大的电压放大倍数?

2.8.4 如何画波特图?

2.8.5 共基极放大电路为什么比共发射极放大电路的频率特性好?

2.9 放大电路的 Multisim 仿真

利用 Multisim 仿真软件研究基本共发射极放大电路基极偏置电阻对静态和动态的影响。具体内容见文档 2.1。

文档 2.1
放大电路的
Multisim 仿真

本章小结

一、本章知识结构图

- 晶体管
  - 结构及符号
  - 电流分配关系及放大原理
  - 特性曲线→
    - 放大
    - 饱和
    - 截止
  - 参数
- 放大电路
  - 各元件的作用
  - 组成原则
  - 三种放大电路组态及特点
  - 工作点稳定电路特点
- 放大电路的分析
  - 静态
    - 直流通路
    - 两类分析方法
      - 列方程计算的方法
      - 图解法
  - 动态
    - 动态指标及其含义
    - 交流通路
    - 两类分析方法
      - 图解法
        - 交流负载线
        - 最大不失真输出电压
        - 失真
      - 微变等效电路法
        - 微变等效模型中参数的含义
        - 微变等效电路
        - 动态指标的计算
- 复合管
  - 复合管的作用
  - 组成原则
  - 特点
- 放大电路的频率响应
  - 频率特性及波特图
  - 晶体管的高频等效电路
  - 放大电路的上下限频率计算

PPT
第 2 章
教学课件

二、归纳总结

1. 晶体管

晶体管是由两个 PN 结组成的三端有源器件，它有 NPN 和 PNP 两大类型，两者极间电压的极性和电流的实际方向相反。

电流放大作用是晶体管的重要特性。使晶体管具有电流放大作用的内部结构条件是：发射区的杂质浓度高，基区的杂质浓度远小于发射区的杂质浓度，且基区做得很薄，以保证基区中载流子的扩散运动远远超过复合运动，集电区面积大。使晶体管具有电流放大作用的外部条件是：发射结必须加正向电压，集电结必须加反向电压，以保证发射区向基区注入多数载流子，并使其绝大部分被集电区吸收，以形成集电极电流。

晶体管实际上是一个电流分配器，管子中的三个电极的电流满足基尔霍夫定律，即

$$I_E = I_B + I_C$$

在共发射极电路中，忽略晶体管的穿透电流，集电极电流为

$$I_C = \bar{\beta} I_B$$

晶体管是一种电流控制器件，即用基极电流或发射极电流可以控制集电极电流。

晶体管的特性曲线反映了各电极间的电压与各电极电流间的关系曲线，它们是晶体管内部载流子运动的外部表现，是分析电子电路的重要依据。由于晶体管的输入特性和输出特性都是非线性的，所以晶体管是非线性器件，给电子电路的分析带来了一些新的特点。

晶体管有三种工作状态：放大状态、截止状态和饱和状态。

晶体管的参数是用来表征它的性能和适用范围的数据。有的参数说明管子的放大性能（如 $\bar{\beta}$、β）；有的反映管子的温度稳定性（如 I_{CBO}、I_{CEO}）；有的是极限参数（如 I_{CM}、P_{CM}、$U_{(BR)CEO}$），用来指出晶体管工作时不允许超过的极限值。

放大的本质是在输入信号作用下，通过有源器件（晶体管或场效晶体管）对直流电源的能量进行控制和转换，使负载从电源上获得的输出信号的能量比信号源提供的能量大得多，表现为输出电压的幅度大于输入电压的幅度或者输出电流大于输入电流。放大的前提是不失真，放大的核心器件是晶体管。

2. 放大电路的性能指标

衡量放大电路性能的主要指标有放大倍数、输入电阻、输出电阻、频带宽度等。

电压放大倍数是直接衡量放大电路放大能力的重要指标，是输出正弦电压的复数值 $\dot{U}_o$ 和输入电压复数值 $\dot{U}_i$ 之比。

放大电路的输入电阻是输入电压与输入电流之比，是用来衡量放大电路对输入信号源电压衰减程度的一个指标，一般希望尽可能大些。

放大电路的输出电阻是用来衡量放大电路带负载能力的一个指标。计算输出电阻时，应将信号源短路，并将负载开路，然后求出输出端所加电压和由它所产生的电流之比，即可得到输出电阻，一般希望其尽可能小些。也可用实验的方法获得输出电阻。

通频带反映了放大电路对信号频率的适应能力。

3. 放大电路的组成原则

为保证晶体管在电路中具有电流放大作用，直流电源的极性必须正确连接，以保证发射结正向偏置，集电结反向偏置；电路的参数要合适，保证电路有合适的静态工作点；输入信号

能够有效地作用到有源器件的输入回路,输出信号能够有效地送到负载。

4. 放大电路的分析

放大电路的工作状态有静态和动态两种。分析和计算放大电路的静态工作点时,应先画出放大电路的直流通路,然后计算静态电流和静态电压值 I_B、I_C 和 U_{CE}。分析和计算放大电路的动态工作情况时,应先画出放大电路的交流通路,然后分析动态指标。

放大电路的分析方法——图解法。图解法的优点是:能清楚地看到放大过程中电压和电流的波形,能看出元件参数和静态工作点的选择是否合理,输出波形是否会产生失真,放大电路的动态工作范围有多大等。图解法的缺点是:当输入信号较小时,很难准确读取数值,作图过程较麻烦,不适用于分析复杂电路等。此外,在高频时,仅用特性曲线已不能代表管子的性能,图解法已不再适用。因此,图解法仅适用于分析低频大信号简单放大电路。

用图解法分析放大电路的步骤是:(1) 画出放大电路的直流通路,在输入特性曲线上画输入直流负载线,二者交点确定基极电流 I_B;(2) 根据放大电路的直流通路,作输出回路的直流负载线,直流负载线和 $i_B=I_B$ 的那一条输出特性曲线的交点 Q 即为静态工作点,由 Q 点可得到 I_C 和 U_{CE};(3) 根据输入电压 u_i 的波形,通过输入特性曲线作出基极电流 i_B 的波形;(4) 画出放大电路的交流通路,列出交流负载线方程,在输出特性曲线的横坐标轴上自 U_{CE} 向右取 $I_C R_L'$ 得 S 点,连接 Q 和 S 两点的直线就是交流负载线;(5) 根据基极电流 i_B 的波形,在输出特性曲线上,通过交流负载线作出集电极电流 i_C 和管压降 u_{CE} 的波形。u_{CE} 中的交流分量 u_{ce} 就是输出电压 u_o。由 u_o 的幅值和输入电压的幅值便可算出放大倍数。

放大电路的静态工作点的位置以及交流负载线的斜率决定了最大不失真输出电压。

为了对输入信号进行不失真地放大,必须为放大电路设置一个合适的静态工作点。静态工作点设置得过低时,容易产生截止失真;相反,静态工作点设置得过高时,容易产生饱和失真。当输入信号幅度太大时,即使静态工作点选择得合适,也会同时产生截止失真和饱和失真。

放大电路的分析方法——微变等效电路分析法。在小信号条件下,对于变化量来说,可把非线性的晶体管用一个线性电路来等效。用输入电阻 r_{be} 表示晶体管的输入回路,用受控电流源来表示晶体管的输出回路,就可把晶体管这一非线性器件简化为双回路的线性电路。

用微变等效电路分析法分析放大电路的步骤是:(1) 用计算法或图解法求出静态工作点;(2) 求出静态工作点附近的微变参数 r_{be};(3) 画出放大电路的交流通路,用晶体管的微变等效电路去替代交流通路中的晶体管,画出放大电路的微变等效电路;(4) 用求解一般交流电路的方法求出放大电路的主要技术指标。

必须注意,晶体管的简化微变等效电路是在中低频小信号的条件下得到的。因为只有在小信号的条件下,非线性的晶体管才能用线性电路来等效。还应记住,微变等效电路只能用来分析放大电路在小信号条件下的动态工作情况,不能用它去计算放大电路的静态工作点。

5. 晶体管组成的基本放大电路

晶体管基本放大电路有共发射极、共集电极、共基极三种接法。共发射极放大电路既能放大电压又能放大电流,输入电阻中等,输出电阻大,可用作多级放大电路的输入级、中间级和输出级;共集电极放大电路的特点是电压跟随,电压放大倍数接近 1 而小于 1,输入电阻高,输出电阻低,常被用作多级放大电路的输入级、输出级或作为隔离作用的中间级;共基极电路的突出特点在于它具有低输入电阻使晶体管的结电容影响减小,因而频率响应得到改善,所以这种接法常用于宽频放大电器中。

放大电路静态工作点的不稳定最终都表现在集电极电流 I_C 的变化上。发射极偏置电路是利用 I_C 本身的变化在发射极电阻 R_e 上的压降并送回输入回路而达到抑制 I_C 的变化的。

6. 复合管

为了提供更大的放大倍数,常采用复合管。复合管是指用两个或多个晶体管按一定规律进行组合而成的等效晶体管。复合管又称达林顿管。

两个管子连接成复合管时要求:在正确的外加电压下,每只管子的各极电流均有合适的通路,且均工作在放大区;将第一只管子的发射极电流或集电极电流作为第二只管子的基极电流。

复合管的类型与第一管的类型相同。复合管的输入电阻比单管的输入电阻提高了很多,电流放大系数也大大提高了,近似等于两管电流放大系数的乘积,即 $\beta \approx \beta_1\beta_2$ 。

7. 放大电路的频率响应

由于放大电路中存在电抗元件,会使电压放大倍数随信号频率而变化。放大电路的电压放大倍数与信号频率的关系称为放大电路的频率特性。衡量放大电路频率特性的主要指标是上限频率和下限频率。当电抗元件的影响可以忽略、使电压放大倍数基本不随信号频率改变的频率范围称为放大电路的中频区。放大电路在中频区的电压放大倍数称为中频电压放大倍数。低频区放大倍数降低是耦合电容和旁路电容作用的结果,而高频区放大倍数降低是晶体管的极间电容、布线电容等小电容作用的结果。

本章的重要题型分析见文档 2.2。

习　　题

2.1.1　现有 T_1 和 T_2 两只晶体管,T_1 的 $\beta=200$,$I_{CBO}=200\ \mu A$;T_2 的 $\beta=100$,$I_{CBO}=10\ \mu A$,其他参数大致相同。你认为应选用哪只管子?为什么?

2.1.2　已知两只晶体管的电流放大系数 β 分别为 50 和 100,现测得放大电路中这两只管子两个电极的电流如图 P2.1.2 所示。分别求另一电极的电流,标出其实际方向,并在圆圈中画出管子。

2.1.3　图 P2.1.3 所示为某晶体管的输出特性曲线,试确定 I_{CM}、P_{CM}、$U_{(BR)CEO}$ 以及 β。

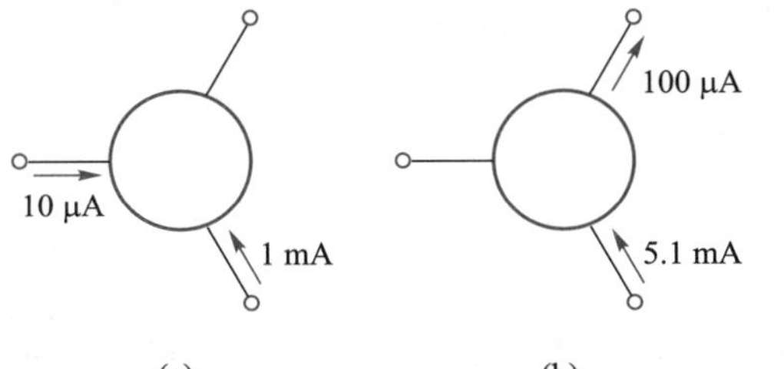

图 P2.1.2

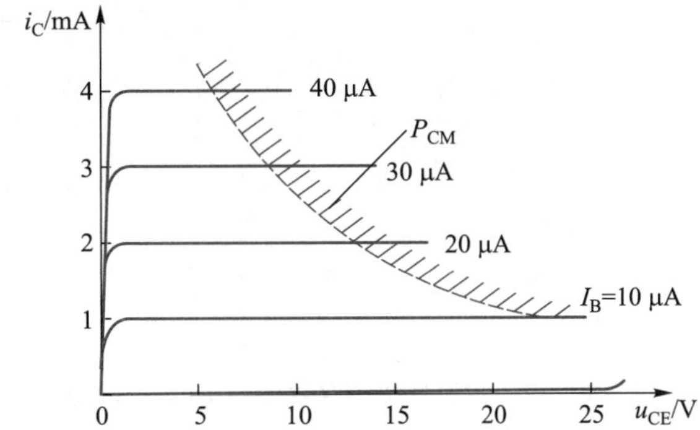

图 P2.1.3

2.1.4 测得放大电路中四只晶体管的直流电位如图 P2.1.4 所示。在圆圈中画出管子,并分别说明它们是硅管还是锗管。

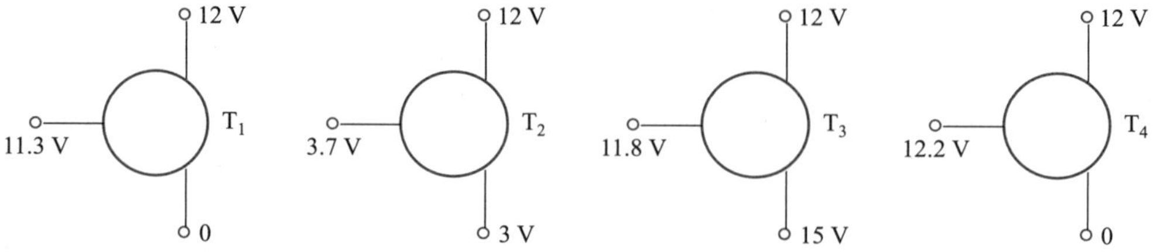

图 P2.1.4

2.1.5 电路及参数如图 P2.1.5 所示,晶体管的 $U_{BE}=0.7$ V,$\beta=60$,输入电压 u_I取值 3 V 和−2 V。

(1) 当 $u_I=3$ V 时判断晶体管的工作状态,并求出 i_C 和 u_O 的值。

(2) 当 $u_I=-2$ V 时判断晶体管的工作状态,并求出 i_C 和 u_O 的值。

2.1.6 电路如图 P2.1.6 所示,$V_{CC}=15$ V,$\beta=100$,$U_{BE}=0.7$ V。试问:

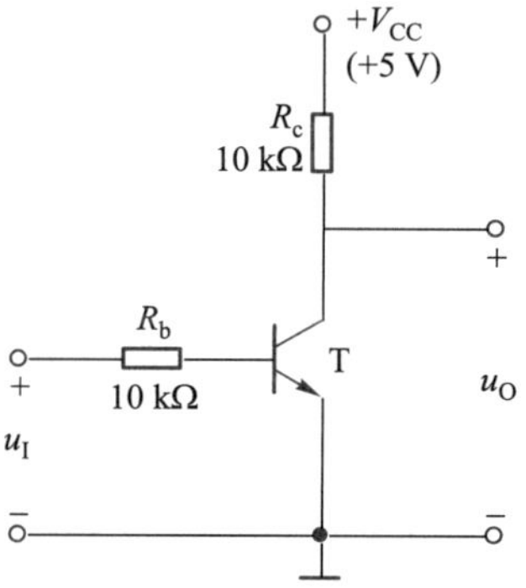

图 P2.1.5

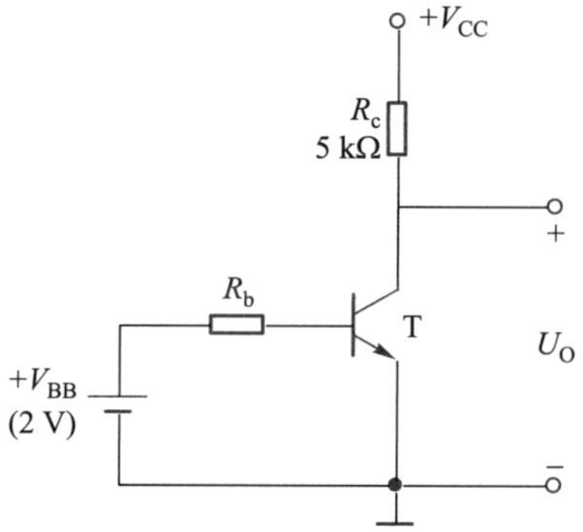

图 P2.1.6

(1) $R_b=50$ kΩ 时, u_O 为多少?

(2) 若晶体管 T 处于临界饱和,则 R_b 为多少?

2.1.7 分别判断图 P2.1.7 所示各电路中晶体管是否有可能工作在放大状态。

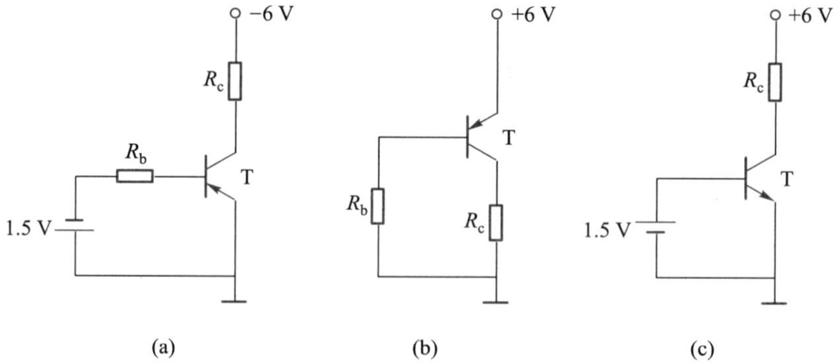

图 P2.1.7

2.2.1 若已知信号源的有效值为 10 mV,内阻 1 kΩ,测得放大电路输入电压的有效值为 8 mV,负载开路时输出电压的有效值为 0.8 V,带负载 $R_L=3$ kΩ 后输出电压的有效值为 0.5 V,求电路的电压放大倍数、输入电阻和输出电阻。

2.2.2 叙述如何测量一个放大电路的频带宽度。

2.3.1 试画出用 PNP 型晶体管组成的单管共发射极基本放大电路，标出电源和隔直电容的极性、静态电流 I_B 和 I_C 的实际流向以及静态电压 U_{BE} 和 U_{CE} 的实际极性。

2.3.2 试分析图 P2.3.2 所示的各电路是否能够正常放大正弦交流信号，简述理由。设图中所有的电容对交流信号均可视为短路。

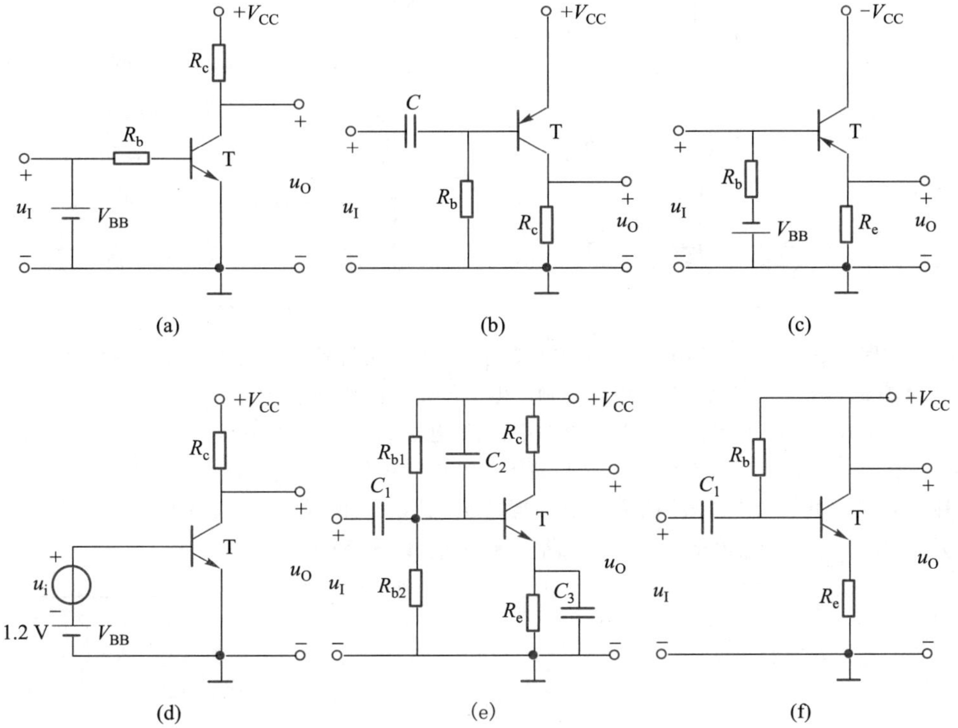

图 P2.3.2

2.3.3 分别改正图 P2.3.3 所示各电路中的错误，使它们有可能放大正弦波信号。要求保留电路原来的共射接法和耦合方式。

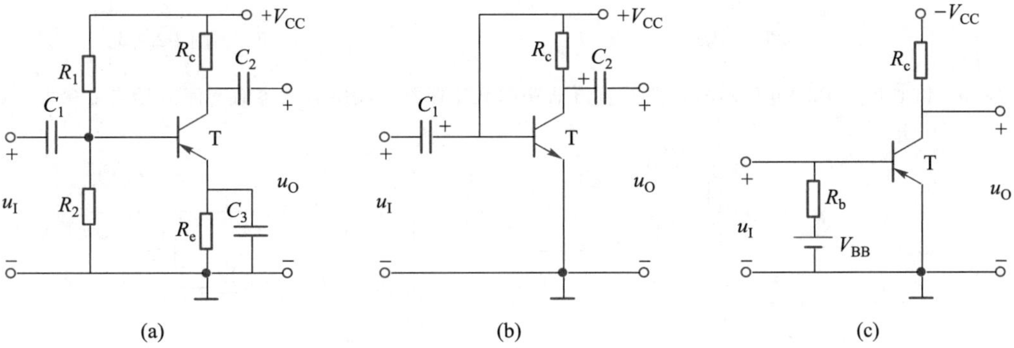

图 P2.3.3

2.4.1 放大电路如图 P2.4.1 所示。已知：$V_{CC}=12$ V，$R_c=3$ kΩ，$\beta=40$，$U_{BE}=0.7$ V。求：当 $I_C=2$ mA时 I_B、U_{CE}以及 R_b的值。

2.4.2 放大电路如图 P2.4.1 所示，其晶体管的输出特性曲线如图 P2.4.2 所示。已知：$V_{CC}=12$ V，$R_c=$

3 kΩ, R_b = 300 kΩ, U_{BE} 可以忽略不计。要求：(1) 画直流负载线，求静态工作点；(2) 当 R_c 由 3 kΩ 变为 4 kΩ 时，工作点将移向何处？(3) 当 R_b 由 300 kΩ 减小到 200 kΩ 时，工作点将移向何处？(4) 当 V_{CC} 由 12 V 减小到 6 V 时，工作点将移向何处？(5) 当 R_b 变为开路时，工作点将移向何处？(6) 若负载电阻 R_L = 3 kΩ，试分别画出有负载和无负载时的交流负载线，并说明两种情况下最大不失真输出电压的幅值 U_{om} 为多大。

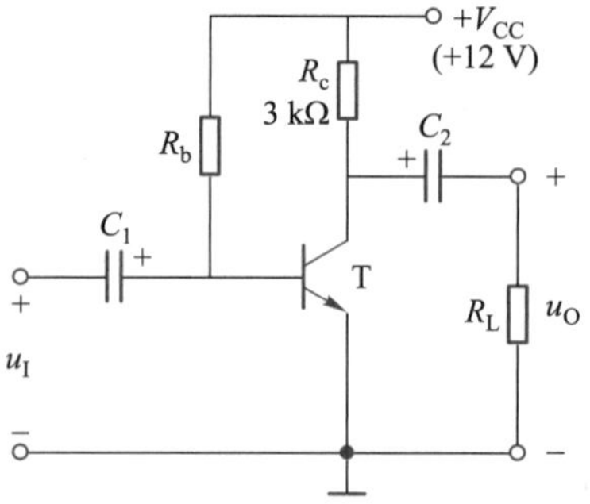

图 P2.4.1

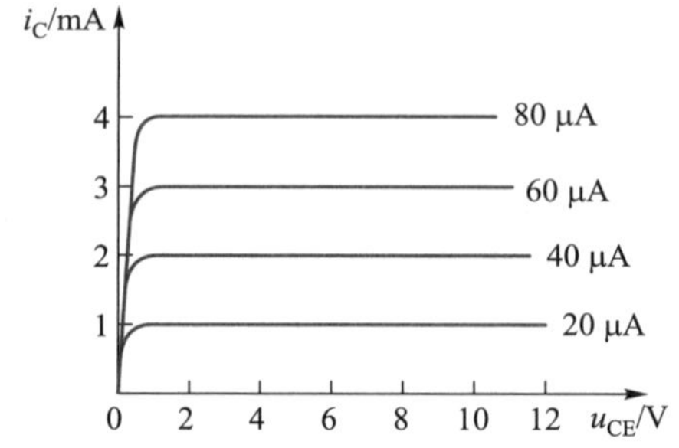

图 P2.4.2

2.4.3　在图 P2.4.1 所示电路中，由于电路参数不同，当输入信号为正弦波时，测得的输出信号波形分别如图 P2.4.3(a)(b)(c)所示，试说明电路分别产生了什么失真，如何消除。

2.4.4　在 PNP 管构成的基本共射放大电路中，如果电阻 R_b 很高，用作图法分析输出电压的失真波形。

2.4.5　放大电路如图 P2.4.5 所示。已知：晶体管的 β = 50，饱和管压降 U_{CES} = 0.5 V，V_{CC} = 12 V。问：在下列五种情况下，若用直流电压表测量晶体管的集电极电位，它们的读数分别为多少？

(1) 正常情况；(2) R_{b1} 短路；(3) R_{b1} 开路；(4) R_{b2} 开路；(5) R_c 短路。

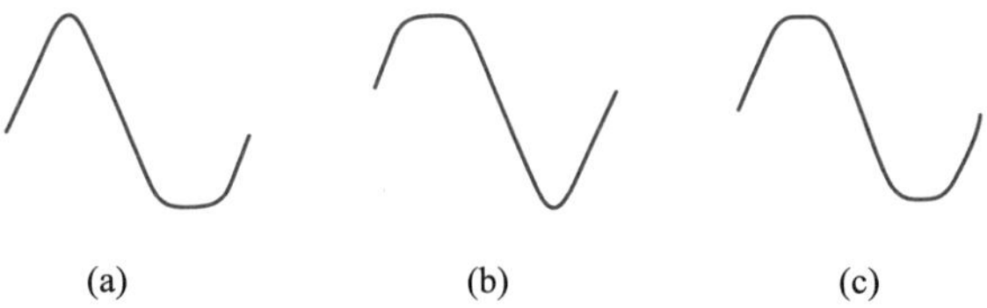

图 P2.4.3

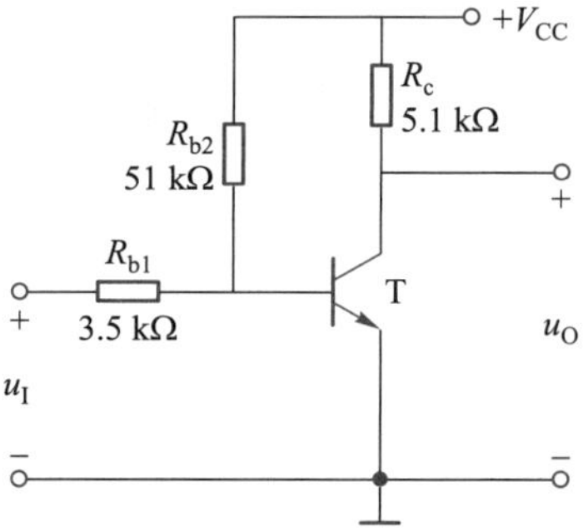

图 P2.4.5

2.4.6　试画出图 P2.4.6 所示各电路的直流通路和交流通路。设所有电容对交流信号均可视为短路。

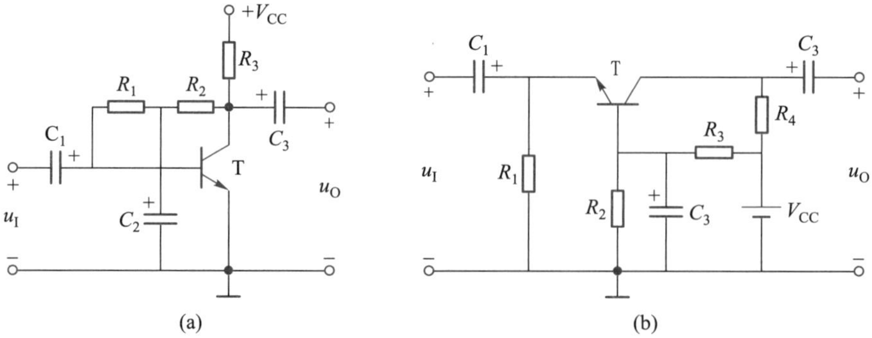

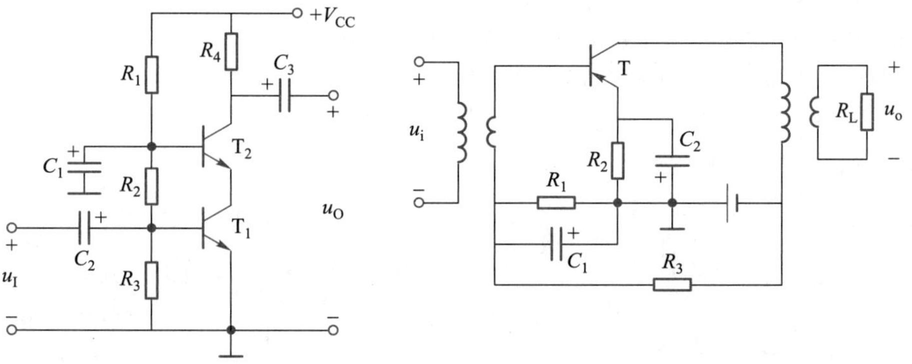

(c) (d)

图 P2.4.6

2.4.7 在图 P2.4.7 所示电路中，已知晶体管的 $\beta=100$、$r_{be}=1\ \text{k}\Omega$。试回答：

（1）若测得静态管压降 $U_{CEQ}=6\ \text{V}$，R_b约为多少千欧？

（2）若测得输入电压 u_i和输出电压 u_o的有效值分别为 1 mV 和 100 mV，则负载电阻 R_L为多少千欧？

（3）若忽略晶体管的饱和压降，电路的最大不失真输出幅度为多大？

2.5.1 电路如图 P2.5.1 所示，晶体管的 $\beta=50$。（1）估算静态工作点；（2）分析静态工作点的稳定过程。

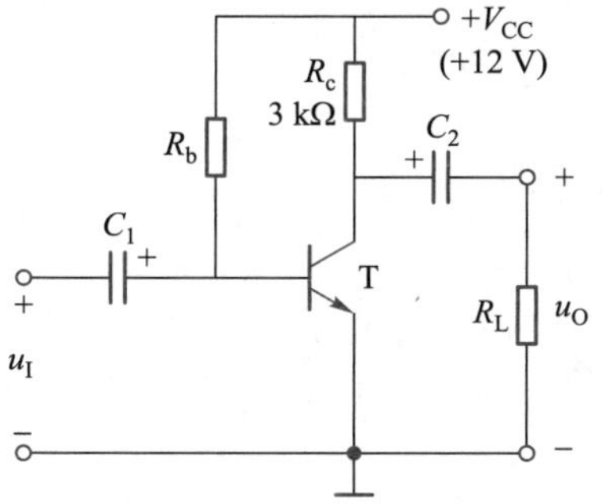

图 P2.4.7

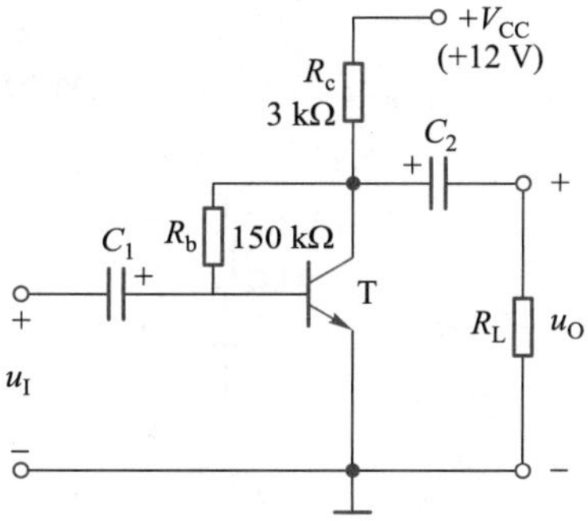

图 P2.5.1

2.5.2 电路如图 P2.5.2 所示，电路是否采用了措施稳定静态工作点，若采用了措施，是哪种措施，并分析稳定静态工作点的过程；对图 P2.5.2(a)所示电路写出电压放大倍数、输入电阻、输出电阻的表达式。

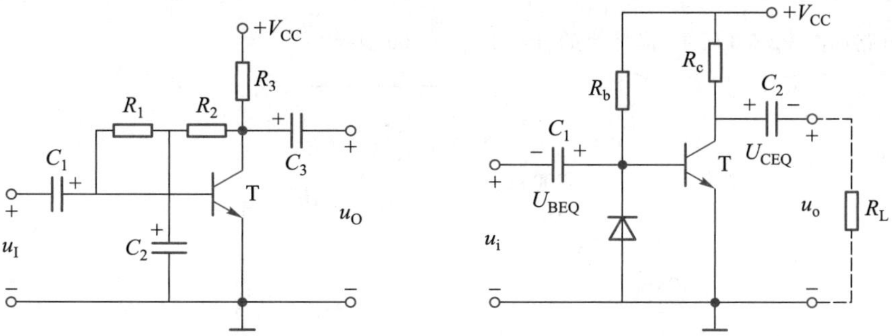

(a) (b)

图 P2.5.2

2.5.3　电路如图 P2.5.3 所示，晶体管的 $\beta=100$、$r_{bb'}=100\ \Omega$。

（1）求电路的静态工作点、电压放大倍数、输入电阻和输出电阻；

（2）若电容 C_e 开路，则电路的哪些动态参数将发生变化？是如何变化的？

2.6.1　电路如图 P2.6.1 所示。已知：输入电压为正弦波，$\beta=80$。试问：

（1）$\dot{A}_{u1}=\dot{U}_{o1}/\dot{U}_i\approx$？（2）$\dot{A}_{u2}=\dot{U}_{o2}/\dot{U}_i\approx$？

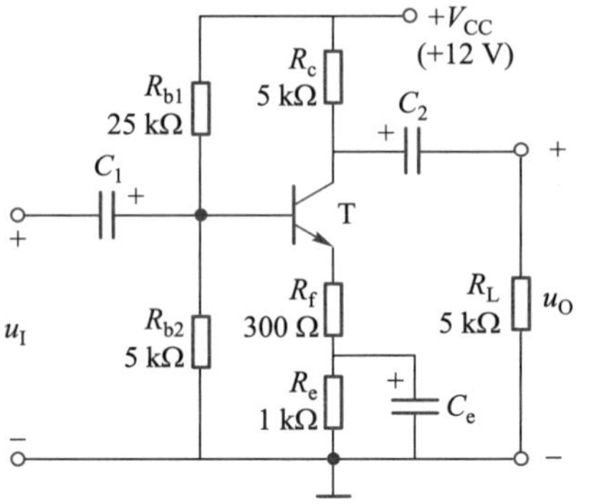

图 P2.5.3

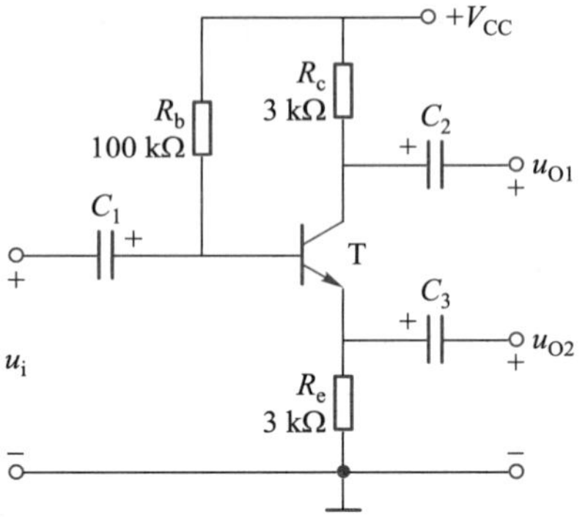

图 P2.6.1

2.6.2　电路如图 P2.6.2 所示，晶体管的 $\beta=80$。

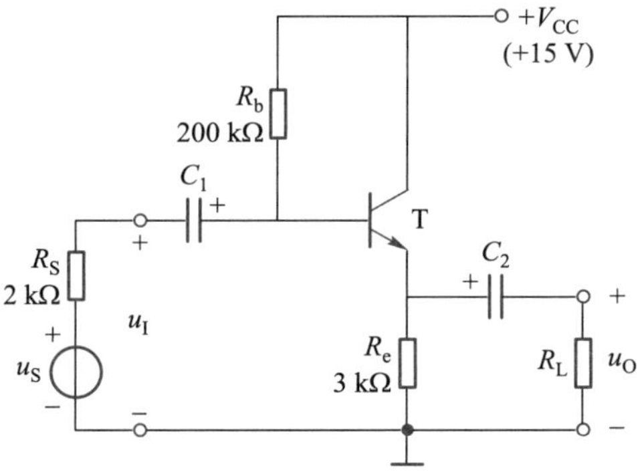

图 P2.6.2

（1）计算静态工作点；

（2）当 $R_L=\infty$ 和 $R_L=3\ \text{k}\Omega$ 时，分别求出电路的电压放大倍数、对信号源的电压放大倍数、输入电阻和输出电阻。

2.6.3　电路如图 P2.6.3 所示，晶体管的 $\beta=60$，$r_{bb'}=100\ \Omega$。

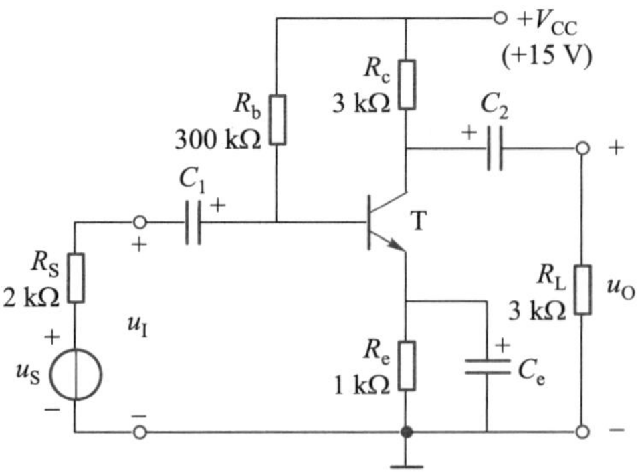

图 P2.6.3

（1）求电路的静态工作点、电压放大倍数、输入电阻和输出电阻；

（2）设 $U_s=10$ mV（有效值），问 U_i为多少？U_o为多少？若 C_e开路，则 U_i为多少？U_o为多少？

2.7.1 电路如图 P2.7.1 所示。问能否构成复合管？如果能，指出为哪种复合管类型。

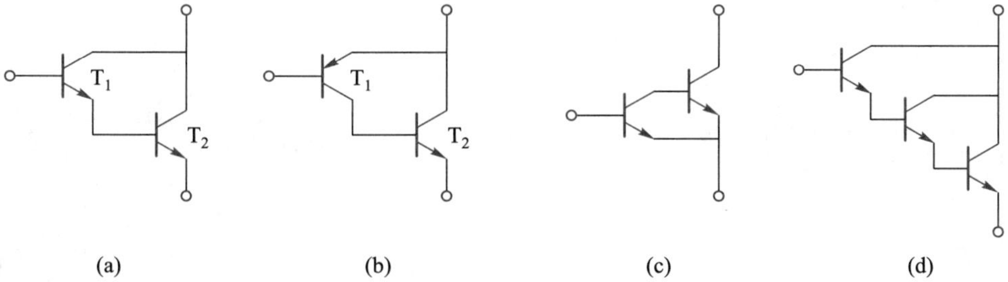

图 P2.7.1

2.7.2 电路如图 P2.7.2 所示。画出电路的微变等效电路，写出电压放大倍数、输入电阻和输出电阻的表达式。

2.8.1 电路如图 P2.8.1 所示。已知：$V_{CC}=12$ V；晶体管的 $C_\mu=4$ pF，$f_T=50$ MHz，$r_{bb'}=100\ \Omega$，$\beta_0=80$。试求解中频电压放大倍数 $\dot{A}_{usm}$、C'_π、f_H和f_L。

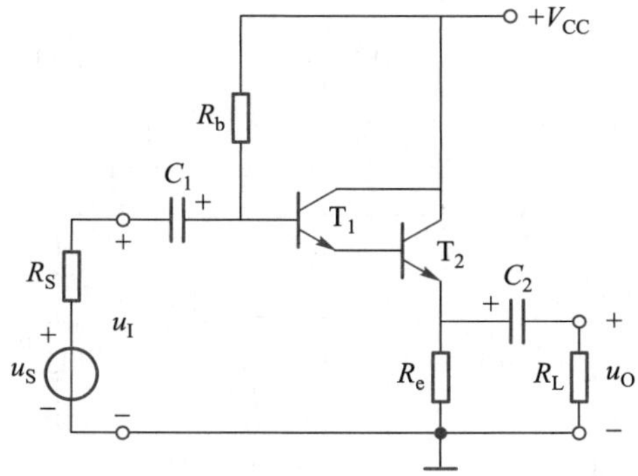

图 P2.7.2

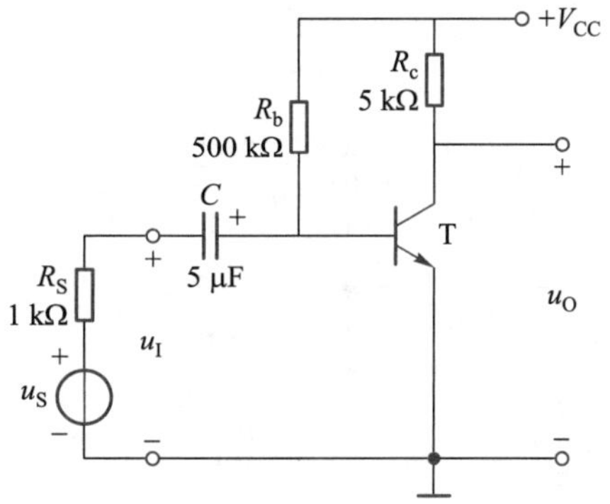

图 P2.8.1

2.8.2 已知某放大电路的波特图如图 P2.8.2 所示。求电路的中频电压增益、电路的下限频率 f_L和上限频率 f_H，并写出电路的电压放大倍数的表达式 $\dot{A}_u$。

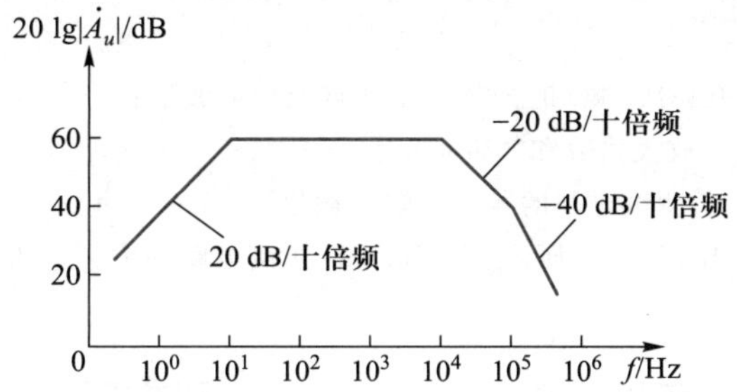

图 P2.8.2

2.8.3 已知某电路的波特图如图 P2.8.3 所示，试写出 $\dot{A}_u$ 的表达式。

2.8.4 在图 P2.8.4 所示电路中，若 $\beta=100$，$r_{be}=1$ kΩ，$C_1=C_2=C_e=100$ μF，则下限频率 f_L为多少？

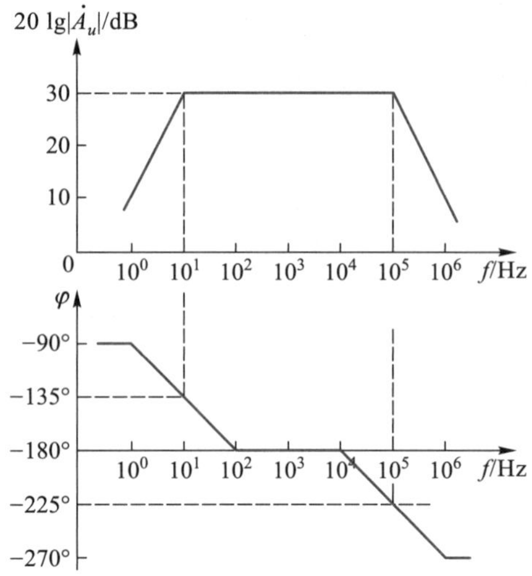

图 P2.8.3

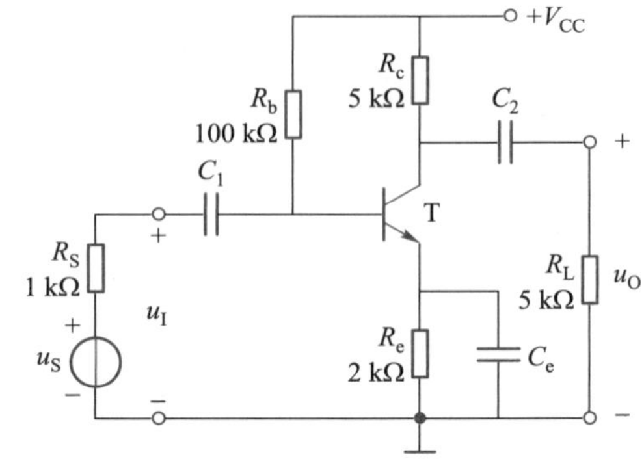

图 P2.8.4

2.8.5 电路如图 2.8.5 所示，其中 BJT 的 $U_{BEQ}=0.6\ \text{V}$，$r_{bb'}=100\ \Omega$，$\beta=100$，$C_\mu=0.5\ \text{pF}$，$f_T=400\ \text{MHz}$，$V_{CC}=12\ \text{V}$，$R_{b1}=100\ \text{k}\Omega$，$R_{b2}=16\ \text{k}\Omega$，$R_e=1\ \text{k}\Omega$，$R_c=R_L=5.1\ \text{k}\Omega$，$R_S=1\ \text{k}\Omega$。分析其上限频率。

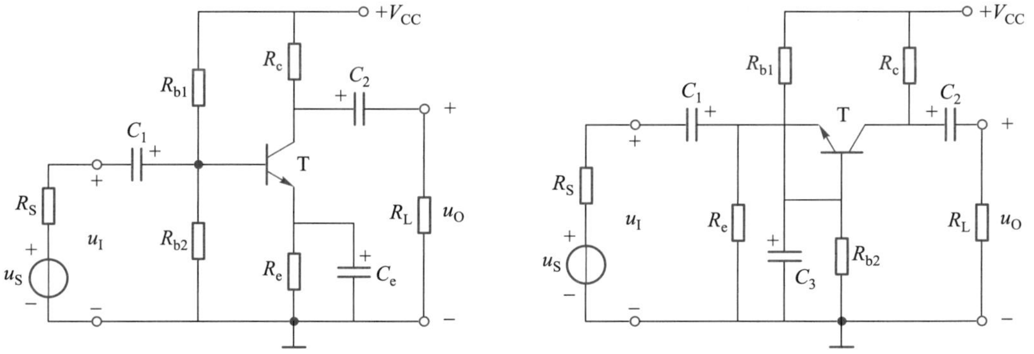

(a) (b)

图 P2.8.5

2.9.1 晶体管放大电路如图 P2.8.5(a)所示。已知 $R_{b2}=6\ \text{k}\Omega$，$R_e=2\ \text{k}\Omega$，$R_c=R_L=3\ \text{k}\Omega$，$R_S=0\ \text{k}\Omega$。试用 Multisim 仿真电路的以下内容：

(1) R_{b1}分别取 15 kΩ、100 kΩ、2 kΩ 时的静态工作点及输出波形；

(2) R_{b1}取 15 kΩ 时的电压放大倍数和频带宽度；

(3) $R_S=1\ \text{k}\Omega$，$R_{b1}=15\ \text{k}\Omega$，测试电路的输入电阻和输出电阻。

2.9.2 晶体管放大电路如图 P2.8.1 所示，用 Multisim 仿真电路的中频电压放大倍数和上、下限频率。

文档 2.2
第 2 章重要题型分析

文档 2.3
第 2 章部分习题答案

第3章 场效晶体管及场效晶体管放大电路

晶体管具有良好的电流放大作用，在放大电路中获得了广泛的应用。但是，晶体管存在着一个严重的缺点，即当它在放大区工作时，发射结必须加正向电压，因而降低了管子的输入电阻，因此，用晶体管组成放大电路时，放大电路的输入电阻不够高。

为了提高放大电路的输入电阻和其他性能，贝尔实验室的科学家在1960年发明了场效晶体管。场效晶体管是一种利用电场效应来控制其电流大小的半导体器件，并以此命名。由于它仅靠半导体中的多数载流子导电，故又称**单极型晶体管**。这种半导体器件不仅具有体积小、重量轻、耗电省、寿命长等特点，而且还有输入电阻高、噪声低、热稳定性好、抗辐射能力强、制造工艺简单和便于大规模集成等优点，因而大大扩展了它的应用范围，特别是在大规模和超大规模集成电路中的应用。

根据结构的不同，场效晶体管可分为两大类：结型场效晶体管（junction field effect transistor，简写为 JFET）和绝缘栅场效晶体管（insulated gate field effect transistor，简写 IGFET）。

本章首先讨论场效晶体管的结构、工作原理、特性曲线和主要参数，然后讨论由场效晶体管组成的基本放大电路。

3.1 结型场效晶体管

结型场效晶体管从导电载流子的带电极性来看，有 N（电子型）沟道结型场效晶体管和 P（空穴型）沟道结型场效晶体管两种类型。

3.1.1 N 沟道结型场效晶体管的结构

N 沟道结型场效晶体管的结构示意图如图 3.1.1(a)所示，在一块 N 型半导体的两侧制造两个高掺杂的 P 区(用 P^+表示),形成两个 PN 结(也称耗尽层);在两个 P^+区引出两个欧姆接触电极,并将两者连在一起,作为栅极 g;在 N 型半导体上、下两端各引出一个欧姆接触电极,分别作为漏极 d 和源极 s。从电极所起的作用来看,漏极相当于晶体管的集电极,源极相当于发射极,栅极相当于基极。两个 PN 结中间的 N 区称为**导电沟道**。由于这种结型场效晶体管的导电沟道是 N 区,故称它为 **N 沟道结型场效晶体管**。它的图形符号如图 3.1.1(b)所示,图中栅极箭头的方向表示当 PN 结正偏时栅极电流的实际方向,故从符号上就可识别 d、s 之间是 N 沟道。

按照类似的方法,可以制成 P 沟道结型场效晶体管,结构示意图和符号如图 3.1.2 所示。

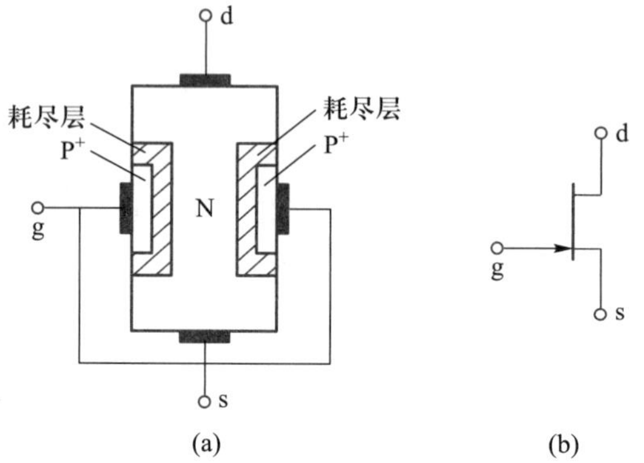

图 3.1.1　N 沟道结型场效晶体管
(a) 结构示意图　(b) 符号

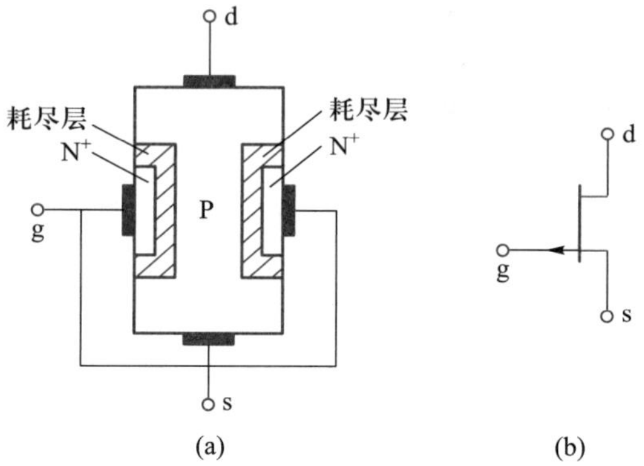

图 3.1.2　P 沟道结型场效晶体管
(a) 结构示意图　(b) 符号

3.1.2　结型场效晶体管的工作原理

以 N 沟道结型场效晶体管为例,分析结型场效晶体管的工作原理。

为使 N 沟道结型场效晶体管能正常工作,外接电源极性安排如图 3.1.3 所示。在栅极和源极间加直流电源 V_{GG},其正极接源极,负极接栅极,使栅极、沟道间的两个 PN 结均加有反向电压,处于反向偏置,因此,栅极流过很小的反向电流,即管子的栅极电流 i_G几乎为零,所以这种场效晶体管栅源极间的直流输入电阻 R_{GS}很大,可高达 $10^8\ \Omega$。在漏极和源极间加直流电源 V_{DD},它的正极接漏极,负极接源极,以形成自上而下的电场;在该电场作用下,使 N 沟道中的多数载流子(电子)由源极向漏极运动,形成漏极电流 i_D。

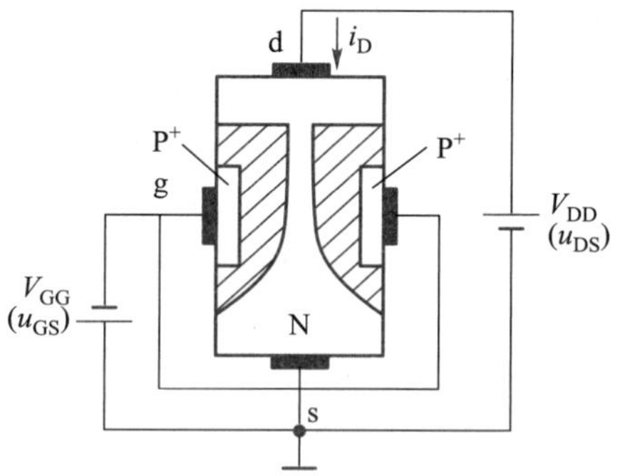

图 3.1.3　N 沟道结型场效晶体管外接电源极性安排

下面通过栅-源电压 u_{GS}和漏-源电压 u_{DS}对导电沟道的影响,来说明管子的工作原理。

一、u_{GS}对导电沟道及 i_D的控制作用

为了讨论方便,先假设 $u_{DS}=0$。由第 1 章可知,当 P 型半导体与 N 型半导体结合在一起时,在两者的交界面附近会形成一个空间电荷区——耗尽层。在耗尽层中,几乎没有自由电

子和空穴，所以耗尽层与绝缘体相似。当在 PN 结上加反向电压时，耗尽层加宽，而且反向电压越大，耗尽层越宽。

当栅源电压 $u_{GS}=0$ 时，PN 结承受的反向电压最小，耗尽层最窄，导电沟道最宽、沟道电阻最小，如图 3.1.4(a)所示。当栅源极间加较小的负电压，即 $u_{GS}<0$ 时，PN 结承受的反向电压稍有加大，耗尽层稍有加宽，而且因 P 区的杂质浓度比 N 区大得多，故耗尽层主要向 N 区延伸，使导电沟道变窄，沟道电阻加大，如图 3.1.4(b)所示。当栅源极间的负电压足够大时，能使两边的耗尽区完全合拢，导电沟道消失，如图 3.1.4(c)所示。这种情况称为**夹断**，这时的栅源电压称为**夹断电压** $\boldsymbol{U_P}$（也用 $U_{GS(off)}$ 表示）。

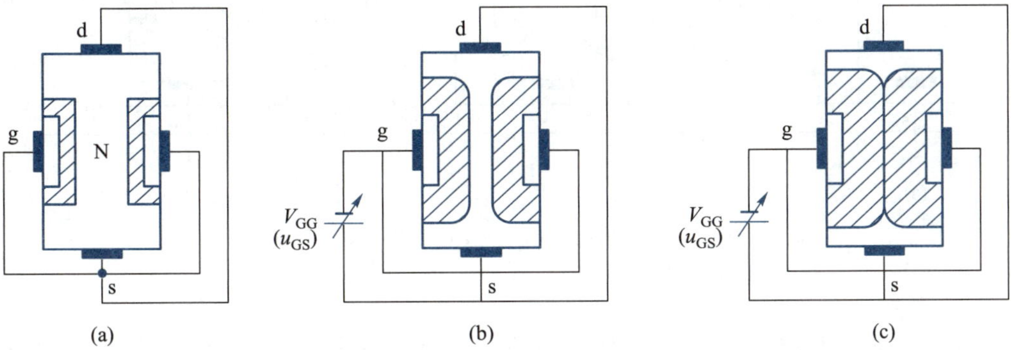

图 3.1.4 $u_{DS}=0$ 时，栅源电压 u_{GS} 对导电沟道的控制作用

（a）$u_{GS}=0$ 时 （b）$U_P<u_{GS}<0$ 时 （c）$u_{GS}\leqslant U_P$ 时

综上分析可知，当栅源电压 u_{GS} 在 $0\sim U_P$ 间变化时，可以有效地控制沟道电阻的大小。若在漏-源极间加上固定的正向电压 u_{DS}，则由漏极流向源极的电流 i_D 将受 u_{GS} 的控制，栅源极间的负电压 u_{GS} 增大时，沟道电阻增大，i_D 减小。

应该指出，结型场效晶体管的工作情况与晶体管不同。结型场效晶体管的漏极电流 i_D 只在两个 PN 结之间的导电沟道中流通，而且参与导电的只有一种极性的载流子（自由电子或空穴），所以常称场效晶体管为**单极型晶体管**。在晶体管中，电流要流过 PN 结，同时参与导电的有两种载流子（自由电子和空穴），所以常称晶体管为**双极型晶体管**。由于在场效晶体管中漏极电流 i_D 受栅源电压 u_{GS} 的控制，栅极又不取电流，所以场效晶体管是电压控制电流的器件。而晶体管用基极电流（或发射极电流）去控制集电极电流，则是电流控制电流的器件。

二、u_{DS} 对 i_D 的影响

为了讨论方便，先假设 $u_{GS}=0$。

当 $u_{DS}=0$ 时，沟道如图 3.1.4(a)所示，虽有最大导电沟道，但多子不会产生定向移动，所以漏极电流 $i_D=0$。

随着 u_{DS} 的接入并逐渐增加，就有漏极电流 i_D 产生。一方面沟道电场强度加大，有利于漏极电流增加；另一方面，u_{DS} 在由源极经沟道到漏极的 N 型半导体区域中，产生了一个沿沟道的电位梯度，若源极为零电位，漏极电位为 $+u_{DS}$，沟道区的电位差则从靠近源端的零电位逐渐升高到靠近漏端的 u_{DS}。由于 N 沟道的电位从源端到漏端是逐渐升高的，所以在从源端到漏端的不同位置上，栅极与沟道之间的电位差是不相等的，离源极越远，电位差越大，加到

该处 PN 结的反向电压越大，耗尽层也越向 N 型半导体中心扩展，使靠近漏极处的导电沟道比靠近源极要窄，导电沟道呈楔形，如图 3.1.5(a) 所示，所以从这方面来说，增加 u_{DS}，同时产生了阻碍漏极电流提高的因素。但是在 u_{DS} 较小时，导电沟道靠近漏端区域仍较宽，这时阻碍的因素是次要的，故 i_D 随 u_{DS} 升高几乎成正比地增大。

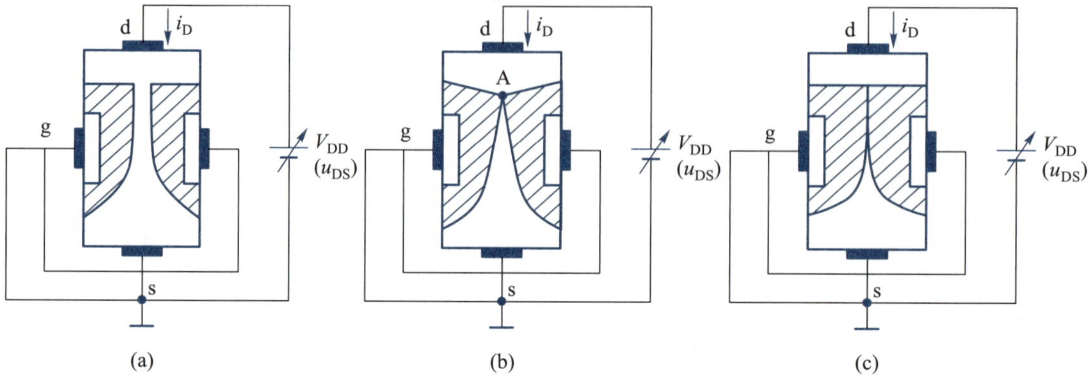

图 3.1.5　$u_{GS}=0$ 时，漏源电压 u_{DS} 对导电沟道的控制作用

(a) $u_{DS}<|U_P|$ 时　(b) $u_{DS}=|U_P|$ 时　(c) $u_{DS}>|U_P|$ 时

u_{DS} 继续增加，使漏栅间的电位差加大，靠近漏端电位差最大，耗尽层也最宽。当两耗尽层在 A 点相遇时，称为**预夹断**，如图 3.1.5(b) 所示。此时，A 点耗尽层两边的电位差用夹断电压 U_P 来描述。在预夹断点 A 处，U_P 与 u_{GS}、u_{DS} 之间有如下关系

$$u_{GD}=u_{GS}-u_{DS}=U_P \tag{3.1.1}$$

由于 $u_{GS}=0$，所以 $u_{DS}=-U_P$，即在 $u_{GS}=0$ 时，预夹断时对应的 u_{DS} 值为 $|U_P|$。

沟道一旦在 A 点预夹断后，随着 u_{DS} 上升，则 $u_{GD}<U_P$，夹断长度会有增加，亦即 A 点将向源极方向延伸，如图 3.1.5(c) 所示，u_{DS} 的增大几乎全部落在夹断区，由于夹断处场强增高，仍能将电子拉过夹断区(即耗尽层)，形成漏极电流，在从源极到夹断处的沟道上的点位差为 U_P，沟道内电场基本上不随 u_{DS} 改变而变化。所以，i_D 基本上不随 u_{DS} 增加而上升，漏极电流趋于饱和。

当 $U_P<u_{GS}<0$ 时，由式(3.1.1)可知，预夹断时对应的 u_{DS} 值小于 $|U_P|$，随着 u_{DS} 上升夹断区变长，i_D 基本上趋于饱和。

三、当 $u_{GD}<U_P$ 时，且 u_{DS} 为一常量，u_{GS} 对 i_D 控制作用

在 $u_{GD}=u_{GS}-u_{DS}<U_P$ 时，即 $u_{DS}>u_{GS}-U_P$ 的情况下，当 u_{DS} 为一常量时，对应于确定的 u_{GS}，就有确定的 i_D。此时，改变 u_{GS}，会有不同 i_D 与之对应，从而实现了 u_{GS} 对 i_D 的控制。与晶体管用 β 来描述动态情况下基极电流对集电极电流的控制作用类似，场效晶体管用 g_m 来描述动态的栅源电压对漏极电流的控制作用

$$g_m=\frac{\Delta i_D}{\Delta u_{GS}} \tag{3.1.2}$$

综上分析，可得下述结论。

(1) JFET 是通过外加电场改变沟道宽窄进行工作的。为了使栅极、沟道之间的 PN 结是反偏置的，JFET 的栅源之间一定要加反偏电压，其 $i_G\approx0$，等效输入电阻很高。

(2) JFET 是电压控制电流器件，在预夹断后，i_D几乎仅仅取决于 u_{GS}，而与 u_{DS}无关，此时场效晶体管中漏极电流 i_D受栅源电压 u_{GS}的控制，控制关系用 g_m表示。

(3) u_{GS}为常数时，在产生预夹断前，i_D和 u_{DS}呈现近似线性关系；预夹断后，i_D趋于饱和。

P 沟道结型场效晶体管工作时，其电源极性与 N 沟道结型场效晶体管的电源极性相反。

3.1.3 结型场效晶体管的特性曲线

场效晶体管是电压控制器件，栅极输入端基本上没有电流，故讨论它的输入特性是没有意义的。场效晶体管的特性曲线有输出特性和转移特性两种，可以通过实验和特性图示仪测得。

一、输出特性曲线

场效晶体管的输出特性曲线指的是，当栅源电压 u_{GS}保持不变时，漏极电流 i_D和漏源电压 u_{DS}之间的关系曲线，即

$$i_D = f(u_{DS})\big|_{u_{GS}=\text{常数}} \tag{3.1.3}$$

在不同的栅源电压 u_{GS}下，所测得的输出特性曲线是不同的。栅源电压的绝对值$|u_{GS}|$越大，耗尽区越宽，导电沟道越窄，漏极电流 i_D 越小，输出特性曲线就下移，因此输出特性为一族曲线，N 沟道结型场效晶体管的输出特性如图 3.1.6 所示。图中，管子的工作情况可分为四个区域。

1. 可变电阻区(也称非饱和区)

图 3.1.6 中的虚线为预夹断轨迹，它是由各条曲线上使 $u_{DS}=u_{GS}-U_P$(即 $u_{GD}=U_P$)的点连接而成的。u_{GS}越负，$|u_{GS}|$越大，预夹断时的 u_{DS}值越小。预夹断轨迹的左边区域称为**可变电阻区**，该区域中曲线近似为不同斜率的直线。当 u_{GS}确定时，直线的斜率也唯一地被确定，直线斜率的倒数为漏-源间的等效电阻。栅源电压越负，输出特性越倾斜，漏-源间的等效电阻越大。因此，在此区域中，可以通过改变 u_{GS}的大小来改变漏-源间的等效电阻，故称为可变电阻区。

2. 恒流区(也称饱和区)

图 3.1.6 中预夹断轨迹的右边区域为恒流区。当 $u_{DS}>u_{GS}-U_P$(即 $u_{GD}<U_P$)时，各曲线近似为一族横轴的平行线。当 u_{DS}增大时，i_D仅略有增大。因而可将场效晶体管近似为电压 u_{GS}控制 i_D的电流源，故称该区域为**恒流区**。利用场效晶体管作放大管时，应使其工作在该区域。

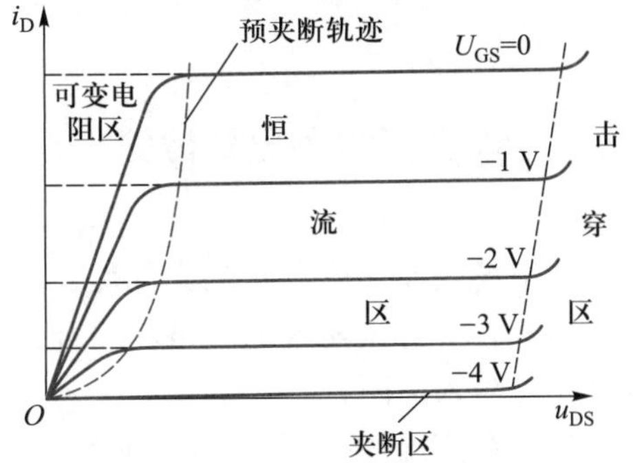

图 3.1.6 N 沟道结型场效晶体管的输出特性

3. 夹断区(也称截止区)

当 $u_{GS}<U_P$ 时，导电沟道被夹断，$i_D\approx 0$，即图 3.1.6中靠近横轴的部分，称为**夹断区**。一般将使 i_D 等于某一个很小电流(如 5 μA)时的 u_{GS}定义为夹断电压 U_P。

4. 击穿区

当 u_{DS}增大到一定数值后，由于加到沟道中耗尽层的电压太高，电场很强，致使两侧的 PN 结发

生雪崩击穿,漏极电流 i_D将急剧增大。进入雪崩击穿后,管子不能正常工作,甚至可能会烧毁。所以,场效晶体管不允许工作在这个区域。

二、转移特性曲线

场效晶体管的转移特性曲线指的是,当漏源电压 u_{DS}保持不变时,漏极电流 i_D与栅源电压 u_{GS}之间的关系曲线,即

$$i_D = f(u_{GS}) \mid u_{DS} = 常数$$

当场效晶体管工作在恒流区时,由于输出特性近似为横轴的一组平行线,所以可以用一条转移特性曲线代替恒流区的所有输出曲线。在输出特性曲线的恒流区中做横轴的垂线,读出垂线与各曲线交点的坐标值,建立 u_{GS}、i_D 坐标系,连接各点所得曲线就是转移特性曲线,N 沟道结型场效晶体管的转移特性曲线如图 3.1.7 所示。可见转移特性曲线与输出特性有严格的对应关系。

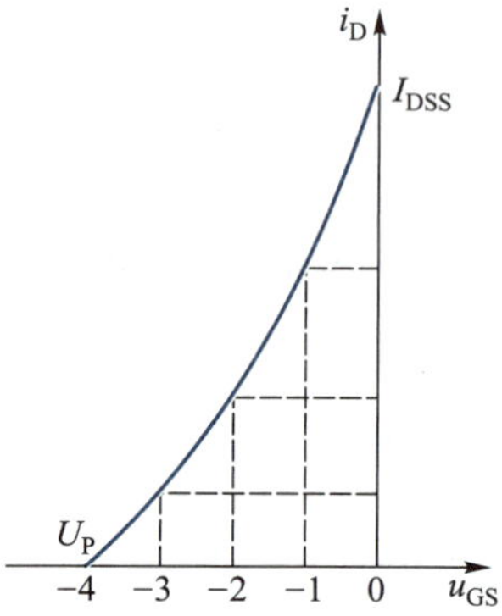

图 3.1.7 N 沟道结型场效晶体管的转移特性曲线

根据半导体物理中对场效晶体管内部载流子的分析可以得到恒流区中 i_D的近似表达式为

$$i_D = I_{DSS}\left(1 - \frac{u_{GS}}{U_P}\right)^2 \quad (U_P \leqslant u_{GS} \leqslant 0) \tag{3.1.4}$$

式中,I_{DSS}是 $u_{GS}=0$ 情况下产生预夹断时的 I_D,称为**饱和漏极电流**。

当管子工作在可变电阻区时,对于不同的 U_{DS},转移特性曲线将有很大差别。

应当指出,为保证结型场效晶体管栅-源间的耗尽层加反向电压,对于 N 沟道管,$u_{GS} \leqslant 0$ V;对于 P 沟道管,$u_{GS} \geqslant 0$ V。

思考题

3.1.1 为什么 JFET 的输入电阻比 BJT 高得多?

3.1.2 JFET 的栅极与沟道间的 PN 结在作为放大器件工作时,能正向偏置吗?为什么?

3.1.3 N 沟道 JFET 工作在恒流区的条件是什么?

3.1.4 如何求解 JFET 可变电阻区的等效电阻?

3.2 绝缘栅型场效晶体管

结型场效晶体管存在三大问题:

(1) 它的直流输入电阻虽然可高达 $10^6 \sim 10^8\ \Omega$,但是,在有些工作条件下,还希望管子具有更高的输入电阻;

(2) 在高温环境下工作时,其直流输入电阻会明显下降;

(3) 结型场效晶体管的高度集成化工艺还比较复杂,要在一块很小的硅片上制造很多结型场效晶体管还有困难。

以上问题使得结型场效晶体管的应用范围受到较大的限制，而绝缘栅场效晶体管可以很好地解决这些问题。

与结型场效晶体管相同，绝缘栅型场效晶体管也有N沟道和P沟道两种类型，但每一类型又分为增强型和耗尽型两种。栅-源电压 u_{GS} 为零时漏极电流 i_D 也为零的管子均属于增强型管；栅-源电压 u_{GS} 为零时漏极电流 i_D 不为零的管子均属于耗尽型管。因此绝缘栅型场效晶体管有四种类型：N沟道增强型管、N沟道耗尽型管、P沟道增强型管和P沟道耗尽型管。

3.2.1 N沟道增强型绝缘栅场效晶体管

一、结构

N沟道增强型绝缘栅场效晶体管的结构示意图如图3.2.1(a)所示。它以一块低掺杂的P型硅片作衬底（衬底引线用B表示），并在其上利用扩散工艺制作两个高掺杂的N区（用 N^+ 表示），引出两个欧姆接触的电极，分别作为漏极d和源极s；在P型衬底表面上制作一层很薄的二氧化硅（SiO_2）绝缘层；再在两个 N^+ 区之间的绝缘层上制作一层金属铝，引出电极，作为栅极g，则栅极和P型衬底相当于是以 SiO_2 为介质的平板电容器，使用中通常将衬底与源极连在一起。

由于这种管子的栅极与漏极、栅极与源极及衬底之间均采用 SiO_2 绝缘层隔离，所以称为**绝缘栅场效晶体管**。又由于这种场效晶体管是由金属、氧化物和半导体组成的，故又称为**金属-氧化物-半导体场效晶体管**（metal-oxide-semiconductor type field effect transistor），简称**MOSFET**或**MOS管**。由于这种场效晶体管的栅极是绝缘的，工作时栅极电流几乎为零，故它的栅源极间的直流输入电阻 R_{GS} 非常大，可高达 $10^{14}\ \Omega$。

N沟道增强型MOSFET的符号如图3.2.1(b)所示，图中箭头方向表示由P衬底指向N沟道，d和s之间的垂直短画线代表沟道，虚短画线表明在未加适当栅-源电压之前，漏极和源极间无导电沟道，表示增强型管。

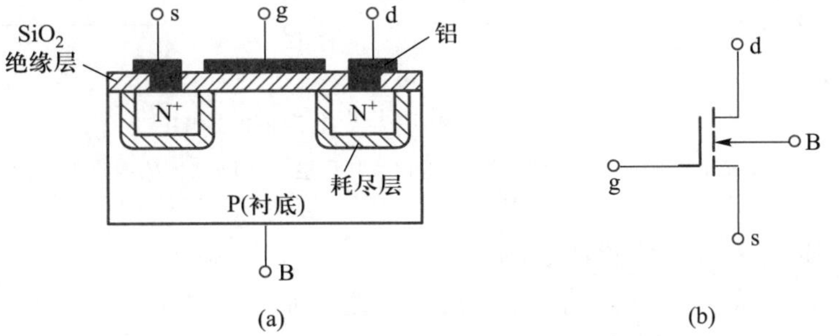

图3.2.1 N沟道增强型绝缘栅场效晶体管的结构和符号
(a) 结构示意图 (b) 符号

二、工作原理

1. $u_{DS}=0$ 时 u_{GS} 对导电沟道的影响

如图3.2.2(a)所示，当栅源电压 $u_{GS}=0$ 时，源区和衬底、漏区和衬底形成两个背靠背串联的 PN 结，这时即使在漏源极间加直流电源 U_{DS}，且不管 U_{DS} 的极性如何，两个 PN 结中总有一个是反向偏置的，故漏极电流 $i_D \approx 0$。

如图 3.2.2(b)所示，在栅源极间加一较小的正向电压 u_{GS}（u_{GS} 的正极接栅极，负极接源极），因为栅极和 P 型衬底相当于是以 SiO_2 为介质的平板电容器，所以，在正栅源电压 u_{GS} 的作用下，在介质中会产生一个垂直于半导体表面的由栅极指向 P 型衬底的电场。由于 SiO_2 绝缘层很薄，只要有几伏的栅源电压 u_{GS}，就可以产生高达 $10^5 \sim 10^6$ V/cm 数量级的强电场，这个电场排斥 P 型衬底靠近栅极一侧的多数载流子空穴。当正栅源电压达到一定数值时，可以把 P 型硅表面层中的空穴全部赶走，形成耗尽层。因为耗尽层几乎没有载流子，即使在漏源极间加直流电源 U_{DS}，也没有漏极电流产生。

如图 3.2.2(c)所示，当 u_{GS} 增大时，一方面耗尽层增宽，另一方面将 P 型衬底中一定数量的少数载流子自由电子被吸引到 P 型衬底的表面。当正栅源电压 u_{GS} 超过某个临界值后，P 型硅表面层的电场已足够强，从而使 P 型衬底的表面形成一个 N 型薄层，这个薄层称为**反型层**。反型层组成了源极和漏极间的 N 型导电沟道。这样，在直流电源 U_{DS} 的作用下，就会产生漏极电流 i_D。我们把能在两个 N^+ 区之间产生 N 型导电沟道的临界栅源电压称为**场效晶体管的开启电压**，记为 U_T（也用 $U_{GS(th)}$ 表示）。显然，当 $u_{GS}>U_T$ 后，u_{GS} 越大，导电沟道越宽，漏极电流越大。所以，改变栅源电压 u_{GS} 的大小，就可以控制漏极电流 i_D 的大小。我们把只有在 $|u_{GS}|>|U_T|$ 后才出现漏极电流 i_D 的场效晶体管称为**增强型场效晶体管**，它是一种必须依靠栅源电压作用才能形成导电沟道的场效晶体管。

应该指出，在图 3.2.2(c)中，N 型导电沟道和 P 型衬底之间是被耗尽层绝缘的。

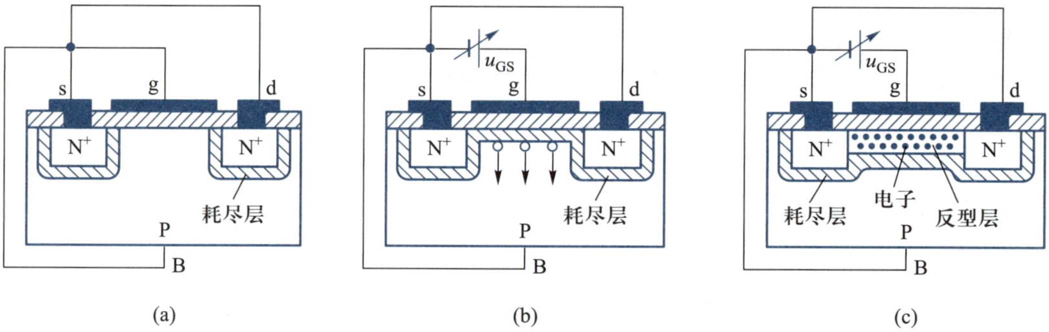

图 3.2.2　$u_{DS}=0$ 时 u_{GS} 对导电沟道的影响

(a) $u_{GS}=0$ 时没有导电沟道　(b) $U_T>u_{GS}>0$ 时出现耗尽层　(c) $u_{GS}\geqslant U_T$ 时出现 N 型导电沟道

2. $u_{GS}\geqslant U_T$ 时 u_{DS} 对导电沟道的影响

当 u_{GS} 是大于 U_T 的一个确定值时，若在 d-s 之间加正向电压，将产生一定的漏极电流 i_D。此时，u_{DS} 的变化对导电沟道的影响与结型场效晶体管相似。当 u_{DS} 较小时，u_{DS} 的增大使 i_D 线性增大，沟道沿漏-源方向逐渐变宽，如图 3.2.3(a)所示。一旦 u_{DS} 增大到使 $u_{GD}=U_T$（即 $u_{DS}=u_{GS}+u_{DG}=u_{GS}-U_T$）时，沟道在漏极一侧出现夹断点，称为**预夹断**，如图 3.2.3(b)所示。如果 u_{DS} 继续增大，夹断区随之延长，如图 3.2.3(c)所示。而且 u_{DS} 的增大部分几乎全部用于克服夹断区对漏极电流的阻力，从外部看，i_D 几乎不因 u_{DS} 的增大而变化，管子进入恒流区，i_D 几乎取决于 u_{GS}。

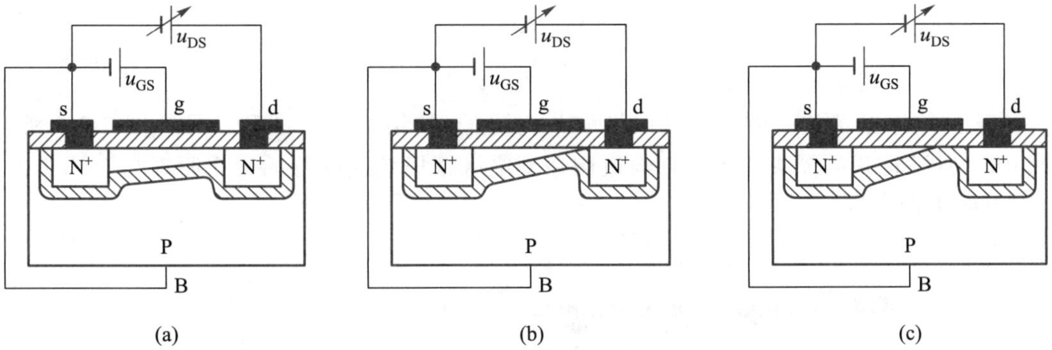

图 3.2.3　$u_{GS}\geqslant U_T$ 时 u_{DS}对导电沟道的影响

(a) $u_{DS}<u_{GS}-U_T$　(b) $u_{DS}=u_{GS}-U_T$　(c) $u_{DS}>u_{GS}-U_T$

在 $u_{DS}>u_{GS}-U_T$ 时，对应于每一个 u_{GS}就有一个确定的 i_D。此时，可将 i_D 视为电压 u_{GS}控制的电流源。

三、特性曲线

1. 输出特性曲线

N 沟道增强型绝缘栅场效晶体管的输出特性如图 3.2.4(a)所示。与结型场效晶体管一样，MOS 管也有四个工作区域：可变电阻区、恒流区、夹断区及击穿区。只有当 $u_{GS}>U_T$ 后才有漏极电流 i_D 产生。u_{GS}越大，i_D 越大，输出特性上移得越多。当 u_{DS}增大到一定数值时，进入击穿区，漏极电流急剧增大。

2. 转移特性曲线

N 沟道增强型绝缘栅场效晶体管的转移特性曲线如图 3.2.4(b)所示。当 $u_{GS}<U_T$ 时，没有导电沟道存在，$i_D\approx0$；当 $u_{GS}>U_T$ 后，i_D 随 u_{GS}增大而增大。

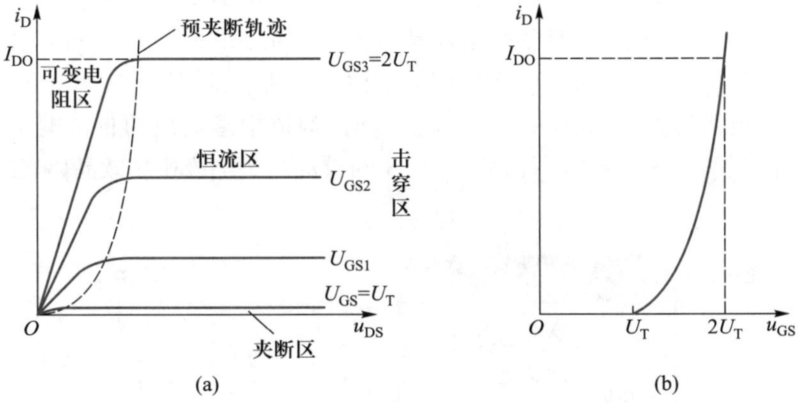

图 3.2.4　N 沟道增强型绝缘栅场效晶体管的特性曲线

(a) 输出特性　(b) 转移特性

对于 N 沟道增强型绝缘栅场效晶体管，在输出特性的平坦区（即恒流区）内，当 $u_{GS}>U_T$ 时，其转移特性可表示为

$$i_{D}=I_{DO}\left(\frac{u_{GS}}{U_{T}}-1\right)^{2} \tag{3.2.1}$$

式中，I_{DO}是 $u_{GS}=2U_{T}$ 时的 i_{D} 值。

增强型绝缘栅场效晶体管也可以做成 P 沟道的，其结构示意图和符号如图 3.2.5 所示。符号中 N 型衬底 B 的箭头向外。P 沟道增强型绝缘栅场效晶体管的工作原理与 N 沟道的相似，但电源极性相反。

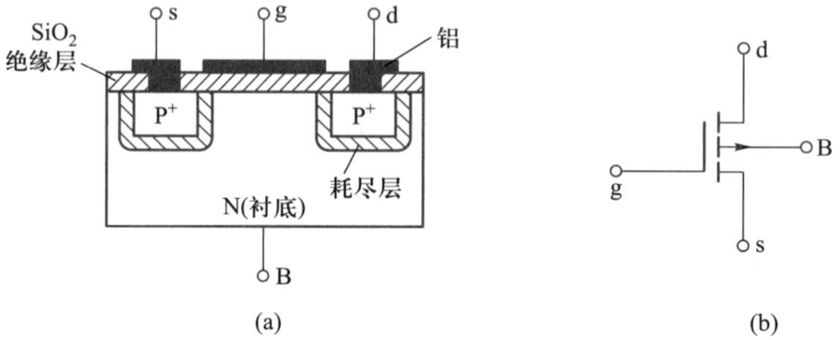

图 3.2.5 P 沟道增强型绝缘栅场效晶体管的结构和符号

（a）结构示意图 （b）符号

3.2.2 N 沟道耗尽型绝缘栅场效晶体管

一、结构和工作原理简述

在制造 N 沟道耗尽型绝缘栅场效晶体管时，预先在 SiO_2 绝缘层中掺入大量正离子，则即使在 $u_{GS}=0$ 时，也能在源区和漏区之间的 P 型衬底表面感应出较多的自由电子而形成反型层，即 N 沟道，将源区和漏区连通，如图 3.2.6(a)所示。这样，当 $u_{GS}=0$ 时，在 u_{DS}的作用下就可以产生漏极电流 i_{D}，所以为**耗尽型场效晶体管**。当 $u_{GS}<0$ 时，沟道中感应的自由电子数减少，使沟道变窄，i_{D}减小。当 u_{GS}等于 U_{P}（U_{P} 被称为夹断电压，是指使得导电沟道消失的栅源电压值）时，导电沟道被夹断，$i_{D}\approx 0$。当 $u_{GS}>0$ 时，沟道中感应出的自由电子数增多，使沟道变宽，i_{D} 随着 u_{GS}的增大而增大。由此可见，N 沟道耗尽型绝缘栅场效晶体管既可以在正栅

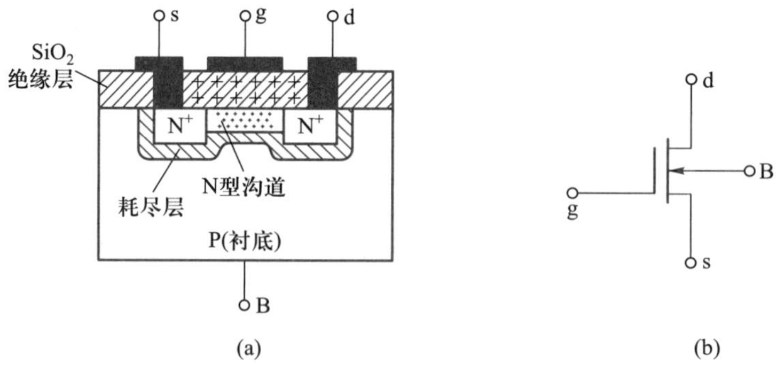

图 3.2.6 N 沟道耗尽型绝缘栅场效晶体管的结构和符号

（a）结构示意图 （b）符号

源电压下工作，也可以在负栅源电压下工作，这是耗尽型绝缘栅场效晶体管的一个重要特点。

N 沟道耗尽型绝缘栅场效晶体管符号如图 3.2.6(b)所示，图中箭头方向表示由 P 衬底指向 N 沟道，d 与 s 之间的垂直短画线代表沟道，实短画线表明在未加适当栅-源电压之前漏极和源极间已有导电沟道，表示耗尽型管。

二、特性曲线

N 沟道耗尽型绝缘栅场效晶体管的转移特性和输出特性如图 3.2.7(a)和(b)所示。

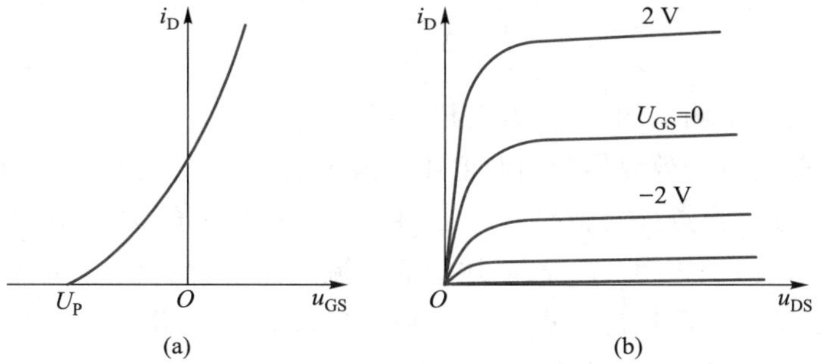

图 3.2.7 N 沟道耗尽型绝缘栅场效晶体管的特性曲线
(a) 转移特性 (b) 输出特性

耗尽型绝缘栅场效晶体管除了采用 P 型衬底 N 沟道外，还可以采用 N 型衬底 P 沟道，它的工作原理与 N 沟道的管子相似。

3.2.3 场效晶体管的主要参数

为了正确使用场效晶体管，必须掌握它的主要参数，现对一些主要参数作简要说明。

一、直流参数

1. 饱和漏极电流 I_{DSS}

饱和漏极电流 I_{DSS} 指的是，结型场效晶体管或耗尽型绝缘栅场效晶体管在栅极和源极短路，即 $u_{GS}=0$ 时，在输出特性平坦部分对应的漏极电流。通常令 $u_{DS}=10$ V，在 $u_{GS}=0$ V 时测出的 i_D 就是 I_{DSS}。从转移特性上来看，对应于 $u_{DS}=10$ V 的那条转移特性，在 $u_{GS}=0$ 时的漏极电流就是 I_{DSS}。

2. 夹断电压 U_P

夹断电压 U_P 指的是，结型场效晶体管或耗尽型绝缘栅场效晶体管的漏源电压 u_{DS} 固定在某个数值(如取 10 V)，而使漏极电流 i_D 等于某个微小值(如取 5 μA)时所需的栅源电压值。

3. 开启电压 U_T

开启电压 U_T 指的是，增强型绝缘栅场效晶体管的漏源电压 u_{DS} 固定在某一数值(如取 10 V)时，使管子 i_D 刚刚大于零(如 $i_D=5$ μA)所需的 u_{GS} 值。

4. 直流输入电阻 R_{GS}

直流输入电阻 R_{GS} 指的是，当漏极和源极短路，即在 $u_{DS}=0$ 的情况下，在栅源极间加一固定电压(如取 10 V)时,栅源电压与之对应的栅极电流 i_G 之比。结型场效晶体管的 R_{GS} 可达 $10^8\ \Omega$,而绝缘栅场效晶体管的 R_{GS} 可达 $10^{14}\ \Omega$。

二、交流参数

1. 低频跨导 g_m

低频跨导 g_m 指的是,当 u_{DS} 固定在某一数值时,漏极电流的微小变化量 Δi_D 与引起这个变化的栅源电压的微小变化量 Δu_{GS} 之比,即

$$g_m = \left.\frac{\Delta i_D}{\Delta u_{GS}}\right|_{u_{DS}=\text{常量}} \tag{3.2.2}$$

由于 g_m 是在低频情况下测出的,故称为**低频跨导**。

低频跨导 g_m 是衡量场效晶体管栅源电压对漏极电流控制能力的一个重要参数,它相当于转移特性上管子在工作点处的斜率。g_m 的单位是 S(西门子)或 mS(毫西门子),一般在十分之几到几个毫西门子之间。g_m 与晶体管的电流放大系数 β 相似,是衡量场效晶体管放大能力的一个重要参数。可通过对式(3.1.4)或式(3.2.1)求导得到。

应该指出,由于转移特性曲线的非线性,g_m 与管子工作点的位置密切相关,工作电流 i_D 越大,g_m 也越大。

2. 极间电容

场效晶体管的三个电极之间均存在极间电容。通常栅源电容 C_{gs} 和栅漏电容 C_{gd} 约为 1~3 pF,而漏源电容 C_{ds} 约为 0.1~1 pF。在高频电路中,应考虑极间电容的影响。场效晶体管的最高工作频率 f_M 是综合考虑了三个电容的影响而确定的工作频率的上限值。

三、极限参数

1. 最大漏极电流 I_{DM}

最大漏极电流 I_{DM} 是指能保证管子正常工作时所允许的漏极电流的最大值。

2. 最大漏源电压 $U_{(BR)DS}$

最大漏源电压 $U_{(BR)DS}$ 是指保证管子不发生击穿时所允许施加的 u_{DS} 的最大值。

3. 最大耗散功率 P_{DM}

最大耗散功率 P_{DM} 是指在规定的最高工作温度条件下,所允许管子耗散的最大功率。

此外,场效晶体管还有一些其他参数和极限参数,在此不一一介绍了。

思考题

3.2.1 为什么 MOSFET 的输入电阻比 JFET 高?

3.2.2 如何从符号上区分场效晶体管是 N 沟道还是 P 沟道,是增强型还是耗尽型?

3.2.3 场效晶体管是电压控制型器件,你是如何理解的?

3.2.4 试在同一坐标系中对比画出各种场效晶体管的转移特性。

3.2.5 N 沟道增强型 MOSFET 预夹断的临界条件是什么?

3.2.6 为什么耗尽型 MOS 管的栅源电压可正、可零、可负?

3.3 各种场效晶体管的比较和使用注意事项

3.3.1 各种场效晶体管的比较

前面都是以 N 沟道的场效晶体管为例，讨论了它们的结构、工作原理、特性曲线和参数。这些分析也基本上适用于 P 沟道的场效晶体管，但由于后者工作的载流子是空穴，故衬底材料及各电极电源极性都要改变。为了帮助读者学习，便于比较区分六种场效晶体管，将各种场效晶体管的符号和特性曲线列于表 3.3.1 中。

表 3.3.1 各种场效晶体管的符号和特性曲线

结构种类	工作方式	符号	转移特性	输出特性
绝缘栅（MOSFET）N 沟道	耗尽型	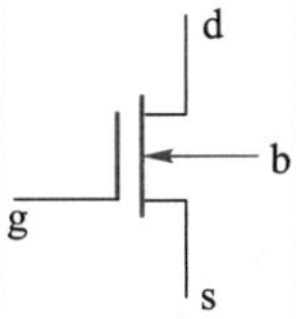	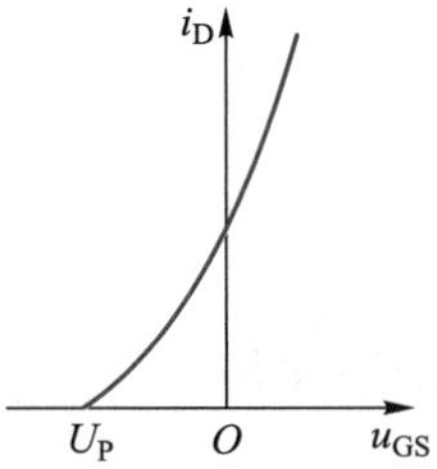	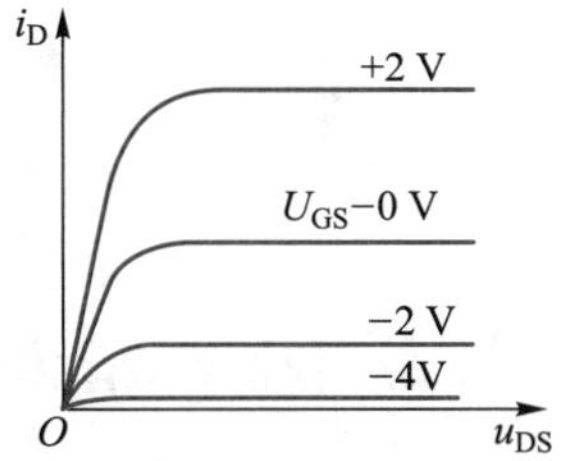
	增强型	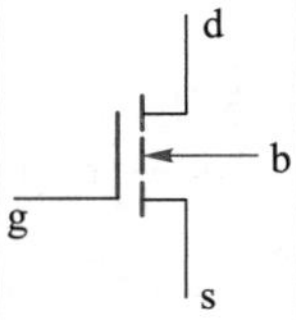	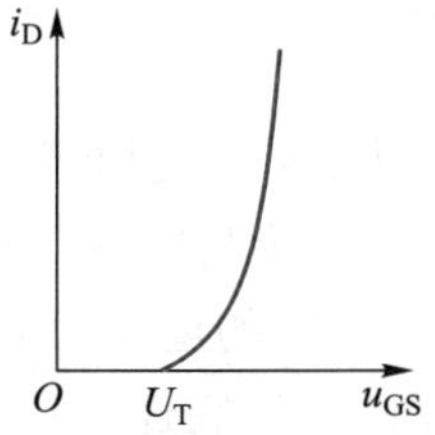	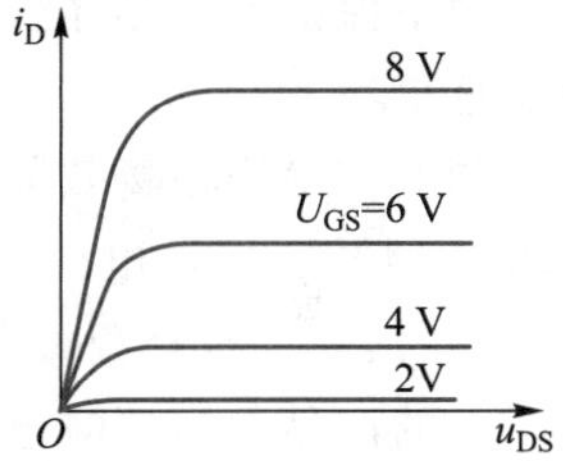
绝缘栅（MOSFET）P 沟道	耗尽型	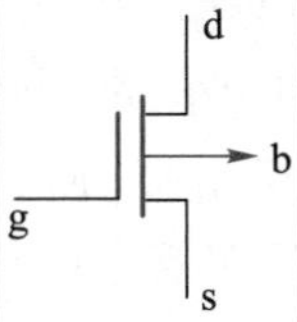	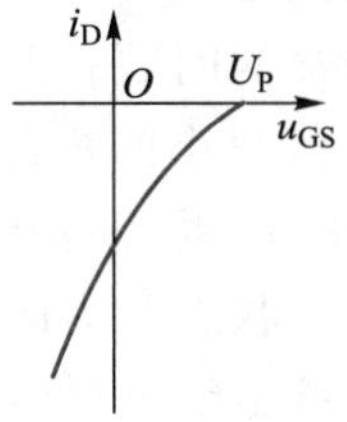	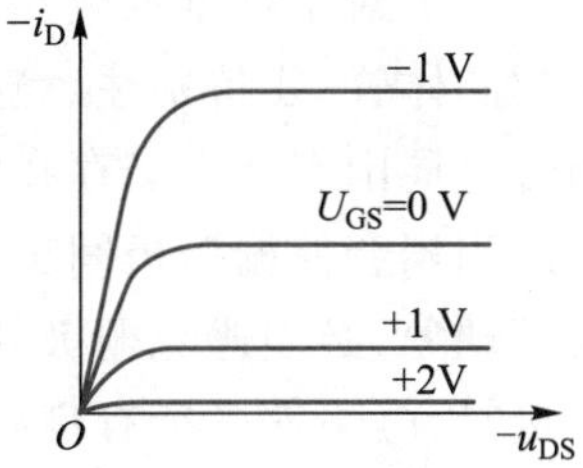
	增强型	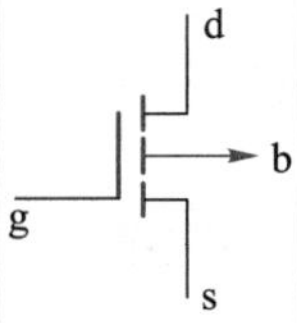	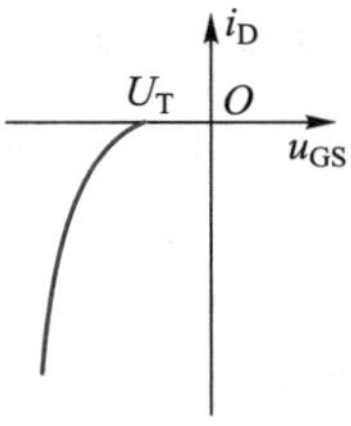	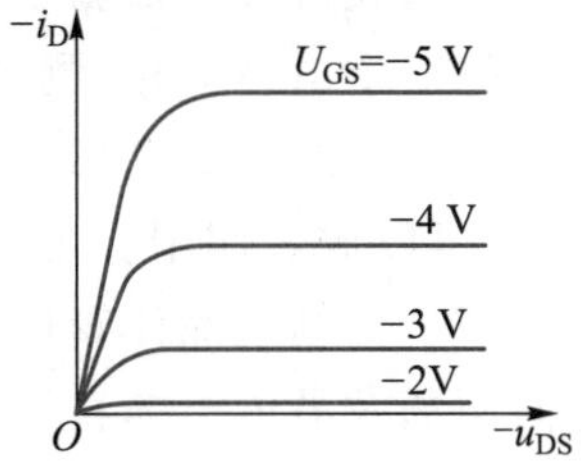

续表

结构种类	工作方式	符号	转移特性	输出特性
结型 (JFET) N 沟道	耗尽型	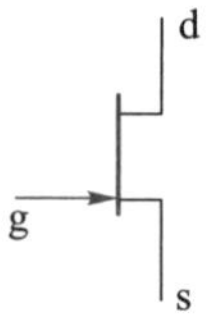	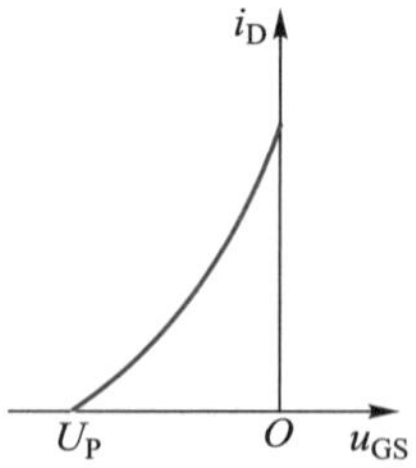	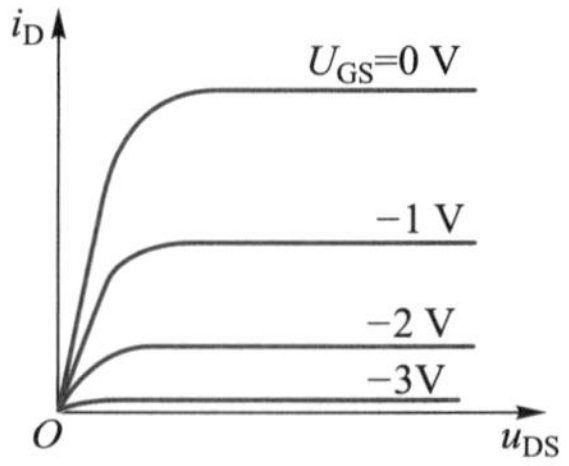
结型 (JFET) P 沟道	耗尽型	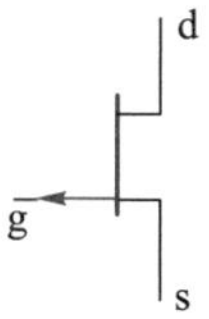	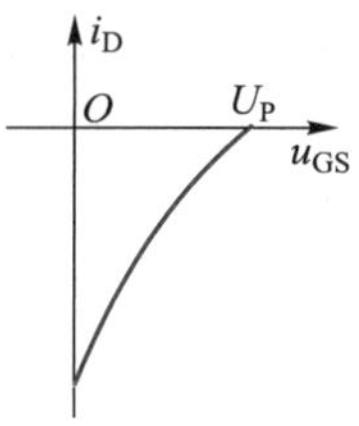	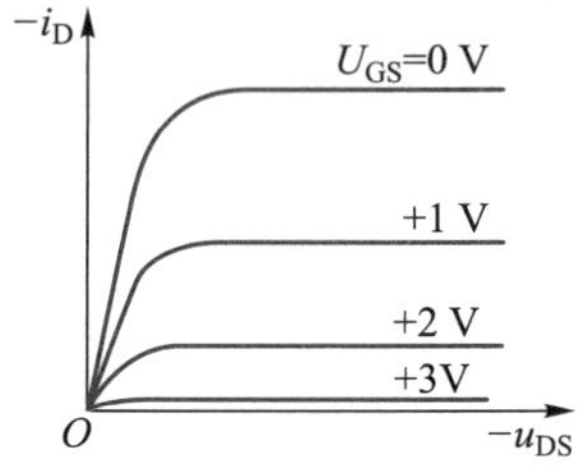

3.3.2 使用场效晶体管的注意事项

为了保证场效晶体管在电路中安全可靠地工作，除了不能超过极限值使用外，特提出以下注意事项。

(1) 在绝缘栅场效晶体管中，为了使用者接线方便，有的产品会引出衬底。一般来说，应将 P 型衬底接低电位，N 型衬底接高电位。但是，在某些特殊电路中，当源极的电位很高或很低时，为了减轻源极和衬底之间的电压对管子导电性能的影响，可将源极与衬底连在一起。有的产品在出厂时已将源极与衬底连在一起了。

(2) 对于结型场效晶体管，其栅源电压不能接反，但可以在开路状态下保存。而绝缘栅场效晶体管，要特别注意感应击穿的问题。由于绝缘栅场效晶体管的直流输入电阻非常高，当管子周围有强电场存在时，数值很小的栅源极间电容 C_{gs} 上感应出的电荷极难泄放掉，电荷的积累会使栅源极间出现高电压，将 SiO_2 绝缘层击穿，使管子损坏。为了防止出现感应击穿现象，必须避免栅极处于悬空状态。为此，在保存管子时，应将管子的三个电极短路；在焊接时，电烙铁必须有良好的外接地线，以屏蔽交流电场，最好将电烙铁断电后趁热焊接；不要用万用表检查绝缘栅场效晶体管；把管子焊到电路上（或接入仪器时）或取下来时，应先把管子的三个电极短路；测试场效晶体管的仪器必须有良好的接地措施。

在改进的绝缘栅场效晶体管内，生产厂家已在管子内部制作了专供过电压保护的硅稳压管，可以放心使用。

(3) 当场效晶体管使用在要求输入电阻较高的场合时，应采取防潮措施，以免受湿度影响而使场效晶体管的直流输入电阻大大降低。

3.3.3 场效晶体管与晶体管的比较

场效晶体管的栅极 g、源极 s、漏极 d 对应于晶体管的基极 b、发射极 e、集电极 c,它们的作用类似。场效晶体管和晶体管均可用在放大电路和开关电路,它们构成了品种繁多的集成电路,但由于场效晶体管集成工艺更简单,且具有耗电省、工作电源电压范围宽等优点,因此场效晶体管越来越多地应用于大规模和超大规模集成电路中。

(1) 场效晶体管是电压控制器件,而晶体管是电流控制器件。

(2) 场效晶体管只有多子参与导电,因此称其为**单极型器件**。晶体管既有多子参与导电,又有少子参与导电,因此称其为**双极型器件**。因为多子的数目受温度、辐射等因素影响较小,因此场效晶体管比晶体管的热稳定性好、抗辐射能力强。所以在环境变化很大的情况下应尽量选用场效晶体管。

(3) 场效晶体管的输入电阻高,可达 $10^9 \sim 10^{14}\ \Omega$,栅极基本不取电流;而双极性晶体管的输入电阻较低,一般为 $10^2 \sim 10^4\ \Omega$,工作时基极总要索取一定的电流。因此,要求输入电阻高的电路应选用场效晶体管;而若信号源可以提供一定的电流,则可选用双极性晶体管。

(4) 场效晶体管的漏极与源极可以互换使用,互换后特性变化不大。而晶体管的发射极与集电极互换后特性差异很大,只在特殊需要时才互换。

思考题

3.3.1 绝缘栅场效晶体管的栅极为什么不能开路?

3.3.2 场效晶体管和晶体管比较有什么特点?

3.4 场效晶体管放大电路

放大电路除了用双极型晶体管构成外,还可以用场效晶体管来构成。

在实际应用中,有时信号源的信号不仅非常微弱而且还具有高内阻。为了放大高内阻的微弱信号,要求放大电路具有高达兆欧级甚至更高的输入电阻,才能在放大电路的输入端获得足够的信号电压。尽管共集电极放大电路的输入电阻很高,但是最大仅为几百千欧,而场效晶体管的栅源极间的输入电阻非常高,用它构成放大电路时,它的输入电阻就可以满足上述要求。

与晶体管放大电路类似,根据放大电路输入回路和输出回路公共端的不同,场效晶体管放大电路也有三种基本组态:共源极放大电路、共漏极放大电路和共栅极放大电路。以 N 沟道耗尽型绝缘栅场效晶体管为例,三种接法的交流通路如图 3.4.1 所示。由于共栅电路很少使用,本节只对共源和共漏两种放大电路进行分析。

场效晶体管构成的放大电路的分析也有图解法和微变等效电路两种方法。分析电路时,在直流通路中分析静态偏置,交流通路中分析动态指标。

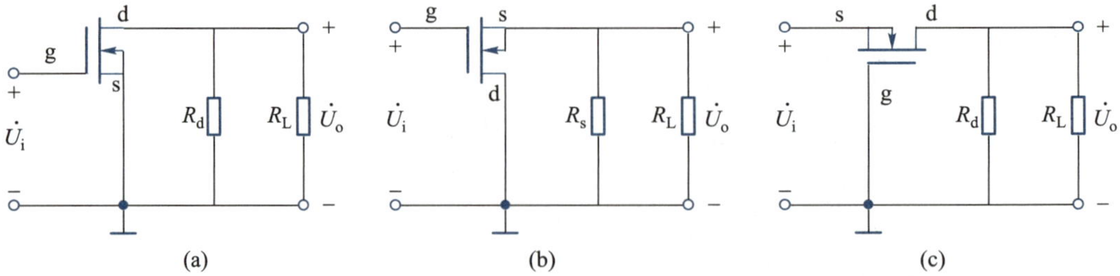

图 3.4.1 场效晶体管放大电路的三种接法
(a) 共源极电路 (b) 共漏极电路 (c) 共栅极电路

3.4.1 场效晶体管的直流偏置电路及静态分析

教学视频 3.1
场效晶体管放大电路的静态分析

与晶体管放大电路一样,为了使场效晶体管放大电路正常工作,也必须由偏置电路建立一个合适而稳定的静态工作点 Q(场效晶体管的静态工作点是指 U_{GSQ}、I_{DQ}和 U_{DSQ}),以保证在信号的整个周期内都工作在恒流区。但不同的是,由于场效晶体管是电压控制器件,所以要为它提供合适的栅源电压 U_{GS},而不是偏流。另外,不同类型的场效晶体管,对偏置电压的极性有不同的要求,如表 3.4.1 所示。

表 3.4.1 场效晶体管偏置电压的极性表

	NJEFT	PJEFT	增强型 NMOS	增强型 PMOS	耗尽型 NMOS	耗尽型 PMOS
U_{GS}	负	正	正	负	正、零、负	正、零、负
U_{DS}	正	负	正	负	正	负

为分析场效晶体管放大电路的静态工作情况,同样要画出它的直流通路。下面以共源极电路为例,说明设置 Q 点的几种方法。

一、自给栅偏压放大电路

图 3.4.2(a)所示是 N 沟道耗尽型 MOS 管构成的共源极放大电路。图 3.4.2(b)所示是该电路的直流通路,即直流偏置电路。

在图 3.4.2(b)所示的输入回路中,静态时,由于场效晶体管的栅极电流为零,电阻 R_g 上没有直流压降,栅极电位 $U_{GQ}=0$,而漏极电流 I_{DQ}流过源极电阻 R_s会产生电压降,使源极电位 $U_{SQ}=I_{DQ}R_s$,因此,静态栅源电压为

$$U_{GSQ}=U_{GQ}-U_{SQ}=-I_{DQ}R_s \tag{3.4.1}$$

静态栅源电压 U_{GSQ}称为场效晶体管放大电路的栅偏压。由于这个栅偏压是由管子自己的漏极电流 I_{DQ}产生的,所以把如图 3.4.2(a)所示的放大电路称为**自给栅偏压放大电路**。

应该指出,自给栅偏压放大电路只能由耗尽型场效晶体管来组成。

在图 3.4.2(b)所示的输出回路中,有

$$U_{DSQ}=V_{DD}-I_{DQ}(R_d+R_s) \tag{3.4.2}$$

我们知道 N 沟道耗尽型 MOS 管的转移特性为

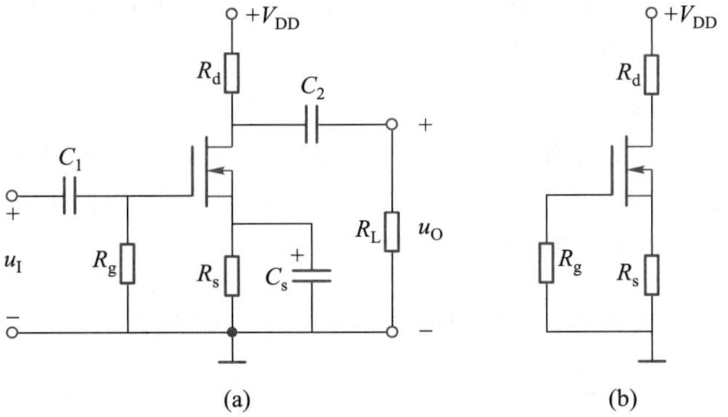

图 3.4.2 N 沟道耗尽型 MOS 管构成的共源极放大电路
(a) 电路 (b) 直流通路

$$I_{DQ} = I_{DSS}\left(1 - \frac{U_{GSQ}}{U_P}\right)^2 \tag{3.4.3}$$

将式(3.4.1)、式(3.4.2)和式(3.4.3)联立求解,即可求出静态工作点。应当指出,由于 R_s 的存在,电路的静态工作点是稳定的。

电路的静态工作点也可以利用 MOS 管的转移特性曲线和输出特性曲线,通过图解法求得。电路图 3.4.2 中场效晶体管的转移特性曲线和输出特性曲线如图 3.4.3 所示。图解法求 Q 点的基本步骤如下。

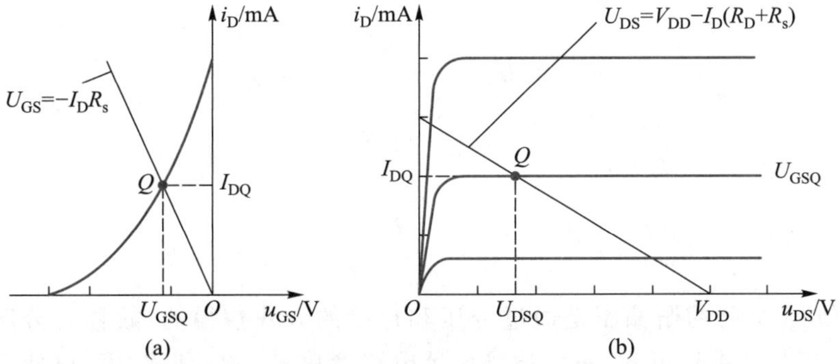

图 3.4.3 图解法求静态工作点
(a) 利用转移特性曲线分析 U_{GSQ} 和 I_{DQ} (b) 利用输出特性曲线分析 U_{DSQ} 和 I_{DQ}

(1) 利用转移特性曲线分析 U_{GSQ} 和 I_{DQ},如图 3.4.3(a)所示。在场效晶体管放大电路的直流通路的输入回路中,写出场效晶体管以外线性电路的电流电压方程,如式(3.4.1),然后在已知的转移特性平面上作输入直流负载线($U_{GSQ}=-I_{DQ}R_s$),其交点对应的横纵坐标分别为 U_{GSQ} 和 I_{DQ}。

(2) 利用输出特性曲线分析 U_{DSQ} 和 I_{DQ},如图 3.4.3(b)所示。在场效晶体管的输出特性中找到 U_{GSQ} 对应的那条输出特性曲线,在该平面上作输出直流负载线 $U_{DSQ}=V_{DD}-I_{DQ}(R_d+R_s)$,其交点对应的横纵坐标分别为 U_{DSQ} 和 I_{DQ}。

二、分压式自给栅偏压放大电路

上述自给栅偏压放大电路具有结构简单和一定的稳定静态工作点的特点,但源极电阻

R_s不能取得过大，否则静态工作点将下降，影响动态工作范围，使放大倍数减小；而且该电路不能用于增强型 MOS 管构成的放大电路。

分压式自给栅偏压电路是实用电路中常采用的另一种形式，它也能合理地设置静态工作点。图 3.4.4(a)所示为 N 沟道增强型 MOS 管构成的共源极放大电路，图 3.4.4(b)所示是该电路的直流通路，即直流偏置电路。它是靠 R_{g1}和 R_{g2}对电源 V_{DD}分压和漏极电流 I_{DQ}在 R_s上的压降一起为放大电路设置栅偏压的。

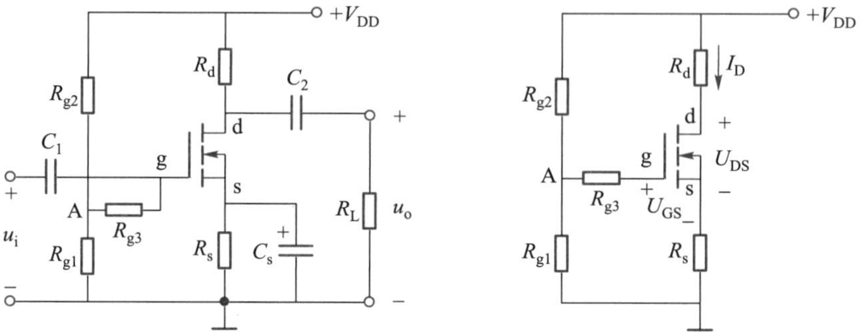

(a) (b)

图 3.4.4 分压式自给栅偏压共源放大电路

(a) 电路 (b) 直流通路

由图 3.4.4(b)可知，静态时，由于栅极电流为零，所以电阻 R_{g3}上的电流为零。此时栅极电位和源极电位分别为

$$U_{GQ}=U_{AQ}=\frac{R_{g1}}{R_{g1}+R_{g2}}\cdot V_{DD}$$

$$U_{SQ}=I_{DQ}R_s$$

所以栅偏压为

$$U_{GSQ}=U_{GQ}-U_{SQ}=\frac{R_{g1}}{R_{g1}+R_{g2}}\cdot V_{DD}-I_{DQ}R_s \tag{3.4.4}$$

由于这种放大电路的栅偏压是通过分压和自给的方式获得的，故称为**分压式自给栅偏压放大电路**。由式(3.4.4)可知，只要适当调节电路参数 R_{g1}、R_{g2}和 R_s 值，可使 U_{GSQ}为正值或负值，所以分压式自给栅偏压放大电路可由任何类型的场效晶体管来构成。

由图 3.4.4(b)可知其输出回路仍有式(3.4.2)的关系。

我们知道 N 沟道增强型 MOS 管的转移特性为

$$I_{DQ}=I_{DO}\left(\frac{U_{GSQ}}{U_T}-1\right)^2 \tag{3.4.5}$$

将式(3.4.4)、式(3.4.2)和式(3.4.5)联立求解，即可求出静态工作点。

教学视频 3.2 场效晶体管放大电路的动态分析

3.4.2 场效晶体管放大电路的动态分析

一、场效晶体管的微变等效电路模型

和晶体管 BJT 一样，场效晶体管 FET 也是非线性器件，但如果输入信号很

小并且场效晶体管工作在线性放大区（即输出特性中的恒流区）时，非线性的场效晶体管也可用线性电路——微变等效电路来等效。

将场效晶体管也看成一个双端口网络，如图 3.4.5(a)所示。以 N 沟道增强型 MOS 管为例，栅极与源极看成输入端口，漏极与源极看成输出端口。

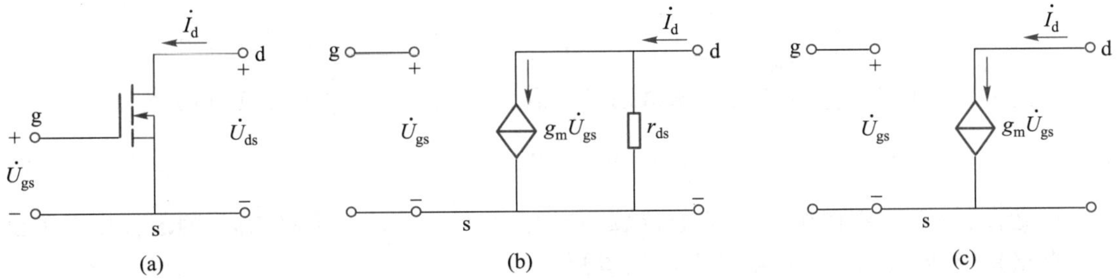

图 3.4.5　场效晶体管的微变等效电路模型

(a) N 沟道增强型 MOS 管　(b) 微变等效电路模型　(c) 简化的微变等效电路模型

在输入回路方面，由于场效晶体管工作时的栅极电流近似为零，只有栅-源电压存在，所以在微变等效电路中，栅源极之间相当于开路。

在输出回路方面，由于场效晶体管的漏极电流 i_D 是栅源电压 u_{GS} 和漏源电压 u_{DS} 的函数，即

$$i_D = f(u_{GS}, u_{DS}) \tag{3.4.6}$$

对式(3.4.6)全微分，有

$$di_D = \left.\frac{\partial i_D}{\partial u_{GS}}\right|_{U_{DS}} \cdot du_{GS} + \left.\frac{\partial i_D}{\partial u_{DS}}\right|_{U_{GS}} \cdot du_{DS}$$

令 $\left.\frac{\partial i_D}{\partial u_{GS}}\right|_{U_{DS}} = g_m$，$\left.\frac{\partial i_D}{\partial u_{DS}}\right|_{U_{GS}} = \frac{1}{r_{ds}}$ 则式(3.4.6)为

$$\dot{I}_d = g_m \cdot \dot{U}_{gs} + \frac{1}{r_{ds}} \cdot \dot{U}_{ds} \tag{3.4.7}$$

由式(3.4.7)可知，在小信号条件下，场效晶体管的输出端口可用一个受电压 $\dot{U}_{gs}$ 控制的受控电流源和一个电阻 r_{ds} 并联来等效，并且输入回路相当于开路，所以，场效晶体管的微变等效电路模型如图 3.4.5(b)所示。

场效晶体管微变等效电路模型中参数的物理意义如下。

1. $\left.\frac{\partial i_D}{\partial u_{GS}}\right|_{U_{DS}} = g_m$ 的物理含义

从 $u_{DS} = U_{DSQ}$ 对应的转移特性曲线如图 3.4.6(a)所示，在小信号作用下，栅源电压在 Q 点附近的微小变化量 Δu_{GS} 与所产生的漏极电流的微小变化量 Δi_D 的比值就是场效晶体管的低频跨导，以 Q 点为切点的切线斜率，即

$$g_m = \frac{\Delta i_D}{\Delta u_{GS}} \tag{3.4.8}$$

g_m 反映了输入栅源电压 u_{gs} 对场效晶体管输出回路中漏极电流 i_d 的控制关系，故称为**跨导**，这种关系可用一个受控电流源 $\dot{I}_d = g_m \cdot \dot{U}_{gs}$ 来等效，如图 3.4.5(b)(c)所示。

图 3.4.6(a)所示的转移特性曲线可由方程来表达,即 N 沟道增强型 MOS 管的电流方程

$$I_D = I_{DO}\left(\frac{U_{GS}}{U_T} - 1\right)^2$$

则

$$g_m = \frac{\partial i_D}{\partial u_{GS}}\bigg|_{U_{DS}} = \frac{2I_{DO}}{U_T}\left(\frac{U_{GS}}{U_T} - 1\right)\bigg|_{U_{DS}} = \frac{2I_{DO}}{U_T}\sqrt{\frac{I_D}{I_{DO}}} = \frac{2}{U_T}\sqrt{I_D I_{DO}}$$

其中 I_D是静态工作点 I_{DQ},所以通过求静态工作点获得 I_{DQ},即可求出对应的 g_m 为

$$g_m = \frac{2}{U_T}\sqrt{I_{DQ}I_{DO}} \tag{3.4.9}$$

可见,g_m与 Q 点密切相关,Q 点越高,g_m越大。与晶体管放大电路相同,静态工作点不仅影响电路是否会失真,而且影响动态性能指标。

如果是耗尽型 N 沟道场效晶体管,由式 $I_{DQ} = I_{DSS}\left(1 - \frac{U_{GSQ}}{U_P}\right)^2$ 可推导 g_m为

$$g_m = -\frac{2}{U_P}\sqrt{I_{DQ}I_{DSS}} \tag{3.4.10}$$

2. $\frac{\partial i_D}{\partial u_{DS}}\big| U_{GS} = \frac{1}{r_{ds}}$ 的物理含义

r_{ds}反映了 $u_{GS} = U_{GSQ}$时,漏源电压 u_{DS}对漏源电流 i_D 的控制。场效晶体管的输出特性曲线与晶体管相似,也不完全与横轴平行,而略有上翘,所以参照对晶体管的做法,与晶体管的输出电阻 r_{ce}一样,也可用场效晶体管的输出电阻 $r_{ds} = \Delta u_{DS}/\Delta i_D$[见图 3.4.6(b)]来描述其输出曲线的上翘程度。在小信号的条件下,r_{ds}也可以认为是常数。r_{ds}通常在几十千欧到几百千欧之间。

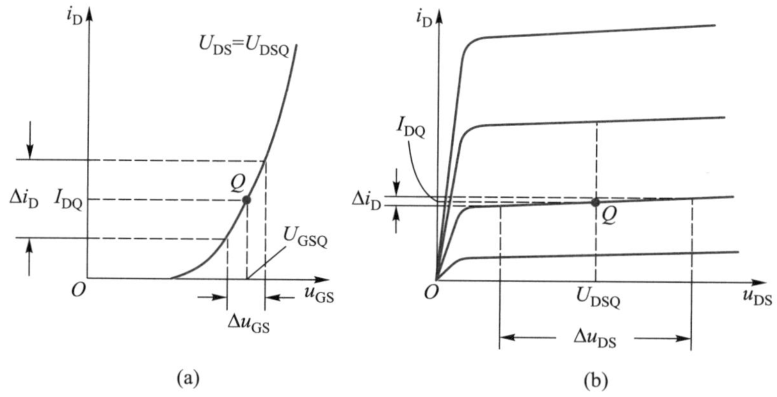

图 3.4.6 N 沟道增强型 MOS 管的特性曲线

(a) 从转移特性曲线分析 g_m (b) 从输出特性曲线分析 r_{ds}

如果外接电阻较小时,因电阻 r_{ds}很大,可将 r_{ds}看成开路,这样便可得到场效晶体管在低频时的简化微变等效电路模型,如图 3.4.5(c)所示。

应该指出,图 3.4.5(b)(c)所示的微变等效电路模型适用于任何类型的场效晶体管。

二、共源极放大电路的动态分析

1. 自给栅偏压共源放大电路的动态分析

下面以 N 沟道耗尽型 MOS 管构成的共源极放大电路为例进行动态分析，电路如图 3.4.2(a)所示。在分析场效晶体管放大电路的动态工作情况时，也需要分析交流通路，并画出放大电路的微变等效电路。

对于图 3.4.2(a)所示的自给栅偏压共源极放大电路，其微变等效电路如图 3.4.7(a)所示，图中采用了场效晶体管的简化微变等效电路模型。

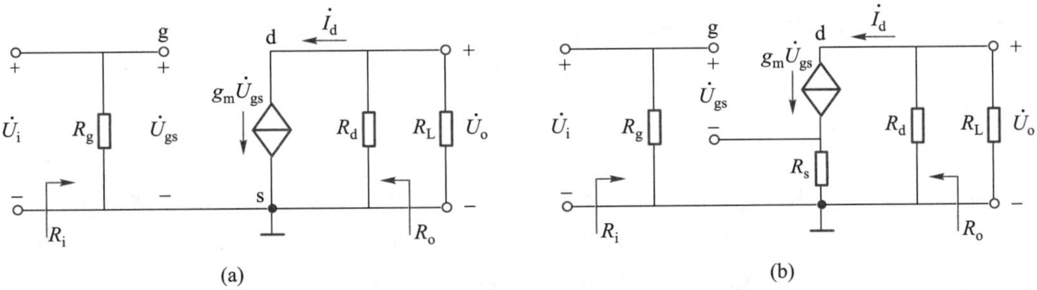

图 3.4.7 图 3.4.2(a)共源极放大电路的简化微变等效电路

(a) 源极有旁路电容 C_s (b) 源极无旁路电容 C_s

其中 g_m 可由式(3.4.10)求得，根据图 3.4.7(a)可得电压放大倍数为

$$\dot{A}_u=\frac{\dot{U}_o}{\dot{U}_i}=\frac{-\dot{I}_d(R_d /\!/ R_L)}{\dot{U}_{gs}}=\frac{-g_m\dot{U}_{gs}(R_d /\!/ R_L)}{\dot{U}_{gs}}=-g_m(R_d /\!/ R_L) \tag{3.4.11}$$

当源极无旁路电容 C_s时，微变等效电路如图 3.4.7(b)所示，可得电压放大倍数为

$$\dot{A}_u=\frac{\dot{U}_o}{\dot{U}_i}=\frac{-g_m\dot{U}_{gs}(R_d /\!/ R_L)}{\dot{U}_{gs}+g_m\dot{U}_{gs}R_s}=\frac{-g_m(R_d /\!/ R_L)}{1+g_mR_s} \tag{3.4.12}$$

可见，源极电阻两端没有并联电容 C_s时，电压放大倍数下降了。

无论源极是否接有旁路电容 C_s，根据图 3.4.7(a)(b)可知输入电阻为

$$R_i=R_g \tag{3.4.13}$$

输出电阻为

$$R_o=R_d \tag{3.4.14}$$

2. 分压式自给栅偏压电路的动态分析

对于图 3.4.4(a)所示的分压式自给栅偏压共源极放大电路，其微变等效电路如图 3.4.8所示。图中采用了场效晶体管的简化微变等效电路模型。

根据图 3.4.8 可得电压放大倍数为

$$\dot{A}_u=\frac{\dot{U}_o}{\dot{U}_i}=\frac{-\dot{I}_d(R_d /\!/ R_L)}{\dot{U}_{gs}}=-g_m(R_d /\!/ R_L) \tag{3.4.15}$$

输入电阻为

$$R_i=R_{g3}+(R_{g1} /\!/ R_{g2}) \tag{3.4.16}$$

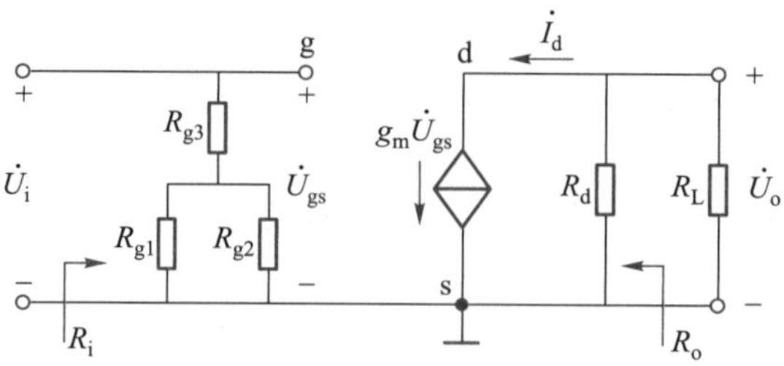

图 3.4.8 图 3.4.3(a)共源极放大电路的简化微变等效电路

通常,为减小 R_{g1}、R_{g2}的分流作用,选择 $R_{g3} \gg (R_{g1} /\!/ R_{g2})$,故有

$$R_i \approx R_{g3} \tag{3.4.17}$$

输出电阻为

$$R_o = R_d \tag{3.4.18}$$

与晶体管共发射极放大电路类似,共源极放大电路具有一定的电压放大能力,且输出电压与输入电压反相。由于一般 FET 的跨导只有几个毫西门子,故 FET 放大电路的电压放大倍数通常比 BJT 放大电路的要小,但是共源极放大电路的输入电阻却比共发射极放大电路大得多。

三、共漏极放大电路的动态分析

共漏极放大电路的原理图如图 3.4.9(a)所示,图 3.4.9(b)和(c)分别是它的直流通路和微变等效电路。由图 3.4.9(c)可以看出,场效晶体管的漏极交流接地,是输入回路和输出回路的公共端,故称为**共漏极放大电路**。负载电阻 R_L 接在场效晶体管的源极上,即输出电压从场效晶体管的源极输出,所以又把共漏极放大电路称为**源极输出器**。

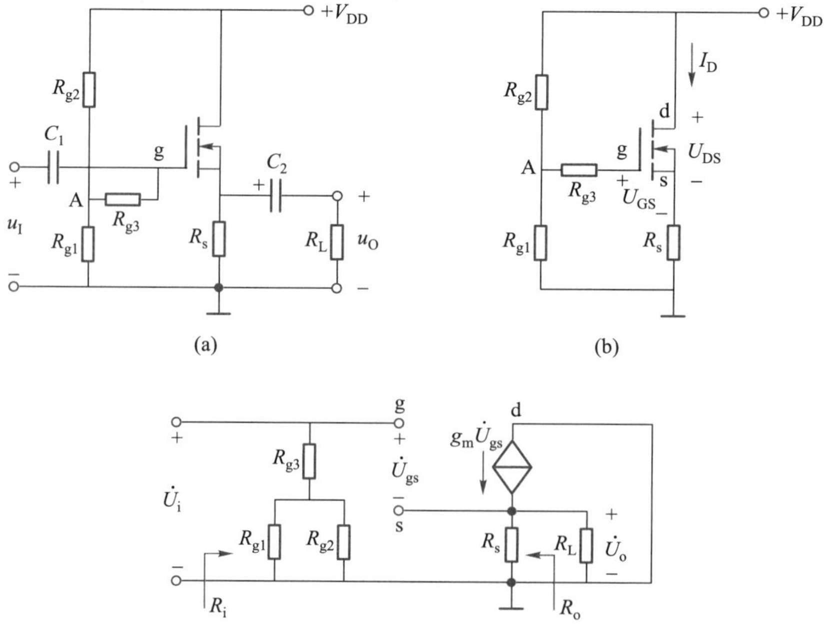

图 3.4.9 共漏极放大电路

(a) 电路原理图 (b) 直流通路 (c) 微变等效电路

静态时，由于栅极电流为零，所以电阻 R_{g3} 上的电流为零。由图 3.4.9(b)可知

$$U_{GSQ}=U_{GQ}-U_{SQ}=\frac{R_{g1}}{R_{g1}+R_{g2}}\cdot V_{DD}-I_{DQ}R_s \tag{3.4.19}$$

$$U_{DSQ}=V_{DD}-I_{DQ}R_s \tag{3.4.20}$$

利用 N 沟道增强型 MOS 管的转移特性

$$I_{DQ}=I_{DO}\left(\frac{U_{GSQ}}{U_T}-1\right)^2 \tag{3.4.21}$$

将式(3.4.19)、式(3.4.20)和式(3.4.21)联立求解，即可求出静态工作点。

应当指出，由于 R_s 的存在，源极输出器的静态工作点是稳定的。

由图 3.4.9(c)所示的微变等效电路的输出回路可得

$$\dot{U}_o=\dot{I}_dR_L'=g_m\dot{U}_{gs}R_L'$$

式中

$$R_L'=R_s\ /\!/\ R_L$$

由输入回路可得

$$\dot{U}_i=\dot{U}_{gs}+\dot{U}_o=\dot{U}_{gs}+g_m\dot{U}_{gs}R_L'$$

所以，漏极输出器的电压放大倍数为

$$\dot{A}_u=\frac{\dot{U}_o}{\dot{U}_i}=\frac{g_m\dot{U}_{gs}R_L'}{\dot{U}_{gs}+g_m\dot{U}_{gs}R_L'}=\frac{g_mR_L'}{1+g_mR_L'} \tag{3.4.22}$$

可见，当 $g_mR_L'\gg1$ 时，源极输出器的电压放大倍数略小于 1，但接近于 1。由式(3.4.22)可知，在源极输出器中，输出电压与输入电压同相，故源极输出器属于电压跟随器。

源极输出器微变等效电路的输入回路与图 3.4.8 相似，故其输入电阻的表达式与式(3.4.16)相似，即

$$R_i=R_{g3}+(R_{g1}\ /\!/\ R_{g2}) \tag{3.4.23}$$

通常，$R_{g3}\gg(R_{g1}/\!/R_{g2})$，故有

$$R_i\approx R_{g3} \tag{3.4.24}$$

R_{g3} 取值很高，一般为几兆欧，仍然保证了放大电路的高输入电阻的特点。

源极输出器的输出电阻应该在信号源短路和负载电阻 R_L 开路的条件下分析计算，分析源极输出器输出电阻的微变等效电路如图 3.4.10 所示。

由图 3.4.10 可得

$$\dot{I}=\dot{I}_{R_s}-g_m\dot{U}_{gs}$$
$$=\frac{\dot{U}}{R_s}-g_m\dot{U}_{gs}$$

而

$$\dot{U}_{gs}=-\dot{U}$$

于是

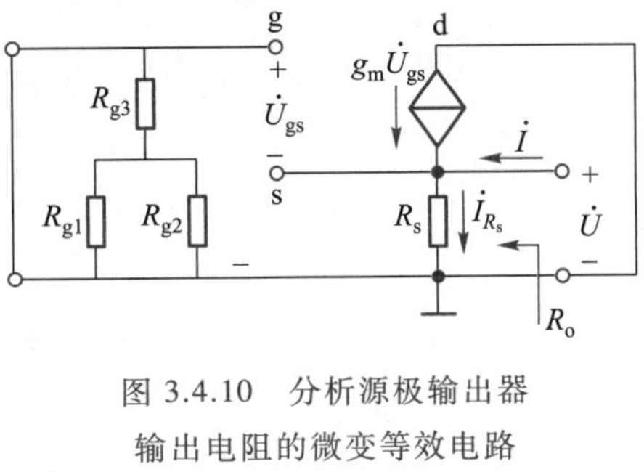

图 3.4.10　分析源极输出器输出电阻的微变等效电路

$$\dot{I}=\dot{U}\left(\frac{1}{R_s}+g_m\right)$$

因此，源极输出器的输出电阻为

$$R_o=\frac{\dot{U}}{\dot{I}}=\frac{1}{\dfrac{1}{R_s}+g_m}=R_s\ /\!/\ \frac{1}{g_m} \tag{3.4.25}$$

在一般情况下，有 $R_s \gg \dfrac{1}{g_m}$，故有

$$R_o\approx\frac{1}{g_m} \tag{3.4.26}$$

一般，源极输出器的输出电阻较小。由式(3.4.26)可知，为了降低源极输出器的输出电阻，应选用 g_m 值较大的场效晶体管。

思考题

3.4.1 什么应用场合下采用场效晶体管放大电路？

3.4.2 与 BJT 放大电路比较，FET 偏置电路有什么特点？

3.4.3 哪些场效晶体管组成的放大电路可以采用自给偏压的方法设置静态工作点？

3.4.4 试分别比较共射放大电路和共源放大电路、共集放大电路和共漏放大电路的相同和不同之处。

3.5 场效晶体管放大电路的频率响应

场效晶体管放大电路与晶体管放大电路类似，也有相应的频率响应。

一、场效晶体管的高频等效模型

由于场效晶体管各电极之间存在极间电容，因而其高频响应模型与晶体管相似。根据场效晶体管的结构，得出如图 3.5.1(a)所示的高频等效模型。

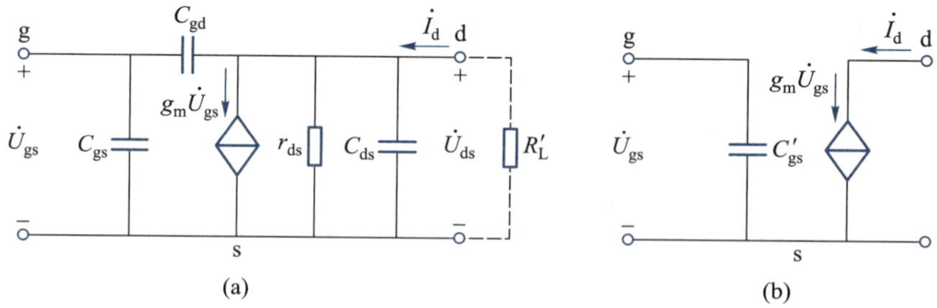

图 3.5.1 场效晶体管的高频等效电路模型

(a) 高频等效模型 (b) 简化高频等效模型

因为 r_{ds} 很高，常做开路处理。

C_{gd}折合到输入回路为 C'_{gd}，在图 3.5.1(a)中，从 g-s 两端向右看，流入 C_{gd}的电流为

$$\dot{I}'_{Cgd}=\frac{\dot{U}_{gs}-\dot{U}_{ds}}{\dfrac{1}{j\omega C_{gd}}}\approx\frac{\dot{U}_{gs}+g_m\dot{U}_{gs}R'_L}{\dfrac{1}{j\omega C_{gd}}}$$

上式表明，从 g-s 两端看进去，跨接在 g-d 之间的电容的作用和一个并联在 g-s 两端，且容值为 C'_{gd} 的电容等效，且 $C'_{gd}=(1+g_mR'_L)C_{gd}$，则 g-s 间的等效电容 C'_{gs} 为

$$C'_{gs}=C_{gs}+C'_{gd} \tag{3.5.1}$$

同理，C_{gd}折合到输出回路 d-s 之间的电容为 C''_{gd}，与 C_{ds}一起等效为 C'_{ds}

$$C'_{ds}=C_{ds}+C''_{gd} \tag{3.5.2}$$

由于输出回路的时间常数通常比输入回路小很多，故分析频率响应的时候可忽略 C'_{ds} 的影响，则得到简化的场效晶体管高频等效电路模型如图 3.5.1(b)所示。

二、单管共源放大电路的频率响应

下面以共源放大电路为例，分析其频率响应。

共源放大电路如图 3.5.2(a)所示。考虑到耦合电容和晶体管的结电容的影响，利用图3.5.1(b)所示的简单高频等效模型，画出对应的适用于任意频率的等效电路如图 3.5.2(b)所示。下面分别讨论中频、低频和高频时的频率特性。

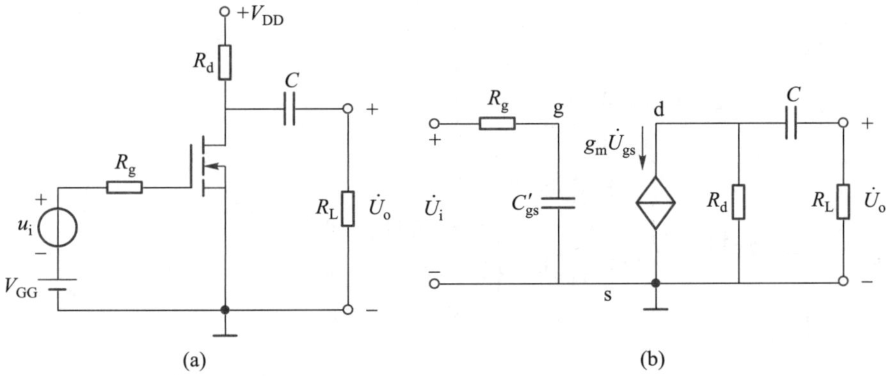

图 3.5.2 共源放大电路及其等效电路

(a) 共源放大电路 (b) 全频率范围的等效电路

(1) 中频区。C'_{gs} 相当于开路，C 交流短路，则电路的电压放大倍数为

$$\dot{A}_{um}=\frac{\dot{U}_o}{\dot{U}_i}=\frac{-g_m\dot{U}_{gs}(R_d\,/\!/\,R_L)}{\dot{U}_{gs}}=-g_m(R_d\,/\!/\,R_L) \tag{3.5.3}$$

(2) 高频区。考虑 C'_{gs} 的影响，C 交流短路，电路的电压放大倍数下降，则对应上限频率为

$$f_H=\frac{1}{2\pi R_gC'_{gs}} \tag{3.5.4}$$

(3) 低频区。C'_{gs} 相当于开路，考虑 C 的影响，电路的电压放大倍数下降，则对应的下限频率为

$$f_{\mathrm{L}}=\frac{1}{2\pi(R_{\mathrm{d}}\ /\!/\ R_{\mathrm{L}})C} \tag{3.5.5}$$

写出全频率范围的电压放大倍数的表达式为

$$\dot{A}_u=\frac{\dot{U}_{\mathrm{o}}}{\dot{U}_{\mathrm{i}}}=\dot{A}_{u\mathrm{m}}\frac{\mathrm{j}\dfrac{f}{f_{\mathrm{L}}}}{\left(1+\mathrm{j}\dfrac{f}{f_{\mathrm{L}}}\right)\left(1+\mathrm{j}\dfrac{f}{f_{\mathrm{H}}}\right)} \tag{3.5.6}$$

式(3.5.6)与第 2 章晶体管构成的共射放大电路的电压放大倍数式(2.8.36)形式上相同，若画出其波特图，则与图 2.8.2 类似，此处从略。

3.6　场效晶体管共源放大电路的 Multisim 仿真研究

测试场效晶体管构成的共源放大电路的静态工作点及各种动态性能指标。具体内容见文档 3.1。

文档 3.1
共源放大电路的 Multisim 仿真

本　章　小　结

一、知识结构图

- 场效晶体管
  - 分类
  - 结构符号及工作原理
  - 特性曲线→
    - 转移特性曲线
    - 输出特性曲线
    - 三种工作状态
  - 参数
- 放大电路的偏置
  - 自给偏置
  - 自偏压偏置
- 场效晶体管放大电路的分析
  - 静态
    - 直流通路
    - 两种分析方法
      - 列方程计算的方法
      - 图解法
  - 动态
    - 场效晶体管的微变等效电路
    - 放大电路的微变等效电路及指标计算
- 场效晶体管放大电路的频率响应
  - 场效晶体管的高频等效电路
  - 放大电路的上下限频率计算

PPT
第 3 章
教学课件

二、归纳总结

1. 场效晶体管

(1) 场效晶体管是一种利用电场的强弱改变导电沟道的宽度而控制电流的半导体器件，只要改变栅源电压 u_{GS} 就可以控制漏极电流 i_{D} 的大小。

根据参与导电的载流子的不同，场效晶体管可分为 N 型沟道和 P 型沟道两类，N 沟道场效晶体管靠电子导电，P 沟道场效晶体管靠空穴导电。不同沟道的场效晶体管在工作时，所要求的电源电压的极性是不同的，漏极电流的流向也不相同。

根据电场对导电沟道控制方法的不同，场效晶体管分为结型和绝缘栅型两种类型。结型场效晶体管是利用 PN 结反向电压的变化对耗尽区宽度的影响，使导电沟道的宽度发生变化而控制漏极电流 i_D 的；绝缘栅场效晶体管则是利用改变栅源电压 u_{GS} 的大小以控制反型层的厚度而控制漏极电流 i_D。

绝缘栅场效晶体管有耗尽型和增强型两种工作方式。结型场效晶体管则只有耗尽型一种工作方式。耗尽型场效晶体管的特点是：在栅源电压 $u_{GS}=0$ 时就产生漏极电流 i_D。增强型场效晶体管的特点是：只有当栅源电压 $|u_{GS}|>|U_T|$ 后才产生漏极电流 i_D。

（2）在正常工作时，因结型场效晶体管的两个 PN 结加有反向电压，绝缘栅场效晶体管的栅源极之间存在绝缘层，栅极电流 $i_G=0$，不需要从信号源吸取电流，所以它是一种电压控制器件。在场效晶体管中，因只有一种载流子参与导电，故称其为单极型半导体器件。

（3）场效晶体管具有输入电阻高、噪声低、热稳定性好、抗辐射能力强、制造工艺简单和便于大规模集成等优点。为保证场效晶体管在电路中稳定可靠地工作，除了不能超过极限参数使用它外，对于绝缘栅场效晶体管还应特别注意防止其感应击穿。

（4）场效晶体管的特性曲线有转移特性曲线和输出特性曲线，不同类型的场效晶体管特性曲线不同。由输出特性曲线可知，场效晶体管有四个工作区域：可变电阻区、恒流区、截止区和击穿区。场效晶体管构成放大电路需要工作在恒流区，不同类型的场效晶体管对极间电压的要求不同，如表 3.4.1 所示。

2. 场效晶体管放大电路

场效晶体管放大电路有共源极、共漏极和共栅极三种基本组态。场效晶体管放大电路具有很高的输入电阻，更适合于做多级放大电路的输入级。

与晶体管类似，利用场效晶体管放大电路的直流通路分析静态工作点（U_{GSQ}、I_{DQ} 和 U_{DSQ}）；利用微变等效电路分析动态指标，分析方法有两种：图解法和等效电路法。

场效晶体管放大电路在低频和高频放大倍数也会降低，与晶体管放大电路类似，也有相应的频率响应。

本章的重要题型分析见文档 3.2。

习　　题

3.1.1 在同一个坐标平面上画出两种结型场效晶体管的转移特性曲线。

3.1.2 分别判断图 P3.1.2 所示各电路中的场效晶体管是否有可能工作在恒流区。

3.2.1 在同一个坐标平面上画出四种 MOS 管的转移特性曲线。

3.2.2 在放大电路中，已知一个 N 沟道场效晶体管三个电极①、②、③的电位分别为 4 V、8 V、12 V，管子工作在输出特性的恒流区（即特性曲线中平坦的区域）。试判断它可能是哪种类型的管子（结型、绝缘栅型、增强型、耗尽型），并说明 ①、②、③与 G、S、D 的对应关系。

3.2.3 已知电路如图 P3.2.3(a) 所示，场效晶体管的输出特性曲线如图 P3.2.3(b) 所示，试画出它在恒流区的转移特性曲线，说明电路能否正常放大。

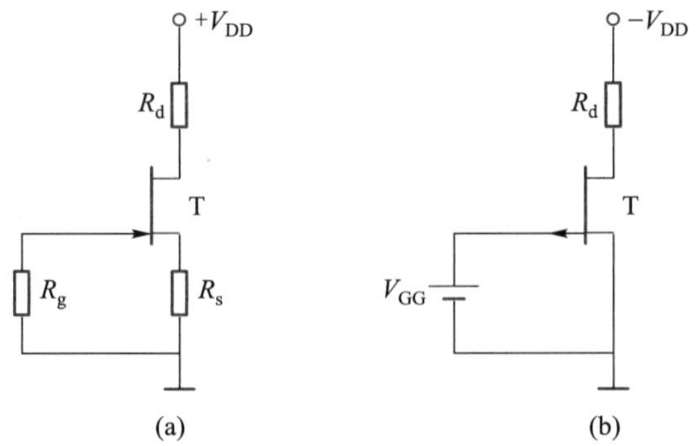

图 P3.1.2

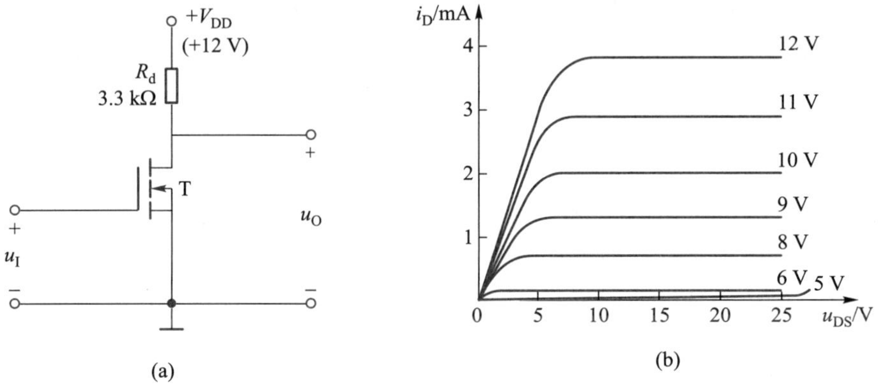

图 P3.2.3

3.2.4　电路如图 P3.2.3(a)所示,场效晶体管的输出特性如图 P3.2.3(b)所示,试分析当 $u_I = 3$ V、8 V、12 V 三种情况下场效晶体管的工作区域。

3.4.1　已知图 P3.4.1(a)所示电路中场效晶体管的转移特性和输出特性分别如图 P3.4.1(b)(c)所示。电容 C_1、C_2、C_3 足够大。

(1) 所用的管子属于什么类型、什么沟道？管子的 I_{DSS} 和 U_P 是多少？

(2) R_g、R_s、C_3 的作用是什么？若要求 $U_{GSQ} = -1.5$ V,则 R_s 应选多大？

(3) 利用图解法求解 Q 点;

(4) 求管子在 Q 点的低频跨导 g_m;

(5) 利用微变等效电路法求解电压放大倍数、输入电阻和输出电阻。

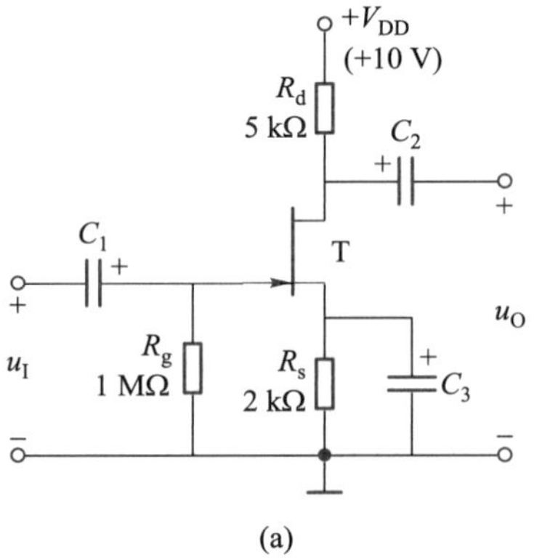

(a)

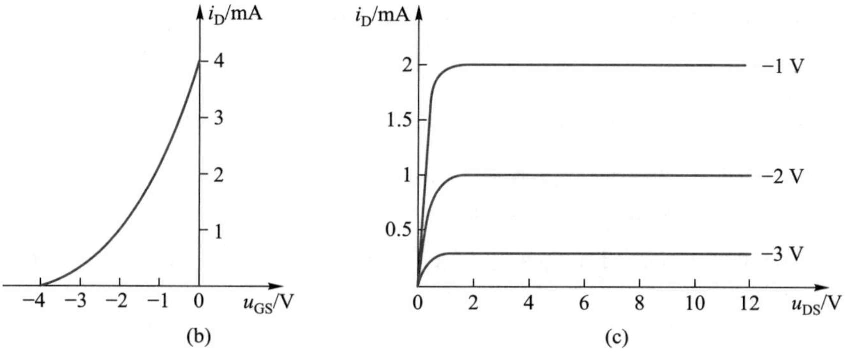

图 P3.4.1

3.4.2 已知图 P3.4.2(a)所示电路中场效晶体管的转移特性如图(b)所示。求解电路的 Q 点以及 Q 点的低频跨导 g_m 和 $\dot{A}_u$。

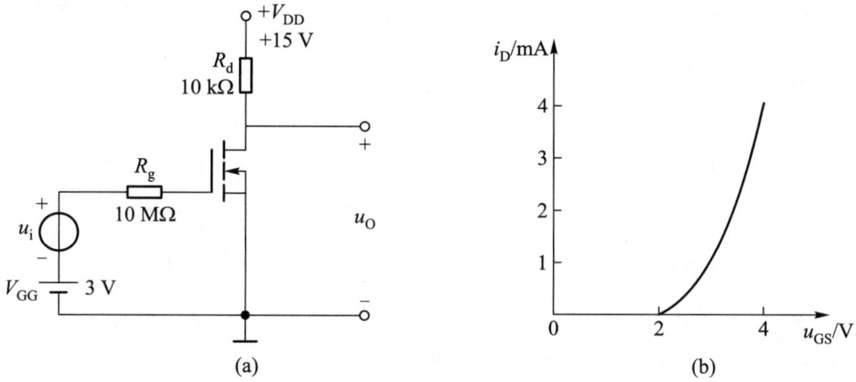

图 P3.4.2

3.4.3 电路如图 P3.4.3 所示。已知场效晶体管的低频跨导 g_m，设电容在交流通路中可视为短路。

(1) 写出电路的电压放大倍数 $\dot{A}_u$、输入电阻 R_i 和输出电阻 R_o 的表达式。

(2) 定性说明当 R_s 增大时，$\dot{A}_u$、R_i、R_o 是否有变化，如何变化。

(3) 说明 R_3 的作用。

(4) 若 C_s 开路，$\dot{A}_u$、R_i、R_o 是否有变化，写出变化后的表达式。

3.4.4 电路如图 P3.4.4 所示。已知场效晶体管的低频跨导 g_m，设电容在交流通路中可视为短路。写出电路的电压放大倍数、输入电阻和输出电阻的表达式。

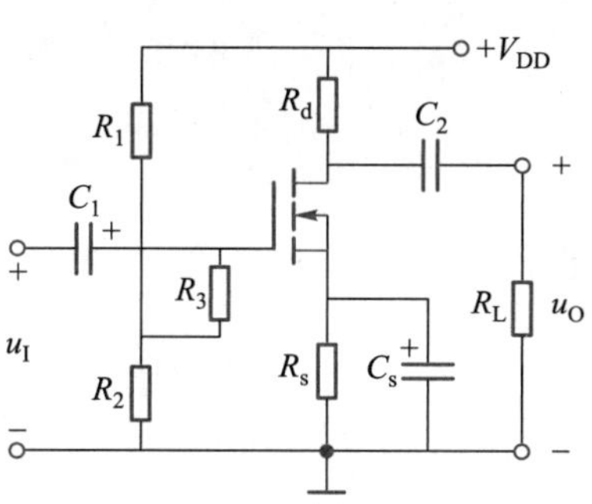

图 P3.4.3

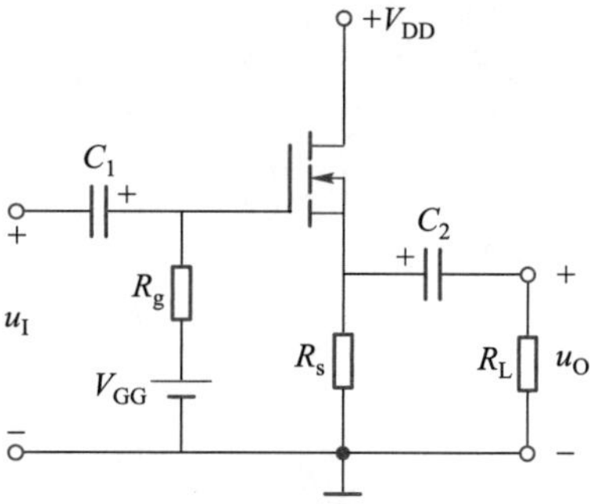

图 P3.4.4

3.4.5 电路如图 P3.4.5 所示。已知 $U_{GSQ}=-2\ \mathrm{V}$，管子参数 $I_{DSS}=4\ \mathrm{mA}$ 和 $U_P=-4\ \mathrm{V}$。设电容在交流通路中可视为短路。

（1）求电流 I_{DQ} 和电阻 R_{s1}。

（2）求正常放大条件下 R_{s2} 可能的最大值。

（3）画出微变等效电路，用求得的数值计算 $\dot{A}_u$、R_i、R_o。

（4）若显著提高 $|\dot{A}_u|$，最简单的措施是什么？

3.5.1 电路如图 P3.5.1 所示，已知 $C_{gs}=C_{gd}=5\ \mathrm{pF}$，$g_m=5\ \mathrm{mS}$，$C_1=C_2=C_s=10\ \mu\mathrm{F}$。试求 f_H、f_L，并写出 $\dot{A}_{us}$ 的表达式。

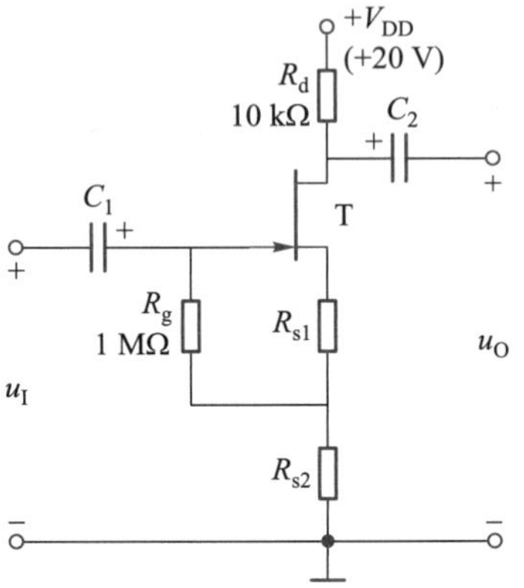

图 P3.4.5

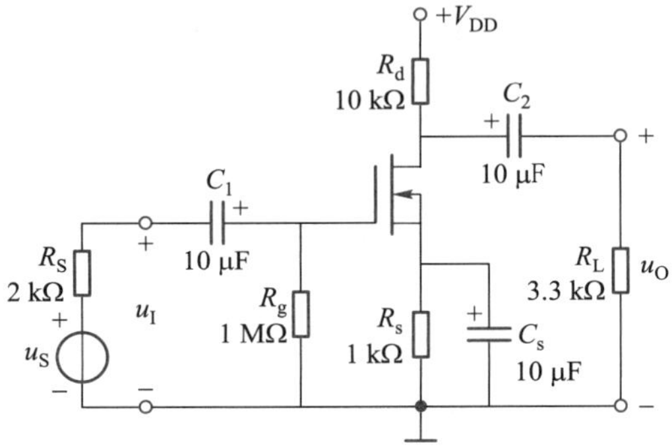

图 P3.5.1

3.6.1 利用 Multisim 仿真 MOS 场效晶体管 2N7000 的转移特性曲线及输出特性曲线。

3.6.2 电路如图 P3.4.2 所示。利用 Multisim 研究下列问题：

（1）设置电路参数，仿真其静态工作点，如果工作点不合适，请对参数做适当调整。

（2）仿真输入输出电压波形，若出现底部失真，则应采取哪些措施？

文档 3.2
第 3 章重要题型分析

文档 3.3
第 3 章部分习题答案

第4章 功率放大电路

在生产实践和科学实验中，常会遇到这样的负载，它们要求放大电路供给一定的信号功率才能正常工作。例如，使扬声器的音圈振动发出声音、使继电器动作、推动伺服电动机转动等，这就要求放大电路既能向负载提供足够大的电压信号，又能向负载提供足够大的电流信号，也就是说，应向负载提供足够大的功率。这种能向负载提供足够大功率的放大电路称为**功率放大电路**。因此，功率放大电路从电路组成和元器件的选择到分析方法，都与小信号放大电路有明显的区别。

本章首先介绍功率放大电路中的一些特殊问题，并指出提高功率放大电路效率的方法。接着重点讨论互补对称功率放大电路，最后简要介绍集成功率放大电路。

4.1 功率放大电路概述

4.1.1 功率放大电路的主要技术指标

对于功率放大电路，通常人们不关心其电压放大倍数，而注重研究在电源电压一定的情况下，输出尽可能大的不失真功率 P_{om} 和尽可能高的转换效率 η。

1. 最大输出功率 P_{om}

功率放大电路提供给负载的信号功率为输出功率。在输入信号为正弦波且输出基本不失真的条件下，输出功率是交流功率，表达式为 $P_o = I_o U_o$，式中 I_o 和 U_o 均为交流有效值。最大输出功率 P_{om} 是在电路参数确定的情况下负载上可能获得的最大交流功率。

2. 效率 η

功率放大电路的输出功率与电源所提供的总功率之比称为**效率 η**。电源提供的功率是直流功率,其值等于电源输出电流平均值及其电压的乘积。

通常功率放大电路输出功率越大,电源消耗的直流功率也越多。因此,在一定的输出功率下,减小直流电源的功耗,就可以提高电路的效率。

4.1.2 功率放大电路中的一些特殊问题

无论是功率放大电路、电压放大电路,还是电流放大电路,在负载上都同时存在输出电压、电流和功率,上述称呼上的区别只不过是它们各自强调的输出量不同而已。它们的输出功率均来自直流电源,都是通过晶体管的控制作用,把直流电源提供的一部分电能转换为按输入信号变化的交流电能,并传送给负载。但是,功率放大电路和电压放大电路所要完成的任务是不同的:电压放大电路主要是不失真地提高输出信号的幅度,而它的输出功率并不一定大,通常工作在小信号状态;而功率放大电路为了在信号不失真或轻度失真的条件下,向负载提供足够大的功率,电路中的晶体管总是在大信号状态下工作,一般直接驱动负载,带载能力要强。因此,功率放大电路包含着一系列在电压放大电路中没有出现过的特殊问题。

1. 要求有尽可能大的输出功率

为了获得大的功率输出,要求功率放大电路中的晶体管的电压和电流都有足够大的输出幅度,管子往往在接近极限运用状态下工作,常把功率放大电路中的晶体管称为**功放管**。

2. 效率要高

功率放大电路实质上是一个能量转换电路,它是将电源供给的直流能量转换成交流信号的能量输送给负载,因此,要求转换效率高。在直流电源提供相同直流功率的条件下,负载得到的有用功率越大,电路的效率越高。

3. 非线性失真要小

功率放大电路是在大信号下工作,由于晶体管是非线性器件,在大信号工作状态下,器件本身的非线性问题十分突出,因此,输出信号不可避免地会产生一定的非线性失真。而对于同一晶体管,输出功率越大,非线性失真往往越严重,这就使输出功率和非线性失真成为一对主要矛盾。不同场合对非线性失真的要求不同,例如,在测量系统和声电设备中,这个问题显得重要,而在工业控制系统等场合中,则以输出功率为主要目的,对非线性失真的要求就降为次要问题了。

4. 散热和保护问题

在功率放大电路中,为了输出较大的信号功率,电路中的晶体管在大电流(i_C可能接近于I_{CM})、大电压(u_{CE}可能接近于$U_{(BR)CEO}$)状态下工作,管子损耗的功率大(可能接近P_{CM}),发热严重。为保证管子安全可靠地工作,必须考虑管子的散热问题,为管子加装符合规定的散热装置。

此外,由于晶体管常常工作在接近极限运用状态下,损坏的可能性比较大,所以它的保护问题也不可忽视,常对其采取过电流、过电压保护措施。

普通功放管的外壳较小,散热效果差,所允许的耗散功率低。当加上散热片,使得器件的热量及时散热后，输出功率可以提高很多。例如低频大功率管 3AD6 在不加散热片时，允许的最大功耗 P_{CM}仅为 1 W，加了 120 mm×120 mm×4 mm 的散热片后，其 P_{CM}可达到 10 W。在实际功率放大电路中，为了提高输出信号功率，晶体管一般加有散热片。

5. 分析方法

因为功率放大电路的输出电压和输出电流幅值均很大，功放管特性的非线性不可忽略，所以在分析功率放大电路时，不能采用仅适用于小信号的微变等效电路法，一般只能采用图解分析法。

此外，由于功率放大电路的输入信号较大，输出波形容易产生非线性失真，电路中应采用适当方法改善输出波形，如引入交流负反馈。交流负反馈将在第 6 章介绍。

6. 功率放大电路的分类

传统的功率放大电路多采用变压器耦合方式，目前应用较多的是无输出电容的功率放大电路（output capacitorless，简称 **OCL 电路**）和无输出变压器的功率放大电路（output transformerless，简称 **OTL 电路**），此外还有桥式推挽电路（balanced transformerless，简称 BTL 电路）。为了提高功率放大电路的带负载能力，除了变压器耦合功放外，OCL 电路、OTL 电路和 BTL 电路均采用射极输出的方式，即共集电极放大电路接法。

思考题

4.1.1 功率放大电路和电压放大电路的不同点是什么？

4.1.2 为什么功率放大电路中的晶体管常处于接近极限工作状态下？为什么要考虑其散热和保护问题？

4.1.3 功率放大电路有哪些类型？

4.2 甲类功率放大电路

4.2.1 静态工作点与放大电路的工作状态

功率放大电路按其静态工作点在负载线上所处位置不同，又可分为甲类、甲乙类和乙类等几种类型。静态工作点位置的不同对放大电路工作状态的影响如图 4.2.1 所示。

1. 甲类放大状态

如图 4.2.1(a) 所示，当静态工作点选择在交流负载线中间部分时，在信号的一个周期中，集电极电流 i_C始终大于零。我们把放大电路的这种工作状态称为**甲类放大状态**。以前章节中所讨论的电压放大电路就工作在甲类放大状态。

2. 甲乙类放大状态

如图 4.2.1(b) 所示，当静态工作点选择在交流负载线下部时，在信号的一个周期中，集电极电流 i_C大于零的时间大于半个周期。我们把放大电路的这种工作状态称为**甲乙类放大状态**。

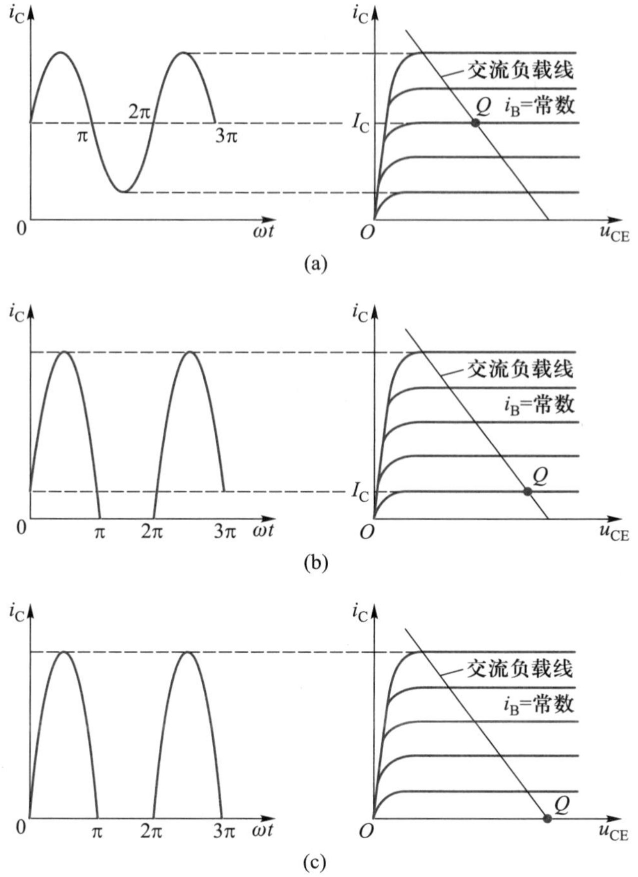

图 4.2.1　静态工作点的位置对放大电路工作状态的影响

(a) 甲类放大　(b) 甲乙类放大　(c) 乙类放大

3. 乙类放大状态

如图 4.2.1(c)所示，当静态工作点选择在输出特性的横坐标轴上时，晶体管的静态集电极电流 $I_C=0$，则在信号的一个周期中，集电极电流 i_C 大于零的时间只有半个周期。我们把放大电路的这种工作状态称为**乙类放大状态**。

若在一周内，晶体管的导通时间小于半个周期，则称为**丙类放大**，丙类放大常用于高频调谐大功率电路中。

目前较多采用甲乙类放大状态的功率放大电路，这类电路目前已发展成集成功率放大器，被广泛使用。

4.2.2　甲类功率放大电路的输出功率及效率的计算

为了不失真地提高输入信号的幅度，以前章节中所讨论的各种电压放大电路都工作在甲类放大状态。甲类放大电路又称**甲类功率放大电路**。那么，甲类功率放大电路的输出功率及效率是多大呢？我们以固定偏流的共射放大电路为例，如图 4.2.2(a)所示，其图解分析如图 4.2.2(b)所示。

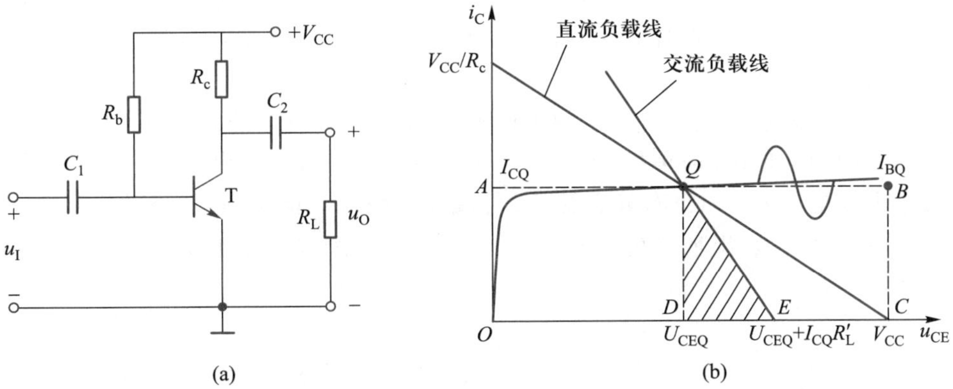

图 4.2.2　共射放大电路的输出功率和效率的分析

（a）共射放大电路　（b）输出功率和效率的图解分析

静态时,因为基极电流小,则电源功率近似为 $P_V = V_{CC}I_{CQ}$,如图 4.2.2(b)中的 $ABCO$ 的面积;忽略基极电阻 R_b的功率损耗,集电极电阻 R_c的功率损耗为 $U_{R_c}I_{CQ}$,即矩形 $QBCD$ 的面积;晶体管的集电极耗散功率为 $U_{CEQ}I_{CQ}$,即矩形 $AQDO$ 的面积。分析可见,直流电源提供的功率全部消耗在晶体管和集电极电阻 R_c上了,负载功率为 0。

输入正弦波,则集电极电流也为正弦波,且最大幅值为 I_{CQ},则电源输出的平均电流仍为 I_{CQ},所以电源提供的总功率仍为 $V_{CC}I_{CQ}$。

交流负载 $R'_L(=R_c /\!/ R_L)$上的最大交流功率

$$P'_{om} = \frac{I_{cm}}{\sqrt{2}} \cdot \frac{U_{cem}}{\sqrt{2}} = \frac{1}{2}I_{cm}U_{cem}$$

其中,$U_{cem} = I_{CQ}(R_c /\!/ R_L)$,$I_{cm} \approx I_{CQ}$

所以
$$P'_{om} = \frac{1}{2}I_{CQ}^2(R_c /\!/ R_L)$$

P'_{om}如图 4.2.2(b)中的阴影部分面积,即功率三角形,而负载 R_L获得的最大输出功率 P_{om}只是 P'_{om}的一部分,即 $P_{om} < P'_{om}$,阴影面积占 $ABCO$ 面积的百分比很小,效率很低,小于 25%。若负载很小,比如扬声器仅为几欧姆,则交流负载线更陡,阴影面积更小,效率会更低。直流电源提供的功率仅一小部分转换成了输出功率,其余部分消耗在晶体管和电阻 R_c中。

这说明,工作在甲类的如图 4.2.2 所示的共射放大电路并不适合做功率放大电路。

4.2.3　提高功率放大电路效率的方法

由共射放大电路的输出功率和效率的分析可知,在甲类放大状态下,不论有无输入信号,直流电源供给的功率 $P_V = V_{CC}I_{CQ}$总是不变的。静态时,因静态集电极电流 I_{CQ}较大,直流电源提供的功率均以发热的形式消耗在晶体管内部和外部电阻上。当有输入信号时,直流电源提供的功率有一部分转换为有用的输出功率。信号越大,供给负载的有用功率越大。为了提高输出功率和效率,可以去掉 R_c,直接将负载接在晶体管的集电极,利用变压器实现阻抗变换,同时调节 Q 点使晶体管达到极限工作状态,通过理论分析证明,即使在理想情况下,效率最高也只有 50%。

为了进一步提高效率,在 V_{CC} 一定的条件下,应减小晶体管的静态集电极电流 I_C,以减小静态时晶体管的功率损耗(简称静态管耗)。由图 4.2.1(c)可以看出,在乙类放大状态,晶体管的静态集电极电流 $I_C=0$,没有静态管耗,所以效率较高。但是,在乙类放大状态,单管电路输出波形少半个波形,出现严重失真。为了既提高效率,又减小波形失真,所以采用互补对称功率放大电路。

思考题

4.2.1 在甲类、乙类和甲乙类放大电路中,放大管的导通角分别等于多少?它们中哪一类放大电路的效率最高?

4.2.2 简述提高功率放大电路效率的方法。

4.2.3 为什么单管甲类放大电路不适宜做功率放大电路?

4.3 乙类功率放大电路

教学视频 4.1
乙类功率放大电路分析

工作在乙类的放大电路,虽然管耗小,有利于提高效率,但存在严重的失真,使得输入信号的半个波形被削掉了。如果用两个管子,使之都工作在乙类放大状态,一个在正半周工作,而另一个在负半周工作,同时使这两个输出波形都能加到负载上,从而在负载上得到一个完整的波形,这样就能解决效率与失真的矛盾了。

4.3.1 乙类双电源互补对称功率放大电路

乙类双电源互补对称功率放大电路又称为**无输出电容的功率放大电路**,简称 **OCL 电路**,如图 4.3.1(a)所示。

一、电路特点

在图 4.3.1(a)中,T_1 和 T_2 的发射极相连,作为输出端,接负载电阻 R_L。T_1 和 T_2 的基极相连,作为输入端。前级电压放大级输出的较大幅度的信号作为电路的输入信号 u_i。电路有以下特点:

(1) T_1 管(NPN 型管)和 T_2 管(PNP 型管)的参数相同,特性对称;

(2) 可把整个电路看作是由两个射级输出器组合而成的,如图 4.3.1(b)和(c)所示。

二、工作原理

1. 静态工作情况

当 $u_i=0$ 时,因电路上下对称,静态发射极电位 $U_E=0$,负载电阻中无电流流过,$u_o=0$。

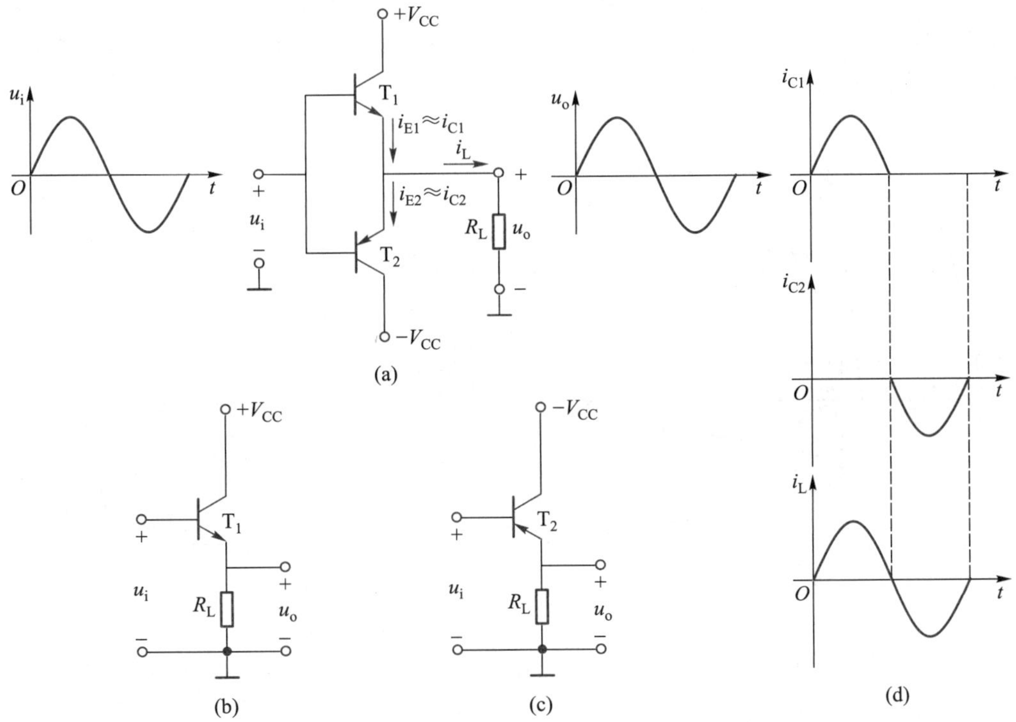

图 4.3.1　乙类双电源互补对称功率放大电路

（a）电路图　（b）由 NPN 型管组成的射极输出器　（c）由 PNP 型管组成的射极输出器　（d）电流波形

因晶体管无偏置电路，$I_B=0$，$I_C=0$，故晶体管工作于乙类状态，电路中无静态损耗。

2. 动态工作情况

设晶体管有理想的输入特性，即忽略晶体管的死区电压，认为 $u_{BE}>0$ 管子就导通。

在 u_i 的正半周，T_1 导通，T_2 因发射结反偏而截止，如图 4.3.1(b) 所示，由 T_1 管构成电压跟随。$+V_{CC}$ 通过 T_1 向 R_L 供电，R_L 上获得正半周的电流和电压，$u_o\approx u_i$。

在 u_i 的负半周，T_1 截止，T_2 导通，如图 4.3.1(c) 所示，由 T_2 管构成电压跟随。$-V_{CC}$ 通过 T_2 向 R_L 供电，R_L 上获得负半周的电流和电压，$u_o\approx u_i$。

由此可见，尽管两个晶体管都工作在乙类状态，由于 T_1 和 T_2 轮流导通，正、负电源交替供电，R_L 上仍能得到与输入信号相似的接近于正弦波的电压和电流，如图 4.3.1(a) 和 (d) 所示。在输入电压幅值足够大时，输出电压的最大幅值可达 $\pm(V_{CC}-|U_{CES}|)$，U_{CES} 为晶体管的饱和压降。

由于该电路参数对称，工作在乙类状态，两个晶体管互相弥补对方所缺少的半个周期的电流，故称这种电路为**乙类互补对称功率放大电路**。

三、功率参数计算

图 4.3.2(a) 表示图 4.3.1(a) 电路在 u_i 为正半周时 T_1 的工作情况。图中假定，只要 $u_{BE}>0$，T_1 就开始导电，则在一周期内 T_1 导电时间约为半周期。图 4.3.1(a) 中 T_2 的工作情况和 T_1 相似，只是在信号的负半周导电。为了便于分析，将 T_2 的特性曲线倒置在 T_1 的右下方，并令二者在 Q 点，即 $u_{CE}=V_{CC}$ 处重合，形成 T_1 和 T_2 的所谓合成曲线，如图 4.3.2(b) 所示。这时负

载线通过 Q 点形成一条斜线，其斜率为 $-1/R_L$。显然，i_C 允许的最大变化范围为 $2I_{cm}$，u_{CE} 的变化范围为 $2(V_{CC}-U_{CES})=2U_{cem}=2I_{cm}R_L$。如果忽略管子的饱和压降 U_{CES}，那么管子的最大工作范围为 $U_{cem}=I_{cm}R_L\approx V_{CC}$。

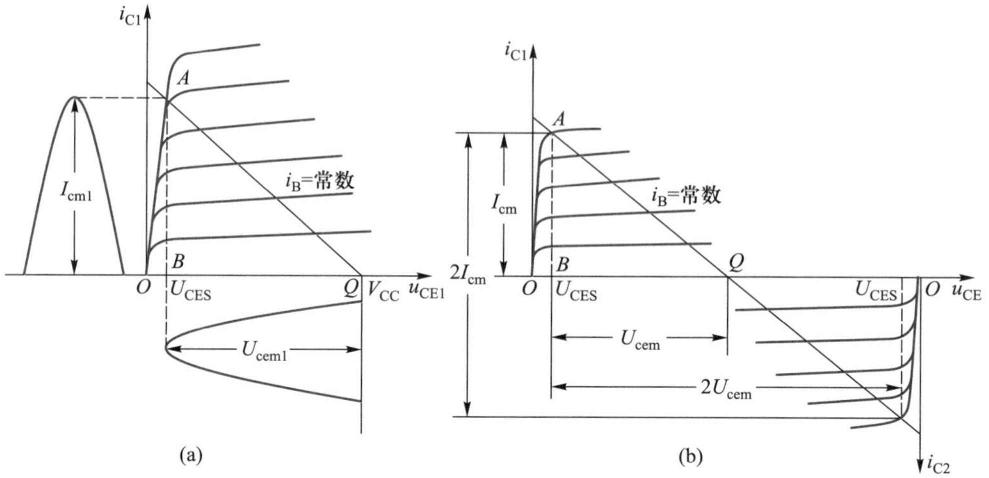

图 4.3.2 $V_{CC1}=V_{CC2}=V_{CC}$时互补对称电路图解分析

(a) 图 4.3.1(a)电路中 u_i为正半周时 T_1管的工作情况 (b) 互补对称电路工作情况

根据以上分析，不难求出工作在乙类的互补对称电路的输出功率、管耗、直流电源供给的功率和效率。

1. 输出功率 P_o

若输入信号为正弦波 $u_i=\sqrt{2}U_i\sin\omega t=U_{im}\sin\omega t$，当忽略晶体管的死区和波形的非线性失真时，输出电压也为正弦波，即

$$u_o=\sqrt{2}U_o\sin\omega t=U_{om}\sin\omega t$$

式中，U_o为输出电压的有效值，U_{om}为输出电压的幅值。

输出功率用输出电压有效值 U_o和输出电流有效值 I_o的乘积来表示（也常用管子中变化电压、变化电流有效值的乘积表示），则

$$P_o=U_oI_o=\frac{U_{om}}{\sqrt{2}}\cdot\frac{U_{om}}{\sqrt{2}R_L}=\frac{U_{om}^2}{2R_L} \tag{4.3.1}$$

因为 T_1、T_2接成射级输出器，它们的电压放大倍数接近于1，故有 $U_{om}\approx U_{im}$。因此，输出功率的表达式也可写为

$$P_o\approx\frac{U_{im}^2}{2R_L} \tag{4.3.2}$$

由此可见，随输入信号的增大，U_{om}也增大，相应的输出功率随之增大。当输入电压增大到使功率管进入饱和状态时，其输出电压幅度达到最大$(V_{CC}-U_{CES})$，其最大输出功率为

$$P_{om}=\frac{1}{2}\frac{(V_{CC}-U_{CES})^2}{R_L} \tag{4.3.3}$$

在理想情况下，当忽略管子的饱和压降（即 $U_{CES}=0$）时，有 $U_{om}=U_{im}=V_{CC}$，电路的输出

功率达最大值

$$P_{om} \approx \frac{1}{2}\frac{V_{CC}^2}{R_L} \tag{4.3.4}$$

注意:当输入幅值小于 V_{CC} 时,仍为 $P_o = \frac{1}{2}\frac{U_{om}^2}{R_L} \approx \frac{1}{2}\frac{U_{im}^2}{R_L}$。

2. 直流电源供给的功率 P_V

直流电源供给的功率 P_V是两个直流电源分别供给两个晶体管的平均电流 $I_{C(AV)}$与电源电压 V_{CC}的乘积,即

$$P_V = I_{C1(AV)}V_{CC} + I_{C2(AV)}V_{CC} = 2\,I_{C(AV)}V_{CC}$$

所以

$$\begin{aligned} P_V &= 2V_{CC}\frac{1}{2\pi}\int_0^{\pi} I_{cm}\sin\omega t\mathrm{d}(\omega t) \\ &= 2V_{CC}\frac{1}{2\pi}\int_0^{\pi}\frac{U_{om}\sin\omega t}{R_L}\mathrm{d}(\omega t) \\ &= \frac{2U_{om}}{\pi R_L}V_{CC} \\ &\approx \frac{2U_{im}}{\pi R_L}V_{CC} \end{aligned} \tag{4.3.5}$$

可见输出电压幅值小,耗电也少,这相当于收音机声音越小越省电。当输出电压幅值达到最大($V_{CC}-U_{CES}$)时,电源供给的最大功率为

$$P_{Vm} = \frac{2}{\pi}\frac{(V_{CC} - U_{CES})}{R_L}V_{CC} \tag{4.3.6}$$

如果忽略晶体管的饱和压降,则 $U_{om} = U_{im} \approx V_{CC}$ 时电源供给的最大功率为

$$P_{Vm} \approx \frac{2}{\pi}\frac{V_{CC}^2}{R_L} \tag{4.3.7}$$

3. 效率 η

功率放大电路的效率是输出功率 P_o与直流电源供给的功率 P_V的比值,即

$$\eta = \frac{P_o}{P_V} = \frac{U_{om}^2}{2R_L}\bigg/\frac{2U_{om}V_{CC}}{\pi R_L} = \frac{\pi U_{om}}{4V_{CC}} \approx \frac{\pi U_{im}}{4V_{CC}} \tag{4.3.8}$$

当输入信号的幅度足够大时,$U_{om}=V_{CC}-U_{CES}$,则最大效率为

$$\eta_m = \frac{\pi}{4}\frac{V_{CC} - U_{CES}}{V_{CC}} \tag{4.3.9}$$

若忽略晶体管的饱和压降 U_{CES},则输出电压的幅值最大可达 $U_{om}\approx V_{CC}$。这时,电路在输出最大不失真功率时的效率(称为在理想情况下的效率)为

$$\eta_m \approx \frac{\pi}{4} = 78.5\% \tag{4.3.10}$$

应该指出,式(4.3.10)是电路工作在乙类放大状态、输入电压幅值足够大和忽略晶体管的饱和压降 U_{CES}的条件下得出的。实际上,电路的效率要低于 78.5%。

4. 管耗 P_T

(1) 管耗

直流电源供给的功率 P_V 包括负载得到的输出功率 P_o 和管子消耗的功率 P_T 两部分。

$$P_V = P_o + P_T \tag{4.3.11}$$

由于 T_1 和 T_2 在一个信号周期内各导电 180°，且通过两管的电流和两管两端的电压在数值上分别相等（只是在时间上错开了半个周期），所以 $P_{T1} = P_{T2}$。利用式(4.3.5)和式(4.3.1)可得

$$P_{T1} = P_{T2} = \frac{1}{2}(P_V - P_o) = \frac{1}{R_L}\left(\frac{V_{CC}U_{om}}{\pi} - \frac{U_{om}^2}{4}\right) \tag{4.3.12}$$

总管耗为

$$P_T = P_{T1} + P_{T2} = 2\frac{1}{R_L}\left(\frac{V_{CC}U_{om}}{\pi} - \frac{U_{om}^2}{4}\right) \tag{4.3.13}$$

(2) 最大管耗

由式(4.3.12)知，管耗 P_{T1} 是输出电压幅值 U_{om} 的函数。当 $U_{om}=0$，即无输入信号时，管子不工作，所以不消耗能量，管子的损耗为零。随着输入信号的增大，U_{om} 也增大，相应的管耗也随之增大。但当输出电压幅度达到最大，即 $U_{om} = U_{im} \approx V_{CC}$ 时，管耗并非最大。这是由于只有当管压降 u_{CE} 和电流 i_C 幅度均处于较大值时，其管耗才为最大；而当输出电压幅度达到最大时，电流 i_C 幅度最大，但是管压降较小，管耗也较小。那么，当 U_{om} 等于多大时，管耗才为最大呢？

为了求得管耗的最大值，可以用求极值的方法来求解。对式(4.3.12)求一阶导数，并令其为零，有

$$\frac{dP_{T1}}{dU_{om}} = \frac{1}{R_L}\left(\frac{V_{CC}}{\pi} - \frac{2U_{om}}{4}\right) = 0$$

故

$$U_{om} = \frac{2}{\pi}V_{CC} \tag{4.3.14}$$

上式表明，当 $U_{om} = \frac{2}{\pi}V_{CC} \approx 0.6V_{CC}$ 时晶体管的管耗最大，将此表达式代入管耗公式(4.3.12)中，得到每只管子的最大管耗为

$$P_{T1m} = \frac{1}{\pi^2}\frac{V_{CC}^2}{R_L} \tag{4.3.15}$$

它表明，当电源电压 V_{CC}、负载 R_L 确定后，管子的最大管耗也就确定了。此为管子上可能消耗的最大功率，此值必须小于管子容许的最大管耗 P_{CM}。

(3) 最大管耗和最大输出功率关系

忽略管子的饱和压降时，最大输出功率 $P_{om} = \frac{1}{2}\frac{V_{CC}^2}{R_L}$，则每管的最大管耗和电路的最大输出功率有以下关系

$$P_{T1m} = \frac{1}{\pi^2}\frac{V_{CC}^2}{R_L} \approx 0.2P_{om} \tag{4.3.16}$$

这是选择功率管的重要依据，实际使用时必须留有充分余地。例如，如果要求输出功率

为 10 W，则只要用两个额定管耗大于 2 W 的管子就可以了。实际选取的管耗应比此值大得多，且要加散热装置。

四、功率管的选择

在功率放大电路中，应根据晶体管承受的最大管压降$|u_{CEmax}|$、集电极的最大电流i_{Cmax}和最大功耗P_{Tm}来选择晶体管。

1. 最大管压降

由图 4.3.1(a)所示的工作原理可知，两个晶体管中处于截止状态的管子将承受较大的管压降。设输入电压u_i为正半周，T_1导通，T_2截止，当u_i达到峰值时，因为T_1构成了电压跟随，如图 4.3.1(b)所示，所以两管的发射极电位(即输出电压)也达到了峰值，考虑管子的饱和压降，此峰值为$(V_{CC}-U_{CES})$，此时，T_2管的管压降为

$$u_{EC2max}=u_{Omax}-(-V_{CC})=(V_{CC}-U_{CES})+V_{CC}=2V_{CC}-U_{CES} \tag{4.3.17}$$

2. 最大集电极电流

T_1管导通构成如图 4.3.1(b)所示的射极跟随器，T_2管导通构成如图 4.3.1(c)所示的射极跟随器，可见，导通管的集电极电流等于负载电流，则集电极电流的最大值

$$i_{Cmax}\approx i_{Emax}=i_{Omax}=\frac{V_{CC}-U_{CES}}{R_L} \tag{4.3.18}$$

3. 最大集电极功耗

在功率放大电路中，电源提供的功率，除了转换成输出功率之外，其余部分主要消耗在晶体管上，晶体管承受的最大管耗关系到管子能否安全工作。最大管耗的计算见式(4.3.15)。

由上述分析可知，若想得到最大输出功率，功率晶体管的三个极限参数必须满足下列条件。

(1) 每只晶体管的最大允许管耗$P_{CM}>P_{T1m}=\frac{1}{\pi^2}\frac{V_{CC}^2}{R_L}$，忽略饱和压降后$P_{CM}>0.2P_{om}$。

(2) 晶体管承受的最大反压为$(2V_{CC}-U_{CES})$。如果忽略饱和压降，则应选用耐压$|U_{(BR)CEO}|>2V_{CC}$的晶体管。

(3) 晶体管的最大集电极电流$I_{CM}>\frac{V_{CC}-U_{CES}}{R_L}$，忽略饱和压降后$I_{CM}>\frac{V_{CC}}{R_L}$。

为了解决互补晶体管特性的一致性，电路中常使用复合管结构。在使用复合管之后，管子的电流增益大大提高。因此，可明显降低对晶体管输入信号的要求。

例 4.3.1　已知乙类双电源互补对称功率放大电路如图 4.3.1(a)所示，双电源电压$V_{CC}=\pm 20\ \text{V}$，负载$R_L=8\ \Omega$，输入电压的幅度$U_{im}=15\ \text{V}$。试在晶体管饱和压降可以忽略不计的情况下，(1) 求下列各值：输出功率、电源供给的功率、管耗和效率。(2) 说明对晶体管参数的要求。

解　(1) 当$U_{im}=15\ \text{V}$时，有$U_{om}\approx 15\ \text{V}$，由式(4.3.2)可求得输出功率为

$$P_o=\frac{U_{om}^2}{2R_L}\approx\frac{U_{im}^2}{2R_L}=\frac{15^2}{2\times 8}\ \text{W}\approx 14\ \text{W}$$

由式(4.3.5)可求得直流电源供给的功率为

$$P_V = \frac{2U_{om}}{\pi R_L}V_{CC} = \frac{2 \times 15}{\pi \times 8} \times 20\ \text{W} \approx 23.87\ \text{W}$$

由式(4.3.12)可求得每管的管耗为

$$P_T = \frac{1}{2}(P_V - P_o) = \frac{1}{2}(23.87 - 14)\ \text{W} \approx 4.94\ \text{W}$$

则效率为

$$\eta = \frac{P_o}{P_V} \times 100\% = \frac{14}{23.87} \times 100\% \approx 58.6\%$$

(2) 由式(4.3.4)可求得电路的最大不失真输出功率为

$$P_{OM} = \frac{1}{2}\frac{V_{CC}^2}{R_L} = \frac{1}{2} \times \frac{20^2}{8}\ \text{W} = 25\ \text{W}$$

因为不考虑晶体管的饱和压降,所以利用式(4.3.16)可知每个晶体管的最大允许管耗

$$P_{TM} \approx 0.2P_{OM} = 0.2 \times 25\ \text{W} = 5\ \text{W}$$

利用式(4.3.17),忽略饱和压降,晶体管的最大压降 $U_{(BR)CEO} = 2V_{CC} = 40\ \text{V}$。

利用式(4.3.18),忽略饱和压降,则晶体管承受的最大集电极电流为

$$I_{CM} \approx \frac{V_{CC}}{R_L} = \frac{20}{8}\ \text{A} = 2.5\ \text{A}$$

因此,选择的晶体管的极限参数应满足

$$\begin{cases} P_{CM} > 5\ \text{W} \\ U_{(BR)CEO} > 40\ \text{V} \\ I_{CM} > 2.5\ \text{A} \end{cases}$$

实际选择晶体管型号时,其极限参数还应留有一定余量,一般将计算值提高 50%~100% 较为安全。

4.3.2 乙类单电源互补对称功率放大电路

在图 4.3.1(a)所示的乙类双电源互补对称功率放大电路中,用了两个直流电源,这样既不方便,也不经济。为了省去一个直流电源,可采用如图 4.3.3(a)所示的乙类单电源互补对称功率放大电路。单电源互补对称功率放大电路又称为无输出变压器的功率放大电路,简称 OTL 电路。

一、电路特点

在图 4.3.3(a)中, T_1(NPN 型)和 T_2(PNP 型)的特性相同。只用一组电源 V_{CC}供电;T_1和 T_2的基极相连,作为输入端; T_1和 T_2的发射极相连,在 T_1和 T_2的发射极和负载 R_L间加了一个电容容量为几千微法的电解电容 C,以代替负电源的作用。

二、工作原理

1. 静态工作情况

静态时,应使输入电压为 $V_{CC}/2$,即基极电位为 $V_{CC}/2$。由于 T_1和 T_2特性相同,两管的静态管压降 U_{CE}相等,发射极电位也为 $V_{CC}/2$,故电容 C 上的直流电压为 $V_{CC}/2$,其极性如

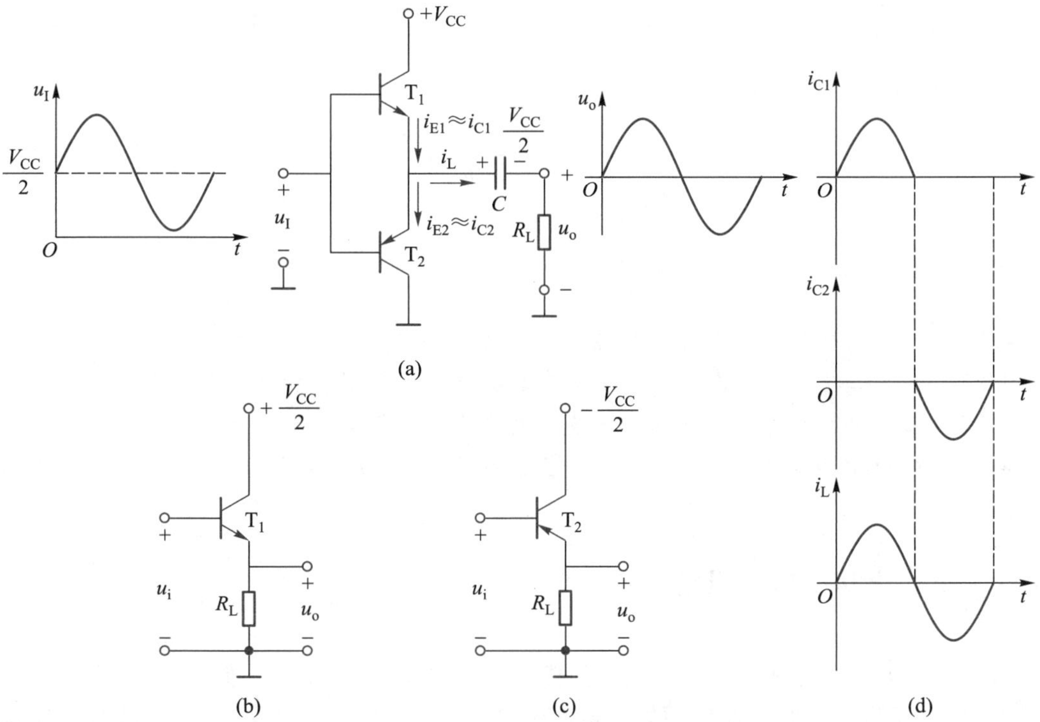

图 4.3.3　乙类单电源互补对称功率放大电路

（a）电路图　（b）由 NPN 型管组成的射级输出器　（c）由 PNP 型管组成的射级输出器　（d）输出电流波形

图 4.3.3(a)所示。因晶体管无偏置电路，$I_B=0$，$I_C=0$，故晶体管工作于乙类状态，电路中无静态损耗。负载电阻中无电流流过，$u_o=0$。

2. 动态工作情况

设电容 C 容量足够大，对交流信号可视为短路；晶体管 b-e 间的开启电压可忽略不计；输入电压 u_I 如图 4.3.3(a)所示。只要选择足够大的电容 C，使时间常数 $R_L C$ 比输入信号的周期大得多，就可以认为在充放电过程中，C 上的电压基本恒定，可以把它看作是一个恒定的直流电源。这样 T_1 和 T_2 的工作电压将是 $V_{CC}/2$，而不是 V_{CC}。这时，由 T_1 和 T_2 组成的两个等效射极输出器如图 4.3.3(b) 和 (c) 所示。

在 u_I 的正半周，T_1 管导通，T_2 管截止，T_1 管组成的射极输出器如图 4.3.3(b)所示，直流电源 $V_{CC}/2$ 经 T_1 向负载 R_L 供电，R_L 上获得正半周的电流和电压；在 u_I 的负半周，T_1 管截止，T_2 管导通，等效的射极输出器如图 4.3.3(c)所示，R_L 上获得负半周的电流和电压。

由此可见，尽管两个晶体管都工作在乙类状态，由于 T_1 和 T_2 轮流导通，R_L 上仍能得到与输入信号相似的接近于正弦波的电压和电流，如图 4.3.3(a)和(d)所示。

三、参数分析计算

在单电源乙类互补对称功率放大电路中，由于 T_1 和 T_2 管的工作电压是 $V_{CC}/2$，故只要将双电源乙类互补对称功率放大电路中计算 P_o、P_V、η、P_{om} 和 P_{Vm} 的 V_{CC} 用 $V_{CC}/2$ 代替就可以了。

忽略饱和压降，单电源乙类互补对称功率放大电路的最大不失真输出功率为

$$P_{\mathrm{om}} \approx \frac{(V_{\mathrm{CC}}/2)^2}{2R_{\mathrm{L}}} = \frac{V_{\mathrm{CC}}^2}{8R_{\mathrm{L}}} \tag{4.3.19}$$

此时，直流电源供给的最大功率为

$$P_{\mathrm{Vm}} \approx \frac{V_{\mathrm{CC}}^2}{2\pi R_{\mathrm{L}}} \tag{4.3.20}$$

思考题

4.3.1 乙类互补对称功率放大电路在电路结构上的特点是什么？

4.3.2 在选择功率放大电路中的功率晶体管时必须特别注意哪三个参数？

4.3.3 工作在乙类的互补对称功率放大电路的最大管耗发生在什么情况下？

4.3.4 在 OTL 电路中，为什么 C 的电容量必须足够大？

4.4 甲乙类功率放大电路

双电源乙类互补对称功率放大电路的优点是电路简单、效率高。但是，它却存在着一个明显的缺点，即输出波形存在所谓“交越失真”现象。因为在乙类放大状态，没有偏置电流 I_{B}，晶体管的输入特性又有一个死区，所以，在输入信号较小时，i_{B1}、i_{B2}、i_{C1}、i_{C2}基本上为零，负载电阻 R_{L}上有一小段时间没有电流和电压，使输出波形产生失真，如图 4.4.1 所示。因为这种波形失真是在两管交换导通的一小段时间内产生的，故称为**交越失真**。

教学视频 4.2
甲乙类功率
放大电路分析

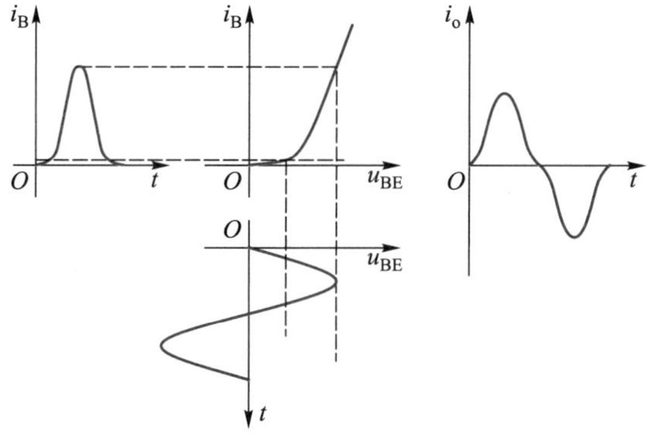

图 4.4.1 交越失真

为了克服交越失真，需要设置合适的静态工作点，可以采用如图 4.4.2 所示的双电源甲乙类互补对称功率放大电路。

4.4.1 甲乙类双电源互补对称功率放大电路

一、减小交越失真的原理

利用图 4.4.2(a)所示的偏置电路是克服交越失真的一种方法。图中，在 T_1 和 T_2的基极之间加了两个二极管 D_1 和 D_2（也可以采用电阻或二极管和电阻的组合代替）。利用二极管的正向压降为 T_1 和 T_2 提供用来克服死区电压的正向偏压，使两个晶体管在静态时均处于微导通状态，流过一个很小的静态集电极电流，从而使电路的静态工作点离开横轴，电路工作在甲乙类放大状态。

由于电路对称，静态时 $I_{C1}=I_{C2}$，$i_L=0$，$u_o=0$。当有信号时，尽管输入电压很小，但由于电路工作在甲乙类放大状态，故 R_L 上仍有电流流过。当两个晶体管的波形合成负载电流时，就能使输出波形的交越失真明显减小，从而克服了交越失真，如图 4.4.2(b)所示。

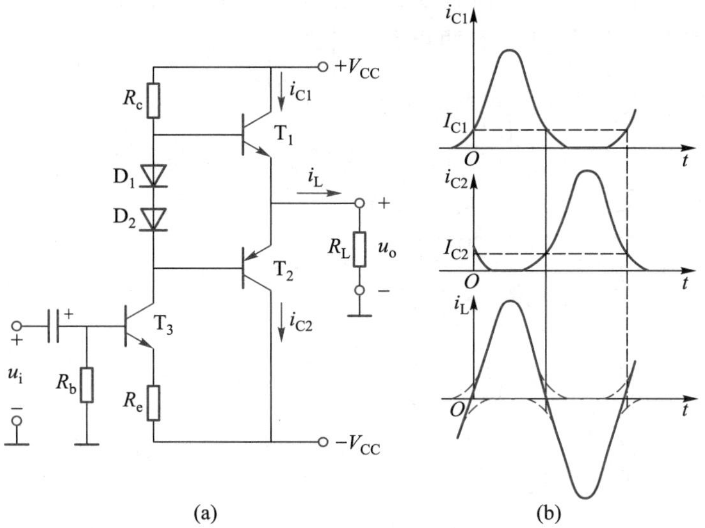

图 4.4.2　双电源甲乙类互补对称功率放大电路

(a) 电路图　(b) 波形图

在图 4.4.2(a)中，晶体管 T_3 组成前置电压放大级，R_c 是它的集电极电阻。由于二极管的动态电阻很小，对于交流信号而言，T_1、T_2 的基极仍可认为是等电位的，所以 T_1 和 T_2 的基极仍接受相同的输入电压（即前置电压放大级的输出电压）。

由于该电路的静态集电极电流很小，认为近似为 0，双电源甲乙类互补对称功率放大电路的输出功率和效率仍可按乙类电路的公式来估算。

二、U_{BE} 倍增改进电路

上述偏置方法的缺点是，其偏置电压不易调整。在集成电路中经常采用图 4.4.3 所示的电路。若流入 T_4 的基极电流远小于流过 R_1、R_2 的电流，则

$$U_{CE4}\approx\frac{R_1+R_2}{R_2}U_{BE4}=\left(1+\frac{R_1}{R_2}\right)U_{BE4} \qquad (4.4.1)$$

因此，利用 T_4 管的 U_{BE4} 基本为一固定值（硅管为 0.6~0.7 V），只要适当调节 R_1、R_2 的比值，就可改变 T_1、T_2 的偏压值，得到 U_{BE} 任意倍数的直流电压，故称为 **U_{BE} 倍增改进电路**。

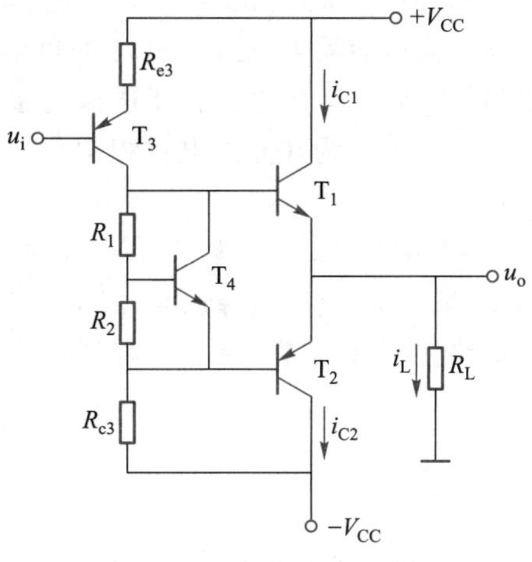

图 4.4.3　利用 U_{BE} 倍增改进电路进行偏置的互补对称电路

4.4.2 甲乙类单电源互补对称功率放大电路

一、基本电路

在图 4.4.2(a)所示的功率放大电路中,用了两个直流电源,既不方便,也不经济。为此可采用如图 4.4.4(a)所示的甲乙类单电源互补对称功率放大电路。电路中,T_1和 T_2基极间的两个二极管 D_1和 D_2用以保证电路工作在甲乙类放大状态;T_3组成工作点稳定的发射极偏置放大电路,作为功率放大电路的前置放大级;T_1和 T_2的发射极和负载 R_L之间加了一个电容量为几百微法的电容器 C_2,以代替负电源的作用。

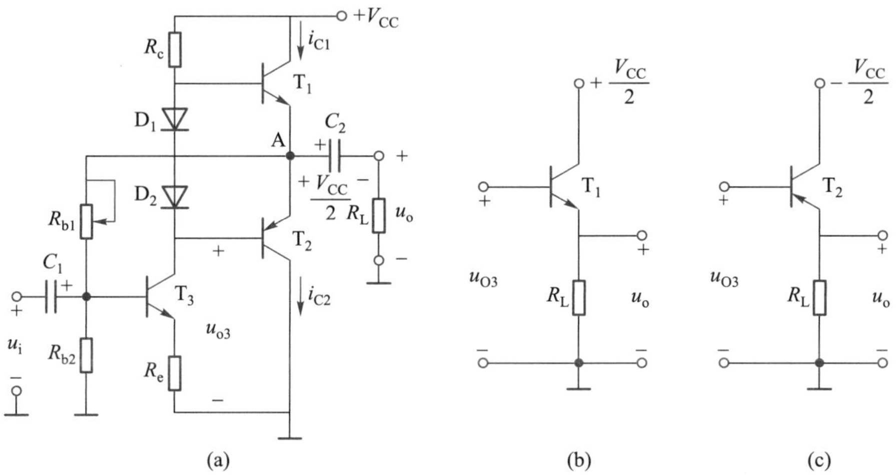

图 4.4.4 单电源甲乙类互补对称功率放大电路

(a) 电路图 (b) 由 NPN 型管组成的射级输出器 (c) 由 PNP 型管组成的射级输出器

静态时,由于 T_1、T_2管的特性相同,它们的静态管压降 U_{CE}均为 $V_{CC}/2$,故电容器 C_2上充有 $V_{CC}/2$ 的直流电压,其极性如图 4.4.4(a)中所示。

动态时,在 u_{o3}的正半周,T_1导通,T_2在大部分时间内截止,直流电源 V_{CC}经 T_1向负载供电,同时向电容器 C_2充电;在 u_{o3}的负半周,T_2导通,T_1在大部分时间内截止,已充电的电容器 C_2通过 T_2 向负载放电。只要选择足够大的电容,使放电时间常数 R_LC_2比信号的最长周期大得多,就可以认为在充放电过程中,C_2上的电压基本不变,可以把它看作是一个恒定的直流电源。

在图 4.4.4(a)中,为了将 A 点的静态电位稳定在 $V_{CC}/2$,把可变电阻 R_{b1}的一端接在 A 点。当某种原因使 U_A降低时,经 R_{b1}和 R_{b2}分压后,T_3的基极电位 U_{B3}降低、集电极电位 U_{C3}升高,最终使 U_A稳定在 $V_{CC}/2$。稳压过程如下:

$$U_A\downarrow \rightarrow U_{B3}\downarrow \rightarrow I_{B3}\downarrow \rightarrow I_{C3}\downarrow \rightarrow U_{C3}\uparrow \rightarrow U_A\uparrow$$

由于电容器上的电压稳定在 $V_{CC}/2$,故可把它看成是一个稳定的直流电源。这样,T_1和 T_2的工作电源将是 $V_{CC}/2$,由 T_1和 T_2组成的两个等效射极输出器如图 4.4.4(b)和(c)所示

(图中未画出其偏置电路)。

在单电源甲乙类互补对称功率放大电路中,由于 T_1、T_2的工作电压是 $V_{CC}/2$,只要将双电源乙类互补对称功率放大电路中计算 P_o、P_V、η、P_{om}和 P_{Vm}的 V_{CC}用 $V_{CC}/2$ 代替就可以计算相关指标了。

二、采用复合管的互补对称功率放大电路

当要求的输出功率较大时,互补对称功率放大电路中的输出管 T_1、T_2要求采用互补型(一个为 NPN 型,另一个为 PNP 型)中功率甚至大功率管。但是,要使两个大功率异型管的特性完全相同是很困难的,所以,经常用同型大功率管作为输出管。然而,用一个信号是不能使两个同型管轮流工作的。为此,常在输出管前加一对异型小功率晶体管,这样便组成了复合互补对称功率放大电路。

由复合管组成的单电源甲乙类互补对称功率放大电路如图 4.4.5 所示。图中,T_1、T_2和 T_3、T_4四个管子组成复合管互补对称电路。T_1和 T_2复合而成 NPN 型管,T_3和 T_4复合而成 PNP 型管。从输出端看进去,T_2和 T_4管均采用了同类型管,较容易做到特性相同。这种输出管为同一类型的电路称为**准互补电路**。

当正半周信号加到 T_1、T_3管的基极时,T_1、T_2导通,电源 V_{CC}经 T_2对电容 C_2充电,有电流流过 R_L;当负半周信号加到 T_1、T_3管的基极时,T_3、T_4导通,C_2经 T_4向 R_L放电,有反方向的电流流过 R_L。结果,在 R_L上可获得完整的正弦输出信号。

复合管的缺点是穿透电流较大、温度稳定性较差。为了减小总穿透电流 I_{CEO},在图 4.4.5 中接入了 R_{e1}和 R_{c3}。这样,T_1的穿透电流被 R_{e1}分流,T_3的穿透电流被 R_{c3}分流,不再全部流入 T_2和 T_4的基极,因而减小了复合管的总穿透电流 I_{CEO},提高了复合管的温度稳定性。

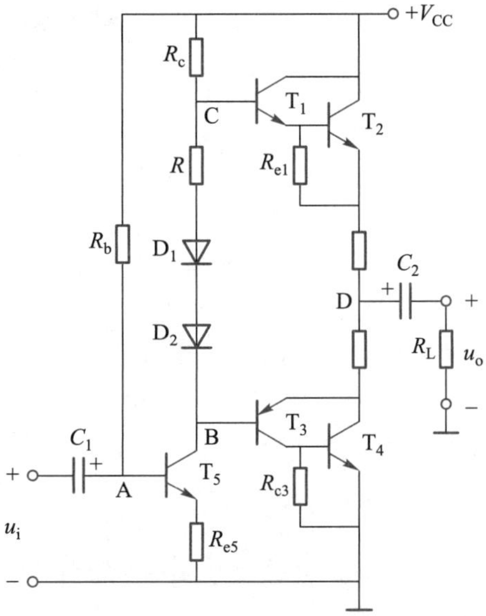

图 4.4.5 采用复合管的单电源甲乙类互补对称功率放大电路

例 4.4.1 已知甲乙类双电源互补对称功率放大电路如图 4.4.2(a)所示,双电源电压 $V_{CC}=\pm14$ V,负载 $R_L=8\ \Omega$,晶体管饱和压降 $|U_{CES}|=2$ V。(1) 求最大输出功率。(2) 如果晶体管 T_1和 T_2的极限参数为 $P_{CM}=5$ W、$I_{CM}=2$ A、$|U_{(BR)CEO}|=40$ V,验证两个晶体管是否安全。(3) 求放大电路 $\eta=0.6$ 时的输出功率值。

解 (1) 由式(4.3.4)可求得电路的最大不失真输出功率为

$$P_{om}=\frac{1}{2}\frac{(V_{CC}-U_{CES})^2}{R_L}=\frac{1}{2}\times\frac{(14-2)^2}{8}\ \text{W}=9\ \text{W}$$

(2) 由式(4.3.15)可知晶体管的最大管耗为

$$P_{T1m}=\frac{1}{\pi^2}\frac{V_{CC}^2}{R_L}=\frac{14^2}{\pi^2\times8}\ \text{W}\approx2.48\ \text{W}$$

由式(4.3.17)可知晶体管的最大压降 $u_{cemax}=2V_{CC}-U_{CES}=26$ V

由式(4.3.18)可知晶体管承受的最大集电极电流为

$$i_{Cmax}\approx\frac{V_{CC}-U_{CES}}{R_L}=\frac{14-2}{8}\text{A}=1.5\text{ A}$$

因为本题所选晶体管的极限参数均大于电路中晶体管承受的极限参数,所以晶体管能安全工作。

(3) 求 $\eta=0.6$ 时的输出功率,

由式(4.3.8)可求出

$$U_{om}=\eta\frac{4V_{CC}}{\pi}=\frac{0.6\times4\times14}{\pi}\text{V}\approx10.7\text{ V}$$

将 U_{om}代入式(4.3.1)得

$$P_o=\frac{U_{om}^2}{2R_L}=\frac{(10.7\text{ V})^2}{2\times8\ \Omega}\approx7.16\text{ W}$$

思考题

4.4.1　从放大电路的甲类、乙类和甲乙类三种工作状态分析效率和失真。

4.4.2　工作在乙类的互补对称功率放大电路为什么会出现交越失真?为了改善交越失真,在电路中应采取什么措施?

4.4.3　甲乙类功放的各种指标计算与乙类功放有何区别?单电源功放和双电源功放的计算有何区别?

4.5 集成功率放大电路简介

随着集成电路技术的发展,功率放大电路已能制成集成化器件。其特点是:工作可靠、使用方便,只需在器件外部适当连线,即可向负载提供一定的功率。它的种类很多,有通用型和专用型两大类。前者可应用于多种场合,后者只能应用于某些特殊场合(如收音机和电视机中)。

集成功放极限参数主要有功耗和最大允许电源电压,集成功放要加有足够大的散热器,保证在额定功耗下温度不超过允许值。集成功放一般允许加上较高工作电压,许多集成功放可以在低电压下工作,适用于无交流供电的场合,此时集成功放电源电流较大,非线性失真较大。

下面以 LM384 型集成功率放大电路为例,对集成功率放大电路做一个简单的说明。

一、集成功放 LM384 简介

LM384 型集成功率放大电路的生产厂家是美国半导体器件公司,其是在考虑了集成工艺的限制和特点后,对如图 4.4.4(a)所示的电路做了某些改进而制成的。LM384 型集成功率放大电路允许的最大电源 $V_{CC}=28$ V。当 $V_{CC}=26$ V、$R_L=8\ \Omega$ 时,输出电压的峰-峰值可达 22 V,相应的输出功率可达 7.6 W,可用于音频放大。

LM384 型集成功率放大电路芯片引脚如图 4.5.1 所示。其中 14 脚是电源端（V_S），3、4、5、7、10、11、12 脚是接地端（GND），2、6 脚是输入端（一般 2 脚接地），8 脚是输出端（经 500 μF 电容接负载），1 脚接旁路电容（5 μF），9、13 脚是空脚（NC）。

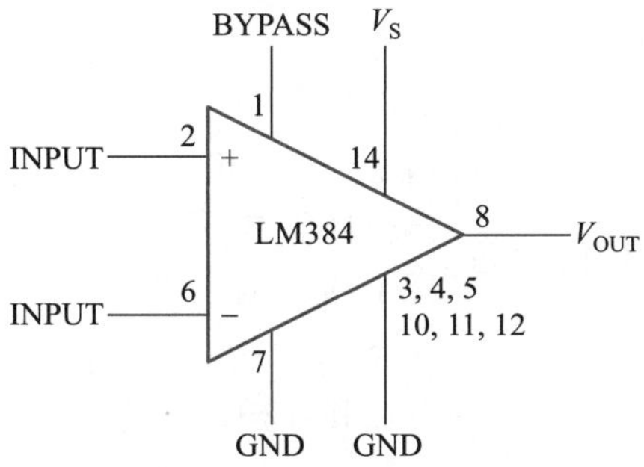

图 4.5.1　LM384 型集成功率放大电路芯片引脚

二、集成功放的典型接法

LM384 型集成功率放大电路的外部接线如图 4.5.2 所示。耦合电容 C 有两个作用：一是用来驱动扬声器；二是保持电容两端的电压 U_C 与 LM384 的输出电压 U_8 为 $V_{CC}/2$。为了有利于组件散热并降低连线端阻抗，输出端备有七个地线引脚（3、4、5、7、10、11 和 12）。图 4.5.2 中的 2.7 Ω 电阻和 0.1 μF 电容构成了低通滤波电路，去除高频噪声，可调电阻用于调节音量。

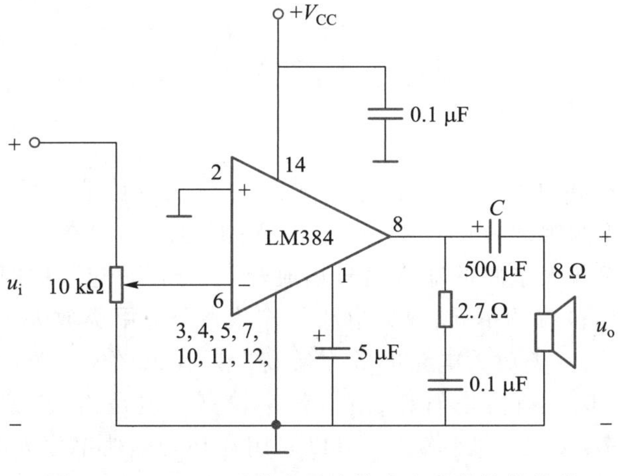

图 4.5.2　LM384 型集成功率放大电路的外部接线

文档 4.1
OCL 互补对称功率放大电路 Multisim 仿真

4.6　OCL 互补对称功放电路的 Multisim 仿真研究

利用 Multisim 仿真软件观察 OCL 乙类互补对称功率放大电路输出波形，学习克服输出中交越失真的方法。具体内容见文档 4.1。

本章小结

PPT
第 4 章
教学课件

一、知识结构图

- 功率放大电路讨论的问题
  - 输出功率
  - 效率
  - 非线性失真
  - 管子的安全
  - 分类
  - 散热和保护
- 甲类功放
- 乙类互补对称功率放大电路
  - 双电源
  - 单电源
  - 分析计算：P_o、P_V、η、P_{om}、P_{Vm}和 P_{Tm}；晶体管的安全参数
  - 交越失真
- 甲乙类互补对称功率放大电路
  - 双电源
  - 单电源
  - 复合管构成的准互补电路
  - 分析计算：P_o、P_V、η、P_{om}、P_{Vm}和 P_{Tm}；晶体管的安全参数
- 集成功率放大电路

二、归纳总结

1. 功率放大电路是在电源电压一定的情况下，以输出尽可能大的不失真信号功率和具有尽可能高的转换效率为组成原则。功率放大电路中的晶体管常工作在极限状态，要考虑管子的散热问题。功率放大电路的输入信号幅值较大，分析时应采用图解法。

2. 根据静态工作点位置的不同，放大电路工作状态分为甲类放大、乙类放大和甲乙类放大。即使在理想情况下，甲类放大电路的效率最高也只有 50%。乙类放大电路，由于晶体管的静态集电极电流 $I_C=0$，没有静态管耗，所以效率较高。但是，在乙类放大状态，波形失真严重。为了既提高效率，又减小波形失真，可以采用互补对称功率放大电路。

3. 低频互补对称功率放大电路有 OCL 电路和 OTL 电路等。OCL 电路为双电源互补对称功率放大电路，OTL 电路为单电源互补对称功率放大电路。由于功率晶体管输入特性存在死区电压，工作在乙类的互补对称电路将出现交越失真。克服交越失真的方法是静态时使功放管处于甲乙类工作状态，通常可利用二极管或 U_{BE}倍增电路进行偏置。为使大功率输出管采用同型晶体管以利于做到特性相同，并增大功率管的电流放大系数以减小前置放大级的输出电流，可以采用复合管组成互补对称功率放大电路。

4. 在单电源互补对称功率放大电路中，计算输出功率、效率、管耗和电源供给的功率，可借用双电源互补对称功率放大电路的计算公式，但要用 $V_{CC}/2$ 代替原公式中的 V_{CC}。理想情况下，忽略晶体管的饱和压降，互补对称功率放大电路的效率可以达到 78.5%，两种电路的

一些计算公式如下表所示。

参数	OCL 电路	OTL 电路
输出功率 P_o	$P_o=\dfrac{U_{om}^2}{2R_L}\approx\dfrac{U_{im}^2}{2R_L}$	$P_o=\dfrac{U_{om}^2}{2R_L}$
最大不失真输出功率 P_{om}	$P_{om}\approx\dfrac{V_{CC}^2}{2R_L}$	$P_{om}\approx\dfrac{V_{CC}^2}{8R_L}$
在 P_{om}时直流电源供给的功率 P_{Vm}	$P_{Vm}\approx\dfrac{2V_{CC}^2}{\pi R_L}$	$P_{Vm}\approx\dfrac{V_{CC}^2}{2\pi R_L}$
理想效率 η_m	$\eta_m=78.5\%$	$\eta_m=78.5\%$

5. 为保证功率放大电路中的功率管安全工作，双电源互补对称功率放大电路工作在乙类状态时，忽略晶体管的饱和压降，器件的极限参数必须满足：$P_{CM}>0.2P_{om}$，$|U_{(BR)CEO}|>2V_{CC}$，$I_{CM}>\dfrac{V_{CC}}{R_L}$。

本章的重要题型分析见文档 4.2。

习　　题

4.2.1　在甲类、乙类、甲乙类放大电路中，放大管的导通角分别等于多少？哪一种效率高？

4.2.2　电路如图 P4.2.2 所示，已知 $V_{CC}=12$ V，$\beta=100$，$U_{BE}=0.7$ V，$U_{CES}=0.5$ V，$I_{CEO}=0$，$R_L=8\ \Omega$，电容 C 对交流可视为短路。输入 u_I为正弦信号。

（1）计算最大不失真输出功率及此时电路的效率。

（2）此时 R_b应调节到什么数值？

4.2.3　电路如图 P4.2.3 所示，$V_{CC}=V_{EE}=15$ V，$I_{REF}=1.85$ A，$R_L=8\ \Omega$，T_1、T_2和 T_3的参数相同，饱和压降均为 0.2 V。输入电压 $u_I=0.6\text{ V}+u_i$，其中 u_i为正弦波。当 $u_I=0.6$ V 时，T_1的射极电流为 1.85 A，此时输出电压 $u_O=0$。计算最大不失真输出功率、电源总功率和电路的效率。

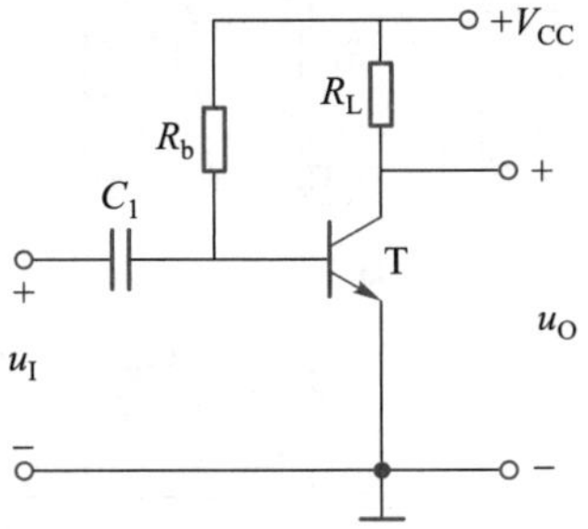

图 P4.2.2

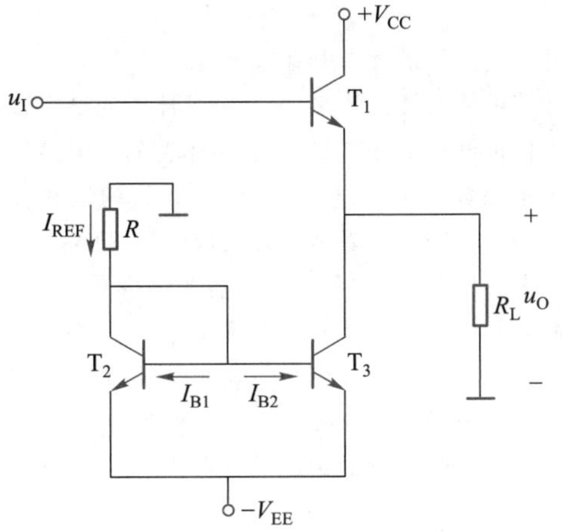

图 P4.2.3

4.3.1 在图 P4.3.1 所示电路中，已知输入为正弦信号，$R_L = 8\ \Omega$，$R = 0.5\ \Omega$，要求最大输出功率 $P_{omax} \geqslant 9\ W$，试在晶体管饱和压降可以忽略不计的情况下：

（1）求正负电源的最小值（取整数）。

（2）根据 V_{CC} 最小值，求晶体管 I_{CM} 和 $U_{(BR)CEO}$ 的最小值。

（3）输出功率为最大时，求输入电压有效值和两个电阻 R 上损耗的功率。

4.3.2 双电源乙类互补对称功率放大电路如图 P4.3.1 所示。设 $V_{CC} = 12\ V$，$R = 0\ \Omega$，$R_L = 8\ \Omega$，忽略晶体管的饱和压降。试估算：

（1）当正弦输入电压的幅值 $U_{im} = 8\ V$ 时，电路的输出功率、直流电源供给的功率、管耗和效率。

（2）当正弦输入信号能使电路输出最大不失真功率的情况下，电路的最大不失真输出功率、直流电源供给的功率和理想情况下的效率。

4.4.1 OTL 互补对称功放如图 P4.4.1 所示，设电容 C 足够大，晶体管的饱和电压降 $U_{CES} = 1\ V$。

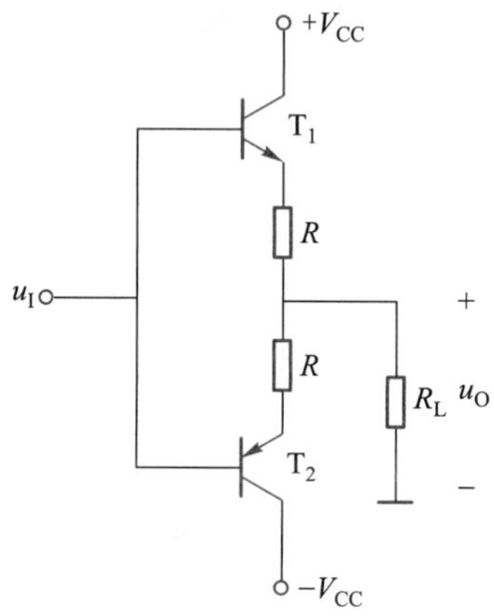

图 P4.3.1

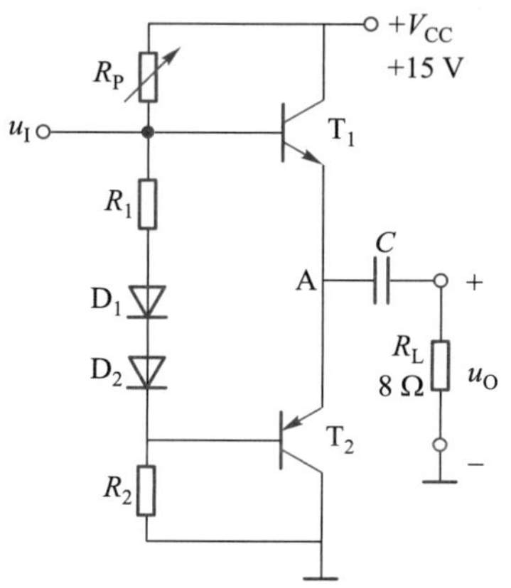

图 P4.4.1

（1）说明功放类型（甲类、乙类、甲乙类、丙类……），电路中 T_1、T_2 为哪种工作方式？

（2）说明静态时 A 点的电位，R_1 和 D_1、D_2 的作用。

（3）可变电阻 R_P 的作用是什么？

（4）试求负载 R_L 上得到的最大不失真输出功率 P_{omax}。

4.4.2 某 OCL 互补对称电路如图 P4.4.2 所示，已知晶体管 T_1、T_2 的饱和压降 $U_{CES} = 1\ V$，$V_{CC} = 18\ V$，$R_L = 8\ \Omega$。

（1）计算电路的最大不失真输出功率 P_{omax}。

（2）计算电路的最大效率，求每个晶体管的最大管耗 P_{Tmax}。

（3）为保证电路正常工作，所选晶体管的极限参数应为多大？

4.4.3 电路如图 P4.4.3 所示，T_1 和 T_2 管的饱和管压降 $|U_{CES}| = 3\ V$，$V_{CC} = 15\ V$，$R_L = 8\ \Omega$。输入电压足够大。试问：

（1）最大输出功率 P_{om} 和效率 η 各为多少？

（2）晶体管的最大功耗 P_{Tmax} 为多少？

（3）为了使输出功率达到 P_{om}，输入电压的有效值约为多少？

4.4.4 已知电路如图 P4.4.4 所示，R_4 和 R_5 可起短路保护作用。已知 $V_{CC} = 28\ V$，T_1 和 T_2 管的饱和管压降 $|U_{CES}| = 2\ V$，输入电压足够大。求解：

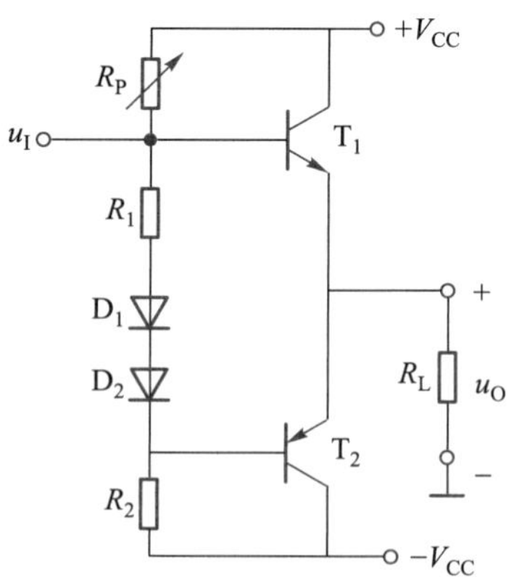

图 P4.4.2

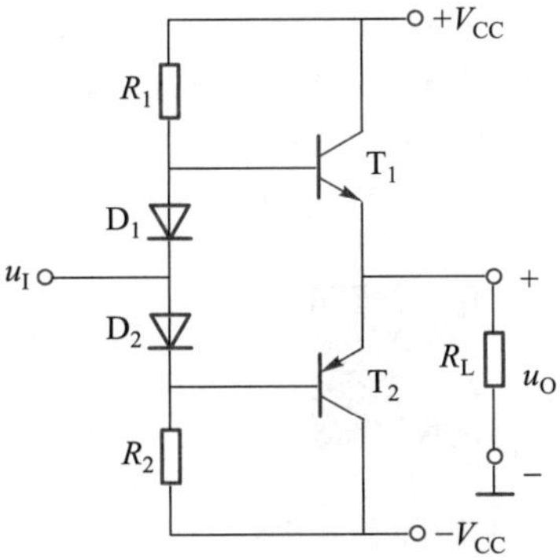

图 P4.4.3

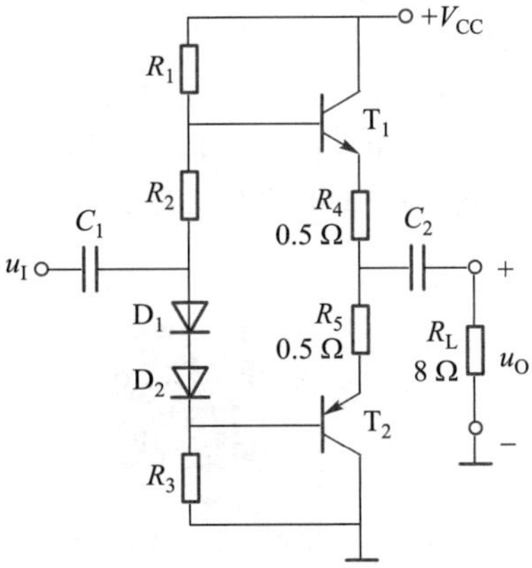

图 P4.4.4

（1）最大不失真输出电压的有效值；

（2）负载电阻 R_L 上电流的最大值；

（3）最大输出功率 P_{om} 和效率 η_m。

4.4.5　在图 P4.4.5 所示电路中，已知二极管的导通电压 $U_D=0.7$ V，晶体管导通时的 $|U_{BE}|=0.7$ V，T_2 和 T_3 管发射极静态电位 $U_{EQ}=0$ V。T_2 和 T_4 管的饱和管压降 $|U_{CES}|=2$ V。

（1）T_1、T_3 和 T_5 管基极的静态电位各为多少？

（2）设 $R_2=10$ kΩ，若 T_1 和 T_3 管基极的静态电流可忽略不计，则 T_5 管集电极静态电流为多少？$R_3=?$

（3）试问负载上可能获得的最大输出功率 P_{om} 和效率 η_m 各为多少？

（4）求 T_2 和 T_4 管的最大集电极电流、最大管压降和集电极最大功耗。

4.4.6　已知图 P4.4.6 所示电路中 T_2 和 T_4 管的饱和管压降 $|U_{CES}|=3$ V，输入电压足够大。

（1）为了使最大不失真输出电压幅值最大，静态时 T_2 和 T_3 管的发射极电位应为多少？若不合适，则一般应调节哪个元件参数？

（2）求电路的最大输出功率 P_{om} 和效率 η_m。

（3）T_2 管和 T_4 管应如何选择？

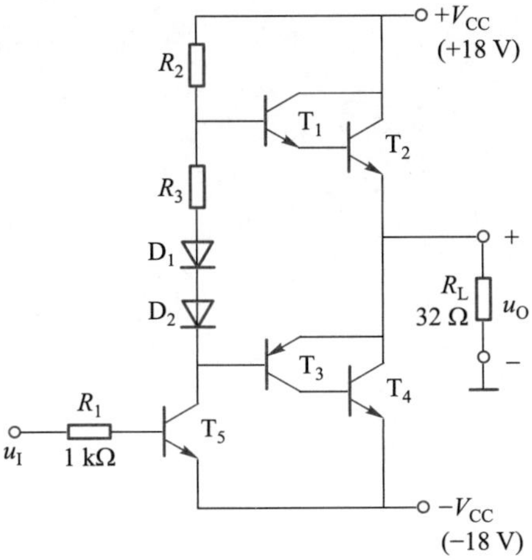

图 P4.4.5

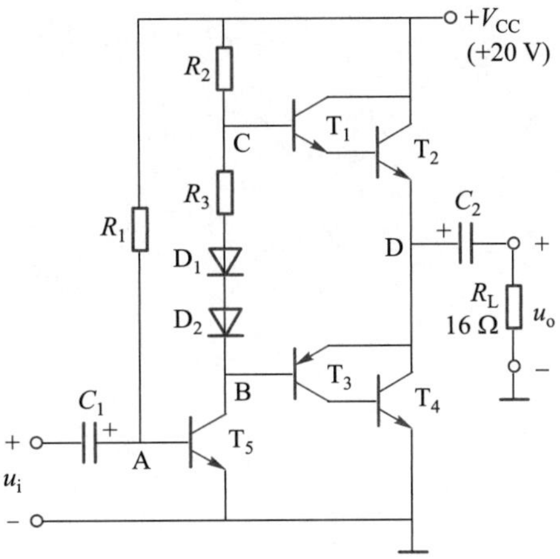

图 P4.4.6

4.6.1 一双电源互补对称功率放大电路如图 P4.4.3 所示。已知某只晶体管 T_1、T_2的饱和压降 $U_{CES}=1\ V$，$V_{CC}=12\ V$，$R_L=16\ \Omega$。u_i为正弦波，用 Multisim 仿真负载上得到的最大功率及最大管耗。

4.6.2 一单电源互补对称功率放大电路如图 P4.4.4 所示。已知 $V_{CC}=35\ V$，$R_L=35\ \Omega$，$R_2=0$，$R_1=R_2=1\ k\Omega$，$C_1=10\ \mu F$，$C_2=1\ 000\ \mu F$，D_1和 D_2采用 IN4148，T_1和 T_2分别为 2N2222 和 2N2907，流过负载电阻的电流 $i_L=0.4\sin\omega t$。用 Multisim 仿真负载上得到的最大功率和电源供给的最大功率。

文档 4.2
第 4 章重要题型分析

文档 4.3
第 4 章部分习题答案

第5章

多级放大电路和集成运算放大器

在实际应用中,大多数电子放大电路系统需要把微弱的电信号放大到足够大的信号去驱动各种负载工作,要求有较高的电压放大倍数及合适的输入电阻、输出电阻,而单级放大电路难以满足这个要求,因此需要把多个基本放大电路级联起来,构成多级放大电路。由于之前介绍的基本放大电路的性能各不相同,在构成多级放大电路时,应充分利用它们的特点,合理组合,用尽可能少的级数来满足实际的要求。

集成电路是把整个电路中的元器件以及它们相互之间的连接同时制作在一块硅晶片上,构成特定功能的电子电路,简称IC。相对于前面各章节介绍的由晶体管以及场效晶体管等分立元件构成的分立电路而言,集成电路的体积小,功耗低,性能好,工作可靠性高。集成电路按功能来分,有数字集成电路和模拟集成电路。模拟集成电路种类繁多,有集成运算放大器、集成功率放大器、集成模拟乘法器、集成稳压电源和集成模数、数模转换器等。

目前,集成电路的封装外形常见的有三种形式:双列直插式、圆壳式和扁平式,如图5.0.1所示。

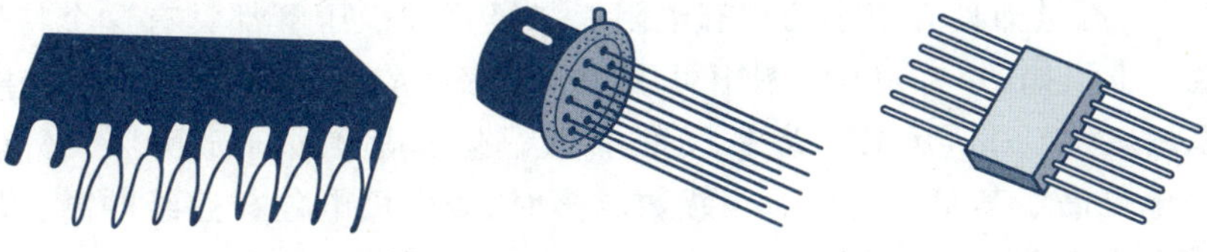

(a) (b) (c)

图5.0.1 集成电路的封装外形

(a) 双列直插式 (b) 圆壳式 (c) 扁平式

集成运算放大器是用集成工艺制成的具有很高电压放大倍数的多级直接耦合放大电路。运算放大器的应用已远远超出了对信号进行运算的范畴,其在信号的测量、处理、变换、产生等方面都获得了广泛的应用。

本章先讨论多级放大电路级间耦合方式，直接耦合放大电路的特殊问题，多级放大电路的动态分析；然后介绍差分放大电路的组成、工作原理及其性能指标的分析方法；在此基础上，介绍一种典型的通用型集成运算放大器的组成、传输特性以及主要性能指标。

5.1 多级放大电路的分析

组成多级放大电路的每一个基本放大电路称为一级，级与级之间的连接称为级间耦合，也称耦合方式。级间耦合时，一方面要确保各级放大电路有合适的静态工作点，另一方面应使前级输出信号尽可能不衰减地加到后级输入。那么如何将多个单管放大电路级联成多级放大电路？连接方式有几种？各有什么特点？多级耦合放大电路如何计算动态性能指标呢？

5.1.1 多级放大电路的耦合方式

多级放大电路的耦合方式主要有四种：阻容耦合、直接耦合、变压器耦合和光电耦合。

一、直接耦合方式

将放大电路前一级的输出端直接连接到后一级的输入端，称为**直接耦合方式**，如图 5.1.1(a)所示。图中所示电路省去了第二级的基极电阻，而使 R_{c1} 既作为第一级的集电极电阻，又作为第二级的基极电阻，只要 R_{c1} 取值合适，就可为 T_2 管提供合适的基极电流。

由图 5.1.1(a)可知，若采用简单的直接耦合方式，则第一级的静态管压降太小，即 $U_{CE1}=U_{BE2}\approx0.7\ V$，会使它的静态工作点处于饱和区的边缘。为使第一级有合适的静态工作点，就要抬高第二级 T_2 管的基极电位。由此可见，多级放大电路采用直接耦合方式后，前后级间的静态工作点是互相牵制、互相影响的。所以，在多级直接耦合放大电路中，在确定电路的结构和参数时，必须保证各级都有合适的静态工作点，这是直接耦合放大电路要解决的**第一个特殊问题**。为此可引入图 5.1.1(b)所示电路，图中在 T_2 管的发射极增加了电阻 R_{e2}，用以提高 T_1 管的 U_{CE1}，只要参数选择得合适，两级均可以有合适的静态工作点。但是，电阻 R_{e2} 的存在，会降低第二级的电压放大倍数。因此，需要选择一个器件代替 R_{e2}，它对直流量具有一定的电压降，而对交流量却具有很小的动态电阻。二极管和稳压管都具有这个特性，用它们取代电阻 $R_{e2,}$ 就产生了如图5.1.1(b)(图中可用几个二极管串联)和(c)所示的直接耦合方式。

在图 5.1.1(b)和(c)所示的电路中，为使各级晶体管都工作于放大区，必然要求每级晶体管的集电极电位高于其基极电位。当级数增多时，集电极电位会逐级升高，以至于后级的集电极电位接近于电源电压，使得后级的静态工作点不再合适(因为在不提高电源电压的情况下，后级的集电极电位过高，集电极电阻上的直流压降变得很小，导致其静态集电极电流过小)，后级的动态范围大为减小。因此，在直接耦合多级放大电路中，常采用 NPN 型管和 PNP 型管混合使用的直接耦合方式，如图 5.1.1(d)所示。

在图 5.1.1(d)中，T_1 为 NPN 型管，T_2 为 PNP 型管，利用 NPN 型管和 PNP 型管对电源极性的要求相反，且 T_1 的集电极电位比基极高，T_2 的集电极电位比基极低的特点，用两种不同类型管子的互相配合，就能避免后级集电极电位逐级升高的现象，在不提高电源电压的情况下，也能保证每一级均有合适的静态工作点。

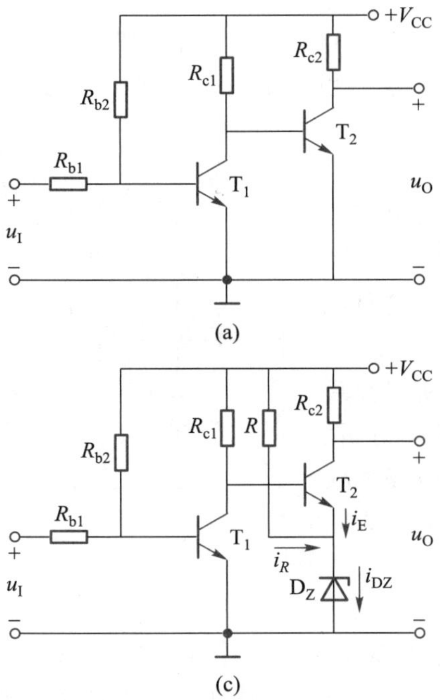

图 5.1.1 直接耦合放大电路

（a）前后级直接相连 （b）后级加射级电阻或二极管 （c）后级发射极加稳压管 （d）NPN 和 PNP 混合电路

从以上分析可知，在直接耦合多级放大电路中，级与级之间的连接方式虽然比较简单，但各级间的静态工作点却相互影响，这样就给电路的分析、设计和调试带来一定的困难。但是，由于在直接耦合放大电路中没有大容量的电容器存在，故其不仅具有良好的低频特性，可以放大变化缓慢的信号，而且易于集成化，制成集成放大电路。在集成运算放大器中，级与级之间都采用直接耦合方式。

二、阻容耦合方式

如图 5.1.2 所示，将放大电路前一级的输出端通过电容 C_2 连接到后一级的输入端，由于从后级放大电路的输入端看进去有一个放大电路的输入电阻 R_{i2} 存在，故把这种耦合方式称为**阻容耦合方式**。图中，第一级为共发射极放大电路，第二级为共集电极放大电路。

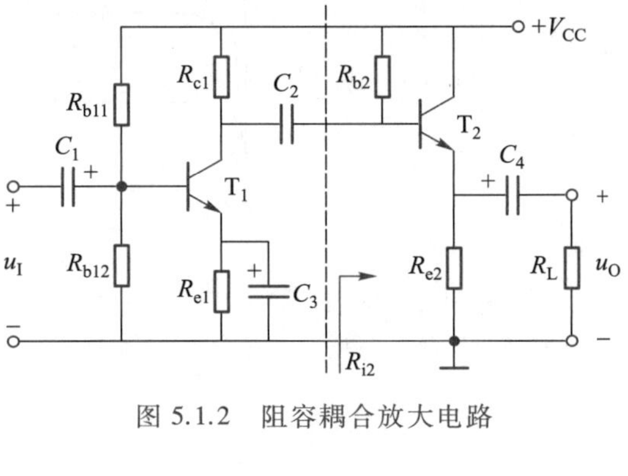

图 5.1.2 阻容耦合放大电路

由于电容具有隔直通交的作用，对直流量的电抗为无穷大，因而阻容耦合放大电路各级之间的直流通路不相通，各级的静态工作点相互独立互不影响，在求解或调试 Q 点时，每一级可独立处理，从而给电路的分析、设计和调试带来了方便。

但是，在阻容耦合放大电路中，电容的存在会阻碍变化非常缓慢的信号的畅通传送，使其低频特性变差，不能用来放大变化缓慢的信号。此外，由于采用电容连接，故其不利于集成化。

三、变压器耦合方式

将放大电路前一级的输出信号通过变压器连接到后一级的输入端或负载电阻上，称为**变压器耦合方式**，如图 5.1.3 所示为变压器耦合共射放大电路，R_L既可以是实际的负载电阻，也可以代表后级放大电路。

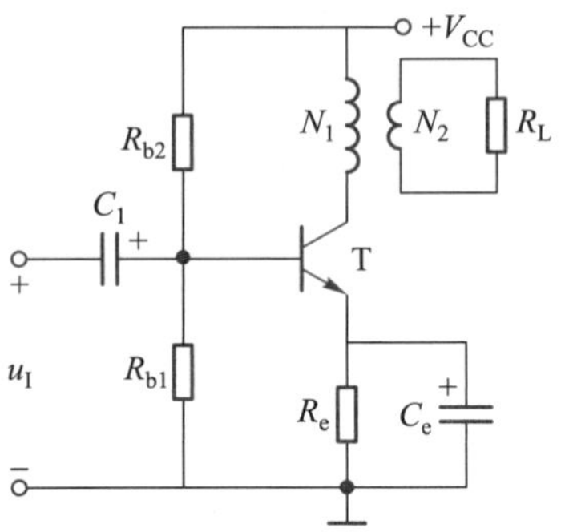

图 5.1.3 变压器耦合共射放大电路

由于变压器耦合电路的前后级靠磁路耦合，所以前后级放大电路的静态工作点也是相互独立的，这样便于分析、设计和调试。但它的低频特性差，不能放大变化缓慢的信号，且体积大，比较笨重，不利于集成。与前两种耦合方式比较，其最大的特点是可以实现阻抗变换，因而在分立元件功率放大电路中得到广泛应用。

在集成功率放大电路产生之前，几乎所有的功率放大电路都采用变压器耦合方式。而目前，只有在集成功率放大电路无法满足要求的情况下，如需要输出特大功率或实现高频功率放大时，才考虑用分立元件构成变压器耦合放大电路。

四、光电耦合方式

光电耦合方式是以光信号为媒介来实现电信号的耦合和传递，因而其抗干扰能力强。

光电耦合器是实现光电耦合的基本器件，它将发光元件（发光二极管）与光敏元件（光电晶体管）相互绝缘地组合在一起，如图 5.1.4（a）所示。发光元件为输入回路，它将电能转换成光能；光敏元件为输出回路，它将光能再转换成电能，实现了两部分电路的电气隔离，从而有效地抑制干扰。输出回路常采用复合管以增大放大倍数。

图 5.1.4（b）所示为光电耦合器的传输特性，它描述的是在发光二极管的电流 i_D 一定的情况下，集电极电流 i_C 与管压降 u_{CE} 之间的关系。

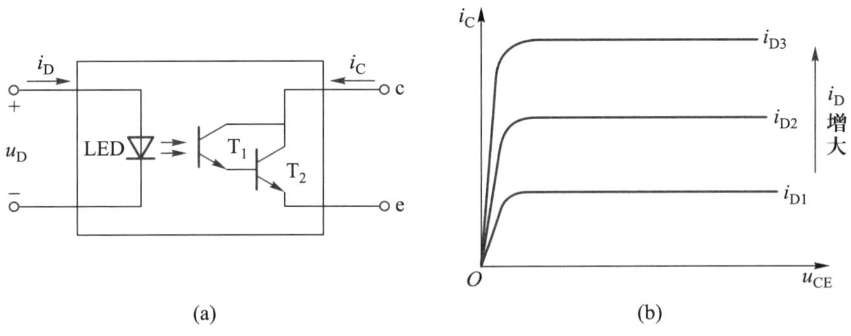

图 5.1.4 光电耦合器及其传输特性

（a）光电耦合器 （b）光电耦合器的传输特性

图 5.1.5 所示为光电耦合放大电路，信号源部分可以是实际的信号源，也可以是前一级放大电路。光电耦合放大电路具有电气隔离作用，可提高电路的抗干扰能力，适用于信号的隔离及远距离传送。

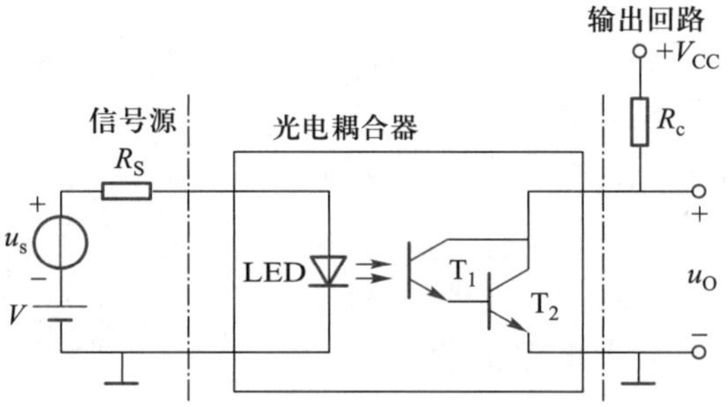

图 5.1.5 光电耦合放大电路

多级放大电路的静态和动态如何分析呢？

教学视频 5.1 多级放大电路的分析

5.1.2 多级放大电路的分析方法

一个 n 级放大电路的交流等效电路可用图 5.1.6 所示框图表示。由图可知，放大电路中前级的输出电压就是后级的输入电压，即 $\dot{U}_{o1}=\dot{U}_{i2}$，$\dot{U}_{o2}=\dot{U}_{i3}$，…，$\dot{U}_{o(n-1)}=\dot{U}_{in}$，所以，多级放大电路的电压放大倍数为

$$\dot{A}_u=\frac{\dot{U}_{o1}}{\dot{U}_i}\cdot\frac{\dot{U}_{o2}}{\dot{U}_{i2}}\cdots\frac{\dot{U}_o}{\dot{U}_{in}}=\dot{A}_{u1}\cdot\dot{A}_{u2}\cdots\dot{A}_{un}$$

即

$$\dot{A}_u=\prod_{i=1}^{n}\dot{A}_{ui} \tag{5.1.1}$$

式(5.1.1)说明，多级放大电路的电压放大倍数等于组成它的各级放大电路电压放大倍数的乘积。应该指出，每一级的放大倍数应该是以后级的输入电阻作为负载时的放大倍数。

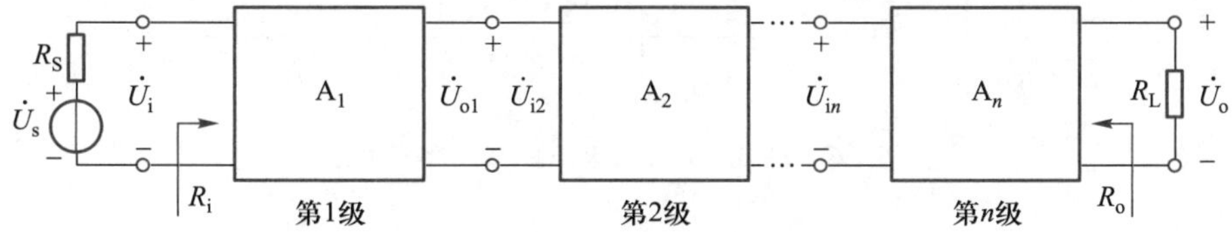

图 5.1.6 多级放大电路的等效电路框图

根据放大电路输入电阻的定义，多级放大电路的输入电阻就是第一级放大电路的输入电阻，即

$$R_i=R_{i1} \tag{5.1.2}$$

根据放大电路输出电阻的定义，多级放大电路的输出电阻就是最后一级放大电路的输出电阻，即

$$R_o = R_{on} \tag{5.1.3}$$

应当注意：当共集放大电路作为第一级时，它的输入电阻与其负载，即与第二级的输入电阻有关；当共集放大电路作为最后一级时，它的输出电阻与其信号源内阻，即与其前一级的输出电阻有关；前一级是后一级的信号源，后一级是前一级的负载。

例 5.1.1 电路如图 5.1.7 所示。已知 $R_1 = 250\ \text{k}\Omega$，$R_2 = 3\ \text{k}\Omega$，$R_3 = 150\ \text{k}\Omega$，$R_4 = R_L = 5\ \text{k}\Omega$；$V_{CC} = 12\ \text{V}$；晶体管 T_1 和 T_2 的 $\beta = 50$，$r_{be1} = 1.5\ \text{k}\Omega$，$r_{be2} = 2.2\ \text{k}\Omega$，$U_{BE1} = U_{BE2} = 0.7\ \text{V}$。计算电路的 Q 点、$\dot{A}_u$、R_i 和 R_o。

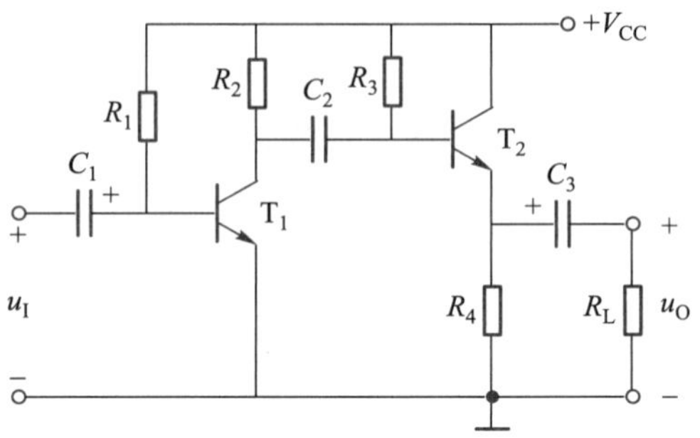

图 5.1.7 例 5.1.1 的电路

解 (1) 求静态工作点 Q：由于电路采用阻容耦合方式，所以每一级放大电路的静态工作点都是独立的。

第一级为共射极电路，根据参数可知

$$I_{B1} = \frac{V_{CC} - U_{BE1}}{R_1} = \frac{12 - 0.7}{250 \times 10^3}\ \text{A} = 45.2\ \mu\text{A}$$

$$I_{C1} = \beta I_{B1} = 50 \times 45.2 \times 10^{-6}\ \text{A} = 2.26\ \text{mA}$$

$$U_{CE1} = V_{CC} - I_{C1}R_2 = (12 - 2.26 \times 3)\ \text{V} = 5.22\ \text{V}$$

第二级为共集放大电路，根据参数可知

$$I_{B2} = \frac{V_{CC} - U_{BE1}}{R_3 + (1+\beta)R_4} = \frac{12 - 0.7}{150 + (1+50) \times 5}\ \text{mA} \approx 27.9\ \mu\text{A}$$

$$I_{C2} = \beta I_{B2} \approx 50 \times 27.9 \times 10^{-6}\ \text{A} = 1.395\ \text{mA}$$

$$U_{CE2} = V_{CC} - I_{C2}R_4 = (12 - 1.395 \times 5)\ \text{V} = 5.025\ \text{V}$$

(2) 求解动态指标 $\dot{A}_u$、R_i 和 R_o：画出电路的微变等效电路如图 5.1.8 所示。

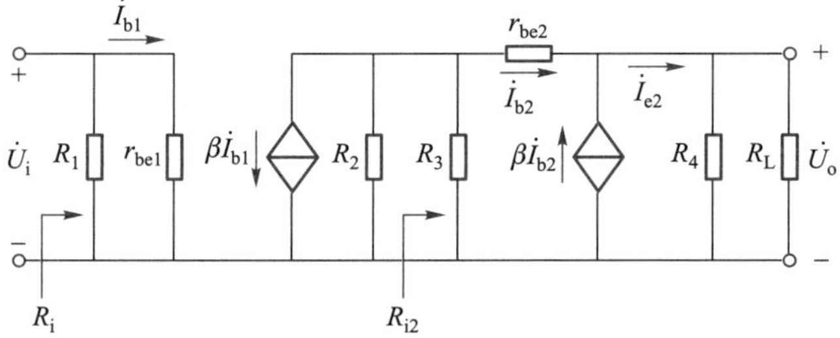

图 5.1.8 图 5.1.7 所示电路的微变等效电路

为了求出第一级的电压放大倍数 $\dot{A}_{u1}$，首先应求出其负载电阻，即第二级的输入电阻

$$R_{i2} = R_3\ /\!/\ [r_{be2} + (1+\beta)(R_4\ /\!/\ R_L)] \approx 69.6\ \text{k}\Omega$$

$$\dot{A}_{u1} = -\frac{\beta(R_2\ /\!/\ R_{i2})}{r_{be1}} = -\frac{50 \times \dfrac{3 \times 69.6}{3 + 69.6}}{1.5} \approx -95.9$$

第二级的电压放大倍数为

$$\dot{A}_{u2}=\frac{(1+\beta)(R_4 /\!/ R_L)}{r_{be2}+(1+\beta)(R_4 /\!/ R_L)}=\frac{51\times\dfrac{5\times5}{5+5}}{2.2+51\times\dfrac{5\times5}{5+5}}\approx 0.983$$

所以整个放大电路的放大倍数为

$$\dot{A}_u=\dot{A}_{u1}\cdot\dot{A}_{u2}\approx-95.9\times0.983\approx-94.3$$

电路的输入电阻为

$$R_i=R_1 /\!/ r_{be1}\approx 1.49\ \text{k}\Omega$$

电路的输出电阻为

$$R_o=R_4 /\!/ \frac{r_{be2}+R_2 /\!/ R_3}{1+\beta}\approx 99\ \Omega$$

5.1.3 多级放大电路的频率特性

图 5.1.9 是一个由共发射极基本放大电路组成的两级阻容耦合放大电路。

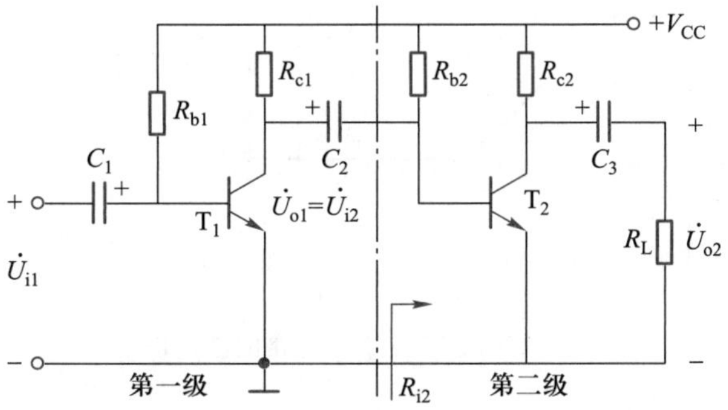

图 5.1.9　由共发射极基本放大电路组成的两级阻容耦合放大电路

两级放大电路的总电压放大倍数为

$$\dot{A}_u=\frac{\dot{U}_{o1}}{\dot{U}_i}\cdot\frac{\dot{U}_{o2}}{\dot{U}_{i2}}=\dot{A}_{u1}\cdot\dot{A}_{u2}\tag{5.1.4}$$

已知 n 级放大电路的电压放大倍数为

$$\dot{A}_u=\dot{A}_{u1}\cdot\dot{A}_{u2}\cdot\cdots\cdot\dot{A}_{un}$$

或

$$\dot{A}_u=|\dot{A}_u|\angle\varphi$$

上式中

$$|\dot{A}_u|=|\dot{A}_{u1}|\cdot|\dot{A}_{u2}|\cdots|\dot{A}_{un}|\tag{5.1.5}$$

$$\varphi=\varphi_1+\varphi_2+\cdots+\varphi_n\tag{5.1.6}$$

若将式(5.1.5)取对数,则得

$$20\lg|\dot{A}_u|=20\lg|\dot{A}_{u1}|+20\lg|\dot{A}_{u2}|+\cdots+20\lg|\dot{A}_{un}|\tag{5.1.7}$$

根据式(5.1.7)和式(5.1.6),在已知各级放大电路波特图的情况下,只要将各级的波特图在同频率坐标下的纵坐标值相加,便可画出多级放大电路的波特图。例如,对于由两个频率特性相同的单级放大电路组成的两级放大电路,如图 5.1.9 所示,只要把单级放大电路的波特图的纵坐标值加大一倍,就是两级放大电路的波特图,如图 5.1.10 所示。

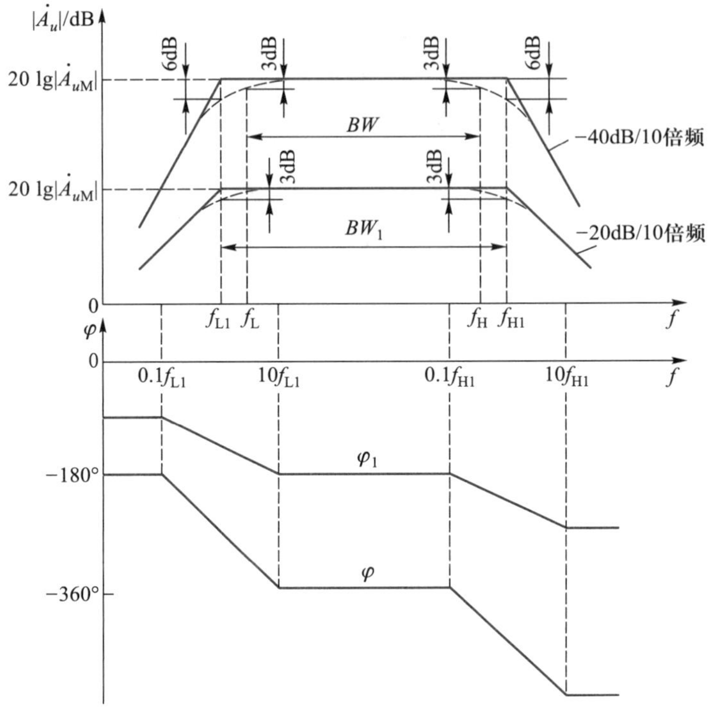

图 5.1.10 两级放大电路的波特图

由图 5.1.10 可知:

(1) 在单级放大电路的 f_{L1} 和 f_{H1} 处,两级电压放大倍数比中频段下降了 6 dB。

(2) 在两级放大电路的幅频特性上,电压放大倍数下降 3 dB 所对应的上限和下限频率分别为 f_H 和 f_L,且 $f_L>f_{L1}$,$f_H<f_{H1}$,即两级放大电路的通频带 $BW=f_H-f_L$ 比单级放大电路的通频带 $BW_1=f_{H1}-f_{L1}$ 窄。由此可见,采用多级放大电路来提高总电压放大倍数必然要牺牲通频带。

(3) 单级放大电路在低频段和高频段的幅频特性的斜率分别为 20 dB/10 倍频和 -20 dB/10倍频,而两级放大电路的幅频特性在低频段和高频段的幅频特性的斜率分别为 40 dB/10 倍频和-40 dB/10 倍频。

(4) 两级放大电路的相频特性,在中频段的相位差由-180°变为-360°,最大附加相移由 90°增大到 180°。

5.1.4 多级直接耦合放大电路的零点漂移现象

一、零点漂移现象

实践证明,即使将多级直接耦合放大电路的输入端短路,即令 $u_i=0$,输出电压也会偏离静态值而随时间作缓慢、无规则地变化，如图 5.1.11 所示，这种现象称为直接耦合放大电路的**零点漂移现象**。

二、产生零点漂移的原因

在多级直接耦合放大电路中，产生零点漂移的内因是放大电路的级与级之间采用直接耦合方式和晶体管是个温度敏感器件，外因是环境温度的变化和电源电压的波动。当环境温度发生变化时，晶体管参数（I_{CBO}、U_{BE}和β）的变化会使放大电路的静态工作点发生变化；电源电压的波动也会使静态工作点发生变化。尤其是第一级静态工作点的微小而缓慢的变化，在直接耦合放大电路中会被逐级放大，使输出电压偏离静态值而随时间作缓慢而无规则的变化。因此，在多级直接耦合放大电路中，输出端的零点漂移主要是由第一级的零点漂移决定的，而且放大电路的电压放大倍数越大，输出电压的零点漂移就越严重。有时零点漂移的大小和有效输出信号相比可以达到同一数量级，这时将无法分辨放大电路的输出信号究竟是由输入信号引起的，还是由零点漂移造成的。在这种情况下，放大电路也就不能正常工作了。因此，如何既提高电压放大倍数，又减小零点漂移现象，就成为直接耦合放大电路要解决的**第二个特殊问题**。

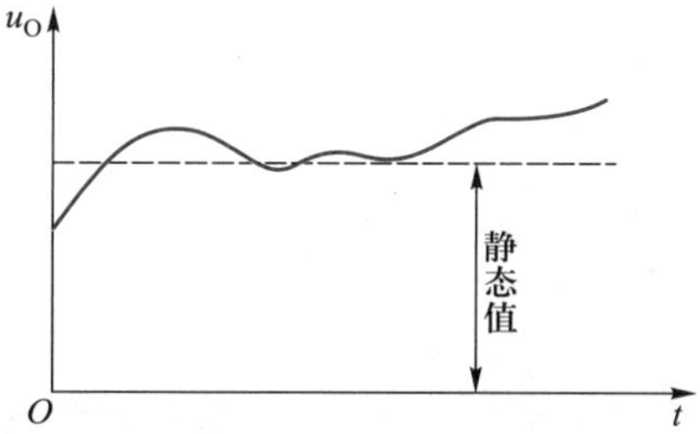

图 5.1.11　直接耦合放大电路的零点漂移现象

应该说明，电源电压的波动可用精密稳压电源加以克服。因此，可以认为，在多级直接耦合放大电路中，零点漂移主要是由环境温度变化引起的。我们把放大电路输入端短路时，直接耦合放大电路输出电压随温度变化而产生的零点漂移称为**温度的零点漂移**，简称**温漂**。

温漂指标常用温度每升高 1 度时，输出漂移电压按电压增益折算到输入端的等效输入漂移电压值来表示。

三、抑制零点漂移的方法

对于直接耦合放大电路，如果不采取措施抑制零点漂移，会使放大电路不能正常工作，为了减小零点漂移，常采用以下几种措施。

（1）采用I_{CBO}小的高质量硅管。

（2）在电路中引入直流负反馈，例如典型的静态工作点稳定电路中发射极电阻 R_e所起的作用就是引入了直流负反馈。

（3）采用温度补偿措施，利用热敏元件来抵消晶体管参数的变化，如引入二极管等。

（4）最好的办法是采用特性相同的管子，构成“差分放大电路”，使两管产生的零点漂移在输出端相互抵消。

思考题

5.1.1　直接耦合放大电路只能放大直流信号，阻容耦合放大电路只能放大交流信号吗？为什么？

5.1.2　现有一个两级阻容耦合的放大电路，每一级都是由 NPN 管构成的共射极放大电路，其输出电压波形产生顶部失真，试分析产生失真的原因，如何消除失真？

5.1.3　一个两级放大电路，已知负载电阻 R_L、第一级的输入电阻 R_{i1}和输出电阻 R_{o1}，第

二级的输入电阻 R_{i2} 和输出电阻 R_{o2}，空载时的电压放大倍数 A_{uo}，试求解此两级放大电路的电压放大倍数 A_u。

5.1.4　什么是零点漂移？产生零点漂移的主要原因有哪些？如何抑制零点漂移？

5.2　差分放大电路

差分放大电路是多级直接耦合放大电路的基本单元电路，常用于第一级抑制零点漂移。什么是差分放大电路？它是如何抑制零点漂移的？

教学视频 5.2 基本差分放大电路

5.2.1　典型长尾式差分放大电路

一、电路的组成

典型长尾式差分放大电路如图 5.2.1 所示，它由两个完全相同的单管放大电路组成，即 T_1、T_2 采用同型号且特性完全相同的晶体管（$\beta_1=\beta_2=\beta$），$R_{c1}=R_{c2}=R_c$，$R_{b1}=R_{b2}=R_b$（R_b 阻值很小，一般为信号源内阻）。电路中有两个直流电源 V_{CC} 和 V_{EE}。两管的发射极接了公共电阻 R_e，其阻值一般为几千欧至几十千欧。由于 R_e 接负电源 $-V_{EE}$，好像电路有一个尾巴，故称为**长尾式电路**。

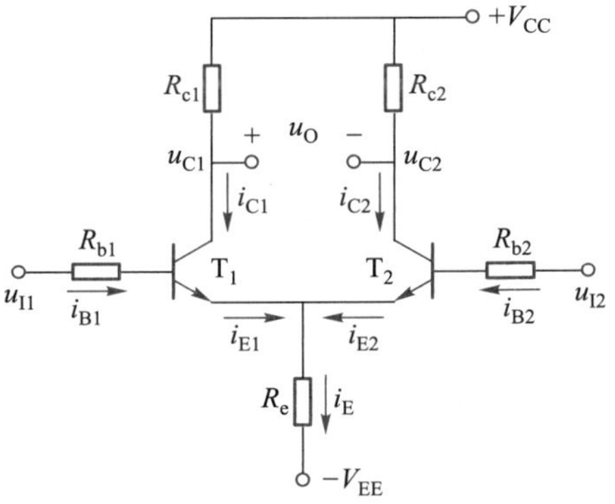

图 5.2.1　典型长尾式差分放大电路

由图可见，差分放大电路有两个输入端，分别接受输入信号 u_{I1} 和 u_{I2}（加在各自的输入端和地之间），还有两个输出端，分别输出信号 $u_{O1}=u_{C1}$ 和 $u_{O2}=u_{C2}$（从两管的集电极和地之间输出）。当输出信号从两个管子的集电极之间取出时，输出信号为 u_O，称为**双端输出**；当输出信号从一个管子的集电极和地之间取出时，输出信号为 u_{O1} 或 u_{O2}，称为**单端输出**。

二、工作原理

1. 静态工作情况

当没有输入信号电压，即 $u_{I1}=u_{I2}=0$ 时，相当于两输入端对地短路，由于电路参数完全对称，两个晶体管的静态集电极电流和静态集电极电位都是相等的，即 $I_{C1}=I_{C2}$，$U_{C1}=U_{C2}$，所以差分放大电路的输出电压等于零，即

$$u_O = U_{C1} - U_{C2} = 0$$

由此可知，当输入信号电压为零时，输出信号电压也为零。

2. 动态工作情况

若把输入信号电压 u_I 加在两个输入端之间，如图 5.2.2 所示，称为**双端输入**。因为电路参数对称，两个单管放大电路所得的输入信号电压 u_{I1} 和 u_{I2} 是大小相等、极性相反的，我们把这种输入方式称为**差模输入**，把所加的输入信号 u_I 称为**差模信号**，用 u_{Id} 表示，即

$$u_{I1}=\frac{1}{2}u_{Id}$$

$$u_{I2}=-\frac{1}{2}u_{Id}$$

在差模输入信号作用下，两管的集电极电流和集电极电位的变化相反，所以输出电压为 $u_O=u_{O1}-u_{O2}\neq 0$，此时两个输出端之间就有信号电压输出。由于图 5.2.2 所示的电路在差模信号作用下输出才有变动，故称为**差分放大电路**。

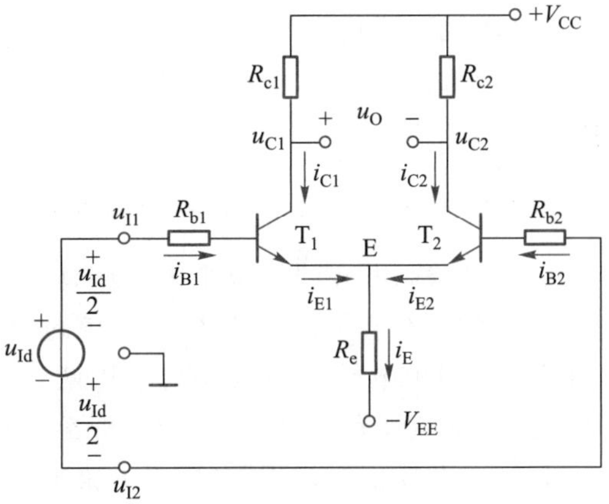

图 5.2.2　差模输入情况

3. 抑制零点漂移的原理

（1）当电路参数完全对称时

由于电路参数完全对称，无论是环境温度变化或电源电压波动，两管产生的集电极电流和集电极电位的变化是完全相等的，故输出电压 $u_O=u_{C1}-u_{C2}=0$，即两管的漂移可在输出端完全抵消，输出电压就没有零点漂移，这是差分放大电路抑制零点漂移的基本原理。

（2）当电路参数不完全对称时

在实际情况下，电路的参数是不可能完全对称的，这时两管的漂移不会完全相等，在输出端不可能完全抵消，输出电压就有零点漂移。为了减小电路参数不完全对称引起的零点漂移，必须减小每管集电极对地的漂移电压。为了做到这一点，在电路中接入了阻值较大的发射极公共电阻 R_e，利用电阻 R_e 的作用，可以减小每管集电极对地的漂移电压。当温度升高时，电路中会产生如下过程：

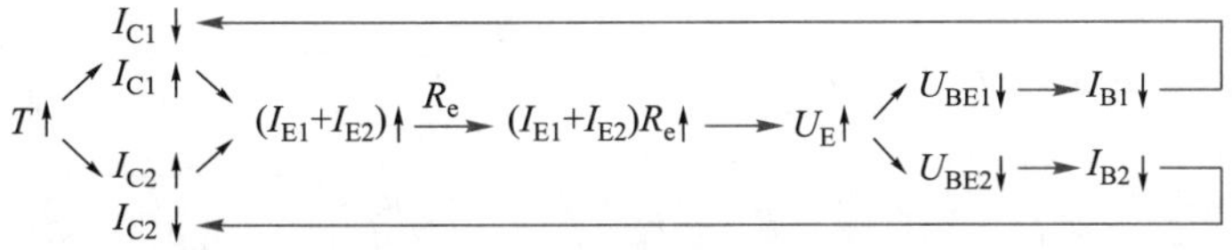

由此可见，当环境温度变化时，由于电阻 R_e 的作用，每管的集电极电流基本稳定，因此能减小每管集电极对地的漂移电压，在双端输出时，就能使输出电压的漂移大大减小。很明显，电阻 R_e 越大，抑制零点漂移的效果越好。

三、典型差分放大电路性能指标的计算

1. 静态工作点

由图 5.2.1 可知，电路参数完全对称，即 $R_{c1}=R_{c2}=R_c$，$R_{b1}=R_{b2}=R_b$，且 $u_{I1}=u_{I2}=0$ 时，$I_{E1}=I_{E2}=I_E$，则由两管的输入回路可得

$$\begin{aligned}V_{EE}&=I_BR_b+U_{BE}+2I_ER_e\\&=I_BR_b+U_{BE}+2(1+\beta)I_BR_e\end{aligned}$$

可得每管的静态基极电流为

$$I_B=\frac{V_{EE}-U_{BE}}{R_b+2(1+\beta)R_e}\tag{5.2.1}$$

每管的静态集电极电流为

$$I_C = \beta I_B \tag{5.2.2}$$

每管的静态管压降为

$$U_{CE} \approx V_{CC} + V_{EE} - I_C(R_c + 2R_e) \tag{5.2.3}$$

2. 差模信号作用下的动态指标计算

前已指出,差分放大电路在差模信号作用下,会产生输出信号,即它对差模信号具有放大作用。

在图 5.2.2 所示电路中,在差模信号 u_{Id}的作用下,因为 $u_{I1}=-u_{I2}=\frac{1}{2}u_{Id}$,所以,当放大电路参数完全对称,并在线性范围内工作时,一管射极电流的增加量必等于另一管射极电流的减少量。因此,在差模信号的作用下,流过发射极公共电阻 R_e的电流不变,与静态电流($I_{E1}+I_{E2}$)相同,发射极电位 U_E保持恒定。因此,电阻 R_e对差模电压放大倍数没有影响,在画放大电路的差模交流通路时可将 R_e视为短路。

另外,在差模信号作用下,两管的集电极电位总是向相反方向变化,而且大小相等,如果在两管集电极之间接负载电阻 R_L,则 R_L的中点相当于交流接"地",所以每管各带一半负载电阻。

通过上述分析,可得图 5.2.2 所示电路接上负载后的差模交流通路如图 5.2.3 所示。利用差模交流通路来分析差分放大电路的各项差模性能指标。

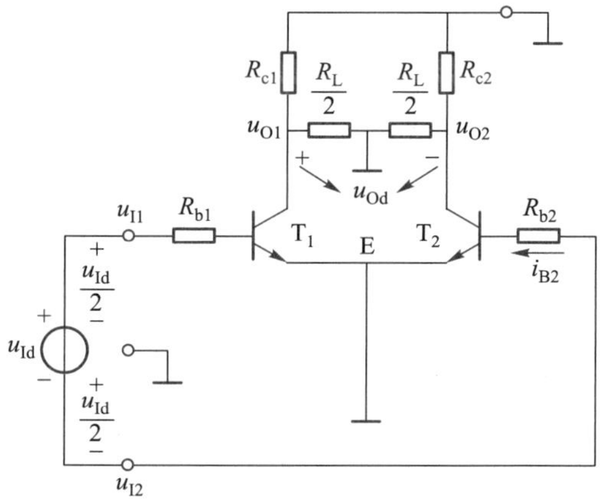

图 5.2.3 差模输入时的交流通路

(1) 差模电压放大倍数 A_{ud}

在双端输出时,输出电压为 $u_{Od}=u_{O1}-u_{O2}=2u_{O1}=-2u_{O2}$,输入差模电压为 $u_{Id}=u_{I1}-u_{I2}=2u_{I1}=-2u_{I2}$。

因此空载时差模电压放大倍数为

$$A_{ud}=\frac{u_{Od}}{u_{Id}}=\frac{u_{O1}-u_{O2}}{2u_{I1}}=\frac{2u_{O1}}{2u_{I1}}=A_{ud1}=-\frac{\beta R_c}{R_b+r_{be}} \tag{5.2.4}$$

若带负载 R_L时,差模电压放大倍数为

$$A_{ud}=-\frac{\beta\left(R_c\ /\!/\ \frac{R_L}{2}\right)}{R_b+r_{be}} \tag{5.2.5}$$

由此可见,在电路参数完全对称的情况下,双端输出时,在负载开路的情况下,典型长尾式差分放大电路的差模电压放大倍数与单管放大电路的电压放大倍数相同。

在单端输出时,有

$$A_{ud1}=\frac{u_{O1}}{u_{Id}}=\frac{u_{O1}}{2u_{I1}}=\frac{1}{2}A_{ud} \tag{5.2.6}$$

或

$$A_{ud2}=\frac{u_{O2}}{u_{Id}}=-\frac{u_{O2}}{2u_{I2}}=-\frac{1}{2}A_{ud} \tag{5.2.7}$$

空载时单端输出的差模电压放大倍数为

$$A_{ud(单)}=\mp\frac{\beta R_c}{2(R_b+r_{be})} \tag{5.2.8a}$$

若带负载 R_L时，单端输出的差模电压放大倍数为

$$A_{ud(单)}=\mp\frac{\beta(R_c /\!/ R_L)}{2(R_b+r_{be})} \tag{5.2.8b}$$

可见，当负载 R_L开路时，单端输出时的差模电压放大倍数为双端输出时的一半，且两输出端的信号相位相反。当输出信号由 T_1管的集电极输出时，为反相输出；当输出信号由 T_2管的集电极输出时，为同相输出。应该注意，双端输出时计算 A_{ud}的负载为 $R_L/2$（此时 R_L接在两个晶体管的集电极之间），单端输出时计算 A_{ud}的负载则为 R_L（此时 R_L接在晶体管的集电极和地之间）。

（2）差模输入电阻

由图 5.2.3 所示的差模输入时的交流通路可得

$$R_{id}=2(R_b+r_{be}) \tag{5.2.9}$$

（3）差模输出电阻

双端输出时的输出电阻为

$$R_o\approx 2R_c \tag{5.2.10a}$$

单端输出时的输出电阻为

$$R_o\approx R_c \tag{5.2.10b}$$

3. 共模信号作用下的动态指标计算

如果在图 5.2.1 所示电路中加入的 u_{I1}和 u_{I2}是大小相等、极性相同的信号，这种信号称为**共模信号**，用 u_{Ic}表示，此时

$$u_{Ic}=u_{I1}=u_{I2}$$

由于电路参数对称，差分放大电路在共模信号作用下，两管的集电极电位变化大小相等、极性相同，因而输出电压 u_{Oc}为零。可见，在电路参数完全对称的情况下，双端输出的差分放大电路对共模信号没有放大作用。

在共模信号的作用下，两管的发射极将产生相同的电流变化 Δi_E，使得流过 R_e的电流变化为 $2\Delta i_E$，从而引起两管发射极电位有 $2R_e\Delta i_E$的变化。因此，从电压等效的角度看，相当于每管的射极各接有 $2R_e$的电阻。

在输出端，由于共模输入信号引起两管集电极的电位变化完全相同，双端输出时流过负载 R_L上的电流为零，相当于开路。

通过上述分析，可得图 5.2.1 所示电路的共模交流通路，如图 5.2.4 所示。利用共模交流通路来分析差分放大电路在共模信号作用下的各项性能指标。

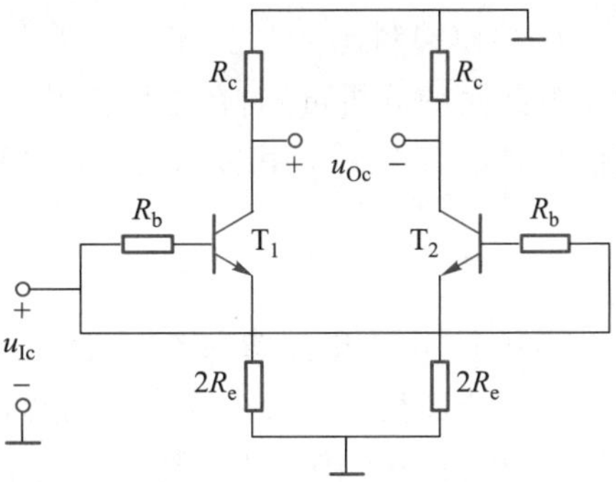

图 5.2.4　共模输入时的交流通路

(1) 共模电压放大倍数 A_{uc}

双端输出时的共模电压放大倍数定义为 $A_{uc}=\dfrac{u_{Oc}}{u_{Ic}}$。当电路完全对称时,$u_{Oc1}=u_{Oc2}$,所以双端输出的共模电压放大倍数为零,即 $A_{uc}=0$。

单端输出时的共模电压放大倍数定义为 $A_{uc1}=\dfrac{u_{Oc1}}{u_{Ic}}$ 或 $A_{uc2}=\dfrac{u_{Oc2}}{u_{Ic}}$。由图 5.2.4 可得

$$A_{uc1}=\frac{u_{Oc1}}{u_{Ic}}=\frac{u_{Oc2}}{u_{Ic}}=-\frac{\beta R_c}{R_b+r_{be}+2(1+\beta)R_e} \tag{5.2.11a}$$

若带负载 R_L 时,单端输出的共模电压放大倍数为

$$A_{uc1}=-\frac{\beta(R_c /\!/ R_L)}{R_b+r_{be}+2(1+\beta)R_e} \tag{5.2.11b}$$

可见,发射极公共电阻 R_e 的存在使得单端输出的共模电压放大倍数大为减小。在实际电路中,由于 R_e 总是大于 R_c,且 $2(1+\beta)R_e \gg R_b+r_{be}$,所以一般 $A_{uc1}<1$,即差分放大电路对共模信号不是起放大作用而是起抑制作用。发射极公共电阻 R_e 越大,抑制共模信号的作用越强。

研究差分放大电路的共模信号是有实际意义的。因为,无论是温度的变化或是电源电压的波动,在电路参数完全对称的情况下,每管集电极对地都会产生相同的漂移电压,把它们折合到输入端,就相当于在差分放大电路的两个输入端加入了共模信号,所以,研究共模信号就是在研究零点漂移问题。在实际工作中,也经常会遇到伴随着输入信号的加入而混入了较大共模干扰信号的情况。

(2) 共模输入电阻

由图 5.2.4 不难求出共模输入电阻

$$R_{ic}=\frac{u_{Ic}}{i_{Ic}}=\frac{u_{Ic}}{2i_{B1}}=\frac{1}{2}[R_b+r_{be}+2(1+\beta)R_e] \tag{5.2.12}$$

(3) 共模输出电阻

双端输出时

$$R_{oc}\approx 2R_c \tag{5.2.13}$$

单端输出时

$$R_{oc}\approx R_c \tag{5.2.14}$$

4. 共模抑制比

由前面的分析可知,在电路参数完全对称的情况下,在双端输出时,差分放大电路对共模信号是没有放大作用的,即它的共模电压放大倍数为

$$A_{uc}=\frac{u_{Oc}}{u_{Ic}}=0$$

实际上,由于电路参数不可能完全对称,故输出电压会产生较小的零点漂移,故 $A_{uc}\neq 0$。

为了全面衡量差分放大电路对差模信号的放大作用和对共模信号的抑制能力,引入**共模抑制比**的概念,其定义为差分放大电路的差模电压放大倍数 A_{ud} 与共模电压放大倍数 A_{uc} 之比的绝对值,即

$$K_{\mathrm{CMR}} = \left|\frac{A_{ud}}{A_{uc}}\right| \tag{5.2.15}$$

在电路参数完全对称的情况下，在双端输出时，差分放大电路的共模电压放大倍数 $A_{uc}=0$，$K_{\mathrm{CMR}}=\infty$。在单端输出时，由式(5.2.8a)和式(5.2.11a)可得共模抑制比为

$$K_{\mathrm{CMR}} = \left|\frac{A_{ud}}{A_{uc}}\right| = \frac{R_{\mathrm{b}} + r_{\mathrm{be}} + 2(1+\beta)R_{\mathrm{e}}}{2(R_{\mathrm{b}} + r_{\mathrm{be}})} \tag{5.2.16}$$

由式(5.2.11)和式(5.2.16)可知，发射极公共电阻 R_{e}越大，A_{uc1}越小，K_{CMR}越大，电路放大差模信号的能力和抑制共模信号的能力越强，电路的性能就越好。所以，增大 R_{e}是提高 K_{CMR}的重要措施。

共模抑制比有时也用分贝表示，即

$$K_{\mathrm{CMR}} = 20\lg\left|\frac{A_{ud}}{A_{uc}}\right| \ (\mathrm{dB})$$

差分放大电路的共模抑制比越大，分辨差模信号的能力和抑制共模信号的能力越强。

例 5.2.1 电路如图 5.2.1 所示。已知：$V_{\mathrm{CC}}=12\ \mathrm{V}$、$V_{\mathrm{EE}}=6\ \mathrm{V}$、$R_{\mathrm{c1}}=R_{\mathrm{c2}}=R_{\mathrm{c}}=5.6\ \mathrm{k\Omega}$、$R_{\mathrm{b1}}=R_{\mathrm{b2}}=R_{\mathrm{b}}=20\ \mathrm{k\Omega}$、$R_{\mathrm{e}}=3.3\ \mathrm{k\Omega}$、晶体管的 $\beta_1=\beta_2=\beta=50$、$U_{\mathrm{BE1}}=U_{\mathrm{BE2}}=U_{\mathrm{BE}}=0.7\ \mathrm{V}$。计算：(1) 电路的静态工作点 Q；(2) 双端输出时的差模电压放大倍数 A_{ud}，差模输入电阻 R_{id}和输出电阻 R_{o}；(3) 单端(T_1管集电极)输出时的差模电压放大倍数、共模电压放大倍数和共模抑制比。

解 (1) 静态工作点 Q：单端输出时

由式(5.2.1)~式(5.2.3)可知：

每管的静态基极电流为

$$\begin{aligned} I_{\mathrm{B}} &= \frac{V_{\mathrm{EE}} - U_{\mathrm{BE}}}{R_{\mathrm{b}} + 2(1+\beta)R_{\mathrm{e}}} \\ &= \frac{6 - 0.7}{20\times10^3 + 2(1+50)\times3.3\times10^3}\ \mathrm{mA} \\ &\approx 14.9\ \mu\mathrm{A} \end{aligned}$$

每管的静态集电极电流为

$$I_{\mathrm{C}} = \beta I_{\mathrm{B}} \approx 50\times14.9\times10^{-6}\mathrm{A} = 0.75\ \mathrm{mA}$$

每管的静态管压降为

$$\begin{aligned} U_{\mathrm{CE}} &= V_{\mathrm{CC}} + V_{\mathrm{EE}} - I_{\mathrm{C}}(R_{\mathrm{c}} + 2R_{\mathrm{e}}) \\ &= [12 + 6 - 0.75\times10^{-3}(5.6 + 2\times3.3)\times10^3]\ \mathrm{V} \\ &= 8.85\ \mathrm{V} \end{aligned}$$

每管的输入电阻为

$$r_{\mathrm{be}} = 300\ \Omega + (1+\beta)\frac{26\ \mathrm{mV}}{I_{\mathrm{E}}} = \left[300 + (1+50)\frac{26}{0.75}\right]\ \Omega \approx 2.07\ \mathrm{k\Omega}$$

(2) 求双端输出时的 A_{ud}、R_{id}和 R_{o}

由式(5.2.4)可知电路在双端输出时的差模电压放大倍数为

$$A_{ud} = -\frac{\beta R_{\mathrm{c}}}{R_{\mathrm{b}} + r_{\mathrm{be}}} = -\frac{50\times5.6\times10^3}{(20+2.07)\times10^3} \approx -12.7$$

由式(5.2.9)可知电路的差模输入电阻为

$$R_{id}=2(R_b+r_{be})\approx[2\times(20+2.07)]\mathrm{k\Omega}\approx 44.1\ \mathrm{k\Omega}$$

由式(5.2.10a)可知电路在双端输出时的输出电阻为

$$R_o\approx 2R_c=2\times 5.6\ \mathrm{k\Omega}=11.2\ \mathrm{k\Omega}$$

(3) 求单端输出时的 A_{ud}、A_{uc1} 和 K_{CMR}

由式(5.2.8a)可知电路在单端输出、负载开路时的差模电压放大倍数为

$$A_{ud}=-\frac{\beta R_c}{2(R_b+r_{be})}=-\frac{50\times 5.6\times 10^3}{2\times(20+2.07)\times 10^3}\approx -6.34$$

由式(5.2.11a)可知电路在单端输出、负载开路时的共模电压放大倍数为

$$A_{uc1}=-\frac{\beta R_c}{R_b+r_{be}+2(1+\beta)R_e}=-\frac{50\times 5.6\times 10^3}{[20+2.07+2\times(1+50)\times 3.3]\times 10^3}\approx -0.79$$

由式(5.2.16)得电路在单端输出、负载开路时的共模抑制比为

$$K_{CMR}=\left|\frac{A_{ud}}{A_{uc}}\right|=\frac{R_b+r_{be}+2(1+\beta)R_e}{2(R_b+r_{be})}$$

$$=\frac{[20+2.07+2\times(1+50)\times 3.3]\times 10^3}{2\times(20+2.07)\times 10^3}\approx 8.13$$

计算结果表明,此例中的参数不合理,单管输出时的 K_{CMR} 较小,请读者分析其原因,并提出解决方法。

5. 单端输入的差分放大电路

在实际应用中,当信号源接到差分放大电路的两个输入端时,如果信号源是浮地的,即两端都不接地,这种接法称为**双端输入**,如前所述电路。如果信号源的一端接地,这种接法称为**单端输入**。

(1) 单端输入、双端输出的差分放大电路

图 5.2.5 所示为单端输入、双端输出的差分放大电路,T_2 的输入端接地,输入信号加在 T_1 的输入端与地之间。电路对于差模信号是通过发射极相连的方式将 T_1 管的发射极电流传递到 T_2 管的发射极的,故称此电路为**射极耦合电路**。

这种电路的静态分析、抑制零点漂移的原理与双端输入双端输出的差分放大电路相同。现在来分析电路的电压放大倍数。

图 5.2.6 画出了图 5.2.5 所示电路输入回路的交流通路。图中 r_{i2} 是从发射极看进去 T_2 管输入回路的等效电阻,即

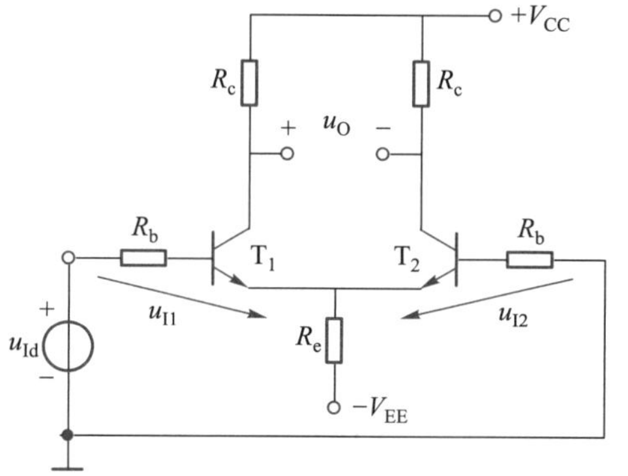

图 5.2.5 单端输入、双端输出的差分放大电路

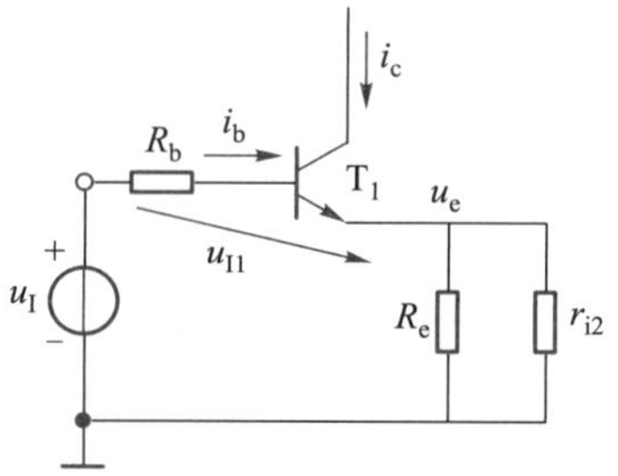

图 5.2.6 图 5.2.5 所示电路输入回路的交流通路

$$r_{i2}=\frac{R_b+r_{be}}{1+\beta}$$

在电路参数对称且满足 $R_e \gg \frac{R_b+r_{be}}{1+\beta}$ 的条件下，可得

$$u_e \approx i_e \frac{R_b+r_{be}}{1+\beta}=(1+\beta)\cdot i_b\cdot\frac{R_b+r_{be}}{1+\beta}=i_b(R_b+r_{be})=u_{I1}=\frac{1}{2}u_I$$

故 T_2 管得到的信号为

$$u_{I2}=-u_e=-\frac{1}{2}u_I$$

$$u_{I1}=u_I-u_e=\frac{1}{2}u_I$$

由此可见，只要电路参数对称，且 R_e 的值足够大，输入信号就近似均分在两管的输入回路上，即 T_1、T_2 管得到大小相等、极性相反的输入信号，输入回路的交流通路中 R_e 相当于开路，电路的工作情况与差模输入（双端输入）时的工作情况近似一致，单端输入双端输出与双端输入双端输出的效果相同。

单端输入双端输出时的差模电压放大倍数为

$$A_{ud}=\frac{u_o}{u_I}=\frac{2u_{o1}}{2u_{I1}}\approx-\frac{\beta R_c}{R_b+r_{be}}$$

单端输入双端输出时差模输入电阻为 $R_{id}=2(R_b+r_{be})$，输出电阻为 $R_o\approx 2R_c$。

图 5.2.5 所示电路的输入信号可等效成图 5.2.7所示的形式。将输入信号进行等效变换，在加信号的一端，将输入信号分为两个串联的信号源，数值均为 $u_I/2$，极性相同；在接地一端，等效为两个串联的信号源，数值均为 $u_I/2$，但是极性相反，如图 5.2.7 所示。不难看出，同双端输入一样，左右获得了大小相等极性相反的差模信号，但是与此同时，两边也输入了大小相等极性相同的共模信号。

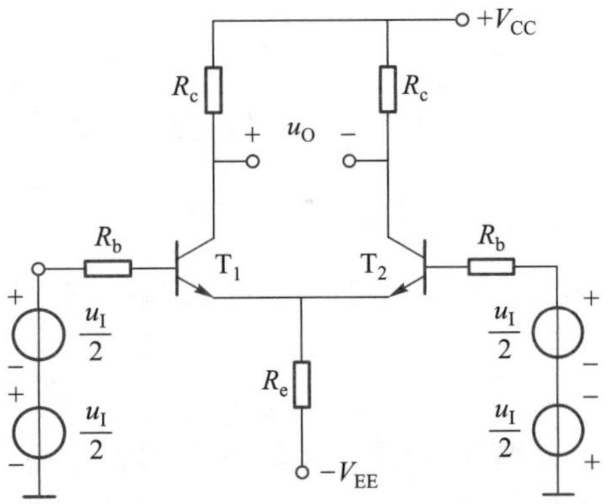

图 5.2.7　图 5.2.5 所示电路输入信号的等效变换

由图 5.2.7 可知，单端输入时两个单管放大电路不仅接受了差模信号，而且还接受了共模信号，这是单端输入电路与双端输入电路的显著区别。但是双端输出的共模放大倍数为 0，所以输出只有差模信号作用的输出，与双端输入双端输出的结果相同。

(2) 单端输入、单端输出的差分放大电路

图 5.2.8 所示为单端输入单端输出的差分放大电路，对于单端输出电路，常将不输出信号一边的 R_c 省掉。对输入信号的分析与图 5.2.7 相同。差模电压放大倍数为

$$A_{ud}=\frac{u_{o1}}{u_I}=-\frac{u_{o2}}{u_I}\approx-\frac{1}{2}\cdot\frac{\beta R_c}{R_b+r_{be}}$$

应该说明的是，当信号由 T_1 管的集电极输出时，为反相输出；当信号由 T_2 管的集电极输

出时，为同相输出。

差模输入电阻为 $R_{id}=2(R_b+r_{be})$，输出电阻为 $R_o\approx R_c$。

单端输入单端输出的差分放大电路中差模参数与双端输入单端输出的相同。但是，单端输入单端输出的差分放大电路中，共模电压放大倍数不为 0，输出端不仅有差模信号作用而得到的差模输出电压，而且还有共模信号作用而得到的共模输出电压，即输入电压 u_i 对应的单端输出电压 u_o 为

$$u_o=A_{ud}u_I+A_{uc}\frac{u_I}{2} \tag{5.2.17}$$

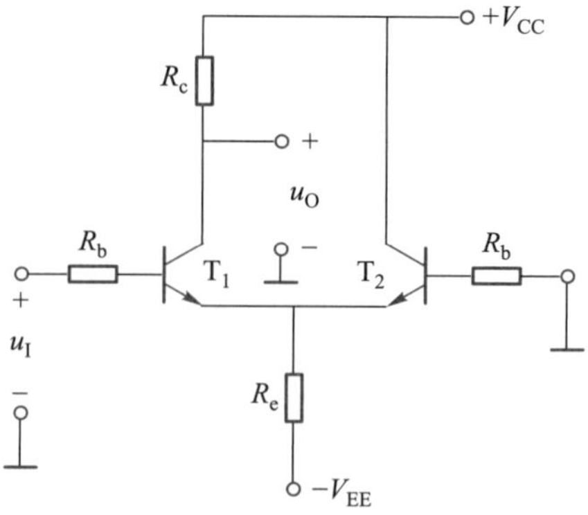

图 5.2.8　单端输入、单端输出的差分放大电路

其中共模电压放大倍数如式(5.2.11a)。

对于两个任意信号 u_{I1}、u_{I2}，分别接到差分放大电路两个输入端和地之间，分析时可将它们分解成一对共模信号 u_{Ic} 和一对差模信号 u_{Id1} 和 u_{Id2}，然后分别在差模交流通路里分析差模放大倍数，在共模交流通路里分析共模放大倍数。其中

$$u_{Ic}=u_{Ic1}=u_{Ic2}=(u_{I1}+u_{I2})/2$$

$$u_{Id}=(u_{I1}-u_{I2})$$

$$u_{Id1}=-u_{Id2}=u_{Id}/2$$

则每端的输入信号包含差模信号和共模信号两部分

$$u_{I1}=u_{Ic}+u_{Id}/2$$

$$u_{I2}=u_{Ic}-u_{Id}/2$$

分析 u_{Ic} 作用下的共模电压放大倍数 A_{uc}，分析 u_{Id} 作用下的差模放大倍数，则输出电压为

$$u_O=A_{ud}u_{Id}+A_{uc}u_{Ic} \tag{5.2.18}$$

6. 电压传输特性

差分放大电路的电压传输特性是指放大电路输出差模信号与输入差模信号之间的关系曲线，即

$$u_{Od}=f(u_{Id}) \tag{5.2.19}$$

以图 5.2.2 所示电路作为实验电路，在输入端加上一差模信号 u_{Id}，通过实验可测得此电路的电压传输特性曲线如图 5.2.9 中的实线所示。

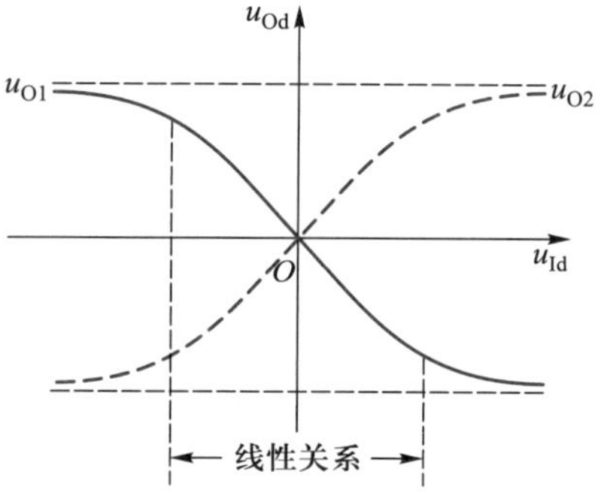

图 5.2.9　差分放大电路的电压传输特性

由图中可以看出，只有在曲线的中间一段，输出电压与输入电压是线性关系，它的斜率是被测电路的差模电压放大倍数 A_{ud}。当输入电压幅值超过某一值时，输出电压与输入电压是非线性关系，输出电压将会产生失真，若再增大输入电压，则输出将趋于不变，此时输出电压的大小取决于电源电压 V_{CC}。

若改变差模输入电压的极性，可得到另一条电压传输特性曲线，如图 5.2.9 中虚线所示，它与实线完全对称。

综上所述，差分放大电路有双端输入双端输出、双端输入单端输出、单端输入双端输出和单端输入单端输出四种接法，它们的性能指标归纳如下：

（1）四种接法下输入电阻均为 $2(R_b+r_{be})$；

（2）双端输入时，A_{ud}、A_{uc}、R_o与输出方式有关，在 R_L都开路的情况下，双端输出时，A_{ud}与单管放大倍数相同，$R_o=2R_c$，电路参数完全对称时 $A_{uc}=0$；单端输出时，A_{ud}是单管放大倍数的一半，A_{uc}与 R_e有关，$R_o=R_c$；

（3）单端输入时，在差模信号输入的同时伴有共模信号输入，在双端输出时其性能指标的计算与双端输入、双端输出电路相同。

差分放大电路抑制零点漂移的能力与 R_e有关，R_e越大，抑制零漂的能力越强，大电阻在集成电路中常采用恒流源来代替。

5.2.2 具有电流源的差分放大电路

如果用一个恒流源代替图 5.2.1 中的发射极电阻 R_e，就可以得到如图 5.2.10 所示的具有恒流源的差分放大电路。该电路的共模抑制比比典型差分放大电路大为提高。如图 5.2.10 所示，T_3、R_1、R_2、R_3和 D_1、D_2组成恒流源，电阻 R_1、R_2和 R_3用来调整和确定 T_3的静态工作电流 I_{C3}，二极管 D_1和 D_2用作温度补偿。

若忽略 T_3的静态基极电流，则由 T_3的基极回路可得

$$I_{E3}R_3+U_{BE3}=2U_D+(V_{EE}-2U_D)\frac{R_2}{R_1+R_2} \tag{5.2.20}$$

式中，U_D是二极管的正向压降。

式(5.2.20)整理后得

$$I_{C3}\approx I_{E3}=\frac{1}{R_3}\left(\frac{V_{EE}R_2}{R_1+R_2}+\frac{2U_DR_1}{R_1+R_2}-U_{BE3}\right)$$

若电路参数选择得合适，使得

$$\frac{2U_DR_1}{R_1+R_2}=U_{BE3} \tag{5.2.21}$$

则有

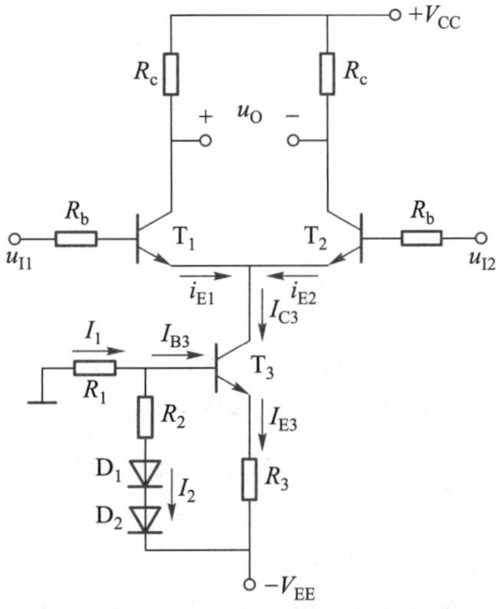

图 5.2.10 具有恒流源的差分放大电路

$$I_{C3}\approx I_{E3}=\frac{V_{EE}R_2}{R_3(R_1+R_2)} \tag{5.2.22}$$

由此可见，在电路参数的选择能满足式(5.2.21)的条件下，由于二极管的正向压降 U_D对晶体管 U_{BE3}的温度补偿作用，T_3的静态集电极电流是与晶体管的参数无关的常数，只要 V_{EE}采用精密稳压电源，R_1、R_2和 R_3采用性能很稳定的电阻，I_{C3}就是一个不受温度变化影响的恒流，T_1和 T_2的发射极所接的电路就可以等效为一个恒流源。当 T_3的输出特性为理想时，在放大区可把它看成是平行于横轴的直线，即 T_3的输出电阻 $r_{ce3}\approx\infty$，则恒流源的内阻为无穷大，相当于 T_1、T_2的发射极接了一个阻值为无穷大的公共电阻，所以，具有恒流源的差分放大电路有着很强的抑制零点漂移的能力。即使在单端输出的情况下也可使 $|A_{uc}|\approx 0$，$K_{CMR}\approx\infty$。实际情况下，r_{ce3}也可达几百千欧，其共模抑制比可达 60~80 dB。

对于差模信号来说，具有恒流源的差分放大电路的交流通路与典型长尾式差分放大电路相同，所以它的差模电压放大倍数、差模输入电阻和输出电阻的计算公式均与典型长尾式差分放大电路相同。

恒流源的具体电路有很多，通常用恒流源符号取代具体电路，则可得如图 5.2.11(a)所示的差分放大电路。在实际应用中，由于制造工艺的分散性，两只管子很难做到参数理想对称，所以在两个管子的发射极之间串联一个阻值很小的可变电阻，见图 5.2.11(b)中的 R_P。通过调节可变电阻 R_P 滑动端的位置可使电路左右对称，在零输入时有零输出，所以常称 R_P 为**调零可变电阻**。

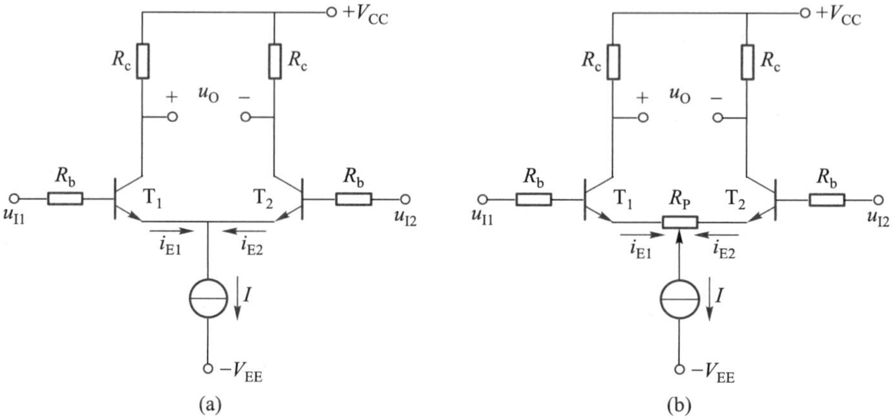

图 5.2.11　恒流源式差分放大电路

(a) 恒流源电路的简化画法　(b) 带有调零电位器的恒流源式差分放大电路

为了获得较高输入电阻的差分放大电路，可以将晶体管改为场效晶体管，如图 5.2.12 所示。通常情况下，可以认为其输入电阻为无穷大。场效晶体管差分放大电路也有四种接法，分析方法与晶体管差分放大电路相同。

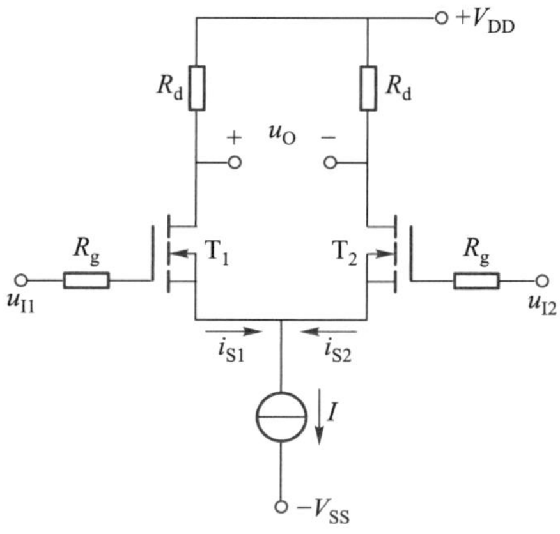

图 5.2.12　场效晶体管差分放大电路

例 5.2.2　电路如图 5.2.11(b)所示。假设电路参数理想对称，试分析：

(1) R_P 在电路中起什么作用，它的取值应大些还是小些。

(2) R_P 对动态参数的影响。

(3) 若 R_P 滑动端在中点，写出负载开路时的 A_{ud}、R_{id} 的表达式。

解　(1) 电路中 R_P 是调零可变电阻，作用是保证电路在零输入时有零输出，它的取值一般要小些。

(2) 根据电路结构可知，此电路是双入双出的差分放大电路，可以画出该电路在差模信号作用下，调零可变电阻的滑动头处于某一位置、负载开路时的交流通路，如图 5.2.13 所示。

双端输出时的差模电压放大倍数为

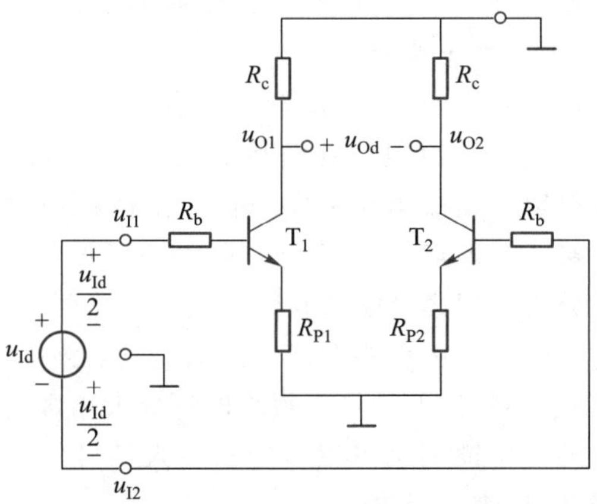

图 5.2.13 图 5.2.11(b)所示电路差模输入时的交流通路

$$A_{ud}=-\frac{2\beta R_c}{[R_b+r_{be}+(1+\beta)R_{P1}]+[R_b+r_{be}+(1+\beta)R_{P2}]}=\frac{2\beta R_c}{2(R_b+r_{be})+(1+\beta)R_P}$$

差模输入电阻为 $R_{id}=2R_b+2r_{be}+(1+\beta)R_{P1}+(1+\beta)R_{P2}=2(R_b+r_{be})+(1+\beta)R_P$。

双端输出时的差模输出电阻为 $R_{od}\approx 2R_c$。

由此可知,R_P对差模放大倍数 A_{ud}、差模输入电阻 R_{id}有影响。

(3) 若 R_P滑动端在中点,根据(2)中的计算结果可知,负载开路时的差模放大倍数 A_{ud}的表达式为

$$A_{ud}=-\frac{\beta R_c}{R_b+r_{be}+(1+\beta)\dfrac{R_P}{2}}$$

差模输入电阻 R_{id}的表达式为

$$R_{id}=2(R_b+r_{be})+(1+\beta)R_P$$

思考题

5.2.1 分析共模信号的意义是什么?

5.2.2 假设图 5.2.1 中的集电极电阻 $R_{c1}=1.5R_{c2}$,其余参数理想对称。试问,与所有参数都对称相比,电路的静态和动态参数有哪些不同?

5.2.3 单端输入的差分放大电路单端输出时,输出端的电压只包括差模放大的结果吗?应该包含几部分?

5.2.4 差分放大电路中影响共模抑制比的主要电路参数有哪些?

5.3 集成运算放大器

之前我们所介绍的电子电路,都是用电阻、电容和半导体器件按一定的功能借助导线或

印制电路板连接而成的。在这种电子电路中，组成电路的各种元器件在结构上是各自独立的，所以把这种电子电路称为**分立元件电路**。

在集成电路制造工艺迅速发展的今天，已能把具有一定功能的电子电路中所需的电子元器件和电路的连接线都制造在一块很小的硅片上，然后封装在一个管壳内。用这种方式制成的电子电路称为**集成电路**。集成电路的突出优点是体积小、重量轻、功耗低、元器件的密度大、连接线短、外部连接线和焊点少，因而可以提高电子设备工作的可靠性，降低成本。

集成电路按其功能可分为模拟集成电路和数字集成电路两大类。后者将在数字电路部分介绍。在这一节里要讨论的集成运算放大器是模拟集成电路中的一种应用非常广泛的产品，它实际上是一个制作在很小硅片上的具有很高电压放大倍数的多级直接耦合放大电路。由于在它的基础上外接不同的反馈网络可以实现对输入信号的多种数学运算，所以人们常把它称为**集成运算放大器**，简称**集成运放**。

5.3.1 集成运算放大器概述

一、集成运算放大电路的特点

集成运算放大电路是使用集成电路工艺制成的具有高输入电阻、低输出电阻、很高电压放大倍数的直接耦合的多级放大电路。与分立元件电路相比，集成运算放大电路有以下一些特点。

（1）由于集成电路工艺不适用于制造几十皮法以上的电容，故集成运算放大器的级间只能采用直接耦合方式。

（2）由于集成运算放大器中各元器件都处于同一块很小的硅片上，又是用相同的工艺过程制成的，故容易制成两个特性相同的管子和两个阻值相等的电阻。因此，用集成电路工艺制成的差分放大电路的参数对称性好。为了减小集成运算放大器的温漂，它的输入级采用差分放大电路。

（3）由于制造阻值大的电阻所占用的硅片面积较大，所以集成运算放大器中的电阻值一般在几十欧到 50 kΩ 的范围内。在需要大电阻的场合，常用晶体管或场效晶体管构成的恒流源代替，或采用外接大电阻的方法解决。

（4）集成运算放大器中的二极管常用将晶体管集电极和基极短接的方法解决。

（5）在集成运算放大器中，一般情况下，PNP 管只能做成横向管，它的特点是 β 值较小（小于 10）。

二、集成运算放大器的组成

集成运算放大器的原理框图如图 5.3.1 所示。集成运算放大器由输入级、中间级、输出级和偏置电路四部分组成。

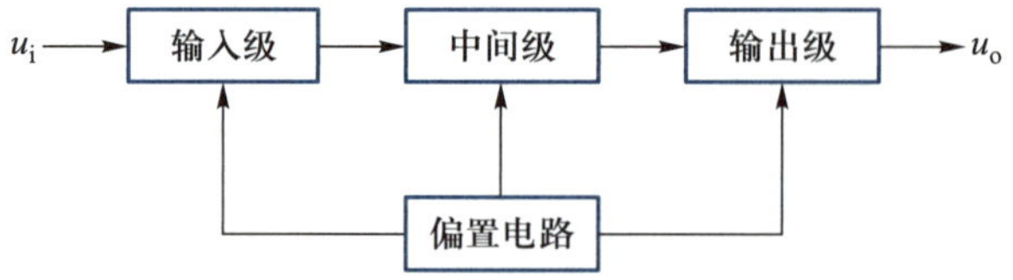

图 5.3.1 集成运算放大电路的原理框图

输入级通常要求尽可能低的零点漂移，较高的共模抑制比，输入阻抗高及偏置电流小，因此常采用差分放大电路。

中间级主要承担电压放大的作用，多采用共射或共源放大电路。为了提高电压放大倍数，经常采用复合管作为放大管，用恒流源做有源负载。

输出级要求具有一定的带载能力和一定的输出电压及电流，因此常采用射级输出器以及互补对称功率放大电路。

偏置电路用于为集成运放各级电路设置稳定的偏置电流，一般采用恒流源。

三、集成运算放大器的符号和电压传输特性

1. 集成运算放大器的符号

集成运算放大器的符号如图 5.3.2(a)所示。从外部看，可以认为集成运算放大器是一个双端输入、单端输出，具有高差模电压放大倍数、高输入电阻、低输出电阻、能较好抑制温漂的差分放大电路。两个输入端，一个是同相输入端，内部标有符号"+"，表示输出端的电位 u_o与同相输入端的电位 u_P极性相同。另一个为反相输入端，内部标有符号"-"，表示输出端的电位 u_o与反相输入端的电位 u_N极性相反。

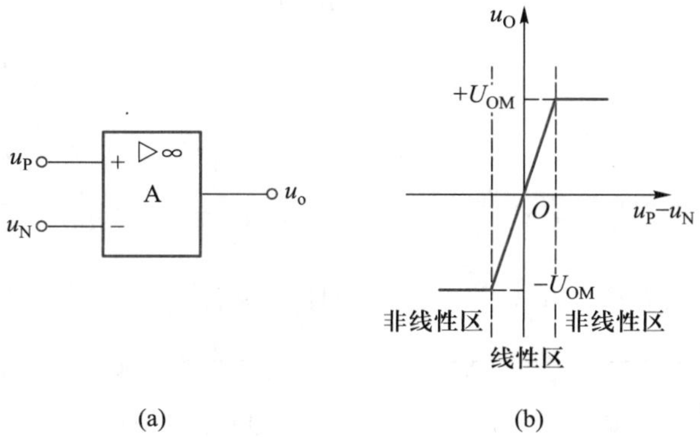

图 5.3.2 集成运算放大器的符号和电压传输特性

(a) 符号 (b) 电压传输特性

2. 集成运算放大器的电压传输特性

集成运算放大器的输出电压 u_O与输入电压（即同相输入端与反相输入端之间的电位差）(u_P-u_N)之间的关系曲线称为**电压传输特性曲线**，即

$$u_O = f(u_P - u_N) \tag{5.3.1}$$

对于正、负双电源供电的集成运放，电压传输特性曲线如图 5.3.2(b)所示。从图示曲线可以看出，集成运放有线性放大区域（称为线性区）和饱和区域（称为非线性区）两部分。在线性区，曲线斜率为电压放大倍数；在非线性区，输出电压只有两种可能情况，$+U_{OM}$或$-U_{OM}$，分别称为正向和负向饱和电压。

由于集成运放放大的是差模信号，且没有通过外电路引入反馈，故称其电压放大倍数为差模开环电压放大倍数，记作 A_{od}，因而当集成运放工作在线性区时

$$u_O = A_{od}(u_P - u_N) \tag{5.3.2}$$

通常 A_{od}非常高，可达几十万倍，因此集成运放电压传输特性中的线性区很窄。

5.3.2 电流源电路

电流源对提高集成运放的性能起着极为重要的作用。一方面它为各级电路提供稳定的直流偏置电流;另一方面可作为有源负载,提高单级放大电路的放大倍数。本节将介绍几种常见的电流源电路及有源负载的应用。

一、单管电流源电路

图 5.3.3(a)所示为晶体管基极电流为 I_B 的一条输出特性曲线。由图可知,当 I_B 一定时,只要晶体管不饱和也不击穿,I_C 就基本恒定。因此,从集电极看进去固定偏流的晶体管相当于一个电流源。由晶体管微变等效模型可知,它的动态电阻 r_{ce} 比较大,为了使 I_C 更加稳定,可以采用分压式偏置电路(即引入电流负反馈),便得到如图 5.3.3(b)所示的单管电流源电路。图 5.3.3(c)为该电路等效电流源表示法,图中 r_o 为等效电流源的动态电阻,利用图 5.3.3(b)电路的微变模型等效电路可知 r_o 近似为

$$r_o \approx r_{ce}\left(1+\frac{\beta R_3}{r_{be}+R_3+R_1 /\!/ R_2}\right) \tag{5.3.3}$$

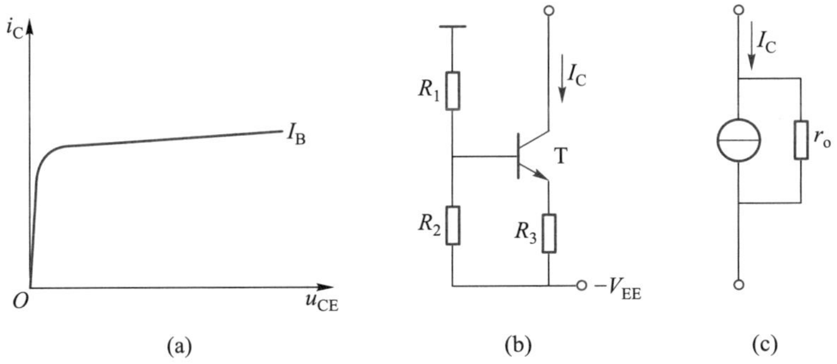

图 5.3.3 单管电流源电路

(a) 晶体管的恒流特性 (b) 电流源电路 (c) 等效电流源表示法

需要指出,晶体管实现恒流是有条件的,即要保证恒流管始终工作在放大状态,否则将失去恒流作用。这一点对所有的晶体管电流源都适用。

二、镜像电流源

图 5.3.4 所示为镜像电流源电路,它由两只特性完全相同的管子 T_1 和 T_2 构成,即 $U_{BE1}=U_{BE2}=U_{BE}$,$\beta_1=\beta_2=\beta$,$I_{C1}=I_{C2}$。

由图可知,基准电流 I_R 为

$$I_R=\frac{V_{CC}-U_{BE}}{R}\approx\frac{V_{CC}}{R} \tag{5.3.4}$$

由于两只管子特性完全相同,所以 $I_{B1}=I_{B2}=I_B$,因此有

$$I_{C1}=I_{C2}=I_R-2I_B=I_R-2\frac{I_{C2}}{\beta}$$

所以

$$I_{C2}=\frac{\beta}{\beta+2}I_R \tag{5.3.5}$$

当 β 较大时，基极电流可忽略不计，所以 T_2 的集电极电流 I_{C2} 近似等于 I_R。可见，只要 I_R 一定，I_{C2} 就恒定；改变 I_R，I_{C2} 也就跟着改变。两者的关系好比原物与镜中物像一样，故称为**镜像电流源**。

将上述原理推广，可以得到多路镜像电流源，如图 5.3.5 所示。图中为三路电流源，T_0 管是为了提高各路电流的精度而设置的。因为在没有 T_0 管时，$I_{C1}=I_R-4I_{B1}$，加了 T_0 管后，$I_{C1}=I_R-4I_{B1}/(1+\beta_0)$，故可得

$$I_{C2}=I_{C3}=I_{C4}=I_{C1}=\frac{\beta_1(1+\beta_0)}{4+\beta_1(1+\beta_0)}I_R \tag{5.3.6}$$

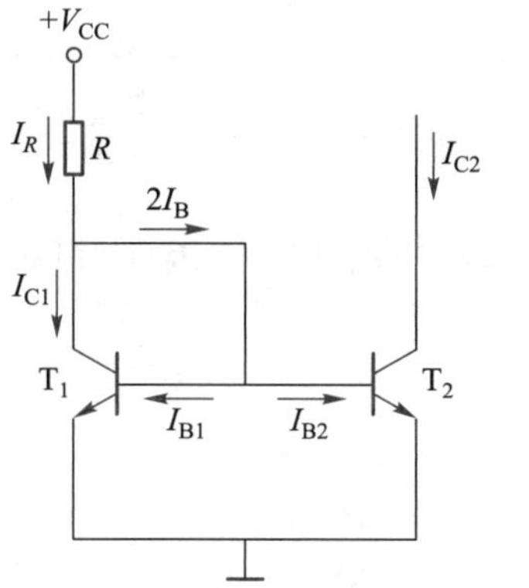

图 5.3.4 镜像电流源

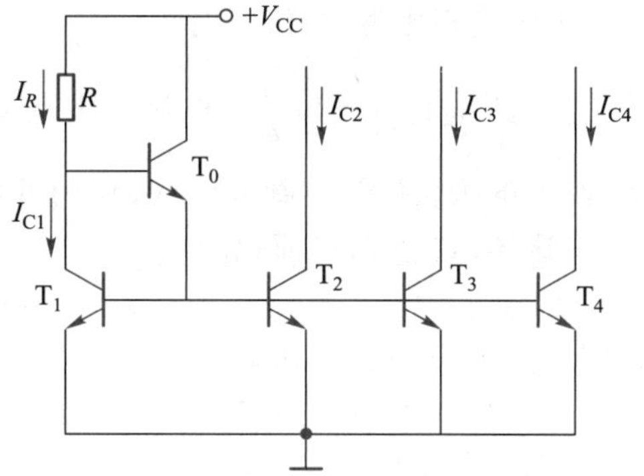

图 5.3.5 多路镜像电流源

因 $\beta_1(1+\beta_0)\gg4$ 很容易满足，所以各路电流更接近 I_R，并且受 β 的温度影响也小。

在集成电路中，多路镜像电流源常用多集电极晶体管实现，如图 5.3.6(a)所示。它利用一个三集电极横向 PNP 管（横向 PNP 管是采用标准工艺，在制作 NPN 管过程中同时制作出来的一种 PNP 管）组成双路电流源，其等效电路如图 5.3.6(b)所示。

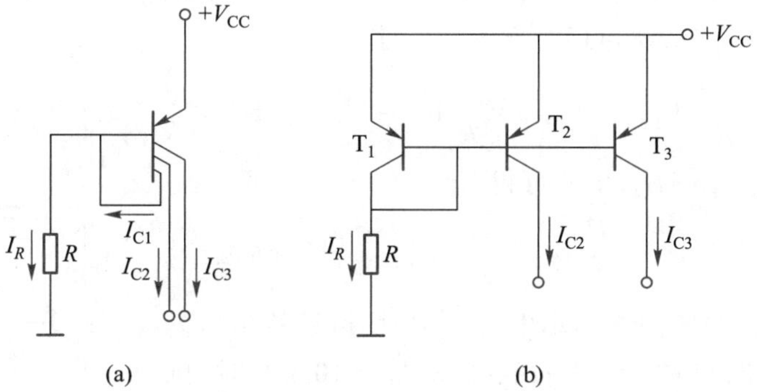

图 5.3.6 多集电极晶体管镜像电流源

（a）三集电极横向 PNP 管电路 （b）等效电路

三、比例电流源电路

如果希望电流源的电流与参考电流成某一比例关系，可采用图 5.3.7 所示的比例电流源电路。

由图可知

$$U_{BE1}+I_{E1}R_1=U_{BE2}+I_{E2}R_2 \tag{5.3.7}$$

因为

$$U_{BE1}\approx U_T\ln\frac{I_{E1}}{I_{S1}}$$

$$U_{BE2}\approx U_T\ln\frac{I_{E2}}{I_{S2}}$$

所以

$$U_{BE1}-U_{BE2}=U_T\ln\frac{I_{E1}}{I_{S1}}-U_T\ln\frac{I_{E2}}{I_{S2}}=-U_T\ln\frac{I_{E2}}{I_{E1}} \tag{5.3.8}$$

当两管的射极电流相比为 10 倍以内时

$$|U_{BE1}-U_{BE2}|=\left|U_T\ln\frac{I_{E2}}{I_{E1}}\right|\leqslant U_T\ln 10\approx 60\ \text{mV}$$

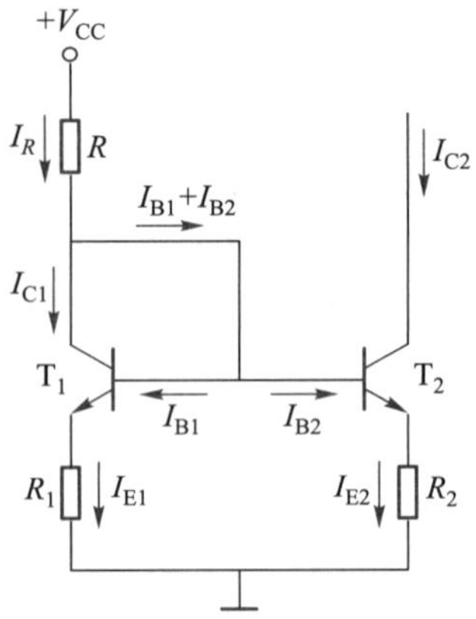

图 5.3.7　比例电流源

即室温下，两管的 U_{BE} 相差不到 60 mV，仅为此时两管 U_{BE} 电压的 10%。因此，可近似认为 $U_{BE1}\approx U_{BE2}$。这样，式(5.3.7)简化为

$$I_{E1}R_1=I_{E2}R_2 \tag{5.3.9}$$

若 $\beta\gg 1$，则 $I_{E1}\approx I_R$，$I_{E2}\approx I_{C2}$，由此可得

$$I_{C2}\approx\frac{R_1}{R_2}I_R \tag{5.3.10}$$

可见，I_{C2}与 I_R成比例关系，其比值由 R_1和 R_2确定。参考电流 I_R现在应按下式计算

$$I_R=\frac{V_{CC}-U_{BE1}}{R+R_1}\approx\frac{V_{CC}}{R+R_1} \tag{5.3.11}$$

四、微电流源

在集成电路中，有时需要微安级的小电流。如果采用镜像电流源，R 势必过大。这时可令图 5.3.7 电路中的 $R_1=0$，便得到图 5.3.8 所示的微电流源电路。

由式(5.3.7)和式(5.3.8)可知，在 $R_1=0$ 时

$$I_{E2}=\frac{1}{R_2}(U_{BE1}-U_{BE2})=\frac{U_T}{R_2}\ln\frac{I_{E1}}{I_{E2}} \tag{5.3.12}$$

当 $\beta\gg 1$，则 $I_{E1}\approx I_R$，$I_{E2}\approx I_{C2}$，由此可得

$$R_2=\frac{U_T}{I_{C2}}\ln\frac{I_R}{I_{C2}} \tag{5.3.13}$$

该式说明，当 I_R和所需要的小电流一定时，可计算出所需要的电阻 R_2。例如，已知 $I_R=1$ mA，要求 $I_{C2}=10$ μA 时，则 R_2为

$$R_2=\frac{26\times10^{-3}}{10\times10^{-6}}\ln\frac{1000}{10}\ \Omega\approx 12\ \text{k}\Omega$$

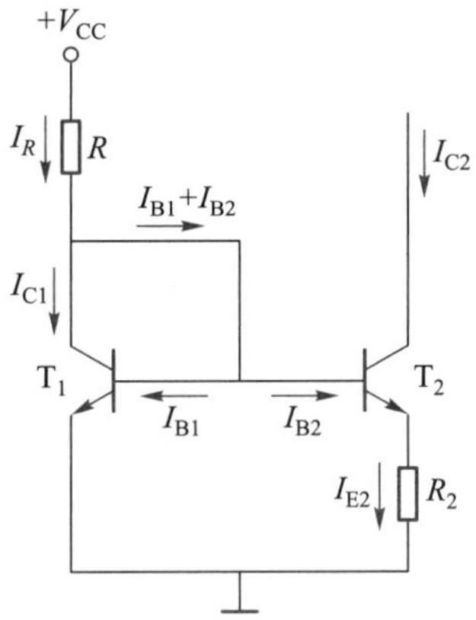

图 5.3.8　微电流源

如果 $V_{CC}=12$ V，要使 $I_R=1$ mA，则 $R\approx 12$ kΩ。

由此可见，要得到 10 μA 的电流，在 $V_{CC}=12$ V 时，采用微电流源电路，所需的总电阻不超过 24 kΩ。如果采用镜像电流源，则电阻 R 要大到 1.2 MΩ。

5.3.3 以电流源为有源负载的放大电路

集成运放要有极高的电压放大倍数，这是通过多级放大电路级联实现的。在电压放大倍数一定时，为了减少级数，就必须提高单级放大电路的电压放大倍数。因此，在集成运放中，放大电路多以电流源作有源负载。

一、有源负载共射放大电路

典型的有源负载共射放大电路如图 5.3.9(a)所示。图中，T_1为放大管，T_2、T_3管构成镜像电流源，作为T_1管的集电极负载，该电流源的动态内阻为 r_{ce2}。由图 5.3.9(b)所示的微变等效电路可知，此时T_1管的电压放大倍数只需将共射放大倍数表达式中的R_c用r_{ce2}取代即可。若实际负载R_L通过射极跟随器隔离后接入，则该放大电路可获得极高的电压放大倍数。

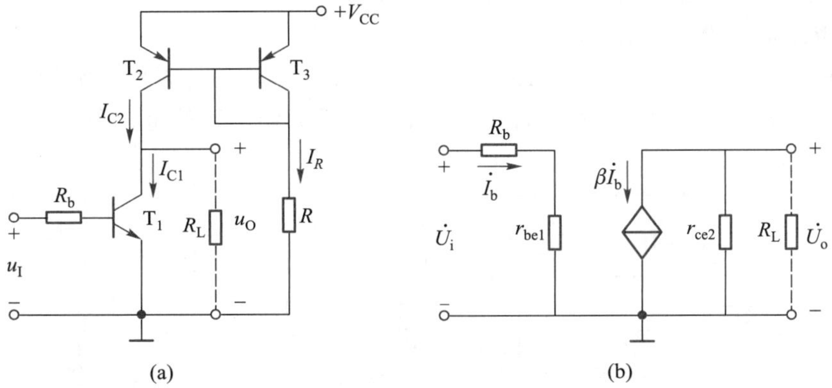

图 5.3.9 有源负载共射放大电路

(a) 电路 (b) 微变等效电路

二、有源负载差分放大电路

利用镜像电流源可以使单端输出差分放大电路的差模放大倍数提高到接近双端输出时的情况，常见的电路形式如图 5.3.10 所示。

图中T_1与T_2为放大管，T_3、T_4管构成镜像电流源作为放大管的有源负载。当输入差模信号时，根据差分放大电路的特点，动态集电极电流 $\Delta i_{C1}=-\Delta i_{C2}$，而 $\Delta i_{C3}\approx\Delta i_{C1}$；由于镜像电流源的关系，$\Delta i_{C3}=\Delta i_{C4}$，所以 $\Delta i_O=\Delta i_{C4}-\Delta i_{C2}\approx\Delta i_{C1}-(-\Delta i_{C1})=2\Delta i_{C1}$。由此可见，输出电流约为单端输出电流时的两倍，因而差模电压放大倍数接近双端输出的情况。

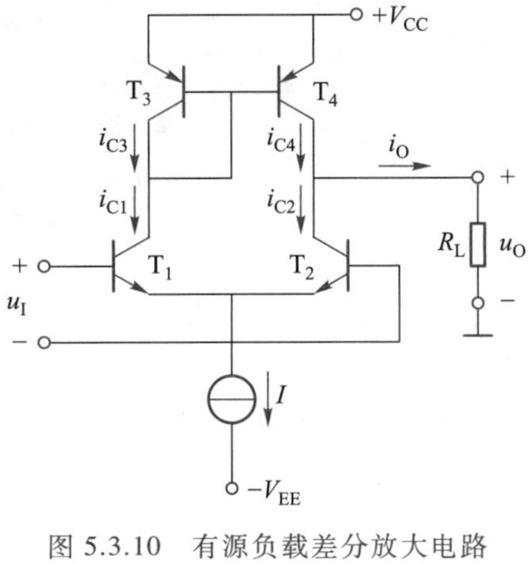

图 5.3.10 有源负载差分放大电路

若将图 5.3.9(a)和图 5.3.10 所示电路中的晶体管用合适的场效晶体管取代，则构成有源负载共源极放大电路和差分放大电路，也具有上述晶体管电路的特点，分析过程类似，读者可以自行分析，这里不再赘述。

5.3.4 集成运算放大器举例

集成运算放大器是一种高性能的多级直接耦合放大电路,集成运放品种繁多,内部电路结构也不尽相同,但是它们的基本组成部分、结构形式和组成原则基本一致。因此,本节从典型电路入手进行分析,一方面从中理解集成运放的性能特点,另一方面可以了解复杂电路的分析方法。

集成运放主要有差分输入级、电压放大级和带载能力强的输出级。此外,还有为各级提供静态工作电流的偏置电路和一些辅助环节等。所以在分析集成运放电路时,首先将电路"化整为零",分为输入级、中间级、输出级以及偏置电路四个子电路;然后"分析子电路",弄清每个子电路的结构形式和性能特点;最后"统观整体",研究各部分相互间的联系,从而理解电路如何实现所具有的功能,必要时可进行定量估算。

一、集成运放 F007 电路分析

F007 是一种通用型运算放大器,它性能好,价格便宜。电路原理图如图 5.3.11 所示。图中各引出端所标数字为 F007 的引脚编号。下面简单介绍电路的组成和工作原理。

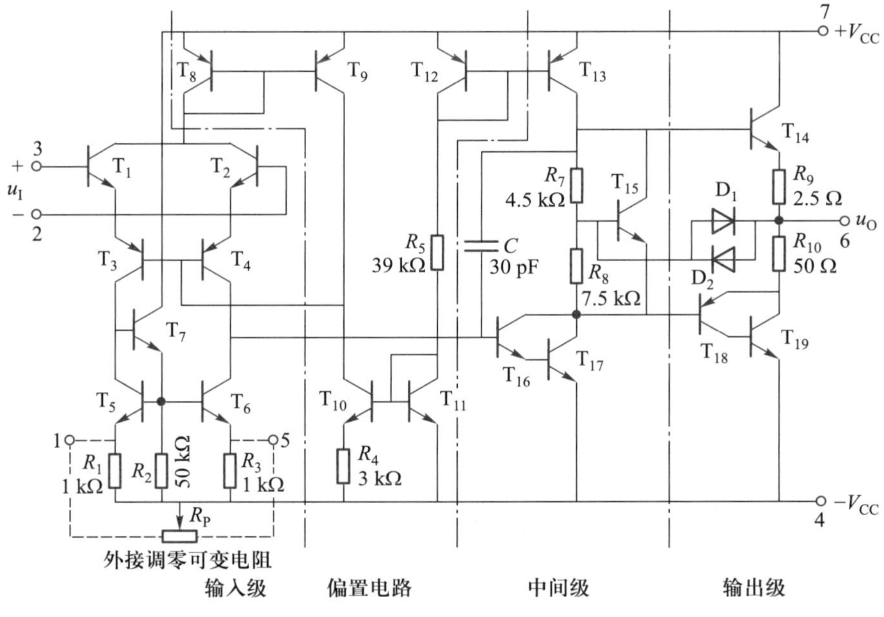

图 5.3.11 集成运算放大器 F007 的电路原理图

1. 偏置电路

通用型集成运算放大器 F007 的偏置电路如图 5.3.12 所示,它是由 R_4、R_5 和 $T_8 \sim T_{13}$ 等元器件组成的。

在图 5.3.12 中,流过电阻 R_5 的电流为基准电流 I_R。在忽略 T_{13} 和 T_{10} 的基极电流、$U_{BE11}=U_{BE12}=U_{BE}$ 时,基准电流为

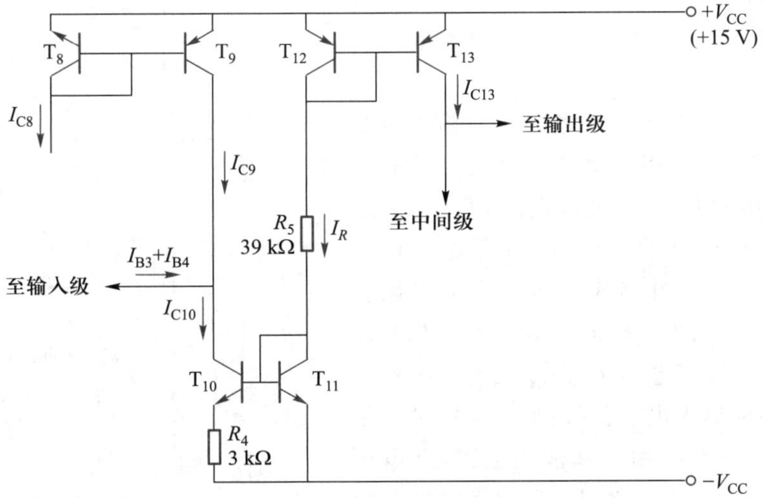

图 5.3.12 通用型运算放大器 F007 的偏置电路

$$I_R = \frac{2V_{CC} - 2U_{BE}}{R_5} \tag{5.3.14}$$

由图 5.3.12 中所给的参数,可求得 $I_R = 0.73$ mA。根据 I_R,再通过镜像电流源和微电流源的关系,便可求出其他支路的偏置电流。

T_{10}和 T_{11}组成微电流源,故有 $I_{C10} \ll I_R$,且 I_{C10}具有很好的恒流特性。根据式(5.3.12)有

$$I_{C10} \approx \frac{U_T}{R_4} \ln \frac{I_R}{I_{C10}}$$

这是一个超越方程,用图解法或累试法可求得 $I_{C10} = 28$ μA。可见 I_{C10}是很微小的。I_{C10}为 T_9提供集电极电流,也为输入级的 T_3、T_4提供基极电流。

由横向 PNP 管 T_{12}和 T_{13}组成镜像电流源。T_{13}输出的恒流 I_{C13}为中间级和输出级提供偏置电流,同时作为中间级的有源负载。

由横向管 T_8和 T_9组成另一个镜像电流源,它产生的 $I_{C8}(\approx I_{C9} \approx I_{C10})$为输入级的 T_1、T_2提供集电极电流;I_{C9}与微电流源 I_{C10}配合,为输入级的 T_3、T_4提供基极电流($I_{B3}+I_{B4}$)。

由以上分析可知,偏置电路可为输入级提供恒定的工作电流,因而提高了集成运算放大器的共模抑制比。

2. 输入级

输入级对集成运算放大器的差模输入电阻、最大差模输入电压、最大共模输入电压和共模抑制比等性能指标起着决定性的作用,是提高集成运算放大器性能的关键。

(1) 电路的组成

通用型集成运算放大器 F007 的输入级如图 5.3.13 所示,它是由 $T_1 \sim T_7$组成的。T_1、T_3和 T_2、T_4组成共集-共基差分放大电路,T_5、T_6是差分放大电路的有源负载,用来代替一般差分放大电路中的集电极负载电阻 R_c。T_7是 T_5、T_6的偏置电路。

差模输入信号由 T_1、T_2的基极输入(双端输入),从 T_4的集电极输出(单端输出),并加到

中间级 T_{16} 的基极。

（2）输入级采用共集-共基差分放大电路的优点

采用共集-共基差分放大电路作为输入级的优点是：由于 T_1、T_2 采用共集电极接法（射极输出），故可提高电路的差模输入电阻；T_3、T_4 采用共基极接法，有比较好的高频特性［理论分析指出，晶体管的共基极截止频率 f_α 为共发射极截止频率 f_β 的 $(1+\beta)$ 倍］；由于横向 PNP 管 T_3、T_4 基极和发射极间反向击穿电压 $U_{(BR)EBO}$ 可达 30 V 左右，故当最大差模输入电压扩展到 ± 30 V 时也不会损坏晶体管；T_3、T_4 采用共基极接法，具有电压放大作用，加上有 T_5、T_6 作为 T_3、T_4 的集电极有源负载，故可大大提高差分放大电路的差模电压放大倍数。

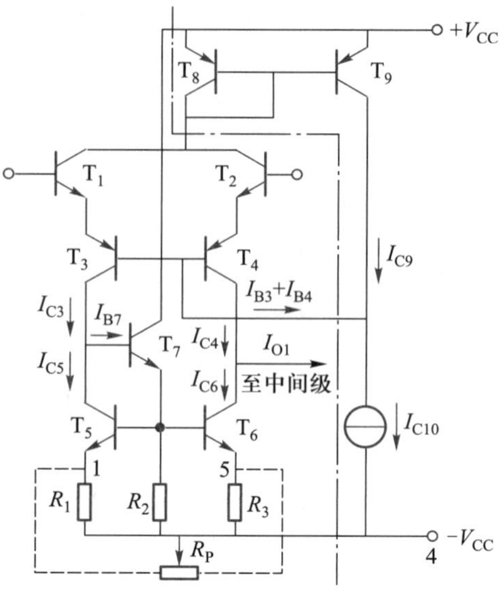

图 5.3.13　通用型运算放大器 F007 的输入级

（3）减小输入级温漂的方法

除了采用差分放大电路作为抑制零点漂移外，输入级还采取了如下一些辅助措施。

用 T_8、T_9 组成镜像电流源 I_{C9}，与 T_{10}、T_{11} 组成的微电流源 I_{C10} 相配合，为 T_3、T_4 提供偏置电流 $I_{B3}+I_{B4}$，可以减小输入级的温漂。因为，当温度升高引起 I_{C3}、I_{C4} 增大时，会产生以下的自动调整过程：

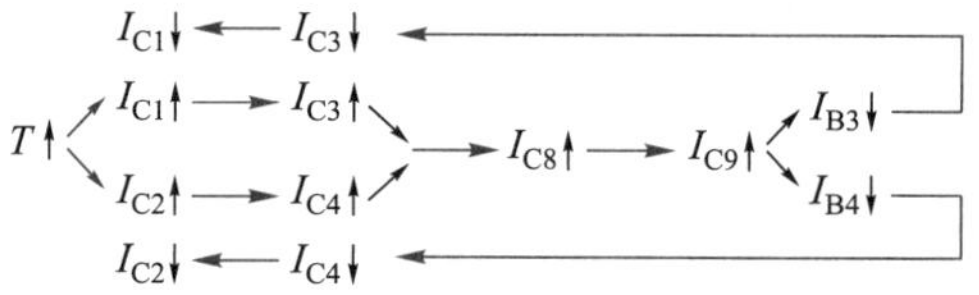

此外，由于偏置电路为输入级提供了很稳定的工作电流，也可减小输入级的温漂。

（4）静态工作情况

由于 T_7 的 β 值较大，中间级的 T_{16}、T_{17} 组成复合管，其等效 β 也很大，故 I_{B7} 和 I_{B16} 均很小，可以忽略不计，可将 T_7 和 T_{16} 的基极视为开路。因此输入级电路的参数是对称的，当输入信号为零时，差分输入级处于平衡状态，这时，必有 $I_{C3}=I_{C4}=I_{C5}=I_{C6}$，所以静态时的输出电流 $I_{O1}=I_{C4}-I_{C6}=0$。

（5）对差模信号的放大作用

输入级加差模信号时的情况如图 5.3.14 所示。图中虚线所画的电阻 R_{i2} 是中间级的输入电阻。在如图所示极性的差模输入信号作用下，则有

$$\Delta i_{C3}=-\Delta i_{C4}$$

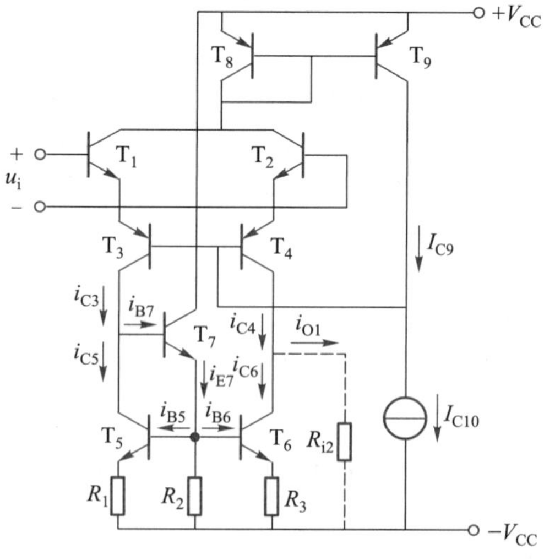

图 5.3.14　通用型运算放大器 F007 的输入级加差模信号的情况

忽略 Δi_{B7}，又因为参数对称，故有

$$\Delta i_{C3} \approx \Delta i_{C5} = \Delta i_{C6} = -\Delta i_{C4}$$

因此，输入级为中间级提供的输出电流为

$$\Delta i_{O1} = \Delta i_{C4} - \Delta i_{C6} \approx 2\Delta i_{C4} = -2\Delta i_{C3}$$

由此可见，输入级的输出电流为差分电路两边电流变化量的总和，输入级在把双端输入变为单端输出时，其差模电压放大倍数与双端输出时近似相等。

(6) 对共模信号的抑制作用

当输入端加共模信号时，必有 $\Delta i_{C3} = \Delta i_{C4}$，又有 $\Delta i_{C3} \approx \Delta i_{C5} = \Delta i_{C6}$，故有 $\Delta i_{O1} \approx 0$。由此可见，电路具有很高的共模抑制比。

(7) 零点调整

实际的集成运算放大器不可能是完全理想的，常会出现输入电压为零时输出电压不为零的情况。为保证输入电压为零时输出电压也为零，在通用型集成运算放大器 F007 中，如图 5.3.11 所示，在 1、5 以及 4 三个端子间外接调零可变电阻 R_P。调节 R_P 的滑动触点的位置，可以改变 T_5、T_6 的发射极电阻，便可达到零点调整的目的。

3. 中间级

中间级的主要任务是为整个电路提供足够大的电压放大倍数。对于中间级，不仅要求它具有较高的电压放大倍数，还要求它具有较高的输入电阻，以减小对输入级的影响。

如图 5.3.11 所示，通用型集成运算放大器 F007 的中间级由复合管 T_{16}、T_{17} 组成，它是一个以 T_{13} 的 I_{C13} 为有源负载的共发射极放大电路。它的输入信号来自输入级的输出电流，它的输出信号加到输出级 T_{18} 的基极。由于复合管的等效 β 很大，故其不仅可以提高中间级的输入电阻，而且与有源负载相配合，还可使中间级具有很高的电压放大倍数（通用型集成运算放大器 F007 中间级的电压放大倍数可达 1 000 多倍）。

中间级中 30 pF 的电容是作相位补偿用的，可以破坏放大电路产生自激振荡的条件，达到消除自激振荡的目的。

4. 输出级

输出级主要为负载提供足够大的输出电流，要求它具有较高的输入电阻和较低的输出电阻，以减小对中间级的影响，并提高电路的带负载能力。

(1) 电路的组成

通用型集成运算放大器 F007 的输出级主要为由 NPN 型管 T_{14} 和由 T_{18}、T_{19} 复合成的 PNP 型管组成的工作于甲乙类放大状态的互补对称电路。为了弥补电路的不对称性，在输出级中加了两个阻值不同的电阻 R_9 和 R_{10}。

在图 5.3.11 中，R_7、R_8 和 T_{15} 组成的 U_{BE} 倍压电路 [T_{15} 的 $U_{CE15} = (R_7 + R_8)U_{BE15}/R_8 = 1.6U_{BE15}$] 是输出级的偏置电路，为输出级设置合适的静态工作点，以消除输出波形的交越失真。如图 5.3.15 所示，由于有 T_{12} 和 T_{13} 组成的镜像电流源 I_{C13} 为此偏置电路提供工作电流，使偏置电路能输出稳定的电压 U_{CE15}，所以输出级的静态工作点是很稳定的。

在通用型集成运算放大器 F007 的输出级中，T_{18}、T_{19} 复合成的 PNP 型管接成射极输出电路，可以提高输出级的输入电阻，减小对中间级的影响。

(2) 输出级的过载保护

为了防止因输出端意外短路或因负载电流过大而烧坏输出级的晶体管，在通用型集成

运算放大器 F007 中，由 D_1、D_2 和 R_9、R_{10} 组成过载保护电路，见图 5.3.11。R_9 和 R_{10} 是输出电流的取样电阻。

当正向输出电流过大时，流过 T_{14} 和 R_9 的电流加大，R_9 上的压降加大，使 D_1 由截止状态变为导通状态，分流了 T_{14} 的基极电流，从而限制了 T_{14} 的发射极电流，保护了 T_{14}。当负向输出电流过大时，流过复合管 T_{18}、T_{19} 和 R_{10} 的电流加大，R_{10} 上的压降加大，使 D_2 由截止状态变为导通状态，分流了复合管中 T_{18} 的基极电流，进而限制了复合管 T_{18}、T_{19} 的电流，保护了复合管 T_{18}、T_{19}。

5. 通用型集成运算放大器 F007 的外部接线图

图 5.3.16 是通用型集成运算放大器 F007 的外部接线图。图中，引脚“7”接正电源（+15 V），“4”接负电源（−15 V），“6”为输出端，“1”“5”和“4”间接调零可变电阻，“2”和“3”是两个输入端。

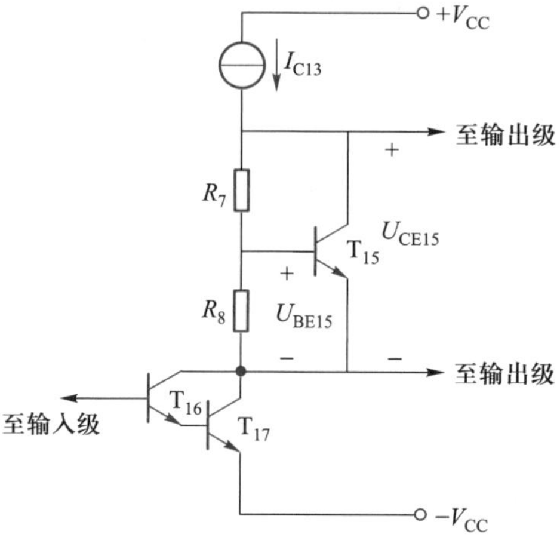

图 5.3.15 通用型集成运算放大器 F007 输出级的偏置电路

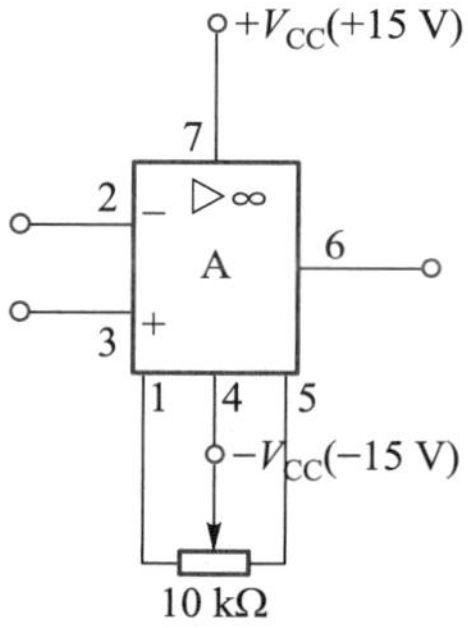

图 5.3.16 通用型集成运算放大器 F007 的外部接线图

由图 5.3.11 可知，在单端输入时，若在“3”端加正输入信号，将产生以下的信号传输过程：

$\Delta u_{B1}(+) \rightarrow \Delta i_{C3}(+)$[亦即 $\Delta i_{C4}(-)$]$\rightarrow \Delta i_{B16}(-)$[亦即 $\Delta u_{B16}(-)$]$\rightarrow \Delta u_{C16}(+) \rightarrow \Delta u_O(+)$。

由此可见，当输入信号从“3”端输入时，输出信号与输入信号同相，故称“3”端为同相输入端，在运放符号中标以符号“+”。同理可知，当输入信号从“2”端输入时，输出信号将与输入信号反相，故称“2”端为反相输入端，在运放符号中标以符号“−”。

二、集成运放 LM324 电路分析

LM324 是四运算放大器集成电路，即将四个独立的通用型运算放大电路集成在一个芯片上，双电源供电，不需要外接调零电路，使用方便。

具体内容见文档 5.1。

文档 5.1
集成运放
LM324

5.3.5 集成运算放大器的主要参数

为了正确选择和使用集成运算放大器，必须掌握它的参数及其含义。集成运算放大器

的主要参数如下。

1. 开环差模电压放大倍数 A_{od}

集成运算放大器的开环差模电压放大倍数是指在没有外加反馈网络情况下的差模电压放大倍数,通常用分贝表示,即 $20\lg|A_{od}|$。性能较好的集成运算放大器 A_{od} 可达 140 dB。

2. 输入失调电压 U_{IO}

对于一个理想的集成运算放大器,当输入电压为零时,输出电压也应为零。实际上,输入差分级的参数很难做到完全对称,故当输入电压为零时,输出端仍有一定的输出电压。为了反映这一情况,引入输入失调电压这个参数。

输入失调电压指的是,为使输出电压为零(无调零可变电阻的情况下),应该在集成运算放大器的两个输入端之间施加直流补偿电压。

输入失调电压越小,说明输入级的对称性越好。U_{IO} 一般为 ±(1~10) mV。

3. 输入偏置电流 I_{IB}

集成运算放大器的两个输入端是输入级差分放大电路两个晶体管的基极,故两个输入端总要流过一定的输入电流 I_{BN} 和 I_{BP}。

输入偏置电流指的是,当输入电压为零时,流入集成运算放大器两个输入端的静态基极电流的平均值,即

$$I_{IB}=\frac{I_{BN}+I_{BP}}{2}$$

从使用的角度看,希望 I_{IB} 越小越好,因为 I_{IB} 越小,当信号源内阻变化时,所引起的输出电压的变化也越小。I_{IB} 一般为 10 nA~1 μA。

4. 输入失调电流 I_{IO}

输入失调电流指的是,当输出电压为零时,流入集成运算放大器两个输入端静态基极电流之差的绝对值,即

$$I_{IO}=|I_{BN}-I_{BP}|$$

由于输入回路总存在一定的电阻(包括信号内阻),所以失调电流会在集成运算放大器的输入端产生一个附加差模输入电压,破坏电路的平衡,使输出电压不为零。因此,希望 I_{IO} 越小越好。I_{IO} 一般为 1 nA~0.1 μA($1\ \text{nA}=10^{-3}\ \mu\text{A}$)。

5. 输入失调电压温漂 $\dfrac{\mathrm{d}U_{IO}}{\mathrm{d}T}$ 和输入失调电流温漂 $\dfrac{\mathrm{d}I_{IO}}{\mathrm{d}T}$

输入失调电压温漂指的是,在规定的工作温度范围内,输入失调电压的温度系数。高质量的低漂移型集成运算放大器的 $\dfrac{\mathrm{d}U_{IO}}{\mathrm{d}T}$ 约为 ±(10~20) μV/℃。

输入失调电流温漂指的是,在规定的工作温度范围内,输入失调电流的温度系数。高质量的集成运算放大器的 $\dfrac{\mathrm{d}I_{IO}}{\mathrm{d}T}$ 一般为几个皮安($1\ \text{pA}=10^{-6}\ \mu\text{A}$)。

输入失调电压温漂和输入失调电流温漂都是衡量集成运算放大器温漂的重要指标,它们的数值越小,集成运算放大器的温漂越小。

6. 最大差模输入电压 U_{Idmax}

最大差模输入电压指的是,集成运算放大器两个输入端之间允许施加的最大电压。使

用时,若所加的差模信号超过此值,输入级差分放大电路中晶体管的发射结将被反向击穿(指发射结加反向电压的晶体管),轻则使集成运算放大器的性能显著恶化,严重时,会造成放大器的永久性损坏。

7. 最大共模输入电压 U_{Icmax}

最大共模输入电压指的是,集成运算放大器所允许施加的共模输入电压的最大值。使用时,若所加的共模信号超过 U_{Icmax},集成运算放大器将不能正常工作。

8. 开环带宽 BW 和单位增益带宽 BW_{G}

开环带宽是指开环差模电压放大倍数下降 3 dB$\left(\text{即下降到中频值的}\dfrac{1}{\sqrt{2}}\right)$时所对应的信号频率。

单位增益带宽是指集成运算放大器的开环差模电压放大倍数下降到 0 dB(即开环差模电压放大倍数下降到等于 1)时所对应的信号频率。

9. 转换速率 S_{R}

转换速率是指集成运算放大器在闭环(外加反馈网络后)情况下,输入为高速变化的信号(例如阶跃信号)时,输出电压对时间的最大变化速率,即

$$S_{\mathrm{R}} = \left|\frac{\mathrm{d}u_{\mathrm{o}}}{\mathrm{d}t}\right|_{\max}$$

S_{R}越大,集成运算放大器的高频性能越好。S_{R}反映了集成运算放大器对高速变化的输入信号的响应情况。

除了以上所介绍的参数外,还有共模抑制比 K_{CMR}、差模输入电阻 r_{id}、输出电阻 r_{o}、额定输出电流、最大输出电压和静态功耗等,这里不再赘述。

集成运算放大器具有开环电压放大倍数高、输入电阻高(几兆欧姆以上)、输出电阻低(几百欧姆)、漂移小、可靠性高、体积小等主要特点,所以它已成为一种通用器件,广泛而灵活地应用于各个技术领域中。在选用集成运算放大器时,就像选用其他电路元器件一样,要根据它们的参数说明,确定使用的型号。

5.3.6 集成运算放大器的使用常识

一、集成运算放大器的相位补偿

由于集成运算放大器具有很高的开环差模电压放大倍数,而且一般都工作在深度负反馈的情况下,因此放大器很容易产生自激振荡,破坏电路的正常工作。为了消除自激振荡,应采取措施破坏产生自激振荡的条件,这种措施称为相位补偿技术。

为了便于进行相位补偿,厂家生产的集成运算放大器一般都具有相位补偿接线端子,使用时,只要按厂家提供的参数接入规定的相位补偿元件即可。对于无相位补偿接线端子的集成运算放大器,其相位补偿元件已制作在集成运算放大器内部了。

二、集成运算放大器的保护

为了保证集成运算放大器在电路中安全可靠地工作,在使用时,应采取一些保护措施。

1. 输入端保护电路

在使用中,为了使加到集成运算放大器输入端的差模和共模信号不超过最大差模输入

电压和最大共模输入电压，可在集成运算放大器的输入端加一定的保护电路。常用的保护电路如图 5.3.17 所示。图 5.3.17(a)可将差模输入电压限制在二极管的导通电压 $\pm U_D$ 之间。图 5.3.17(b)可将共模输入电压限制在 $\pm(V+U_D)$ 之间。

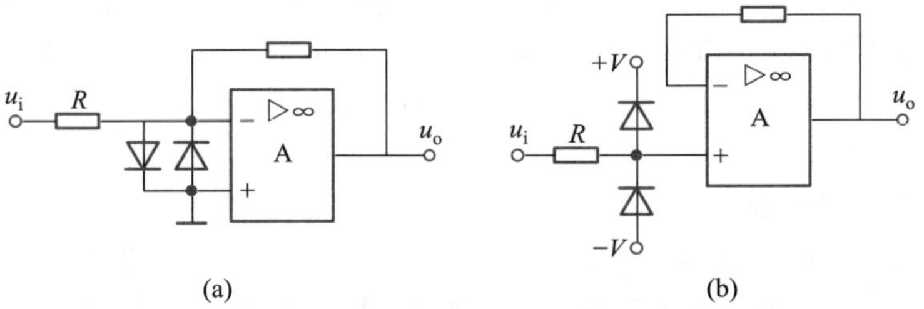

图 5.3.17　集成运算放大器输入端的保护电路
(a) 限制差模输入电压的保护电路　(b) 限制共模输入电压的保护电路

2. 输出端保护电路

为了防止集成运算放大器的输出端误接到外部电压上而产生过流或击穿的情况，可如图 5.3.18 所示，在输出端接入两个反向串联的稳压管。这样，即使 u_o 很高，集成运算放大器输出端的电压也不会超过稳压管的稳定电压值，因而可使集成运算放大器免遭损坏。为了不破坏集成运算放大器的正常工作，被选稳压管的稳定电压值应略高于集成运算放大器的最大输出电压。

3. 电源端保护电路

为了防止因电源极性接反而损坏集成运算放大器，可如图 5.3.19 所示，在集成运算放大器两个接电源的接线端子外接二极管。这样，当电源极性接反时，D_1 和 D_2 均处于截止状态，从而可切断错接的电源。

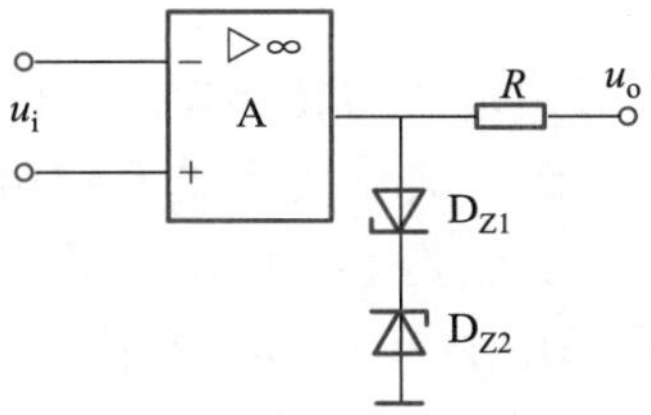

图 5.3.18　集成运算放大器输出端的保护电路

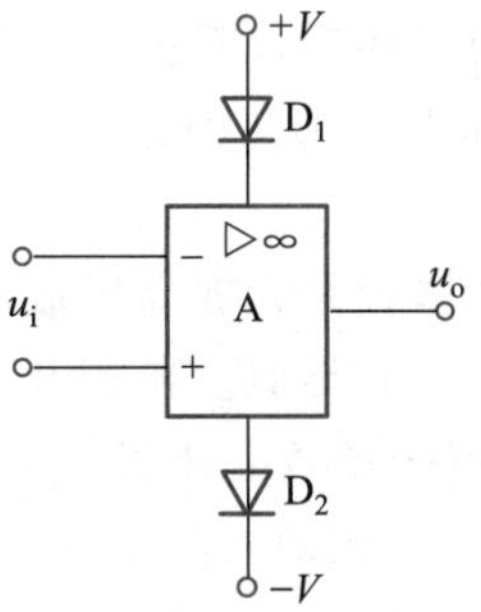

图 5.3.19　集成运算放大器电源端的保护电路

5.3.7　集成运算放大器的分类

通常情况下，在设计集成运放的应用电路时，没有必要研究运放的内部电路，而是应根据设计要求寻找具有相应性能指标的芯片。

集成运算放大器从诞生至今，已有 60 多年的历史了。最早是采用硅 NPN 工艺，后来改进为硅 NPN-PNP 工艺(后面称为标准硅工艺)。在结型场效晶体管技术成熟后，又进一步的加入了结型场效晶体管工艺。当 MOS 管技术成熟后，特别是 CMOS 技术成熟后，运算放大器有了质的飞跃。

经过多年的发展，集成运算放大器技术已经很成熟，性能日臻完善，品种极多。集成运算放大器按工作原理分类，可分为输入电压输出电压的电压放大型、输入电流输出电流的电流放大型、输入电压输出电流的跨导型、输入电流输出电流的互阻型；按可控性可分为可变增益运放和选通控制运放。为了便于选用，下面对集成运算放大器采用工艺分类法和功能/性能分类法进行分类说明。

一、根据制造工艺分类

根据制造工艺，目前在使用中的集成运算放大器可以分为标准硅工艺集成运算放大器、在标准硅工艺中加入了结型场效晶体管工艺的集成运算放大器、在标准硅工艺中加入了MOS 场效晶体管工艺的集成运算放大器。

1. 标准硅工艺集成运算放大器

这类集成运放的特点是开环输入阻抗低，输入噪声低、增益稍低、成本低，精度不太高，功耗较高。这是由于标准硅工艺的集成运放内部全部采用 NPN-PNP 管，它们是电流型器件，具有输入阻抗低、输入噪声低、增益低、功耗高的特点，即使输入级采用多种技术改进，在兼顾其他性能的前提下仍然无法摆脱输入阻抗低的问题，典型开环输入阻抗在 1 MΩ 数量级。为了顾及频率特性，中间增益级不能过多，从而使得总增益偏小，一般在 80~110 dB 之间。标准硅工艺可以结合激光修正技术，使集成运放的精度大大提高，温度漂移指标目前可以达到百万分之 0.15。通过变更标准硅工艺，可以设计出通用运放和高速运放。典型代表是 LM324。

2. 在标准硅工艺中加入了结型场效晶体管工艺的集成运算放大器

这类集成运放是将标准硅工艺的集成运放的输入级改进为结型场效晶体管，可大大提高运放的开环输入阻抗，并且提高通用运放的转换速度，其他与标准硅工艺的集成运放类似。其典型开环输入阻抗在 1 000 MΩ 数量级。典型代表是 TL084。

3. 在标准硅工艺中加入了 MOS 场效晶体管工艺的集成运算放大器

这要分为三类。一类是将标准硅工艺的集成运放的输入级改进为 MOS 场效晶体管，比结型场效晶体管大大提高运放的开环输入阻抗，并提高通用运放的转换速度，其他与标准硅工艺的集成运放类似。典型开环输入阻抗在 10^{12} Ω 数量级。典型代表是 CA3140。第二类是采用全 MOS 场效晶体管工艺的运放，它大大降低了功耗，但是电源电压降低，功耗大大降低，它的典型开环输入阻抗在 10^{12} Ω 数量级。第三类是采用全 MOS 场效晶体管工艺的模拟数字混合运算放大器，改善直流信号的处理精度，输入失调电压可以达到 0.01 μV，温度漂移指标目前可以达到百万分之 0.02，在处理直流信号方面接近理想运放特性。它的典型开环输入阻抗在 10^{12} Ω 数量级。典型产品是 ICL7650。

二、按照功能/性能分类

按照功能/性能分类，集成运放一般可分为通用运放、低功耗运放、精密运放、高输入阻抗运放、高速运放、宽带运放、高压运放，另外还有一些特殊运放，例如程控运放、电流运放、电压跟随器等。实际上为了满足应用需要，运放种类极多。需要说明的是，随着技术的进步，上述分类的门槛一直在变化。例如以前的 LM108 最初是归入精密运放类，现在只能归入通用运放了。

1. 通用运放

通用运放实际就是具有最基本功能的最廉价的运放。这类运放用途广泛,使用量最大。

2. 低功耗运放

低功耗运放是在通用运放的基础上大大降低了功耗,可以用于对功耗有要求的场所,例如手持设备。它的静态功耗低,工作电压可以低到接近电池电压,在低电压下还能保持良好的电气性能。随着 MOS 技术的进步,低功耗运放已经不是个别现象。低功耗运放的静态功耗一般低于 1 mW。

3. 精密运放

精密运放是指漂移和噪声非常低、增益和共模抑制比非常高的集成运放,也称作低漂移运放或低噪声运放。这类运放的温度漂移一般低于 1 μV/℃。早期部分运放的失调电压比较高,可能达到 1 mV,现在由于技术进步的原因,精密运放的失调电压可以达到 0.1 mV,甚至可以达到 0.005 mV。其主要用于对放大处理精度有要求的地方,例如自控仪表等。

4. 高输入阻抗运放

高输入阻抗运放一般是指采用结型场效晶体管或是 MOS 管做输入级的集成运放,这包括了全 MOS 管做的集成运放。高输入阻抗运放的输入阻抗一般大于 10^9 Ω。作为高输入阻抗运放的一个附带特性就是转换速率比较高。高输入阻抗运放用途十分广泛,例如采样保持电路、积分器、对数放大器、测量放大器、带通滤波器等。

5. 高速运放

高速运放是指转换速率较高的运放。一般转换速率在 100 V/μs 以上。高速运放用于高速 AD/DA 转换器、高速滤波器、高速采样保持、锁相环电路、模拟乘法器、机密比较器、视频电路中。目前最高转换速率已经可以做到 6 000 V/μs。

6. 宽带运放

宽带运放是指-3 dB 带宽(BW)比通用运放宽得多的集成运放。很多高速运放都具有较宽的带宽,也可以称作高速宽带运放。这个分类是相对的,同一个运放在不同使用条件下的分类可能有所不同。宽带运放主要用于处理输入信号的带宽较宽的电路。

7. 高压运放

高压运放是为了解决高输出电压或高输出功率的要求而设计的。在设计中,主要解决电路的耐压、动态范围和功耗的问题。高压运放的电源电压可以高于±20 V,输出电压可以高于±20 V。当然,高压运放可以用通用运放在输出后面外扩晶体管/MOS 管来代替。

根据以上分析就可以通过查阅手册等手段选择某一型号的运放,必要时可以通过各种 EDA 软件进行仿真,最终确定最满意的芯片。从性价比看,应尽量采用通用型运放,只有在通用型运放不能满足应用要求时才采用特殊型运放。

思考题

5.3.1 什么是集成运算放大电路？它由哪几个部分构成？各部分的作用是什么？

5.3.2 常用的有源电流源有几种？它在集成运放中起什么作用？

5.3.3 集成运放的电压传输特性有什么特点？

5.3.4 集成运放的性能指标有哪些？

5.4 差分放大电路的 Multisim 仿真

研究差分放大电路在差模信号作用下的动态指标及电压传输特性，具体内容见文档 5.2。

文档 5.2 差分放大电路的 Multisim 仿真

PPT 第 5 章教学课件

本 章 小 结

一、本章知识结构图

- 多级放大电路
  - 耦合方式
  - 动态指标计算
- 差分放大电路
  - 零点漂移
  - 四种差分放大电路
    - 静态分析
    - 差模信号及差模放大指标计算
    - 抑制零点漂移：共模信号、共模放大指标、共模抑制比
- 恒流源
  - 作用
  - 原理
  - 应用电路分析
- 集成运算放大器
  - 组成及符号
  - 工作原理
  - 性能指标
  - 分类及使用

二、归纳总结

1. 多级放大电路

多级放大电路耦合方式有直接耦合、阻容耦合、变压器耦合和光电耦合。

直接耦合多级放大电路中级与级之间的连接方式比较简单，具有良好的低频特性，可以放大变化缓慢的信号，并且电路中没有大容量的电容，易于集成，虽然各级的静态工作相互影响，在集成运算放大器中，级与级之间都采用直接耦合方式。但是直接耦合多级放大电路有零点漂移现象。为了减小零点漂移，常在电路中引入直流负反馈，或者采用温度补偿措施，或者采用特性相同的管子构成差分放大电路。

阻容耦合多级放大电路中各级的静态工作点相互独立，但是它的低频特性差，不能放大变化缓慢的信号。由于电路中有电容，不利于集成化。

变压器耦合放大电路低频特性差，但能够实现阻抗变换，常用作调谐放大电路或输出功率很大的功率放大电路。

光电耦合方式具有电气隔离作用，使电路具有很强的抗干扰能力，适用于信号的隔离及远距离传送。

求解多级放大电路的动态性能指标时，同样采用微变等效电路法进行分析。但在计算时必须考虑后级放大电路的输入对前级放大电路输出的影响。多级放大电路总的放大倍数等于各个单级放大倍数的乘积；多级放大电路的输入电阻就是第一级放大电路的输入电阻；多级放大电路的输出电阻就是最后一级放大电路的输出电阻。

采用多级放大电路虽然可以提高电压放大倍数，但会使它的上限频率下降，下限频率升高，通频带变窄，并使附加相移增大。多级放大电路的波特图可以由各级放大电路的波特图叠加而成。

2. 差分放大电路

差分放大电路是减小零点漂移的有效电路。当电路参数对称且为双端输出时，差分放大电路中每管的漂移在输出端可以完全抵消。当电路参数不完全对称时，可以利用射极电阻或恒流源减少每管的零点漂移。

差分放大电路对差模信号具有放大作用，对共模信号具有抑制作用，这样可以较好地解决提高放大倍数和减小零点漂移之间的矛盾。差模电压放大倍数 A_d 描述电路放大差模信号的能力，共模放大倍数 A_c 描述电路抑制共模信号的能力。差模电压放大倍数 A_d 与共模电压放大倍数 A_c 之比称为共模抑制比。共模抑制比越大，差分放大电路放大差模信号的能力和抑制零点漂移的能力越强。

漂移信号就是共模信号。在单端输入时，在差模信号输入的同时伴有共模信号输入。在实际工作中，也经常会遇到伴随着输入信号的加入而混入了较大共模干扰信号的情况。为了更好地克服零点漂移和抑制共模干扰，经常要求差分放大电路具有很高的共模抑制比。

用有源器件(如晶体管等)组成的恒流源代替典型长尾式差分放大电路中的发射极公共电阻，可以组成具有恒流源的差分放大电路，由于恒流源的动态电阻非常大，因而可以大大提高抑制零点漂移和共模干扰的能力。实际应用的差分放大电路几乎都是具有恒流源的差分放大电路。

根据输入和输出端连接方式的不同，差分放大电路有四种接法，它们的性能比较如下表所示：

接法	差模电压放大倍数 A_d	共模抑制比 K_{CMR}	差模输入电阻 R_{id}	输出电阻 R_{od}	用途
双端输入 双端输出	$-\dfrac{\beta\left(R_c // \dfrac{1}{2}R_L\right)}{R_b + r_{be}}$	很高	$2(R_b + r_{be})$	$\approx 2R_c$	适用于对称输入、对称输出且输入、输出均不接地的场合
双端输入 单端输出	$\mp\dfrac{\beta(R_c // R_L)}{2(R_b + r_{be})}$	较高	$2(R_b + r_{be})$	$\approx R_c$	用于将双端输入转换为单端输出的场合，也可用于要求输出信号有一端接地的场合
单端输入 双端输出	$-\dfrac{\beta\left(R_c // \dfrac{1}{2}R_L\right)}{R_b + r_{be}}$	很高	$2(R_b + r_{be})$	$\approx 2R_c$	用于将单端输入转换为双端输出的场合，也可用于负载两端均不接地的场合

续表

接法	差模电压放大倍数 A_d	共模抑制比 K_{CMR}	差模输入电阻 R_{id}	输出电阻 R_{od}	用途
单端输入 单端输出	$\mp\dfrac{\beta(R_c /\!/ R_L)}{2(R_b + r_{be})}$	较高	$2(R_b + r_{be})$	$\approx R_c$	用于放大电路输入端和输出端均需有一端接地的电路中

3. 集成运算放大器

集成运算放大器是用集成工艺制成的、具有高放大倍数的直接耦合多级放大电路。它一般由输入级、中间级、输出级和偏置电路四部分组成。输入级的性能是提高集成运算放大器质量的关键，为了抑制温漂和提高共模抑制比，输入级常采用差分放大电路；中间级的作用是提供足够大的电压放大倍数，一般常采用有源负载的共发射极或共基极放大电路；输出级的主要作用是为负载提供足够大的输出电压和电流，为了提高带载能力，并使输出的正、负方向对称，常采用互补对称功率放大电路；偏置电路的作用是为各级设置合适的静态工作点，常采用电流源电路。

集成运放的电压传输特性分线性区和非线性区。在线性区，曲线斜率为电压放大倍数，放大小信号；在非线性区，输出电压只有两种可能情况，$+U_{om}$ 或 $-U_{om}$。分析应用电路的工作原理时，首先要分清运放工作在线性区还是非线性区。

集成运放的主要性能指标有 A_{od}、U_{IO} 和 dU_{IO}/dT、I_{IO} 和 dI_{IO}/dT、U_{Idmax}、U_{Icmax}、开环带宽 BW、单位增益带宽 BW_G 和 S_R。

一般使用场合常采用通用型集成运算放大器，在特殊要求使用场合则采用专用型集成运算放大器。

本章的重要题型分析见文档 5.3。

习　题

5.1.1 判断图 P5.1.1 所示两级放大电路中，T_1 和 T_2 管分别组成哪种基本接法的放大电路。设图中所有电容对于交流信号均可视为短路。

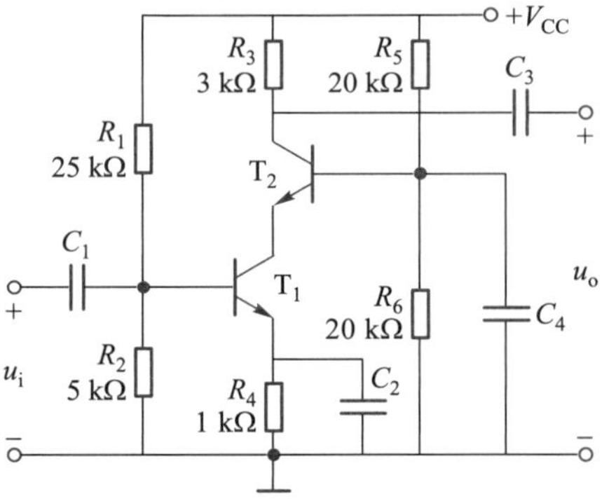

(a)

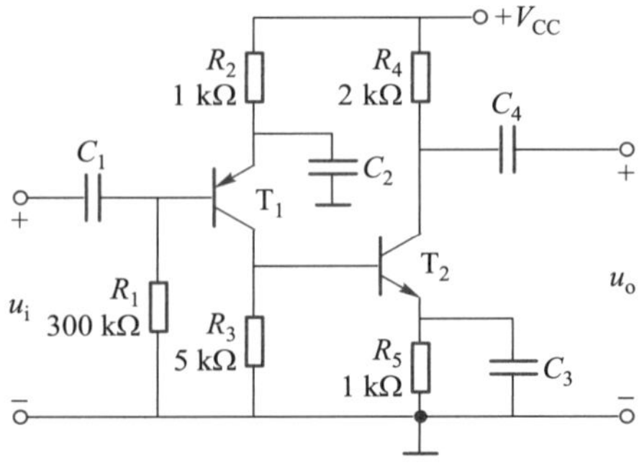

(b)

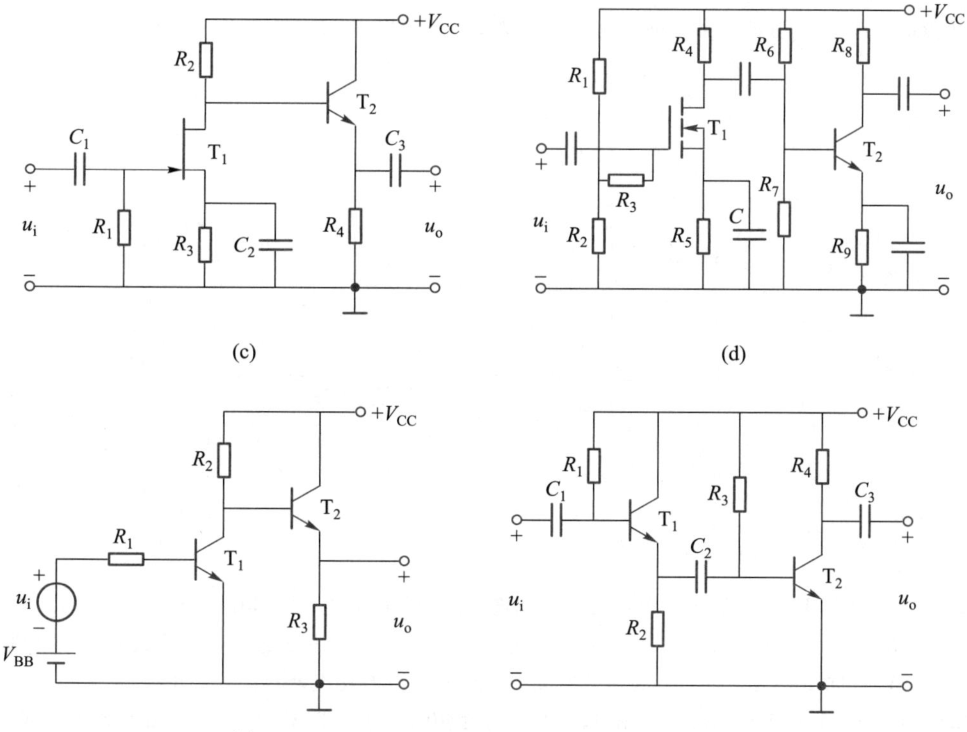

(c) (d) (e) (f)

图 P5.1.1

5.1.2 设图 P5.1.1 所示电路(c)(d)(e)(f)的静态工作点均合适，分别画出它们的交流等效电路，并写出 $\dot{A}_u$、R_i和 R_o的表达式。

5.1.3 两级放大电路如图 P5.1.3 所示。若两个晶体管的$\beta=79$，$r_{be}=1\ \text{k}\Omega$，试计算空载时电压放大倍数 $\dot{A}_u$ 及 $\dot{A}_{us}$；设 $U_s=10\ \text{mV}$，$R_L=3\ \text{k}\Omega$，计算放大电路的输出电压 U_o。

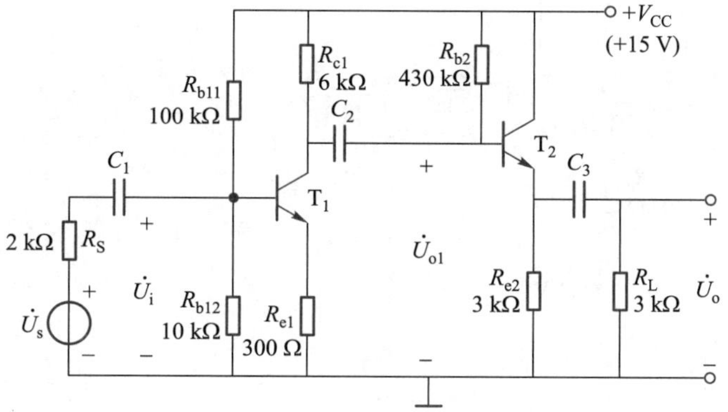

图 P5.1.3

5.2.1 图 P5.2.1 所示电路参数理想对称，$\beta_1=\beta_2=\beta$，$r_{be1}=r_{be2}=r_{be}$。

(1) 写出 R_P的滑动端在中点时动态参数 A_{ud}、R_{od}和 R_{id}的表达式；

(2) 写出 R_P的滑动端在最右端时 A_{ud}的表达式，比较两个结果有什么不同。

5.2.2　图 P5.2.2 所示电路参数理想对称，晶体管的 β 均为 50，$r_{bb'}=100\ \Omega$，$U_{BEQ}\approx 0.7\ V$。试计算 R_P 滑动端在中点时 T_1 管和 T_2 管的发射极静态电流 I_{EQ}，以及动态参数 A_{ud}、R_{od} 和 R_{id}。

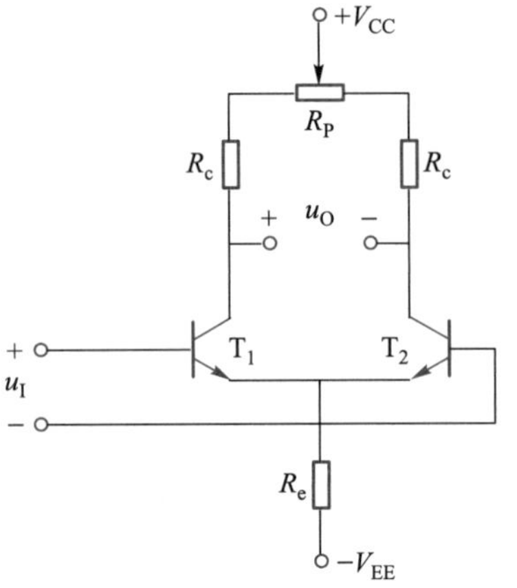

图 P5.2.1

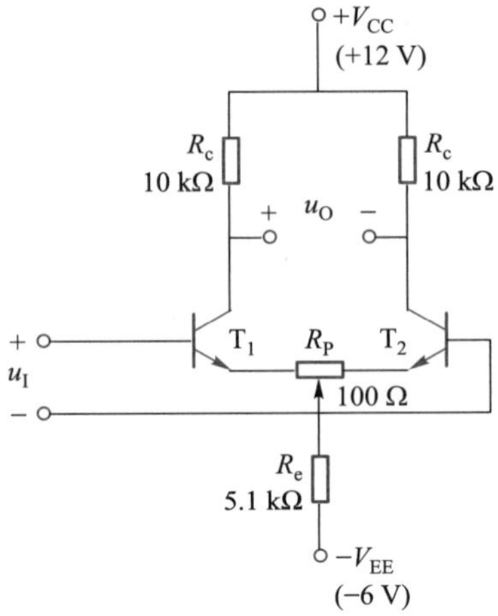

图 P5.2.2

5.2.3　电路为如图 5.2.3 所示的单端输入单端输出的差分放大电器。其中 R_P 滑动端在中点，T_1 管和 T_2 管的 β 均为 30，$r_{bb'}=300\ \Omega$，$U_{BEQ}\approx 0.6\ V$。求差模电压放大倍数 A_{ud}、共模电压放大倍数 A_{uc} 及共模抑制比；当 $U_I=-20\ mV$ 时，问 ΔU_O 为多少？U_O 为多少？其中共模成分占差模成分的百分之几？

5.2.4　电路如图 P5.2.4 所示，T_1 管和 T_2 管的 β 均为 40，r_{be} 均为 3 kΩ，恒流源内阻无穷大。试问：若输入直流信号 $u_{I1}=20\ mV$，$u_{I2}=10\ mV$，则电路的共模输入电压 u_{IC} 为多少？差模输入电压 u_{Id} 为多少？输出动态电压 Δu_O 为多少？

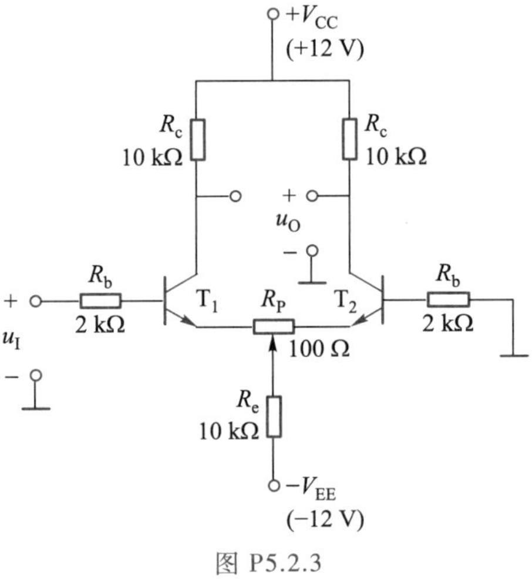

图 P5.2.3

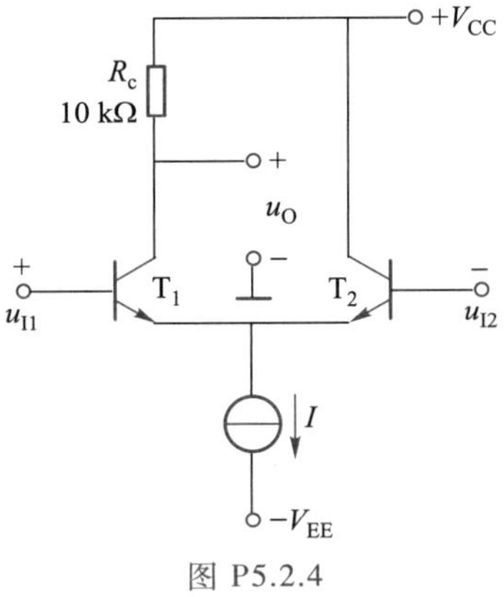

图 P5.2.4

5.2.5　电路如图 P5.2.5 所示，T_1 和 T_2 的低频跨导 g_m 均为 2 mA/V。试求解差模放大倍数 A_{ud} 和输出电阻 R_{od}。

5.2.6　有恒流源的差放如图 P5.2.6 所示，T_1 管、T_2 管和 T_3 管的 β 均为 50，r_{be1} r_{be2} 均为 1.5 kΩ，$U_{BEQ}\approx$ 0.7 V，T_3 管的电流源部分的交流等效电阻 r_{ce3} 约为 200 kΩ。求静态工作点 I_{C1}、I_{C2}、U_{C1}、U_{C2}；求差模电压放大倍数、差模输入电阻、差模输出电阻、共模抑制比。

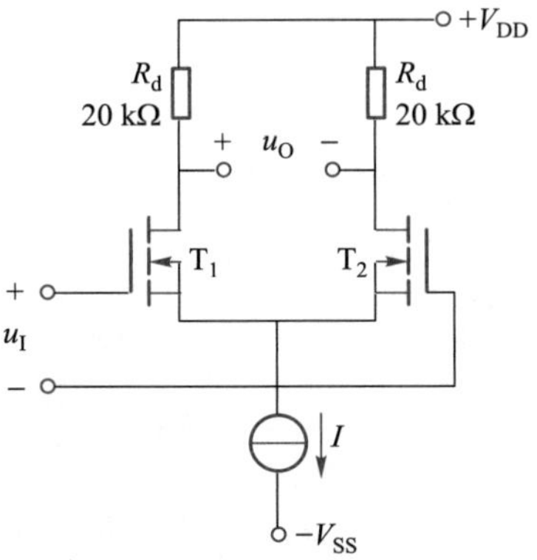

图 P5.2.5

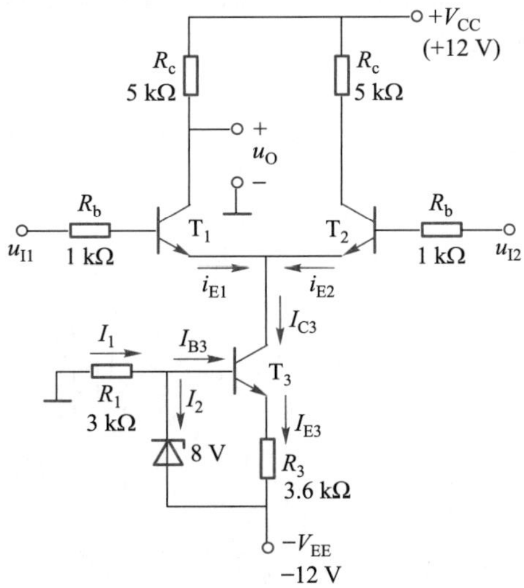

图 P5.2.6

5.3.1 电路如图 P5.3.1 所示，已知 $\beta_1=\beta_2=\beta_3=100$。各管的 U_{BE} 均为 0.7 V，试求 I_{C2} 的值。

5.3.2 多路电流源电路如图 P5.3.2 所示，已知所有晶体管的特性均相同，U_{BE} 均为 0.7 V。试求 I_{C1}、I_{C2} 各为多少。

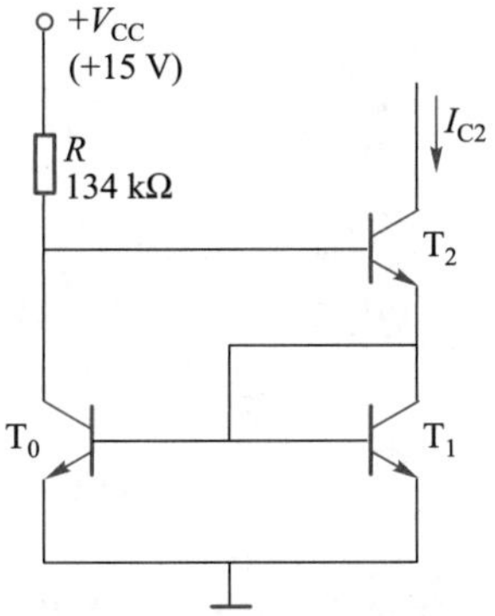

图 P5.3.1

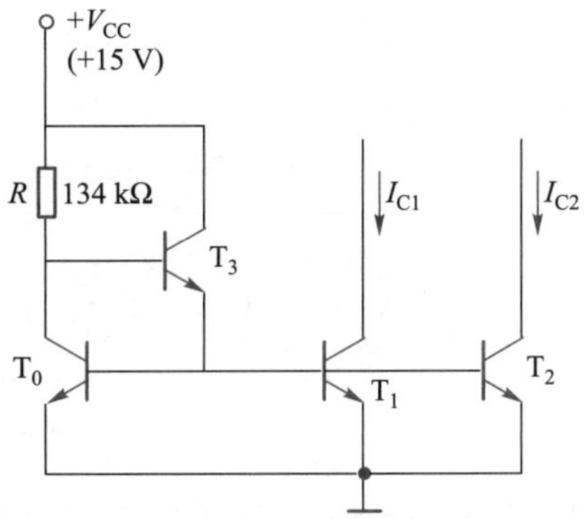

图 P5.3.2

5.3.3 计算图 P5.3.3 所示电路的多路电流源中各发射极电阻的阻值。设各管的 β 值均相等且很大，U_{BE} 均为 0.7 V，$U_T=26$ mV。

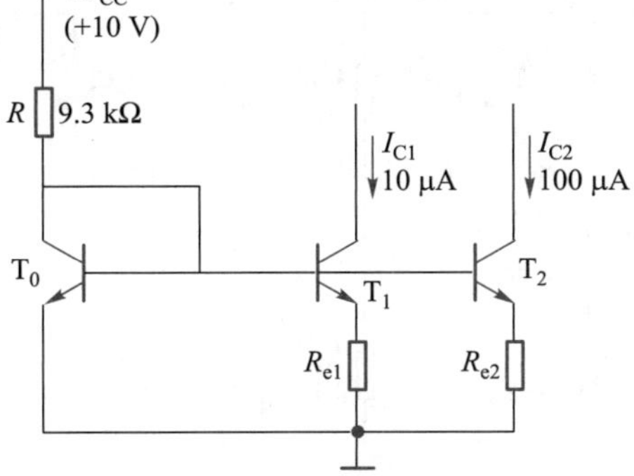

图 P5.3.3

5.3.4　电路如图 P5.3.4 所示，T_1 与 T_2 管特性相同，它们的低频跨导为 g_m；T_3 与 T_4 管特性对称；T_2 与 T_4 管 d-s 间动态电阻为 r_{ds2} 和 r_{ds4}。试求出两电路的电压放大倍数 $A_u=\Delta u_O/\Delta(u_{I1}-u_{I2})$ 的表达式。

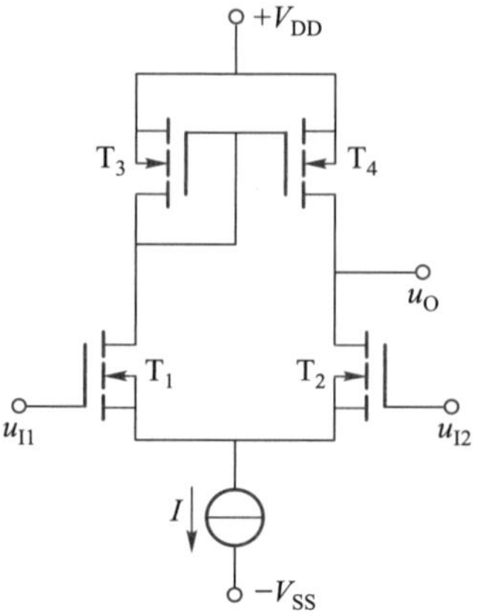

图 P5.3.4

5.3.5　电路如图 P5.3.5 所示。

(1) 说明电路是几级放大电路，各级分别是哪种形式的放大电路(共射、共集、差放……)；

(2) 分别说明各级采用了哪些措施来改善其性能指标(如增大放大倍数、输入电阻……)。

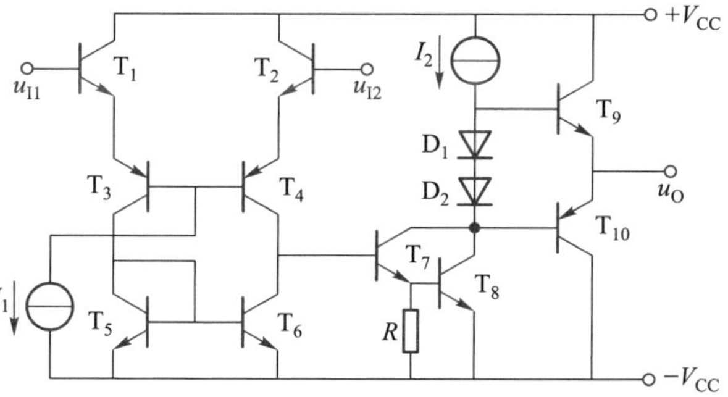

图 P5.3.5

5.3.6　电路如图 P5.3.6 所示。已知 $\beta_1=\beta_2=\beta_4=\beta_5=50$，各晶体管的发射结正向压降 $U_{BE}=0.7$ V。试计算电路的静态工作点和电压放大倍数。

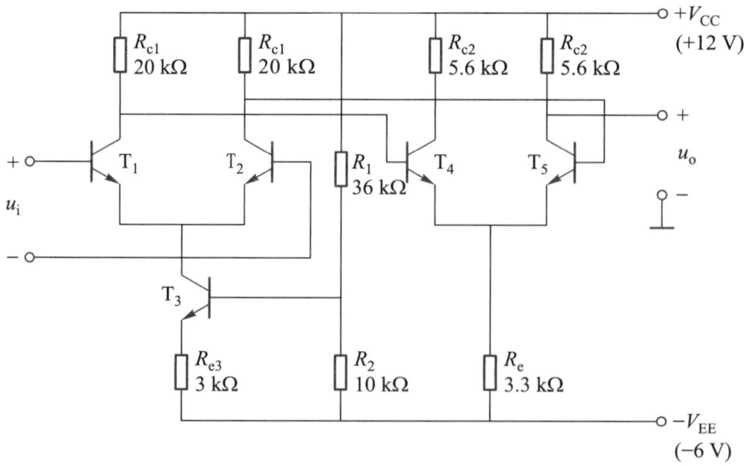

图 P5.3.6

5.3.7　图 P5.3.7 为简化的高精度运放电路原理图：

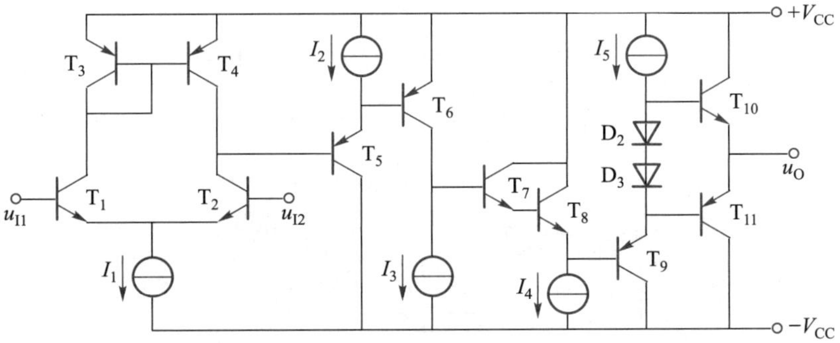

图 P5.3.7

（1）分析两个输入端中哪个是同相输入端，哪个是反相输入端；

（2）说明 T_3 与 T_4 的作用；

（3）说明电流源 I_3 的作用；

（4）说明 D_2 与 D_3 的作用。

5.3.8　一种简单运算放大器的电路如图 P5.3.8 所示。设所有晶体管的 $\beta=100$，$U_{BE}=0.7\ V$，$r_{ce}=\infty$，$r_{be1}=r_{be2}=5.2\ k\Omega$，$r_{be3}=260\ k\Omega$，$r_{be4}=r_{be5}=2.6\ k\Omega$ 和 $r_{be6}=0.25\ k\Omega$。

（1）分析放大电路的直流工作状态；

（2）计算放大电路的总电压放大倍数。

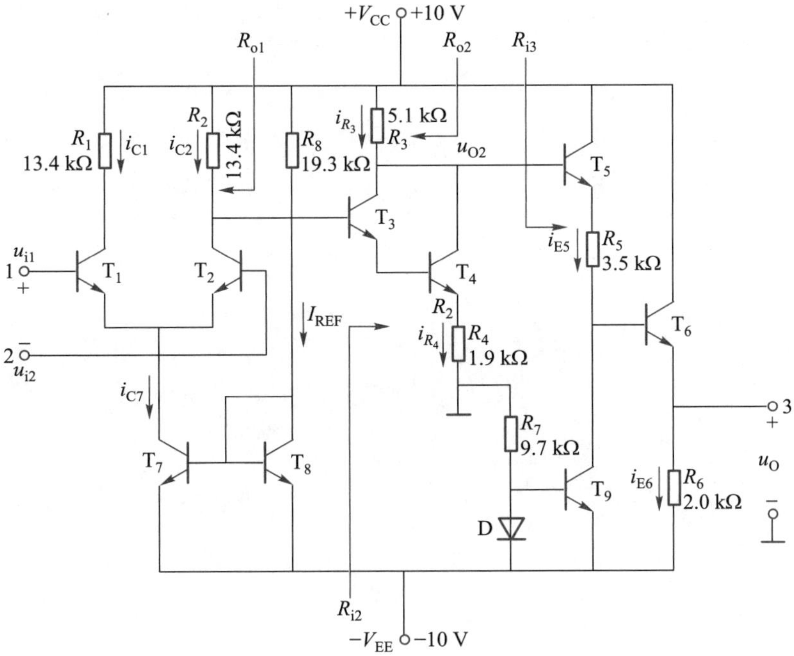

图 P5.3.8

5.4.1　电路如图 P5.4.1 所示电路，BJT 用 2N2222A 型管，$\beta=100$，$r_{ce}=200\ k\Omega$，$U_{BE}=0.7\ V$。试用 Multisim 分析该电路：

（1）假设 R_P 的滑动头处于中间位置，求电路的静态工作点；

（2）求单端输出时的差模电压放大倍数 A_{d2} 和双端输出时的差模电压放大倍数 A_d，说明两者之间的关系。

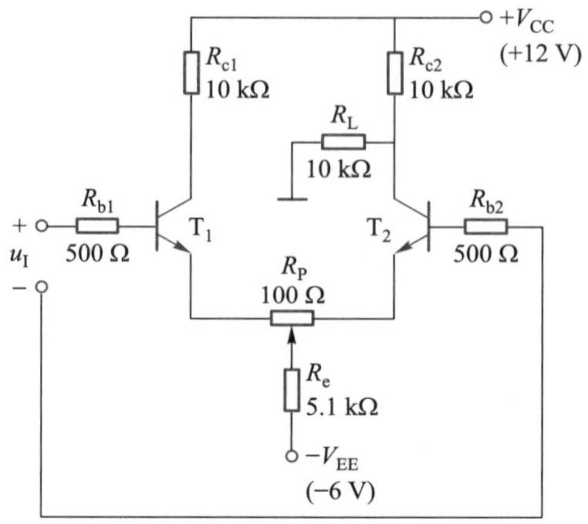

图 P5.4.1

文档 5.3
第 5 章重要题型分析

文档 5.4
第 5 章部分习题答案

第6章 负反馈放大电路

本书前述所讨论的一些放大电路(如固定偏流放大电路和工作点稳定的发射极偏置放大电路,场效晶体管自给栅偏压放大电路和分压式自给栅偏压放大电路等)还存在着电压放大倍数不够稳定、非线性失真较大等缺点。这是由于晶体管和场效晶体管基本放大电路的性能指标都与电子器件(晶体管和场效晶体管)的参数有关,而电子器件的参数是随着温度变化而改变的,由此导致了放大电路性能指标的不稳定。

为了克服以上缺点,必须采取措施改善放大电路的性能。负反馈作为一种改善放大电路性能的重要措施,应用十分广泛。

本章将对负反馈放大电路进行专门的讨论。首先介绍反馈的基本概念,然后分析反馈放大电路的类型及它们的判断方法,再说明深度负反馈放大电路的近似算法、负反馈对放大电路性能的影响以及如何引入恰当的负反馈,最后介绍负反馈放大电路的自激振荡现象及消除方法。

6.1 反馈的基本概念及分类

6.1.1 反馈的基本概念

一、什么是反馈

反馈又称回馈,是现代科学技术的基本概念之一。反馈理论产生于无线电工程技术,后来成为研究生物、社会和生产技术等领域的自动调节现象的重要原理。反馈就是被控制的过程对控制机构的反作用,这种反作用影响这个系统的实际过程或结果。通过反馈概念可以深刻理解各种复杂系统的功能和动态机制，进一步揭示不同物质运动形式间的共同联系。

在电子系统中，将放大电路中的输出量(输出电压或电流)的一部分或全部按一定的方式并通过一定的电路(即反馈网络)送回到输入回路，来影响输入量(输入电流或电压)，从而影响放大电路的输出量，这种电量的回送过程就称为**反馈**。反馈体现了输出信号对输入信号的反作用。

反馈的概念在第2章静态工作点稳定的发射极偏置放大电路中已经存在。

例如，对于如图6.1.1所示的无发射极旁路电容的发射极偏置放大电路，为了稳定静态工作点，利用发射极电阻 R_e，把输出回路中的静态发射极电流 I_E 的变化送回输入回路，以便产生以下稳定静态工作点的物理过程：

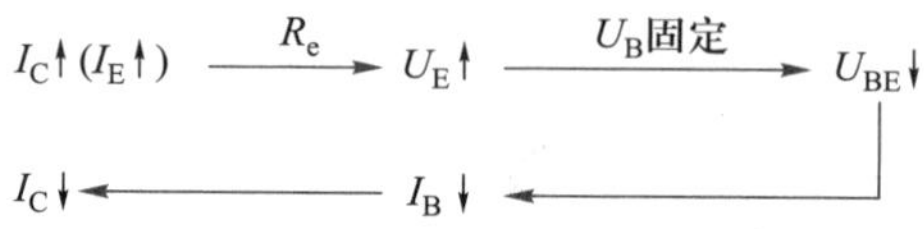

即当环境温度升高时，静态电流 I_C、I_E 均增大，通过电阻 R_e 提高了晶体管的静态发射极电位 U_E，U_E 再送回输入回路，使静态 U_{BE} 减小，从而抑制了 I_C 的增大，稳定了静态工作点。这个过程就是一个反馈过程。这种通过外接元件实现的反馈称为**外部反馈**。

在上述过程中，是发射极电阻 R_e 把放大电路中输出回路电流 I_E 的变化，转换成了电位 U_E 的变化。由于电阻 R_e 既在输出回路中，又在输入回路中，所以 U_E 就被送回输入回路中。在图6.1.1中，电阻 R_e 是沟通输出回路和输入回路的中间环节，通过这个中间环节，可把输出回路的电量 U_E 送回输入回路中。把沟通输出回路和输入回路的中间环节称为**反馈电路**(或**反馈网络**)。在图6.1.1中，电阻 R_e 就是反馈电路。把送回输入回路的电量称为**反馈信号**。在图6.1.1(b)中，$U_E=I_ER_e$ 称为**反馈电压**，并以 U_F 表示，即 $U_F=U_E$。把输入信号与反馈信号比较后得到的信号称为**净输入信号**。在图6.1.1(b)中，输入信号为静态基极电位 U_B，则净输入信号为 $U_{BE}=U_B-U_E$。

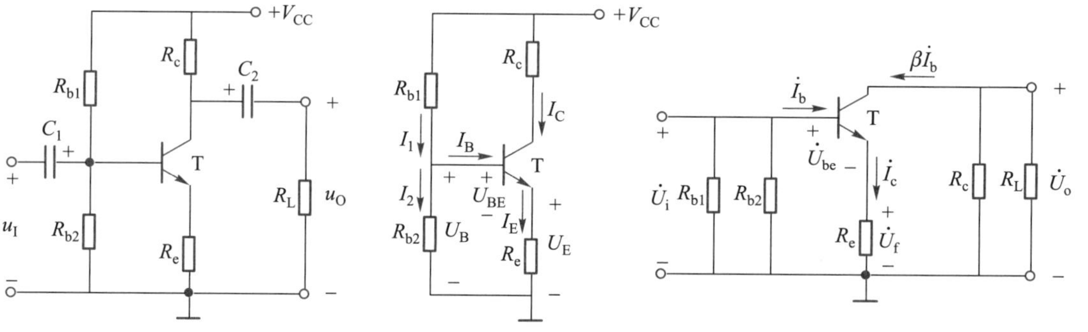

(a) (b) (c)

图6.1.1 无发射极旁路电容的发射极偏置放大电路

(a) 电路图 (b) 直流通路 (c) 交流通路

在晶体管的 h 参数微变等效模型中，输入回路中的电压 $h_{12}u_{ce}$ 反映了BJT的输出电压对输入电压的反作用，这种存在于器件内部的反馈称为**内部反馈或寄生反馈**，其作用很小，可以忽略。

本章主要讨论放大电路中的各种外部反馈。

按照电路组成的主要功能，反馈放大电路可以分为基本放大电路和反馈网络两部分，组成框图如图 6.1.2 所示。具有反馈网络的放大电路称为**反馈放大电路**。反馈网络对输出量进行取样，将与之成一定比例的反馈量回送到输入端，从而影响电路的净输入量。

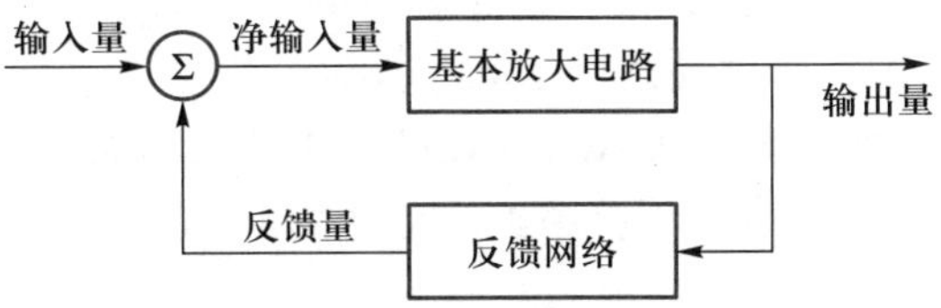

图 6.1.2 反馈放大电路组成框图

二、有无反馈的判断

判断一个电路中是否存在反馈，只要看该电路的输出回路与输入回路之间是否存在连接的通路（即反馈网络），如果没有反馈网络，则不能形成反馈，这种情况称为**开环**；若有反馈网络，则能形成反馈，称这种情况为**闭环**。

例 6.1.1 判断图 6.1.3 所示电路是否存在反馈。

解 图 6.1.3(a)所示电路中，运放 A 构成基本放大电路，电阻 R_2 将集成运放的输出端与反相输入端连接，因而集成运放的净输入不仅与输入信号有关还与输出信号有关，电阻 R_2 构成了反馈网络，所以该电路引入了反馈。

图 6.1.3(b)所示电路中，电阻 R 将集成运放的输出端与同相输入端连接，但是因为同相输入端接地，输出信号对运放的净输入无影响，运放的净输入量只取决于输入信号，所以电路中没有引入反馈。

图 6.1.3(c)所示电路为共集电极放大电路，由它的交流通路可知，发射极电阻 R_e 和负载电阻 R_L 既在输入回路中，又在输出回路中，构成了反馈通路，所以该电路引入了反馈。

图 6.1.3(d)为两级放大电路。第一级放大电路的输出没有反馈通路到 A_1 的输入端，所

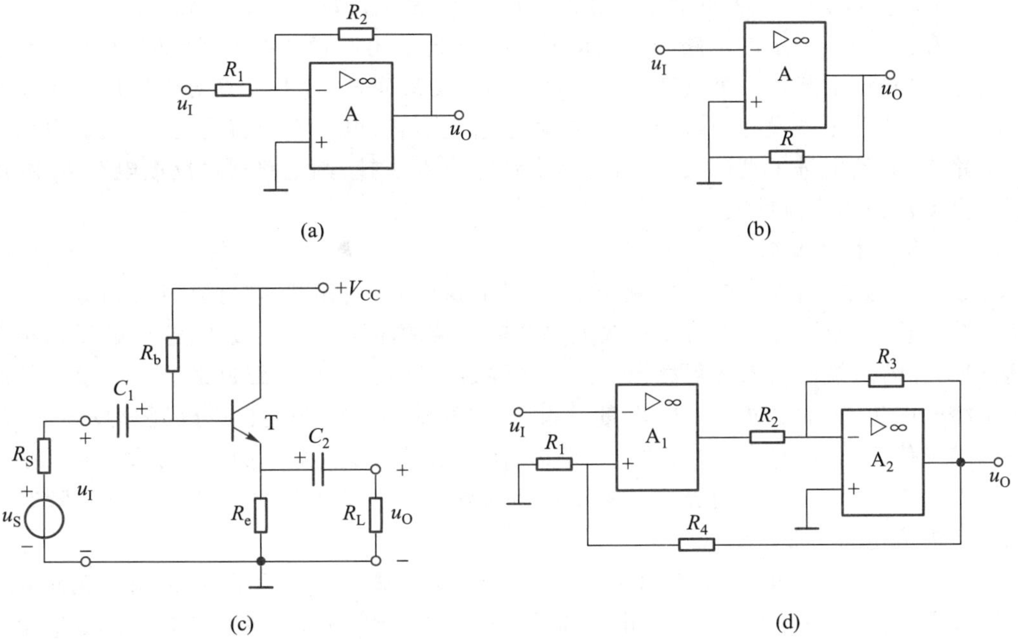

图 6.1.3 例 6.1.1 的电路图

以第一级无反馈；第二级放大电路的输出与 A_2 的反相输入端通过 R_3 连接，所以引入了反馈；此外，第二级放大电路的输出到第一级放大电路的输入也有一条反馈通路，由 R_4 及 R_1 构成，即两级电路之间引入了反馈。

通常把每级各自存在的反馈称为**局部反馈或本级反馈**，把级与级之间的反馈称为**级间反馈**。一般主要讨论级间反馈。

6.1.2 反馈的分类

在反馈放大电路中，对反馈可以进行以下分类。

一、直流反馈和交流反馈

根据反馈信号的交、直流性质，可把反馈分为直流反馈和交流反馈。如果反馈信号中只有直流成分，则称为**直流反馈**；如果反馈信号中只有交流成分，则称为**交流反馈**。在一个实用的放大电路中，往往同时存在着直流反馈和交流反馈。根据直流反馈和交流反馈的定义，可以通过分析反馈是存在于放大电路的直流通路之中，还是存在于交流通路（或微变等效电路）之中，方便地判断出电路中引进的是直流反馈还是交流反馈。

例 6.1.2 在图 6.1.1(b)所示的直流通路中，反馈元件 R_e 上的反馈电压 $U_F = U_E = I_E R_e$ 反映的是输出回路中的直流信号，故电路中引入的是直流反馈；在图 6.1.1(c)所示的交流通路中，R_e 上的反馈电压 $\dot{U}_f = \dot{U}_e = \dot{I}_e R_e$ 反映的是输出回路中的交流信号，故电路中引入的是交流反馈。由此可见，在如图 6.1.1(a)所示的无发射极旁路电容的发射极偏置放大电路中同时存在着直流反馈和交流反馈。

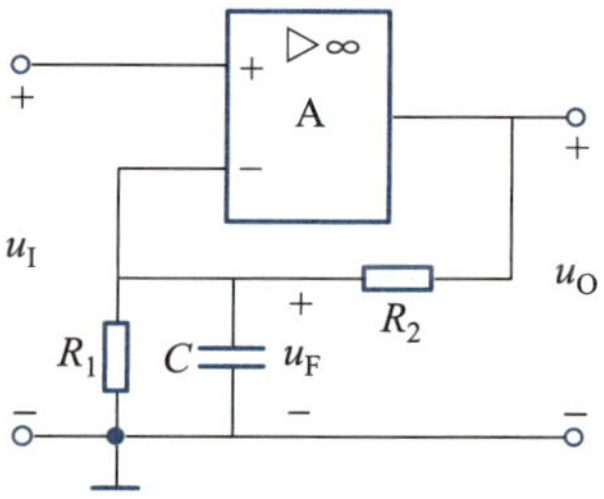

图 6.1.4 例 6.1.3 的电路

例 6.1.3 判断图 6.1.4 所示电路是否存在反馈，是交流反馈还是直流反馈。

解 在图 6.1.4 所示的电路中，R_2、R_1 和 C 是沟通输出回路和输入回路的中间环节，组成反馈电路，可见该电路是一个反馈放大电路。对于交流而言，若电容 C 对交流信号可视为短路，则 $u_F = 0$，电路中就没有引进交流反馈；对于直流而言，电容 C 可视为开路，因而电路通过反馈电路 R_2 和 R_1 引进了直流反馈；若电路中将电容 C 去掉，则电路通过反馈电路 R_2 和 R_1 同时引进直流反馈和交流反馈。

二、正反馈和负反馈

在放大电路中，引入反馈以后，根据反馈对电路放大作用的影响可以将反馈分为正反馈和负反馈。若引入反馈后，加在基本放大电路输入端的净输入信号减弱，这样的反馈称为**负反馈**。反之，若反馈的引入使得净输入信号增强，这样的反馈称为**正反馈**。由于反馈的结果影响了净输入量，因而必然影响输出量。因此，根据输出量的变化也可以区分反馈的极性，反馈的结果使输出量的变化增大的为正反馈，使输出量的变化减小的为负反馈。

反馈的正、负称为**反馈的极性**。反馈极性的判断一般采用瞬时极性法。应用**瞬时极性法**判断反馈极性的一般步骤如下。

(1) 假定放大电路的输入电压（或输入电流）在某一瞬时的对地极性（或瞬时流向），在电路中用符号(+)或(-)分别表示输入电压的瞬时极性的正或负（用箭头的方向表示瞬时电流的流向），并用它们分别代表电路中某处信号电压的瞬时值对地是正向变化还是负向变化。

(2) 根据放大电路的工作原理,逐级推出电路中有关各节点电压信号的瞬时对地极性和相关支路电流信号的瞬时电流流向,进而得到该输出电压的瞬时对地极性(或输出电流的瞬时流向)。

(3) 根据反馈到输入回路的反馈信号的瞬时极性(或瞬时流向),判断反馈信号是增强了还是削弱了基本放大电路的净输入信号来确定是正反馈还是负反馈。

例 6.1.4 反馈放大电路如图 6.1.5 所示,试用瞬时极性法判断其反馈极性。

解 图 6.1.5(a)所示电路中存在反馈,电阻 R_2和 R_1将输出电压 u_O分压后接入电路的输入端。假设输入电压 u_I 的瞬时对地极性为(+),即集成运放的同相输入端 u_P的瞬时对地极性为(+),所以集成运放的输出电压 u_O瞬时对地极性为(+),u_O通过 R_2和 R_1通路在 R_1上分得的电压 u_F瞬时对地极性也为(+),把 u_F送回到集成运放的反相输入端,使反相输入端 u_N的瞬时对地极性为(+),因此,集成运放的净输入电压 u_D(即:u_P-u_N)的数值比无反馈时减小了。说明电路引入了负反馈。

图 6.1.5(b)所示电路与图 6.1.5(a)所示电路不同的是将反馈信号接到了集成运放的同相输入端,输入信号送到集成运放的反相输入端。用瞬时极性法判断:假设输入电压 u_I的瞬时对地极性为(+),即集成运放的反相输入端 u_N的瞬时对地极性为(+),所以集成运放的输出电压 u_O瞬时对地极性为(-),u_O通过 R_2和 R_1通路在 R_1上分得的电压 u_F瞬时对地极性也为(-),把 u_F送回到集成运放的同相输入端,使同相输入端 u_P的瞬时对地极性为(-),因此,反馈信号增强了输入信号的作用。说明电路引入了正反馈。

图 6.1.5(c)所示电路是分立元件构成的放大电路,通过 R_6和 R_3把输出信号反馈到放大电路的输入端,所以电路存在反馈。假设输入电压 u_I的瞬时对地极性为(+),T_1管的基极瞬时对地极性为(+),共射放大电路的输出与输入相位相反,所以 T_1管的集电极电压瞬时对地

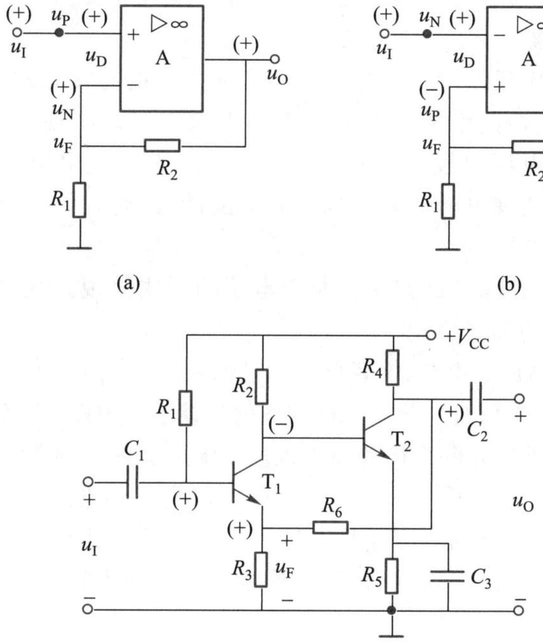

图 6.1.5 例 6.1.4 的电路图

极性为(-)。第二级仍为共射放大电路,所以 T_2管的集电极电压瞬时对地极性为(+),则 u_O 瞬时对地极性为(+)。u_O通过 R_6和 R_3通路在 R_3上分得的电压 u_F瞬时对地极性也为(+),把 u_F送回到 T_1管的发射极,使 T_1管发射极的瞬时对地极性为(+),因此,T_1管的净输入电压 u_{BE}(u_B-u_E)的数值比无反馈时减少了。说明电路引入了负反馈。

应该指出,直流负反馈在放大电路中起着稳定静态工作点的作用,交流负反馈有改善放大电路性能指标的作用,本章的重点是研究交流负反馈。

思考题

6.1.1 什么是反馈?如何判断有无反馈?

6.1.2 什么是正反馈和负反馈?如何判断正负反馈?

6.1.3 直流反馈与交流反馈有何不同?

6.1.4 什么是开环和闭环?

6.2 交流负反馈的四种基本组态

负反馈放大电路的电路形式多种多样。从放大电路的输入端看,根据反馈信号与输入信号连接方式的不同,负反馈放大电路可以分为串联反馈和并联反馈;从放大电路的输出端看,根据反馈信号是对输出电压采样,还是对输出电流采样,负反馈放大电路可以分为电压反馈和电流反馈。归纳起来负反馈可以分为4种不同类型的反馈组态(或称反馈类型):电压串联负反馈、电压并联负反馈、电流串联负反馈和电流并联负反馈。

一、串联反馈和并联反馈

串联反馈还是并联反馈由反馈网络与放大电路在输入端的连接方式决定。

在放大电路的输入端,反馈网络与基本放大电路串联连接以实现电压比较的称为**串联反馈**,此时,反馈电压与输入电压比较,结果为净输入电压;在放大电路的输入端,反馈网络与基本放大电路并联连接以实现电流比较的称为**并联反馈**,此时,反馈电流与输入电流并联比较,结果为净输入电流。

凡是串联反馈,反馈信号在输入回路中总是以电压的形式出现。凡是并联反馈,反馈信号在输入回路中总是以电流的形式出现。

对于集成运放构成的反馈放大电路,串联反馈的净输入量为 u_{ID}(u_P-u_N),并联反馈的净输入量为 i_{ID}(流入集成运放的电流);对于分立元件构成的反馈放大电路,串联反馈的净输入量为b、e间的电压(或g、s间的电压),并联反馈的净输入量为流入晶体管的电流 i_{ID}(i_B、i_E或 i_S)。

图6.1.3(a)所示的电路中引入了并联反馈。在图6.1.5所示的电路中均引入了串联反馈。

总之,从反馈信号与放大电路的输入信号在输入端的连接方式看,当反馈信号与输入信号连接在放大电路的同一输入端时,为并联反馈,连接在不同输入端时,为串联反馈。

二、电压反馈和电流反馈

电压反馈还是电流反馈由反馈网络在放大电路输出端的取样电量决定。

反馈信号取自输出电压,并与输出电压成正比,这种反馈方式称为**电压反馈**。反馈信号取自输出电流,并与输出电流成正比,这种反馈方式称为**电流反馈**。

这里要指出的是,电压反馈和电流反馈并不是由反馈信号是电压还是电流决定的,而是由反馈信号的来源决定的。

判断一个放大电路中引入的反馈是电压反馈还是电流反馈的常用方法是"**输出短路法**"。具体做法是:假设放大电路的输出电压为零,若反馈信号消失,说明反馈信号取决于输出电压,可以判断引入的反馈是电压反馈;若反馈信号依然存在,说明反馈信号不取决于输出电压,进而判断引入的反馈是电流反馈。

图 6.2.1(a)所示电路中引入了交流负反馈,令输出电压 $u_O=0$,即将运放的输出端接地,得到如图 6.2.1(b)所示的电路,可见图 6.2.1(b)所示电路中已没有反馈,所以图 6.2.1(a)所示电路中引入的是电压反馈。

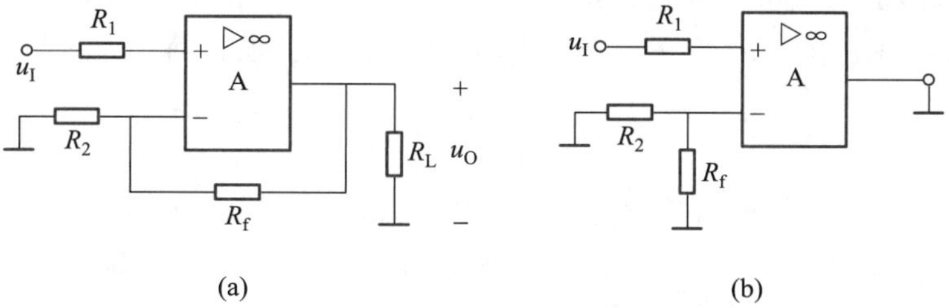

图 6.2.1 电压反馈的判断

(a)电路 (b)令 $u_O=0$

图 6.2.2(a)所示电路中引入了交流负反馈,令输出电压 $u_O=0$,即将负载的两端短接,得到如图 6.2.2(b)所示的电路,可见输出电压为零后反馈依然存在,所以电路中引入的不是电压反馈,而是电流反馈。

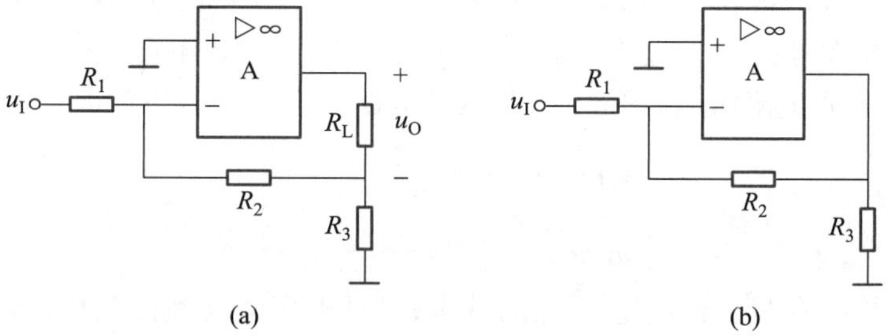

图 6.2.2 电流反馈的判断

(a)电路 (b)令 $u_O=0$

6.2.1 电压串联负反馈

一、电路

电压串联负反馈的典型电路如图 6.2.3 所示。基本放大电路 A 是一个集成运放,电阻 R_2 和 R_1 是沟通放大电路输出回路与输入回路的中间环节,是反馈网络,可见该电路是一个反馈放大电路。

二、判断反馈组态

1. 判断反馈极性

设输入电压 u_I 的瞬时极性对地为(+),因为 u_I 从集成运算放大器的同相输入端输入,因而输出电压 u_O 在该瞬时的极性对地也为(+),u_O 经过反馈网络 R_2 和 R_1 分压后,在 R_1 上产生反馈电压 u_F,u_F 在此瞬时的极性对地也为(+),因此集成运算放大器的净输入电压 $u_{ID}=(u_I-u_F)$ 的数值比无反馈时减小了,说明电路中引入的是负反馈。

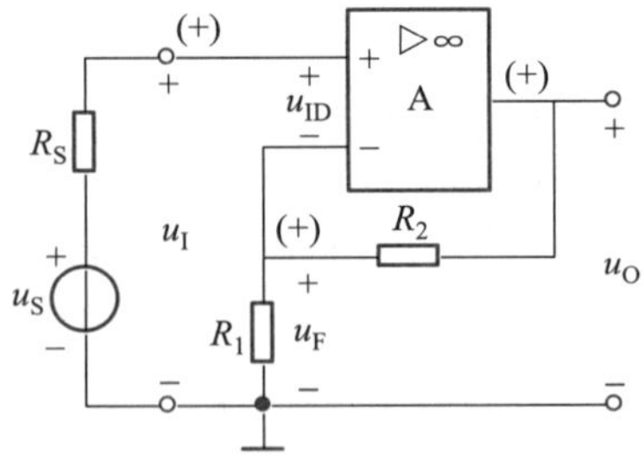

图 6.2.3 电压串联负反馈放大电路

2. 判断是电压反馈还是电流反馈

由图 6.2.3 可知,若令 $u_O=0$,即负载短路输出电压等于零,反馈就不存在了,所以为电压反馈。反馈网络的输入端并联在输出电压两端,集成运放输入端的电流为 0,反馈信号是由电阻 R_1 和 R_2 对输出电压 u_O 的分压所形成的反馈电压 u_F,所以有

$$u_F=\frac{R_1}{R_1+R_2}\cdot u_O$$

可见,反馈电压 u_F 不仅来自输出电压 u_O,还与 u_O 成正比,u_F 的变化也必然反映 u_O 的变化。假设 $u_O=0$,u_F 也必然为 0,进而可以判断电路中引入的是电压反馈。

3. 判断是串联反馈还是并联反馈

由图 6.2.3 可知,反馈电压与输入电压接在了放大电路的不同输入端,反馈网络的输出端串联在放大电路的输入回路中,即反馈电压 u_F 与输入电压 u_I 串联后共同作用于基本放大电路的输入端,故电路中引进的是串联反馈。

综合以上分析可知,图 6.2.3 所示的电路是一个电压串联负反馈放大电路。

三、反馈特点

因为是电压负反馈,反馈网络的输入端并联在输出电压 u_O 上,所以只要 u_O 有变化,就会通过反馈网络对放大电路的 u_O 起自动调节作用。例如,在输入电压 u_I 一定的条件下,由于某种原因使输出电压 u_O 下降时,在图 6.2.3 所示的电路中会产生以下的自动调节过程:

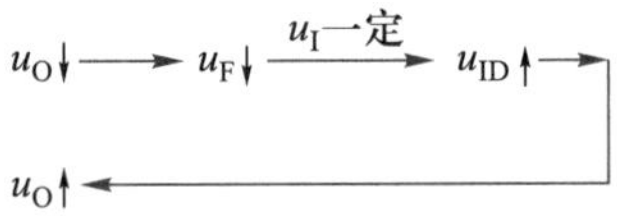

这个过程进行的结果牵制了输出电压 u_O 的减小,可见电压负反馈能起稳定输出电压的作用。

因为是串联反馈,由图 6.2.3 可知,在仅考虑反馈电压的作用时,信号源的内阻是和基本放大电路的输入电阻(集成运算放大器的差模输入电阻)相串联的,当信号源的内阻越小时,反馈电压被信号源内阻分去的部分越小,反馈电压对净输入电压的影响越大,反馈效果就越好。

综上所述,电压串联负反馈能稳定输出电压,对信号源内阻的要求是越小越好。

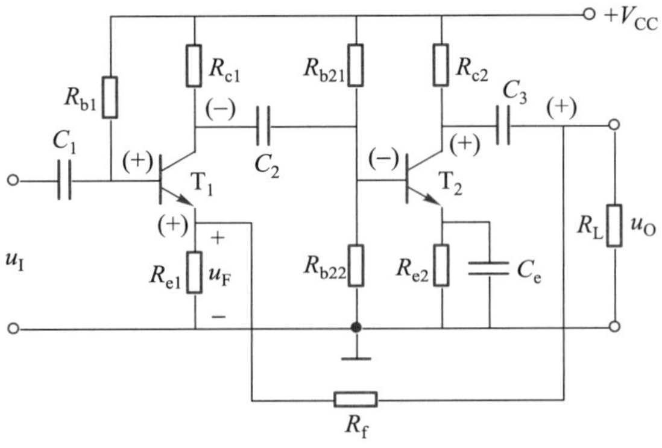

图 6.2.4 例 6.2.1 的电路

例 6.2.1 判断图 6.2.4 所示电路中交流反馈的极性,并说明交流反馈的类型。

解 在图 6.2.4 所示电路中,电阻 R_f和 R_{e1}是沟通放大电路输出回路和输入回路的中间环节,是反馈网络,可见该电路是一个反馈放大电路。

利用输出短路法,令输出电压 $u_O = 0$,则反馈电压 $u_F = 0$,因此电路中引进的是电压反馈。

观察图 6.2.4,反馈信号(接在晶体管的发射极)与输入信号(接在晶体管的基极)接在了放大电路的不同输入端,反馈网络的输出端串联在输入回路中,反馈电压 u_F在输入回路中与输入电压 u_I进行串联比较后获得净输入电压 u_{BE},故电路中引入的为串联反馈。

在图 6.2.4 中,在中频信号范围内,假定输入电压 u_I在某个瞬时的极性为(+),根据共发射极放大电路的特点,第一级放大电路的输出电压的极性为(-),第二级放大电路的输出电压 u_O的极性为(+),u_O经 R_f和 R_{e1}组成的反馈网络后,将 R_{e1}上的反馈电压 u_F送回输入回路,反馈电压 u_F在此瞬时的极性也为(+),使基本放大电路的净输入电压 $u_{ID}=(u_I-u_F)$的数值比无反馈时减小了,因此电路中引入的是负反馈。

综上所述,图 6.2.4 所示的电路是一个电压串联负反馈放大电路。

四、框图表示

若将负反馈放大电路的基本放大电路与反馈网络均看成为两端口网络,则不同反馈组态表明两个网络的不同连接方式。因为重点研究电路中的交流负反馈,所以框图中各量均以交流复数形式表示。

从图 6.2.3 和图 6.2.4 的输入回路可以看出,串联反馈中,反馈信号在输入回路中总是以电压的形式出现的,即输入信号为 $\dot{U}_i$,反馈信号为 $\dot{U}_f$,反馈影响的是净输入电压 $\dot{U}_{id}$ 。反馈网络的输出端串联于输入回路中,反馈电压 $\dot{U}_f$ 与输入电压 $\dot{U}_i$ 串联后共同作用于基本放大电路的输入端,得到净输入电压为 $\dot{U}_{id}$ 。

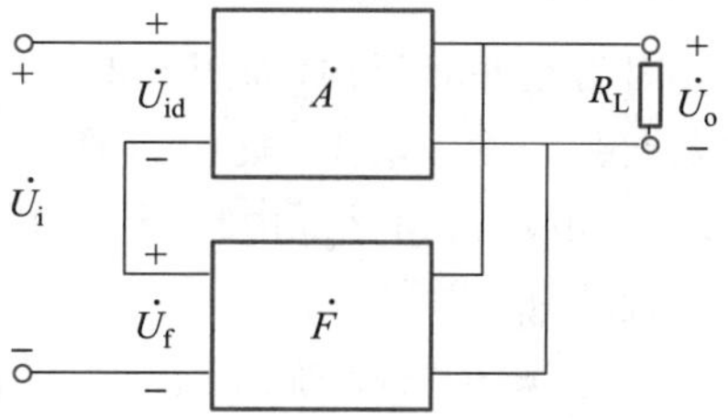

图 6.2.5 电压串联负反馈放大电路框图

从图 6.2.3 和图 6.2.4 的输出端可以看出,反馈信号来自输出电压 $\dot{U}_o$(即反馈信号由输出电压取样),反馈网络的输入端并联于输出电压 $\dot{U}_o$ 的两端。

因此,电压串联负反馈放大电路可用如图 6.2.5 所示的框图来表示。

6.2.2 电压并联负反馈

一、电路

在图 6.2.6 所示电路中,电阻 R_2是沟通放大电路输出回路与输入回路的中间环节,是反馈网络,可见该电路是一个反馈放大电路。

二、判断反馈组态

1. 判断是串联反馈还是并联反馈

在图 6.2.6 中,反馈网络的输出端与基本放大电路的输入端相并联,反馈信号与输入信号接于放大电路的同一输入端(反相输入端),或者说反馈电流 i_F 与输入电流 i_I 是以并联的方式为基本放大电路提供净输入电流 i_{ID} 的,所以电路中引进了并联反馈。

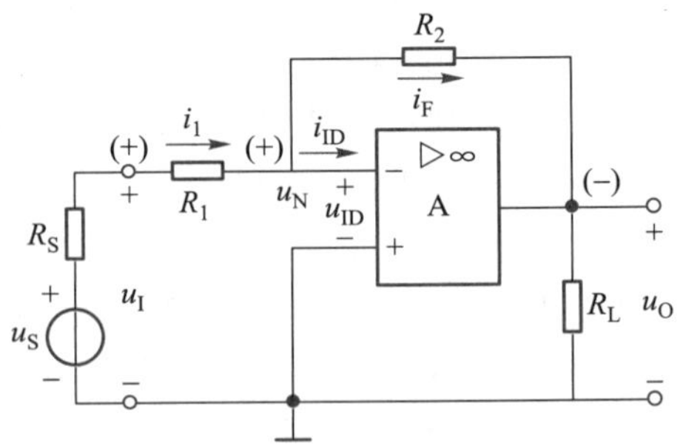

图 6.2.6　电压并联负反馈放大电路

2. 判断是电压反馈还是电流反馈

利用输出短路法,由图 6.2.6 可知,若令 $u_O=0$,即负载短路输出电压等于零,反馈就不存在了,所以放大电路中引入的是电压反馈。反馈电流 i_F 取决于输出电压 u_O,且(由 6.3 节可知)

$$i_F \approx -\frac{u_O}{R_2}$$

可见,反馈信号取决于输出电压。

3. 判断反馈极性

假设在电路的输入端加一个变化的输入电压 u_I,设其瞬时极性为(+),由它引起的输入电流 i_I 的瞬时流向如图中所示。由于输入电压从集成运算放大器的反相输入端加入,输出电压在该瞬时的极性为(-)。流过 R_2 的电流为反馈电流 i_F,i_F 在该瞬时的流向如图中所示。反馈电流 i_F 在输入端与放大电路的输入电流 i_I 作并联比较后得到净输入电流 $i_{ID}=(i_I-i_F)$,其数值比无反馈时减小了,因此电路中引进的是负反馈。

综合以上分析,图 6.2.6 所示电路是一个电压并联负反馈放大电路。

三、反馈特点

因为是并联反馈,如图 6.2.6 所示,在仅考虑反馈电流的情况下,信号源的内阻是和基本放大电路的输入电阻(集成运算放大器的差模输入电阻)相并联的。当信号源的内阻越大时,反馈电流被信号源内阻分流的部分越小,反馈电流对净输入电流的影响就越大,反馈的效果就越好。

因为是电压反馈,所以也有稳定输出电压的作用。

综上所述可知,电压并联负反馈有稳定输出电压的作用,对信号源内阻的要求是越大越好。

例 6.2.2　在图 6.2.7 所示的电路中,试判断交流反馈的极性,并说明交流反馈的类型。

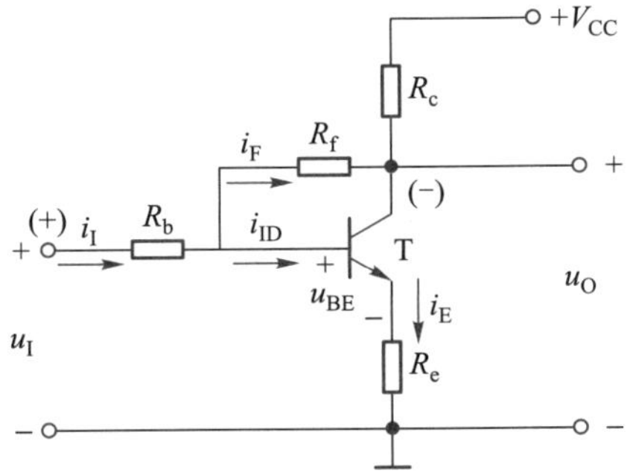

图 6.2.7　例 6.2.2 的电路

解　在图 6.2.7 中,电阻 R_f 是沟通放大电路输出回路与输入回路的中间环节,是反馈网络,可见该电路是一个反馈放大电路。

在图 6.2.7 中,反馈网络的输出端与放大电路的输入端相并联,接于晶体管的同一输入端(基极),或者说反馈电流 i_F 与输入电流 i_I 是以并联的方式为基本放大电路提供净输入电流 i_{ID} 的,所以电路引入了并联反馈。

输出电压 u_O 对地短路,电阻 R_f 一端接地,反馈就不存在了,所以引入的反馈是电压反馈。

假定输入电压 u_I 在某个瞬时的极性为(+),它产生的输入电流 i_I 的瞬时流向如图所示。

共发射极放大电路具有倒相作用，它的输出电压 u_O 在该瞬时的极性为(-)。反馈网络 R_f 上的反馈电流 i_F 在该瞬时的流向如图中所示，净输入电流 $i_{ID}=(i_I-i_F)$ 的数值比无反馈时减小了，因此电路中引入的是负反馈。

综合以上分析，图 6.2.7 所示的电路是一个电压并联负反馈放大电路。

四、框图表示

对于交流负反馈，框图中各量采用交流复数形式。从图 6.2.6 和图 6.2.7 的输入端可以看出，并联反馈中反馈信号总是以电流的形式 $\dot{I}_f$ 出现的，反馈影响的是净输入电流 $\dot{I}_{id}$。反馈网络的输出端并联于输入回路中，反馈电流 $\dot{I}_f$ 与输入电流 $\dot{I}_i$ 并联后共同作用于基本放大电路的输入端，得到净输入电流为 $\dot{I}_{id}$。

从图 6.2.6 和图 6.2.7 的输出端可以看出，反馈信号来自输出电压 $\dot{U}_o$（即反馈信号由输出电压取样），并与输出电压成正比，反馈网络的输入端并联于输出电压 $\dot{U}_o$ 的两端。

因此，电压并联负反馈放大电路可用如图 6.2.8 所示的框图来表示。

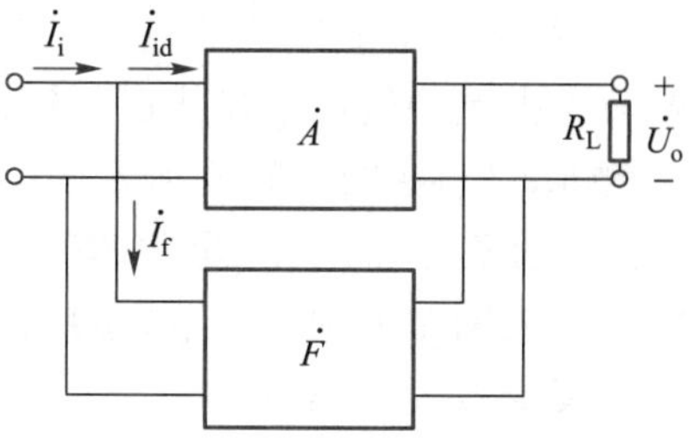

图 6.2.8　电压并联负反馈放大电路框图

6.2.3　电流串联负反馈

一、电路

在图 6.2.9 所示的电路中，电阻 R_1 通过负载电阻 R_L 沟通了放大电路的输出回路与输入回路，存在反馈网络，可见该电路是一个反馈放大电路。

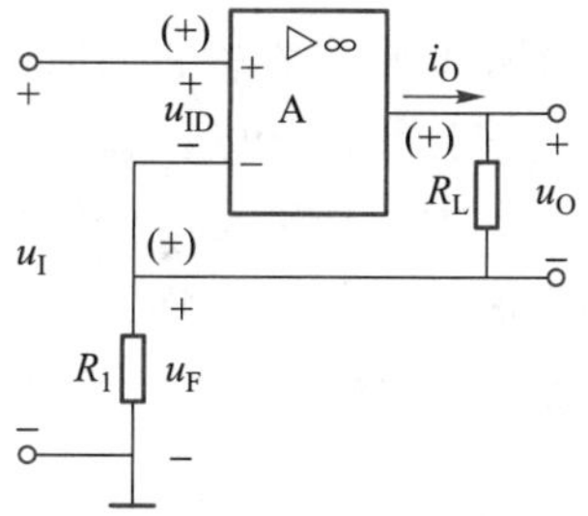

图 6.2.9　电流串联负反馈放大电路

二、类型判断

1. 判断是电压反馈还是电流反馈

若令 $u_O=0$，反馈电压 u_F 并不消失，而取决于输出电流 i_O，故电路中引入了电流反馈。

2. 判断是串联反馈还是并联反馈

观察图 6.2.9，反馈电压 u_F 和输入电压 u_I 接于放大电路的不同输入端，在输入回路中进行串联比较后获得净输入电压 u_{ID}，故电路中引入的为串联反馈。

3. 判断反馈极性

假定在某个瞬时输入电压 u_I 的极性为(+)，因为 u_I 从集成运算放大器的同相输入端加入，所以输出电压 u_O 在该瞬时的极性也为(+)。输出电流 i_O 经反馈网络后，在电阻 R_1 上得到反馈电压 u_F，u_F 在此瞬时的极性也为(+)。反馈电压 u_F 和输入电压 u_I 在放大电路的输入回路中进行串联比较后得到净输入电压 $u_{ID}=u_I-u_F$，其数值比无反馈时减小了，因此电路中引入的是负反馈。

综上所述，图 6.2.9 所示的电路是一个电流串联负反馈放大电路。

三、反馈特点

电流负反馈具有稳定输出电流的作用，电路的负反馈作用将引起如下的自动调整过

程，即

$$i_O\uparrow \longrightarrow u_F\uparrow \longrightarrow u_{ID}\downarrow \longrightarrow i_O\downarrow$$

可见，在输入电压一定的条件下，不论什么原因使输出电流增大时，反馈电压也增大，电路的负反馈作用将使净输入电压的数值比无反馈时减小，从而牵制了输出电流的增大，故电流负反馈具有稳定输出电流的作用。

串联负反馈特点与 6.2.1 节所述相同。

综上所述，电流串联负反馈有稳定输出电流的作用，对信号源内阻的要求是越小越好。

注意：集成运放组成的电流反馈中输出电流指运放的输出电流，而分立元件组成的电流反馈放大电路中输出电流指晶体管的集电极电流或场效晶体管的漏极电流。

例 6.2.3 在图 6.2.10 所示的电路中，试判断交流反馈的极性，并说明交流反馈的类型。

解 在图 6.2.10 中，电阻 R_e 是沟通放大电路输出回路与输入回路的中间环节，是反馈网络，可见该电路是一个反馈放大电路。

用“输出短路法”可知，交流通路中负载短接，输出电压为零，但是反馈电压依然存在，反馈电压 u_F 取自晶体管的集电极电流（输出电流）i_O，所以引进的反馈是电流反馈。

观察图 6.2.10，反馈网络的输出端串联在输入回路中，反馈电压 u_F 在输入回路中与输入电压 u_I 进行串联比较后获得净输入电压 u_{BE}，故电路中引进的为串联反馈。

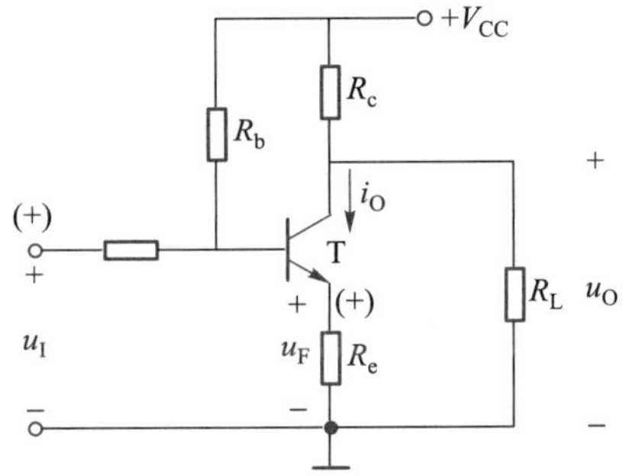

图 6.2.10 例 6.2.3 的电路

假定输入电压 u_I 在某个瞬时的极性为（+），它的输出电压在该瞬时的极性为（−）。反馈网络 R_e 上的反馈电压 u_F 在该瞬时的极性为（+），反馈电压 u_F 与输入电压 u_I 在输入回路中进行比较后，得到净输入电压 u_{BE} 的数值比无反馈时减小了，因此电路中引进的是负反馈。

综合以上分析，图 6.2.10 所示的电路是一个电流串联负反馈放大电路。

四、框图表示

对于交流负反馈，框图中各量采用交流复数形式。从图 6.2.9 和图 6.2.10 的输出端可以看出，电流串联负反馈与电压串联负反馈类似，反馈信号在输入回路中总是以电压的形式出现的，反馈网络的输出端串联于输入回路中。

从图 6.2.9 和图 6.2.10 的输出端可以看出，在电流反馈中，反馈信号取自输出电流，并与输出电流成正比。所以，反馈网络的输入端串联于输出回路中，使反馈信号取自输出电流。

因此，电流串联负反馈放大电路可用如图 6.2.11 所示的框图来表示。

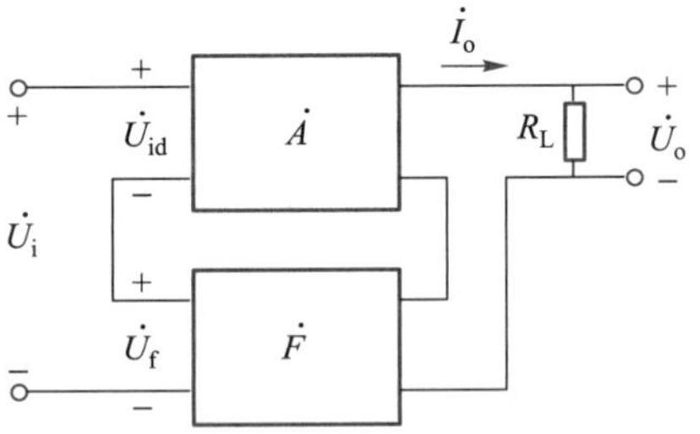

图 6.2.11 电流串联负反馈放大电路框图

6.2.4 电流并联负反馈

一、电路

在图 6.2.12 中，集成运算放大器组成基本放大电路，电阻 R_1 和 R_2 通过负载电阻 R_L 沟通了放大电路的输出回路和输入回路，存在反馈网络，可见该电路是一个反馈放大电路。

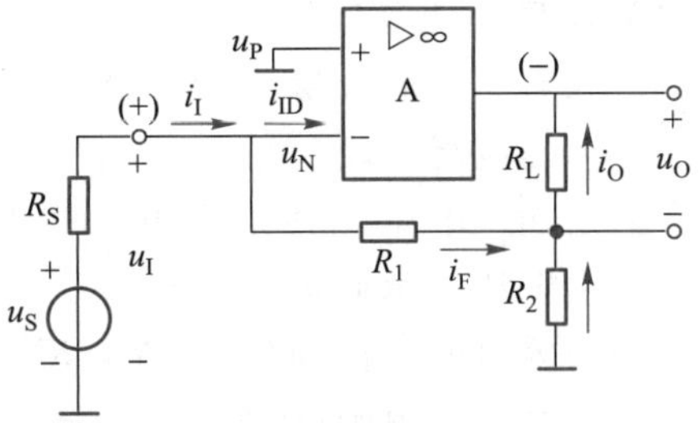

图 6.2.12 电流并联负反馈放大电路

二、判断反馈组态

1. 判断是电压反馈还是电流反馈

在图 6.2.12 中，利用“输出短路法”可知，当负载 R_L 短路时，反馈依然存在，所以不是电压反馈，而是电流反馈。

2. 判断是串联反馈还是并联反馈

观察图 6.2.12 中，输入信号和反馈信号接于集成运放的同一输入端，反馈信号和输入信号均是电流，在放大电路的输入端是以并联的方式进行比较的，故电路中引进的为并联反馈。

3. 判断反馈极性

假设输入电压 u_I 的瞬时极性为(+)，由它引起的输入电流 i_I 的瞬时流向如图所示。由于 u_I 加在集成运算放大器的反相输入端，则该瞬时输出端对地电位的极性为(−)。输出电流 i_O 的瞬时流向如图中向上的箭头所示。反馈网络 R_1 和 R_2 将输出电流 i_O 分流，在电阻 R_1 上得到反馈电流 i_F。反馈电流 i_F 的瞬时流向如图中向右的箭头所示。反馈电流 i_F 和输入电流 i_I 在集成运算放大器的反相输入端作并联比较后得到净输入电流 $i_{ID}(=i_I-i_F)$，其数值比无反馈时减小了，因此电路引进的是负反馈。

综上所述，图 6.2.12 所示的电路是一个电流并联负反馈放大电路。

三、反馈特点

电路的负反馈作用将引起如下的自动调整过程，即

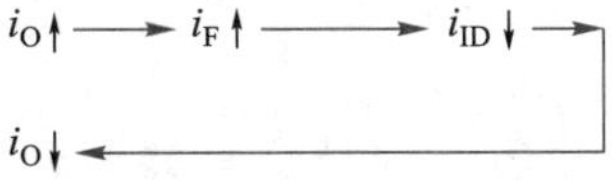

可见，在输入电流一定的条件下，不论什么原因使输出电流增大时，反馈电流也增大，电路的负反馈作用将使净输入电流的数值比无反馈时减小，从而牵制了输出电流的增大，故电流负反馈具有稳定输出电流的作用。

并联负反馈特点与 6.2.2 节所述相同。

综上所述，电流并联负反馈有稳定输出电流的作用，对信号源内阻的要求是越大越好。

例 6.2.4 在图 6.2.13 所示的电路中，试判断交流反馈的极性，并说明交流反馈的类型。

解 在图 6.2.13 中，电阻 R_f 和 R 是沟通放大电路输出回路与输入回路的中间环节，是反馈网络，可见该电路是一个反馈放大电路。

观察图 6.2.13，反馈信号与输入信号接于放大电路的同一个输入端 T_1 管的基极，即反馈

网络的输出端并联在输入回路中，反馈电流 i_F 在输入回路中与输入电流 i_I 进行并联比较后获得净输入电流 i_{ID}，故电路中引入的是并联反馈。

用短路电压法判断，当图6.2.13的输出电压 u_O 短路为零时，i_O 近似等于 i_E，通过反馈电阻 R_f 分流送回到放大电路的输入端，说明反馈依然存在，所以引入的反馈是电流反馈。

假定输入电压 u_I 在某个瞬时的极性为(+)，T_1 管的输出电压在该瞬时的极性为(-)，T_2 管的射极电压在该瞬时的极性为(-)，流经反馈电阻 R_f 上的反馈电流方向如图所示，净输入电流 $i_{ID}(=i_I-i_F)$ 的数值比无反馈时减小了，因此电路中引进的是负反馈。

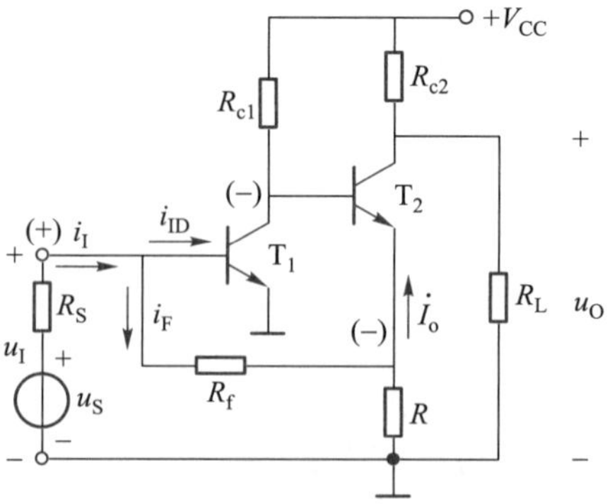

图6.2.13　例6.2.4电路

综合以上分析，图6.2.13所示的电路是一个电流并联负反馈放大电路。

四、框图表示

对于交流负反馈，框图中各量采用交流复数形式。从图6.2.12和图6.2.13的输入端可以看出，并联反馈中反馈信号在输入回路中总是以电流的形式出现的，反馈网络的输出端并联于放大电路的输入回路中。其与6.2.2节电压并联负反馈的输入端连接方式相同。

从图6.2.12和图6.2.13的输出端可以看出，电流反馈中，反馈信号取自输出电流，并与输出电流成正比。与6.2.3节电流串联负反馈的输出端连接方式相同。

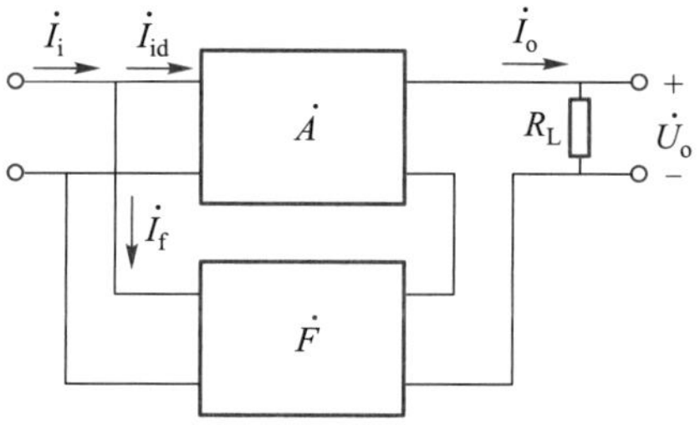

图6.2.14　电流并联负反馈放大电路框图

因此，电流并联负反馈放大电路可用如图6.2.14所示的框图来表示。

思考题

6.2.1　从反馈效果看，为什么说串联负反馈电路信号源内阻 R_S 越小越好，而并联负反馈电路中 R_S 越大越好？

6.2.2　当负载电阻变化时，电压负反馈放大电路和电流负反馈放大电路的输出电压分别如何变化？

6.2.3　如何判断电压反馈和电流反馈？

6.2.4　如何判断串联反馈和并联反馈？

6.2.5　如何判断反馈的极性？

6.3　深度负反馈下放大电路的计算

在实用的放大电路中经常要引入深度负反馈，为了便于研究和测试电路，还常常需要求出不同组态负反馈放大电路的放大倍数。本节重点介绍在深度负反馈条件下负反馈放大电路的放大倍数的估算方法。

6.3.1 负反馈放大电路的框图

由于负反馈放大电路具有四种基本组态，而且对于其中某一种组态来说，具体电路也有多种形式，所以为了研究负反馈放大电路的一般规律，在本节中利用框图来代表所有电路，并推出负反馈放大电路的一般表达式。

各种负反馈放大电路都可以用图 6.3.1 所示的框图表示。

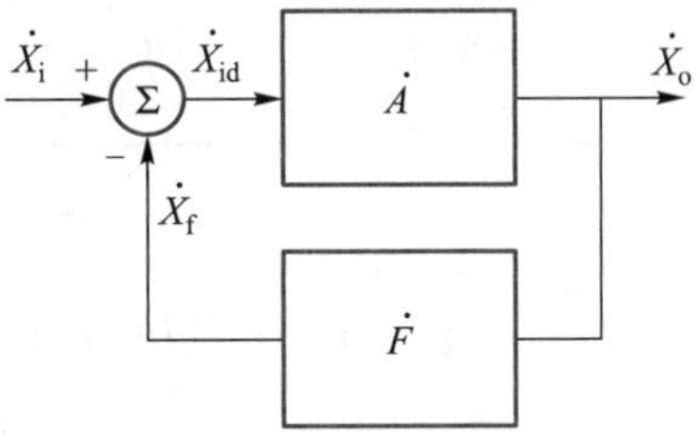

图 6.3.1 反馈放大电路的框图

它由未加反馈的基本放大电路 $\dot{A}$ 和反馈网络 $\dot{F}$ 两部分组成。图中，反馈网络是沟通输出回路和输入回路的中间环节，它一般由电阻组成。为了分析问题简单，可认为信号单方向传输，信号的传输方向用箭头表示：信号从输入端通过基本放大电路到输出端，不通过反馈网络；反馈信号通过反馈网络送回输入端，不通过基本放大电路。$\dot{X}_i$、$\dot{X}_o$ 和 $\dot{X}_f$ 分别表示输入、输出和反馈信号。符号 Σ 表示比较环节，即 $\dot{X}_i$ 和 $\dot{X}_f$ 在这里进行比较，其上所标的"+"和"−"号表明 $\dot{X}_i$ 和 $\dot{X}_f$ 与净输入信号 $\dot{X}_{id}$ 的关系为

$$\dot{X}_{id} = \dot{X}_i - \dot{X}_f \tag{6.3.1}$$

把反馈信号 $\dot{X}_f$ 与输出信号 $\dot{X}_o$ 的比值称为**反馈网络的反馈系数**，即

$$\dot{F} = \frac{\dot{X}_f}{\dot{X}_o} \tag{6.3.2}$$

把放大电路未引进负反馈时的放大倍数称为**开环放大倍数**（或**开环增益**），它是基本放大电路的放大倍数，即

$$\dot{A} = \frac{\dot{X}_o}{\dot{X}_{id}} \tag{6.3.3}$$

把包括反馈网络在内的整个放大电路的放大倍数称为**闭环放大倍数**（或**闭环增益**），即

$$\dot{A}_f = \frac{\dot{X}_o}{\dot{X}_i} \tag{6.3.4}$$

应该指出，在电压负反馈电路中，$\dot{X}_o = \dot{U}_o$；在电流负反馈电路中 $\dot{X}_o = \dot{I}_o$；在串联负反馈电路中，$\dot{X}_i = \dot{U}_i$，$\dot{X}_f = \dot{U}_f$，$\dot{X}_{id} = \dot{U}_{id}$；在并联负反馈电路中，$\dot{X}_i = \dot{I}_i$，$\dot{X}_{id} = \dot{I}_{id}$，$\dot{X}_f = \dot{I}_i$。所以，对于不同的反馈组态，基本放大电路的开环放大倍数 $\dot{A}$、反馈系数 $\dot{F}$ 以及闭环放大倍数 $\dot{A}_f$ 的物理意义不同，量纲也不同，电路实现的控制关系不同，因而功能也就不同，如表 6.3.1 所示。

表 6.3.1 四种组态负反馈放大电路的比较

反馈组态	$\dot{A}$	$\dot{F}$	$\dot{A}_f$
电压串联	$\dot{A}_{uu}=\dfrac{\dot{U}_o}{\dot{U}_{id}}$	$\dot{F}_{uu}=\dfrac{\dot{U}_f}{\dot{U}_o}$	$\dot{A}_{uuf}=\dfrac{\dot{U}_o}{\dot{U}_i}$
电流串联	$\dot{A}_{iu}=\dfrac{\dot{I}_o}{\dot{U}_{id}}$	$\dot{F}_{ui}=\dfrac{\dot{U}_f}{\dot{I}_o}$	$\dot{A}_{iuf}=\dfrac{\dot{I}_o}{\dot{U}_i}$
电压并联	$\dot{A}_{ui}=\dfrac{\dot{U}_o}{\dot{I}_{id}}$	$\dot{F}_{iu}=\dfrac{\dot{I}_f}{\dot{U}_o}$	$\dot{A}_{uif}=\dfrac{\dot{U}_o}{\dot{I}_i}$
电流并联	$\dot{A}_{ii}=\dfrac{\dot{I}_o}{\dot{I}_{id}}$	$\dot{F}_{ii}=\dfrac{\dot{I}_f}{\dot{I}_o}$	$\dot{A}_{iif}=\dfrac{\dot{I}_o}{\dot{I}_i}$

6.3.2 负反馈放大电路的一般表达式

根据式(6.3.1)、式(6.3.2)、式(6.3.3)和式(6.3.4)可推导出

$$\dot{A}_f=\frac{\dot{X}_o}{\dot{X}_i}=\frac{\dot{A}}{1+\dot{A}\dot{F}} \tag{6.3.5}$$

式(6.3.5)表明:负反馈放大电路的闭环放大倍数 $\dot{A}_f$ 是开环放大倍数 $\dot{A}$ 的 $1/(1+\dot{A}\dot{F})$。当只考虑闭环放大倍数的幅值时,可对式(6.3.5)取模,则有

$$|\dot{A}_f|=\frac{|\dot{A}|}{|1+\dot{A}\dot{F}|} \tag{6.3.6}$$

常把 $|1+\dot{A}\dot{F}|$ 称为**反馈深度**,而将 $\dot{A}\dot{F}$ 称为**环路增益**。由式(6.3.6)可得以下结论。

(1) 若 $|1+\dot{A}\dot{F}|>1$,则 $|\dot{A}_f|<|\dot{A}|$,即引进反馈后使放大电路的闭环放大倍数下降了,说明电路中这时的反馈是负反馈。

(2) 若 $|1+\dot{A}\dot{F}|<1$,则 $|\dot{A}_f|>|\dot{A}|$,即引进反馈后使放大电路的闭环放大倍数提高了,说明电路中引入的负反馈变成了正反馈。这是因为在低频段或高频段由于附加相移达到±180°,故反馈信号的极性与中频段相反,使负反馈变成了正反馈。关于这个问题将在6.6节讨论。

(3) 若 $|1+\dot{A}\dot{F}|=0$,则 $|\dot{A}_f|\to\infty$,这时,在没有输入信号作用的情况下,电路也会有输出信号产生,使放大电路不能正常工作,这种现象称为**放大电路的自激振荡**。在负反馈放大电路中,自激振荡现象是要设法消除的,关于这个问题也将在6.6节详细讨论。

6.3.3 深度负反馈的实质

一、深度负反馈条件下的放大倍数

在式(6.3.6)中,若 $|1+\dot{A}\dot{F}|>1$,引入反馈后会使放大电路的闭环放大倍数下降。而且

当 $|1+\dot{A}\dot{F}|$ 比 1 大得越多，$|\dot{A}_f|$ 下降得越厉害，说明电路中引进的负反馈越强。常把 $|1+\dot{A}\dot{F}|\gg 1$ 时的负反馈，称为**深度负反馈**。一般情况下，当 $|1+\dot{A}\dot{F}|\geqslant 10$ 时，就可以认为是深度负反馈。

由式(6.3.5)可知，当 $|1+\dot{A}\dot{F}|\gg 1$ 时，有

$$\dot{A}_f \approx \frac{1}{\dot{F}} \tag{6.3.7}$$

式(6.3.7)表明，引入深度负反馈后，放大电路的闭环放大倍数仅与反馈网络的反馈系数有关，而几乎与基本放大电路的参数无关。因此，计算深度负反馈条件下的闭环放大倍数的问题，就转化成了计算反馈网络的反馈系数问题，使得深度负反馈条件下放大电路闭环放大倍数的计算大为简化。

二、深度负反馈的特点

当 $|1+\dot{A}\dot{F}|\gg 1$ 时，在深度负反馈条件下，由式(6.3.2)、式(6.3.4)和式(6.3.7)可得

$$\dot{A}_f = \frac{\dot{X}_o}{\dot{X}_i} \approx \frac{\dot{X}_o}{\dot{X}_f}$$

由此可知，在深度负反馈条件下，反馈信号与输入信号近似相等，即

$$\dot{X}_f \approx \dot{X}_i \tag{6.3.8}$$

此时，净输入信号近似为零，即

$$\dot{X}_{id} = \dot{X}_i - \dot{X}_f \approx 0 \tag{6.3.9}$$

反馈信号与输入信号近似相等，净输入信号近似为零，这就是深度负反馈放大电路的实质。对于深度串联负反馈有 $u_I \approx u_F$，$u_{ID} \approx 0$，因而在基本放大电路输入电阻上产生的电流 i_{ID} 也必趋于零；对于并联负反馈有 $i_I \approx i_F$，$i_{ID} \approx 0$，因而在基本放大电路输入电阻上产生的输入电压也趋于零。总之，不管是串联还是并联负反馈，在深度负反馈的条件下，均有 $u_{ID} \approx 0$ 和 $i_{ID} \approx 0$ 同时存在。

把 u_{ID} 近似为零，但不是等于零的现象称为**虚短**；把 i_{ID} 近似为零，但不是等于零的现象称为**虚断**。深度负反馈的条件下，“虚短”和“虚断”同时存在，利用“虚短”和“虚断”分析电路，可以大大简化深度负反馈放大电路的计算。

应该强调的是，净输入信号只是近似为零，而不是等于零。若净输入信号等于零，输出信号也等于零，反馈信号也就不存在了。

6.3.4　深度负反馈下放大电路的近似计算

教学视频 6.1
深度负反馈下放大倍数的计算

分析深度负反馈下放大电路的放大倍数是针对交流负反馈而言的，所以表达式中均采用交流复数形式。

求解深度负反馈下放大电路的电压放大倍数的一般步骤是：

(1) 正确判断负反馈组态，确定反馈信号、输入信号和输出信号；

(2) 利用“虚短”和“虚断”，根据反馈类型求解反馈系数 $\dot{F}$；

(3) 利用 $\dot{F}$ 求解 $\dot{A}_f$；

(4) 利用 $\dot{A}_f$ 求解 $\dot{A}_{uf}$。

一、电压串联负反馈放大电路的近似计算

图 6.2.4 所示的电路是典型的电压串联负反馈放大电路,它的交流通路如图 6.3.2 所示。图中,输入信号 $\dot{X}_i = \dot{U}_i$,反馈信号 $\dot{X}_f = \dot{U}_f$,净输入信号 $\dot{X}_{id} = \dot{U}_{id}$,输出信号 $\dot{X}_o = \dot{U}_o$ 。

在深度负反馈条件下,因为"虚短",有净输入电压 $\dot{U}_{id} \approx 0$;因为"虚断",有晶体管 T_1 的基极电流和发射极电流也近似为0。故反馈电压近似为

$$\dot{U}_f \approx \frac{R_{e1}}{R_{e1} + R_f}\dot{U}_o$$

反馈系数近似为

$$\dot{F}_{uu} = \frac{\dot{U}_f}{\dot{U}_o} \approx \frac{R_{e1}}{R_{e1} + R_f}$$

所以,电路的闭环电压放大倍数近似为

$$\dot{A}_{uuf} = \frac{\dot{U}_o}{\dot{U}_i} \approx \frac{1}{\dot{F}_{uu}} \approx \frac{R_{e1} + R_f}{R_{e1}}$$

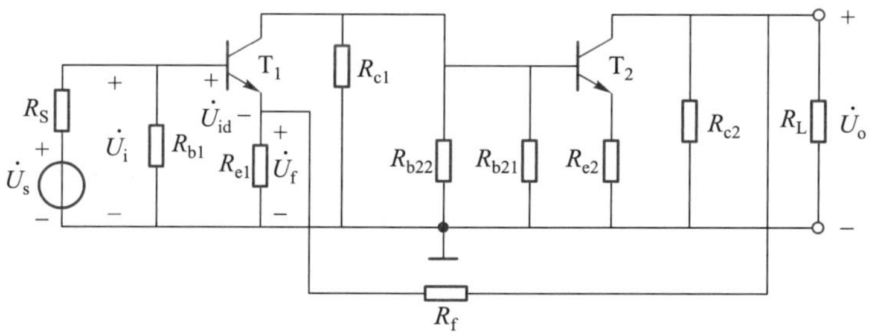

图 6.3.2 图 6.2.4 电路的交流通路

二、电压并联负反馈放大电路的近似计算

在图 6.2.6 所示的电压并联负反馈放大电路中,输入信号 $\dot{X}_i = \dot{I}_i$,反馈信号 $\dot{X}_f = \dot{I}_f$,净输入信号 $\dot{X}_{id} = \dot{I}_{id}$,输出信号 $\dot{X}_o = \dot{U}_o$ 。

在深度负反馈的情况下,因为"虚断",有 $\dot{I}_{id} \approx 0$;因为"虚短",有集成运算放大器的差模输入电压 $\dot{U}_{id} \approx 0$,则运放的反相输入端 $\dot{U}_N \approx 0$。

反馈电流近似为

$$\dot{I}_f \approx \dot{I}_i$$

$$\dot{I}_f = \frac{\dot{U}_N - \dot{U}_o}{R_2} \approx \frac{-\dot{U}_o}{R_2}$$

反馈系数近似为

$$\dot{F}_{iu}=\frac{\dot{I}_f}{\dot{U}_o}\approx-\frac{1}{R_2}$$

深度负反馈下的闭环放大倍数近似为

$$\dot{A}_{uif}=\frac{\dot{U}_o}{\dot{I}_i}\approx\frac{\dot{U}_o}{\dot{I}_f}=\frac{1}{\dot{F}_{iu}}\approx-R_2$$

上式中，$\dot{A}_{uif}$ 的量纲为电阻，故称为**闭环互阻放大倍数**。

因此，放大电路的闭环电压放大倍数近似为

$$\dot{A}_{uf}=\frac{\dot{U}_o}{\dot{U}_i}\approx\frac{\dot{U}_o}{\dot{I}_iR_1}=\dot{A}_{uif}\frac{1}{R_1}\approx-\frac{R_2}{R_1}$$

即

$$\dot{A}_{uf}\approx-\frac{R_2}{R_1}$$

三、电流串联负反馈放大电路的近似计算

在图 6.2.9 所示的电流串联负反馈放大电路中，输入信号 $\dot{X}_i=\dot{U}_i$，反馈信号 $\dot{X}_f=\dot{U}_f$，净输入信号 $\dot{X}_{id}=\dot{U}_{id}$，输出信号 $\dot{X}_o=\dot{I}_o$。

在深度负反馈的情况下，因为“虚短”，有净输入电压 $\dot{U}_{id}=0$；因为“虚断”，有集成运算放大器两个输入端的电流也为 0。

反馈电压近似为

$$\dot{U}_f\approx\dot{I}_oR_1$$

反馈系数近似为

$$\dot{F}_{ui}=\frac{\dot{U}_f}{\dot{I}_o}\approx R_1$$

因此，深度负反馈下放大电路的放大倍数近似为

$$\dot{A}_{iuf}=\frac{\dot{I}_o}{\dot{U}_i}\approx\frac{1}{\dot{F}_{ui}}\approx\frac{1}{R_1}$$

上式中，$\dot{A}_{iuf}$ 的量纲为电导，故称为**闭环互导放大倍数**。

深度负反馈下放大电路的电压放大倍数为

$$\dot{A}_{uf}=\frac{\dot{U}_o}{\dot{U}_i}=\frac{\dot{I}_oR_L}{\dot{U}_i}=\dot{A}_{iuf}R_L\approx\frac{R_L}{R_1}$$

四、电流并联负反馈放大电路的近似计算

在图 6.2.12 所示的电流并联负反馈放大电路中，输入信号 $\dot{X}_i=\dot{I}_i$，反馈信号 $\dot{X}_f=\dot{I}_f$，净输入信号 $\dot{X}_{id}=\dot{I}_{id}$，输出信号 $\dot{X}_o=\dot{I}_o$。

在深度负反馈的情况下，因为“虚短”，净输入电压 $\dot{U}_{id}=0$，有 $\dot{U}_P=\dot{U}_N=0$，电阻 R_2 与 R_1 相当于并联，则反馈电流近似为

$$\dot{I}_{f} \approx \frac{R_2}{R_1 + R_2}\dot{I}_{o}$$

反馈系数近似为

$$\dot{F}_{ii} = \frac{\dot{I}_{f}}{\dot{I}_{o}} \approx \frac{R_2}{R_1 + R_2}$$

因此,放大电路的闭环放大倍数近似为

$$\dot{A}_{iif} = \frac{\dot{I}_{o}}{\dot{I}_{i}} \approx \frac{1}{\dot{F}_{ui}} \approx \frac{R_1 + R_2}{R_2}$$

上式中,$\dot{A}_{iif}$ 是电流与电流的比,无量纲,故称为**闭环电流放大倍数**。

深度负反馈下,因为净输入电压为0,所以图中 $u_{I}=0$。图6.2.12所示电路的电压放大倍数指输出电压与信号源电压的比,所以有

$$\dot{A}_{usf} = \frac{\dot{U}_{o}}{\dot{U}_{s}} = \frac{-\dot{I}_{o}R_{L}}{\dot{I}_{i}R_{S}} = -\dot{A}_{iif}\frac{R_{L}}{R_{S}} \approx -\frac{R_1 + R_2}{R_2}\frac{R_{L}}{R_{S}}$$

例6.3.1　假定在图6.3.3所示的电路中引入了深度负反馈,估算其闭环电压放大倍数。

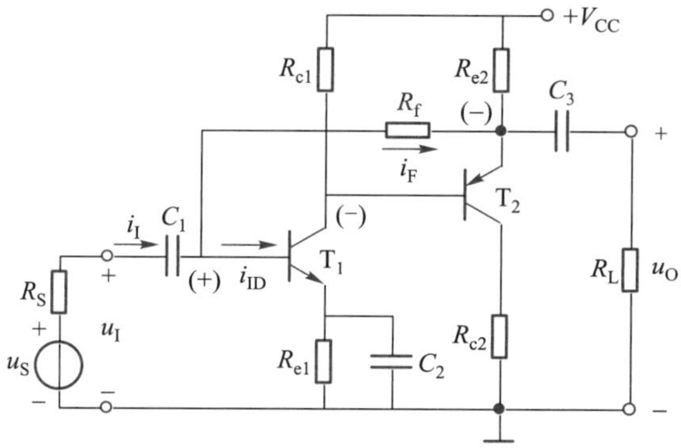

图6.3.3　例6.3.1的电路

解　因为电路中通过 R_f 引入了电压并联负反馈,输入信号 $\dot{X}_{i}=\dot{I}_{i}$,反馈信号 $\dot{X}_{f}=\dot{I}_{f}$,净输入信号 $\dot{X}_{id}=\dot{I}_{id}$,输出信号 $\dot{X}_{o}=\dot{U}_{o}$。

在深度反馈的情况下,利用"虚短"和"虚断"可有

$$\dot{I}_{id} \approx 0$$

$$\dot{U}_{be1} \approx 0$$

$$\dot{I}_{e1} \approx 0$$

交流通路中 T_1 管的射极交流接地,所以基极相当于接地。

故反馈电流近似为

$$\dot{I}_{f} \approx -\frac{\dot{U}_{o}}{R_f}$$

反馈系数近似为

$$\dot{F}_{iu}=\frac{\dot{I}_f}{\dot{U}_o}\approx-\frac{1}{R_f}$$

因此,放大电路的闭环放大倍数近似为

$$\dot{A}_{uif}=\frac{\dot{U}_o}{\dot{I}_i}\approx\frac{1}{\dot{F}_{iu}}=-R_f$$

上式中,$\dot{A}_{uif}$ 的量纲为电阻,故称为**闭环互阻放大倍数**。

电路的电压放大倍数为

$$\dot{A}_{usf}=\frac{\dot{U}_o}{\dot{U}_s}=\frac{\dot{U}_o}{\dot{I}_i R_S}=\dot{A}_{uif}\frac{1}{R_S}\approx-\frac{R_f}{R_S}$$

可见,分立元件构成的电压并联负反馈与集成运放组成的电压并联负反馈的计算结果一致。

例 6.3.2　射极偏置电路的交流通路如图 6.1.1(c)所示。在深度负反馈的条件下,估算其电压放大倍数。

解　电路中通过 R_e 引入了电流串联负反馈,输入信号 $\dot{X}_i=\dot{U}_i$,反馈信号 $\dot{X}_f=\dot{U}_f$,净输入信号 $\dot{X}_{id}=\dot{U}_{id}$,输出信号 $\dot{X}_o=\dot{I}_o$。

在深度反馈的情况下,利用虚短有

$$\dot{U}_i\approx\dot{U}_f=\dot{I}_e R_e=\dot{I}_o R_e$$

$$\dot{U}_o=-\dot{I}_o R_L'$$

反馈系数近似为

$$\dot{F}_{ui}=\frac{\dot{U}_f}{\dot{I}_o}\approx R_e$$

因此,放大电路的闭环放大倍数近似为

$$\dot{A}_{iuf}=\frac{\dot{I}_o}{\dot{U}_i}\approx\frac{1}{\dot{F}_{ui}}\approx\frac{1}{R_e}$$

电路的电压放大倍数

$$\dot{A}_{uf}=\frac{\dot{U}_o}{\dot{U}_i}=\frac{-\dot{I}_o R_L'}{\dot{U}_i}=-\dot{A}_{iuf}R_L'\approx-\frac{R_L'}{R_e}$$

将上式与射极偏置电路的微变等效电路法计算的电压放大倍数[式(2.5.7)]进行比较可知,当晶体管的 β 较大时,式(2.5.7)即可简化成上式。说明:不同的方法求得的电压放大倍数的结果是一致的。

例 6.3.3　电路如图 6.3.4 所示。判断反馈类型,如果是负反馈,在深度负反馈条件下,估算其闭环放大倍数。

解　显然电路中 R_f 是反馈元件。图中标出各有关点的交流电位的瞬时极性,可以判断电路中引入了负反馈;从电路的输入端看,反馈与输入接的是不同的点,所以引入的是串联

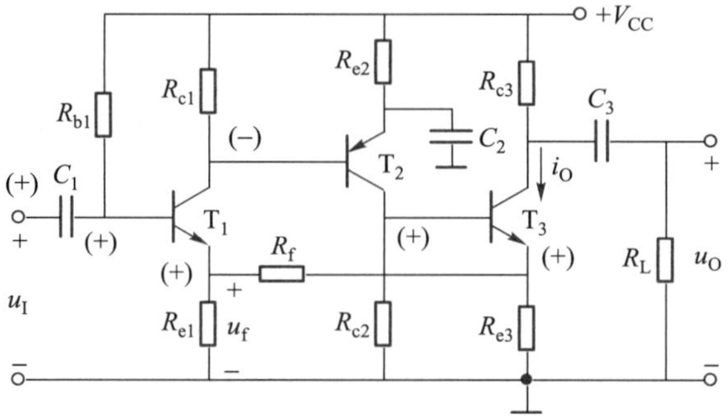

图 6.3.4　例 6.3.3 的电路

反馈；从放大电路的输出端看，用输出电压短路法可以确定，有无输出电压反馈都依然存在，所以为电流反馈，输出电流 i_O 的位置及参考方向如图所示。综合以上分析可知，图 6.3.4 所示电路中引入了电流串联负反馈。输入信号 $\dot{X}_i=\dot{U}_i$，反馈信号 $\dot{X}_f=\dot{U}_f$，净输入信号 $\dot{X}_{id}=\dot{U}_{id}$，输出信号 $\dot{X}_o=\dot{I}_o$。

因为是深度负反馈，根据虚断有净输入电流近似为零，因此晶体管 T_1 的射极电流为零，即 T_1 管的射极相当于开路，故反馈电压近似为

$$\dot{U}_i \approx \dot{U}_f \approx \dot{I}_{R_{e1}} R_{e1}$$

其中

$$\dot{I}_{R_{e1}} = \frac{R_{e3}}{R_{e1}+R_f+R_{e3}}\dot{I}_{e3} \approx \frac{R_{e3}}{R_{e1}+R_f+R_{e3}}\dot{I}_o$$

反馈系数近似为

$$\dot{F}_{ui} = \frac{\dot{U}_f}{\dot{I}_o} = \frac{\dot{I}_{R_{e1}}R_{e1}}{\dot{I}_o} \approx \frac{R_{e1}R_{e3}}{R_{e1}+R_f+R_{e3}}$$

因此，放大电路的闭环放大倍数近似为

$$\dot{A}_{iuf} = \frac{\dot{I}_o}{\dot{U}_i} \approx \frac{1}{\dot{F}_{ui}} = \frac{R_{e1}+R_f+R_{e3}}{R_{e1}R_{e3}}$$

由图 6.3.4 所示电路的交流通路可知

$$\dot{U}_o = -\dot{I}_o(R_{c3}\ /\!/\ R_L) = -\dot{I}_o R'_L$$

电路的电压放大倍数

$$\dot{A}_{uf} = \frac{\dot{U}_o}{\dot{U}_i} = \frac{-\dot{I}_o R'_L}{\dot{U}_i} = -\dot{A}_{iuf}R'_L = -\frac{R_{e1}+R_f+R_{e3}}{R_{e1}R_{e3}}R'_L$$

思考题

6.3.1　深度负反馈的实质是什么？

6.3.2　在深度负反馈下，如何估算放大电路的放大倍数和电压放大倍数？

6.3.3 解释深度负反馈中的虚短和虚断。

6.3.4 深度负反馈下,放大电路的放大倍数取决于反馈系数,其与放大电路无关吗?

6.3.5 为什么集成运放组成哪类反馈放大电路都是深度负反馈?

6.4 负反馈对放大电路性能的影响

放大电路中引入交流负反馈后,虽然会降低电路的闭环放大倍数,但是放大电路的性能会得到多方面的改善,例如,可以稳定放大电路的放大倍数,改变输入电阻和输出电阻,展宽通频带,减小非线性失真等。

6.4.1 稳定放大倍数

在放大电路中,各种因素的变化(例如电源电压、环境温度、元器件参数以及负载电阻的变化)均会使放大倍数发生变化。在放大电路中引进负反馈以后,就能提高放大倍数的稳定性。现说明如下。

若电路中引进的是深度负反馈,由式(6.3.7)可知

$$\dot{A}_f \approx \frac{1}{\dot{F}}$$

上式表明,引进深度负反馈以后,放大电路的放大倍数仅与反馈网络的参数有关,而几乎与基本放大电路的参数无关。当反馈网络用性能很稳定的电阻组成时,深度负反馈放大电路的放大倍数是很稳定的。

一般来说,基本放大电路的开环放大倍数越大,越容易满足深度负反馈的条件。

在有、无反馈两种情况下,用放大倍数的相对变化来评定放大倍数的稳定程度。由式(6.3.5)知

$$\dot{A}_f = \frac{\dot{A}}{1+\dot{A}\dot{F}}$$

对上式求微分得

$$\frac{d\dot{A}_f}{d\dot{A}} = \frac{1}{(1+\dot{A}\dot{F})^2}$$

上式两边除以

$$\dot{A}_f = \frac{\dot{A}}{1+\dot{A}\dot{F}}$$

则有

$$\frac{d\dot{A}_f}{\dot{A}_f} = \frac{d\dot{A}}{(1+\dot{A}\dot{F})^2} \cdot \frac{(1+\dot{A}\dot{F})}{\dot{A}}$$

由此可得

$$\frac{\mathrm{d}\dot{A}_{\mathrm{f}}}{\dot{A}_{\mathrm{f}}}=\frac{1}{(1+\dot{A}\dot{F})}\cdot\frac{\mathrm{d}\dot{A}}{\dot{A}} \tag{6.4.1a}$$

式(6.4.1a)表明,加入负反馈以后,反馈放大电路放大倍数的相对变化是基本放大电路放大倍数相对变化的 $\dfrac{1}{1+\dot{A}\dot{F}}$。

在中频段,放大电路的放大倍数为实数,当反馈网络由电阻组成时,反馈系数也是实数,则式(6.4.1a)可写为

$$\frac{\mathrm{d}A_{\mathrm{f}}}{A_{\mathrm{f}}}=\frac{1}{(1+AF)}\cdot\frac{\mathrm{d}A}{A} \tag{6.4.1.b}$$

可见,引进负反馈以后,在中频段,反馈放大电路放大倍数的相对变化是基本放大电路放大倍数相对变化的 $1/(1+AF)$,中频闭环放大倍数的稳定性提高了。

6.4.2　负反馈对输入电阻和输出电阻的影响

教学视频6.2
负反馈对输入电阻和输出电阻的影响

一、负反馈对输入电阻的影响

负反馈对输入电阻的影响由引进的负反馈是串联反馈还是并联反馈来决定。

1. 串联负反馈使输入电阻增大

图6.4.1是一个串联负反馈放大电路的框图。

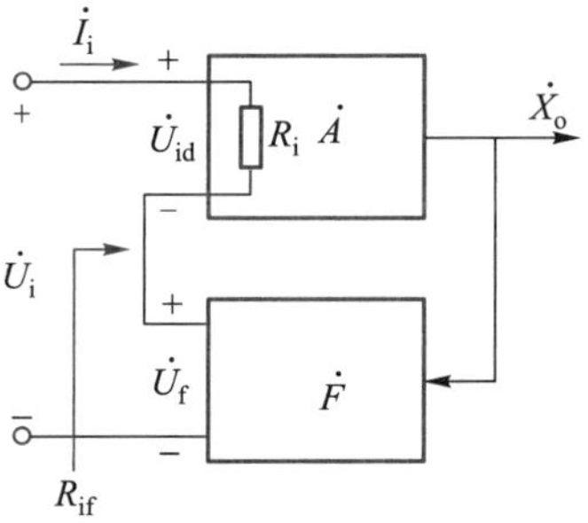

图6.4.1　串联负反馈放大电路的框图

无反馈时,基本放大电路的输入电阻称为**开环输入电阻**,即

$$R_{\mathrm{i}}=\frac{\dot{U}_{\mathrm{id}}}{\dot{I}_{\mathrm{i}}}$$

由图6.4.1可得

$$\dot{I}_{\mathrm{i}}=\frac{\dot{U}_{\mathrm{id}}}{R_{\mathrm{i}}}$$

$$\dot{U}_{\mathrm{i}}=\dot{U}_{\mathrm{id}}+\dot{U}_{\mathrm{f}}$$

反馈放大电路的输入电阻称为**闭环输入电阻**,即

$$R_{\mathrm{if}}=\frac{\dot{U}_{\mathrm{i}}}{\dot{I}_{\mathrm{i}}}$$

经整理后可得

$$R_{\mathrm{if}}=\frac{\dot{U}_{\mathrm{id}}+\dot{U}_{\mathrm{f}}}{\dfrac{\dot{U}_{\mathrm{id}}}{R_{\mathrm{i}}}}=(1+\dot{A}\dot{F})R_{\mathrm{i}} \tag{6.4.2}$$

式(6.4.2)表明:引入串联负反馈后,放大电路的闭环输入电阻增大为基本放大电路输入电阻的 $(1+\dot{A}\dot{F})$ 倍。

2. 并联负反馈使输入电阻减小

图 6.4.2 是一个并联负反馈放大电路的框图。

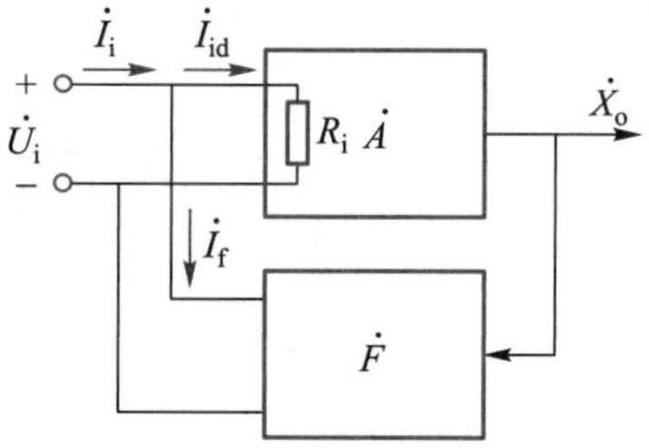

图 6.4.2 并联负反馈放大电路的框图

无反馈时，基本放大电路的输入电阻（开环输入电阻）为

$$R_i = \frac{\dot{U}_i}{\dot{I}_{id}}$$

引进并联负反馈后，放大电路的闭环输入电阻为

$$R_{if} = \frac{\dot{U}_i}{\dot{I}_i}$$

而

$$\dot{I}_i = \dot{I}_{id} + \dot{I}_f = (1 + \dot{A}\dot{F})\dot{I}_{id}$$

整理后可得

$$R_{if} = \frac{\dot{U}_i}{\dot{I}_i} = \frac{R_i}{1 + \dot{A}\dot{F}} \tag{6.4.3}$$

式(6.4.3)表明：引进并联负反馈后，放大电路的闭环输入电阻减小为基本放大电路输入电阻的 $\frac{1}{1 + \dot{A}\dot{F}}$。

需要指出的是，在某些负反馈放大电路中，有些电阻不在反馈环内，比如工作点稳定电路中的 R_b 电阻，反馈对它没有影响。更确切地说，负反馈使反馈支路的等效电阻增大到 $(1 + \dot{A}\dot{F})$ 倍或减小为 $\frac{1}{1 + \dot{A}\dot{F}}$ 倍。但是，不管哪种情况，结果仍然是：串联负反馈增大了输入电阻，并联负反馈减小了输入电阻。

二、负反馈对输出电阻的影响

负反馈对输出电阻的影响由引进的负反馈是电压反馈还是电流反馈来决定。

1. 电压负反馈使输出电阻减小

因为电压负反馈具有稳定输出电压的作用，即放大电路具有恒压输出的特性，而恒压源具有较低的内阻，故引进电压负反馈会使放大电路的输出电阻降低。

图 6.4.3 是分析电压负反馈对输出电阻的影响的框图。其中，R_o 是基本放大电路的输出电阻，$\dot{A}$ 是无负载无反馈时的基本放大电路的增益。因为是电压反馈，所以输出信号为电压，放大电路的输出用内阻为 R_o 的受控电压源来等效。按照放大电路求输出电阻的方法：令输入 $\dot{X}_i = 0$，将负载开路，在输出端外加电压源 $\dot{U}$，对应的电流为 $\dot{I}$。

为了简化分析，忽略反馈网络对放大电路输出端的影响，则流过电阻 R_o 的电流也为 $\dot{I}$。由图 6.4.3 可知

$$\dot{X}_{id} = -\dot{X}_f = -\dot{F}\dot{U}$$

$$\dot{U} = -\dot{A}\dot{F}\dot{U} + \dot{I}R_o$$

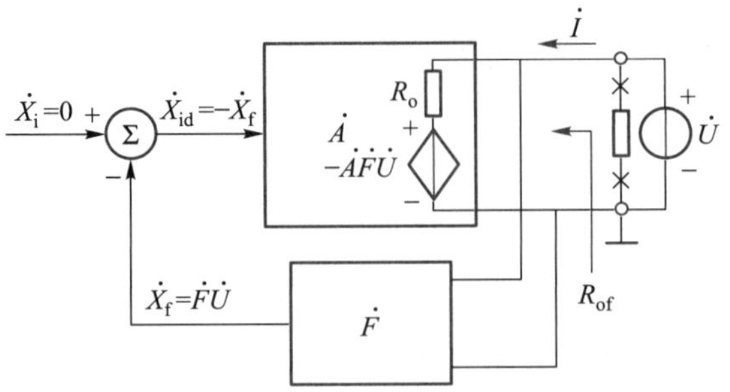

图 6.4.3　电压负反馈放大电路的框图

则闭环输出电阻为

$$R_{of}=\frac{\dot{U}}{\dot{I}}=\frac{1}{1+\dot{A}\dot{F}}R_o \tag{6.4.4}$$

式(6.4.4)表明:电压负反馈放大电路的闭环输出电阻减小为基本放大电路开环输出电阻的 $\dfrac{1}{1+\dot{A}\dot{F}}$。

2. 电流负反馈使输出电阻增大

因为电流负反馈具有稳定输出电流的作用,即放大电路具有恒流输出的特性,而恒流源具有很高的内阻,故引进电流负反馈会使放大电路的输出电阻增大。

图 6.4.4 是分析电流负反馈对输出电阻的影响的框图。其中,R_o是基本放大电路的开环输出电阻,$\dot{A}$ 是无负载无反馈时的基本放大电路的增益。因为是电流反馈,所以输出信号为电流,放大电路的输出用内阻为 R_o的受控电流源来等效。按照放大电路求输出电阻的方法:令输入 $\dot{X}_i=0$,将负载开路,在输出端外加电压源 $\dot{U}$,对应的电流为 $\dot{I}$。

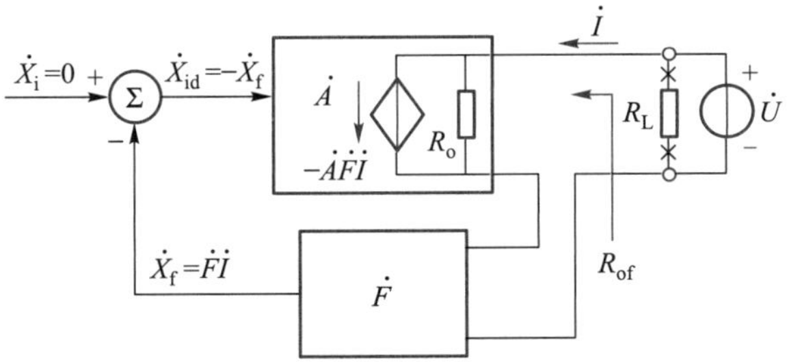

图 6.4.4　电流负反馈放大电路的框图

为了简化分析,忽略反馈网络对放大电路输出端的影响,则反馈网络的输入电压为零,获取电流 $\dot{I}$。由图 6.4.4 可知

$$\dot{X}_{id}=-\dot{X}_f=-\dot{F}\dot{I}$$

$$\dot{I}=-\dot{A}\dot{F}\dot{I}+\frac{\dot{U}}{R_o}$$

则闭环输出电阻为

$$R_{of}=\frac{\dot{U}}{\dot{I}}=(1+\dot{A}\dot{F})R_o \tag{6.4.5}$$

式(6.4.5)表明：电流负反馈放大电路的闭环输出电阻增大为基本放大电路开环输出电阻的 $(1+\dot{A}\dot{F})$ 倍。

为了便于比较和应用，现将不同负反馈组态对输入电阻、输出电阻及输出量的影响归纳总结于表 6.4.1 中。

表 6.4.1　不同负反馈组态对输入电阻、输出电阻及输出量的影响

负反馈类型	输入电阻	输出电阻	输出电压	输出电流
电压串联	增大	减小	稳定	-----
电压并联	减小	减小	稳定	-----
电流串联	增大	增大	-----	稳定
电流并联	减小	增大	-----	稳定

6.4.3　展宽通频带

在放大电路中引进负反馈，能够扩展放大电路通频带。

在中频段，放大电路的开环放大倍数较高，输出信号较大，反馈信号也较大，负反馈削弱净输入信号的能力较强，使闭环放大倍数下降得较多；在低频段和高频段，开环放大倍数较低，输出信号比中频段要小，反馈信号也较小，负反馈削弱净输入信号的能力较弱，闭环放大倍数下降得较少。因此，引进负反馈后，就能把放大电路的通频带展宽，如图 6.4.5 所示。

实际上，在深度负反馈的条件下，负反馈放大电路的放大倍数仅与反馈网络的参数有关。若反馈网络为电阻性网络，则反馈放大电路的闭环放大倍数近似为一常数，几乎与信号频率无关。所以，引进深度负反馈能很好地展宽放大电路的通频带。

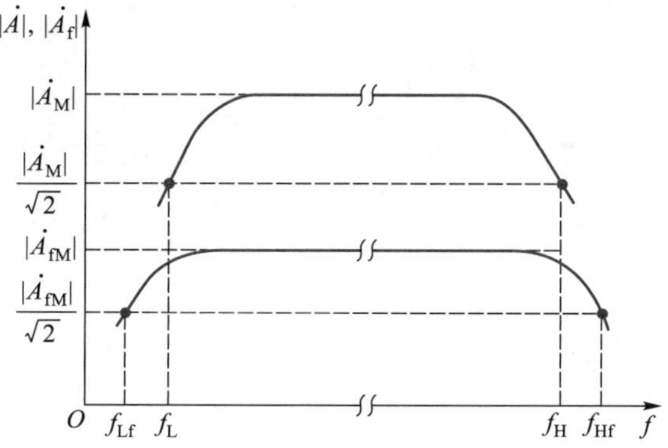

图 6.4.5　负反馈能展宽通频带

理论分析表明:引进负反馈后,通频带的上限频率为

$$f_{\mathrm{Hf}} = |1 + \dot{A}\dot{F}| f_{\mathrm{H}} \tag{6.4.6}$$

下限频率为

$$f_{\mathrm{Lf}} = \frac{f_{\mathrm{L}}}{|1 + \dot{A}\dot{F}|} \tag{6.4.7}$$

由此可见,引进负反馈后,放大电路的上限频率提高到 $|1 + \dot{A}\dot{F}|$ 倍,下限频率降低到 $\frac{1}{|1 + \dot{A}\dot{F}|}$,通频带约展宽 $|1 + \dot{A}\dot{F}|$ 倍。

6.4.4 减小非线性失真

在放大电路中,引进负反馈能减小非线性失真。下面用图 6.4.6 进行定性分析:若正弦输入信号经过放大后,产生正半周大、负半周小的失真波形,经过反馈网络后,所得到的反馈信号也是正半周大、负半周小的失真信号,但输入信号和反馈信号相减后,得到的净输入信号却是正半周小、负半周大的失真波形,这样的信号经过基本放大电路放大后,就能得到接近于正弦波的输出信号。可见,引进负反馈后,的确能减小非线性失真。

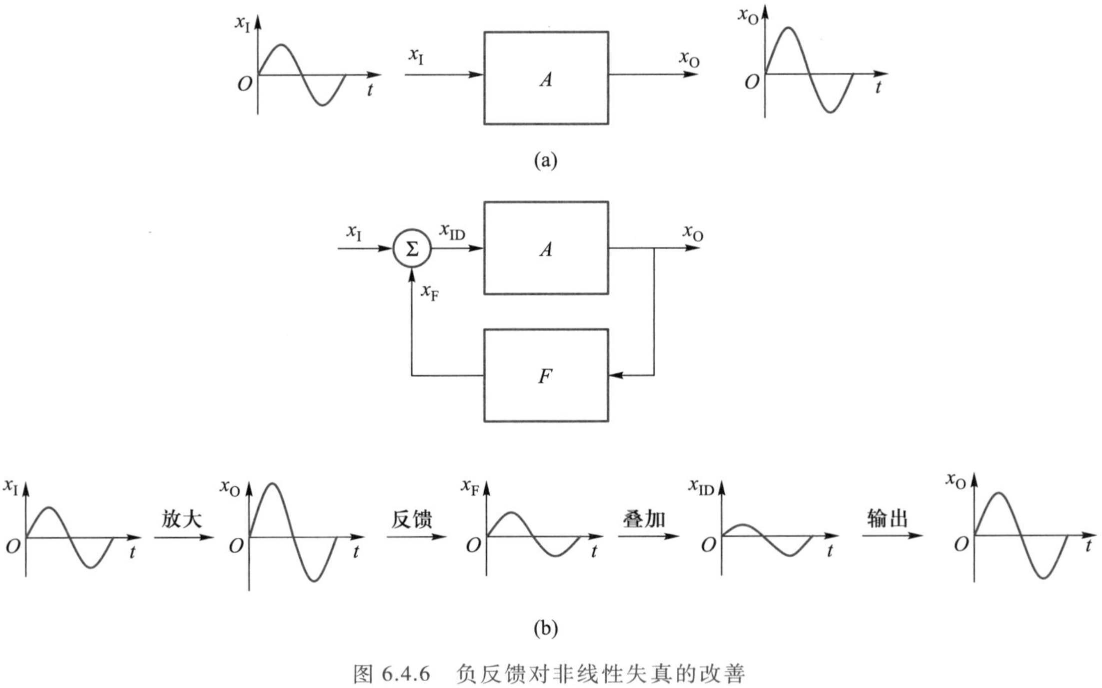

图 6.4.6　负反馈对非线性失真的改善

(a)无负反馈时的信号波形　(b)有负反馈时的信号波形

实际上,在深度负反馈条件下,因为

$$\dot{A}_f = \frac{\dot{X}_O}{\dot{X}_i} \approx \frac{1}{\dot{F}}$$

此时，放大电路的闭环放大倍数仅与反馈网络的参数有关，在反馈网络是电阻性的情况下，输出信号与输入信号几乎为线性关系，故当输入信号为正弦波时，输出信号基本上也是正弦波，引进负反馈后使输出信号的非线性失真减小了。

应该指出，如果信号源波形本身有失真，引进负反馈是无法改善的。

6.4.5 减少反馈环内的干扰和噪声

放大电路的内部噪声是由电路内部的电阻和器件中的载流子的随机性不规则热运动引起的。这时，即使输入信号为零，在放大电路输出端也会出现杂乱无章的波形。当放大电路中出现较大的噪声时，若输入信号很微弱，因有用的信号也较弱，故有用信号将被噪声淹没。为了把有用信号从噪声中区分开来，应增大输入信号，才能提高信号与噪声的比值（称为**信噪比**），降低噪声的影响。

放大电路中引进负反馈后，有用信号和噪声电压均减小到无反馈时的 $1/(1+AF)$，即输出端的信噪比并没有变化。为了提高信噪比，在采用负反馈降低了输出端的噪声以后，可以用加大输入信号幅度的方法来增大输出端有用信号的幅度。这就是用负反馈抑制放大电路内部噪声的原理。

应该指出，对于随输入信号混入的噪声，用负反馈的方法是无法加以抑制的。

思考题

6.4.1 总结负反馈对放大电路各方面性能的影响。

6.4.2 只要放大电路引入交流负反馈就能稳定电压放大倍数和扩展频带宽度吗？

6.4.3 为了稳定输出电流、提高输入电阻，应在电路中引入哪种反馈类型？

6.4.4 为了稳定输出电压应该引入哪种反馈？

6.5 在放大电路中引入负反馈

负反馈可以改善放大电路许多方面的性能，而且负反馈组态不同，所产生的影响也各不相同。因此，在设计放大电路时，应该根据需要引入合适的负反馈组态。

一、在放大电路中引入负反馈的原则

(1) 在放大电路静态分析时，为了稳定放大电路的静态工作点，应该引入直流负反馈；而为了改善放大电路的动态特性，应该引入交流负反馈。

(2) 根据串联负反馈和并联负反馈的特点，根据信号源的性质确定选择串联还是并联负反馈。当信号源为恒压源或者是内阻非常小的电压源时，为了增大放大电路的输入电阻，以减小信号源的输出电流和内阻上的压降，应引入串联负反馈；当信号源为恒流源或者内阻很大的电流源时，为了减小放大电路的输入电阻，使电路获得更大的输入电流，应引入并联负反馈。

（3）当放大电路需要输出稳定的电压信号时，应引入电压负反馈；当放大电路需要输出稳定的电流信号时，应引入电流负反馈。

（4）根据四种负反馈放大电路的特点，在需要信号变换时，选择合适的负反馈组态。例如：若将电压信号转换成电流信号，应引入电流串联负反馈；若将电流信号转换成电压信号，应引入电压并联负反馈。

例 6.5.1 电路如图 6.5.1 所示，为了达到下列目的，分别回答应该引入哪种组态的负反馈以及电路如何连接。

（1）增大放大电路从信号源索取的电流并且能输出稳定的电流；

（2）将输入电流转换成稳定的输出电压。

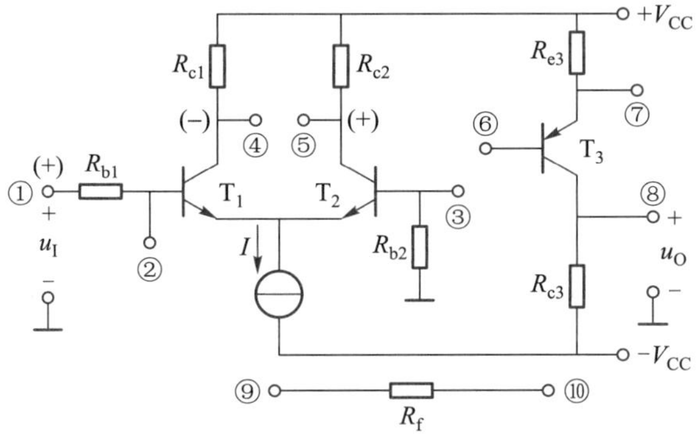

图 6.5.1 例 6.5.1 的电路图

解 根据瞬时极性法，若输入电压瞬时极性对地为“+”，则 T_1 管的集电极电位为“-”，T_2 管的集电极电位为“+”，如图中所标注；T_3 管的基极如果接 T_2 管的集电极，则 T_3 管的发射极电位为“+”，集电极电位为“-”。T_3 管的基极如果接 T_1 管的集电极，则 T_3 管的发射极电位为“-”，集电极电位为“+”。

（1）增大放大电路从信号源索取的电流，需要减小输入电阻，则引入并联负反馈；输出稳定的电流则需要引入电流负反馈。由此分析，放大电路中应引入电流并联负反馈。反馈信号从输出电流采样，故将⑦与⑩相连接；反馈量应该为电流，故将②与⑨相连。为保证电路引入的是负反馈，当输入信号瞬时极性为“+”时，反馈电流应自输入流向输出，故应使⑦端电位为“-”，因此应将④与⑥相连。结论：电路应将④与⑥、⑦与⑩、②与⑨分别相连。

（2）将输入电流转换成稳定的输出电压，电路中应引入电压并联负反馈。反馈信号从输出电压采样，故将⑧与⑩相连接；反馈量应该为电流，故将②与⑨相连。为保证电路引入的是负反馈，当输入信号瞬时极性为“+”时，反馈电流应自输入流向输出，故应使⑧端电位为“-”，因此应将⑤与⑥相连。结论：电路应将⑤与⑥、⑧与⑩、②与⑨分别相连。

此外，图 6.5.1 还可以引入另外两个负反馈组态。读者自行分析。

图 6.5.1 能引入四种负反馈类型，是因为差放提供了两个输出端，极性相反。如果一个

固定接法的放大电路中输出与输入的相位关系唯一地被确定，那么引入负反馈的类型会受到约束。

值得注意的是，不管引入哪种组态的反馈类型，首先要确保是负反馈。

二、反馈网络的参数设置

通常情况下，假设引入的是深度负反馈，由设计指标及式(6.3.7)确定反馈系数的大小。反馈系数由一些电阻网络构成，其往往可由不同的电阻值组合获得。要求选择适当的电阻阻值，以减小反馈网络对放大电路的负载效应。

显然，不同的反馈类型对反馈网络中电阻值的要求也不同。反馈网络的输出端等效电阻对放大电路的输入端有影响，在串联负反馈中，反馈网络输出端的等效电阻要小，才能对放大电路输入端的影响小；然而，在并联负反馈中，要求反馈网络输出端的等效阻抗要大些。反馈网络的输入端等效电阻对放大电路的输出端有影响，在电压负反馈中，反馈网络的输入端等效电阻要大；然而，在电流负反馈中，反馈网络的输入端等效电阻要小。

思考题

6.5.1 引入何种反馈类型才能既可以减小放大电路从信号源索取电流又能稳定输出电压？

6.5.2 一个放大电路一定能引入四种负反馈类型吗？

6.5.3 引入负反馈的原则是什么？

6.6 负反馈放大电路的稳定问题

前面章节已指出，在放大电路中引进负反馈，可以改善放大电路的一系列性能，而且改善的程度与反馈深度 $|1+\dot{A}\dot{F}|$ 密切相关。一般地说，反馈深度 $|1+\dot{A}\dot{F}|$ 越大，改善放大电路性能的效果越明显。但是，事实证明，当反馈深度 $|1+\dot{A}\dot{F}|$ 太大时，在一定条件下，会使放大电路产生自激振荡现象。此时，即使将放大电路的输入端短路，不加输入信号，在输出端也会出现一定频率和一定幅度的输出信号。自激振荡现象的出现，将破坏放大电路的正常稳定工作，应设法加以避免。

6.6.1 负反馈放大电路的自激振荡

一、产生自激振荡的原因

应该指出，前面所指出的负反馈和正反馈，实际上是对于中频而言的。此时，可忽略放大电路中电抗元件的影响，输出信号与输入信号之间的相位差不是0°就是180°。

实际上，在讨论放大电路的频率特性时，已经指出，放大电路输出电压的大小和相位都是与输入信号的频率密切相关的。对于一个负反馈放大电路来说，情况也是如此。在负反馈放大电路中，在中频范围内，反馈信号的作用是与输入信号相反的，因而削弱了净输入信号。然而，在低频和高频情况下，$\dot{A}\dot{F}$ 将产生附加相移。如果在某一特定的频率下，$\dot{A}\dot{F}$ 的附加相移达到了 180°，反馈信号的作用将从与输入信号相反变为相同，因而增强了净输入信号，使负反馈变为正反馈。当反馈很强时，反馈信号的幅值将等于或大于净输入信号的幅值，这时，即使除去输入信号，放大电路的输出端也会出现一定的输出信号，放大电路便产生自激振荡。

二、产生自激振荡的条件

从放大电路的频率特性说明产生自激振荡的条件。在反馈放大电路中，反馈网络一般由电阻元件组成，即反馈系数 $\dot{F}$ 是实数，此时只要考虑基本放大电路的频率特性就可以了。由图 6.6.1 所示的单级共发射极放大电路的频率特性可知，在低频段和高频段，$\dot{A}$ 的最大附加相移 $\Delta\varphi_{max}$（以中频段的相位差 $\varphi_M = 180°$ 为基准，把低频和高频时偏离 φ_M 的相移称为附加相移 $\Delta\varphi$）可达±90°。对于两级放大电路来说，最大附加相移 $\Delta\varphi_{max} = \pm 180°$。对于三级或三级以上的放大电路来说，它们的最大附加相移 $\Delta\varphi_{max}$ 均大于±180°。

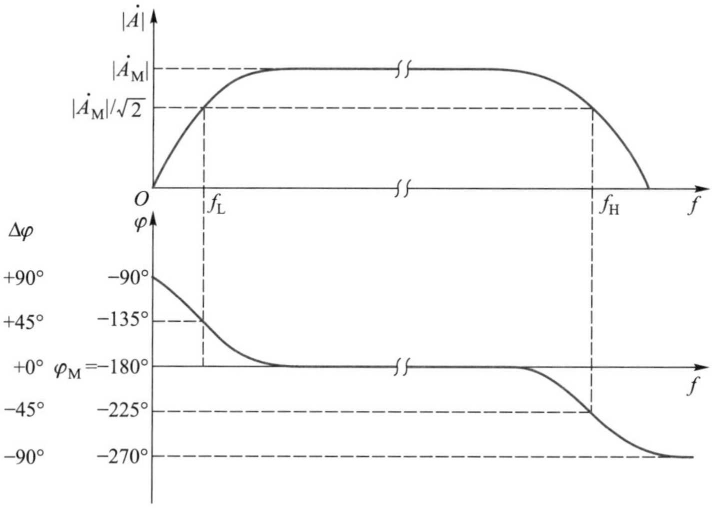

图 6.6.1　单级共发射极放大电路的频率特性

现在来说明负反馈放大电路产生自激振荡的条件。

在分析负反馈放大电路放大倍数的一般表达式 $\dot{A}_f = \dfrac{\dot{A}}{1+\dot{A}\dot{F}}$ 时，已经指出，当 $|1+\dot{A}\dot{F}| = 0$ 时，$|\dot{A}_f| \to \infty$。这时，即使把放大电路的输入端短路，即没有输入信号，也会有输出信号产生，放大电路便产生自激振荡。由此可得到负反馈放大电路产生自激振荡的条件为

$$1+\dot{A}\dot{F}=0$$

或

$$\dot{A}\dot{F}=-1 \tag{6.6.1}$$

式(6.6.1)又可表示为

$$|\dot{A}\dot{F}| = \left|\frac{X_{\mathrm{f}}}{X_{\mathrm{id}}}\right| = 1 \tag{6.6.2}$$

$$\varphi_{\mathrm{A}} + \varphi_{\mathrm{F}} = \pm(2n+1)\pi\ (n=0,1,2,\cdots) \tag{6.6.3}$$

式中,φ_{A} 和 φ_{F} 分别为 $\dot{A}$ 和 $\dot{F}$ 的相位移。

式(6.6.2)称为负反馈放大电路产生自激振荡的**幅值条件**。它表明,负反馈放大电路如果产生自激振荡,反馈信号的幅值需等于净输入信号的幅值。式(6.6.3)称为负反馈放大电路产生自激振荡的**相位条件**。它表明,要使负反馈放大电路产生自激振荡,$\dot{A}\dot{F}$ 产生的附加相移应等于±180°,以使反馈极性由负反馈变为正反馈。

由式(6.6.3)可知,由电阻元件组成反馈网络的单级负反馈放大电路是不能产生自激振荡的,因为 $\dot{A}\dot{F}$ 产生的最大附加相移不会超过±90°。两级负反馈放大电路(反馈网络由电阻组成时)一般也不可能产生自激振荡。因为,当频率 $f=0$ 或 $f\to\infty$ 时,$\dot{A}$ 的附加相移趋于±180°,实际上达不到,所以无法满足产生自激振荡的相位条件。对于三级或三级以上的负反馈放大电路来说,它们 $\dot{A}$ 的最大附加相移均大于±180°,在引进负反馈以后,只要使 $\dot{A}\dot{F}$ 的附加相移等于±180°,而且使 $|\dot{A}\dot{F}|=1$,就能产生自激振荡。

6.6.2 负反馈放大电路稳定性的判断

一、电路稳定工作条件

由以上分析可知,当环路增益 $\dot{A}\dot{F}=-1$ 时,放大电路产生自激振荡。要使电路稳定,不产生自激,必须使 $\dot{A}\dot{F}$ 不同时满足自激的幅值条件和相位条件,即

当 $\varphi_{\mathrm{A}}+\varphi_{\mathrm{F}}=(2n+1)\pi$ 时,

$$|\dot{A}\dot{F}| < 1 \tag{6.6.4}$$

或当 $|\dot{A}\dot{F}|\geqslant 1$ 时,

$$\varphi_{\mathrm{A}} + \varphi_{\mathrm{F}} < (2n+1)\pi \tag{6.6.5}$$

因为 $\dot{A}\dot{F}$ 与频率有关,不同频率产生的附加相移也不同,所以工程上利用 $\dot{A}\dot{F}$ 的频率特性进行分析。

图 6.6.2 是某负反馈放大电路环路增益的近似波特图。图中 f_0 是满足幅值条件 $|\dot{A}\dot{F}|=1$,即 $20\lg|\dot{A}\dot{F}|=0$ dB 时的信号频率。f_{180} 是满足相位条件 $\varphi_{\mathrm{A}}+\varphi_{\mathrm{F}}=-180°$ 时的信号频率。由图可知,当 $f=f_{180}$ 时,有 $\varphi_{\mathrm{A}}+\varphi_{\mathrm{F}}=-180°$,$20\lg|\dot{A}\dot{F}|<0$ dB,即 $|\dot{A}\dot{F}|<1$;当 $f=f_0$ 时,有 $20\lg|\dot{A}\dot{F}|=0$ dB,即 $|\dot{A}\dot{F}|=1$,但 $|\varphi_{\mathrm{A}}+\varphi_{\mathrm{F}}|<180°$。说明幅值条件和相位条件不会同时满足,因此图 6.6.2 所示波特图对应的反馈放大电路是稳定的,不会发生自激振荡。

如果当 $f=f_{180}$ 时,有 $\varphi_{\mathrm{A}}+\varphi_{\mathrm{F}}=-180°$,$20\lg|\dot{A}\dot{F}|>0$dB,即 $|\dot{A}\dot{F}|>1$,当 $f=f_0$ 时,有

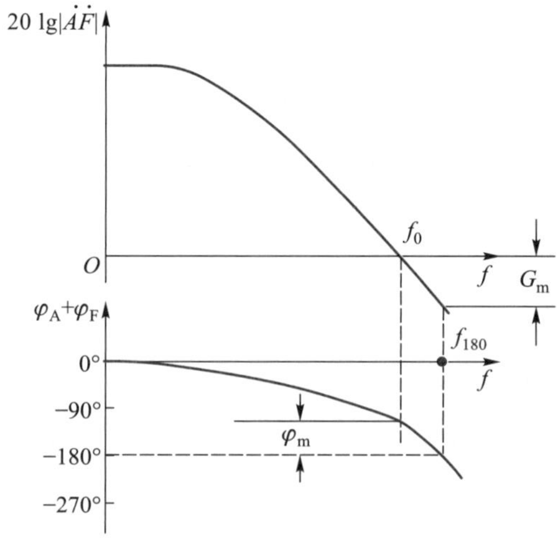

图 6.6.2 某负反馈放大电路环路增益的近似波特图

$20\lg|\dot{A}\dot{F}| = 0$ dB，即 $|\dot{A}\dot{F}| = 1$，$|\varphi_A + \varphi_F| > 180°$，则电路会产生自激振荡。

综合以上分析，用环路增益波特图判断负反馈放大电路是否会自激振荡的方法是：

（1）如果不存在 f_{180}，即电路不会有 180°相位移，则一定不会自激振荡。

（2）如果存在 $f=f_{180}$，比较 f_{180} 与 f_0 的大小，当 $f_{180}>f_0$ 时，电路稳定，不会自激振荡；当 $f_{180}<f_0$ 时，电路不稳定，一定会自激振荡。

二、稳定裕度

为了使电路具有足够的稳定性，必须让它远离自激振荡状态，其远离的程度可用稳定裕度来表示。稳定裕度包括增益裕度和相位裕度。

定义 $f=f_{180}$ 时对应的 $20\lg|\dot{A}\dot{F}|$ 为增益裕度，用 G_m 表示，如图 6.6.2 所示幅频特性中的标注。即

$$G_m = 20\lg|\dot{A}\dot{F}|_{f=f_{180}}(\text{dB}) \tag{6.6.6}$$

稳定的负反馈放大电路中 $G_m<0$ dB，一般要求 $G_m\leqslant-10$ dB，保证电路有足够的稳定裕度。

定义 $f=f_0$ 时对应的 $|\varphi_A + \varphi_F|$ 与 180°的差值为相位裕度，用 φ_m 表示，如图 6.6.2 所示幅频特性中的标注。即

$$\varphi_m = 180° - |\varphi_A + \varphi_F|_{f=f_0} \tag{6.6.7}$$

稳定的负反馈放大电路的 $\varphi_m>0°$，一般要求 $\varphi_m\geqslant45°$，保证电路有足够的稳定裕度。

三、负反馈放大电路的稳定性分析

当 $f=f_0$ 时，有

$$20\lg|\dot{A}\dot{F}| = 20\lg|\dot{A}| - 20\lg\left|\frac{1}{\dot{F}}\right| = 0\ \text{dB}$$

其中 $20\lg|\dot{A}|$ 为放大电路的幅频特性曲线，假设反馈网络没有相位移，$\dot{F} = F$，则 $20\lg\left|\dfrac{1}{F}\right|$ 是

与频率无关的一条水平直线,两条线的交点对应的频率即为f_0,并且 $\varphi_A+\varphi_F=\varphi_A$。

已知一个放大电路的频率响应曲线,引入负反馈后能否稳定,与反馈系数有关。在幅频特性的坐标中,作 $20\lg\left|\frac{1}{F}\right|$ 的水平线,与放大电路的幅频特性曲线的交点必满足 $20\lg|\dot{A}\dot{F}|=0\text{ dB}$,即幅值条件 $\dot{A}\dot{F}=-1$,这时考察该点对应的相位移大小及相位裕度的大小,如果 $|\varphi_A|<180°$,则电路稳定不会自激振荡,如果 $|\varphi_A|<135°$,则有满足实际要求的相位裕度。

例 6.6.1 某个三级放大器组成的放大电路的频率响应如图 6.6.3 所示,中频增益为100 dB。它有三个极点,A 点对应的 $f_{p1}=10^5$ Hz,B 点对应的 $f_{p2}=10^6$ Hz,C 点对应的 $f_{p3}=10^7$ Hz。开环增益的带宽由 f_{p1} 决定,故称 f_{p1} 为主极点。为保证引入负反馈后放大电路不会自激振荡,考虑稳定裕度的情况下确定反馈系数。

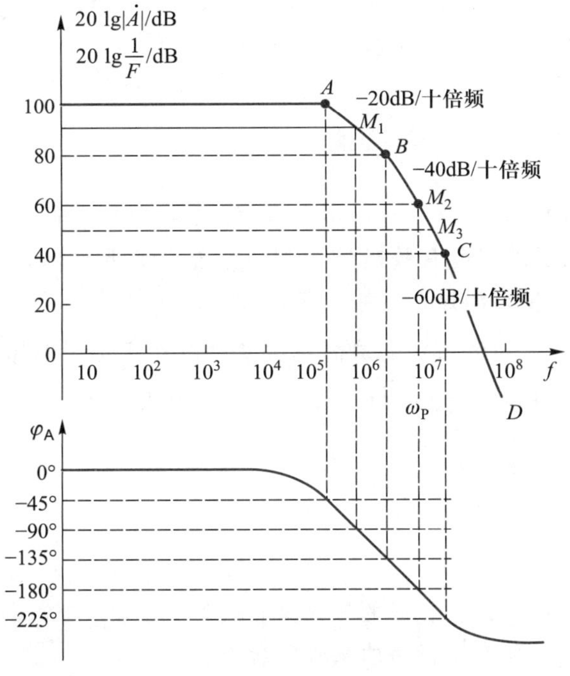

图 6.6.3 一个三阶放大电路的频率特性曲线

解 (1) 如果 $20\lg\left|\frac{1}{F}\right|=90\text{ dB}$,即 $F=3\times10^{-5}$,反馈线与放大电路的幅频特性曲线交于 M_1点。由图可知,此时的 $|\varphi_A|=90°$,且 $f_{180}>f_0$。电路是稳定的。

另一方面,如果相移达到 180°时(满足自激的相位条件)对应幅频特性有 $20\lg|\dot{A}|=60\text{ dB}$,与 p_1 点有 $60\text{ dB}-90\text{ dB}=-30\text{ dB}$,即幅度裕度为:$G_m=-30\text{ dB}$;相位裕度为:$|\varphi_m|=90°$。

(2) 随着反馈加深，反馈线下移。当取 $20\lg\left|\frac{1}{F}\right| = 80\ \text{dB}$，即 $F=10^{-4}$ 时，反馈线与放大电路的幅频特性曲线交于 B 点。由图可知：$f_{180}>f_0$，此时的 $|\varphi_A| = 135°$，$\varphi_m = 180° - |\varphi_A|_{f=f_0} = 45°$，$G_m = -20\ \text{dB}$。电路仍然是稳定的。

(3) F 继续增加，当 $F=10^{-3}$ 时，$20\lg\left|\frac{1}{F}\right| = 60\ \text{dB}$，反馈线与放大电路的幅频特性曲线交于 M_2 点。由图可知，此时对应的 $|\varphi_A| = 180°$，$\varphi_m = 0°$。同时满足幅值相位条件，电路会产生自激。

(4) F 继续增加，使 $20\lg\left|\frac{1}{F}\right| = 50\ \text{dB}$，反馈线与放大电路的幅频特性曲线交于 M_3 点。由图可知：$f_{180}<f_0$，此时的 $|\varphi_A| > 180°$。电路处于不稳定状态，会产生自激。

结论：考虑相位的稳定裕度 $\varphi_m>45°$，反馈系数取 $F<10^{-4}$，一般应使 $20\lg\left|\frac{1}{F}\right|$ 在 $20\lg|\dot{A}|$ 的 -20 dB/十倍频范围，使电路处于稳定状态。

6.6.3 负反馈放大电路自激振荡的消除方法

文档 6.1 负反馈放大电路自激振荡的消除方法

负反馈放大电路一旦产生自激振荡，就无法对输入信号起正常的放大作用了。因此，必须采取有效措施消除自激振荡。要消除自激振荡，最有效的方法就是破坏产生自激振荡的幅值条件和相位条件。

破坏产生自激振荡的最简单方法是减小反馈系数或反馈深度，使 $\dot{A}\dot{F}$ 的附加相移等于±180°时，$|\dot{A}\dot{F}|<1$，以破坏幅值条件。

具体内容见文档 6.1。

思考题

6.6.1 负反馈放大电路产生自激的原因是什么？

6.6.2 负反馈放大电路自激振荡的条件是什么？

6.6.3 如何判断引入负反馈后是否会产生自激？

6.6.4 什么是相位补偿？

6.6.5 如何消除自激振荡？

6.7 负反馈放大电路的 Multisim 仿真

文档 6.2 负反馈放大电路的 Multisim 仿真

利用 Multisim 仿真软件研究电压串联负反馈的电压放大倍数及对放大电路性能的影响。具体内容见文档 6.2。

本 章 小 结

一、知识结构图

- 反馈的基本概念
  - 反馈
  - 直流反馈和交流反馈
  - 正反馈和负反馈
  - 串联反馈和并联反馈
  - 电压反馈和电流反馈
- 负反馈的四种基本类型的判断
  - 电压串联负反馈
  - 电压并联负反馈
  - 电流串联负反馈
  - 电流并联负反馈
- 深度负反馈的计算
  - 虚短和虚断
  - 放大倍数的计算步骤
- 负反馈对放大电路的性能影响
  - 放大倍数
  - 输入电阻和输出电阻
  - 频带宽度
  - 非线性失真
  - 输出量
- 在放大电路中引入恰当的负反馈
  - 引入反馈的原则
  - 反馈网络的参数设置
- 负反馈引起的自激振荡
  - 自激振荡的条件
  - 稳定性的判断
  - 负反馈放大电路的稳定性分析
  - 消除自激振荡的方法

PPT
第 6 章教学课件

二、归纳总结

反馈是电子技术和自动控制领域中的一个重要概念，负反馈可以改善放大电路多方面的性能。本章主要介绍有关反馈的一些基本概念及负反馈放大电路的分析方法。

1. 把放大电路中输出信号的一部分或全部，通过反馈网络，以一定的方式送回输入回路的过程称为反馈。若反馈信号是直流信号，称为直流反馈；若反馈信号是交流信号，称为交流反馈。若反馈信号削弱输入信号，称为负反馈；若反馈信号增强输入信号，称为正反馈。在放大电路中引进负反馈，可以改善放大电路的一系列性能；在放大电路中引进正反馈，虽然可以提高放大倍数，但会使放大电路工作的稳定性降低，因此在放大电路中应用极少。

2. 具有反馈网络的放大电路称为反馈放大电路。要判断一个放大电路是不是反馈放大电路，关键是检查放大电路中有没有沟通放大电路输出回路和输入回路的中间环节，这个中间环节就是反馈网络。若放大电路中存在反馈网络，则该放大电路一定是反馈放大电路。

3. 判断反馈极性可以用瞬时极性法进行：① 假定放大电路的输入信号处于某一瞬时极

性或瞬时流向;② 根据放大电路的工作原理,标出电路中各处信号的瞬时极性或瞬时流向;③ 判断反馈回输入回路的反馈信号是削弱还是增强输入信号。若判断出反馈信号是削弱输入信号,则引进的反馈是负反馈;若反馈信号是增强输入信号,则引进的反馈是正反馈。

4. 负反馈放大电路共有四种类型:① 电压串联负反馈放大电路。在这种放大电路中,反馈电压与输出电压成正比,反馈电压与输入电压以串联的方式向基本放大电路提供净输入电压。② 电压并联负反馈放大电路。在这种放大电路中,反馈电流与输出电压成正比,反馈电流与输入电流以并联的方式向基本放大电路提供净输入电流。③ 电流串联负反馈放大电路。在这种放大电路中,反馈电压与输出电流成正比,反馈电压与输入电压以串联的方式向基本放大电路提供净输入电压。④ 电流并联负反馈放大电路。在这种放大电路中,反馈电流与输出电流成正比,反馈电流与输入电流以并联的方式向基本放大电路提供净输入电流。

5. 判断电压反馈的简便方法是,将放大电路的输出端对地短路,令 $u_O=0$,若此时反馈信号消失,则引进的反馈一定是电压反馈。判断电流反馈的简便方法是,将负载电阻 R_L开路,令 $i_O=0$,若此时反馈信号消失,则引进的反馈一定是电流反馈。

6. 电压负反馈具有稳定输出电压的作用,因而降低了放大电路的输出电阻;电流负反馈具有稳定输出电流的作用,因而提高了放大电路的输出电阻。

7. 串联负反馈的特点是,信号源的内阻越小,负反馈的效果越好。引进串联负反馈,可以提高放大电路的输入电阻;并联负反馈的特点是,信号源的内阻越大,负反馈的效果越好。引进并联负反馈,会使放大电路的输入电阻降低。

8. 简单的负反馈放大电路可以利用微变等效电路法进行计算。对于具有深度负反馈的放大电路,在进行近似计算时,应抓住 $\dot{X}_{id}\approx 0$ 和$\dot{X}_f\approx \dot{X}_i$ 的特点,以简化计算;在计算闭环放大倍数时,可以利用 $\dot{A}_f=\dfrac{\dot{X}_o}{\dot{X}_i}\approx\dfrac{1}{\dot{F}}$ 这一近似关系,然后通过计算反馈系数 $\dot{F}$ 求出 $\dot{A}_f$ 。

9. 在放大电路中有目的地引进负反馈,可以提高放大电路放大倍数(或增益)的稳定性,减小非线性失真,展宽通频带,抑制放大电路的内部噪声,改变输入电阻和输出电阻。反馈深度 $|1+\dot{A}\dot{F}|$ 越大,负反馈对放大电路性能改善的效果越显著。但是,负反馈对放大电路性能的改善是以牺牲放大倍数为代价的。

10. 负反馈放大电路在一定条件下会产生自激振荡。负反馈放大电路产生自激振荡的幅值条件和相位条件分别是 $|\dot{A}\dot{F}|=1$ 和 $\varphi_A+\varphi_F=\pm(2n+1)\pi(n=0,1,2,\cdots)$。幅值条件要求反馈足够强,以使反馈信号的幅值等于净输入信号的幅值。相位条件要求 $\dot{A}\dot{F}$ 的附加相移等于±180°,以使负反馈变为正反馈。为了消除负反馈放大电路的自激振荡,可以采取相位补偿措施,以使 $\dot{A}\dot{F}$ 的附加相移等于±180°时,$|\dot{A}\dot{F}|<1$,从而破坏产生自激振荡的条件。经常采用的相位补偿措施是滞后补偿法。密勒补偿法常应用于集成运算放大器中。

本章的重要题型分析见文档 6.3。

习 题

6.1.1 试判断下列说法是否正确。

（1）一个反馈放大电路的反馈网络必须由电阻构成。

（2）接入反馈后与未接入反馈时相比，净输入量减少的为负反馈。

（3）直流负反馈是指只有在放大直流信号时才有的反馈。

（4）交流负反馈是指交流通路中存在的负反馈。

（5）一个反馈放大电路中一定有直流反馈和交流反馈。

6.1.2 选择题

（1）对于放大电路，开环是指：（　　）

A. 无信号源　　B. 无反馈网络　　C. 无电源　　D. 无负载

（2）对于放大电路，闭环是指：（　　）

A. 考虑信号源内阻　　B. 存在反馈网络　　C. 接入电源　　D. 接入负载

（3）交流负反馈是指存在于：（　　）

A. 阻容耦合放大电路中的负反馈　　B. 放大交流信号时的负反馈

C. 存在于交流通路中的负反馈　　D. 放大正弦或余弦信号时的负反馈

（4）直流负反馈是指：（　　）

A. 直接耦合放大电路中的负反馈　　B.放大直流信号时的负反馈

C. 存在于直流通路中的负反馈　　D.含有直流电源的负反馈

6.1.3 在图 P6.1.3 中，试判断各电路中是否引进了反馈。若引进了反馈，试判断反馈极性。

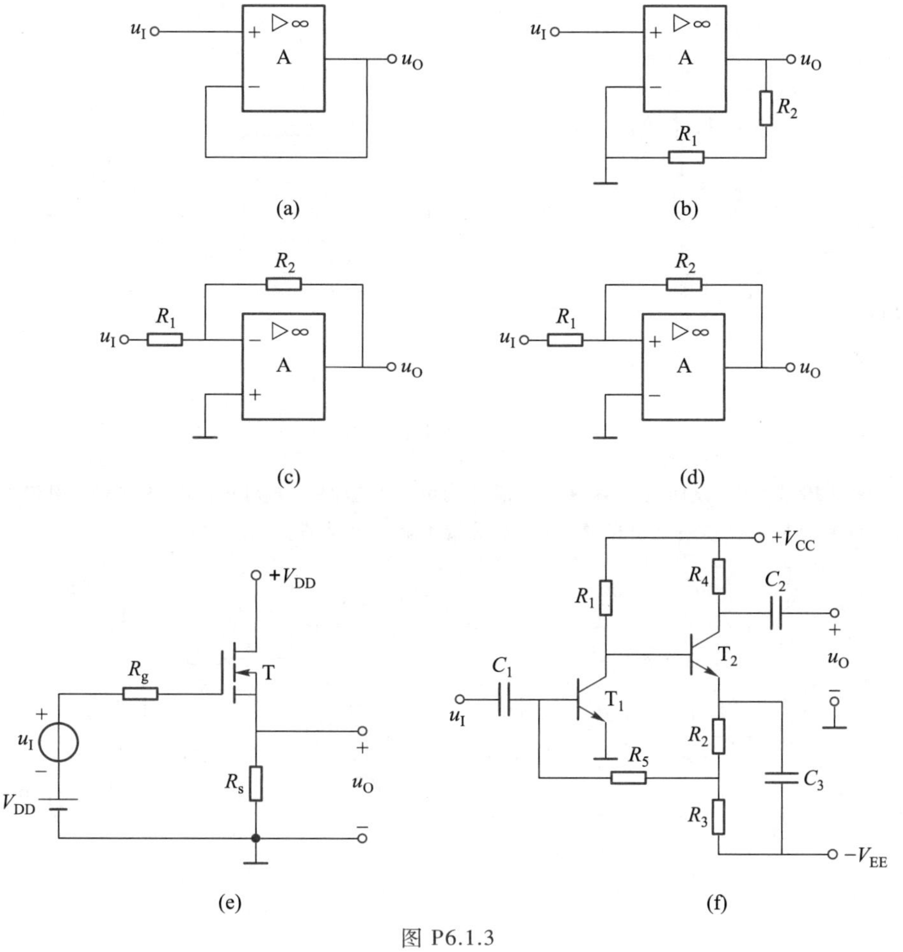

图 P6.1.3

6.1.4 在图 P6.1.4 中，设所有电容对交流信号均可视为短路。试判断各电路中是否引进了反馈。若引进了反馈，试判断是正反馈还是负反馈，是直流反馈还是交流反馈。

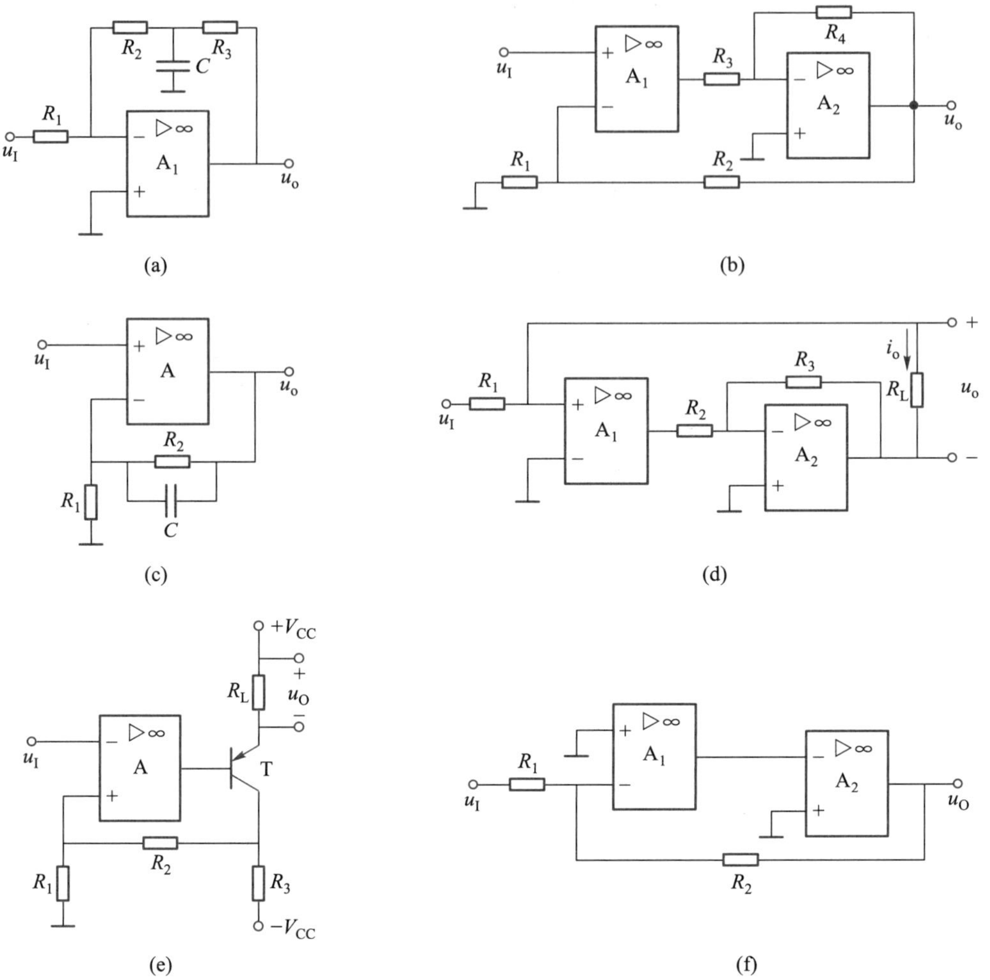

图 P6.1.4

6.1.5 在图 P6.1.5 中，设所有电容对交流信号均可视为短路。试判断各电路中是否引进了反馈。若引进了反馈，试判断是正反馈还是负反馈，是直流反馈还是交流反馈。

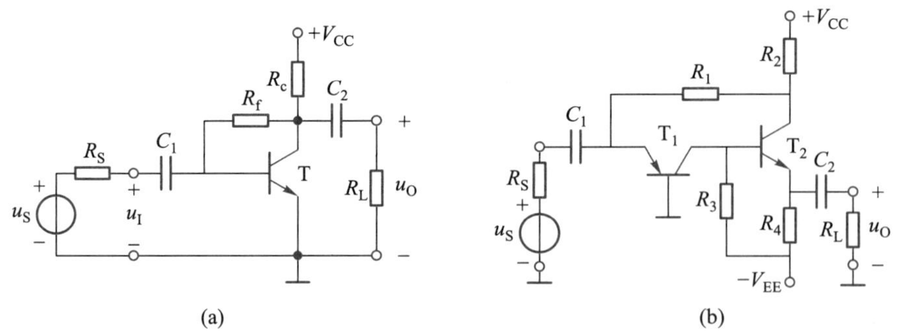

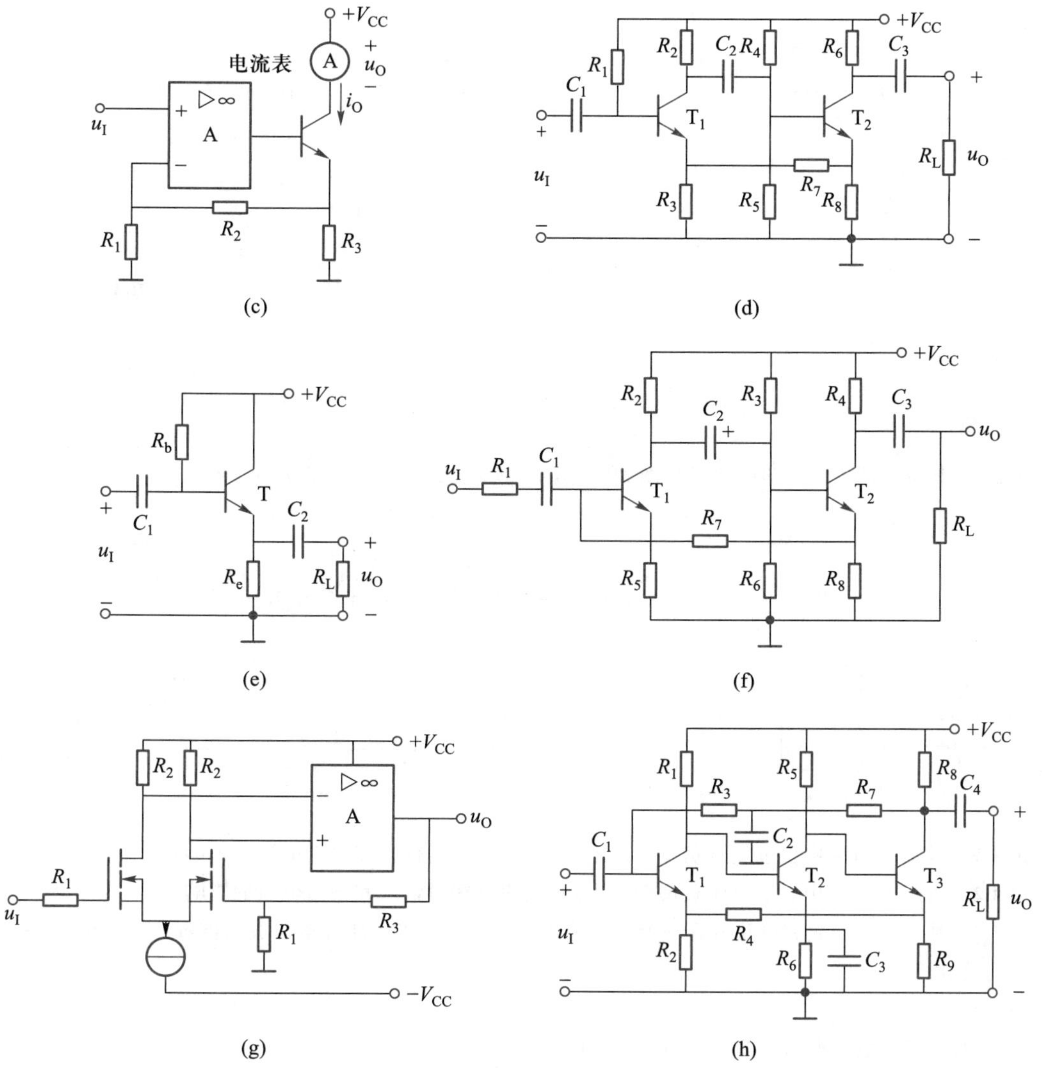

图 P6.1.5

6.2.1 对图 P6.1.4 中引入交流负反馈的电路，标出反馈量及输出量，并判断是哪种组态的负反馈，说明负反馈特点。

6.2.2 对图 P6.1.5 中引进交流负反馈的电路，标出反馈量及输出量，并判断是哪种组态的负反馈，说明负反馈特点。

6.3.1 对图 P6.1.4 中引进交流负反馈的电路，求深度负反馈下电路的电压放大倍数。

6.3.2 对图 P6.1.5 中引进交流负反馈的电路，求深度负反馈下电路的电压放大倍数。

6.3.3 放大电路如图 P6.3.3 所示，试判断电路的反馈极性和组态，并估算深度负反馈条件下的闭环放大倍数。

6.3.4 电路如图 P6.3.4 所示，已知集成运放的开环差模增益和差模输入电阻均近乎无穷大，最大输出电压幅值为±14 V。

（1）电路中引入了何种反馈组态？求电压放大倍数。

（2）电路的输入电阻和输出电阻为多少？

（3）当 $u_I=1$ V 时，分别计算 R_1 开路、R_1 短路、R_2 开路和 R_2 短路时的 u_O，并说明理由。

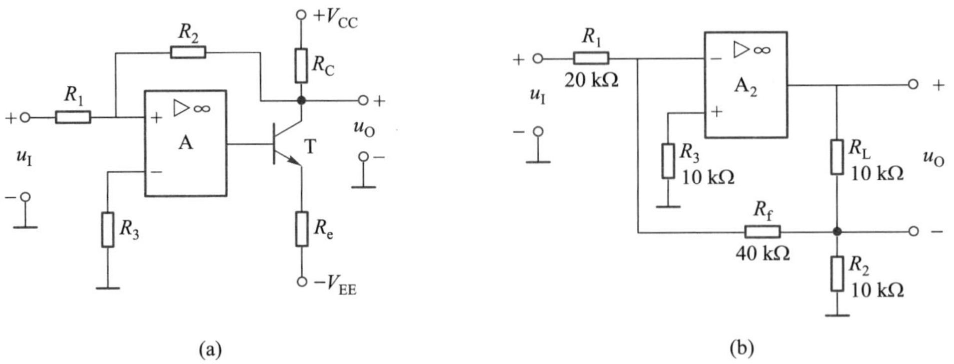

图 P6.3.3

6.3.5 某负反馈放大电路的组成框图如图 P6.3.5 所示，试推导其闭环放大倍数 $\dot{A}_f=\dfrac{\dot{X}_o}{\dot{X}_i}$。

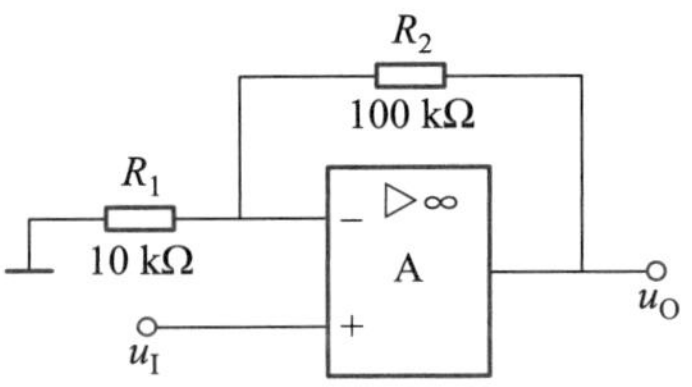

图 P6.3.4

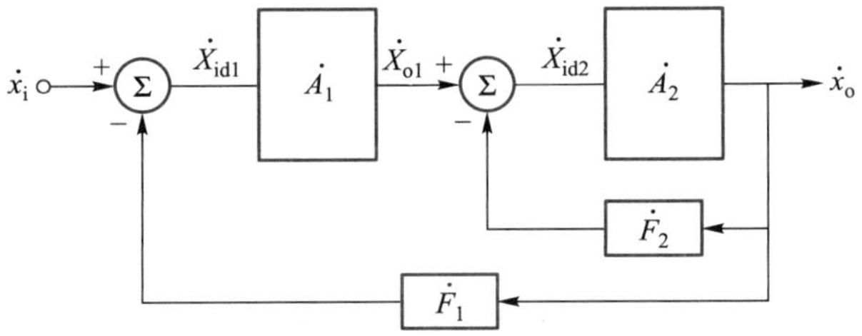

图 P6.3.5

6.4.1 对图 P6.1.4 中引进交流负反馈的电路，说明反馈对输入和输出电阻的影响。

6.4.2 对图 P6.1.5 中引进交流负反馈的电路，说明反馈对输入和输出电阻的影响。

6.4.3 某一负反馈放大电路的开环电压放大倍数 A_u = 10 000，闭环电压放大倍数 A_{uf} = 50，若 A 变化 10%，A_{uf} 变化多少？

6.4.4 填空

（1）为了提高放大电路的输入电阻，应引进（　　）负反馈；

（2）为了稳定放大电路的输出电压，应引进（　　）负反馈；

（3）为了稳定放大电路的输出电流，应引进（　　）负反馈；

（4）为了降低放大电路的输入电阻，应引进（　　）负反馈；

（5）为了降低放大电路的输出电阻，应引进（　　）负反馈；

（6）为了提高放大电路的输出电阻，应引进（　　）负反馈；

（7）实现电流—电压转换电路，应引进（　　）负反馈；

（8）实现电压—电流转换电路，应引进（　　）负反馈；

（9）实现输入电阻高、输出电压稳定的电压放大电路，应引进（　　）负反馈；

（10）实现输入电阻低、输出电流稳定的电流放大电路，应引进（　　）负反馈。

6.5.1 电路如图 P6.5.1 所示，已知 T_1 和 T_2 的饱和管压降 $|U_{CES}|$ = 2 V，直流功耗可忽略不计。回答下列问题：

（1）R_3、R_4 和 T_3 的作用是什么？

（2）负载上可能获得的最大输出功率 P_{om} 和电路的转换效率 η 各为多少？

（3）设最大输入电压的有效值为 1 V，为了使电路的最大不失真输出电压的峰值达到 16 V，电阻 R_6 应取多少千欧？

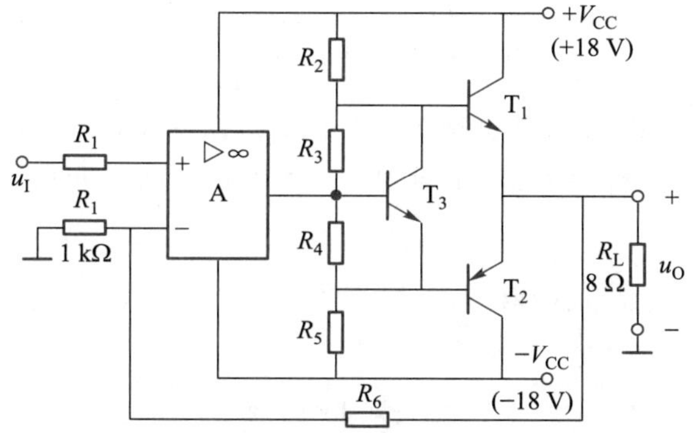

图 P6.5.1

6.5.2 电路如图 P6.5.2 所示，通过适当连线能组成哪些组态的负反馈，并计算深度负反馈下的放大倍数。

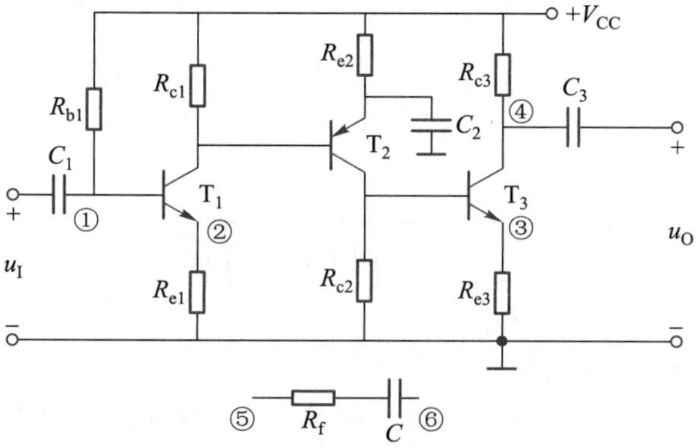

图 P6.5.2

6.5.3 电路如图 P6.5.3 所示。试通过电阻引入合适的交流负反馈，使输入电压 u_I 转换成稳定的输出电流 i_L；当 $u_I = 5$ V 时，$i_L = 10$ mA，则反馈电阻 R_f 应取多少？

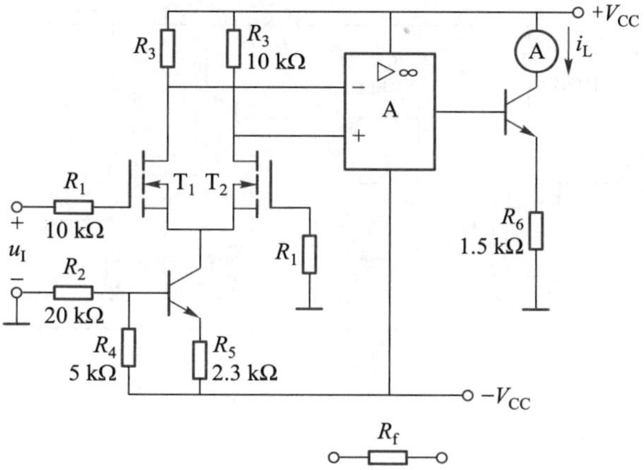

图 P6.5.3

6.6.1　已知负反馈放大电路中的

$$\dot{A}=\frac{10^4}{\left(1+\mathrm{j}\frac{f}{10^4}\right)\left(1+\mathrm{j}\frac{f}{10^5}\right)^2}$$

试问:为了使放大电路能够稳定工作(即不产生自激振荡),反馈系数的上限值为多少?

6.6.2　引入反馈的放大电路 $\dot{A}\dot{F}$ 的波特图如图 P6.6.2 所示。判断该电路是否会产生自激振荡,简述理由。

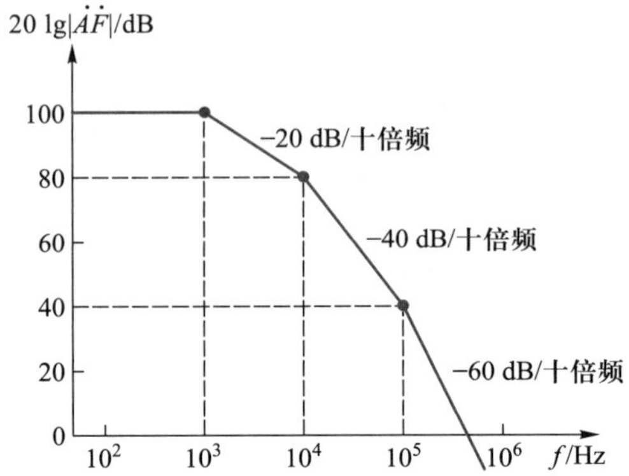

图 P6.6.2

6.6.3　已知负反馈放大电路的 $\dot{A}=\frac{10^5}{\left(1+\mathrm{j}\frac{f}{10^6}\right)\left(1+\mathrm{j}\frac{f}{10^7}\right)\left(1+\mathrm{j}\frac{f}{10^8}\right)}$。

(1) 粗略画出反馈放大电路的波特图;

(2) 判断当 $F=0.02$ 时,电路是否稳定;

(3) 电路中引入了负反馈,要求有 45°的相位裕度,问最大环路增益为多少?

(4) 若用该电路组成一个电压跟随器,能否稳定工作?

6.7.1　电路如图 P6.7.1 所示。所有晶体管的 β 均为 100。试用 Multisim 分析:

(1) 电路的闭环电压增益和频带宽度;

(2) 去掉 R_f 后的开环电压增益和频带宽度。

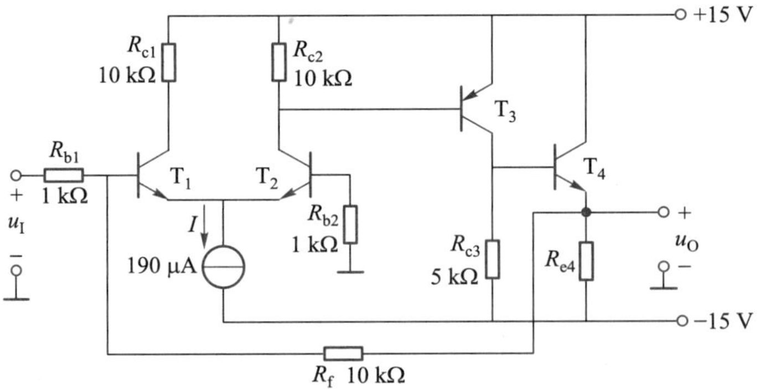

图 P6.7.1

6.7.2　电路如图 P6.7.2 所示,已知 $R=1\ \mathrm{k\Omega}$,$R_{f1}=100\ \mathrm{k\Omega}$,$R_{f2}=100\ \mathrm{k\Omega}$,$R_f=99\ \mathrm{k\Omega}$,$u_I$ 是峰峰值为 10 mV、频率为 1 kHz 的正弦波。试用 Multisim 分析负反馈对放大电路的电压放大倍数稳定性的影响。电路的

开环电压增益可以看成第一级放大倍数和第二级放大倍数的乘积，R_{f2}由 100 kΩ 变为 10 kΩ，分别测量基本放大电路增益的相对变化量和反馈闭环增益的相对变化量，二者进行比较，验证是否与理论分析一致。

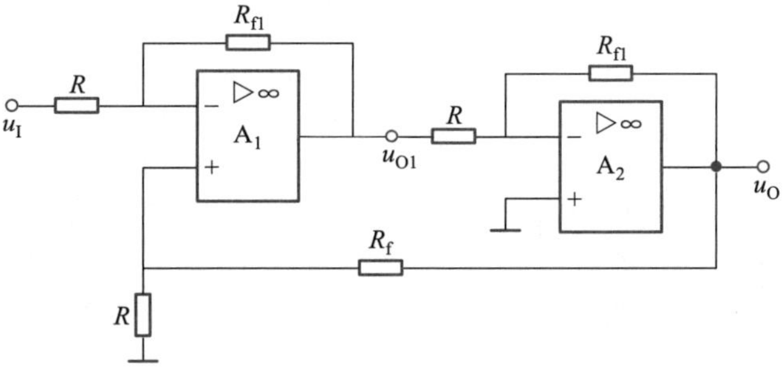

图 P6.7.2

文档 6.3
第 6 章重要题型分析

文档 6.4
第 6 章部分习题答案

第7章 集成运算放大器的应用电路

前已指出,集成运算放大器是一种高增益、高输入电阻、低输出电阻的直接耦合多级放大电路,它是用集成工艺制成的。在集成运算放大器的基础上,外接不同的反馈网络,可以组成很多基本应用电路。集成运放体积小,使用方便灵活,适合应用在移动通信和数码产品等便携设备中。

在电子技术中,从基本应用电路实现的功能来看,集成运放的应用电路主要分为信号运算电路和信号处理电路。信号处理电路一般包括有源滤波电路、电压比较器、精密整流电路和采样-保持电路等。

本章首先强调集成运算放大器应用电路的分析方法,在此基础上利用集成运放的线性特点分析模拟信号的运算电路和有源滤波电路,其中运算电路包括比例、加法、减法、积分、微分、对数、反对数(指数)、乘法和除法等电路,最后讨论集成运放的非线性应用电路——电压比较器。

7.1 集成运算放大器的应用电路分析方法

教学视频 7.1 集成运放应用电路的分析方法

为了简化对集成运算放大器应用电路的分析,经常把集成运算放大器视为理想器件。

7.1.1 理想集成运算放大器

所谓理想集成运算放大器,应满足以下一些条件:

(1) 开环差模电压放大倍数 $A_{od}=\infty$;

（2）差模输入电阻 $r_{id}=\infty$；

（3）输出电阻 $r_o=0$；

（4）共模抑制比 $K_{CMR}=\infty$；

（5）开环带宽 $BW=\infty$；

（6）没有温度漂移和噪声。

理想集成运算放大器实际上是不存在的，但是，随着集成运算放大器制造技术的不断发展，现在已经能生产出很多类型的高性能集成运算放大器，它们的性能指标已日趋接近理想条件。所以，利用理想集成运算放大器的概念，对各种集成运算放大器的应用电路进行分析和计算，既可以简化分析和计算过程，又不至于引起明显的误差。因此，在以后对集成运算放大器的各种应用电路的分析中，都将集成运算放大器当成理想器件来考虑。

7.1.2　集成运算放大器应用电路的分析依据

由第 5 章介绍的集成运算放大器可知，其电压传输特性曲线如图 7.1.1 所示。

集成运算放大器的开环差模放大倍数 A_{od} 非常高，可达几十万倍，它的电压传输特性线性区的斜率非常大，线性区非常窄，如图 7.1.1 的虚线所示。可见，集成运算放大器可工作在线性区和非线性区两个区域，集成运放工作在不同区域的分析方法也不同。

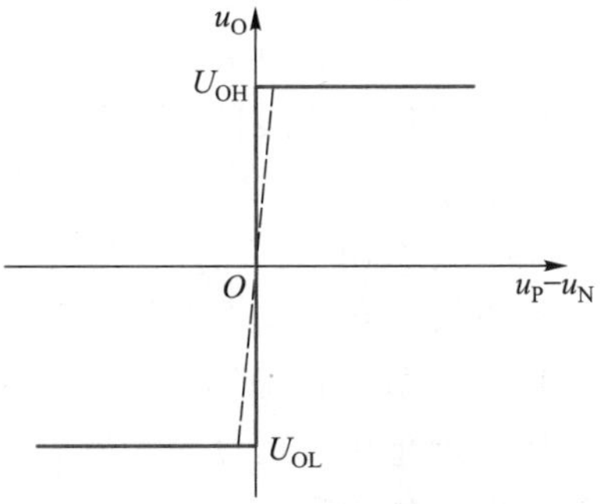

图 7.1.1　运算放大器的电压传输特性

一、工作在线性区

当集成运算放大器工作在线性区时，u_O 和 (u_P-u_N) 是线性关系，即

$$u_O=A_{od}(u_P-u_N) \tag{7.1.1}$$

运算放大器是一个线性放大器件。由于运算放大器的开环电压放大倍数 A_{od} 很高，即使输入毫伏级以下的信号，也足以使输出电压饱和，其饱和值 U_{OH} 或 U_{OL} 达到或接近正电源电压和负电源电压值；另外，干扰使其工作难于稳定。所以，要使运算放大器工作在线性区，通常需要引入深度电压负反馈。

当集成运算放大器的输出和输入之间引入深度负反馈时，集成运算放大器将工作在线性区。对于工作在输出电压与输入电压呈线性关系范围内的理想集成运算放大器，利用理想条件，可以得到以下两个极为重要的结论。

1. 运算放大器的同相输入端和反相输入端之间相当于短路，称为“**虚短**”

当理想集成运算放大器工作在线性区时，它的输出电压 u_O 为有限值，而在理想条件下 $A_{od}=\infty$，所以有

$$u_{ID}=u_P-u_N=\frac{u_O}{A_{od}}\approx 0 \tag{7.1.2}$$

或

$$u_P\approx u_N \tag{7.1.3}$$

这就是说，对于理想集成运算放大器而言，它的同相输入端与反相输入端之间相当于短路。但是，并不是真正短路，故称为“**虚短**”。

如果反相输入端有输入时,同相输入端接“地”,即 $u_P=0$,由虚短可知 $u_N=0$,说明反相输入端的电位接近于“地”电位,这种现象称为“**虚地**”。

2. 流入集成运算放大器同相输入端和反相输入端的电流为零,称为“**虚断**”

因为理想集成运算放大器的 $u_{ID}\approx 0$,而且它的差模输入电阻 $r_{id}=\infty$,因而流经两个输入端的电流近似为零,即

$$i_P=i_N\approx 0 \tag{7.1.4}$$

这样,就可以把理想集成运算放大器的同相输入端和反相输入端视为断开。但是,并不是真正断开,故称它为“**虚断**”。

“虚短”和“虚断”是理想集成运算放大器的两个重要概念。图 7.1.2 形象地表示了“虚短”和“虚断”的概念。

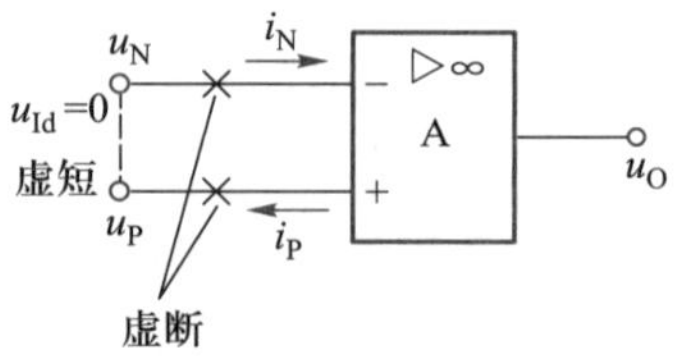

图 7.1.2 关于“虚短”和“虚断”的概念

本章的运算电路和有源滤波电路中的集成运放都工作在线性区,因此在分析这两类电路时,都利用虚短和虚断的特点进行分析。

二、工作在非线性区

如果集成运算放大器的应用电路没有引入负反馈,处于开环状态或者引入了正反馈,那么运放将工作在非线性区。因为理想集成运算放大器的 $A_{od}=\infty$,所以它的理想电压传输特性就变成了如图 7.1.1 实线所示的形状,线性区与纵轴重合在一起。净输入电压(u_P-u_N)大于 0,输出电压 u_O 为 U_{OH},净输入电压(u_P-u_N)小于 0,输出电压 u_O 为 U_{OL}。

运算放大器工作在非线性区的特点如下。

1. 运算放大器的同相输入端和反相输入端的电流近似为零,即“虚断”。

因为理想集成运算放大器的差模输入电阻 $r_{id}=\infty$,所以,流入它的同相输入端和反相输入端的电流均为零。

2. 输出电压 u_O 只有两种可能:等于 U_{OH} 或等于 U_{OL}。

(1) 当 $u_P>u_N$ 时,$u_O=U_{OH}$。

当同相输入端的电位高于反相输入端的电位时,输出为正向饱和电压 U_{OH},其数值接近运放的正电源电压。

(2) 当 $u_P<u_N$ 时,$u_O=U_{OL}$。

当同相输入端的电位小于反相输入端的电位时,输出为负向饱和电压 U_{OL},其数值接近运放的负电源电压。

(3) 当 $u_P=u_N$ 时,输出发生翻转。

电压比较电路中的集成运放工作在非线性区,因此在分析电压比较电路时利用上述非线性特点进行分析讨论。

集成运算放大器工作在不同区域有不同的特点,我们在分析集成运放的应用电路时,应先判断它工作在什么区域,然后利用相应的特点进行分析、计算。

思考题

7.1.1 什么是理想的集成运算放大器?

7.1.2 集成运算放大器工作在线性区有何特点？

7.1.3 集成运算放大器工作在非线性区有何特点？

7.2 基本运算电路

由集成运算放大器可以组成比例、加法、减法、积分、微分等基本运算电路，那么如何实现模拟信号的数学运算？如何判断电路是否是运算电路？又怎么分析计算运算电路的运算关系呢？

要实现输出电压与输入电压的某种运算关系，运算电路中的集成运放应该工作在线性区，当外部接入不同的线性或非线性元器件组成负反馈电路时，可以灵活地实现各种特定的函数运算关系。

7.2.1 比例运算电路

能将输入信号按比例放大的电路称为**比例运算放大电路**，简称比例运算电路或比例电路。比例运算电路是集成运算放大器构成的放大电路的主要形式之一。比例运算电路有反相输入和同相输入两种形式，下面分别加以介绍。

一、反相比例运算电路

1. 电路组成

反相比例运算放大电路如图 7.2.1 所示。该电路是一个电压并联负反馈放大电路。在图 7.2.1中，模拟输入信号 u_I经电阻 R_1加到集成运算放大器的反相输入端；电阻 R_f是沟通输出回路和输入回路的中间环节，给电路引进负反馈；电阻 R_1的作用与信号源内阻 R_S相似。电流的参考方向如图 7.2.1 所示。

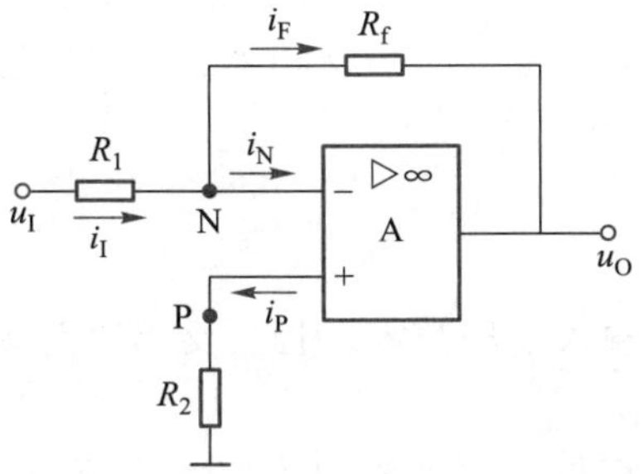

图 7.2.1 反相比例运算放大电路图

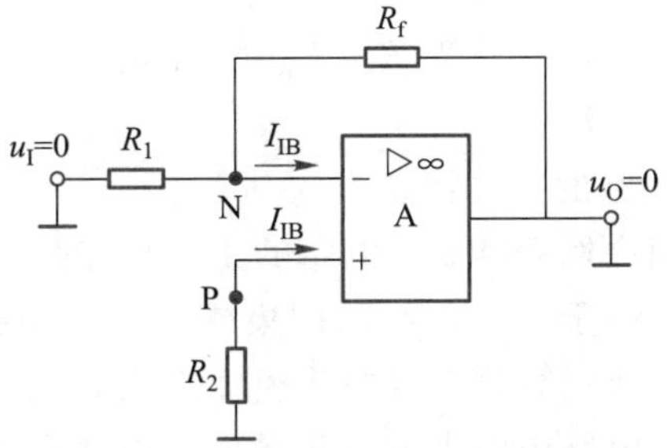

图 7.2.2 求平衡电阻的等效电路

在图 7.2.1 中，集成运算放大器的同相输入端接有电阻 R_2。这个电阻称为**平衡电阻**，其作用是保证集成运算放大器两个输入端的静态输入电流在其外接电阻上产生相等的压降。我们知道，集成运算放大器的输入级是由差分放大电路组成的，静态时(即 $u_I=0$，相当于电路的输入端接地)，有电流 I_{IB}流入差分放大电路的两个输入端(即集成运算放大器的同相和反相输入端)，若集成运算放大器的两个输入端的外接电阻不相等，就会有一个附加差模输入电压加在两个输入端之间，使静态时的输出电压不为零。为了保证静态时的输出电压等

于零(相当于输出端接地),则由图7.2.2所示的等效电路可知,必须使平衡电阻R_2为

$$R_2=R_1 /\!/ R_f=\frac{R_1R_f}{R_1+R_f} \tag{7.2.1}$$

2. 关于"虚地"的概念

对于图7.2.1所示的反相比例运算放大电路利用"虚短"和"虚断"的概念,$u_N=u_P=0$,即在反相比例运算放大电路中,集成运算放大器的反相输入端与地等电位,但是,又不是真正接地,故称为"**虚地**"。"虚地"概念的存在,是反相输入运算电路的重要特征。

3. 输出电压与输入电压间的关系

在图7.2.1中,利用"虚地"和"虚断"的概念,可得

$$u_N=u_P=0$$
$$i_P=i_N=0$$

故有

$$i_I=i_F$$

而

$$i_I=\frac{u_I-u_N}{R_1}=\frac{u_I}{R_1}$$
$$i_F=\frac{u_N-u_O}{R_f}=-\frac{u_O}{R_f}$$

因此,可得

$$u_O=-\frac{R_f}{R_1}u_I \tag{7.2.2}$$

式(7.2.2)表明,在集成运算放大器为理想的情况下,在如图7.2.1所示的反相比例运算放大电路中,输出电压与输入电压之间具有比例关系,其比例系数为$-R_f/R_1$。式(7.2.2)中的负号表示输出电压与输入电压的变化方向相反。对于正弦信号而言,该负号表示输出电压与输入电压反相;对于直流信号而言,该负号表示输出电压与输入电压的极性相反。

在图7.2.1中,当$R_f=R_1$时,有$u_O=-u_I$,此时,电路成为一个反相器,可用来完成变号运算。

4. 电路的主要特点

反相比例运算放大电路的主要特点是:

(1) 由于$u_P=u_N=0$,即集成运算放大器的共模输入电压为零,因此,反相比例运算放大电路对集成运算放大器的共模抑制比K_{CMR}的要求较低。

(2) 电路中引进电压并联负反馈使反相比例运算放大器的输出电阻大大降低,增强了电路的带负载能力,其运算关系与负载无关。

(3) 由于电路中引进了电压并联负反馈,故降低了电路的输入电阻。虽然理想运放的输入电阻为无穷大,但由于引入并联负反馈使反向比例运算电路的输入电阻R_i等于R_1,故电路对信号源的输出电流有一定要求。

要提高反相比例运算放大器的输入电阻,需加大电阻R_1的值。R_1的值越大,R_f的值也必须加大,电路的噪声也加大,稳定性越差。将图7.2.1所示电路中的电阻R_f改成T形网络就可以解决R_f电阻太大对电路性能影响的问题。

5. T 形网络反相比例运算电路

(1) 电路组成

T 形网络反相比例运算电路的组成如图 7.2.3 所示。由图可见,反向比例运算放大器电路中的电阻 R_f被 R_2、R_3 和 R_4 电阻所组成的 T 形网络替代,所以该电路称为**T 形网络反相比例运算放大器**。电流的参考方向如图所示。

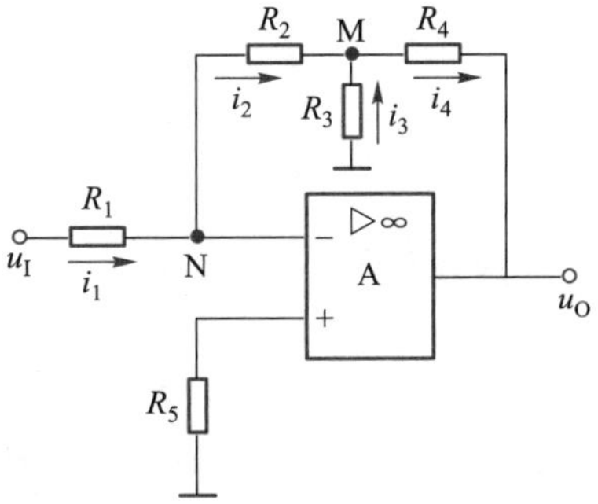

图 7.2.3 T 形网络反相比例运算电路

(2) 电压放大倍数

利用“虚断”“虚地”的概念和节点电流法可求得该电路输出电压和输入电压的关系。

根据“虚断”和“虚地”的概念可得

$$u_M = -\frac{R_2}{R_1} \cdot u_I, \qquad i_3 = -\frac{u_M}{R_3}$$

另外 $i_4 = \frac{u_M - u_O}{R_4}$。

由 N 点的节点电流可得:$i_2 = i_1 = \frac{u_I}{R_1}$。

由 M 点的节点电流可得: $i_4 = i_2 + i_3$。

将 i_2、i_3和 i_4及 u_M代入上式整理可得

$$u_O = -\frac{R_2 + R_4}{R_1}\left(1 + \frac{R_2 /\!/ R_4}{R_3}\right) \cdot u_I \tag{7.2.3}$$

上式表明,当 $R_3 = \infty$ 时,式(7.2.3)与式(7.2.2)的结论相同。T 形网络电路的输入电阻也是 R_1,但引入 R_3以后,电路的反馈系数减小,电压放大倍数增加,用较小的反馈电阻,可以得到较大的电压放大倍数。同时也解决了 R_f电阻太大对电路性能影响的问题。

T 形网络反相比例运算电路中的平衡电阻为

$$R_5 = R_1 /\!/ (R_2 + R_3 /\!/ R_4)$$

二、同相比例运算电路

1. 电路组成

同相比例运算放大电路如图 7.2.4 所示。该电路是一个电压串联负反馈放大电路。在图 7.2.4中,模拟输入信号 u_I经电阻 R_2加到集成运算放大器的同相输入端,输出电压经电阻 R_f反馈到集成运算放大器的反相输入端。电阻 R_2是平衡电阻,为保证集成运算放大器同相输入端和反相输入端的外接电阻相等,应使 $R_2 = R_1 /\!/ R_f$,电流的参考方向如图 7.2.4 所示。

2. 输出电压与输入电压间的关系

在图 7.2.4 中利用“虚短”和“虚断”的概念,可得

$$u_N = u_P = u_I$$
$$i_P = i_N = 0$$

故 N 点的 KCL 有

$$i_1 = i_F$$

而

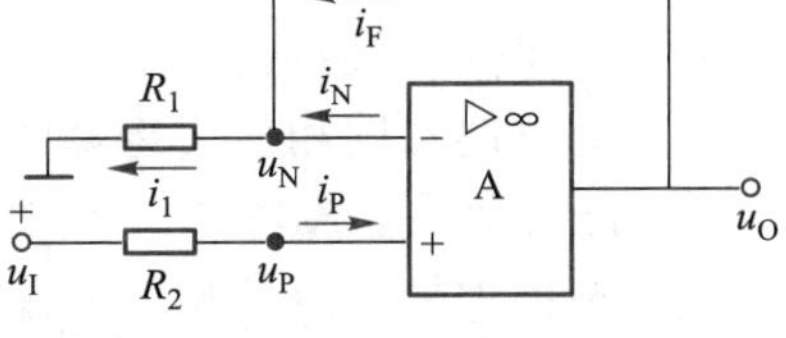

图 7.2.4 同相比例运算放大电路

$$i_F=\frac{u_O-u_N}{R_f}=\frac{u_O-u_I}{R_f}$$

$$i_1=\frac{u_N}{R_1}=\frac{u_I}{R_1}$$

因此，可得

$$u_O=\frac{R_1+R_f}{R_1}u_I=\left(1+\frac{R_f}{R_1}\right)u_I \tag{7.2.4}$$

式(7.2.4)表明，在集成运算放大器为理想的情况下，在如图 7.2.4 所示的同相比例运算电路中，输出电压与输入电压之间也具有一定的比例关系，其比例系数为$(1+R_f/R_1)$，但输出电压与输入电压的相位相同(或极性相同)。

在同相比例运算放大电路中，比例系数$(1+R_f/R_1)$总大于 1，而在反相比例运算放大电路中，比例系数 R_f/R_1既可大于 1，也可小于 1，还可等于 1。

3. 电路的主要特点

同相比例运算放大电路的主要特点是：

(1) 由于引进了电压串联负反馈，同相比例运算放大电路的输入电阻很高，可达 1000 MΩ 以上，它的输出电阻则很低，一般可认为等于零。

(2) 前面已经指出，在同相比例运算电路中，因为 $u_N=u_P=u_I$，故电路中不仅不存在"虚地"，而且在集成运算放大器的输入端加有大小等于输入电压的共模电压，这样就提高了电路对集成运算放大器共模抑制比 K_{CMR}的要求。

4. 电压跟随器

若将同相比例运算放大电路中的 R_1开路，即可组成电压跟随器，如图 7.2.5 所示。图中，电阻 R_2和 R_f起限流作用，用以限制意外事故时流入集成运算放大器两个输入端的电流。

利用"虚断"和"虚短"的概念，可得

$$u_O=u_p=u_N=u_I$$

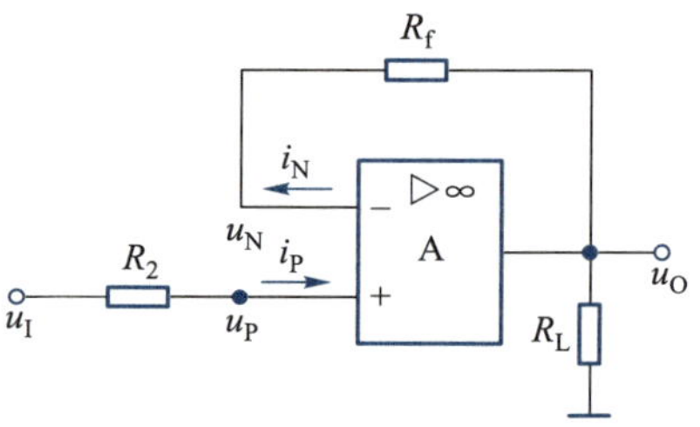

图 7.2.5　电压跟随器

由此可知，在图 7.2.5 所示的电路中，输出电压 u_O与输入电压 u_I不仅大小相等，而且相位相同，即输出电压完全跟随着输入电压而变化，故称为**电压跟随器**。由于它是一个深度电压串联负反馈放大电路，它的输入电阻可高达 10^{12} Ω，输出电阻可降低到 10^{-3} Ω，因此，它能将输入信号真实地传输到负载电阻 R_L上，而从信号源吸取的电流却极小。

7.2.2　求和运算电路

如果要将几个模拟输入电压相加，可以采用加法运算电路来实现。加法运算电路有反相加法运算电路和同相加法运算电路两种，下面分别加以介绍。

一、反相加法运算电路

将两个模拟输入电压相加的反相加法运算电路如图 7.2.6所示，它是一个两输入的电压并联负反馈放大电路。图中 R_3 是平衡电阻，它应为

$$R_3 = R_1 /\!/ R_2 /\!/ R_f$$

利用“虚断”和“虚地”的概念，可得

$$i_P = i_N = 0$$

$$u_N = 0$$

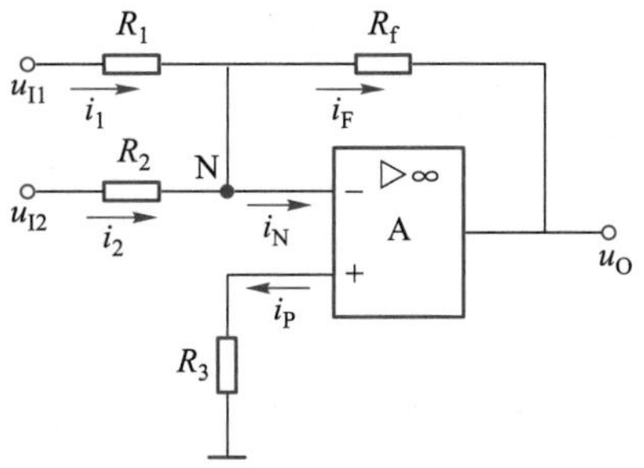

图 7.2.6 反相加法运算电路

电流参考方向如图 7.2.6 所示，其中 $i_1 = \dfrac{u_{I1}}{R_1}$，$i_2 = \dfrac{u_{I2}}{R_2}$，$i_F = -\dfrac{u_O}{R_f}$。

由 N 点 KCL 方程可得

$$i_F = i_1 + i_2$$

故有

$$\frac{u_{I1}}{R_1} + \frac{u_{I2}}{R_2} = -\frac{u_O}{R_f}$$

整理后可得

$$u_O = -\left(\frac{R_f}{R_1}u_{I1} + \frac{R_f}{R_2}u_{I2}\right) \tag{7.2.5}$$

若取 $R_1 = R_2 = R_f$，则式（7.2.5）变为

$$u_O = -(u_{I1} + u_{I2}) \tag{7.2.6}$$

这时，电路即可实现对两个输入信号的加法运算。

反相加法运算电路的主要特点与反相比例运算电路相似。它可以十分方便地通过改变电路的反相输入端电阻来改变电路的比例关系，而不影响电路的其他比例关系。

在图 7.2.5 所示的加法运算电路的基础上，可以扩展为多个输入电压的反相求和运算。

二、同相加法运算电路

图 7.2.7 是同相加法运算电路，模拟输入电压 u_{I1} 和 u_{I2} 经电阻 R_1 和 R_2 加到集成运算放大器的同相输入端。为了保证集成运算放大器两个输入端的外接电阻相等，应使 $R_4 /\!/ R_f = R_1 /\!/ R_2 /\!/ R_3$。

在图 7.2.7 中，利用同相比例运算电路的结果，可得输出电压 u_O 与集成运算放大器同相输入端电位 u_P 的关系为

$$u_O = \left(1 + \frac{R_f}{R_4}\right) u_P \tag{7.2.7}$$

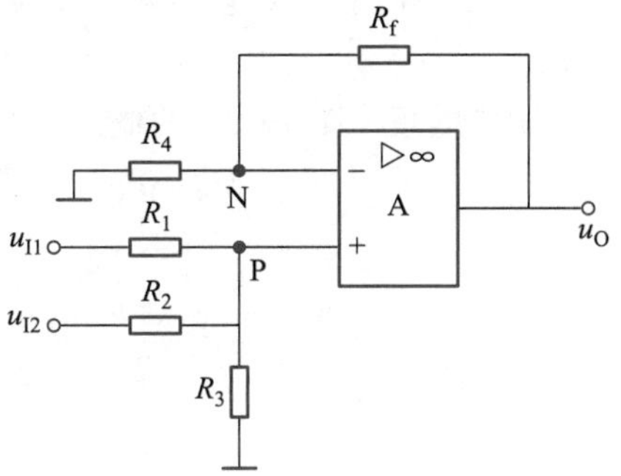

图 7.2.7 同相加法运算电路

而 u_P 可由下式求得

$$\frac{u_{I1} - u_P}{R_1} + \frac{u_{I2} - u_P}{R_2} = \frac{u_P}{R_3}$$

$$u_P = R_+\left(\frac{u_{I1}}{R_1} + \frac{u_{I2}}{R_2}\right) \tag{7.2.8}$$

式中，$R_+ = R_1 /\!/ R_2 /\!/ R_3$。

将式（7.2.8）代入式（7.2.7）中，可得

$$u_O=\left(1+\frac{R_f}{R_4}\right)R_+\left(\frac{u_{I1}}{R_1}+\frac{u_{I2}}{R_2}\right) \tag{7.2.9}$$

令 $R_-=R_4/\!/R_f$

则有

$$1+\frac{R_f}{R_4}=\frac{R_f}{R_-}$$

此时,上式(7.2.9)变为

$$u_O=\frac{R_+}{R_-}R_f\left(\frac{u_{I1}}{R_1}+\frac{u_{I2}}{R_2}\right)$$

当取 $R_+=R_-$时,即在 $R_4/\!/R_f=R_1/\!/R_2/\!/R_3$的条件下,同相加法运算电路输出电压与输入电压之间的关系为

$$u_O=R_f\left(\frac{u_{I1}}{R_1}+\frac{u_{I2}}{R_2}\right) \tag{7.2.10}$$

式(7.2.10)与式(7.2.5)相比,二者只相差一个负号。

与反相加法运算电路相比,同相加法运算电路的优点是输入电阻很高。但是,在同相加法运算电路中,当调整某一路信号的电阻(R_1或 R_2)时,必须同时改变 R_3的数值,才能保证 $R_4/\!/R_f=R_1/\!/R_2/\!/R_3$的条件不受破坏,所以,使用起来不方便。此外,在同相加法运算电路中,集成运算放大器的共模输入电压较高,这也是一个缺点。

7.2.3 减法运算电路

一、利用差分式电路实现减法运算

图 7.2.8 是用来实现两个模拟输入电压 u_{I1}和 u_{I2}相减的运算电路。图中 u_{I1}经电阻 R_1加到集成运算放大器的反相输入端,u_{I2}经电阻 R_2加到同相输入端,输出电压 u_O经电阻 R_f反馈到集成运算放大器的反相输入端。为保证集成运算放大器两个输入端的外接电阻相等,应使 $R_2/\!/R_3=R_1/\!/R_f$。

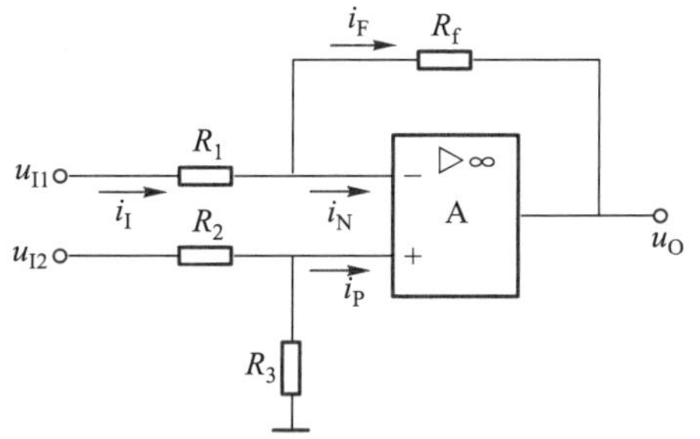

图 7.2.8 差分式减法运算电路

利用“虚短”和“虚断”的概念,可得 $u_P=u_N$

$$i_P=i_N=0$$

$$i_F=i_I$$

$$\frac{u_{I1}-u_N}{R_1}=\frac{u_N-u_O}{R_f}$$

$$u_P=\frac{R_3}{R_2+R_3}u_{I2}$$

整理后可得

$$u_O=\left(1+\frac{R_f}{R_1}\right)\frac{R_3}{R_2+R_3}u_{I2}-\frac{R_f}{R_1}u_{I1} \tag{7.2.11}$$

若取 $R_1 = R_2$ 和 $R_3 = R_f$，则式(7.2.11)可简化为

$$u_O = \frac{R_f}{R_1}(u_{I2} - u_{I1}) \tag{7.2.12}$$

可见输出电压 u_O 与两个输入电压之差($u_{I2} - u_{I1}$)成正比，故图 7.2.8 所示的差分式减法运算电路实际上是一个差分放大电路。

若取 $R_1 = R_2 = R_3 = R_f$，则式(7.2.12)变为

$$u_O = u_{I2} - u_{I1} \tag{7.2.13}$$

这时，电路可对两个模拟输入电压实现减法运算。

应该指出：在差分式减法运算电路中，集成运算放大器两个输入端加有共模输入电压，为保证运算精度，应选用共模抑制比较高的集成运算放大器；该电路对元件的对称性要求较高，如果对称性较差，不仅会带来附加误差，而且输出端还将出现共模电压；该电路的输入电阻不够高；在差分式减法运算电路中不存在“虚地”。

差分式减法运算电路常用作测量放大器。

二、利用反相信号求和实现减法运算

图 7.2.9 是利用反相比例运算电路和反相加法运算电路的组合以实现减法运算的电路。

在分析多级运算电路时，由于电路中一般引进了深度电压负反馈，其输出电阻可视为零，因此，可不考虑后级输入电阻对前级的影响，只要分别列出各级输出电压与输入电压的关系，通过联立求解的方法，即可获得整个电路输出电压与各输入电压之间的关系。

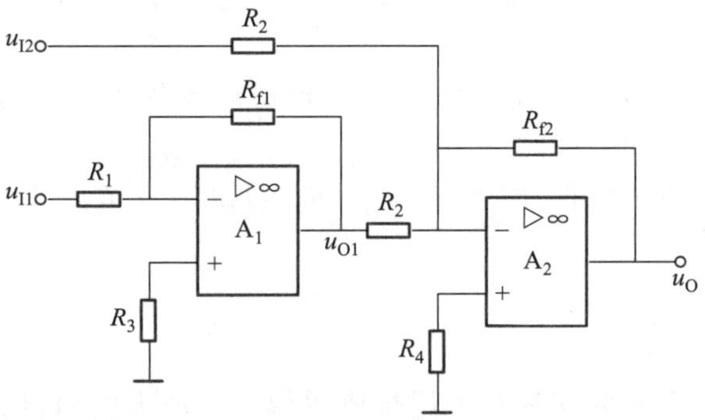

图 7.2.9 用反相比例运算电路和反相加法运算电路组成减法运算电路

在图 7.2.9 中，第一级为反相比例运算电路，若取 $R_{f1} = R_1$，则有

$$u_{O1} = -u_{I1}$$

第二级为反相加法运算电路，由图 7.2.6 可得

$$u_O = -R_{f2}\left(\frac{u_{O1}}{R_2} + \frac{u_{I2}}{R_2}\right) = -\frac{R_{f2}}{R_2}(-u_{I1} + u_{I2}) = \frac{R_{f2}}{R_2}(u_{I1} - u_{I2}) \tag{7.2.14}$$

若取 $R_2 = R_{f2}$，则式(7.2.14)变为

$$u_O = (u_{I1} - u_{I2})$$

在图 7.2.9 中，由于采用了两个反相输入电路，电路中有“虚地”存在，没有共模信号，故允许 u_{I1} 和 u_{I2} 的共模电压范围较大，但是该电路的输入电阻却较低。

例 7.2.1 设计一个满足 $u_O = 10u_{I1} + 5u_{I2} - 4u_{I3}$ 的运算电路，并适当设置电阻元件的参

数值。

解　运算电路的设计除了考虑输出和输入之间的函数关系外，还应考虑平衡电阻的设置，反相求和电路的平衡电阻较同相求和电路更容易设置，所以在设计运算电路时，通常使用反相求和电路，且利用两级反相求和电路相串联的方法来实现加减的运算关系。根据这一思路，所设计的电路如图7.2.10所示。

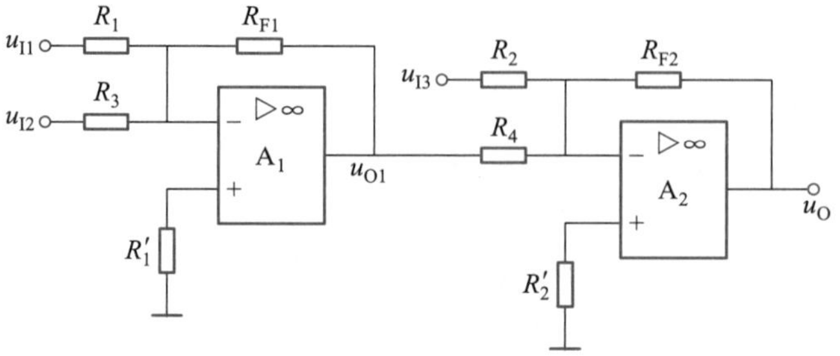

图7.2.10　例7.2.1电路图

由反相加法器电路知

$$u_{O1}=-\left(\frac{R_{F1}}{R_1}u_{I1}+\frac{R_{F1}}{R_3}u_{I2}\right)=-(10u_{I1}+5u_{I2})$$

$$u_O=-\left(\frac{R_{F2}}{R_4}u_{O1}+\frac{R_{F2}}{R_2}u_{I3}\right)=-(u_{O1}+4u_{I3})$$

选择阻值为100 kΩ的反馈电阻 R_{F1} 和 R_{F2}，根据运算的关系式可得 R_1 为10 kΩ，R_3 为20 kΩ，R_4 为100 kΩ，R_2 为25 kΩ。

根据平衡电阻的关系式可得：$R_1'=R_1/\!/R_3/\!/R_{F1}=6.25\ \text{k}\Omega$，$R_2'=R_2/\!/R_4/\!/R_{F2}=16.7\ \text{k}\Omega$。

7.2.4　积分和微分运算电路

积分运算和微分运算互为逆运算。用集成运放作为放大电路，以电阻和电容作为反馈网络，可以实现这两种运算电路。在自动控制系统中，常用积分和微分运算电路作为调节环节。此外，其还在波形产生和变换电路中被广泛使用。

一、积分运算电路

若将图7.2.1所示的反相比例运算放大电路中的反馈电阻改为电容 C，即可构成基本积分运算电路，如图7.2.11所示。积分运算电路是模拟计算机中的基本单元，也是控制和测量系统中的重要单元。利用积分运算电路可以实现对输入信号的延时、定时，也可以和其他电路配合产生各种波形。

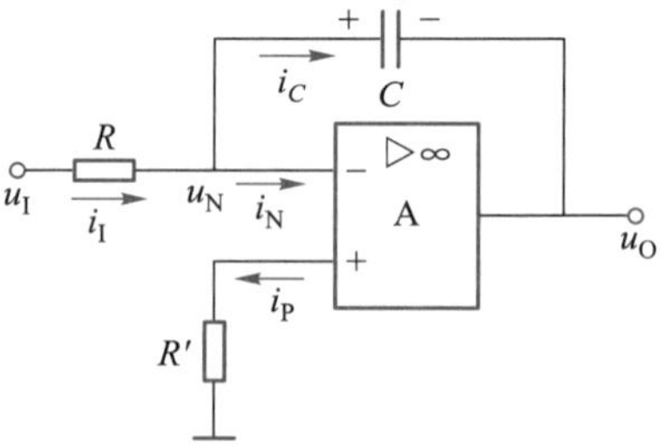

图7.2.11　基本积分运算电路

由于电路采用反相输入结构，故可利用“虚地”和“虚断”的概念。由图7.2.11可得

$$i_P = i_N = 0$$

$$u_N = 0$$

$$i_I = i_C = \frac{u_I - u_N}{R} = \frac{u_I}{R}$$

i_C 就是电容器 C 的充电电流。设电容器 C 上的起始电压为零，则 C 上电压的变化规律为

$$u_C = u_N - u_O = \frac{1}{C}\int i_C \mathrm{d}t = \frac{1}{C}\int \frac{u_I}{R}\mathrm{d}t$$

则

$$u_O = -\frac{1}{RC}\int u_I \mathrm{d}t \tag{7.2.15}$$

式(7.2.15)表明，输出电压 u_O 与输入电压 u_I 成积分关系，负号表示输出电压与输入电压的变化方向相反。积分时间常数为 $\tau = RC$。

若求解某一段时间($t_1 \sim t$)内的积分值，则应考虑到 u_O 的初始值 $u_O(t_1)$，所以输出电压为

$$u_O(t) = -\frac{1}{RC}\int_{t_1}^{t} u_I \mathrm{d}t + u_O(t_1) \tag{7.2.16}$$

当输入电压 u_I 为如图 7.2.12 所示的阶跃电压时，$i_C = U_I/R$ =常数，电容器 C 进行恒流充电，则有

$$u_O(t) = -\frac{1}{RC}\int_{0}^{t} u_I(t)\mathrm{d}(t) = -\frac{U_I}{RC}t + u_O(0) \tag{7.2.17}$$

如果输出电压的初值为 0 V，则

$$u_O = -\frac{U_I}{RC}t \tag{7.2.18}$$

此时，输出电压 u_O 随时间作线性变化，如图 7.2.12 所示。由式(7.2.18)和图 7.2.12 可知，u_O 随时间做线性下降，直到受集成运算放大器最大输出电压 U_{OM} 的限制时，u_O 便进入饱和状态，输出为 $-U_{OM}$。

应该指出，式(7.2.15)~式(7.2.18)是在集成运算放大器为理想的情况下得到的。实际上，集成运算放大器的偏置电流、失调电压和失调电流及它们的温度漂移均不等于零，开环差模电压放大倍数、差模输入电阻及开环带宽也不是无穷大，积分电容器也存在着漏电，因此，实际的积分电路会产生积分误差。为了减小积分误差，可选用 A_{od} 和 r_{id} 大，I_{IB}、I_{IO} 和 U_{IO} 及它们的温度漂移都小的集成运算放大器，或选用输入级为场效晶体管的集成运算放大器，积分电容则应选用漏电小的电容器(如聚苯乙烯电容器、薄膜电容器等)。

在积分器输入端输入方波，则输出波形为三角波，如图 7.2.13 所示。所以积分电路可以将方波转换为三角波，还可用作显示器的扫描电路等。

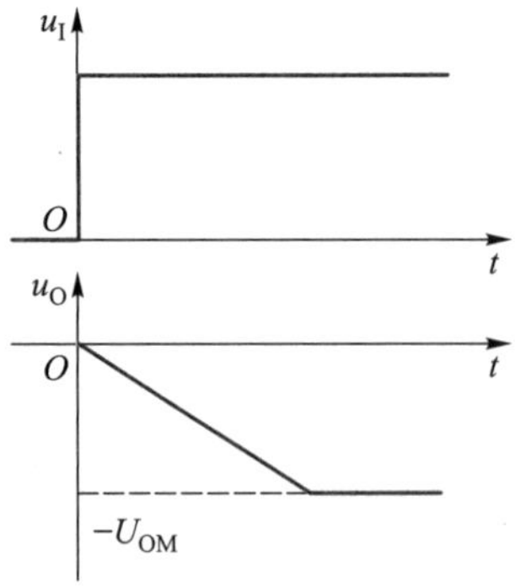

图 7.2.12　基本积分运算电路的阶跃响应

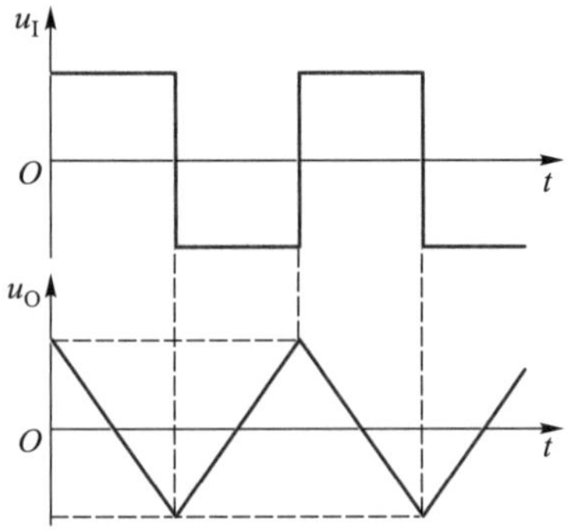

图 7.2.13　积分运算电路输入方波时的输出波形

二、微分运算电路

若将积分运算电路中电容和电阻的位置对调，便可组成基本微分运算电路，如图 7.2.14 所示。

由于电路采用反相输入结构，可以利用“虚地”和“虚断”的概念，故有

$$u_N = 0$$

$$i_P = i_N = 0$$

$$i_F = i_I$$

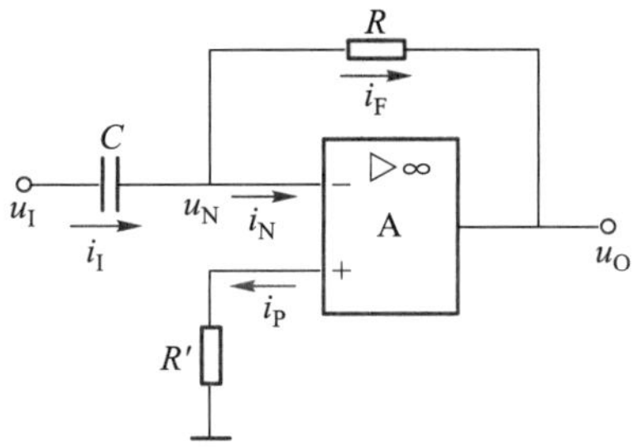

图 7.2.14　基本微分运算电路

设电容器 C 上的起始电压为零，则当加入输入电压后，便有

$$i_I = C\frac{du_I}{dt}$$

$$u_N - u_O = i_F R = i_I R = RC\frac{du_I}{dt}$$

因此，可得

$$u_O = -RC\frac{du_I}{dt} \tag{7.2.19}$$

式(7.2.19)表明，输出电压 u_O 与输入电压 u_I 成微分关系。

当输入电压 u_I 为阶跃电压时，输出电压 u_O 有一尖脉冲，从理论上分析，输入阶跃信号的上升沿所用时间为零，则尖脉冲的幅值会无穷大，但是最大值受集成运放的饱和压降的限制，所以输出仍为有限值。随着时间延长，输出电压 u_O 将很快衰减到零，当 u_I 不变时，u_O 将保持零值，如图 7.2.15所示。

微分运算电路除了能完成微分运算外，还可用来进行波形变换，将矩形波变换为尖脉冲。如图 7.2.16 所示。

图 7.2.14 所示的基本微分电路的主要缺点是，当输入信号频率升高时，电容的容抗减小，则放大倍数增大，造成电路对输入信号中的高频噪声非常敏感，因而输出信号中噪声成分严重增加；另一个缺点是微分电路中 RC 元件形成一个滞后的移相环节，它和组件中原有的滞后环节共同作用，很容易产生自激振荡，使电路的稳定性变差。而且，当输入电压发生

突变时，其有可能超过集成运放所允许的共模电压，容易致使运放进入自锁状态。

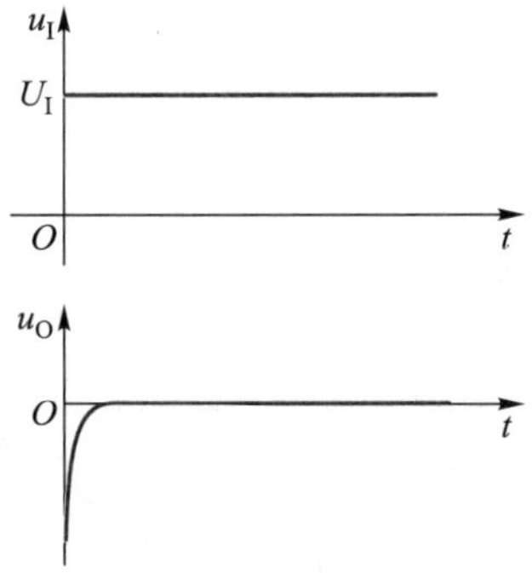

图 7.2.15　基本微分运算电路的阶跃响应

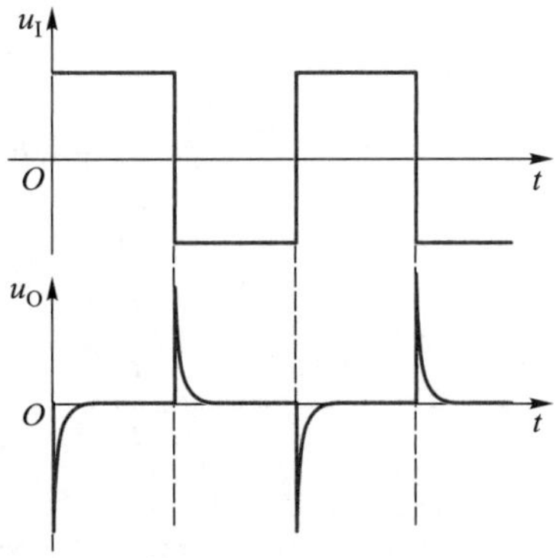

图 7.2.16　用微分运算电路将矩形波变换为尖脉冲

为了克服以上缺点，常常采用图 7.2.17 所示的实用微分电路。主要措施是在输入回路中接入一个电阻 R_1 与微分电容串联，在反馈回路中接入一个电容 C_1 与微分电阻并联，在正常工作频率范围内，使 $R_1 \ll 1/(\omega C)$，而 $1/(\omega C)_1 \gg R$，此时，R_1 和 C_1 对微分电路的影响很小。当频率高到一定程度时，R_1 和 C_1 的作用使闭环放大倍数降低，从而抑制高频噪声。同时 R 和 C_1 形成了一个超前环节，对相位进行补偿，提高了电路的稳定性。此外，在反馈回路中加两个稳压管，用以限制输出幅度。

三、PID 调节器

在自动控制系统中，常采用如图 7.2.18 所示的 PID(proportional integration differentiation)调节器(其中 P 是比例，I 是积分，D 是微分)。根据“虚短”和“虚断”的概念，进行分析。

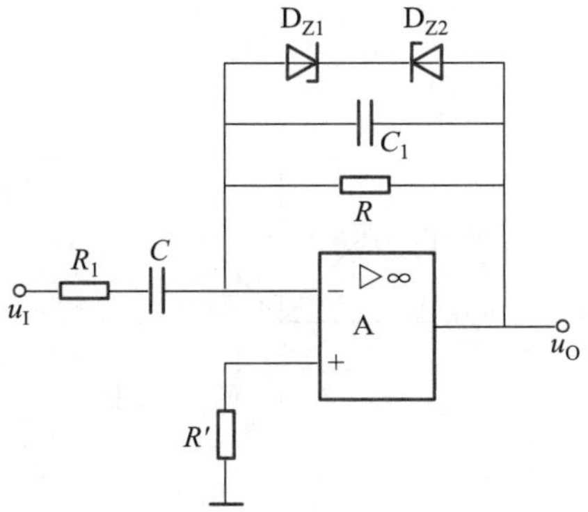

图 7.2.17　实用微分电路

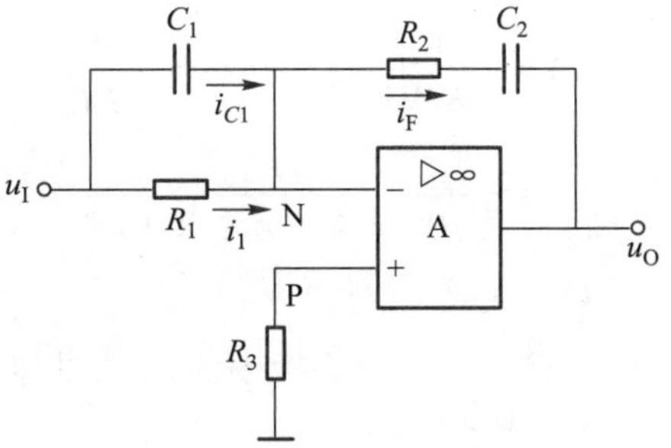

图 7.2.18　PID 调节器电路

由图可得

$$u_P = u_N = 0$$

$$i_F = i_{C1} + i_1$$

$$i_{C1} = C_1 \frac{du_I}{dt}$$

$$i_1=\frac{u_I}{R_1}$$

$$u_O=-(u_{R2}+u_{C2})$$

$$u_{R2}=i_F R_2=\frac{R_2}{R_1}u_I+R_2C_1\frac{du_I}{dt} \tag{7.2.20}$$

$$u_{C2}=\frac{1}{C_2}\int i_F dt=\frac{1}{C_2}\int\left(C_1\frac{du_I}{dt}+\frac{u_I}{R_1}\right)dt$$

$$=\frac{C_1}{C_2}u_I+\frac{1}{C_2R_1}\int u_I dt \tag{7.2.21}$$

所以

$$u_O=-\left(\frac{R_2}{R_1}+\frac{C_1}{C_2}\right)u_I-\frac{1}{R_1C_2}\int u_I dt-R_2C_1\frac{du_I}{dt} \tag{7.2.22}$$

由式(7.2.22)可知,电路中包含比例、积分和微分运算,故称为 **PID 调节器**。

当 $R_2=0$(即将 R_2短路)时,电路只进行比例和积分运算,输出电压为式(7.2.21),电路为 PI 调节器;当去掉 C_2(即将 C_2短路)时,电路只进行比例和微分运算,输出电压为式(7.2.20),电路为 PD 调节器。在自动控制系统中,常根据不同的控制要求采用不同的调节器。

例 7.2.2 积分电路如图 7.2.11 所示,设集成运放是理想的。已知初始状态时 $u_C(0)=0$ V,试回答下列问题:(1) 当 $R=100$ kΩ、$C=2$ μF 时,若在 $t=0$ 时加入 $u_I=1$ V,求 1 s 后输出电压 u_O的值;(2) 当 $R_1=100$ kΩ、$C=0.47$ μF时,输入电压波形如图 7.2.19 所示,试画出 u_O的波形,并标出 u_O的幅值。

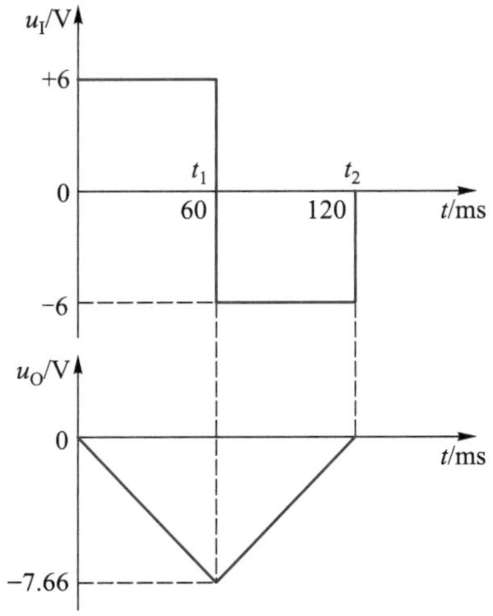

图 7.2.19 例 7.2.2 图

解 本题用来熟悉积分电路的结构及其特点。

(1) 由于电路为反相积分运算电路,所以有

$$u_O(t)=-\frac{1}{RC}\int_0^t u_I(t)\,d(t)=-\frac{u_I}{RC}t+u_O(0)$$

$$=-\frac{1}{100\times10^3\times2\times10^{-6}}\text{ V}=-5\text{ V}$$

当 $t=1$ s 时 $u_O=-5$ V。

(2) 设 $u_I=6$ V,根据图 7.2.19 可得

当 $t\leqslant60$ ms 时,

$$u_O(t)=-\frac{1}{RC}\int_0^t u_I(t)\,d(t)=-\frac{u_I}{RC}t+u_O(0)$$

故得,$t=t_1=60$ ms 时,

$$u_O(t_1)=-\frac{6}{100\times10^3\times0.47\times10^{-6}}\times60\times10^{-3}\text{ V}\approx-7.66\text{ V}$$

当 60 ms$\leqslant t\leqslant$120 ms 时,

$$u_O(t)=-\frac{u_I}{RC}(t-t_1)+u_O(t_1)$$

因此，$u_O(120\times10^{-3})=-\dfrac{-6}{100\times10^3\times0.47\times10^{-6}}\times60\times10^{-3}\ \mathrm{V}+u_O(60\times10^{-3})\approx0\ \mathrm{V}$。

$u_O(t)$的波形如图 7.2.19 所示。

7.2.5 对数和反对数运算电路

在自动控制系统和测量仪表中，经常会遇到对数和反对数运算的情况。例如，要实现两个变化量的相乘，可分别对它们取对数，然后将它们相加，最后取反对数，即可达到目的。

利用 PN 结伏安特性所具有的指数规律，将二极管或者晶体管分别接入集成运放的反馈回路和输入回路，可以实现对数和反对数（即指数运算），而利用对数运算、指数运算和加减运算的组合，可方便实现乘法、除法、乘方和开方等函数运算。

一、对数运算电路

对数运算电路的组成如图 7.2.20 所示。由图可见，将反相比例运算电路中的反馈电阻R_f换成二极管 D 即构成对数运算电路。

根据半导体的基础知识可知，二极管在正向偏置的情况下，二极管内的电流和电压的关系为

$$i_D\approx I_S e^{u_D/U_T}$$

因而 $u_D\approx U_T\ln\dfrac{i_D}{I_S}$。

由于 $u_P=u_N=0$，为虚地，$i_D=i_R=\dfrac{u_I}{R}$。

根据以上分析可得

$$u_O=-u_D\approx-U_T\ln\frac{u_I}{I_SR} \tag{7.2.23}$$

由式(7.2.23)可见，图 7.2.20 所示电路的输出电压与输入电压的对数成正比，所以，图 7.2.20 所示的电路称为**对数运算电路。**

因二极管的动态范围较小，运算的精度不够高，故实用的对数运算电路用晶体管替代二极管。用晶体管组成的对数运算电路如图 7.2.21 所示。

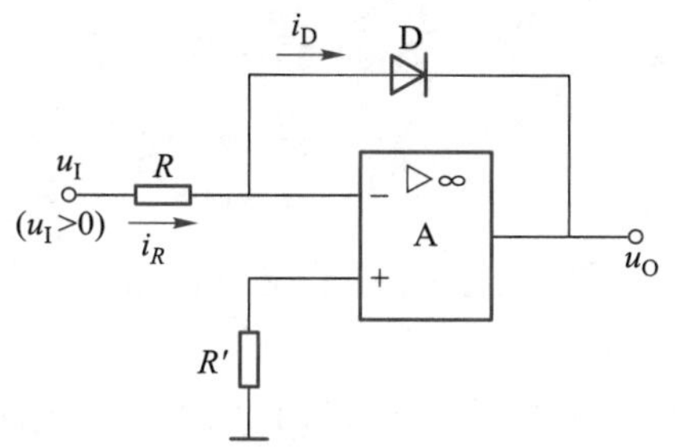

图 7.2.20 采用二极管的对数运算电路

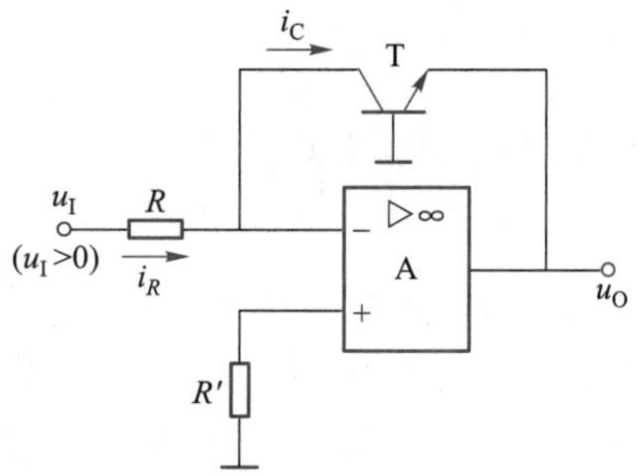

图 7.2.21 采用晶体管的对数运算电路

在图 7.2.21 中，晶体管的集电极为虚地，相当于集电结短接，根据 PN 结的理想伏安特性可知，当集电极电流在 $10^{-9} \sim 10^{-8}$ A 的较宽广范围内变化时，集电极电流 i_C 与基-射极电压 u_{BE} 之间具有良好的对数关系，即

$$i_C \approx i_E = I_{ES}(e^{\frac{u_{BE}}{U_T}} - 1)$$

在室温下，$U_T = 26$ mV。当 $u_{BE} \gg U_T$ 时，$e^{\frac{u_{BE}}{U_T}} \gg 1$，上式可简化为

$$i_C \approx I_{ES} e^{\frac{u_{BE}}{U_T}} \tag{7.2.24}$$

式中，I_{ES} 是晶体管发射结的反向饱和电流。

由式(7.2.24)可得

$$u_{BE} \approx U_T \ln \frac{i_C}{I_{ES}} \tag{7.2.25}$$

在图 7.2.21 中，利用“虚地”的概念，可得

$$u_O = -u_{BE}$$

由虚断可知 $i_C = i_I$，则有

$$u_O \approx -U_T \ln \frac{i_C}{I_{ES}} = -U_T \ln \frac{i_I}{I_{ES}} = -U_T \ln \frac{u_I}{RI_{ES}} \tag{7.2.26}$$

式(7.2.26)表明，电路的输出电压和输入电压之间具有对数关系，结论与式(7.2.23)相同，但动态范围较大，运算的精度较高。

应该指出，因 $u_O = -u_{BE}$，故电路输出电压的幅值不能超过 0.7 V。此外，该电路要求输入信号为正值，否则晶体管的发射结将处于反向偏置，使电路处于开环状态，输出电压将等于集成运算放大器的正向最大电压 $+U_{OM}$，使对数运算终止。

二、反对数运算电路

指数(反对数)运算电路的组成如图 7.2.22 所示。由图可见，将对数运算电路中的输入端电阻 R 和晶体管交换位置，即构成指数(反对数)运算电路。

输出电压与输入电压的关系根据“虚断”和“虚短”的概念和晶体管 PN 结电流和电压的关系式可得

$$i_F = i_E \approx I_{ES} e^{\frac{u_{BE}}{U_T}} \tag{7.2.27}$$

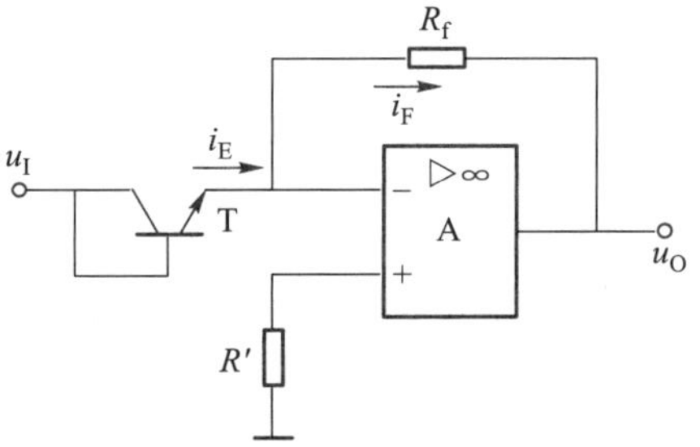

图 7.2.22 采用晶体管的指数运算电路

因为 $u_{BE} = u_I$，故有

$$i_F \approx I_{ES} e^{\frac{u_I}{U_T}}$$

考虑到 $u_O = -i_F R_f$，因此可得

$$u_O = -i_F R_f \approx -I_{ES} R_f e^{\frac{u_I}{U_T}} \tag{7.2.28}$$

式(7.2.28)表明，电路的输出电压与输入电压之间成反对数关系。应该指出，为了保证晶体管的发射结处于正向偏置状态，输入电压必须为正值。

应该注意，对于图 7.2.21 和图 7.2.22 所示的对数和指数运算电路，它们的输出电压 u_O 都与对温度敏感的 U_T 和 I_{ES} 有关，故电路的运算精度受温度的影响很大。为了减小输出电压的温漂，实际的对数和反对数运算电路都必须采取温度补偿措施，所以实际电路要比图

7.2.21和图 7.2.22 复杂。目前已有现成的集成电路。

7.2.6 模拟乘法器

模拟乘法器的功能是使输出电压与两个模拟输入电压的乘积成正比。利用模拟乘法器与集成运算放大器的组合，可以实现除法、平方、开方和倍频等运算，还可以用它进行相位检波、调制解调以及构成各种函数发生器，其在自动控制系统、模拟计算机和通信设备中都有着广泛的应用。

模拟乘法器的种类很多，下面介绍利用对数和指数运算电路实现乘法运算电路。

一、原理电路

欲实现对两个模拟输入电压相乘，根据对数的性质，可将两个模拟输入电压分别作为两个对数运算电路的输入电压，然后把两个对数运算电路的输出电压作为加法运算电路的输入电压，再把加法运算电路的输出电压作为反对数运算电路的输入电压，那么，反对数运算电路的输出电压将与两个输入电压的乘积成正比。乘法运算电路的组成框图如图 7.2.23 所示。

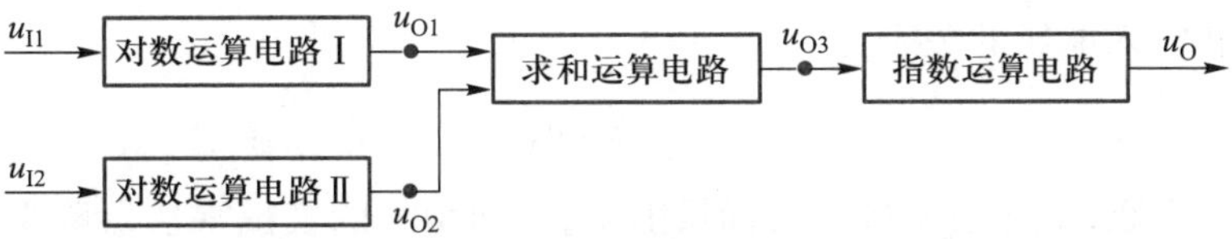

图 7.2.23 乘法运算电路的组成框图

可以根据乘法运算电路的组成框图搭建电路，如图 7.2.24 所示。

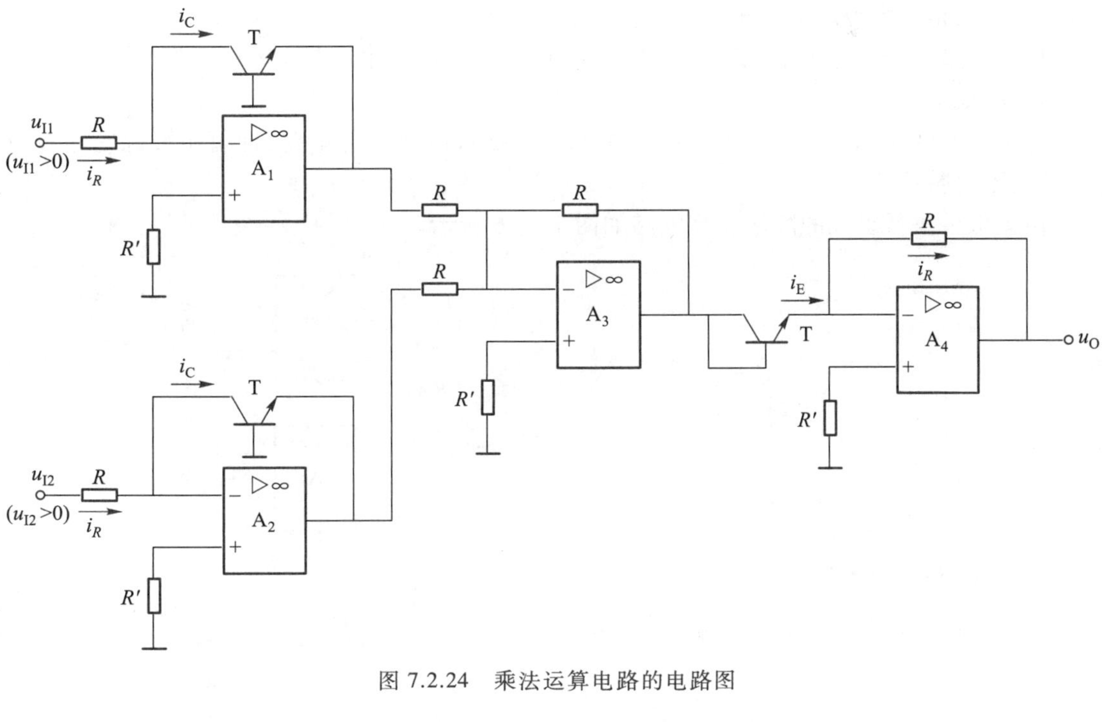

图 7.2.24 乘法运算电路的电路图

图中的 A_1 和 A_2 均组成对数运算电路，A_3 组成反相求和运算电路，A_4 组成指数运算电路，并且所有晶体管的参数相同。其中：$u_{O1} \approx -U_T \ln \dfrac{u_{I1}}{I_S R}$，$u_{O2} \approx -U_T \ln \dfrac{u_{I2}}{I_S R}$，$u_{O3} = -(u_{O1}+u_{O2}) = U_T \ln \dfrac{u_{I1}u_{I2}}{I_S^2 R^2}$

则

$$u_O \approx -I_S e^{\frac{u_{O3}}{U_T}} R = \frac{u_{I1}u_{I2}}{I_S R} \tag{7.2.29}$$

由式(7.2.29)可知，通过对数运算、求和运算和指数运算的组合实现了乘法运算。这种方案的缺点是所有输入都为正时才能正常工作，此外，选择符合要求的晶体管也不容易。目前市场上有能实现四象限乘法运算的集成电路，其内部电路方案有很多种，在此不做详细说明，它与集成运放一样，是模拟集成电路的重要分支之一。

二、模拟乘法器的应用

模拟乘法器有两个输入端、一个输出端，输入及输出均对地而言，用图 7.2.25 所示的符号来表示。

输出电压和输入电压的关系为

$$u_O = k u_X u_Y \tag{7.2.30}$$

式中的 k 为乘积系数，也称乘积增益或标尺因子，不同型号的模拟乘法器除 k 值的大小不同外，符号也可能不相同，其值多为 $+0.1\ V^{-1}$ 或 $-0.1\ V^{-1}$。集成的模拟乘法器与集成运放一样，为了衡量其性能好坏，特别设定了一些指标参数，具体使用时可参考相应型号乘法器的数据手册。分析问题时，把模拟乘法器看成理想的，其中两个输入端的输入电阻为无穷大，输出电阻为零，其他参数也均为理想值。

以模拟乘法器为基本单元可以很方便地组成除法、乘方和开方等运算电路。

1. 除法运算电路

将图 7.2.24 所示乘法运算电路中的求和电路换成减法运算电路，即可组成除法运算电路，这里不再赘述。

由模拟乘法器组成的除法运算电路如图 7.2.26 所示。

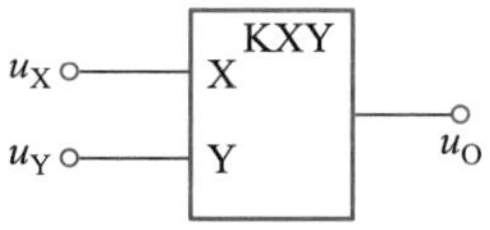

图 7.2.25　模拟乘法器的符号

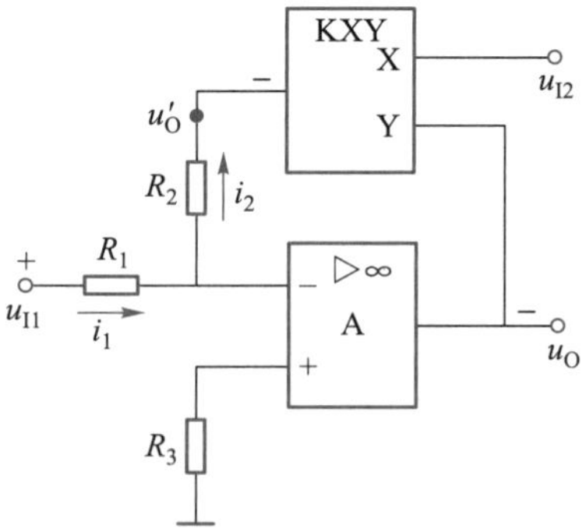

图 7.2.26　除法运算电路

根据“虚短”和“虚断”的概念可得：$i_1=i_2$，所以$\frac{u_{I1}}{R_1}=\frac{-u'_O}{R_2}$

$$u'_O=-\frac{R_2}{R_1}\cdot u_{I1}=ku_{I2}u_O$$

移项整理可得

$$u_O=-\frac{R_2}{R_1}\cdot\frac{u_{I1}}{ku_{I2}} \tag{7.2.31}$$

由上式可见，图 7.2.26 所示的电路可实现除法运算的功能。

2. 乘方和开方电路

将模拟乘法器的两个输入端并联接在一起，即可组成如图 7.2.27所示的乘方电路。

利用乘方电路作为集成运放的反馈通路，即可组成如图 7.2.28 所示的开方电路。根据“虚短”和“虚断”的概念可得

$$u'_O=-\frac{R_2}{R_1}\cdot u_I=ku_O^2$$

移项整理可得

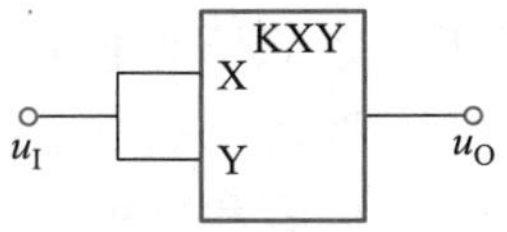

图 7.2.27 乘方电路

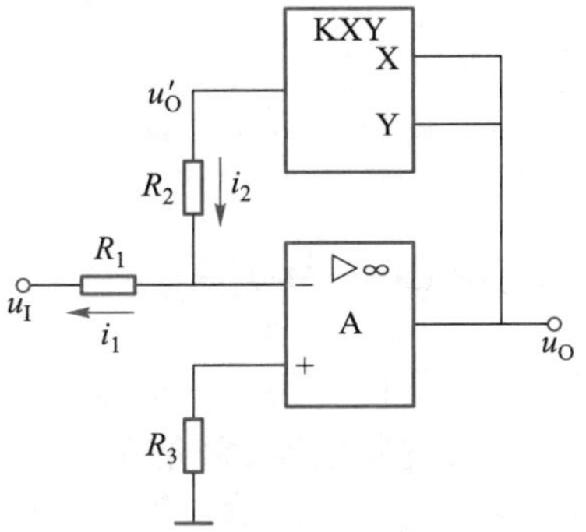

图 7.2.28 开方电路

$$u_O=\sqrt{-\frac{R_2}{kR_1}\cdot u_I} \tag{7.2.32}$$

由上式可见，图 7.2.28 所示的电路可实现开平方运算的功能，所以图 7.2.28 所示的电路也称为**开平方根运算电路**。

式(7.2.32)说明，当 $k>0$ 时，开方电路的输入电压 u_I要小于零，如果 u_I大于零，因根式内的数小于零，电路将不能完成正常的开方运算，电路将出现闭锁的现象。当闭锁现象发生时，集成电路内部的晶体管将进入饱和或截止的状态，且这种状态不会因为输入信号恢复正常而消除。为了防止闭锁现象的发生，通常在输出回路中串接二极管，如图 7.2.29 所示。

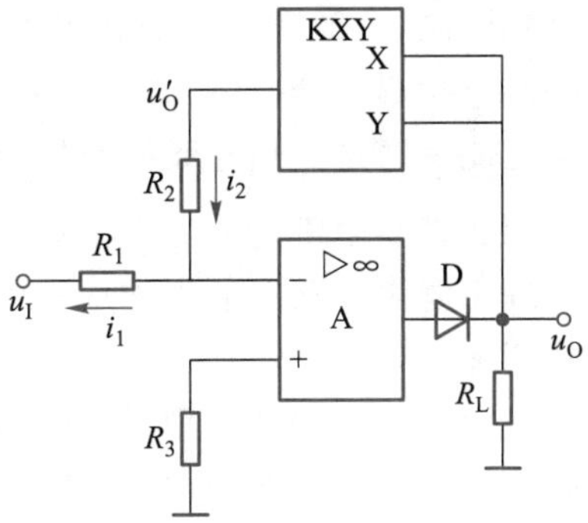

图 7.2.29 防止闭锁现象的开平方根电路

在理想情况下,运算电路的输出电压与输入电压的关系,仅取决于输入电路和反馈网络的形式和参数,而与集成运算放大器的参数无关。改变输入电路和反馈网络的形式和参数,便可实现不同的运算关系。实际运算放大器的参数越接近理想情况,运算电路的运算精度就越高。

思考题

7.2.1　试说明如何判断电路是否为运算电路。

7.2.2　如何分析运算电路的输出电压和输入电压之间的运算关系?

7.2.3　当积分电路的输入端输入正弦波时,输出电压是什么?

7.2.4　试说明如何利用积分运算电路实现微分运算。

7.3　有源滤波电路

教学视频 7.2
有源滤波电路

滤波电路是能使在一定频率范围内的信号比较顺利地通过,而使其他频率范围内的信号受到较大衰减(或抑制)的电路。由集成运放组成的有源滤波电路是应用广泛的信号处理电路。应该指出有源滤波电路中集成运放工作在线性区,仍然有"虚短"和"虚断"的特点。那么在有源滤波电路中,一定需要引入负反馈吗?有源滤波电路的分类有哪些?

7.3.1　滤波电路的作用与分类

滤波电路是一种能使有用频率信号通过而同时抑制无用频率信号的电子装置。所以滤波电路实质上是一种选频电路,它允许指定频段的信号通过,而将其余频段上的信号加以抑制或使其急剧衰减。滤波电路可以只用一些无源元件(如电阻、电容和电感)组成,也可以用无源元件(电阻和电容)和集成运算放大器等有源器件组成。前者称为**无源滤波电路**,后者称为**有源滤波电路**。有源滤波电路的主要优点是对输入信号具有一定的放大作用,输入阻抗高,输出阻抗低,因而输入与输出之间不仅具有良好的隔离性能,而且具有较强的带负载能力。有源滤波电路的主要缺点是:由于通用型集成运算放大器的频带较窄,故它的工作频率受到限制,一般在几十千赫以下。在工程上,常将有源滤波电路用于信号处理、数据传送和抑制干扰等场合。

把能够通过的信号频率范围定义为**通带**,把阻止通过或衰减的信号频率范围定义为**阻带**。而通带与阻带的分界点的频率 f_p 称为**截止频率或转折频率**。$\dot{A}_{up}$ 为通带的电压放大倍数。理想滤波电路在通带内应具有零衰减的幅频响应和线性的相位响应,而在阻带内幅度衰减到零。

有源滤波电路的类型很多,通常都是以它们工作的频率范围来命名的。各种有源滤波电路的理想幅频特性如图 7.3.1 所示。有源滤波电路通常可以分为以下几类。(1) 低通滤波器 LPF(low pass filter 的缩写)。它的理想幅频特性如图 7.3.1(a)所示。它是能使低频信号顺利通过,而抑制高频信号的滤波电路,主要用于通过低频信号(或直流成分)的场合,或用于削弱高次谐波及高频干扰和噪声的场合。(2) 高通滤波器 HPF(high pass filter 的缩写)。它的理想幅频特性如图 7.3.1(b)所示。它是能使高频信号顺利通过,而抑制低频信号的滤波电路,主要用于通过高频信号和削弱低频(或直流成分)的场合。(3) 带阻滤波器 BEF(band elimination filter 的缩写)。它的理想幅频特性如图 7.3.1(c)所示。它是能抑制某一个通频带范围内的信号,而允许其他频率的信号顺利通过的滤波电路,主要用于抑制某个频率范围内的信号、干扰和噪声的场合。(4) 带通滤波器 BPF(band pass filter 的缩写)。它的理想幅频特性如图 7.3.1(d)所示。它是只允许频率在一个通频带范围内的信号顺利通过,而其他频率的信号均受到抑制的滤波电路,主要用于突出有用频段信号的场合,或用于削弱其余频段的信号、干扰和噪声的场合。

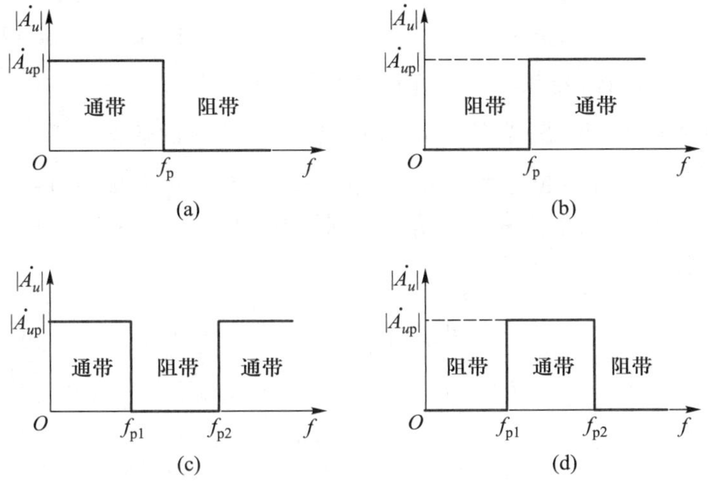

图 7.3.1 各种有源滤波电路的理想幅频特性

(a) 低通滤波 (b) 高通滤波 (c) 带阻滤波 (d) 带通滤波

图 7.3.1 所示的各种理想滤波器在截止频率点上的幅频特性转折非常尖锐、陡峭,描绘它的指标仅需截止频率和带宽 BW。实际低通滤波器的幅频特性如图 7.3.2 所示。

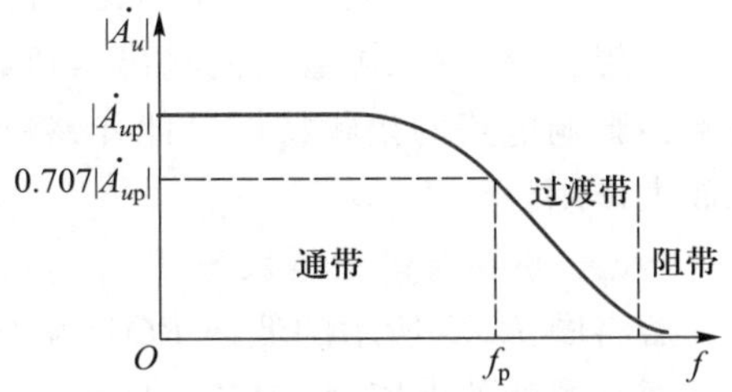

图 7.3.2 实际低通滤波器的幅频特性

由图 7.3.2 可知,在通带和阻带之间有过渡带,使 $|\dot{A}_u| = 0.707|\dot{A}_{up}|$ 的频率为通带截止频率 f_p,从 f_p 到 $|\dot{A}_u|$ 接近零的频段称为**过渡带**,使 $|\dot{A}_u|$ 趋近零的频段称为**阻带**,实际的幅频特性越接近理想幅频特性其滤波性能越好。

下面介绍几种滤波电路的工作原理。

7.3.2 有源低通滤波电路

图 7.3.3 是由电阻和电容组成的无源一阶低通滤波电路,它实际上是第 2 章中介绍的低通 RC 网络。

低通 RC 网络输出电压与输入电压的比为

$$\dot{A}_u=\frac{\dot{U}_o}{\dot{U}_i}=\frac{\frac{1}{j\omega C}}{R+\frac{1}{j\omega C}}=\frac{1}{1+j\omega RC}=\frac{1}{1+j\frac{\omega}{\omega_H}}=\frac{1}{1+j\frac{f}{f_H}} \tag{7.3.1}$$

式中

$$\omega_H=\frac{1}{RC}$$

$$f_H=\frac{1}{2\pi RC}$$

$$\dot{A}_{up}=1$$

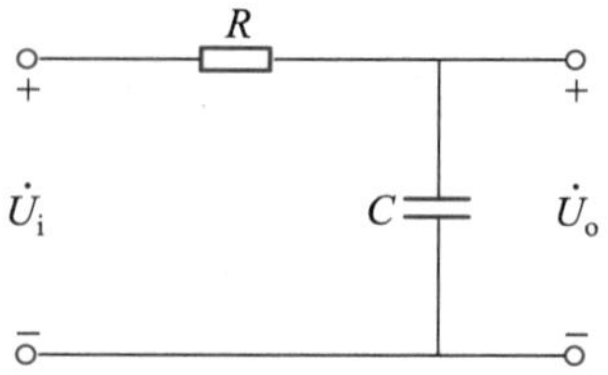

图 7.3.3 无源一阶低通 RC 滤波电路

由式(7.3.1)可知,当信号频率 $f<<f_H$ 时, $|\dot{A}_u|$ 接近于 1,此时,信号能顺利通过 RC 网络;当信号频率 $f>f_H$ 后,随着 f 的逐渐上升,$|\dot{A}_u|$ 将逐渐下降,信号频率 f 越高,$|\dot{A}_u|$ 衰减得越厉害。可见,图 7.3.3 所示的电路能使 $0\sim f_H$ 频率范围内的信号顺利地通过,而使 $f>f_H$ 频率范围内的信号受到抑制,故电路具有低通滤波的特点。

如果滤波电路的输出端接负载电阻 R_L,则

$$\dot{A}_{up}=\frac{R_L}{R+R_L}$$

$$f_p=\frac{1}{2\pi(R/\!/R_L)C}$$

$$\dot{A}_u=\frac{\dot{A}_{up}}{1+j\frac{f}{f_p}}$$

可见,带负载后不但通带内的放大倍数因为负载而减小,而且通带截止频率也因负载电阻而增大,改变了滤波特性,说明无源滤波电路带负载能力差。

试想,如果将无源滤波的输出与负载电阻通过电压跟随隔离,则负载在一定变化范围内将不会影响电路的幅频特性。此外,将电压跟随用比例运算电路替代,还可以使电路具有电压放大作用。

一、一阶有源低通滤波电路

若将图 7.3.3 所示的低通 RC 网络接到同相比例运算电路的输入端,便可组成简单的一阶低通有源滤波电路,如图 7.3.4(a)所示。在理想运放的条件下,由于输入电阻为无穷大,输出电阻为零,因而 $\dot{U}_P$ 仅取决于 RC 的取值,并且将滤波电路与负载隔离。它不仅能让低频信号顺利通过,滤除高频干扰和噪声,而且还对低频信号起放大作用。

分析滤波电路的关键是研究它的频率特性。在分析有源滤波电路时,一般都通过"拉氏变换"求解。对于如图 7.3.4(a)所示的一阶低通有源滤波电路,将电压换成"象函数"$U(s)$,利用"虚断""虚短"和 N 点的 KCL 节点电流方程,便可得到电路的传递函数为

$$A_u(s)=\frac{U_o(s)}{U_i(s)}=\left(1+\frac{R_2}{R_1}\right)\cdot\frac{U_P(s)}{U_I(s)}$$

$$= \left(1+\frac{R_2}{R_1}\right)\frac{\frac{1}{sC}}{\frac{1}{sC}+R} = \left(1+\frac{R_2}{R_1}\right)\frac{1}{1+sRC} \tag{7.3.2}$$

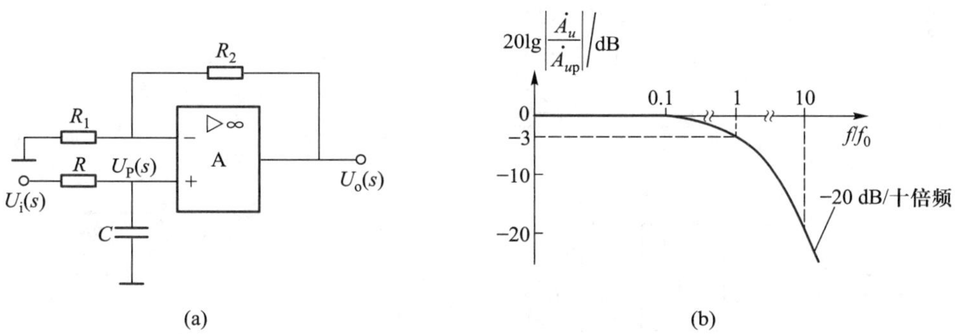

图 7.3.4 一阶低通有源滤波电路

（a）电路 （b）对数幅频特性

将 s 换成 $j\omega$，且令

$$f_0 = \frac{1}{2\pi RC}$$

可得电压放大倍数

$$\dot{A}_u = \frac{\dot{U}_o}{\dot{U}_i} = \left(1+\frac{R_2}{R_1}\right)\frac{1}{1+j\frac{f}{f_0}} \tag{7.3.3}$$

式(7.3.3)表明，电路的传递函数是一阶的，故称图 7.3.4(a)所示的滤波电路为一阶低通有源滤波电路。

式中，f_0称为**特征频率**。令 $f=0$，可得通带电压放大倍数为

$$\dot{A}_{up} = 1+\frac{R_2}{R_1} \tag{7.3.4}$$

由式(7.3.3)可得

$$\dot{A}_u = \frac{\dot{A}_{up}}{1+j\frac{f}{f_0}} \tag{7.3.5}$$

由式(7.3.5)便可画出一阶低通有源滤波电路的对数幅频特性，如图 7.3.4(b)所示。由图可知，电路能使 $0\sim f_0$频率范围内的信号顺利地通过，而使 $f>f_0$频率范围内的信号受到抑制，故电路具有低通滤波的特点。此外，当 $f=f_0$时，$20\lg\left|\frac{\dot{A}_u}{\dot{A}_{up}}\right|=-3$ dB，可见 f_0就是 −3 dB 截止频率 f_p。低通滤波电路的截止频率 f_p经常用 f_H表示，f_H也称为上限频率。当 $f=10f_0$时，$20\lg\left|\frac{\dot{A}_u}{\dot{A}_{up}}\right|=-20$ dB，即当 $f\gg f_0$后，输出电压是以 −20 dB/十倍频的斜率衰减的。

一阶低通有源滤波电路的优点是电路简单，其缺点是滤波效果不够理想。理想的滤波效果应是在 $f>f_0$ 时能使滤波电路的输出电压立即下降到零。而图 7.3.4(a)所示电路的实际情况是在 $f\gg f_0$ 时，输出电压是以 -20 dB/十倍频的斜率衰减的。

教学视频 7.3 二阶有源滤波电路

为了改善滤波效果，常将两级 RC 电路串联起来，组成二阶有源滤波电路。

二、简单二阶低通有源滤波电路

图 7.3.5(a)是简单二阶低通有源滤波电路。

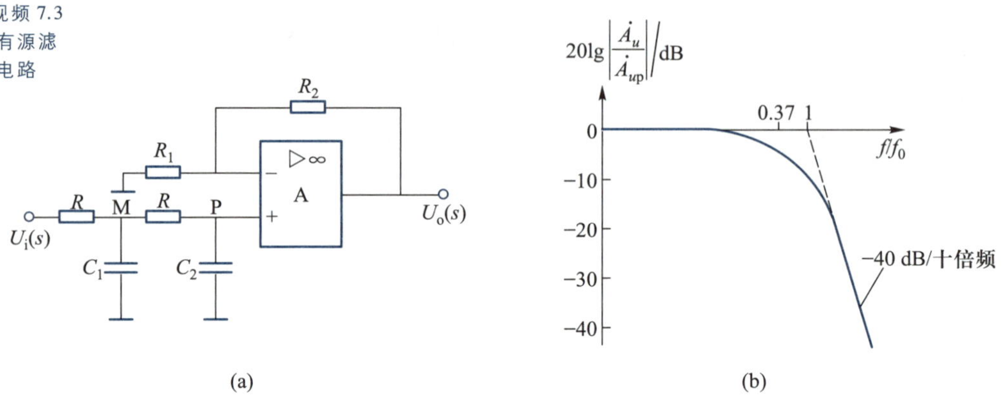

图 7.3.5 简单二阶低通有源滤波电路

(a) 电路 (b) 对数幅频特性

利用“虚断”和“虚短”的概念和节点电流法求解输出电压与输入电压的关系

$$A_u(s)=\frac{U_o(s)}{U_i(s)}=\left(1+\frac{R_2}{R_1}\right)\cdot\frac{U_P(s)}{U_i(s)}=\left(1+\frac{R_2}{R_1}\right)\cdot\frac{U_P(s)}{U_M(s)}\cdot\frac{U_M(s)}{U_i(s)} \tag{7.3.6}$$

当 $C_1=C_2=C$ 时，对于节点 P 和 M 可分别列出下列方程式

$$\frac{U_P(s)}{U_M(s)}=\frac{1}{1+sRC}$$

$$\frac{U_M(s)}{U_i(s)}=\frac{\frac{1}{sC}/\!/\left(R+\frac{1}{sC}\right)}{R+\left[\frac{1}{sC}/\!/\left(R+\frac{1}{sC}\right)\right]}$$

所以有

$$A_u(s)=\frac{U_o(s)}{U_i(s)}=\left(1+\frac{R_2}{R_1}\right)\cdot\frac{1}{1+3sRC+(sRC)^2} \tag{7.3.7}$$

用 jω 取代 s，且令 $f_0=\frac{1}{2\pi RC}$，可得出电压放大倍数表达式为

$$\dot{A}_u=\frac{1+\frac{R_2}{R_1}}{1-\left(\frac{f}{f_0}\right)^2+\mathrm{j}3\frac{f}{f_0}} \tag{7.3.8}$$

令式(7.3.8)分母的模等于$\sqrt{2}$，可解出通带截止频率

$$f_{\mathrm{H}} \approx 0.37 f_0 \tag{7.3.9}$$

幅频特性如图 7.3.5(b)所示。虽然衰减斜率达−40 dB/十倍频,但是f_{H}远离f_0。若使$f=f_0$附近的电压放大倍数的数值增大,则可使f_{H}接近f_0,滤波特性接近理想。

三、二阶压控电压源低通滤波电路

二阶压控电压源低通有源滤波电路如图 7.3.6(a)所示。电路中 C_1 的接地端改接到集成运放的输出端,形成了正反馈,使电压放大倍数在一定程度上受输出电压的控制,且输出电压近似为恒压源,所以称为**二阶压控电压源低通有源滤波电路。**

电路中既引入了负反馈又引入了正反馈。负反馈保证运放工作在线性区;通过电容 C_1 引入了正反馈,增大了 $f = f_0$附近的电压放大倍数,电路的滤波特性将接近理想情况。

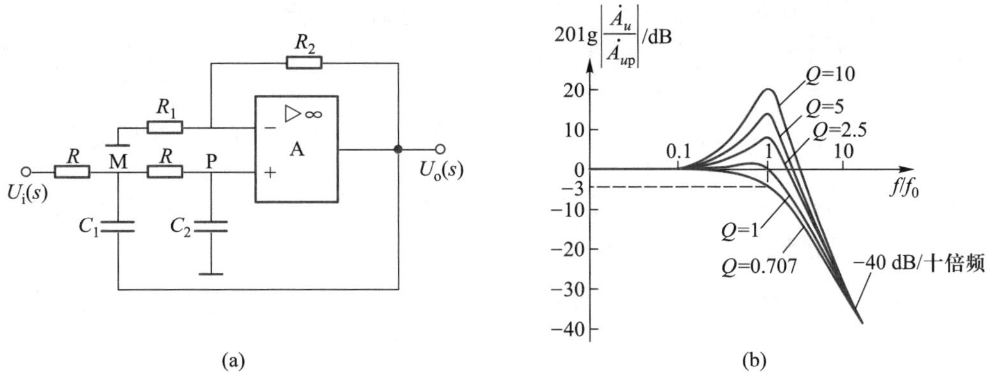

图 7.3.6 二阶压控电压源低通有源滤波电路

(a) 电路 (b) 幅频特性图

当信号频率趋于零时,由于 C_1 的电抗趋于无穷大,因而正反馈很弱,对电压放大倍数影响很小;当信号频率趋于无穷大时,由于 C_2 的电抗趋于零,因而 $U_{\mathrm{P}}(s)$ 趋于零,反馈作用也很弱,因而对电压放大倍数影响也很小;所以只要参数选择合适,就可以使 f_0 附近的电压放大倍数因正反馈而得到提高,从而使电路更接近于理想低通滤波器。

在图 7.3.6(a)中,设 $C_1=C_2=C$,则可列出 M 点和 P 点的电流节点方程

$$\frac{U_{\mathrm{i}}(s)-U_{\mathrm{M}}(s)}{R}=\frac{U_{\mathrm{M}}(s)-U_{\mathrm{o}}(s)}{\frac{1}{sC}}+\frac{U_{\mathrm{M}}(s)-U_{\mathrm{P}}(s)}{R} \tag{7.3.10}$$

$$\frac{U_{\mathrm{M}}(s)-U_{\mathrm{P}}(s)}{R}=\frac{U_{\mathrm{P}}(s)}{\frac{1}{sC}} \tag{7.3.11}$$

由式(7.3.10)和式(7.3.11)可得二阶压控电压源有源滤波电路的传递函数为

$$A_u(s)=\frac{A_{up}(s)}{1+[3-A_{up}(s)]sRC+(sRC)^2} \tag{7.3.12}$$

式(7.3.12)表明,只有当 $A_{up}(s)$小于 3 时,电路才能稳定工作,而不产生自激振荡。

令 $s=\mathrm{j}\omega$,$f_0=\dfrac{1}{2\pi RC}$,则电路的电压放大倍数为

$$\dot{A}_u=\frac{\dot{A}_{up}}{1-\left(\frac{f}{f_0}\right)^2+j(3-\dot{A}_{up})\frac{f}{f_0}} \tag{7.3.13}$$

令 $Q=\left|\frac{1}{3-\dot{A}_{up}}\right|$，则 $f=f_0$ 时，有 $|\dot{A}_u|_{f=f_0}=\left|\frac{\dot{A}_{up}}{3-\dot{A}_{up}}\right|=|Q\dot{A}_{up}|$，即品质因数为

$$Q=\frac{|\dot{A}_u|_{f=f_0}}{|\dot{A}_{up}|} \tag{7.3.14}$$

可见，品质因数 Q 是 $f=f_0$时的电压放大倍数与通带放大倍数之比。

根据式(7.3.13)即可画出电路在 Q 为不同值时的幅频特性，如图 7.3.6(b)所示。由图可知，当 $Q=0.707$ 时，幅频特性最平坦；当 $Q>0.707$ 后，幅频特性出现峰值。当 $Q=0.707$ 时，在$f/f_0=1$处，$20\lg\left|\frac{\dot{A}_u}{\dot{A}_{up}}\right|=-3$ dB；在 $f/f_0=10$ 处，$20\lg\left|\frac{\dot{A}_u}{\dot{A}_{up}}\right|=-40$ dB。这表明当 $f\gg f_0$ 时，输出电压是以-40 dB/十倍频的斜率衰减的。所以，二阶压控电压源低通有源滤波电路的滤波效果要比一阶低通有源滤波电路好得多。

应当指出，当 $\dot{A}_{up}$取值不合适时，比如 $\dot{A}_{up}=3$，则 $Q=\infty$，那么电路将发生自激振荡，不能正常工作。

二阶低通有源滤波电路的形式很多，比如反相输入的无限增益多路反馈滤波电路、贝塞尔滤波器、切比雪夫滤波器、巴特沃斯滤波器等，在此不做详细讲述。

利用一阶和二阶低通滤波器串联可获得高阶低通滤波器。

7.3.3　其他有源滤波电路

低通滤波器(LPF)、高通滤波器(HPF)、带通滤波器(BPF)和带阻滤波器(BEF)这四种滤波器之间相互有联系，比如 LPF 与 HPF 间互为对偶关系。当 LPF 的通带截止频率高于 HPF 的通带截止频率时，将 LPF 与 HPF 相串联，就构成了 BPF，而当 LPF 的通带截止频率低于 HPF 的通带截止频率时，将 LPF 与 HPF 并联，就构成 BEF。在实用电子电路中，还可能同时采用几种不同形式的滤波电路。

一、二阶压控电压源高通有源滤波电路

将低通滤波电路中的电阻和电容互换，就可得一阶高通滤波电路、简单二阶高通滤波电路、二阶压控电压源高通滤波电路。

在图 7.3.6(a)中，若将电阻和电容的位置互换就可得到如图 7.3.7(a)所示的二阶压控电压源高通有源滤波电路。

由于二阶高通有源滤波电路与二阶低通有源滤波电路在电路结构上存在着对偶关系，所以，它们的传递函数和幅频特性也存在着对偶关系。因此，只要将二阶压控电压源低通有源滤波电路的传递函数表达式(7.3.12)中的 sRC 用 $1/sRC$ 代替，即可得到二阶压控电压源高通有源滤波电路的传递函数的表达式为

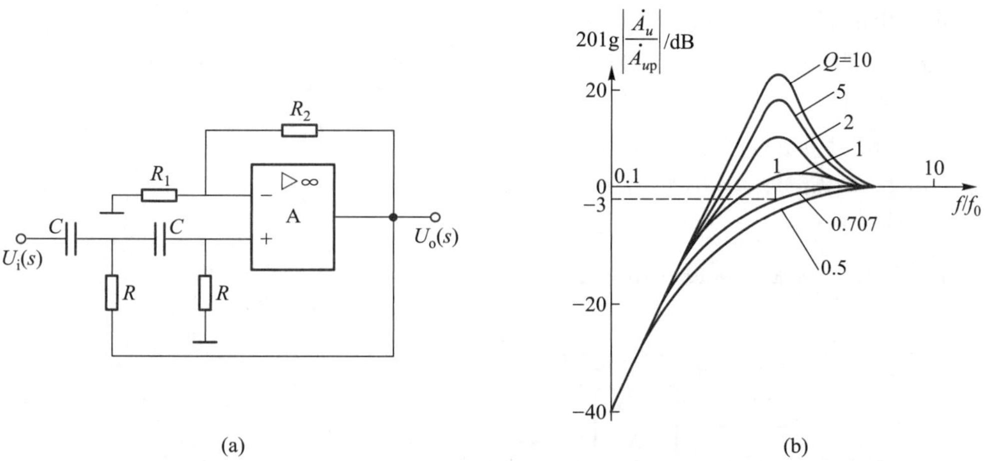

图 7.3.7 二阶压控电压源高通有源滤波电路
（a）电路 （b）幅频特性

$$A_u(s)=\frac{A_{up}(s)}{1+[3-A_{up}(s)]\frac{1}{sRC}+\left(\frac{1}{sRC}\right)^2} \tag{7.3.15}$$

式(7.3.15)表明，只有当 $A_{up}(s)<3$ 时，滤波电路才能稳定工作，而不产生自激振荡。电路的通带电压放大倍数为

$$\dot{A}_{up}=1+\frac{R_2}{R_1} \tag{7.3.16}$$

电路的特征频率为

$$f_p=f_0=\frac{1}{2\pi RC} \tag{7.3.17}$$

高通滤波电路的特征频率 f_p 经常用 f_L 表示，f_L 也称为下限频率。

电路的品质因数为

$$Q=\left|\frac{1}{3-\dot{A}_{up}}\right|。 \tag{7.3.18}$$

当 $f=f_0$ 时，$|\dot{A}_u|=Q|\dot{A}_{up}|$

电路在 Q 为不同值时的幅频特性，如图 7.3.7(b)所示。

二、二阶压控电压源带通有源滤波电路

如前所述，带通滤波电路是一种只允许某一频段内的信号顺利通过，而使其他频率的信号均受到抑制的滤波电路。这种滤波电路常用于从许多信号（包括干扰、噪声）中获取所需要的信号。

如图 7.3.8 所示，将低通滤波电路和高通滤波电路相串联，就可组成带通滤波电路。在图 7.3.8 中，低通滤波电路只允许 $f<f_{p1}$（低通滤波电路的截止频率）的信号顺利通过，而高通滤波电路只允许 $f>f_{p2}$（高通滤波电路的截止频率）的信号顺利通过。当将低通滤波电路与高通滤波电路相串联时，只要使 $f_{p2}<f_{p1}$ 就可使电路的通频带为($f_{p1}-f_{p2}$)，这个电路就成为一个带通滤波电路。

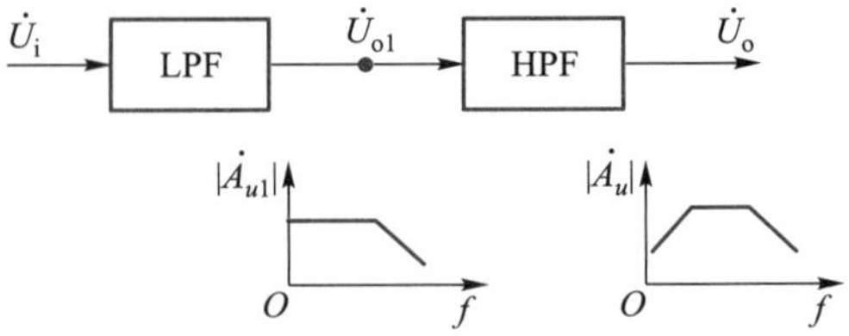

图 7.3.8 带通滤波电路的组成及其幅频特性

在图 7.3.6(a)所示的二阶压控电压源低通有源滤波电路中，如果将一级低通 *RC* 网络改为高通 *RC* 网络，就可得到如图 7.3.9(a)所示的二阶压控电压源带通有源滤波电路。

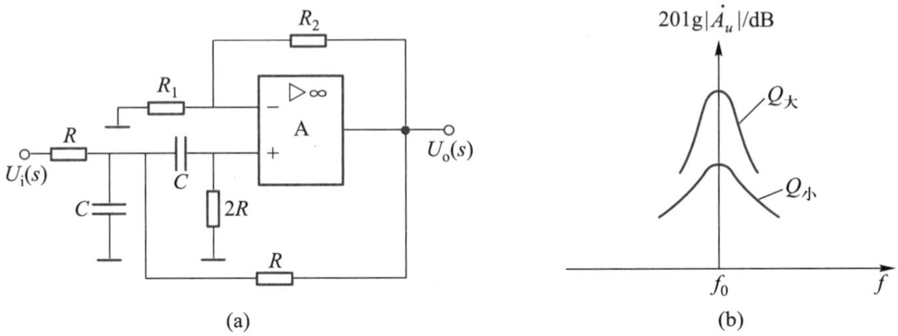

图 7.3.9 二阶压控电压源带通有源滤波电路

(a) 电路 (b) 幅频特性

二阶压控电压源带通有源滤波电路的传递函数为

$$A_u(s)=A_{uf}(s)\frac{sCR}{1+(3-A_{up})sCR+(sCR)^2} \tag{7.3.19}$$

同相比例运算电路的电压放大倍数为

$$\dot{A}_{uf}=\frac{\dot{U}_o}{\dot{U}_P}=1+\frac{R_2}{R_1}$$

令中心频率 f_0 为：$f_0=\dfrac{1}{2\pi RC}$

则二阶压控电压源带通有源滤波电路的电压放大倍数为

$$\dot{A}_u=\frac{\dot{A}_{uf}}{3-\dot{A}_{uf}}\cdot\frac{1}{1+\mathrm{j}\dfrac{1}{3-\dot{A}_{uf}}\left(\dfrac{f}{f_0}-\dfrac{f_0}{f}\right)} \tag{7.3.20}$$

当 $f=f_0$ 时，二阶压控电压源带通有源滤波电路的通带电压放大倍数为

$$\dot{A}_{up}=\frac{\dot{A}_{uf}}{|3-\dot{A}_{uf}|}=Q\dot{A}_{uf} \tag{7.3.21}$$

令式(7.3.20)的分母的模为 $\sqrt{2}$，即式(7.3.20)分母虚部的绝对值为 1，解方程取正根，就可得到下限截止频率 f_{p1} 和上限截止频率 f_{p2} 分别为

$$f_{p1}=\frac{f_0}{2}\left[\sqrt{(3-\dot{A}_{uf})^2+4}-(3-\dot{A}_{uf})\right] \tag{7.3.22}$$

$$f_{p2}=\frac{f_0}{2}\left[\sqrt{(3-\dot{A}_{uf})^2+4}+(3-\dot{A}_{uf})\right] \tag{7.3.23}$$

因此，二阶压控电压源带通有源滤波电路的通频带为

$$f_{bw}=f_{p2}-f_{p1}=|3-\dot{A}_{uf}|f_0=\frac{f_0}{Q} \tag{7.3.24}$$

根据式(7.3.20)即可画出二阶压控电压源带通滤波电路的幅频特性，如图 7.3.9(b)所示。由图可知，Q 越大，电路的通带放大倍数越大，通频带越窄，选频特性越好。

此电路的优点是改变 R_2和 R_1的比例就可改变频宽而不影响中心频率。

三、带阻滤波电路

如前所述，带阻滤波电路是一种能抑制某一频段信号而允许其他频率信号顺利通过的滤波电路。这种滤波电路常用于电子系统的抗干扰。有源带阻滤波电路(BEF)的组成框图如图 7.3.10所示，将低通滤波电路和高通滤波电路接求和电路，就可以得到带阻滤波电路，并且需要将高通的下限截止频率设置为大于低通的上限截止频率。可见，带阻滤波电路也是由低通 RC 环节和高通 RC 环节组合而成的。

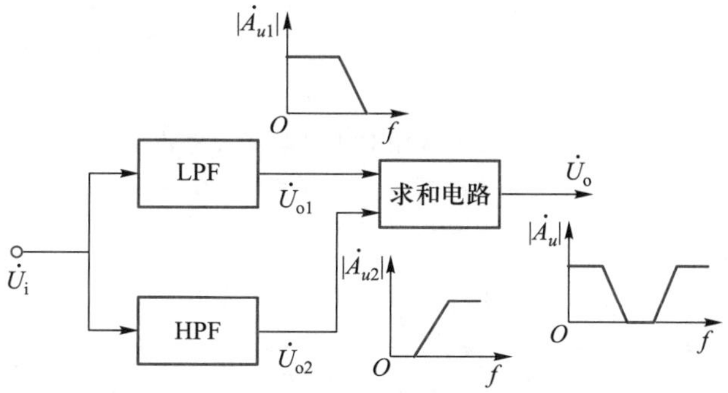

图 7.3.10 有源带阻滤波电路的组成框图

比较常用的带阻滤波电路是双 T 形带阻滤波电路，如图 7.3.11 所示。由于两个无源 RC 滤波电路的元件呈现英文字母 T 的形态，故称为双 T 网络。

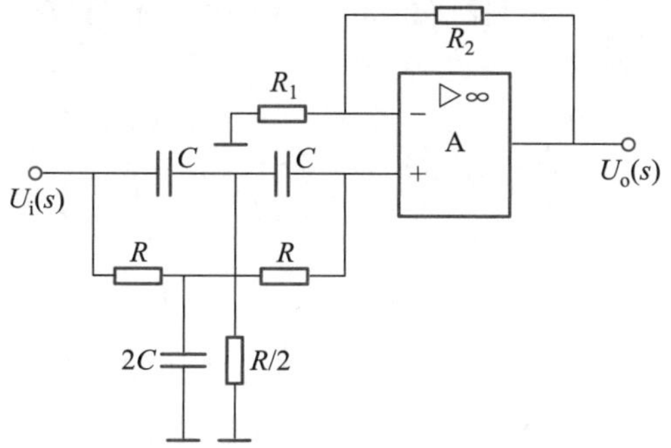

图 7.3.11 双 T 形带阻滤波器电路

另一种常用的带阻滤波电路如图 7.3.12 所示，其通带放大倍数为

$$A_{up}=1+\frac{R_2}{R_1}$$

其传递函数为

$$A_u(s)=A_{up}(s)\frac{1+(sCR)^2}{1+2[2-A_{up}(s)]sCR+(sCR)^2} \tag{7.3.25}$$

令中心频率 $f_0=\dfrac{1}{2\pi RC}$,则电压放大倍数

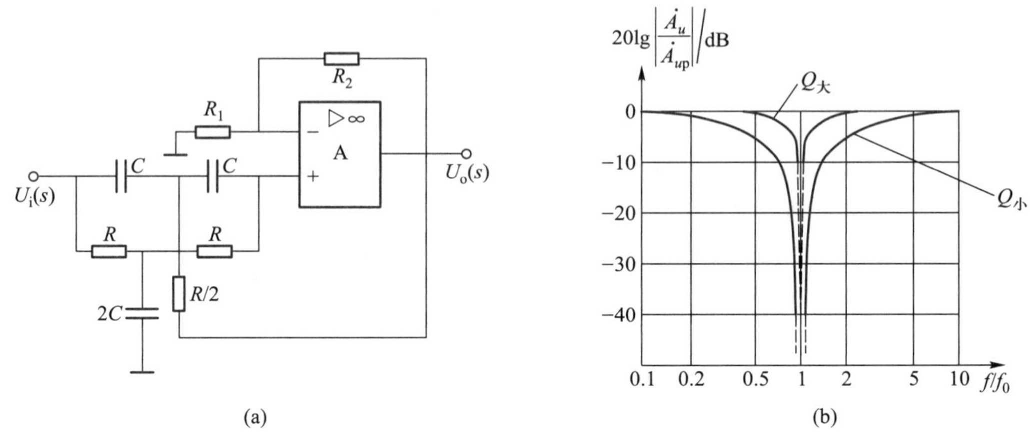

图 7.3.12 常用双 T 带阻滤波电路

(a) 电路图 (b) 对数幅频特性

$$\dot{A}_u=\dot{A}_{up}\cdot\frac{1-\left(\dfrac{f}{f_0}\right)^2}{1-\left(\dfrac{f}{f_0}\right)^2+j2(2-\dot{A}_{up})\dfrac{f}{f_0}}=\frac{\dot{A}_{up}}{1+j2(2-\dot{A}_{up})\dfrac{f\cdot f_0}{f_0^2-f^2}} \tag{7.3.26}$$

通带截止频率

$$f_{p1}=\left[\sqrt{(2-\dot{A}_{up})^2+1}-(2-\dot{A}_{up})\right]f_0$$

$$f_{p2}=\left[\sqrt{(2-\dot{A}_{up})^2+1}+(2-\dot{A}_{up})\right]f_0$$

阻带宽度

$$f_{bw}=f_{p2}-f_{p1}=2\left|2-\dot{A}_{up}\right|f_0=\frac{f_0}{Q}$$

其中,$Q=\dfrac{1}{2\left|2-\dot{A}_{up}\right|}$。

不同的 Q 值时双 T 带阻滤波电路的对数幅频特性如图 7.3.12(b)所示。

双 T 带阻滤波电路的优点是所使用的元件少,它的缺点是滤波性能受元件参数变化的影响大。

一般在对滤波电路性能要求不十分严格的场合下,通常可采用二阶压控电压源 RC 有源滤波电路,根据前面分析可知其典型结构如图 7.3.13 所示。

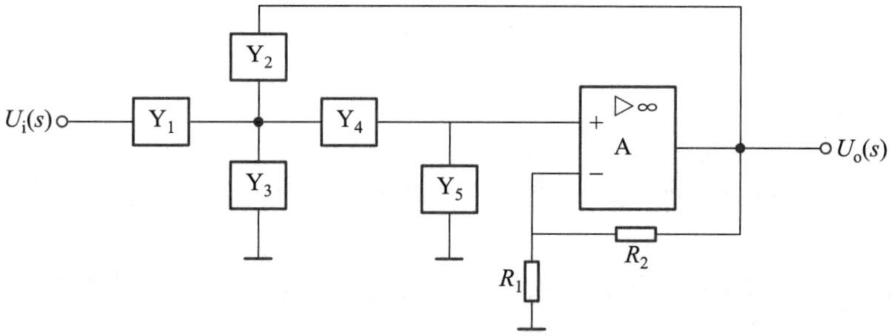

图 7.3.13 二阶压控电压源 RC 有源滤波电路的典型结构

当 $Y_1 \sim Y_5$ 选择不同的 R、C 元件时，可构成不同类型的滤波电路，见表 7.3.1。

表 7.3.1 选择 $Y_1 \sim Y_5$ 构成不同类型的滤波电路

Y_1	Y_2	Y_3	Y_4	Y_5	滤波电路类型
$1/R_1$	$j\omega C_2$	0	$1/R_4$	$j\omega C_5$	LPF
$j\omega C_1$	$1/R_2$	0	$j\omega C_4$	$1/R_5$	HPF
$1/R_1$	$1/R_2$	$j\omega C_3$	$j\omega C_4$	$1/R_5$	BPF

为了进一步改善滤波器的特性，使之更接近理想频率特性的要求，还可以设计二阶以上的所谓高阶有源滤波器，一般可将一阶和二阶进行组合来实现。

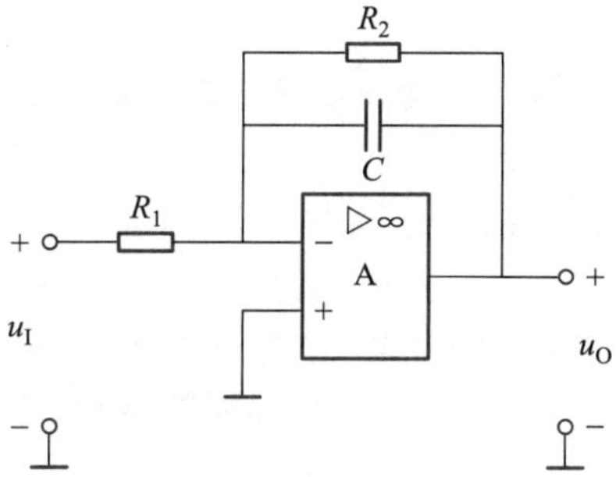

图 7.3.14 例 7.3.1 的电路

例 7.3.1 试写出图 7.3.14 所示电路的传递函数，并画出其幅频特性。

解 本例题涉及的知识为有源滤波器、波特图。

利用“虚断”“虚短”和 N 点的 KCL 节点电流方程，便可得到电路的传递函数为

$$A_u(s)=\frac{U_o(s)}{U_i(s)}=-\frac{Z_2(s)}{Z_1(s)}$$

其中 $Z_1(s)=R_1$，$Z_2(s)=R_2 /\!/ \frac{1}{sC}$ 则

$$A_u(s)=-\frac{R_2 /\!/ \frac{1}{sC}}{R_1}=-\frac{R_2}{R_1}\cdot\frac{1}{1+sR_2C}$$

由此可知，图 7.3.14 所示电路为一阶 RC 低通有源滤波器。与式(7.3.2)形式相同，其中

$$\dot{A}_{up}=-\frac{R_2}{R_1}$$

$$f_p=\frac{1}{2\pi R_2C}$$

$$\dot{A}_u=\frac{\dot{A}_{up}}{1+j\frac{f}{f_p}}$$

可以画出滤波器的幅频特性如图 7.3.4(b)所示。

例 7.3.2　某放大电路如图 7.3.15 所示,设各集成运算放大器都具有理想特性。试求:(1) $\dot{A}_{u1}=\frac{\dot{U}_{O3}}{\dot{U}_I}$;(2) 电路的中频电压放大倍数;(3) 整个电路的上、下限频率。

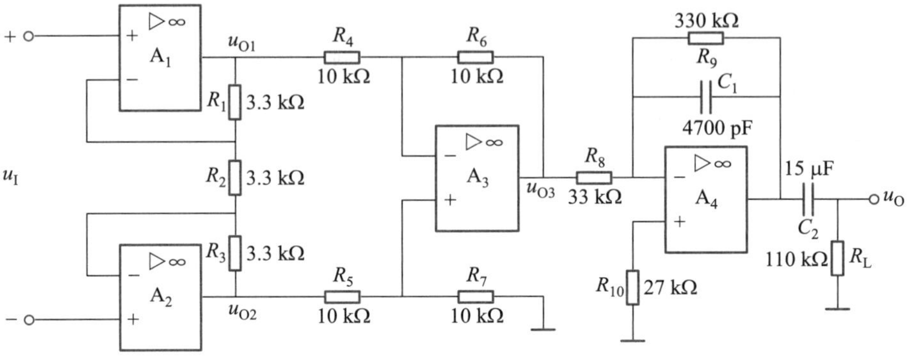

图 7.3.15　例 7.3.2 的电路

解　本题涉及测量放大器、有源滤波器的综合知识。基本思路应该是分析电路结构,分别讨论各个单元电路的工作原理,推导电路输入输出关系。根据电路时间常数,计算电路的上、下限截止频率。

在本电路中,运放 A_1、A_2和 A_3构成三运放测量放大器,运放 A_4构成一阶低通滤波器,电容器 C_2(耦合电容)和负载 R_L构成无源高通滤波电路。

(1) 利用虚短、虚断的特点,由图可以写出 u_{O3}与 u_{O1}和 u_{O2}的关系为

$$\begin{aligned}u_{O3}&=\left(1+\frac{R_6}{R_4}\right)\cdot\frac{R_7}{R_5+R_7}u_{O2}-\frac{R_6}{R_4}u_{O1}\\&=-(u_{O1}-u_{O2})\\&=\frac{R_1+R_2+R_3}{R_2}u_I\\&=-3u_I\end{aligned}$$

所以 $\dot{A}_{u1}=\frac{\dot{U}_{o3}}{\dot{U}_I}=-3$。

(2) 电路的中频电压放大倍数

$$\dot{A}_{um}=\frac{\dot{U}_o}{\dot{U}_i}=\frac{\dot{U}_{o3}}{\dot{U}_i}\cdot\frac{\dot{U}_o}{\dot{U}_{o3}}=\dot{A}_{u1}\left(-\frac{R_9}{R_8}\right)=-3\times\left(-\frac{330}{33}\right)=30$$

(3) A_4构成的低通滤波电路决定了上限频率,由例 7.3.1 可知

$$f_H=\frac{1}{2\pi R_9C_1}\approx 102.6\ \text{Hz}$$

电容器 C_2(耦合电容)和负载 R_L 构成的高通滤波电路决定了下限频率

$$f_L=\frac{1}{2\pi R_L C_2}\approx 0.095\ \text{Hz}$$

文档 7.1
开关电容
滤波器

7.3.4 开关电容滤波器

开关电容滤波器由受时钟脉冲信号控制的模拟开关、电容器和运算放大电路组成。这种电路的特性与电容器的精度无关,只与各电容器电容之比的精确度有关。在集成电路的制造过程中,可以很精准地控制每个电容电极的面积,从而得到精确度很高的电容比。开关电容滤波器是一种模拟滤波器的新器件,其整体结构简单、制造简易、价廉,性能较好,大有取代一般滤波器的趋势。

具体内容见文档 7.1。

思考题

7.3.1 如何判断集成运放组成的电路是否为有源滤波电路? 有源滤波电路与运算电路有什么区别?

7.3.2 如何判断滤波电路的类型及阶数? 如何分析滤波电路的输入信号和输出信号之间的传递函数?

7.3.3 能否利用低通滤波器、高通滤波器来组成带通滤波器? 组成的条件是什么?

7.3.4 试说明能否利用带通滤波器组成带阻滤波器。

7.3.5 如何构成高阶滤波器?

7.4 电压比较电路

教学视频 7.4
单门限比较器

7.4.1 电压比较器概述

电压比较器是集成运算放大器非线性应用的典型电路。电压比较器的作用是将一个模拟信号与另一个基准信号(或参考信号)进行比较,并判断它们之间的相对大小,比较的结果则用电路输出的两种电压值来表示。由集成运算放大器组成的比较器,其输出电压是运放的最大输出电压的正极限值和负极限值。常用的电压比较器有单门限电压比较器和双门限电压比较器(具有滞回特性的电压比较器),其广泛地被应用于各种报警电路中。

比较器在测量、自动控制和波形发生等许多领域里均得到了广泛的应用。

一、集成运放的非线性工作区

电压比较器通常由集成运放构成,与前面讨论过的运算电路和滤波电路不同,比较器中的集成运放都处于非线性工作状态,所以比较器的输出只有高电平或低电平两种状态。从电路结构来看,运放经常处于开环状态,有时为了使输入、输出特性在状态转换时更加快速,以提高比较精度，通常在电路中引入正反馈，如图 7.4.1(a)(b)所示。

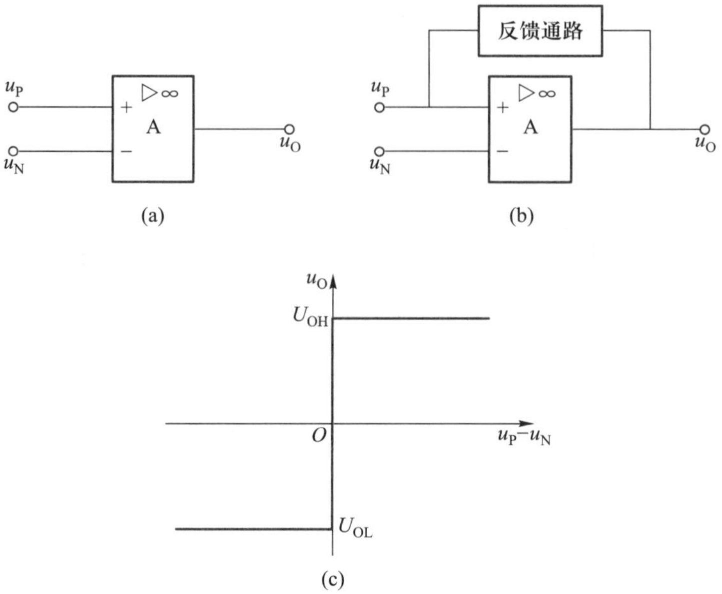

图 7.4.1 运算放大器构成电压比较器的基本结构及其基本电压传输特性

(a) 运算放大器开环 (b) 运算放大器引入正反馈 (c) 集成运放的电压传输特性

由本章第 1 节可以知道，工作在非线性状态下的理想集成运算放大器的特点是：

(1) 只要同相输入端的电位稍高于反相输入端的电位，输出就为正向饱和电压 U_{OH}(即 $+U_{OM}$)，其值接近于集成运算放大器的正电源电压值 V_{CC}，器件就工作在电压传输特性的非线性区；只要同相输入端的电位稍低于反相输入端的电位，输出就为负向饱和电压 U_{OL}(即 $-U_{OM}$)，其数值接近于集成运算放大器的负电源电压值 $-V_{EE}$，器件也工作在电压传输特性的非线性区。

(2) 因为理想集成运算放大器的差模输入电阻 $r_{id}=\infty$，故流入它的同相输入端和反相输入端的电流均为零，也就是说"虚断"基本原则依然成立。

(3) 理想情况下，集成运放的电压传输特性曲线如图 7.4.1(c)所示。

二、电压比较器的电压传输特性

电压比较器的输出电压 u_O 与输入电压 u_I 的函数关系 $u_O=f(u_I)$ 一般用曲线来描述，称为**电压传输特性**。通常用传输特性来描述比较器的工作特性，传输特性曲线是比较器的输出电压 u_O 与输入电压 u_I 在平面直角坐标上的关系。输入电压 u_I 是模拟信号，而输出电压 u_O 只有两种可能的状态，不是高电平 $U_{OH}(\approx V_{CC})$，就是低电平 $U_{OL}(\approx -V_{CC})$，用 U_{OH} 和 U_{OL} 来表示比较的结果。

确定电压比较器的电压传输特性首先要确定阈值。我们把比较器的输出电压 u_O 从一个输出状态跳变为另一个输出状态时所对应的输入电压值称为**比较器的门限电压**(或门槛电平、或阈值电压)，简称为**阈值**，并用符号 U_T 表示。门限电压也就是使比较器输出电压发生跳变时的输入电压值。估算门限电压主要应抓住输入信号使输出电压发生跳变时的临界条件，这个临界条件是集成运放两个输入端的电位相等，即令 $u_N=u_P$，解出的输入电压就是门

限电压 U_T。

画传输特性的一般步骤是：先求门限电压，再根据电压比较器的具体电路，确定输出电压的 U_{OH} 和 U_{OL}，然后分析在输入电压由小到大增加的过程中（正向过程）和输入电压由大到小降低的过程中（负向过程）这两种情况下输出电压的跃变方向，最后画出传输特性曲线。

7.4.2 单门限比较器

一、过零单门限电压比较器

图 7.4.2 是最简单的电压比较器的电路。图中，集成运算放大器处于开环状态。输入信号 u_I 经电阻 R 加于集成运算放大器的反相输入端，以防止因 u_I 过大而损坏器件。集成运算放大器的同相输入端直接接地，即它的阈值电压为零，故称它为**过零单门限电压比较器**，简称过零比较器。

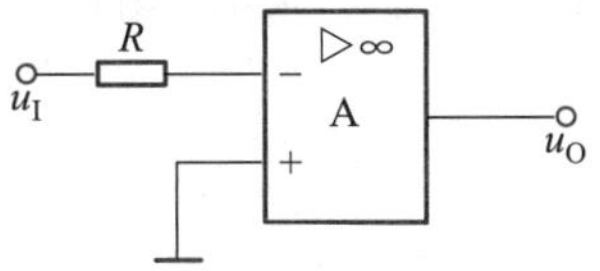

图 7.4.2 过零单门限电压比较器

过零比较器的工作原理是：当 u_I 稍大于零，即 u_N 稍大于 u_P 时，因电路处于开环状态，运放的开环差模电压放大倍数 A_{od} 又非常大，故比较器输出负向最大电压 $U_{OL}(\approx -V_{EE})$。当 u_I 稍小于零，即 u_N 稍小于 u_P 时，比较器输出正向最大电压 $U_{OH}(\approx V_{CC})$。只有当 u_I 极接近于零时，器件才处于线性放大状态，使 u_O 随 u_I 按线性规律变化。

根据以上分析，可以画出如图 7.4.3 所示的过零单门限电压比较器的传输特性。由于集成运算放大器的开环差模电压放大倍数 A_{od} 非常大，故线性区极窄，基本与纵轴重合，所以图中实线为过零单门限电压比较器的传输特性。

对于图 7.4.2 所示的比较器来说，它只有一个门限电压，而且 $U_T=0$，即每当 u_I 的变化过零时，电路的 u_O 就从一个电平跳变到另一个电平，故称为过零单门限电压比较器。

假设输入信号 u_I 为正弦波，在 u_I 过零时，比较器的输出就跳变一次，因此，u_O 为正、负相间的方波电压，如图 7.4.4 所示。可见，利用过零比较器，可将正弦输入信号变换为同频率的方波（即正、负半周宽度相等的矩形波）。

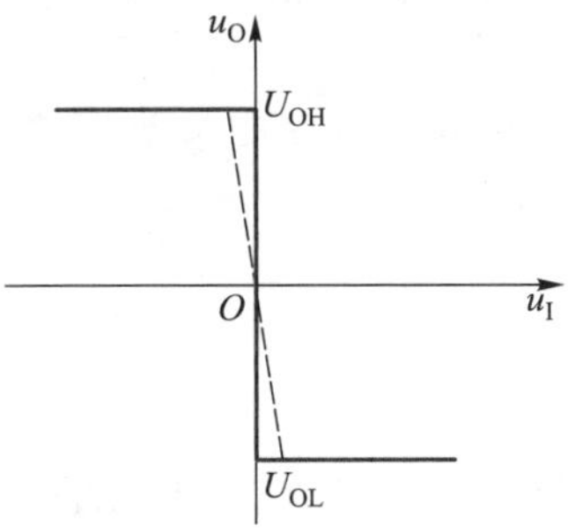

图 7.4.3 过零单门限电压比较器的传输特性

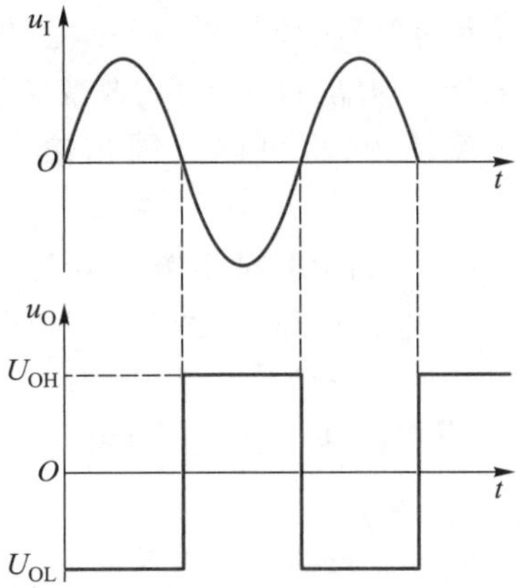

图 7.4.4 利用过零比较器将正弦波变换为方波

为了使输出电压 u_O 有确定的数值并改善大信号时的传输特性，经常在比较器的输出端接上限幅器，可以在集成运放的输出端接一个电阻 R' 和两个稳压管来（或双向稳压管）实现限幅，如图 7.4.5 所示。不难看出，此时过零比较器的特性仍基本如图 7.4.3 所示，当集成运放输出为高电平时，对应比较器的输出高电平使一个稳压管稳压，另一个稳压管正向导通，使输出电压限定在 $+(U_Z+U_D)$，如果忽略正向导通压降，则输出为 $+U_Z$；同理，当集成运放输出为低电平的时候，对应比较器的输出低电平应该是 $-(U_Z+U_D)$，如果忽略正向导通压降，则输出为 $-U_Z$。R' 为限流电阻，保证稳压管能正常工作。

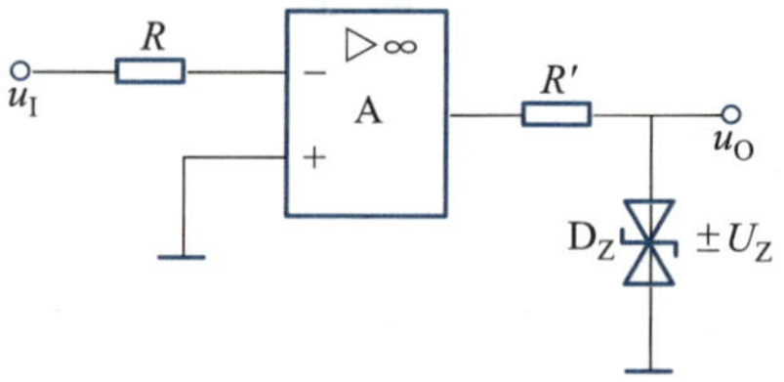

图 7.4.5　利用稳压二极管限幅的过零比较器

二、非过零单门限电压比较器

非过零单门限电压比较器的电路如图 7.4.6(a) 所示。图中，集成运算放大器的同相输入端接有一个恒定的基准电压 U_{REF}。

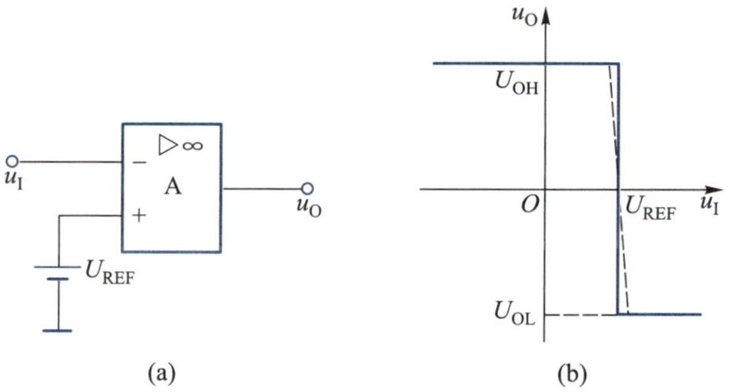

图 7.4.6　非过零单门限电压比较器的电路和传输特性

（a）电路　（b）传输特性

非过零单门限电压比较器的工作原理是：当 u_I 稍大于 U_{REF}，即 u_N 稍大于 u_P 时，$u_O=U_{OL}$；当 u_I 稍小于 U_{REF}，即 u_N 稍小于 u_P 时，$u_O=U_{OH}$；只有当 u_I 在 U_{REF} 附近的微小范围内变化时，u_O 才与 u_I 呈线性关系。单门限比较器的传输特性如图 7.4.6(b) 所示。由图可知，对于如图 7.4.6(a) 所示的单门限比较器来说，它的门限电压 $U_T=U_{REF}$，故称它为**非过零单门限电压比较器**。应该指出，U_{REF} 可正可负，改变 U_{REF} 可以使传输特性曲线在横轴方向平移；输入可以从反向输入端输入，也可以从同相输入端输入，二者之间只是传输特性曲线的跃变方向不同。

利用非过零单门限电压比较器可以把正弦输入电压变换为同频率的矩形波输出电压，如图 7.4.7所示。

教学视频 7.5 迟滞比较器

7.4.3　迟滞比较器

单门限电压比较器存在着两个缺点：一是当集成运算放大器的 A_{od} 不是非常大时，传输特性由一个输出状态向另一个输出状态的转换部分不够陡峭，故不能很灵敏地判断 u_I 和 U_{REF} 的相对大小；二是当输入信号中叠加有干扰信号时，输出状态可能随干扰信号而翻转。

对于如图 7.4.6 所示的非过零比较器，若它的输入信号因受干扰影响而在门限电压附近变化时，如图 7.4.8 所示，比较器的输出电压就会反复地从一个电平跳变到另一个电平。若利用这种输出电平去控制电动机，电动机就会出现频繁起停现象。

一、反相输入的迟滞比较器

为了改善比较器的性能，可以采用如图 7.4.9(a)所示的具有滞回特性的比较器(又称**施密特触发器**，也称**迟滞比较器**)。因为输入信号接到了集成运放的反相输入端，所以称为**反相输入的迟滞比较器**。

在图 7.4.9(a)中，为了适应后级电路的要求，有时需要减小输出电压，这时可用两个稳压二极管反向串联，将输出电压限制并稳定在 $\pm U_Z$。R 是稳压管的限流电阻。流入运放的电流为零，所以电路的输出电压 $u_O = \pm U_Z$ 经电阻 R_2 和 R_1 分压后送到运放的同相输入端，则 u_P 为

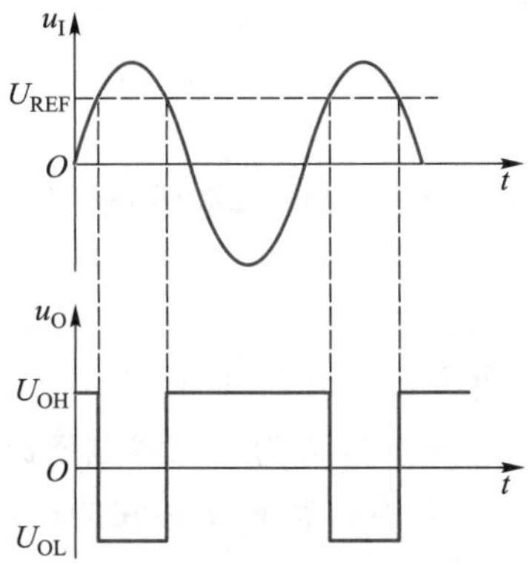

图 7.4.7 利用非过零电平比较器把正弦波变换为矩形波

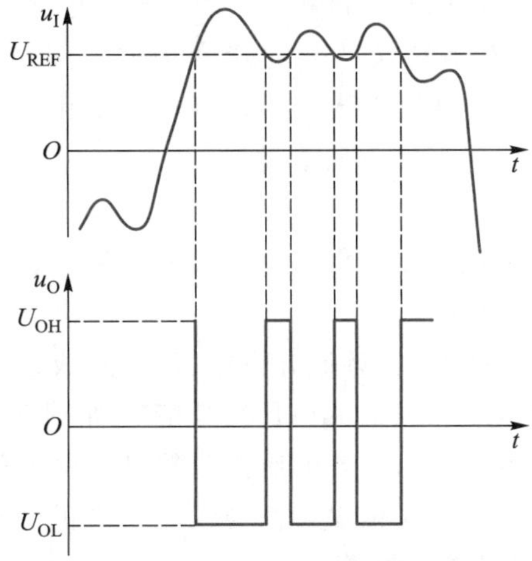

图 7.4.8 输入信号叠加有干扰时非过零比较器的波形图

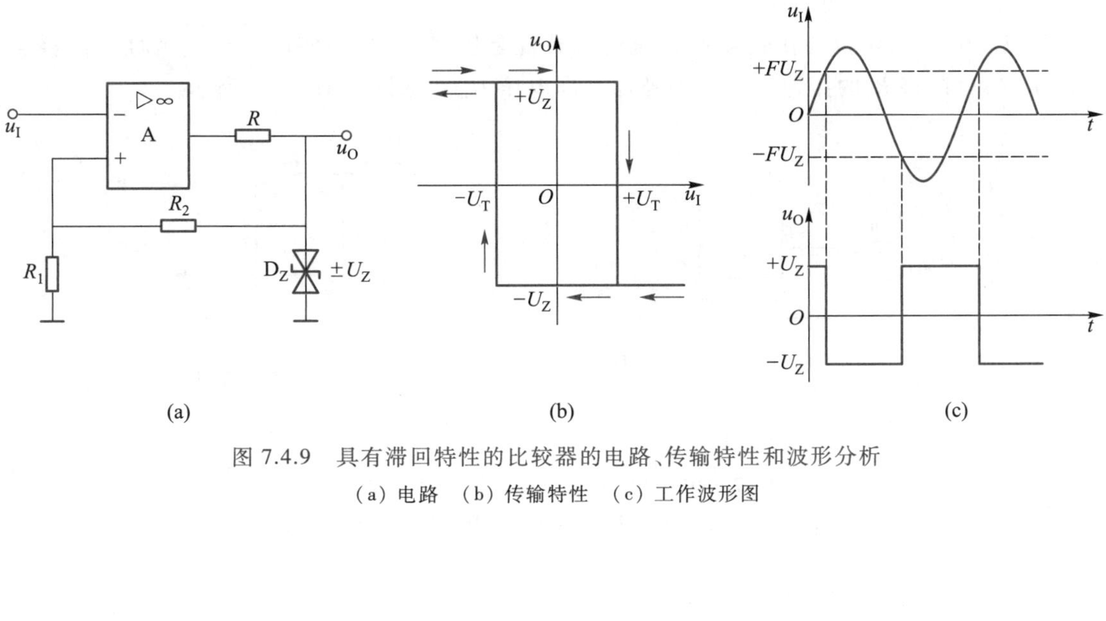

图 7.4.9 具有滞回特性的比较器的电路、传输特性和波形分析

(a) 电路 (b) 传输特性 (c) 工作波形图

$$u_P = \pm\frac{R_1}{R_1+R_2}U_Z = \pm FU_Z$$

反相输入端电位 $u_I = u_N$，令 $u_N = u_P$，求得的输入电压即为门限电压，即

$$U_T = \pm\frac{R_1}{R_1+R_2}U_Z = \pm FU_Z \tag{7.4.1}$$

式中

$$F = \frac{R_1}{R_1+R_2}$$

该比较器的工作原理是：设开始时 $u_O = +U_Z$，此时 $U_P = +FU_Z$，当 u_I由负向正变化且使 u_I稍大于 $U_P = +FU_Z$时，u_O便由$+U_Z$跳变为$-U_Z$，有 $U_P = -FU_Z$；当 u_I由正向负变化时，且使 u_I稍小于 $U_P = -FU_Z$时，u_I便又从$-U_Z$跳变为$+U_Z$。

在电路的翻转过程中，由于通过电阻 R_2和 R_1实现了正反馈作用，故可使电压传输特性中高、低电平转换部分的陡度加大。例如，设开始时 $u_O = +U_Z$，则当 u_I增加到接近于 $u_P = +FU_Z$后，只要 u_I稍微大于 $u_P = +FU_Z$，因集成运算放大器进入放大区，就会使 u_O下降，电路中便会产生以下的正反馈过程

$$u_O\downarrow \longrightarrow u_P\downarrow \longrightarrow u_O\downarrow\downarrow$$

这个正反馈过程急剧进行的结果，就是使 u_O由$+U_Z$ 快速跳变到$-U_Z$，从而获得比较理想的电压传输特性。

应当指出，在近似分析中，均将集成运放看成是理想运放。

该电压比较器的电压传输特性如图 7.4.9(b)所示。曲线具有方向性，图中箭头表明了变化的方向。由于该电压比较器具有两个门限电压(阈值电压)，故称为**双门限电压比较器**；又由于它的电压传输特性与铁磁材料的磁滞回线相似，故又称为**具有滞回特性的电压比较器，简称迟滞比较器**。

在具有滞回特性的比较器中，有两个门限电压：$U_{T1} = +FU_Z$和 $U_{T2} = -FU_Z$。我们把 $\Delta U_T = U_{T1} - U_{T2} = 2FU_Z$称为**回差电压**。如果在图 7.4.9(a)所示迟滞比较器的输入端输入正弦波，则得到如图7.4.9(c)所示的输出波形。

图 7.4.9(a)所示迟滞比较器的电压传输特性是轴对称的，为使电压传输特性曲线横轴方向平移，可以将 R_1的接地端改接为外加基准电压 U_{REF}，如图 7.4.10(a)所示。

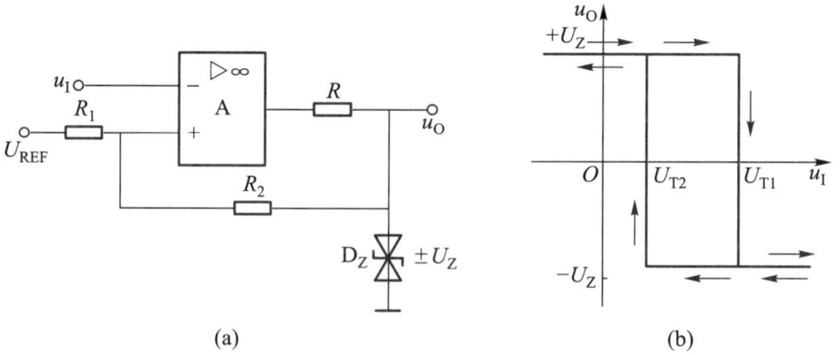

图 7.4.10 横向平移电压传输特性的方法

(a) 电路 (b) 传输特性曲线

此时有

$$u_{P}=\pm\frac{R_1}{R_1+R_2}U_Z+\frac{R_2}{R_1+R_2}U_{REF}$$

反相输入端电位 $u_I=u_N$，令 $u_N=u_P$，求得的输入电压即为门限电压，此时门限电压为

$$U_{T1}=+\frac{R_1}{R_1+R_2}U_Z+\frac{R_2}{R_1+R_2}U_{REF} \tag{7.4.2}$$

$$U_{T2}=-\frac{R_1}{R_1+R_2}U_Z+\frac{R_2}{R_1+R_2}U_{REF} \tag{7.4.3}$$

则电压传输特性曲线如图 7.4.10(b)所示，其回差为

$$\Delta U_T=|U_{T1}-U_{T2}|=2\frac{R_1}{R_1+R_2}U_Z \tag{7.4.4}$$

可见图 7.4.10(a)实现了传输特性曲线的横轴平移，其与图 7.4.9(a)所示电路对应的传输特性曲线比较：(1) 门限电压不同；(2) 回差不变；(3) 通过改变 U_{REF}的大小，实现了特性曲线横轴平移。

要想改变传输特性曲线的纵轴方向可以选用不同稳压值的稳压管。

二、同相输入的迟滞比较器

将图 7.4.9(a)所示电路中的输入端和 R_1的接地端互换，构成同相输入的迟滞比较器，如图 7.4.11(a)所示。

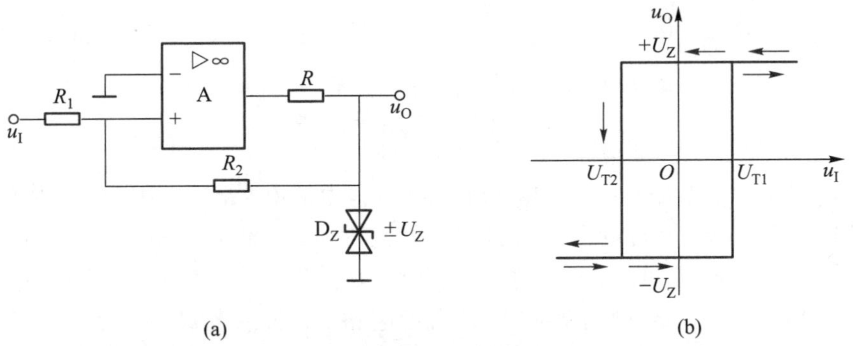

图 7.4.11 同相输入的迟滞比较电路和传输特性曲线

(a) 电路 (b) 传输特性曲线

此时有

$$u_{P}=\pm\frac{R_1}{R_1+R_2}U_Z+\frac{R_2}{R_1+R_2}u_I$$

反相输入端电位 $u_N=0$，令 $u_N=u_P$，求得的输入电压即为门限电压，此时门限电压为

$$U_{T1}=+\frac{R_1}{R_2}U_Z \tag{7.4.5}$$

$$U_{T2}=-\frac{R_1}{R_2}U_Z \tag{7.4.6}$$

则电压传输特性曲线如图 7.4.11(b)所示，其回差为

$$\Delta U_T = |U_{T1}-U_{T2}| = 2\frac{R_1}{R_2}U_Z \tag{7.4.7}$$

7.4.4 窗口比较器

在实际工作中,有时需要检测输入模拟信号的电平是否处在给定的两个门限电平之间,这就要求比较器有两个门限电平,这种比较器称为**窗口比较器**,电路如图 7.4.12(a)所示。该窗口比较器是由一个反相输入过零电压比较器和一个同相输入过零电压比较器组合而成的。输入电压 u_I分别接到运放 A_1 的同相输入端和 A_2 的反相输入端,参考电压 U_H和 U_L分别加在 A_1 的反相输入端和 A_2 的同相输入端。两个集成运放的输出端各通过一个二极管后并联在一起,后接 R_1、R_2和稳压二极管 D_Z构成的限幅电路。

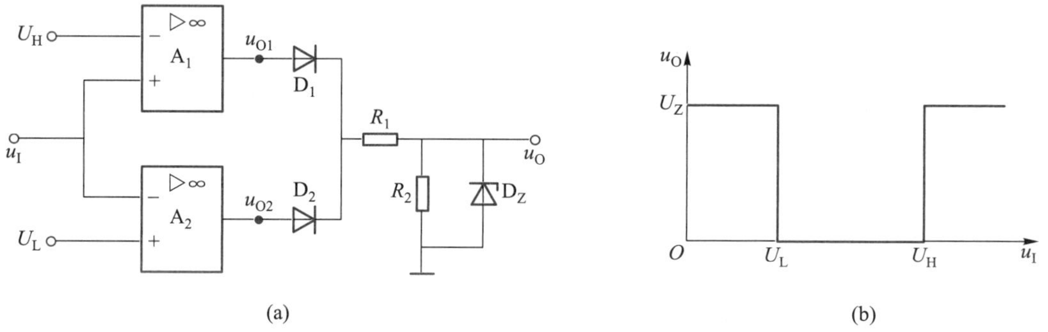

图 7.4.12　窗口比较器及其电压传输特性
(a) 电路　(b) 电压传输特性

当 $u_I>U_H$时,u_{O1}为高电平$+U_{om}$,D_1导通,此时 u_{O2}为低电平$-U_{om}$,D_2截止,则 u_O输出高电平$+U_Z$。当 $u_I<U_L$时,u_{O2}为高电平$+U_{om}$,D_2导通,此时 u_{O1}为低电平$-U_{om}$,D_1截止,则 u_O输出高电平$+U_Z$。当 $U_L<u_I<U_H$时,u_{O1}、u_{O2}均为低电平$-U_{om}$,D_1、D_2均不导通,则 u_O为低电平 0 V。

假设 U_H和 U_L均大于零,则图 7.4.12(a)所示电路的电压传输特性如图 7.4.12(b)所示。

通过前面几个电路的分析可知,比较器的传输特性曲线有三个要素:

(1) 输出电压的幅值,其由稳压管的稳压值确定;

(2) 门限电压,当 $u_N=u_P$时对应的输入电压 u_I即为门限电压;

(3) 输入与输出的相位关系,其决定了传输特性曲线的跃变方向,如果同相输入,则跃变方向为 1、3 象限;如果反相输入,则跃变方向为 2、4 象限。

例 7.4.1　电路如图 7.4.13 所示,已知集成运放 A_1和 A_2具有理想特性。

(1) 写出 u_{O1}与 u_{I1}、u_{I2}关系式;

(2) 设 $t=0$ 时,电容器的初始电压 $u_C(0)=0$ V,$u_O=12$ V。接入 $u_{I1}=-10$ V,$u_{I2}=0$ V 的输入信号后,求经过多长时间 u_O翻转到-12 V;

(3) 从 u_O翻转到-12 V 的时刻起,$u_{I1}=-10$ V,$u_{I2}=15$ V,求又经过多长时间 u_O再次翻回 12 V;

(4) 画出 u_{I1}、u_{I2}、u_{O1}和 u_O随时间变化的波形图。

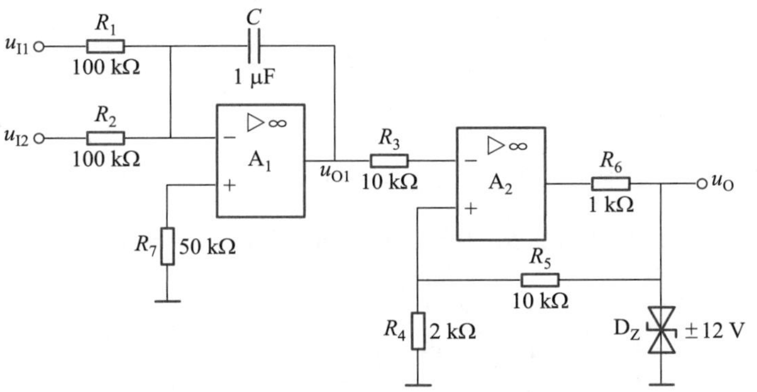

图 7.4.13　例 7.4.1 的电路

解　本题涉及的知识点主要是积分器、迟滞比较器。运放 A_1 组成了积分电路，运放 A_2 组成了反相输入迟滞电压比较器。

(1) 由电路图可知，运放 A_1 组成了积分电路。故

$$\begin{aligned} u_{O1} &= -\frac{1}{R_1 C}\int_{-\infty}^{t} u_{I1}\mathrm{d}t - \frac{1}{R_2 C}\int_{-\infty}^{t} u_{I2}\mathrm{d}t \\ &= -\frac{1}{R_1 C}\int_{-\infty}^{t}(u_{I1}+u_{I2})\mathrm{d}t \\ &= -\frac{1}{R_1 C}\int_{-\infty}^{0}(u_{I1}+u_{I2})\mathrm{d}t - \frac{1}{R_1 C}\int_{0}^{t}(u_{I1}+u_{I2})\mathrm{d}t \\ &= -10\int_{0}^{t}(u_{I1}+u_{I2})\mathrm{d}t + u_{O1}(0) \end{aligned}$$

(2) 由于运放 A_2 组成了反相输入迟滞电压比较器，对应的比较电压，故 u_O 翻转的条件是

$$u_{O1} = -\frac{R_4}{R_4+R_5}u_O = \frac{2}{2+10}\times(\pm 12)\ \mathrm{V} = \pm 2\ \mathrm{V}$$

当 $u_O = 12$ V 时，使输出发生翻转的电压为+2 V，则

$$u_{O1}(t_1) = -10\int_{0}^{t_1}(u_{I1}+u_{I2})\mathrm{d}t + u_{O1}(0) = 2\ \mathrm{V}$$

代入初始条件可得

$$-10\times(-10)\times t_1 = 2$$

$$t_1 = 20\ \mathrm{ms}$$

即当 $t \geqslant t_1$ 时，u_O 翻转到 -12 V。

(3) 当 $u_{O1} = -2$ V 时，u_O 再次由 -12 V 翻转到 12 V。则

$$u_{O1}(t_2) = -10\int_{t_1}^{t_2}(u_{I1}+u_{I2})\mathrm{d}t + u_{O1}(t_1) = -2\ \mathrm{V}$$

即

$$-10\times(-10+15)(t_2-t_1)+2=-2$$

解得

$$t_2-t_1=80\ \text{ms}$$

（4）u_{I1}、u_{I2}、u_{O1}和 u_O随时间变化的波形图如图 7.4.14 所示。

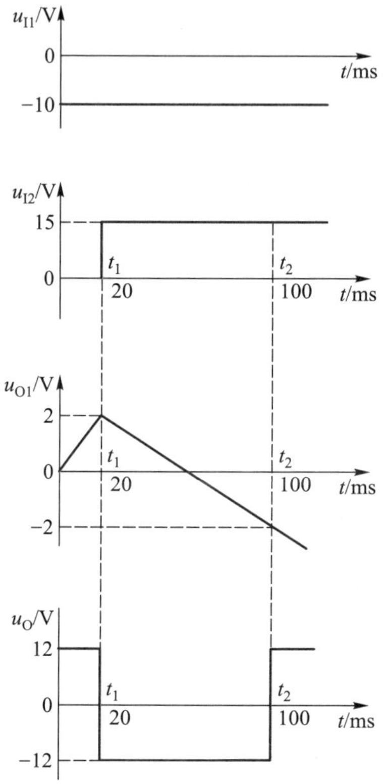

图 7.4.14 例 7.4.1 工作波形图

思考题

7.4.1 电压比较器中的运放通常工作在什么状态？

7.4.2 迟滞比较器有几个门限电压值？迟滞比较器的传输特性有什么特点？

7.4.3 总结画比较器的传输特性曲线的方法。

7.4.4 试说明以下几种情况选用何种类型的比较器：(1) $u_I>0$ 时，u_O为低电平，$u_I<0$时，u_O为高电平；(2) $u_I>3$ V 时，u_O为高电平，$u_I<3$ V 时，u_O为低电平；(3) 要求 u_I由负值向正值变化过程中，仅在+3 V 时输出电压 u_O由高电平变低电平，要求 u_I由正值向负值变化过程中，仅在−3 V 时输出电压 u_O由低电平变高电平。

7.5 集成运放应用电路的 Multisim 仿真

文档 7.2 集成运放应用电路的 Multisim 仿真

利用 Multisim 仿真软件分析二阶高通有源滤波器的频率特性和迟滞比较器的传输特性。具体内容见文档 7.2。

本 章 小 结

一、知识结构图

- 集成运算放大器应用
  - 线性
    - 特点:虚短和虚断
    - 条件:负反馈
    - 应用电路:运算电路和滤波电路
  - 非线性
    - 特点:
      - 虚断
      - 当 $u_P>u_N$ 时,$u_O=+U_{OM}$;当 $u_P<u_N$ 时,$u_O=-U_{OM}$
    - 条件:开环和正反馈
    - 应用电路:比较器
- 运算电路 ⇒讨论运算关系
  - 比例
  - 加法和减法
  - 积分和微分
  - 对数和反对数
  - 乘法器
- 滤波电路 ⇒讨论频率特性曲线
  - 分类
  - 一阶低通和二阶低通
  - 一阶高通和二阶高通
  - 其他滤波器
- 比较器 ⇒讨论传输特性曲线及输入输出波形
  - 单门限电压比较器
  - 迟滞比较器

PPT 第 7 章教学课件

二、归纳总结

1. 集成运算放大器的工作特点

在集成运算放大器的基础上,外接不同的反馈网络,可以组成很多基本应用电路。在这一章里,我们讨论了集成运算放大器在信号运算、滤波和比较器方面的应用。

在分析集成运算放大器的各种应用电路时,为了简化分析,我们常把集成运算放大器视为理想器件。理想运算放大器应满足以下条件:$A_{od}=\infty$;$r_{id}=\infty$;$r_o=0$;$K_{CMR}=\infty$;频带为无限宽;没有干扰和噪声。

对于工作在线性范围内的理想集成运算放大器,利用理想条件,可以得到两个极为重要的结论:(1) 流入理想集成运算放大器两个输入端的电流为零,即 $i_P=i_N=0$,这就是“虚断”的概念;(2) 理想集成运算放大器两个输入端之间的电压 $u_P-u_N=0$,即 $u_P=u_N$,这就是“虚短”的概念。在分析集成运算放大器工作在线性范围内的电路时，经常要用到这两个十分重要的概念。

当集成运算放大器处于开环或引进正反馈时，它将工作在非线性状态。对于工作在非线性状态的理想集成运算放大器，有两个明显的特点：(1) 只要 u_P 稍大于 u_N，$u_O = u_{OH}$，只要 u_P 稍小于 u_N，$u_O = u_{OL}$；(2) 流过集成运算放大器两个输入端的电流等于零。

2. 集成运算放大器的线性应用之一——运算电路

在理想情况下，运算电路的输出电压与输入电压间的关系，仅取决于输入电路和反馈网络的形式与参数，而与集成运算放大器的参数无关。改变输入电路和反馈网络的形式与参数，便可实现不同的运算关系。实际运算放大器的参数越接近理想情况，运算电路的运算精度就越高。

在运算电路中，比例、加法和减法运算电路的输出与输入之间的关系是线性关系，而积分、微分的输出与输入之间的关系是非线性关系。但是，由于运算电路中均引进了深度负反馈，故集成运算放大器总是工作在线性区。

3. 集成运算放大器的线性应用之二——有源滤波电路

有源滤波电路一般是由 *RC* 网络和集成运算放大器组成的。利用有源滤波电路可以突出信号中的有用成分或抑制信号中的不必要成分。根据幅频特性的不同，有源滤波电路可分为低通滤波电路、高通滤波电路、带通滤波电路和带阻滤波电路。分析有源滤波电路的关键是研究它们的频率特性。

四种有源滤波电路之间是有相互联系的。若将低通滤波电路中的电阻和电容的位置互调，便成为高通滤波电路；若将低通滤波电路和高通滤波电路串联起来，当参数选择得合适时，便成为带通滤波电路。此外，若将低通滤波电路和高通滤波电路并联起来，当参数选择合适时，便成为带阻滤波电路。

最常用的有源滤波电路是二阶压控电压源有源滤波电路。在二阶压控电压源有源滤波电路中，由于反馈引到集成运算放大器的同相输入端，当电路参数选择不合适时，会产生自激振荡，为了避免这种情况，应限制同相比例运算放大电路的电压放大倍数。

有源滤波电路的主要优点是：电路中不使用电感元件，体积小、重量轻；在二阶压控电压源有源滤波电路中，引入了电压串联负反馈，提高了电路的输入电阻，降低了输出电阻，使输出与输入之间具有良好的隔离性能，并具有较强的带负载能力；有源滤波电路在完成滤波作用的同时，还具有对信号的放大作用。

有源滤波电路的主要缺点是：由于通用型集成运算放大器的带宽一般较窄，故有源滤波电路只能工作在低频范围，其工作频率在几十千赫以下。

有源滤波电路的用途很广，主要用于对小信号的处理。利用有源滤波电路，可以突出有用频率的信号，抑制干扰和噪声，或抑制无用频率的信号，以达到选频和提高信噪比的目的。

4. 集成运算放大器的非线性应用——比较器

电压比较器是用来比较输入电压和参考电压相对大小的电路。它的输入电压是随时间作连续变化的模拟量，输出电压一般只有高电平和低电平两个稳定状态。利用比较器可以把各种周期性变化的信号变换成矩形波信号。

在比较器中，由于集成运算放大器处于开环或正反馈状态，故它工作在非线性区。

在比较器中，集成运算放大器的开环差模电压放大倍数越大，输出电压状态转换时的传输特性越陡,比较器的精度就越高。为了提高转换精度,在具有滞回特性的电压比较器中,还特意引进了正反馈。

比较器的输出电压从一个电平跳变到另一个电平的临界条件是集成运算放大器的两个输入端的电位相等,即 $u_P=u_N$。当 u_P稍小于 u_N时,比较器的输出状态由高电平跳变为低电平;当 u_P稍大于 u_N时,比较器的输出状态由低电平跳变为高电平。

比较器的输出电压从一个电平跳变到另一个电平时所对应的输入电压值称为门限电压(或阈值电压和门槛电平)。具有滞回特性的比较器有两个门限电压,即存在回差电压,故可提高电路的抗干扰能力。

有时需要检测输入模拟信号的电平是否处在给定的两个门限电平之间,这种比较器称为窗口比较器。

本章重要题型分析见文档 7.3。

习 题

7.2.1 电路如图 P7.2.1(a)(b)所示。设集成运算放大器输出电压的最大幅值为±14 V。

(1) 判断反馈类型,并分别求出输出电压 u_O与输入电压 u_I的关系式;

(2) 当输入电压 u_I为 0.1 V 、0.2 V、0.8 V、2 V 时,求输出电压 u_O的值。

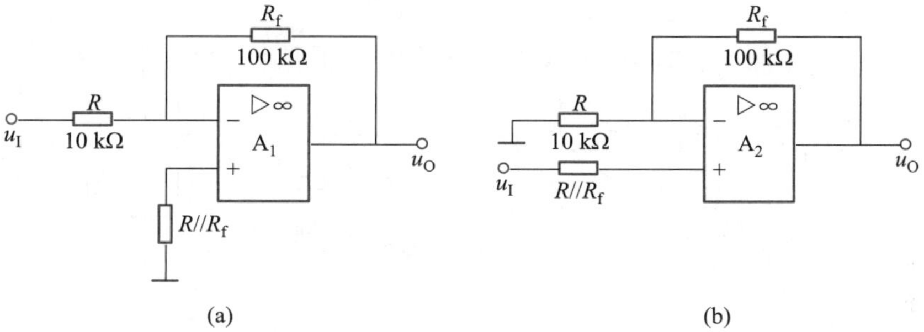

图 P7.2.1

7.2.2 运算电路如图 P7.2.2 所示。试求输出电压 u_O与输入电压 u_{I1}、u_{I2}的关系式。

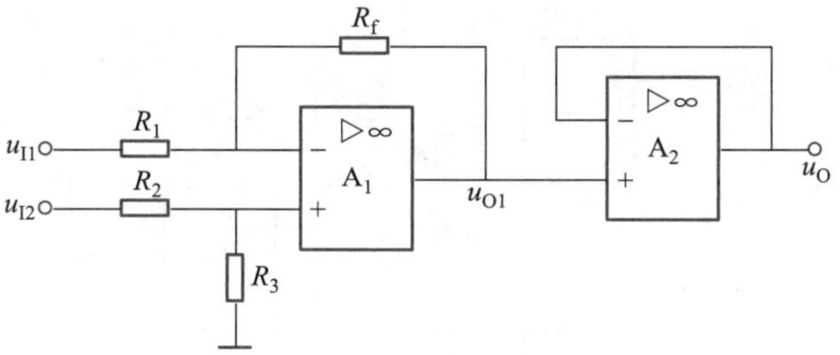

图 P7.2.2

7.2.3 设计一个比例运算电路。要求:输入电阻为 20 kΩ,比例系数为 0.5。

7.2.4 电路如图 P7.2.4 所示,试求其输入电阻和比例系数。

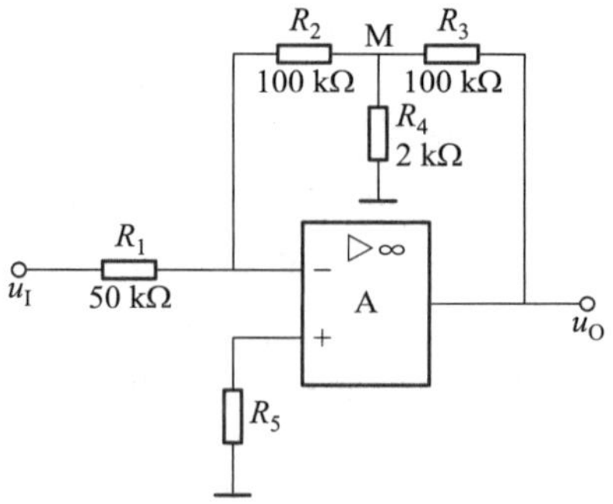

图 P7.2.4

7.2.5　试求图 P7.2.5 所示各电路输出电压与输入电压的运算关系式。

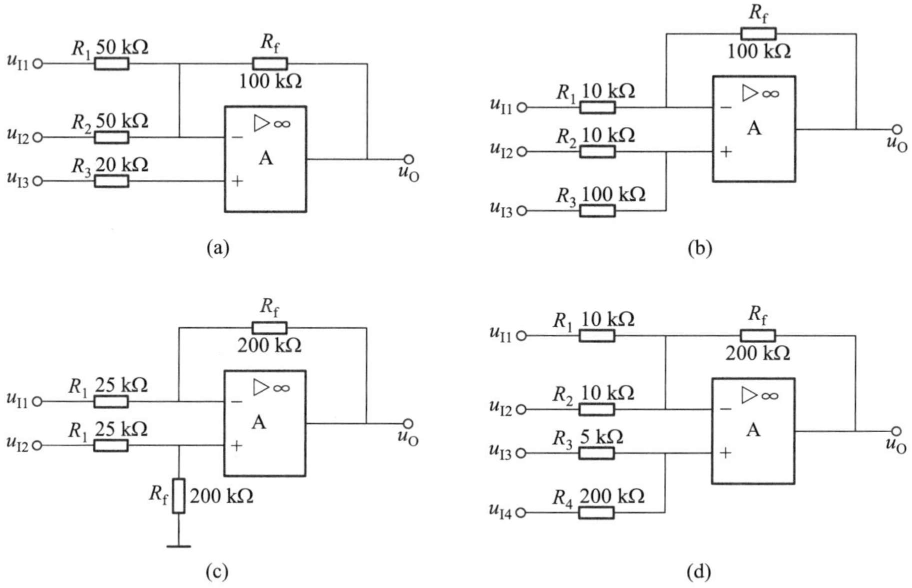

图 P7.2.5

7.2.6　图 P7.2.6 所示是一个具有高输入电阻和低输出电阻的精密仪表放大电路。假设集成运算放大器是理想的。试求电路输出电压与输入电压的运算关系式。

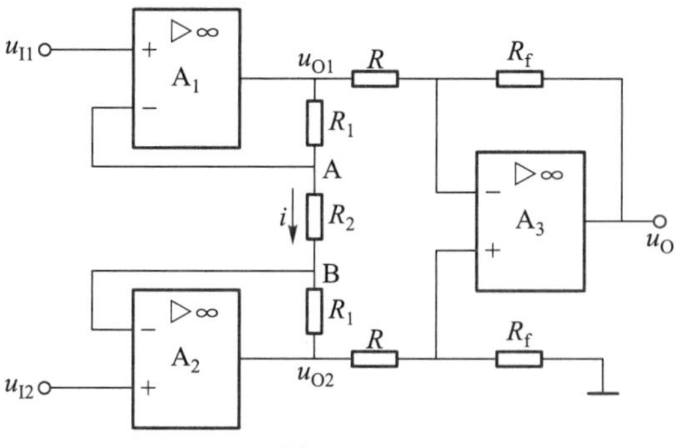

图 P7.2.6

7.2.7 在图 P7.2.7(a)所示电路中,u_{I1}、u_{I2}的波形如图 P7.2.7(b)所示。试画出输出电压 u_O的波形。

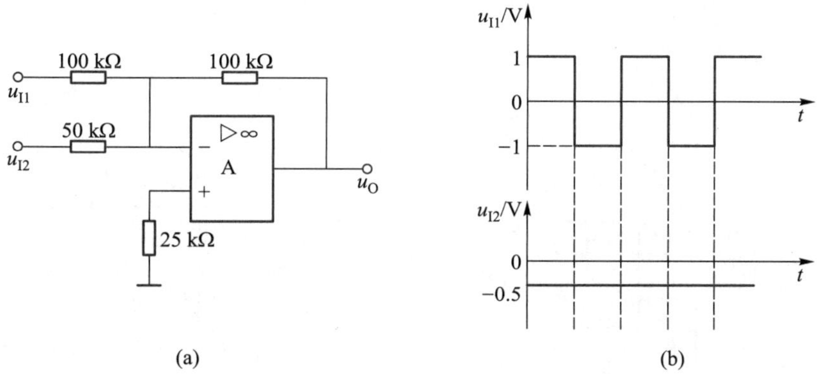

图 P7.2.7

7.2.8 电路如图 P7.2.8 所示,分析输出与输入的关系。

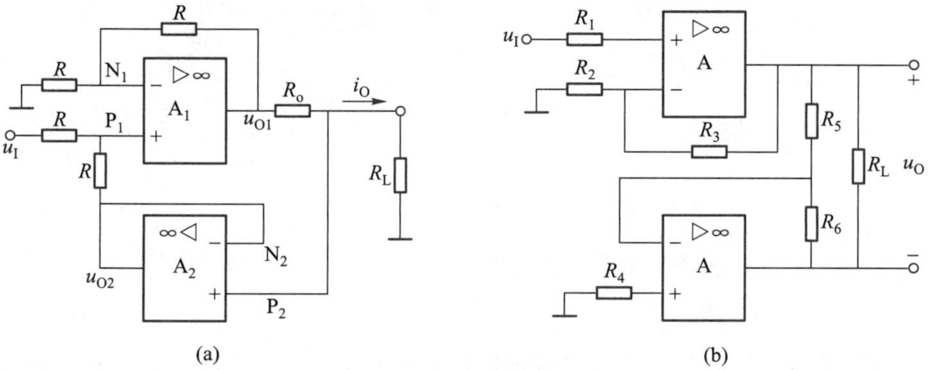

图 P7.2.8

7.2.9 电路如图 P7.2.9(a)所示。已知:输入电压 u_I的波形如图 P7.2.9(b)所示;当 $t = 0$ 时,$u_C = 0$。试画出输出电压 u_O的波形。

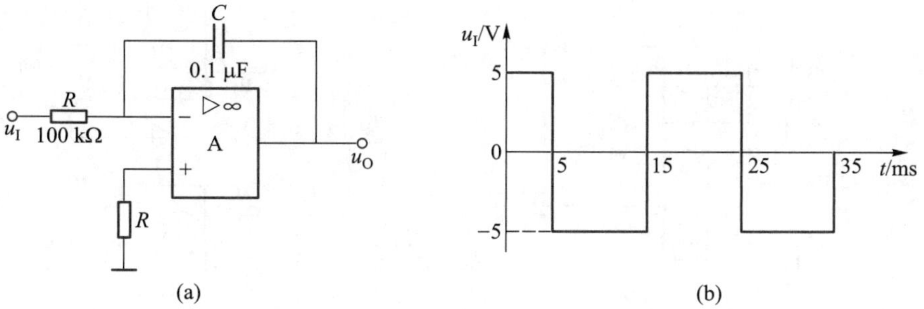

图 P7.2.9

7.2.10 试分别求解图 P7.2.10 所示各电路的运算关系。

7.2.11 要求电路实现的运算关系如下,分别画出各个运算电路,并计算各电阻的阻值。

(1) $u_O = 5u_I$;

(2) $u_O = -(u_{I1} + 3u_{I2})$;

(3) $u_O = 0.5u_I$;

(4) $u_O = -u_{I1} + 5u_{I2}$;

(5) $u_O = -5u_{I1} - \int u_{I2}$;

(6) $u_O = -10\int u_{I1} - 2\int u_{I2}$。

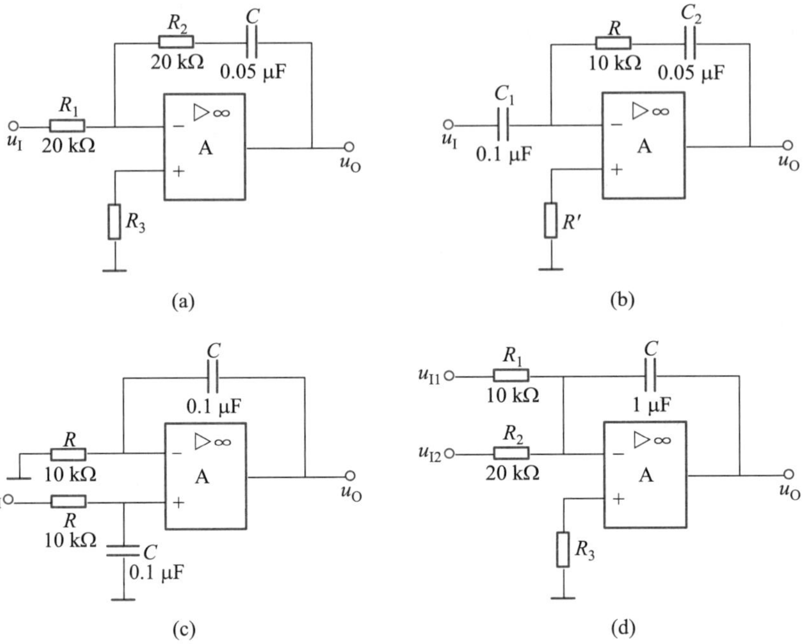

图 P7.2.10

7.2.12 试分别求解图 P7.2.12 所示各电路的运算关系，要求在图(a)中，标出运算放大器的同相输入端和反相输入端。

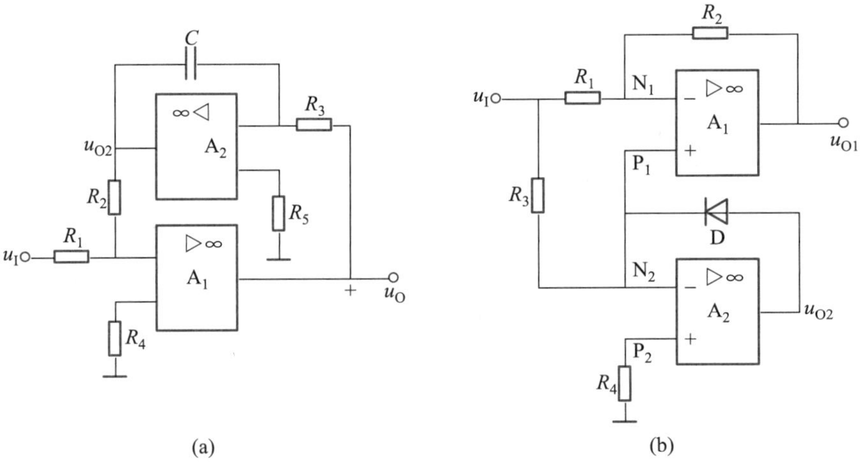

图 P7.2.12

7.2.13 电路如图 P7.2.13 所示，分析输出与输入的运算关系。

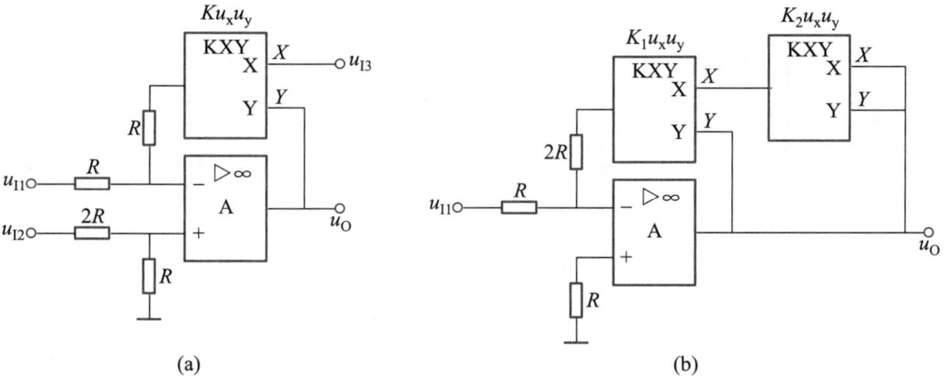

图 P7.2.13

7.3.1 在下列各种情况下,应分别采用哪种类型(低通、高通、带通、带阻)的滤波电路。

(1) 抑制 50 Hz 交流电源的干扰;

(2) 处理具有 1 Hz 固定频率的有用信号;

(3) 从输入信号中取出低于 2 kHz 的信号;

(4) 抑制频率为 100 kHz 以上的高频干扰。

7.3.2 滤波电路如图 P7.3.2 所示。试说明:(1) 它们各属于哪种类型的滤波电路;(2) 是几阶滤波电路。

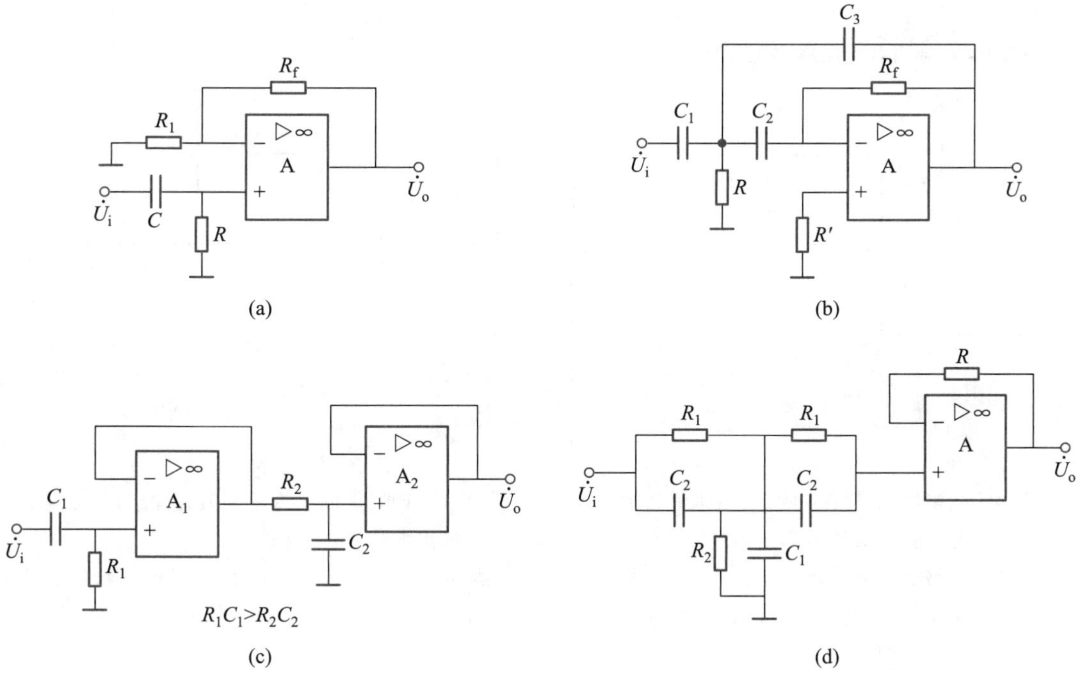

图 P7.3.2

7.4.1 电路如图 P7.4.1 所示。已知:$u_I = 12\sin\omega t$(V),基准电压 U_{REF} 分别为3 V和−3 V。试分别画出电压传输特性和输出电压的波形。

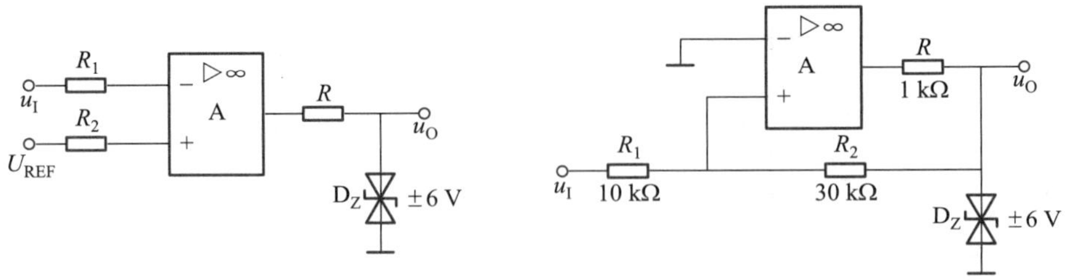

(a)　　　　(b)

图 P7.4.1

7.4.2　电路如图 P7.4.2（a）（b）所示。已知：$u_I = 12\sin\omega t$（V），基准电压 U_{REF} 分别为 3 V 和 −3 V。试分别画出电压传输特性和输出电压的波形。

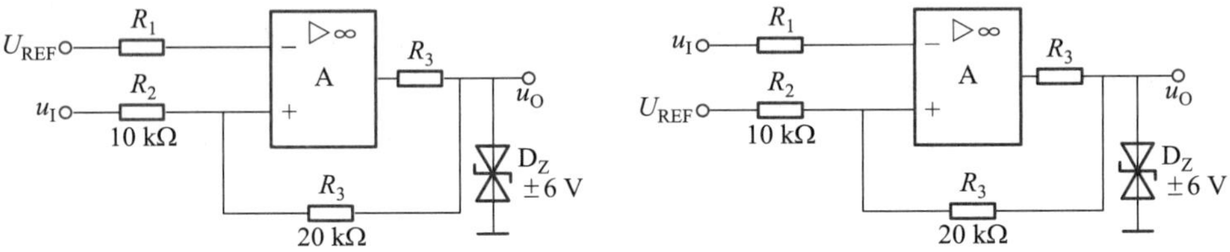

(a)　　　　(b)

图 P7.4.2

7.4.3　已知各电压比较器的电压传输特性如图 P7.4.3 所示，说出它们各为哪种电压比较器；输入电压为 $5\sin\omega t$（V），画出各电路输出电压的波形。

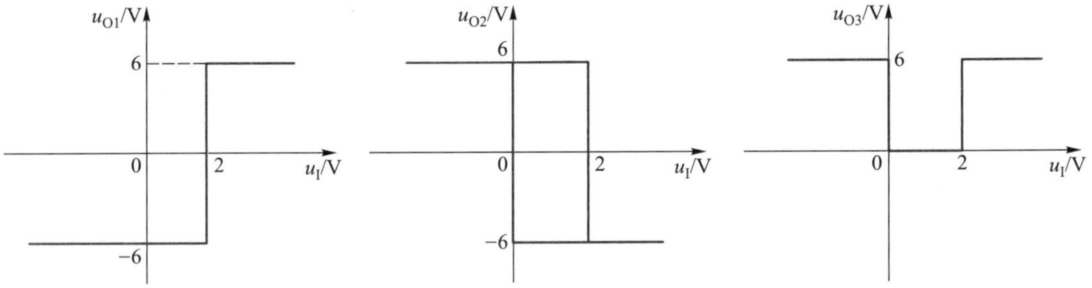

(a)　　　　(b)　　　　(c)

图 P7.4.3

7.4.4　电路如图 P7.4.4 所示，晶体管的饱和压降为 0.3 V，$\beta = 100$，集成运算放大器为理想运放，电容上的电压初值为零。已知如图 P7.4.4（b）所示的输入波形，分析输出波形。

7.4.5　电路如图 P7.4.5 所示。A_1、A_2 为理想运算放大器，$R_b = 51\ \text{k}\Omega$，$R_c = 5.1\ \text{k}\Omega$，BJT 的 $\beta = 50$，忽略晶体管饱和压降和漏电流。（1）当 $u_I = 1$ V 时，$u_{O3} = ?$（2）当 $u_I = 3$ V 时，$u_{O3} = ?$（3）当 $u_I = 5\sin\omega t$（V）时，试画出 u_I、u_{O2}、u_{O3} 的波形。

7.4.6　电路如图 P7.4.6 所示。设 A_1、A_2、A_3 均为理想运放。电容上的电压初值为 0 V。若 u_I 为 0.11 V 的阶跃信号，求信号加上 1 s 后，u_{O1}、u_{O2}、u_{O3} 所达到的值。

7.5.1　设计一个二阶带通滤波电路，要求中心频率为 1 kHz，通带电压放大倍数为 2，用 Multisim 仿真并验证其正确性。

7.5.2　用 Multisim 仿真如图 P7.4.5 所示电路的 u_I、u_{O1}、u_{O2}、u_{O3} 的波形。

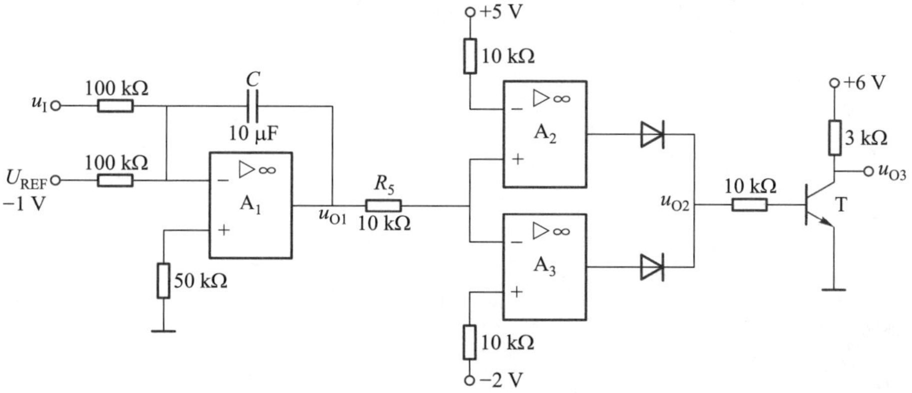

(a)

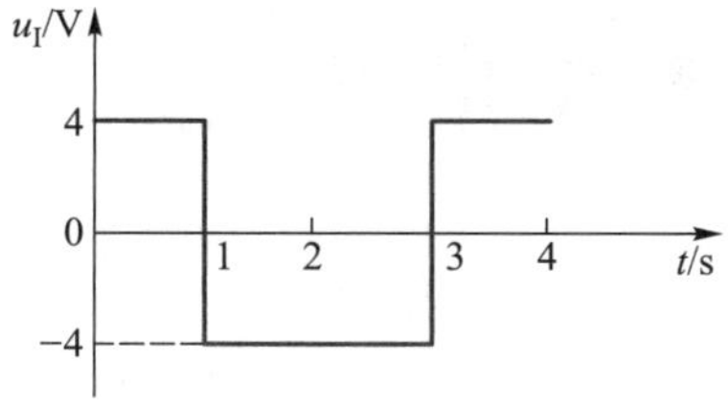

(b)

图 P7.4.4

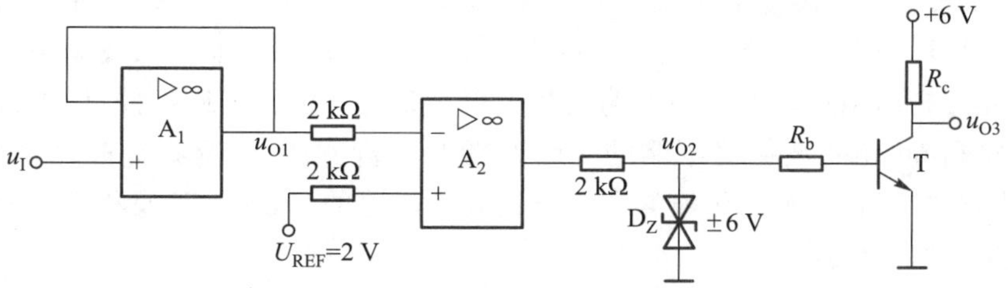

图 P7.4.5

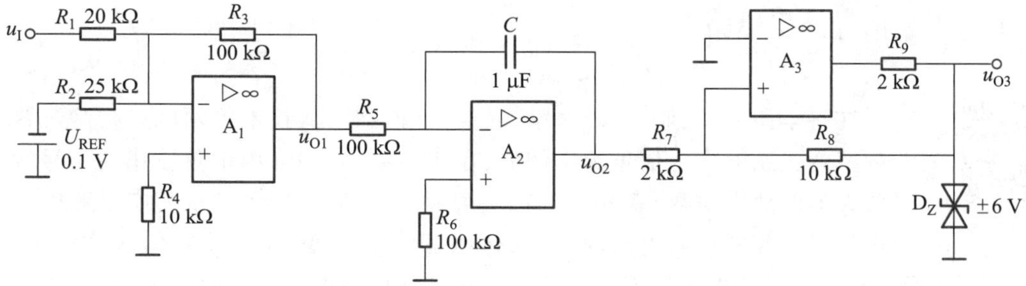

图 P7.4.6

文档 7.3
第 7 章重要题型分析

文档 7.4
第 7 章部分习题答案

第8章 信号产生电路

在很多电子设备和仪器的生产和调试过程中，都需要用到函数信号发生器。通常把能产生正弦和非正弦信号的设备或电路称为函数信号发生器。函数信号发生器可以由专用集成电路实现，也可以集成运算放大器为核心来构成。信号发生器在测量、通信、自动控制和计算机技术等领域中有着广泛的应用，其中包括正弦波振荡器和非正弦波振荡器。

本章首先分析产生正弦波自激振荡的相位平衡条件和幅度平衡条件，讨论常用的 *RC* 正弦波振荡电路和 *LC* 正弦波振荡电路的工作原理及分析方法，介绍石英晶体正弦波振荡电路，之后讲述方波、三角波及锯齿波等非正弦波发生电路的组成、原理及相关计算，最后介绍集成函数发生电路的使用。

8.1 正弦信号产生电路

教学视频 8.1
正弦振荡的条件

在科学研究、工业生产、医学、通信、自控和广播技术等领域里，常常需要某一频率的正弦波作为信号源。例如，在实验室，人们常用正弦波作为信号源，测量放大器的放大倍数，观察波形的失真情况。在工业生产和医疗仪器中，利用超声波可以探测金属内的缺陷、人体内器官的病变，应用高频信号可以进行感应加热。在通信和广播系统中更离不开正弦波。正弦波振荡电路在测量技术、自动控制、无线电通信、遥控、遥测等许多技术领域中都得到了广泛的应用。

正弦波产生电路又称为**正弦振荡器**。这种电路是不需要外加输入信号作用，只要加上直流电源就能输出正弦交流信号的电子电路，也就是能将直流电能转换为交流电能的能量转换器。正弦波振荡电路是电子电路中一种重要的基础电路。

8.1.1 正弦波振荡电路的振荡条件

一、放大电路的自激振荡现象

正弦波振荡电路是在反馈放大电路自激振荡现象的基础上发展而来的，现在用一个大家比较熟悉的例子来说明这个问题。

半导体扩音机是一个典型的交流放大电路，它的正常扩音过程如图 8.1.1(a)所示，人的声音通过话筒转变为微弱的电信号，然后送到扩音机中去放大，最后使扬声器发出洪亮的声音来。但是，如图 8.1.1(b)所示，若把扬声器靠近话筒，扩音机就变成了一个正反馈放大电路。这时，扬声器中的杂音(由于干扰和噪声等因素造成)被扩音机放大后，又反馈回话筒，由扩音机再放大，紧接着扬声器又把放大了的声音反馈到话筒……如此循环反复，扬声器中就会发出刺耳的尖叫声，这就是扩音机(放大电路)的自激振荡现象。

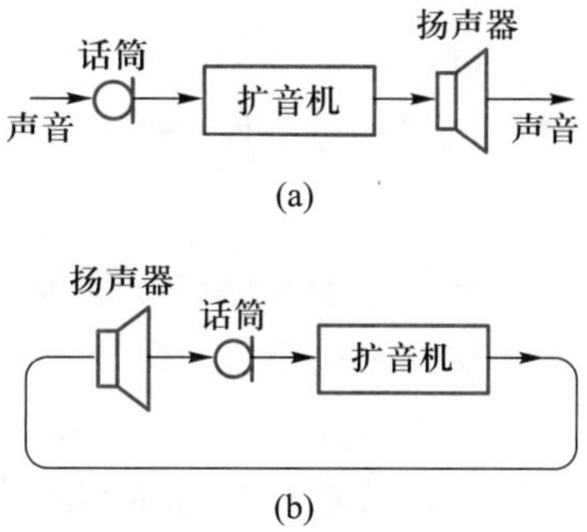

图 8.1.1 扩音机由正常扩音变成自激振荡
(a) 正常扩音 (b) 自激振荡

很明显，放大电路中需避免出现自激振荡现象，因为放大电路一旦振荡起来，就会失去对输入信号的放大能力，因此，在放大电路中应设法消除自激振荡。但是，在一定条件下，坏的因素可以引出好的结果。人们正是利用放大电路的自激振荡原理，制成了各种类型的正弦波振荡电路。

二、正弦振荡的条件

既然正弦波振荡电路是由反馈放大电路发展而来的，那么，反馈放大电路在什么条件下才能产生自激振荡呢？为了讨论方便，我们用图 8.1.2 所示的反馈放大电路的框图来说明这个问题。

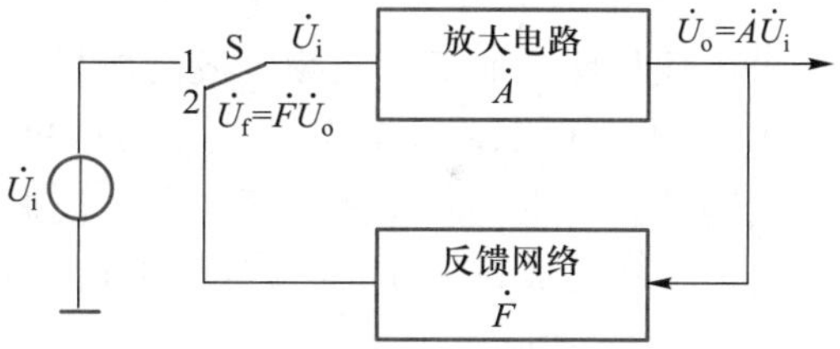

图 8.1.2 反馈放大电路产生自激振荡的条件

在图 8.1.2 中，当开关 S 合在 1 端时，放大电路由信号源获得正弦波输入电压 $\dot{U}_i$，经过放大电路和反馈网络后，在反馈网络的输出端 2 得到一个与 $\dot{U}_i$ 同频率的正弦波反馈电压 $\dot{U}_f$。如果放大电路和反馈网络的参数选择得合适，能使 $\dot{U}_f$ 与 $\dot{U}_i$ 在大小和相位上完全一致，那么，当开关 S 合到 2 端，即使把外加电压 $\dot{U}_i$ 除去时，放大电路仍能由反馈网络得到与原来完全相同的输入电压。这样，反馈放大电路就不需要外加输入信号的作用，仍能输出与有输入信号时完全相同的正弦波交流电压，反馈放大电路就变成了一个正弦波振荡电路。

由图 8.1.2 可得

$$\dot{U}_o = \dot{A}\dot{U}_i$$

$$\dot{U}_f = \dot{F}\dot{U}_o = \dot{F}\dot{A}\dot{U}_i$$

欲使

$$\dot{U}_f = \dot{U}_i$$

应该使

$$\dot{A}\dot{F} = 1 \tag{8.1.1}$$

式(8.1.1)可以写作

$$\dot{A}\dot{F} = |\dot{A}\dot{F}|\angle(\varphi_A + \varphi_F) = 1 \Rightarrow \begin{cases} |\dot{A}\dot{F}| = 1 \\ \varphi_A + \varphi_F = 2n\pi \end{cases} \quad n = 0,1,2,\cdots$$

由此可得反馈放大电路产生自激振荡的两个基本条件：

(1) 幅值平衡条件，即

$$|\dot{A}\dot{F}| = 1 \tag{8.1.2}$$

这一条件要求反馈电压的大小与原来输入电压的大小相等。

(2) 相位平衡条件，即

$$\varphi_A + \varphi_F = 2n\pi \ (n = 0,1,2,\cdots) \tag{8.1.3}$$

这一条件要求反馈电压与原来的输入电压相位相同。

应该指出，式(8.1.2)所表示的幅值平衡条件是对振荡电路已达稳态振荡而言的，即满足 $|\dot{A}\dot{F}| = 1$ 的条件，只能使电路维持振荡，而不能自行建立振荡。要使振荡能自行建立，必须满足 $|\dot{A}\dot{F}| > 1$ 的条件。这个问题将在稍后加以说明。

在第 6 章中，我们已经知道，负反馈放大电路产生自激振荡的条件为

$$\dot{A}\dot{F} = -1$$

它与式(8.1.1)相比，只相差一个负号。这是因为：在负反馈放大电路中，反馈信号与输入信号极性相反。如果在低频段或高频段的某一个频率下能满足 $\dot{A}\dot{F} = -1$，当附加相移为 $(2n+1)\pi(n = 0,1,2,\cdots)$ 时，反馈信号的极性与中频时相反，负反馈变成了正反馈，负反馈放大电路就会产生自激振荡。而在正弦波振荡电路中，为了电路能产生自激振荡，应有意识地将反馈极性接成正反馈，即应使反馈信号与输入信号极性相同，这时产生自激振荡的条件就变为 $\dot{U}_f = \dot{U}_i$，亦即 $\dot{A}\dot{F} = 1$。由此可见，当放大电路中反馈的极性不同时，它们的自激振荡条件就会有所不同。

三、选频网络的作用

由以上分析可知，一个反馈放大电路如果能同时满足自激振荡的幅值平衡条件和相位平衡条件，就一定能够产生自激振荡。但是，并不见得一定能够产生正弦波自激振荡，即输出信号不一定是正弦波。这是因为，如果同时有多种频率的正弦波信号都能满足自激振荡条件，那么，反馈放大电路就能够在多种频率下产生自激振荡，它的输出波形就是一个由多种频率的正弦波信号合成的非正弦波信号。图 8.1.3 表示了频率相差一倍的两个正弦波信号合成非正弦波信号的情况。

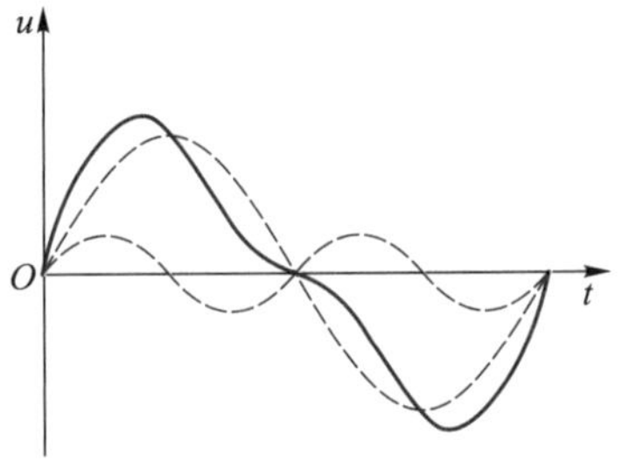

图 8.1.3 频率相差一倍的两个正弦波信号合成非正弦波信号的情况

为了获得单一频率的正弦波振荡，可在反馈放大电路中引入选频网络，使反馈放大电路对不同频率的正弦波信

号产生不同的相位移和放大倍数,使电路只让某一特定频率的正弦波信号满足自激振荡条件,保证电路输出正弦波信号。

选频电路可以设置在放大电路 $\dot{A}$ 中,也可以设置在反馈网络 $\dot{F}$ 中。选频电路可以由电感 L 和电容 C 组成,也可以由电阻 R 和电容 C 组成。正弦波振荡电路按照选频网络的构成不同,分为 RC 正弦波振荡电路和 LC 正弦波振荡电路两种。用 L、C 元件组成选频电路的正弦波振荡电路称为 ***LC* 振荡电路**,用它可产生 1 MHz 以上的高频正弦波信号;用 R、C 元件组成选频电路的正弦波振荡电路称为 ***RC* 振荡电路**,用它可产生 1 Hz~1 MHz 范围内的低频正弦波信号。

四、振荡的建立和稳定

1. 振荡的建立

在分析产生自激振荡的条件时,我们可能会得到这样的印象:似乎一个振荡电路要产生振荡,先要借助于外加正弦输入信号,在放大电路有了输出电压以后,再用反馈电路的反馈电压去代替原来的输入电压,才能使电路维持振荡。其实,振荡的建立并不需要外加正弦信号,也就是说,振荡的建立完全是自激的。

振荡的建立过程是这样的:当电路刚一接上直流电源,电路中会出现一个电冲击,这个电冲击中含有丰富的谐波,其中一定含有与振荡频率 f_0 同频率的谐波。通过电路的放大和选频,能把频率为 f_0 的谐波选出来,并反馈到放大电路的输入端。而频率为 f_0 以外的各谐波,由于选频电路的存在而均被抑制。频率为 f_0 的谐波可能是很微弱的,但只要满足相位条件和 $|\dot{A}\dot{F}|>1$ 的条件,就会经过放大→正反馈→再放大的反复循环,使频率为 f_0 的谐波幅度不断增大,正弦波振荡便可由小到大地建立起来。

2. 振荡的稳定

频率为 f_0 的振荡一旦建立起来,振荡幅度是不会无限地增大的,一旦进入到放大器件的非线性区或由于电路中稳幅环节的作用,便会达到 $|\dot{A}\dot{F}|=1$,输出幅度最后稳定在一个固定的数值,电路便维持在稳定的振荡工作状态。

五、正弦波振荡电路的组成

综上所述,正弦波振荡电路应由以下四部分组成:放大电路、正反馈网络、选频网络和稳幅电路。

其中,放大电路和正反馈网络共同保证电路在振荡的建立过程中,使 $|\dot{A}\dot{F}|>1$,产生正反馈过程,让振荡由小到大地建立起来。选频网络则保证电路只产生单一频率的振荡。反馈网络与选频网络可以是两个独立的网络,也可以合并成一个。稳幅电路则保证正弦波振荡电路输出幅值稳定的正弦波信号。分立元件正弦波振荡电路是依靠半导体器件的非线性实现稳幅作用的。

六、分析正弦波振荡电路的方法和步骤

分析正弦波振荡电路的方法和步骤为:

(1)观察电路中是否包含振荡电路的四个组成部分。

(2)判断放大电路能否正常工作。即静态工作点能否正常建立,动态信号能否顺利传输和放大。

(3)检查电路是否满足自激振荡条件。

在检查自激振荡条件时，一般着重检查相位平衡条件，若相位平衡条件不满足，则电路一定不能产生正弦波振荡。检查相位平衡条件时，可采用瞬时极性法。具体做法是：将反馈断开，并在断开处给放大电路加入某一瞬时极性的输入电压 $\dot{U}_i$，然后根据电路的工作原理判断输出电压 $\dot{U}_o$ 和反馈电压 $\dot{U}_f$ 在该瞬时的极性，若 $\dot{U}_f$ 与 $\dot{U}_i$ 的瞬时极性相同，则相位平衡条件得到满足，电路有可能产生正弦波振荡，否则电路就不可能产生正弦波振荡。

至于幅度平衡条件，因为放大电路的电压放大倍数都较大，故 $|\dot{A}\dot{F}| \geqslant 1$ 是很容易满足的。若不满足，可以适当调整 $|\dot{A}|$ 或 $|\dot{F}|$。

只有在电路满足相位条件的情况下，判断是否满足幅值条件才有意义。换言之，若电路不满足相位条件，则电路不可能振荡，也就无须判断幅值条件了。相位条件是否满足是由电路的结构形式决定的，而幅值条件是由参数决定的。

8.1.2 *RC* 正弦波振荡电路

在要求产生频率较低的正弦波信号时，常采用 *RC* 正弦波振荡电路。在这里，我们介绍在低频信号发生器中广泛采用的 *RC* 桥式正弦波振荡电路。

一、*RC* 串并联网络的选频特性

如图 8.1.4 所示的 *RC* 串并联网络是 *RC* 桥式正弦波振荡电路的选频电路，也是反馈电路。下面首先分析 *RC* 串并联选频网络的选频特性，然后根据正弦波振荡电路的两个条件选择合适的放大电路指标，以构成一个完整的振荡电路。

由图 8.1.4 可得

$$\dot{F} = \frac{\dot{U}_f}{\dot{U}_o} = \frac{R // \dfrac{1}{j\omega C}}{R + \dfrac{1}{j\omega C} + R // \dfrac{1}{j\omega C}}$$

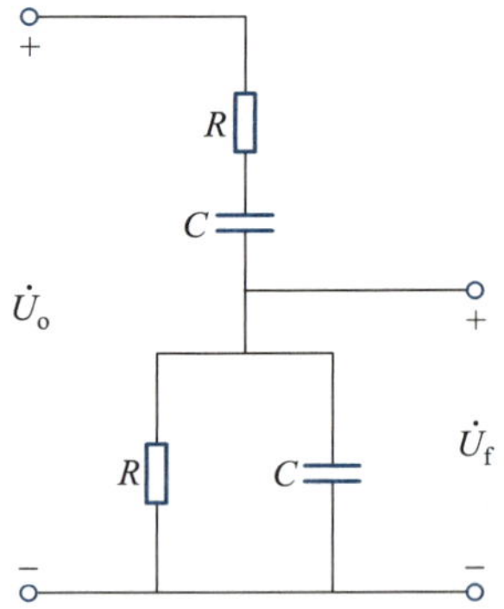

图 8.1.4 *RC* 串并联网络

整理可得

$$\dot{F} = \frac{1}{3 + j\left(\omega RC - \dfrac{1}{\omega RC}\right)}$$

令

$$\omega_0 = \frac{1}{RC}$$

即

$$f_0 = \frac{1}{2\pi RC}$$

则

$$\dot{F}=\frac{1}{3+\mathrm{j}\left(\frac{f}{f_0}-\frac{f_0}{f}\right)} \tag{8.1.4}$$

由式(8.1.4)可得 RC 串并联网络的幅频特性为

$$|\dot{F}|=\frac{1}{\sqrt{3^2+\left(\frac{f}{f_0}-\frac{f_0}{f}\right)^2}} \tag{8.1.5}$$

相频特性为

$$\varphi_F=-\arctan\frac{1}{3}\left(\frac{f}{f_0}-\frac{f_0}{f}\right) \tag{8.1.6}$$

由式(8.1.5)和式(8.1.6)可画出 RC 串并联网络的幅频特性和相频特性，如图 8.1.5(a)和(b)所示。

由此可知，当 $f=f_0$ 时，不但 $\varphi=0$，而且 $|\dot{F}|$ 最大，即 $|\dot{F}_{max}|=\frac{1}{3}$。这就是说，当 $f=f_0=\frac{1}{2\pi RC}$ 时，RC 串并联网络的输出电压 $|\dot{U}_f|$ 的值最大，即 $\frac{|\dot{U}_f|}{|\dot{U}_o|}=\frac{1}{3}$，而且 $\dot{U}_f$ 与 $\dot{U}_o$ 同相。

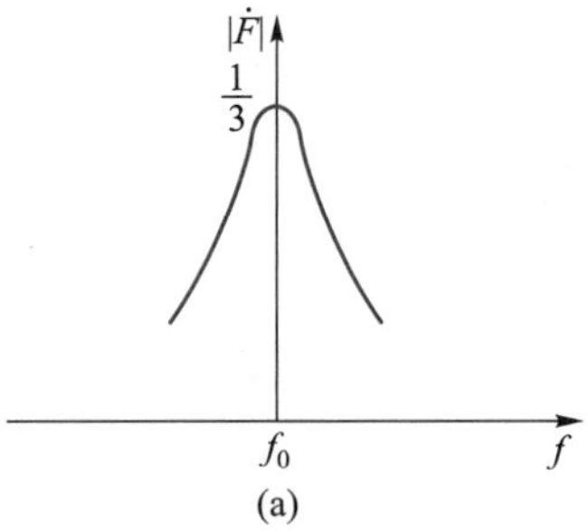

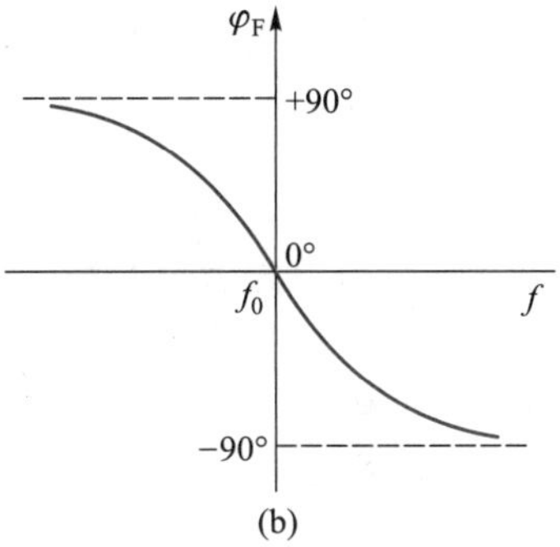

图 8.1.5 RC 串并联网络的选频特性

(a) 幅频特性 (b) 相频特性

二、*RC* 桥式正弦波振荡电路

1. 电路

RC 桥式正弦波振荡电路如图 8.1.6 所示。在图中，RC 串并联网络的串联支路和并联支路与负反馈电路中的 R_f 和 R_1 分别构成电桥电路的四个桥臂，故称这种振荡电路为**桥式 *RC* 振荡电路**或**文氏电桥振荡电路**。

这种振荡电路的放大电路是由同相输入比例运算电路组成的，RC 串并联网络则组成振荡电路的选频网络和正反馈网络。

2. 振荡的建立与稳定

假设将正反馈线在集成运算放大器的同相输入端×处断开，并在运算放大器的同相输入端加入一个频率为 $f=f_0=\frac{1}{2\pi RC}$ 的正弦波信号 $\dot{U}_i$，则 $\dot{U}_o$ 与 $\dot{U}_i$ 同相。$\dot{U}_o$ 加在 RC 串并联网络上，在其并联支路上得到反馈电压 $\dot{U}_f$。在 $f=f_0$ 时，因 $\dot{U}_f$ 与 $\dot{U}_o$ 同相，所以 $\dot{U}_f$ 与 $\dot{U}_i$ 同相，电路能让 $f=f_0$ 的信号满足自激振荡的相位平衡条件。在图 8.1.6 中，分别标出了 $\dot{U}_i$、$\dot{U}_o$ 和 $\dot{U}_f$ 的瞬时极性。对于 f_0 以外的信号，因 $\dot{U}_f$ 与 $\dot{U}_i$ 不可能同相，均不能满足自激振荡的相位平衡条件，因此电路只能输出单一频率的正弦波。电路的振荡频

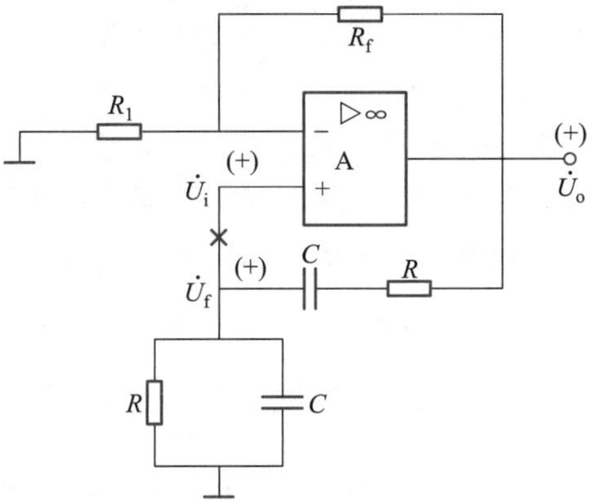

图 8.1.6 RC 桥式正弦波振荡电路

率为

$$f_0 = \frac{1}{2\pi RC} \tag{8.1.7}$$

为了满足自激振荡的幅度平衡条件,要求

$$|\dot{A}| = \frac{1}{|\dot{F}|}$$

因为 $|\dot{F}| = \frac{1}{3}$,故要求

$$|\dot{A}| = 3$$

集成运算放大器、R_f 和 R_1 一起组成同相比例运算电路,在理想的情况下,可得

$$|\dot{A}| = 1 + \frac{R_f}{R_1} = 3 \tag{8.1.8}$$

故为了满足自激振荡的幅度平衡条件,应使

$$\frac{R_f}{R_1} = 2$$

为了便于电路起振,实际所需的 $|\dot{A}|$ 应略大于 3,即要求 R_f 略大于 $2R_1$,这时只要调节 $\frac{R_f}{R_1}$ 的值便可满足自激振荡的幅度平衡条件。

所谓建立振荡,就是要使电路自激,从而产生持续的振荡,由直流电变为交流电。对于 RC 振荡电路来说,直流电源即能源。那么自激的因素又是什么呢?由于电路中存在噪声,它的频谱分布很广,其中也包括 $f = f_0 = \frac{1}{2\pi RC}$ 这样一个频率成分。这种微弱的信号,经过放大,通过正反馈的选频网络,使输出幅度越来越大,最后受电路中非线性器件的限制,使振荡幅度自动地稳定下来,从而得到我们需要的固定频率的正弦波。

对于图 8.1.6 所示的电路,为保证可靠起振,要求 $|\dot{A}\dot{F}| > 1$,才能使振荡波形的幅度从小到大不断地增大,直到输出幅度被集成运算放大器的最大输出电压所限制时为止,这样输出波形必然要产生严重的非线性失真。

3. 稳幅措施

为了改善输出电压幅度的稳定问题,可以在放大电路的负反馈回路里采用非线性元件来自动调整反馈的强弱以维持输出电压稳定。例如,在图所示的电路中,R_f 可采用一温度系数为负的热敏电阻代替。当输出电压 $|\dot{U}_o|$ 增加时,通过反馈回路的电流 $|\dot{I}_f|$ 也随之增加,结果使热敏电阻的阻值减小,负反馈加强,放大电路的增益下降,从而使输出电压 $|\dot{U}_o|$ 下降;反之,当输出电压 $|\dot{U}_o|$ 下降时,由于热敏电阻可以自动调整,故将使 $|\dot{U}_o|$ 回升,因此,可以维持输出电压基本恒定。

为了稳定输出波形的幅度并减小其非线性失真,可采用如图 8.1.7 所示的实用 RC 桥式正弦波振荡电路。

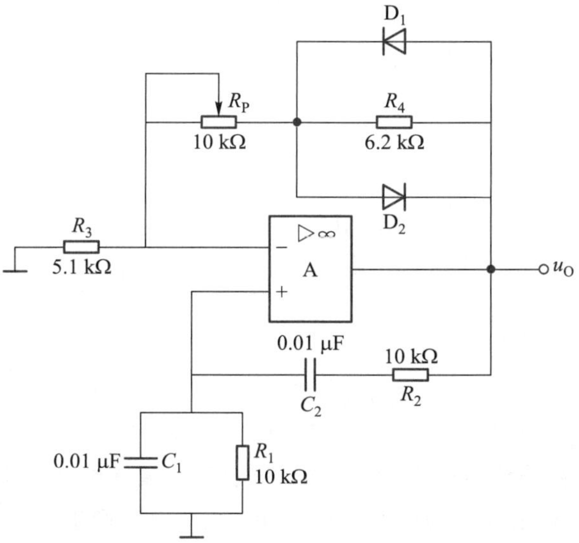

图 8.1.7 实用 RC 桥式正弦波振荡电路

图中，R_1、C_1 和 R_2、C_2 构成的串并联网络是正反馈网络，并兼作选频网络；在负反馈支路中，除了 R_3 和 R_4 外，增加了可变电阻 R_P，并在 R_4 上并联了反向连接的二极管 D_1 和 D_2，构成稳幅电路。

调节可变电阻 R_P 可以改变负反馈的深度，以满足振荡的幅度平衡条件和改善输出波形。

二极管 D_1 和 D_2 分别在输出电压的正半周和负半周中起作用，它们的正向等效电阻构成负反馈电阻的一部分。当任何原因使振荡幅度增大时，流过二极管的电流增大，正向等效电阻减小，使 D_1、D_2 和 R_4 三者并联部分的等效电阻减小，进而使同相比例运算电路的电压放大倍数随输出幅度的增大而减小，从而达到稳定振荡幅度的目的。D_1 和 D_2 应使用温度稳定性好且特性匹配的二极管，以保证电路输出正、负半周对称的正弦波。

例 8.1.1 RC 桥式正弦波振荡电路如图 8.1.7 所示，调节可变电阻使 R_P 取值为 9.1 kΩ，运算放大器 A 的 $U_{om}=\pm 14$ V。(1) 分析二极管 D_1、D_2 的稳幅原理；(2) 若 $U_D=0.6$V，估算 U_{om}；(3) 若 R_3 开路，则 $u_O=$? (4) 若 R_3 短路，画出 u_O 的波形。

解 (1) 当 u_O 较小时，D_1、D_2 近似截止，放大器的放大倍数 $A_u=\dfrac{R_4+R_P+R_3}{R_3}=4>3$，有利于起振；当 u_O 较大时，D_1 或 D_2 导通，使其与 R_4 并联支路的电阻下降，A_u 随之下降，u_O 的幅值趋于稳定。

(2) 若 $U_D=0.6$ V，由于稳幅时 $\dfrac{R_4'+R_P+R_3}{R_3}=3$，可以求出对应于输出正弦波 U_{om} 一点相应的 D_1、D_2 与 R_4 并联支路的电阻 $R_4'=1.1$ kΩ。因为流过 R_4' 的电流等于流过 R_3、R_P 的电流，故有

$$\frac{0.6\ \text{V}}{1.1\ \text{k}\Omega}=\frac{U_{om}}{1.1\ \text{k}\Omega+5.1\ \text{k}\Omega+9.1\ \text{k}\Omega}\quad\Rightarrow\quad U_{om}\approx 8.35\ \text{V}$$

(3) 若 R_3 开路，$A_u<3$，电路将停止振荡，输出为与时间轴平行的一条直线。

（4）若 R_3 短路，$A_u \to \infty$，输出波形如图 8.1.8 所示。

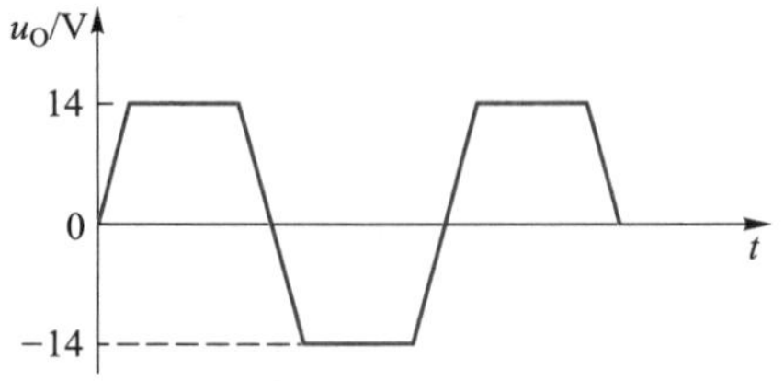

图 8.1.8　例 8.1.1 电路的输出波形

教学视频 8.2
LC 正弦
波振荡电路

8.1.3　LC 正弦波振荡电路

RC 正弦波振荡电路产生的正弦波信号频率较低，如果需要产生 1 MHz 以上的高频正弦波信号，则需要应用 LC 正弦波振荡电路。LC 和 RC 振荡电路产生正弦振荡的原理基本相同，它们在电路组成方面的主要区别是，RC 振荡电路的选频网络由电阻和电容组成，而 LC 振荡电路的选频网络则由电感和电容组成，各自的名称说明了它们之间的差别。

一、LC 选频电路

由 LC 并联谐振回路组成的选频电路是 LC 正弦波振荡电路的一个重要组成部分，在讨论 LC 正弦波振荡电路之前，先来复习一下 LC 并联谐振回路的选频特性。

图 8.1.9（a）所示是一个 LC 并联谐振回路。电阻 R 表示回路和回路所带负载的等效总

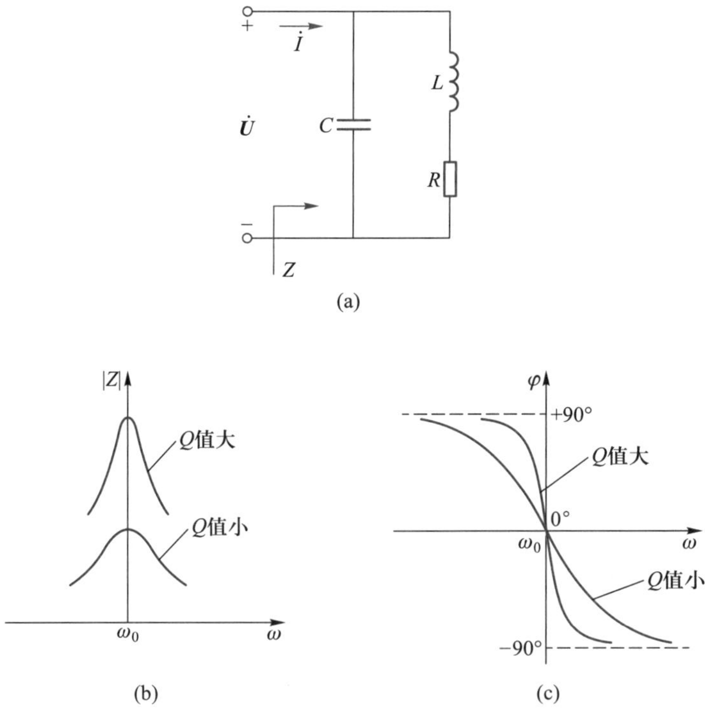

图 8.1.9　LC 并联谐振回路

（a）电路　（b）幅频特性　（c）相频特性

损耗电阻，其数值一般很小。由图可得 LC 并联谐振回路的等效阻抗为

$$Z=\frac{\frac{1}{\mathrm{j}\omega C}(R+\mathrm{j}\omega L)}{\frac{1}{\mathrm{j}\omega C}+R+\mathrm{j}\omega L} \tag{8.1.9}$$

通常 $\omega L\gg R$，故式(8.1.9)可简化为

$$Z\approx\frac{\frac{L}{C}}{R+\mathrm{j}\left(\omega L-\frac{1}{\omega C}\right)} \tag{8.1.10}$$

由式(8.1.10)可得等效阻抗的模为

$$|Z|\approx\frac{\frac{L}{C}}{\sqrt{R^2+\left(\omega L-\frac{1}{\omega C}\right)^2}} \tag{8.1.11}$$

等效阻抗的相角为

$$\varphi=\arctan\frac{\frac{1}{\omega C}-\omega L}{R} \tag{8.1.12}$$

根据式(8.1.11)和式(8.1.12)可画出 LC 并联谐振回路的幅频特性和相频特性，如图8.1.9(b)和(c)所示。

由此可得出关于 LC 并联谐振回路的几个重要结论：

(1) 在回路损耗很小(即 $\omega L\gg R$)的情况下，当外界信号源的某个特定角频率 ω_0 使两个并联支路的阻抗相等，即 $\omega_0 L=\frac{1}{\omega_0 C}$ 时，LC 回路将发生并联谐振。ω_0 称为**回路的谐振角频率**，即

$$\omega_0\approx\frac{1}{\sqrt{LC}}$$

或谐振频率为

$$f_0\approx\frac{1}{2\pi\sqrt{LC}} \tag{8.1.13}$$

(2) 由式(8.1.10)可知，当回路发生并联谐振时，回路的等效阻抗呈现纯电阻性质。此时，$\dot{U}$ 与 $\dot{I}$ 同相，且阻抗值最大，即

$$|Z_0|\approx\frac{L}{RC} \tag{8.1.14}$$

当角频率 ω 偏离 ω_0 时，$|Z|$ 将减小。

(3) 当外加信号的角频率 ω 低于回路的谐振角频率 ω_0 时，由于 $\omega L<\frac{1}{\omega C}$，回路的等效阻抗呈电感性(因为阻抗并联电路的性质主要取决于阻抗值小的支路的性质)；当外加信号

的角频率 ω 高于回路的谐振角频率 ω_0 时，由于 $\omega L > \dfrac{1}{\omega C}$，回路的等效阻抗呈电容性。

（4）定义

$$Q = \frac{\omega_0 L}{R} = \frac{1}{\omega_0 CR} = \frac{1}{R}\sqrt{\frac{L}{C}} \tag{8.1.15}$$

为 LC 并联谐振回路的品质因数。将式（8.1.15）代入式（8.1.14）中，可得谐振时回路的阻抗为

$$|Z_0| \approx \frac{L}{RC} = Q\omega_0 L = \frac{Q}{\omega_0 C} \tag{8.1.16}$$

因此，回路的品质因数越高，它的幅频特性越尖锐，如图 8.1.9（b）所示；回路的品质因数越高，谐振时回路的阻抗越大，相频特性变化越快，选频特性越好，如图 8.1.9（c）所示。可见，谐振曲线的形状与回路的 Q 值密切相关。

二、变压器反馈式 LC 选频加放大电路

1. 电路的组成

变压器反馈式 LC 正弦波振荡电路如图 8.1.10（a）所示。图中，由晶体管、偏置电阻（R_{b1}、R_{b2} 和 R_e）、发射极旁路电容 C_e 和 LC 并联谐振回路组成放大电路；晶体管集电极电路中的 LC 并联谐振回路是选频网络；变压器的一次绕组 L 和二次绕组 L_1 组成正反馈网络，在 L_1 上得到反馈电压，故称这种振荡电路为**变压器反馈式 LC 振荡电路**。

变压器 L 和 L_1 绕组上带"."的端是同名端，表示两绕组中的电压在同名端有相同的瞬时极性。

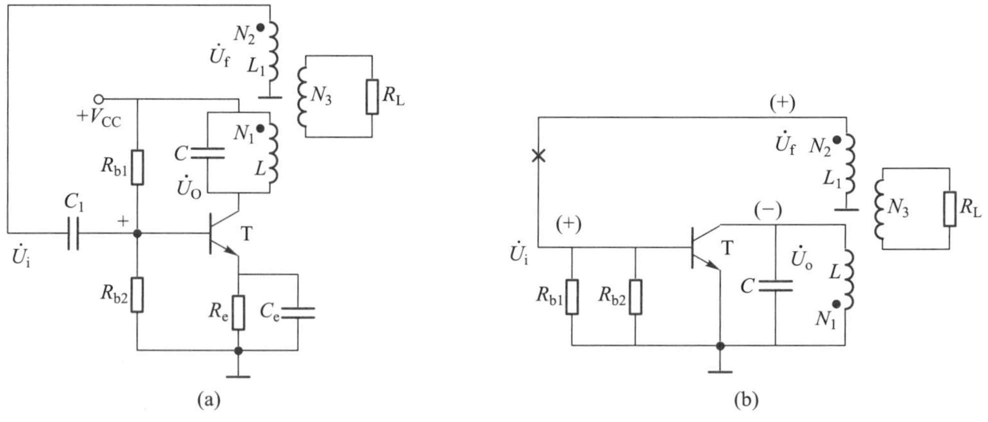

图 8.1.10 变压器反馈式 LC 正弦波振荡电路
（a）电路 （b）交流通路

2. 检查电路是否满足自激振荡条件

检查振荡条件着重指检查相位平衡条件。为了便于检查相位平衡条件，可先画出振荡电路的交流通路，如图 8.1.10（b）所示。假设将正反馈线在×处断开，若在放大电路的输入端加一个频率为 LC 并联谐振回路的谐振频率 f_0 的信号 $\dot{U}_i$，此时由于 LC 并联谐振回路的等效阻抗呈电阻性，所以 $\dot{U}_o$ 与 $\dot{U}_i$ 反相。根据图中 L_1 和 L 同名端的安排，$\dot{U}_f$ 与 $\dot{U}_o$ 反相。因此，$\dot{U}_f$

与 $\dot{U}_i$ 同相,可见电路能使频率为 f_0 的信号满足自激振荡的相位平衡条件。在图 8.1.10(b)中,分别标出了 $\dot{U}_i$ 、$\dot{U}_o$ 和 $\dot{U}_f$ 的瞬时极性。若 $\dot{U}_i$ 的频率不是 f_0,这时由于 LC 并联谐振回路的等效阻抗呈电容性或呈电感性,$\dot{U}_o$ 与 $\dot{U}_i$ 的相位不是相差 180°,$\dot{U}_f$ 与 $\dot{U}_i$ 不可能同相,因此频率为 f_0 以外的信号都不满足自激振荡的相位平衡条件。所以电路只能产生频率为 f_0 的正弦波信号,即电路的振荡频率近似为

$$f_0 \approx \frac{1}{2\pi\sqrt{LC}} \tag{8.1.17}$$

改变 LC 并联谐振回路的参数 L 或 C 的大小,就可以改变电路的振荡频率。

若幅值平衡条件不能满足,可选用 β 较大的晶体管,也可以加大 L_1 的匝数或调整变压器磁芯的位置以加强 L_1 与 L 之间的耦合等方法,使电路满足产生自激振荡的幅值平衡条件。

应该注意的是,若 L_1 或 L 中有一个绕组的同名端接错,则 $\dot{U}_f$ 与 $\dot{U}_i$ 反相,电路就不能产生自激振荡了。

三、三点式 LC 正弦波振荡电路

1. 电感三点式 LC 正弦波振荡电路

图 8.1.11(a)和(b)分别是电感三点式 LC 正弦波振荡电路和交流通路。在图 8.1.11(a)中,由晶体管 T、电阻(R_{b1}、R_{b2}、R_e)、电容 C_e 和 LC 并联谐振回路组成放大电路;LC 并联谐振回路是选频网络;线圈 L_1 和 L_2 组成正反馈网络,L_2 上的电压作为反馈电压 u_f。由图 8.1.11(b)可知,LC 并联谐振回路中电感 L_1 和 L_2 三个抽头分别与晶体管的三个电极相连,故称为**电感三点式 LC 振荡电路**。

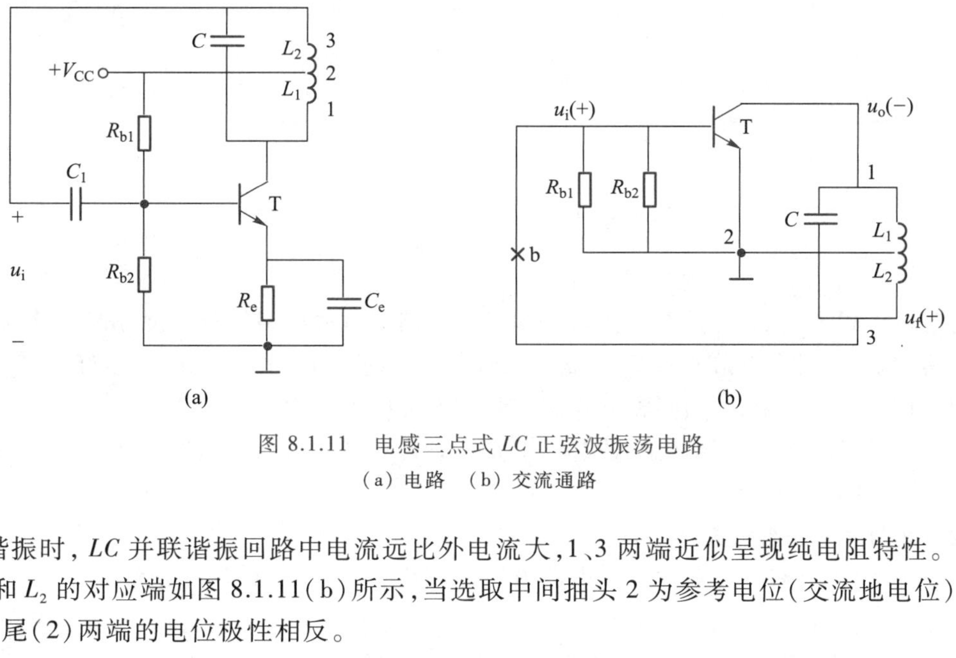

图 8.1.11 电感三点式 LC 正弦波振荡电路

(a) 电路 (b) 交流通路

谐振时,LC 并联谐振回路中电流远比外电流大,1、3 两端近似呈现纯电阻特性。因此,当 L_1 和 L_2 的对应端如图 8.1.11(b)所示,当选取中间抽头 2 为参考电位(交流地电位)点时,首(1)尾(2)两端的电位极性相反。

现分析图 8.1.11(a)所示电路的相位平衡条件。图 8.1.11(a)所示电路的交流通路如图 8.1.11(b)所示。设从反馈线的点 b 处断开,同时加入输入电压 u_i 为(+)极性的信号,由于在纯电阻负载条件下,共射电路有反相作用,因而集电极电位瞬时极性为(−),又因为2端

接地,因而 3 端的瞬时电位极性为(+),即反馈信号 u_f 与输入信号 u_i 同相,各电压的瞬时极性如图 8.1.11(b) 所示,满足相位平衡条件。

电感三点式 LC 振荡电路的缺点是,反馈电压 u_f 取自 L_2 上,L_2 对高次谐波(相对于 f_0 而言)阻抗大,因而引起振荡回路输出谐波分量增大,输出波形不是很理想。

2. 电容三点式 LC 正弦波振荡电路

图 8.1.12(a)和(b)分别是电容三点式 LC 振荡电路和交流通路。在图 8.1.12 中,电容 C_1、C_2 和电感 L 组成 LC 并联谐振回路,是选频网络;电容 C_1 和 C_2 组成正反馈网络,电容 C_2 上的电压作为反馈电压 u_f。在图 8.1.12(b)中,由于 C_1 和 C_2 的三个断点分别与晶体管的三个电极相连,故称为**电容三点式 *LC* 振荡电路**。

电容三点式 LC 振荡电路与电感三点式 LC 振荡电路一样,都具有 LC 并联谐振回路,因此,电容中三个端点的相位关系与电感三点式相似。设从反馈点 b 处断开,同时加入输入电压 u_i 为(+) 极性的信号,由于在纯电阻负载条件下,共射电路有反相作用,因而集电极电位瞬时极性为(-),又因为 2 端接地,3 端与 1 端的电位极性相反,因而 3 端的瞬时电位极性为(+),即反馈信号 u_f 与输入信号 u_i 同相,各电压的瞬时极性如图 8.1.12(b) 所示,满足相位平衡条件。

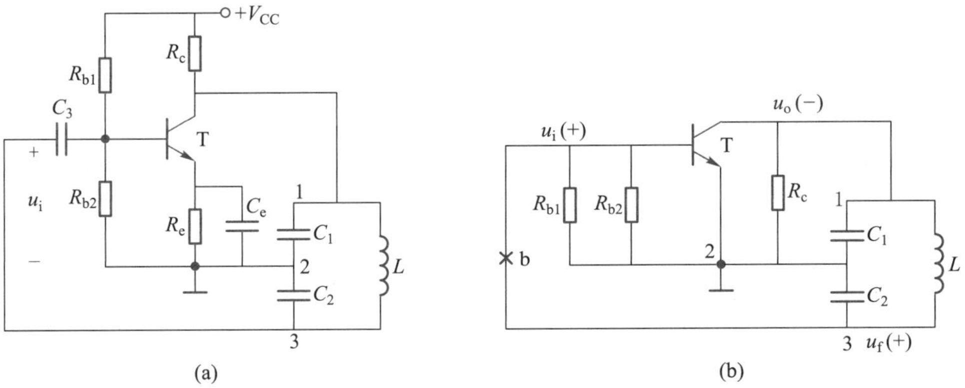

图 8.1.12 电容三点式 LC 正弦波振荡电路

(a) 电路 (b) 交流通路

电容三点式 LC 振荡电路常称为考毕兹振荡电路。这种电路的特点是,由于反馈电压是从电容两端取出,对高次谐波阻抗小,因而可将高次谐波滤除,所以输出波形好。其通常用于调幅和调频接收机中,利用同轴电容器来调节振荡频率。

应该指出,LC 振荡电路的形式很多,但是不管何种结构形式,都必须保证自激振荡的相位平衡条件,并且晶体管要处于正常放大状态。

四、振荡频率和起振条件

相位平衡条件满足了,只能说明电路有可能产生自激振荡,还不一定能产生振荡,为了确保电路能振荡,还必须满足幅值平衡条件。为此,要求对电路进行分析,以得出放大器件的参数与电路参数之间的关系。LC 振荡电路中的晶体管在稳定振荡时,虽然常工作于非线性状态,但在起振阶段,为了便于分析振荡条件,仍采用小信号模型。下面以三点式振荡电路为例,进行具体的分析。

1. 振荡频率

三点式 LC 振荡电路的一般结构如图 8.1.13 所示。这里，X_1、X_2、X_3 为电抗元件，例如，X_3 为电容，X_1、X_2 为电感，电路属于电感三点式；而当 X_3 为电感，X_1、X_2 为电容时，电路属于电容三点式。

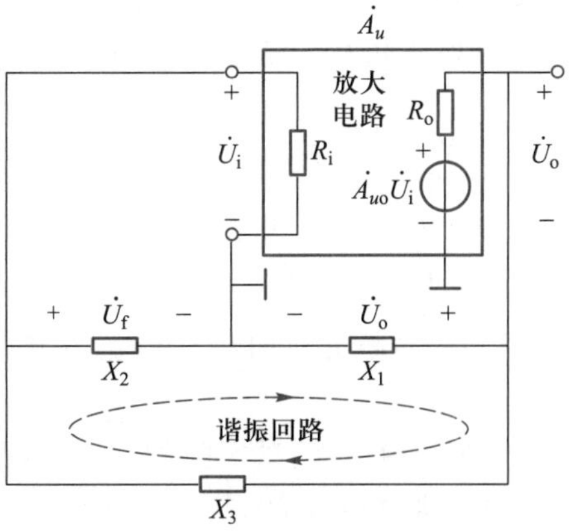

图 8.1.13　三点式 LC 振荡电路的一般结构

将反馈输入端断开，由图 8.1.13 即可写出

$$\dot{A}_u=\frac{\dot{U}_o}{\dot{U}_i}=\frac{\dot{A}_{uo}[\mathrm{j}X_1 /\!/ \mathrm{j}(X_2+X_3)]}{R_o+\mathrm{j}X_1 /\!/ \mathrm{j}(X_2+X_3)}$$

$$\dot{F}_u=\frac{\dot{U}_f}{\dot{U}_o}=\frac{\mathrm{j}X_2}{\mathrm{j}(X_2+X_3)}=\frac{X_2}{X_2+X_3}$$

由此可得到

$$\dot{A}_u\dot{F}_u=\frac{\dot{U}_o}{\dot{U}_i}=\frac{-\dot{A}_{uo}X_1X_2}{-X_1(X_2+X_3)+\mathrm{j}R_o(X_1+X_2+X_3)} \tag{8.1.18}$$

为满足自激振荡的条件，要求

$$\dot{A}_u\dot{F}_u=1$$

则式(8.1.18)中，必须令虚部为零，实部为 1，于是可得

$$X_1+X_2+X_3=0 \tag{8.1.19}$$

$$\frac{X_2}{X_2+X_3}\dot{A}_{uo}=1 \tag{8.1.20}$$

由式(8.1.19)得到振荡频率，实际上就是选频网络所组成的 LC 回路谐振频率 f_0，所以

$$f_0=\frac{1}{2\pi\sqrt{L'C''}}$$

L' 和 C'' 分别表示谐振回路的总电感和总电容。

由式(8.1.19)和式(8.1.20)可知，电抗元件 X_1、X_2、X_3 中，如果 X_3 为电容，X_1、X_2 为电感，如图 8.1.11 所示的电感三点式，则 $L'=L_1+L_2$，$C''=C$，所以有

$$f_0\approx\frac{1}{2\pi\sqrt{(L_1+L_2)C}} \tag{8.1.21}$$

如果考虑 (L_1+L_2) 之间的互感，电路的振荡频率近似为

$$f_0\approx\frac{1}{2\pi\sqrt{(L_1+L_2+2M)C}}$$

电抗元件 X_1、X_2、X_3 中，如果 X_3 为电感，X_1、X_2 为电容，如图 8.1.12 所示的电容三点式，则 $L'=L$，C'' 为 C_1 串联 C_2，所以有

$$f_0=\frac{1}{2\pi\sqrt{L\dfrac{C_1C_2}{C_1+C_2}}} \tag{8.1.22}$$

2. 起振条件

当 LC 并联发生谐振时,由式(8.1.19) 可知,$X_1 = -(X_2 + X_3)$,所以式(8.1.20)可写成

$$\dot{A}_{uo} = -\frac{X_1}{X_2} \tag{8.1.23}$$

由式(8.1.23)可知,当 X_1 与 X_2 为同类电抗元件时,$\dot{A}_{uo}$ 要求为负值才能满足正弦振荡条件,如图 8.1.11(a)和图 8.1.12(b)所示振荡电路中的放大器为共射放大电路;当 X_1 与 X_2 为不同类型的电抗元件时,要求 $\dot{A}_{uo}$ 为正值才能满足正弦振荡的条件,一般放大电路采用共基极放大电路。

式(8.1.20)对调试实际的三点式振荡电路有一定的指导意义。由式(8.1.19)可知 $X_2 + X_3 = -X_1$,则式(8.1.20)可变形为

$$-\frac{X_2}{X_1}\dot{A}_{uo} = 1$$

所以,起振时需满足

$$-\frac{X_2}{X_1}\dot{A}_{uo} > 1 \tag{8.1.24}$$

当线路接线正确,晶体管的直流偏置也正常时,如果振荡电路仍不能起振:(1) 不改变放大电路的参数,则需要调节 $|X_2/X_1|$ 的数值,如图 8.1.11(a)所示电感三点式振荡电路中 $X_1 = \omega L_1$,$X_2 = \omega L_2$,因而适当增加 L_2 与 L_1 的匝数比对起振有利,如图 8.1.12(a)所示电容三点式振荡电路,为了利于起振,则需减小 C_2/C_1 的数值;(2) 电抗元件参数不改变,则可以设法提高放大倍数(如更换 β 值较大的晶体管)以满足起振条件。

在 LC 振荡电路中,振荡幅度的稳定是靠晶体管的非线性自动稳定振荡幅度来实现的。

例 8.1.2 应用相位平衡条件判断图 8.1.14 所示电路能否振荡?如果能振荡,请简要说明理由,对于不能振荡的电路,应如何改动才能振荡?图中 C_e、C_2 为大电容,对交流信号可视为短路。

解 图(a)(b)(c)所示电路满足相位平衡条件,可能振荡。图(d)所示电路不满足相位平衡条件,故不能振荡。改后的电路如图 8.1.15 所示。其中图 8.1.15(a)虽然满足相位平衡条件,但是 A_1 引入了正反馈处于非线性区,无法处于线性放大状态。图 8.1.15(b)所示电路可振荡。

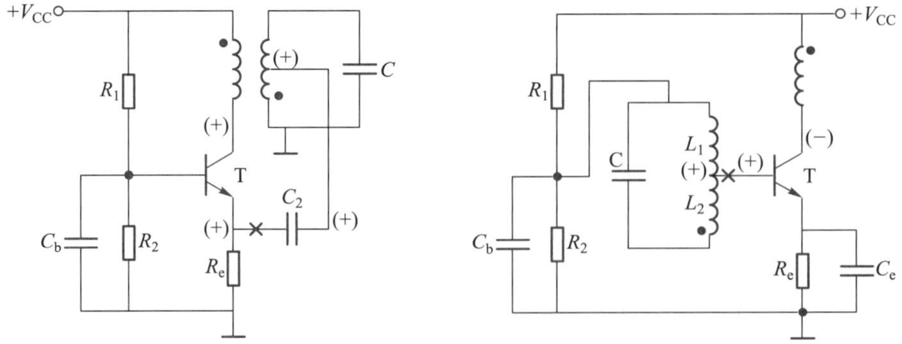

(a) (b)

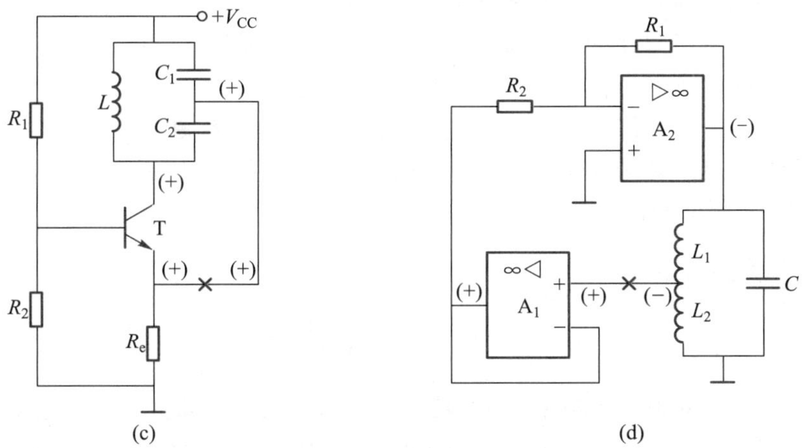

图 8.1.14 例 8.1.2 图

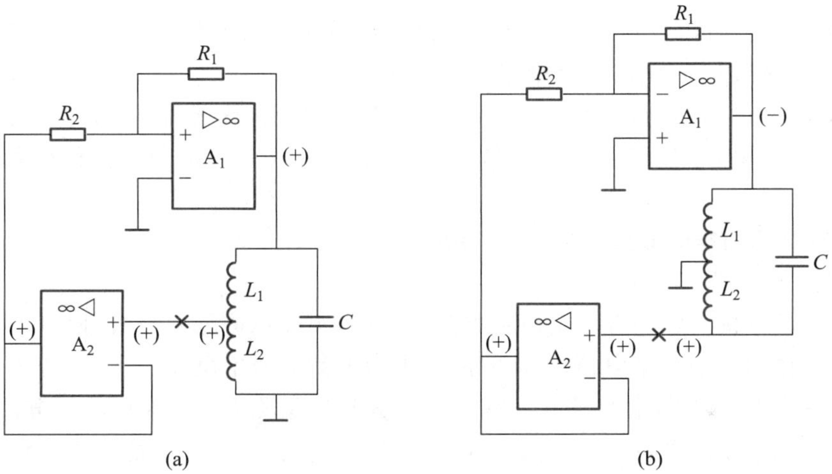

图 8.1.15 例 8.1.2 图解

8.1.4 石英晶体正弦波振荡电路

随着科学技术的迅速发展,人们对正弦波振荡电路振荡频率的稳定度 $\Delta f/f$ 提出了越来越高的要求。例如,在数字测量系统中,就需要一个振荡频率很稳定的正弦波振荡电路作为频率的标准,用以发出时间基准信号。实践证明,对于一般的 *LC* 振荡电路,它的频率稳定度是有限的,一般不能突破 10^{-5} 数量级。

利用石英晶体取代 *LC* 振荡电路中的 *L*、*C* 元件,可以组成频率稳定度很高的石英晶体正弦波振荡电路,其稳定度可比 *LC* 振荡电路提高好几个数量级,一般可达 $10^{-6} \sim 10^{-8}$,甚至可高达 $10^{-10} \sim 10^{-11}$。因此,石英晶体正弦波振荡电路在频率稳定度要求很高的设备中得到了广泛的应用。

一、LC 正弦波振荡电路频率稳定度与品质因数的关系

为什么一般的 LC 正弦波振荡电路频率的稳定度不能做得很高呢？这是因为 LC 并联谐振回路的品质因数不够高。

由图 8.1.9(b)和(c)可知，LC 并联谐振回路的品质因数 Q 越大，它的幅频特性越尖锐，回路的选择性越好；它的相频特性在 ω_0 附近越陡，对于同样的相位变化 $\Delta\varphi$ 来说，角频率的变化 $\Delta\omega/\omega_0$ 越小，频率的稳定度越高。

根据品质因数的表达式

$$Q=\frac{\omega_0 L}{R}=\frac{1}{R}\sqrt{\frac{L}{C}}$$

可知，为了提高 LC 并联谐振回路的品质因数 Q，应尽量减小回路的损耗电阻 R，并加大 L/C 的值。但是，加大 L/C 的值，却受到一些因素的限制。例如，L 的数值太大，不仅会增大 L 的体积，还会增大线圈的损耗电阻和分布电容；若 C 的数值选得太小，当与 C 并联的分布电容和杂散电容变化时，将明显影响频率的稳定度。在一般情况下，LC 并联谐振回路的品质因数最高也只有几百。因此，在一般 LC 振荡电路中，即使采取了各种措施来稳定它的振荡频率，但其稳定度也很难突破 10^{-5} 数量级。

石英晶体具有很高的 L/C 值，用它组成的石英晶体正弦波振荡电路，可以大大提高振荡频率的稳定度。下面首先了解石英晶体的构造和它的基本特性，然后再分析具体的振荡电路。

二、石英晶体的压电效应和电抗-频率特性

1. 石英晶体的压电效应

若将石英晶体按一定的方位角切割成薄片，就能制成石英晶片。如图 8.1.16 所示，如果在石英晶片上作用一个机械力，则晶体的两个表面上就会产生电荷。反之，若在晶体的两个表面之间加一个电压，则晶体将产生机械变形。这种现象称为石英晶体的**压电效应**。

利用石英晶体的压电效应，可将机械能转变为电能，也可以将电能转变为机械能。如果在石英晶体的两个电极间加一个交变电压，晶体就会随交变电压作机械变形振动；反过来，晶片的机械变形振动又会产生一个交变电压。

一般情况下，晶片的机械变形振动的振幅和交变电压的幅值都是非常微小的。只有当外加交流电压的频率为某一特定值时，机械变形振动的振幅和交变电压的幅值才会显著增大，这种现象称为**石英晶体的压电谐振**。由于这个缘故，常把石英晶体称为石英晶体谐振器。我们把石英晶体产生压电谐振时的特定频率称为石英晶体的**谐振频率**或**固有频率**。

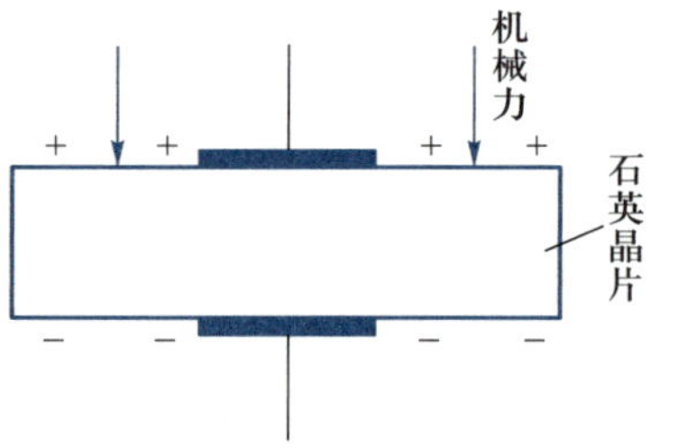

图 8.1.16　石英晶体的压电效应

2. 石英晶体的等效电路

石英晶体在电路中的符号和等效电路分别如图 8.1.17(a)和(b)所示。当晶片不振动时，相当于一个平板电容器 C_0，称为静态电容，其值与晶片的几何尺寸和电极面积有关，一般仅为几皮法至几十皮法。当晶片产生机械变形振动时，有一个机械振动惯性，可用电感 L 等效，其值为 $10^{-3}\sim10^{-2}$ H；晶片机械变形振动的摩擦所造成的损耗，可用电阻 R 等效，其值

约为 $10^2\ \Omega$；晶片机械变形振动的弹性，可用电容 C 等效，其值为 $10^{-4} \sim 10^{-1}$ pF。由于石英晶体的等效电感 L 很大，等效电容和等效电阻都很小，所以它的品质因数很高，可达 $10^4 \sim 10^6$；加上石英晶体的谐振频率仅与晶片的几何尺寸有关，它是很稳定的，因此用石英晶体可做成振荡频率稳定度很高的正弦波振荡电路。

3. 石英晶体的电抗-频率特性

石英晶体在电路中的作用，可用它的电抗-频率特性做进一步说明。石英晶体的电抗-频率特性指的是它的电抗 X 与加在其上的交流电压的频率 f 之间的关系曲线，如图 8.1.18 所示。

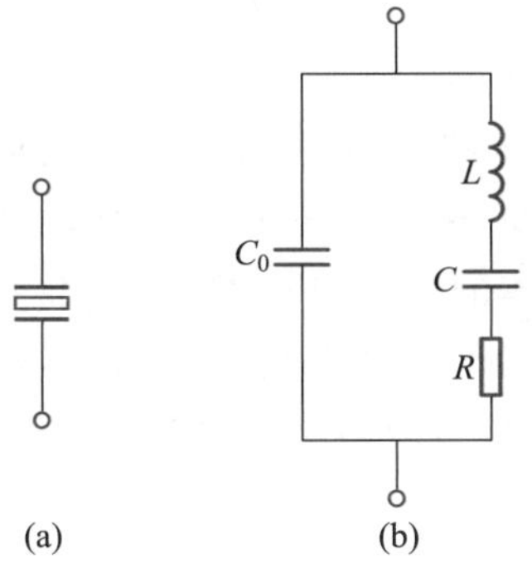

图 8.1.17 石英晶体的符号和等效电路
（a）符号 （b）等效电路

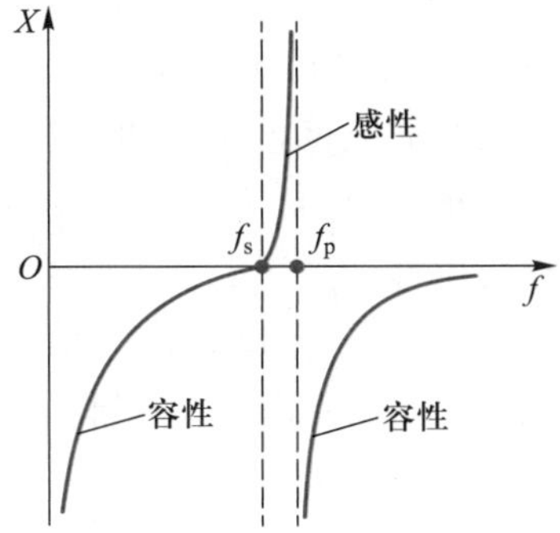

图 8.1.18 石英晶体的电抗-频率特性

当交流电压的频率很低，即 $f < f_s$ 时，在图 8.1.17(b) 中，两个支路电容的电抗均较大，它们起主要作用，石英晶体的电抗呈电容性，且其数值随频率 f 的升高而减小。当 $f = f_s$ 时，RLC 支路产生串联谐振，该支路呈纯电阻性，其等效电阻为 R；此时石英晶体的电抗为 R 与 C_0 的容抗相并联，由于 R 远小于 C_0 的容抗，故可近似认为石英晶体呈纯电阻性，其等效电阻为 R。当 $f = f_p$ 时，RLC 支路呈电感性，将和 C_0 支路一起产生并联谐振，此时石英晶体的电抗又呈纯电阻性。当 $f_s < f < f_p$ 时，电感 L 起支配作用，此时石英晶体的电抗呈电感性。当 $f > f_p$ 时，C_0 的容抗起支配作用，石英晶体的电抗又呈电容性。

由以上分析可知，石英晶体有两个谐振频率。串联谐振频率为

$$f_s = \frac{1}{2\pi\sqrt{LC}} \tag{8.1.25}$$

并联谐振频率为

$$f_p = \frac{1}{2\pi\sqrt{LC}}\sqrt{1+\frac{C}{C_0}} = f_s\sqrt{1+\frac{C}{C_0}} \tag{8.1.26}$$

由于 $C \ll C_0$，所以 f_s 和 f_p 是非常接近的。

三、石英晶体正弦波振荡电路

石英晶体正弦波振荡电路的形式很多，但它的基本电路只有两类：一类是并联晶体振荡电路；另一类是串联晶体振荡电路。在前一类石英晶体振荡电路中，石英晶体工作在 f_s 和 f_p 之间，利用它的等效电感组成振荡电路；在后一类石英晶体振荡电路中，石英晶体工作在 f_s 处，利用它的阻抗为纯电阻性的特点组成振荡电路。

1. 并联晶体正弦波振荡电路

并联晶体正弦波振荡电路如图 8.1.19 所示。在该振荡电路中，C_1、C_2 和石英晶体一起组成选频网络，而且它的工作频率必须在 f_s 和 f_p 之间，因为只有这样石英晶体才相当于一个电感，选频网络才是一个既有电容又有电感的谐振回路，因此，图 8.1.19 所示的电路就是一个电容三点式振荡电路（对于振荡频率而言，C 和 C_e 可视为短路），必能满足自激振荡的相位平衡条件。在图 8.1.19 中，C_1 和 C_2 组成正反馈网络，只要 C_1/C_2 的值足够大，就能满足自激振荡的幅值平衡条件，使电路产生正弦波自激振荡。

在该振荡电路中，由于选频网络的工作频率在 f_s 和 f_p 之间，而且 f_s 和 f_p 又非常接近，所以，可以认为并联晶体振荡电路的振荡频率近似等于 f_s。

2. 串联晶体正弦波振荡电路

串联晶体正弦波振荡电路如图 8.1.20 所示。在该电路中，对于频率为 f_s 的信号来说，石英晶体的等效阻抗最小，且为纯电阻性，它产生的相移为零，而且正反馈最强，故电路能满足自激振荡的振荡条件。对于 f_s 以外的信号，因石英晶体的等效电抗增大，又不为纯电阻性，它产生的相移不等于零，电路无法满足自激振荡条件。因此，电路的振荡频率等于石英晶体的串联谐振频率 f_s。只要调整 R_f 的阻值即可使电路满足自激振荡的幅度平衡条件。

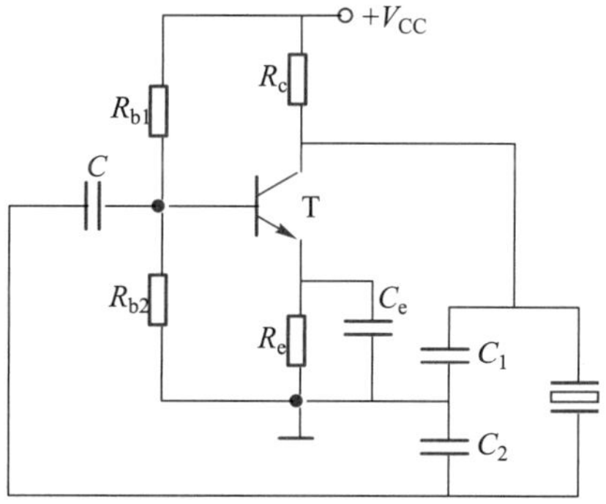

图 8.1.19 并联晶体正弦波振荡电路

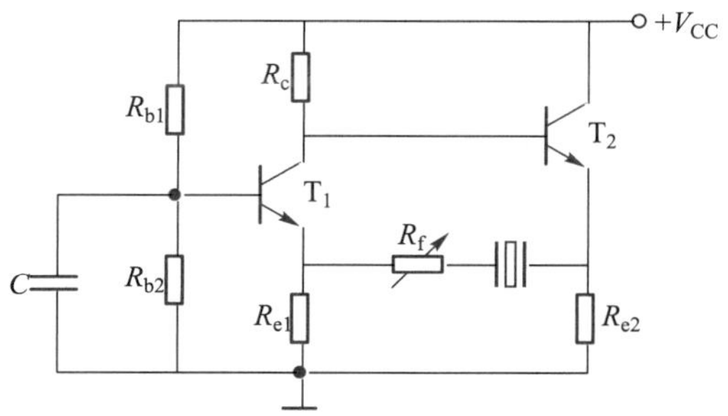

图 8.1.20 串联晶体正弦波振荡电路

思考题

8.1.1 如果反馈电压和放大器输入电压幅度相等而相位不同，那么最终能得到固定频率的稳定信号吗？

8.1.2 如果反馈电压和输入电压的相位相同而振幅不等，会出现什么情况？

8.1.3 RC 串并联网络正弦振荡电路中的运放为什么要引入负反馈？

8.1.4 RC 振荡电路起振并保持稳定输出的条件是什么？

8.1.5 LC 振荡器的静态工作点应如何选择？根据是什么？

8.1.6 LC 振荡电路是采用什么方式实现的限幅？

8.1.7 电容三点式振荡电路和电感三点式振荡电路比较，工作波形有什么不同的特点？

8.1.8 试比较 RC 正弦波振荡电路、LC 正弦波振荡电路和石英晶体正弦波振荡电路的频率稳定度，分别说明哪种频率稳定度最高，哪种最低，为什么？

8.1.9 分别说明石英晶体在并联晶体振荡电路和串联晶体振荡电路中起何作用。

8.2 非正弦信号产生电路

在近代科学技术中，不仅需要正弦波信号还需要各种非正弦波信号，例如，方波、三角波和锯齿波等。产生这些波形一般是利用惰性元件电容 C 和电感 L 的充放电来实现的，由于电容使用起来方便，所以实际中主要用电容。下面介绍几种集成运放组成的非正弦信号发生器。

教学视频 8.3
方波发生器

8.2.1 方波发生器

一、电路的组成

在反相输入迟滞电压比较器的基础上，通过 $R_f C$ 支路把输出电压 u_O 反馈到集成运算放大器的反相输入端，利用反馈电压 $u_F = u_C$ 代替原来的输入信号，即可组成如图 8.2.1 所示的方波发生器。

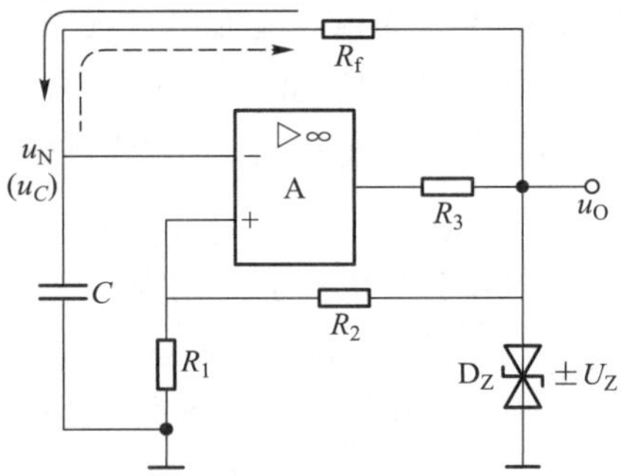

图 8.2.1 方波发生器

二、工作原理

在图 8.2.1 中，集成运算放大器组成反相输入迟滞电压比较器，它将 u_C 与 u_P 相比较。当 u_C 稍大于 u_P 时，$u_O = -U_Z$；当 u_C 稍小于 u_P 时，$u_O = +U_Z$。

由图可知，迟滞比较器的门限电压为

$$U_T = \pm \frac{R_1}{R_1 + R_2} U_Z = \pm F U_Z \tag{8.2.1}$$

其电压传输特性曲线如图 8.2.2 所示。

(1) 在接通直流电源的瞬时，设电容电压初值为零（$u_C = 0$ V），迟滞电压比较器的输出电压 $u_O = +U_Z$。此时，集成运算放大器同相输入端的电压为 $u_P = +\frac{R_1}{R_1 + R_2} U_Z = +FU_Z$。

(2) 由于 $u_O = +U_Z$，u_O 就要经过 R_f 对 C 充电，充电电流的方向如图中实线所示。当 C 上电压 u_C 按指数规律上升到接近于 $u_P = +FU_Z$ 时，由于 R_1、R_2 支路的正反馈作用，比较器的输出电压 u_O 便从 $+U_Z$ 跳变为 $-U_Z$，u_P 也从 $+FU_Z$ 跳变为 $-FU_Z$。

(3) u_O 从 $+U_Z$ 跳变为 $-U_Z$ 后，电容 C 要经过 R_f 放电，放电电流方向如图中虚线所示。当 u_C 按指数规律下降到接近于 $u_P = -FU_Z$ 时，u_O 便从 $-U_Z$ 跳变为 $+U_Z$。

不断重复(2)(3)步骤，电路就能输出如图 8.2.3 所示的方波电压。

三、方波的周期与频率

方波电压的周期取决于电容 C 的充放电过程。由于 C 的充放电回路是同一个，电容上电压的变化量又相同，所以充电和放电过程持续的时间是相等的，均为半个周期。

电容 C 充电时，利用一阶 RC 电路的三要素法可知 u_C 的变化规律为

$$u_C(t) = u_C(\infty) - [u_C(\infty) - u_C(0)] e^{-\frac{t}{R_f C}} \tag{8.2.2}$$

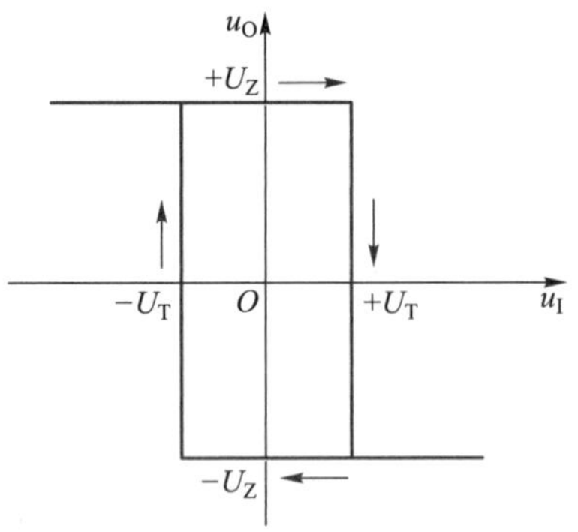

图 8.2.2 反相输入迟滞比较器的传输特性

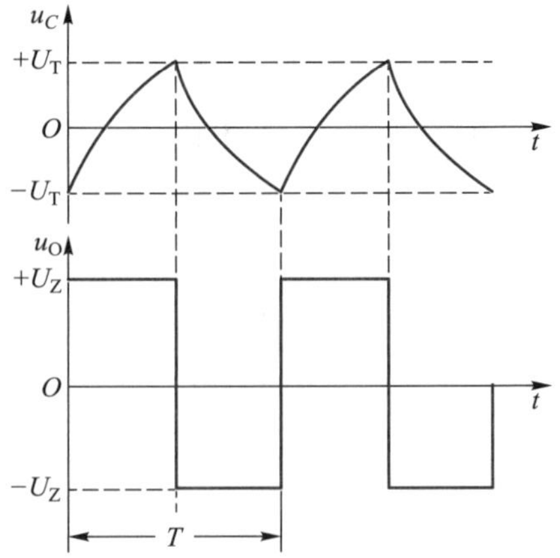

图 8.2.3 方波发生的波形分析

式中，$u_C(\infty)$ 为电容 C 充电过程中 u_C 欲趋向的稳压值，$u_C(0)$ 为电容 C 开始充电时 u_C 的起始值。设 $u_O=+U_Z$，则由图 8.2.1 可知，$u_C(\infty)=+U_Z$。如果 $u_C(0)=-FU_Z$，并且当 $t=T/2$ 时，$u_C(T/2)=+FU_Z$，代入上式可得

$$u_C(T/2)=U_Z[1-(1+F)e^{-\frac{T}{2R_fC}}]=+FU_Z$$

解上式可得方波电压的周期为

$$T=2R_fC\ln\left(\frac{1+F}{1-F}\right)$$

$$=2R_fC\ln\left(1+\frac{2R_1}{R_2}\right) \tag{8.2.3}$$

方波电压的频率为

$$f=\frac{1}{T}=\frac{1}{2R_fC\ln\left(1+\frac{2R_1}{R_2}\right)} \tag{8.2.4}$$

式(8.2.4)表明，方波电压的频率仅与电容 C 的充放电时间常数 R_fC 和电阻比 R_1/R_2 有关。一般情况下，可以通过改变 R_f 来调节方波电压的频率。

四、占空比可调的矩形波电路

矩形波的高电平在一个周期之内所占的时间比率称为**占空比**。方波的占空比为 50%。通过对方波电路的分析可知，要想改变输出电压的占空比，就必须使电容的充放电回路的时间常数不同，充放电时间就会不同。利用二极管的单向导电性，将电容的充放电回路分开，调节占空比的同时，一般要保证输出波形的周期不变。为此，占空比可调的矩形波发生电路如图 8.2.4(a)所示。

当 $u_O=+U_Z$ 时，有 $u_P=+FU_Z$，u_O 就要经过 R_{P1}、D_1、R_3 对 C 充电，C 上电压 u_C 按指数规律上升到大于 u_P 时，比较器的输出电压 u_O 便从 $+U_Z$ 跳变为 $-U_Z$，u_P 也从 $+FU_Z$ 跳变为 $-FU_Z$。假设二极管为理想型，则充电时间常数为 $\tau_1=(R_{P1}+R_3)C$。

u_O 从 $+U_Z$ 跳变为 $-U_Z$ 后，电容 C 要经过 R_{P2}、D_2、R_3 放电，当 u_C 按指数规律下降到小于 $u_P=-FU_Z$ 时，u_O 便从 $-U_Z$ 跳变为 $+U_Z$，则放电时间常数为 $\tau_2=(R_{P2}+R_3)C$。

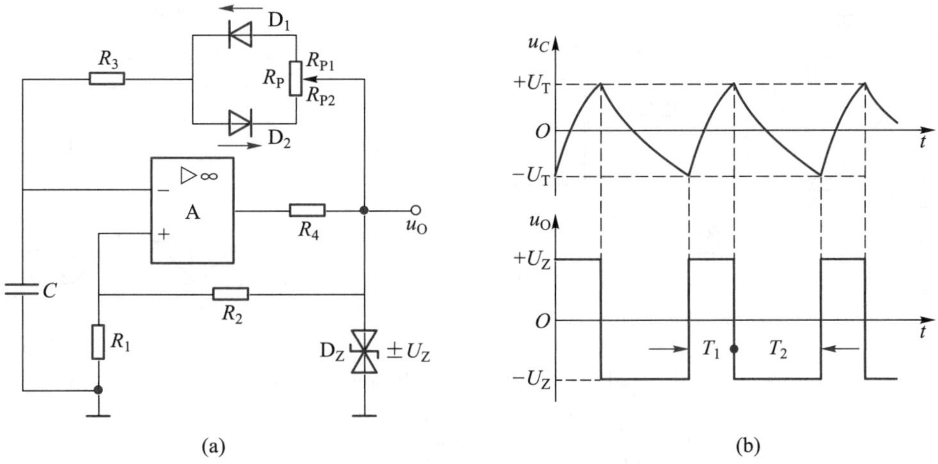

图 8.2.4 占空比可调的矩形波发生电路

(a) 电路 (b) 波形分析

由以上分析可知，u_O 和 u_C 的波形如图 8.2.4(b)所示。

利用一阶 RC 电路的三要素法有

$$\begin{cases} T_1 \approx \tau_1 \ln\left(1+\dfrac{2R_1}{R_2}\right) \\ T_2 \approx \tau_2 \ln\left(1+\dfrac{2R_1}{R_2}\right) \end{cases} \Rightarrow \quad T = T_1 + T_2 = (R_P + 2R_3)C\ln\left(1+\dfrac{2R_1}{R_2}\right) \tag{8.2.5}$$

占空比为

$$q = \frac{T_1}{T} = \frac{R_{P1} + R_3}{R_P + 2R_3} \tag{8.2.6}$$

由式(8.2.5)和式(8.2.6)可知，改变可变电阻的滑动端可以改变占空比，但是周期不变。

8.2.2 三角波发生器

教学视频 8.4
三角波发生器

一、电路的组成

在方波发生电路中，当迟滞比较器的门限电压比较小时，可以把电容上的电压看成为近似的三角波，但是，这个三角波的线性度较差，只要将方波电压作为积分运算电路的输入，就可以在积分电路的输出得到三角波电压，如图 8.2.5(a)所示。当方波输出$+U_Z$ 时，积分电路的输出线性下降；当方波输出 $-U_Z$ 时，积分电路的输出线性上升。波形如图 8.2.5(b)所示。

图 8.2.5(a)虽然实现了方波、三角波输出，但是电路中有 RC 和积分电路两个延迟环节，在实际电路中，常将它们合二为一，将积分电路的输出充当方波发生电路中电容上的电压送给迟滞比较器当输入。分析图 8.2.5(a) 所示电路可知，当比较器的输出为 $+U_Z$ 时，门限电压为 $u_P = +\dfrac{R_1}{R_1+R_2}U_Z = +FU_Z$，积分电路的输出 u_O 线性下降，因为 u_O 送到比较器的反相输入端($u_N = u_O$)，则 u_N 总是小于 u_P，比较器的输出无法发生翻转，电路无法输出方波和三角波。

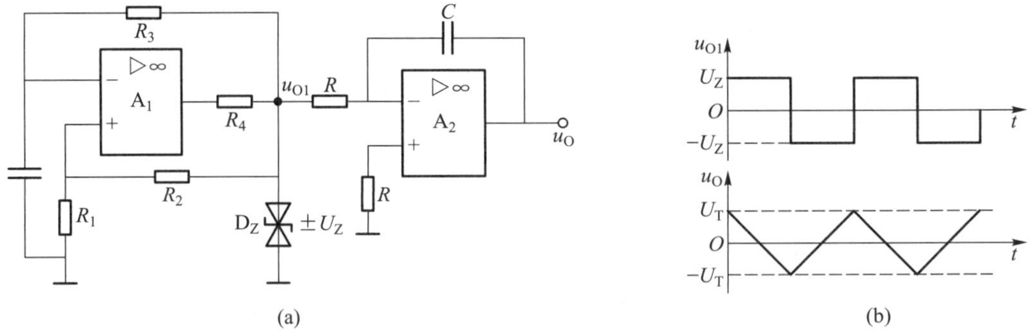

图 8.2.5　方波发生+积分电路

（a）电路　（b）波形分析

基于以上分析，将积分电路的输出接到比较器的同相输入端，三角波发生器的电路如图 8.2.6所示。它由两部分组成的：A_1 组成同相输入的迟滞比较器，A_2 组成反相积分运算电路。

二、工作原理

1. 同相输入的迟滞比较器

由图 8.2.6 可知，同相输入的迟滞比较器的输入为 u_O，输出为 u_{O1}，其传输特性 $u_{O1}=f(u_O)$ 如图 8.2.7 所示。从第 7 章比较器一节中可知，图中门限电压 U_T 是 $u_N=u_P=0$ 时对应的 u_O 值。

由图可知

$$u_P=\pm\frac{R_1}{R_1+R_2}U_Z+\frac{R_2}{R_1+R_2}u_O$$

于是

$$U_T=\pm\frac{R_1}{R_2}U_Z \tag{8.2.7}$$

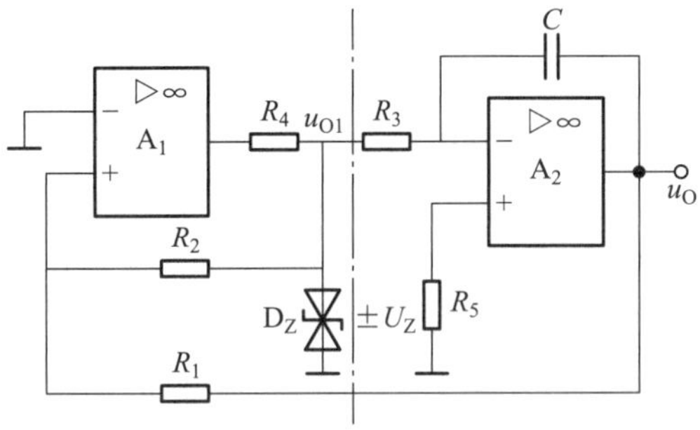

图 8.2.6　实用的三角波发生电路

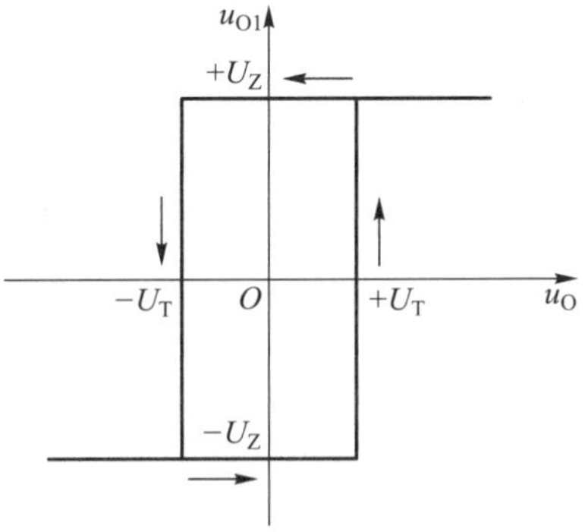

图 8.2.7　同相输入迟滞比较器的传输特性

2. 反相积分电路

由图 8.2.6 可知，反相积分电路的输入为 u_{O1}，输出为 u_O，当 u_{O1} 是常数时，积分电路的输

出电压 u_O 按线性反相增长。

3. 工作过程

（1）若比较器 A_1 的输出电压 $u_{O1}=+U_Z$，则积分电路的输出电压 u_O 按线性规律下降。当 u_O 从正值下降到零并继续向负值变化到 $-U_T$，比较器 A_1 的 u_P 稍小于 u_N（即 u_P 稍小于零）时，比较器 A_1 的输出电压 u_{O1} 便从 $+U_Z$ 跳变为 $-U_Z$。与此同时，A_1 的 u_P 要跟着跳变到比零低得多的值。

（2）在 u_{O1} 变为 $-U_Z$ 后，积分电路的输出电压 u_O 按线性规律上升。当 u_O 上升到 $+U_T$，并使 A_1 的 u_P 稍大于 u_N（即 u_P 稍大于零）时，u_{O1} 便从 $-U_Z$ 跳变为 $+U_Z$。

如此周而复始，便可由比较器 A_1 输出方波电压，由积分运算电路 A_2 输出三角波电压。电路工作时的波形如图 8.2.8 所示。

三、相关计算

1. 输出波形的幅值

由图 8.2.8 可知，方波输出的幅值 $\pm U_Z$ 由稳压管的稳压值确定；如果稳压管已知，则通过调节 R_1 和 R_2 可调节三角波的峰值 $\pm U_T$。

2. 三角波的周期和频率

由图 8.2.8 所示的波形可知，积分运算电路 A_2 的输出电压 u_O 从 $+U_T$ 下降到 $-U_T$ 所需要的时间等于三角波电压的半个周期。在 $\frac{T}{2}$ 时间内，u_O 的变化量为 $2U_T$。于是，由积分运算电路的输出电压与输入电压的关系，可得

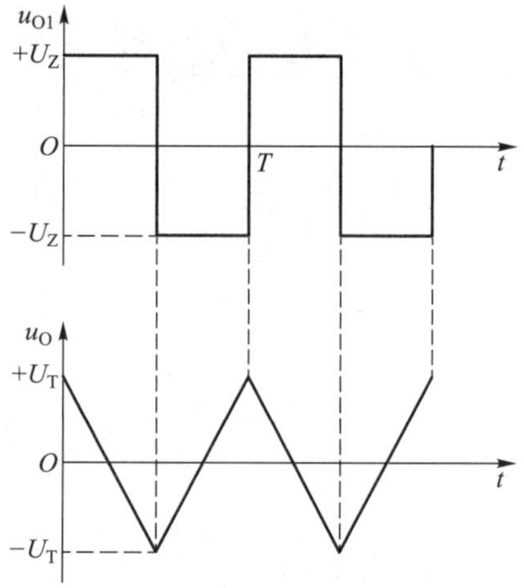

图 8.2.8　实用三角波发生器的波形图

$$\frac{1}{C}\int_0^{\frac{T}{2}}\frac{U_Z}{R_3}\mathrm{d}t = 2U_T$$

因此，三角波电压的周期为

$$T=\frac{4R_3CU_T}{U_Z}$$

将式(8.2.7)代入上式，可得

$$T=\frac{4R_1R_3C}{R_2} \tag{8.2.8}$$

三角波电压的频率为

$$f=\frac{1}{T}=\frac{R_2}{4R_1R_3C} \tag{8.2.9}$$

式(8.2.7)和式(8.2.9)表明，在调整如图 8.2.6 所示的三角波发生器的输出电压峰值和频率时，应先调整电阻 R_1 或 R_2，使 U_T 达到所需要的数值，然后再调整电阻 R_3 或电容 C，使频率满足要求。反之，如果先调整频率，则当改变电阻 R_1 或 R_2 而调整 U_T 后，由于电阻 R_1 或 R_2 的改变，三角波电压的频率也会随之变化。

8.2.3　锯齿波发生器

一、电路的组成

在如图 8.2.6 所示的三角波发生器中，若使积分运算电路中电容 C 的充电和放电回路不同，便可组成锯齿波发生器，其电路如图 8.2.9(a) 所示。该电路与图 8.2.6 的不同之处是在图 8.2.6 中电阻 R_3 的位置增加了二极管 D_1、D_2 和可变电阻 R_P，目的是利用二极管的单向导电性将两个方向的积分通路分开。

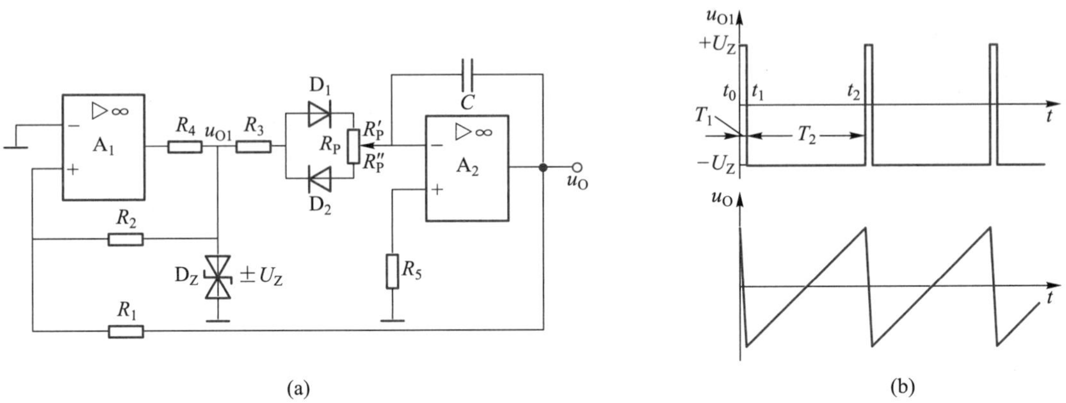

图 8.2.9　锯齿波发生器

(a) 电路　(b) 波形图

二、工作原理

在图 8.2.9(a) 中，设 R_P 上半部分为 R'_P，下半部分为 R''_P；二极管导通时的等效电阻可以忽略不计。

若 $u_{O1}=+U_Z$ 时，二极管 D_1 导通，D_2 截止，电容 C 充电，充电回路的等效电阻为 $(R_3+R'_P)$；当 $u_{O1}=-U_Z$ 时，二极管 D_2 导通，D_1 截止，电容 C 放电，放电回路的等效电阻为 $(R_3+R''_P)$。

在积分运算电路中，输出电压的上升时间和下降时间分别与电容放电和充电回路的电阻成正比。所以，在图 8.2.9(a) 所示的锯齿波发生器中，输出电压的上升时间 T_2 与下降时间 T_1 的比值为

$$\frac{T_2}{T_1}=\frac{R_3+R''_P}{R_3+R'_P} \tag{8.2.10}$$

另外，矩形波 u_{O1} 的占空比为

$$q=\frac{T_1}{T}=\frac{R'_P+R_3}{R_P+2R_3} \tag{8.2.11}$$

式(8.2.10)和式(8.2.11)表明，只要改变可变电阻 R_P 滑动端的位置，以改变比值 R''_P 和 R'_P，便可改变锯齿波电压的下降时间 T_1 与上升时间 T_2 的比值，进而改变矩形波 u_{O1} 的占空比。当 $R''_P=R'_P$ 时，u_O 为三角波，u_{O1} 为方波。锯齿波发生器的输出波形如图 8.2.9(b) 所示。

三、锯齿波电压的峰值与周期

由三角波发生器的计算方法可知，在如图 8.2.9(a) 所示的锯齿波发生器中，锯齿波电压

的峰值是集成运放 A_1 构成的同相迟滞比较器的门限电压,即用式(8.2.8)计算,它的周期为

$$\begin{aligned} T &= T_1 + T_2 \\ &= \frac{2R_1}{R_2}(R_3 + R'_P)C + \frac{2R_1}{R_2}(R_3 + R''_P)C \\ &= \frac{2R_1}{R_2}(2R_3 + R_P)C \end{aligned} \tag{8.2.12}$$

由式(8.2.7)可知, 调整 R_1 和 R_2 的阻值可以改变锯齿波的幅值; 由式(8.2.12)可知,调整 R_1、R_2、R_3、R_P 的阻值以及电容 C 的容量,可以改变锯齿波的周期。为了调节灵敏,一般 R_3 取值比较小。

思考题

8.2.1 所有的非正弦波产生电路都是集成运放的非线性应用吗?

8.2.2 方波信号产生电路中的集成运放工作在何种状态?为什么?

8.2.3 将正弦波变换成方波需要哪种电路来实现?将正弦波变换成锯齿波需要哪种电路来实现?

8.2.4 在调试锯齿波产生电路的过程中,如果想增大信号的频率,应调节电路的什么参数?

8.2.5 如果想改变方波、三角波输出信号的幅值,应调整电路的什么参数?

文档 8.1 集成函数发生器

8.3 集成函数发生器

前面讨论了由分立元器件或局部集成器件组成的正弦波和非正弦波信号产生电路,下面将目前用得较多的集成函数发生器 ICL8038 作简单介绍。ICL8038 是一款性能优良的集成函数发生器,既可用单电源供电,也可用双电源供电。单电源供电时,其值为 10~30 V;双电源供电时,它们的值为±5~±15 V。频率的可调范围为 0.001 Hz~300 kHz,输出矩形波的占空比可调范围为 2%~98%,上升时间为 180 ns,下降时间为 40 ns,输出三角波的非线性小于 0.05%,输出正弦波的失真小于 1%。

ICL8038 的内部结构、工作原理及典型应用见文档 8.1。

文档 8.2 振荡电路的 Multisim 仿真

8.4 振荡电路的 Multisim 仿真

设计 RC 串并联网络正弦振荡电路,要求振荡频率为 160 Hz;设计方波-三角波产生电路,要求方波幅度为 6 V,三角波幅度为 3 V,周期为 1 kHz。用 Multisim 软件仿真设计结果。具体内容见文档 8.2。

本 章 小 结

一、知识结构图

- 正弦振荡
  - 正弦振荡的条件
    - 幅值平衡条件
    - 相位平衡条件:瞬时极性法
  - 正弦振荡电路的组成
  - 正弦振荡电路的分类
  - 正弦振荡电路起振和稳幅
- 正弦振荡电路
  - RC 正弦振荡电路
    - RC 桥式正弦振荡电路
    - RC 移相式正弦振荡电路
  - LC 正弦振荡电路
    - 变压器反馈式 LC 正弦振荡电路
    - 电容(电感)三点式正弦振荡电路
  - 石英晶体正弦振荡电路
- 非正弦信号发生电路
  - 运放的非线性和线性应用的特点
  - 方波发生电路
  - 方波三角波发生电路
  - 矩形波和锯齿波发生电路
  - (迟滞比较器与线性积分电路的结合)

PPT
第 8 章教学课件

二、归纳总结

1. 在第 7 章曾经讨论过,从振荡条件考虑,当反馈深度过深或环路增益过大时,负反馈放大电路易于趋向不稳定,即产生自激振荡。本章则是在电路中有意地构成正反馈以满足相位平衡和振幅平衡条件,形成自激振荡以产生正弦信号,二者的工作过程,本质上是相同的。

按结构来分,正弦波振荡电路主要有 RC 型和 LC 型两大类,它们的基本组成主要包括:可进行正常工作的放大电路 ,能满足相位平衡条件的反馈网络,其中 RC 或 LC 兼有选频特性。一般从相位和幅值平衡条件来计算振荡频率和放大电路所需的增益。而石英晶体振荡器是 LC 振荡电路的一种特殊形式。由于石英晶体的等效谐振回路的 Q 值很高,因而振荡频率有很高的稳定性。

判断一个正弦振荡电路能否振荡包括以下几个方面:观察电路是否包括振荡电路的几个组成部分;找到反馈输入端,用瞬时极性法判断是否满足相位平衡条件;判断放大电路能否正常放大,即静态工作点能否正常建立,动态信号能否顺利传输和放大。以上都满足的情况下,调整电路参数使电路满足幅值平衡条件,电路即可输出正弦波。

利用石英晶体取代 LC 振荡电路中的 L、C 元件,可以组成频率稳定度很高的石英晶体正弦波振荡电路,其稳定度可比 LC 振荡电路高好几个数量级。

2. 在非正弦波信号产生电路中没有选频网络,同时器件在大信号状态下工作,受非线性特性的限制。本章讨论了方波、锯齿波和三角波产生电路。它通常由比较器、反馈网络和积分电路等组成。判断电路能否振荡的方法是:设比较器的输出为高电平(或低电平),经反馈、积分等环节,能使比较器输出从一种状态跳变到另一种状态,则电路能振荡。锯齿波产生电路与三角波产生电路的差别是：前者积分电路的正向和反向充放电时间常数不相等，而后者是一致的。

最后介绍了集成函数发生器的原理及应用。

本章重要题型分析见文档8.3。

习　　题

8.1.1 电路如图P8.1.1所示。(1) 用自激振荡的相位平衡条件判断电路能否产生正弦波振荡；(2) 若不能产生振荡，应对电路做哪些改动？

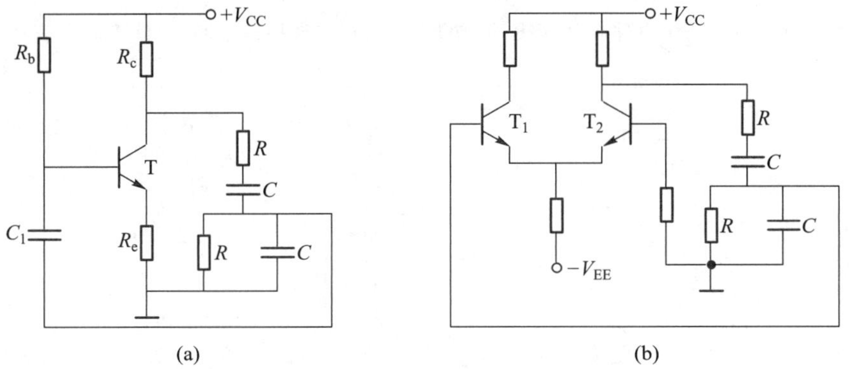

图 P8.1.1

8.1.2 电路如图P8.1.2所示，R_2为双联可调电阻器。试求解：(1) R_P的下限值；(2) 振荡频率的调节范围。

8.1.3 电路如图P8.1.3所示，双向稳压管起稳幅作用，其稳压值为±6 V。试估算：

(1) 输出电压不失真情况下的有效值；

(2) 振荡频率。

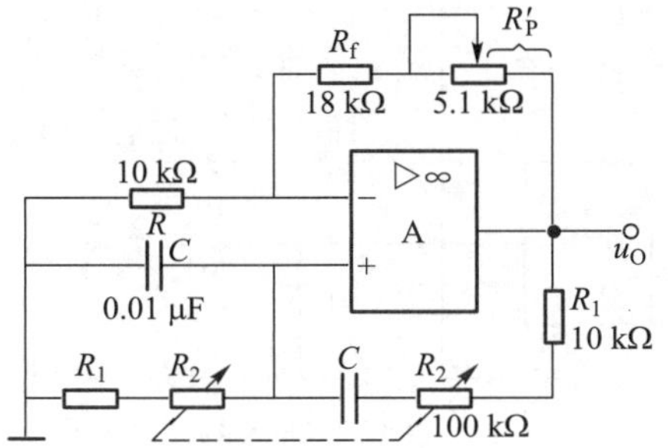

图 P8.1.2

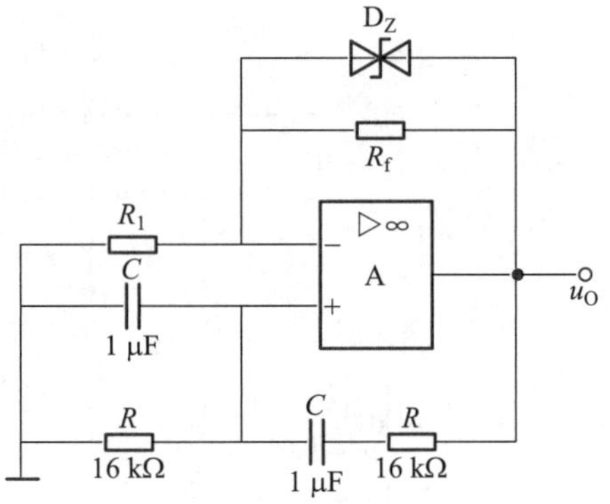

图 P8.1.3

8.1.4 桥式RC正弦波振荡电路如图P8.1.4所示。已知：R_f = 10 kΩ；双联可变电容器C的可调范围是3 ~ 30 pF；电路输出正弦波电压u_O的频率为10 ~ 100 kHz。试回答：

(1) R应如何选择？(2) 热敏电阻R_1应具有正温度特性还是负温度特性，稳定输出时阻值应为多大？

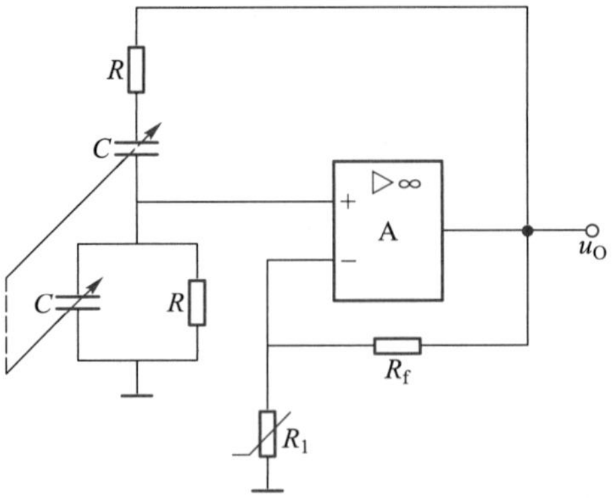

图 P8.1.4

8.1.5 试将图 P8.1.5 所示电路合理连线，组成 *RC* 桥式正弦波振荡电路，并计算输出信号的频率，说明 R_1 和 R_f 的关系。

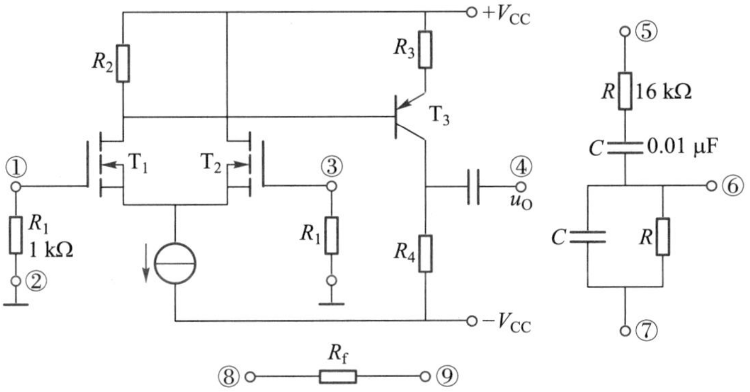

图 P8.1.5

8.1.6 在图 P8.1.6 所示电路中，说明电路的稳幅过程，计算电路的频率范围。

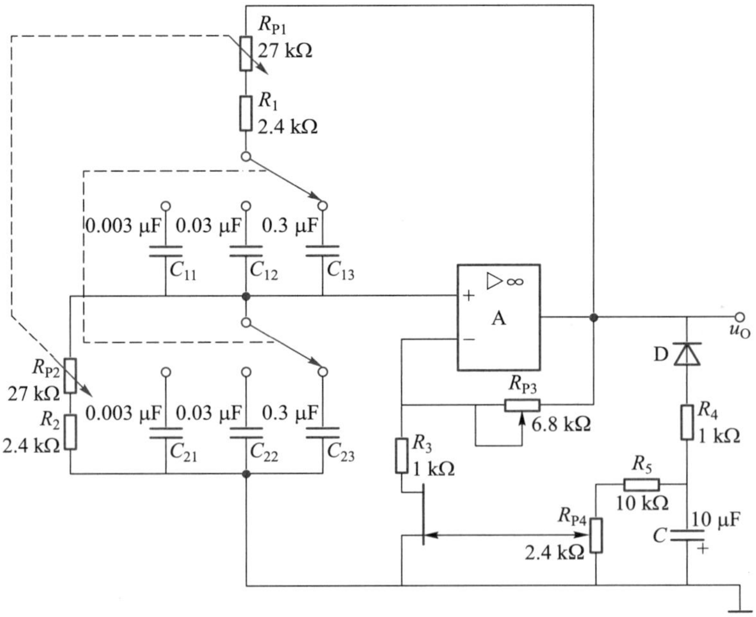

图 P8.1.6

8.1.7 试画出图 P8.1.7 所示电路的交流通路（ C_b 和 C_e 可视为短路），并用相位平衡条件判断电路能否产生正弦波自激振荡，说明理由。

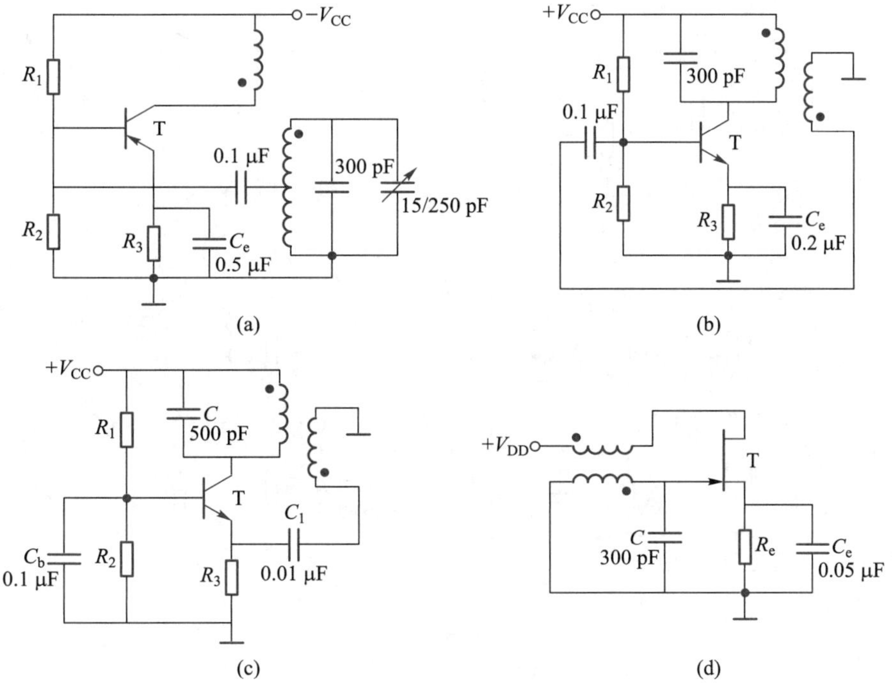

图 P8.1.7

8.1.8 试用相位平衡条件判断图 P8.1.8 所示的电路能否产生正弦波自激振荡，并说明理由。

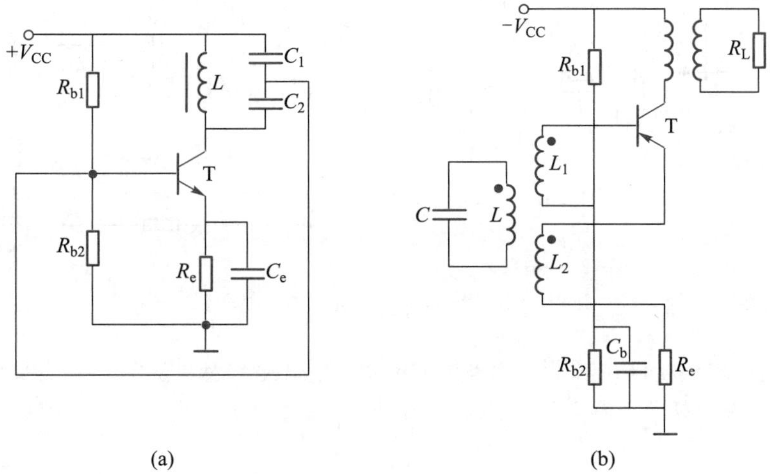

图 P8.1.8

8.1.9 分别判断图 P8.1.9 所示各电路是否满足正弦波振荡的相位条件，能否振荡，请改正不能振荡的电路。

8.1.10 试分别指出图 P8.1.10 所示两电路中的选频网络、正反馈网络和负反馈网络，并说明电路是否满足正弦波振荡的相位条件。

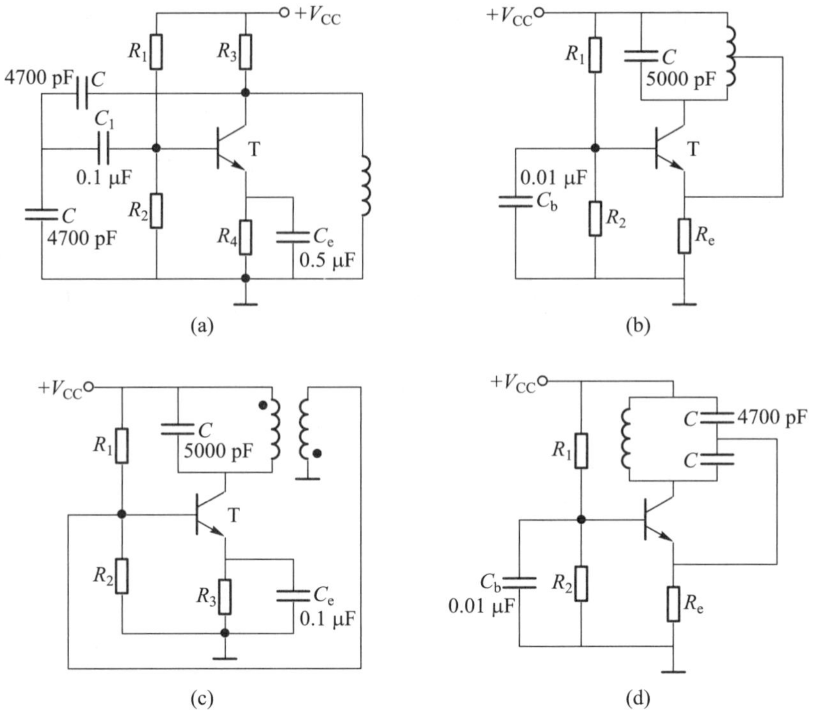

图 P8.1.9

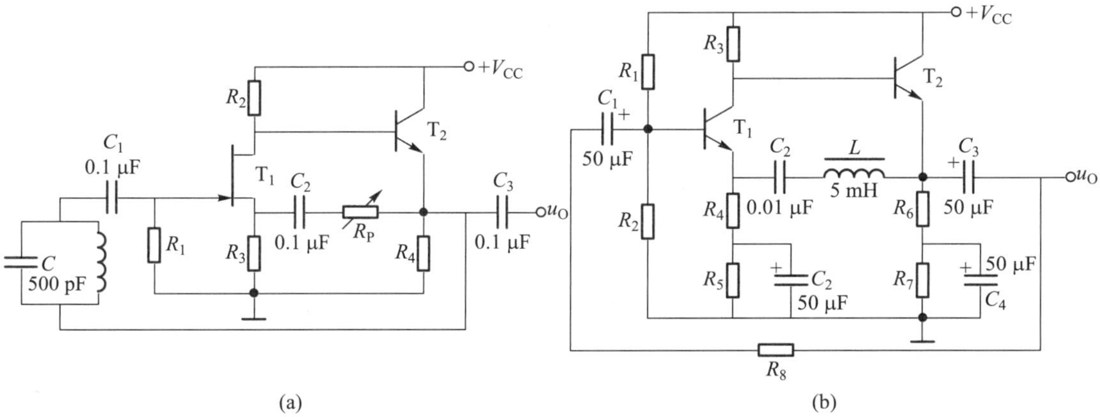

图 P8.1.10

8.1.11 电路如图 P8.1.11 所示，判断能否振荡，如果不能请改之，然后试计算图(a)满足振荡条件下的振荡频率；图(b)在满足振荡条件下，可变电容 C 在变化的范围内振荡频率的变化范围（设 C_4 = 10 pF 不变）。

8.1.12 图 P8.1.12 所示电路中，C_s 称为负载电容，在小范围内调整石英晶体的谐振频率，A 为理想运放。(1) 用相位平衡条件判断两个电路是否有可能产生正弦振荡。如果能振荡，则石英晶体分别为短路元件、电感器还是电容器？(2) 图(b) 中能满足起振幅值条件的 R_f 的最小值是多少？

8.2.1 在图 P8.2.1 所示的电路中，已知 $R_1 = R_2 = 25\ \text{k}\Omega, R_3 = 5\ \text{k}\Omega, R_P = 100\ \text{k}\Omega, C = 0.1\ \mu\text{F}$，$\pm U_Z = \pm 8\ \text{V}$。试问：

(1) 输出电压的幅值和振荡频率约为多少？

(2) 占空比的调节范围约为多少？

（3）如果 D_1断开，会产生什么现象？

8.2.2 电路如图 P8.2.2 所示。

（1）分别说明 A_1和 A_2各构成哪种基本电路；

（2）画出 u_{O1} 与 u_O 的波形；

（3）若要提高振荡频率，可以改变哪些电路参数？如何改变？

（4）不改变 u_{O1} 的输出幅度，若要提高输出波形 u_O 的最大值应该调整哪些参数？如何调整？

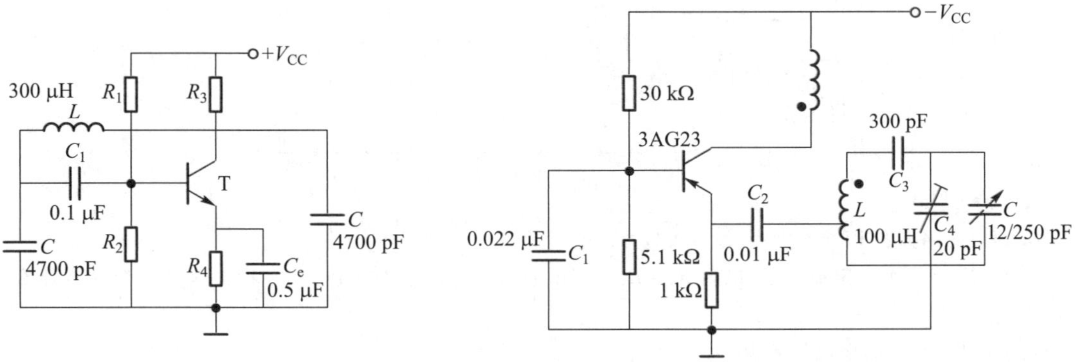

(a) (b)

图 P8.1.11

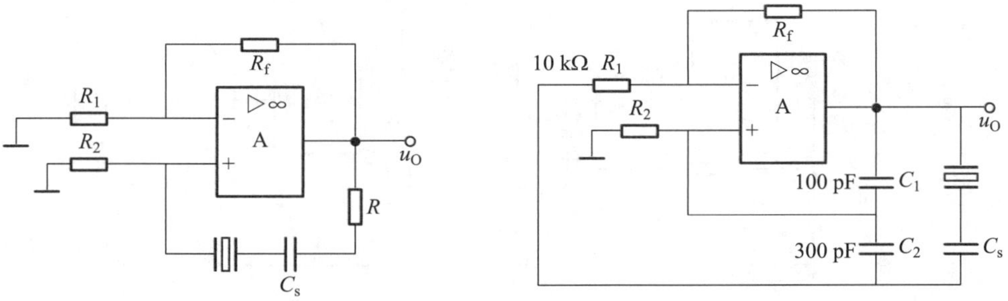

(a) (b)

图 P8.1.12

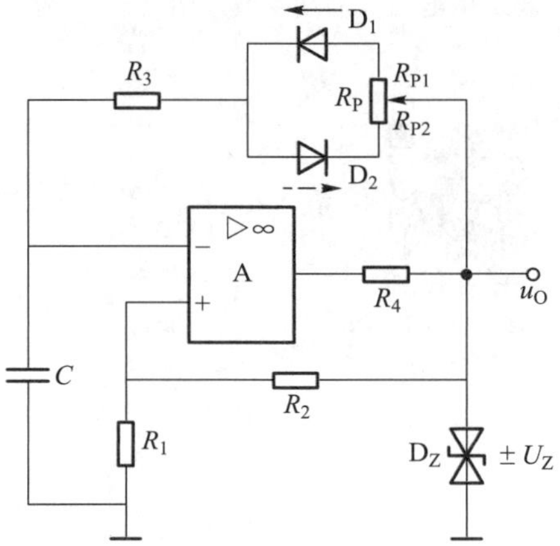

图 P8.2.1

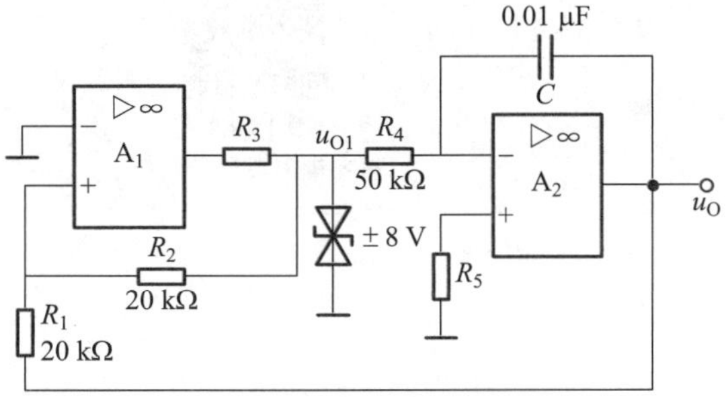

图 P8.2.2

8.2.3　电路如图 P8.2.3 所示，其中运放为理想器件。(1) 简单说明每个电阻、稳压管、二极管及运放的作用；(2) 画出 u_{O1} 与 u_O 的波形；(3) 求锯齿波发生电路的周期和频率。

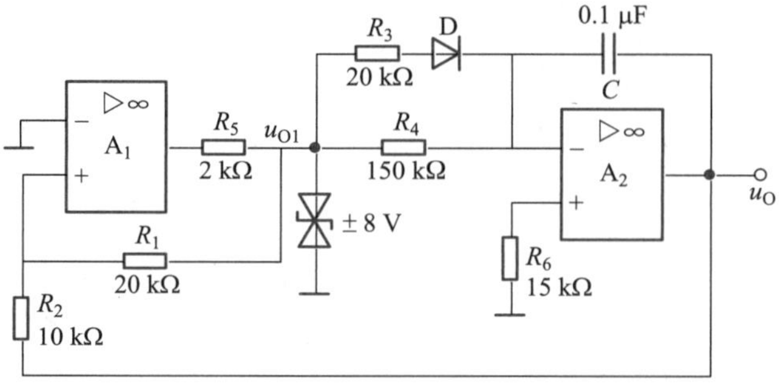

图 P8.2.3

8.2.4　电路如图 P8.2.4 所示，设 A_1、A_2 为理想运放。

(1) $-U_X$ 是一个恒定负电压，电阻 $R_4 \ll R_3$。写出输出电压的频率表达式，并指出这是一个具有什么功能的电路；

(2) 写出含 u_O 的峰峰值的表达式；

(3) 画出 u_{O1} 与 u_O 的波形。

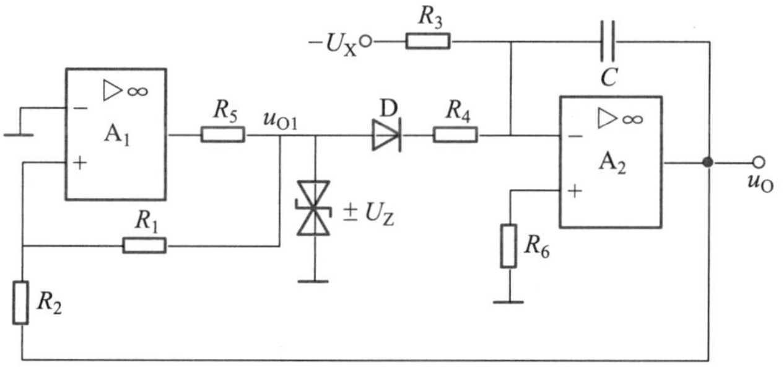

图 P8.2.4

8.4.1　设计一个峰值为 1 V、频率为 100 Hz 的正弦波产生电路，并将该波形变化为峰值为 6 V、频率不变、占空比为 75% 的矩形波，最后输出峰值为 3 V 的锯齿波。并用 Multisim 仿真所设计电路是否满足要求。

8.4.2　用 Multisim 仿真图 P8.2.3 的 u_{O1} 与 u_O 的波形、锯齿波发生电路的周期及波形幅度。

文档 8.3
第 8 章重要题型分析

文档 8.4
第 8 章部分习题答案

第9章 直流稳压电源

稳压电源是各种电子电路的动力源，被誉为电路的心脏。众所周知，所有用电设备，包括电子仪器仪表、家用电器等，对供电电压都有一定的要求。例如，有些电视机对电压的要求是电网电压的变化范围不能超过±10%，如果超过这个范围，电视机就不能正常工作，甚至会因电压过高而烧坏。所以为了满足用电设备的稳压要求，研制了各种稳定电源。

本章首先介绍小功率稳压电源中常用的单相半波、全波、桥式整流及倍压整流电路的工作原理及主要参数计算，电容、电感、$RC-\pi$ 等滤波电路的性能；其次介绍硅稳压管稳压电路，重点分析串联型稳压电路的原理、参数计算及集成稳压块的应用；然后分析开关稳压电源的分类、基本组成和工作原理，并介绍电压型脉宽调制控制器 TL494 及其应用；最后介绍由晶闸管组成的单相可控整流电路。

9.1 直流稳压电源概述

在电子电路中，通常需要电压稳定的直流电源供电。虽然在有些情况下（如便携设备）可采用化学电池、太阳能电池作为直流电源，但大多数情况是利用电网提供的交流电源经过转换而得到直流电源的。

小功率直流稳压电源可以用图 9.1.1 所示的框图表示，它是由电源变压器、整流电路、滤波电路和稳压电路四部分组成。

电源变压器是将交流电网电压 u_1 变为合适的交流电压 u_2，然后通过整流电路将交流电压 u_2 变为脉动的直流电压 u_3。由于此脉动的直流电压含有较大的交流分量，需要通过滤波电路减小电压的脉动，从而将脉动的直流电压 u_3 转变为比较平滑的直流电压 u_4。但这样的电压还随电网电压（一般有 10%左右的波动）、负载和温度的变化而变化。稳压电路的作用

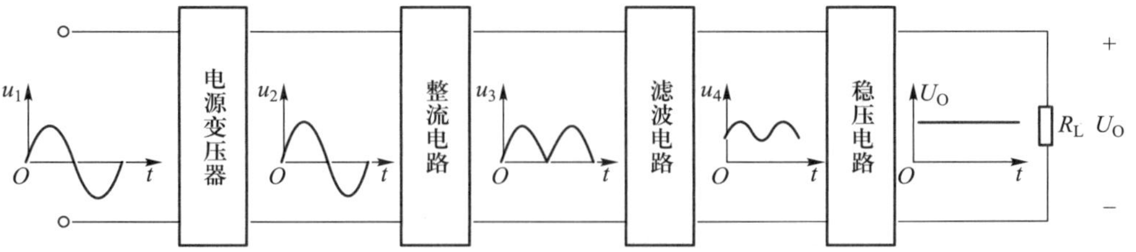

图 9.1.1 小功率直流稳压电源的框图

是清除电网波动、负载和温度变化的影响，保持输出电压 U_O 的稳定。

当负载要求功率较大、效率高时，常采用开关稳压电源。随着半导体技术的发展，已经有无工频变压器开关式直流稳压电源。

9.2 整流电路

整流电路是将交流电转换为脉动直流电的电路。利用半导体二极管的单向导电性可以组成各种整流电路。按照所接交流电源的相数，整流电路可分为单相整流电路和三相整流电路两大类。单相整流电路又可分为半波、全波、桥式和倍压整流四种类型。本节将分别介绍这四种单相整流电路的组成、工作原理、输出波形、输出电压和输出电流的平均值以及整流二极管的选择。

为了讨论问题的方便，假定整流二极管是理想的，即当二极管承受正向电压时，它的正向导通电阻为零，当二极管承受反向电压时，它的反向电阻为无穷大；电源变压器无损耗，内部压降为零等。

9.2.1 单相半波整流电路

一、电路组成

图 9.2.1 所示是单相半波整流电路，它由电源变压器、整流二极管和负载电阻 R_L 三部分组成。图中，电源变压器的作用是把电网电压 u_1 变换成整流电路所需要的电压值 u_2。整流电路中的二极管是作为开关运用的，具有单向导电性。R_L 是要求供给直流电的负载电阻。

二、工作原理

设变压器二次电压 $u_2=\sqrt{2}U_2\sin\omega t$。在 u_2 的正半周，电源变压器二次电压 A 端为正，B 端为负，二极管 D 承受正向电压而导通。此时有电流流过 R_L，电流流通的路径为：A→D→R_L→B，由于二极管是理想的，故有 $u_O=u_2$，$i_O=\dfrac{u_2}{R_L}$。在 u_2 的负半周，电源变压器二次电压 B 端为正，A 端为负，二极管 D 承受反向电压而截止，$u_O=0$，$i_O=0$。由于这种电路只在交流电

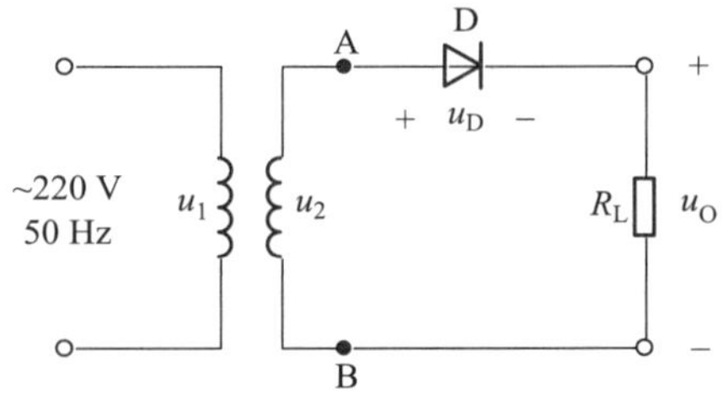

图 9.2.1 单相半波整流电路

压的半个周期内才有电流流过负载，所以称为半波整流电路。

由以上分析可知，在交流电压的整个周期中，电源变压器二次电压 u_2 的波形、输出电压 u_O 和输出电流 i_O 的波形、二极管电流 i_D 的波形以及二极管承受的反向电压 u_D 的波形分别如图 9.2.2 所示。由图可见，由于二极管的单向导电性，变压器二次侧的交流电压变换了成单向的脉动电压。所以，在负载电阻 R_L 两端得到的输出电压极性是单方向的。

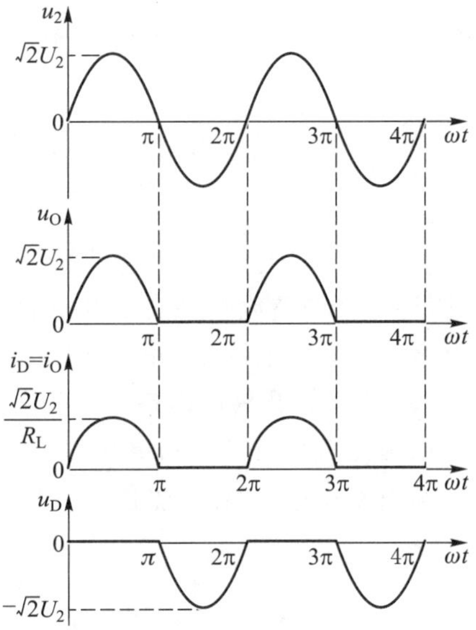

图 9.2.2 单相半波整流电路的波形图

三、定量关系

在分析整流电路的性能时，主要考虑整流电路的输出电压平均值 $U_{O(AV)}$、输出电流平均值 $I_{O(AV)}$、输出电压的脉动系数 S、整流二极管正向平均电流 $I_{D(AV)}$ 和二极管承受的最高反向电压 U_{DRM}。前三项参数表征整流电路的质量，后两项参数表明整流电路对二极管的要求。

1. 输出电压平均值（直流分量）$U_{O(AV)}$

根据图 9.2.2 所示的 u_O 的波形可以求得输出电压平均值（即直流分量）为

$$U_{O(AV)} = \frac{1}{2\pi}\int_0^{\pi} u_2 \mathrm{d}(\omega t) = \frac{1}{2\pi}\int_0^{\pi}\sqrt{2}U_2 \sin\omega t \mathrm{d}(\omega t)$$

$$= \frac{\sqrt{2}}{\pi}U_2 \approx 0.45U_2 \tag{9.2.1}$$

式中，U_2 是电源变压器二次电压的有效值。输出电压的平均值是整流电路输出波形的一项重要技术指标。

2. 输出电流平均值（直流分量）$I_{O(AV)}$

输出电流平均值为

$$I_{O(AV)} = \frac{U_{O(AV)}}{R_L} = \frac{0.45U_2}{R_L} \tag{9.2.2}$$

3. 脉动系数 S

整流电路输出电压的脉动系数定义为输出电压的基波最大值与平均值之比，用符号 S 表示，即

$$S = \frac{U_{O1M}}{U_{O(AV)}} \tag{9.2.3}$$

其中 U_{O1M} 可将图 9.2.2 中的半波输出电压 u_O 的波形表示为傅里叶级数而求得。

根据图 9.2.2 可知 u_O 的傅里叶级数为

$$u_O = U_{o(AV)} + \sum_{n=1}^{\infty} a_n \cos n\omega t \tag{9.2.4}$$

其中
$$a_n = \frac{2}{T}\int_{-\frac{T}{2}}^{\frac{T}{2}} u_O \cos n\omega t \mathrm{d}(\omega t) \tag{9.2.5}$$

在半波整流电路中 u_O 的基波角频率为 ω，则

$$U_{O1M}=a_1=\frac{1}{\pi}\int_{-\frac{\pi}{2}}^{\frac{\pi}{2}}\sqrt{2}U_2\cos^2\omega t\mathrm{d}(\omega t)=\frac{U_2}{\sqrt{2}}$$

所以

$$S=\frac{U_{O1M}}{U_{O(AV)}}=\frac{\frac{1}{\sqrt{2}}U_2}{\frac{\sqrt{2}}{\pi}U_2}=\frac{\pi}{2}=1.57 \tag{9.2.6}$$

由此可知，半波整流电路输出电压的脉动系数为 157%，脉动成分较大。脉动系数是衡量整流电路输出波形平滑程度的一项重要指标。

四、整流二极管的选择

1. 流过二极管的平均电流 $I_{D(AV)}$

在半波整流电路中，流过二极管的平均电流即为输出电流平均值 $I_{O(AV)}$

$$I_{D(AV)}=I_{O(AV)}=\frac{0.45U_2}{R_L} \tag{9.2.7}$$

2. 二极管承受的最高反向电压 U_{DRM}

由图 9.2.1 可知，在 u_2 的正半周，二极管 D 导通，可将它看成短路；在 u_2 的负半周，二极管 D 截止，它所承受的最大反向电压为

$$U_{DRmax}=\sqrt{2}U_2 \tag{9.2.8}$$

在实际应用电路中，考虑电网电压的波动，选管时最大整流电流 I_F 和最高反向工作电压 U_{DRM} 应满足

$$I_F>1.1I_{D(AV)}=1.1\times\frac{0.45U_2}{R_L} \tag{9.2.9}$$

$$U_{DRM}>1.1U_{DRmax}=1.1\sqrt{2}U_2 \tag{9.2.10}$$

五、单相半波整流电路的优缺点

单相半波整流电路只采用一个整流二极管，电路结构简单，但由于这种电路只在交流电压的半个周期内才有电流流过负载，输出波形纹波较大，输出直流电压低，变压器半周不导电，利用率低。所以，这种电路仅应用在整流电压较小、对纹波要求不高的场合。

9.2.2 单相全波整流电路

全波整流电路是在半波整流电路的基础上加以改进得到的。采用两个二极管 D_1 和 D_2，使之在 u_2 的正、负半周内轮流导通，而且二者流过 R_L 的电流方向保持一致，从而使正、负半周在负载上均有输出电压。

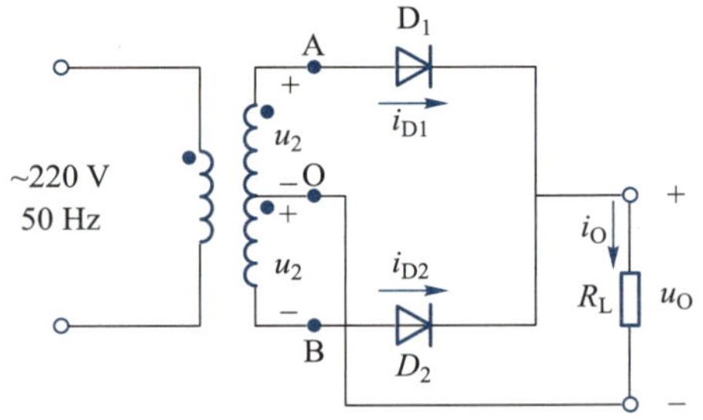

图 9.2.3 单相全波整流电路

一、电路组成

图 9.2.3 所示是单相全波整流电路，它由电源

变压器、整流二极管 D_1、D_2和负载电阻 R_L三部分组成。图中，电源变压器具有中心抽头，变压器的两个二次电压大小相等，同名端如图标示。

二、工作原理

设变压器二次电压 $u_2=\sqrt{2}U_2\sin\omega t$。在 u_2的正半周，二极管 D_1承受正向电压而导通，二极管 D_2承受反向电压而截止。此时有电流 i_{D1}流过 R_L，电流流通的路径为：$A\to D_1\to R_L\to O$。在 u_2的负半周，二极管 D_2承受正向电压而导通，二极管 D_1承受反向电压而截止，此时有电流 i_{D2}流过 R_L，电流流通的路径为：$B\to D_2\to R_L\to O$。这种电路在交流电压的整个周期内，两个二极管轮流导通，在负载上得到一个单方向的脉动电流，所以称为**单相全波整流电路**。全波整流电路各部分的电压和电流的波形如图 9.2.4 所示。

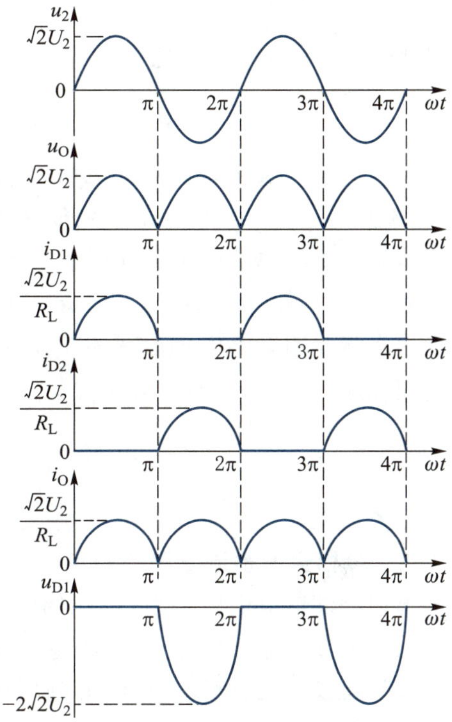

图 9.2.4 单相全波整流电路的波形图

三、定量关系

1. 输出电压平均值（直流分量）$U_{O(AV)}$

根据图 9.2.4 所示的 u_O的波形可以求得输出电压平均值（即直流分量）为

$$U_{O(AV)}=\frac{1}{\pi}\int_0^{\pi}u_2d(\omega t)=\frac{1}{\pi}\int_0^{\pi}\sqrt{2}U_2\sin\omega t d(\omega t)$$

$$=\frac{2\sqrt{2}}{\pi}U_2\approx 0.9U_2 \qquad (9.2.11)$$

式中，U_2是电源变压器二次电压的有效值。

2. 输出电流平均值（直流分量）$I_{O(AV)}$

输出电流平均值为

$$I_{O(AV)}=\frac{U_{O(AV)}}{R_L}=\frac{0.9U_2}{R_L} \qquad (9.2.12)$$

3. 脉动系数 S

在全波整流电路中 u_O的基波角频率为 2ω，根据式（9.2.5）可得基波最大值为

$$U_{O1M}=a_2=\frac{2}{\pi}\int_{-\frac{\pi}{2}}^{\frac{\pi}{2}}\sqrt{2}U_2\cos\omega t\cos 2\omega t d(\omega t)=\frac{4\sqrt{2}}{3\pi}U_2$$

所以

$$S=\frac{U_{O1M}}{U_{O(AV)}}=\frac{\frac{4\sqrt{2}}{3\pi}U_2}{\frac{2\sqrt{2}}{\pi}U_2}=\frac{2}{3}\approx 0.67 \qquad (9.2.13)$$

由此可知，全波整流电路输出电压的脉动系数为 67%，比半波时有所下降，但脉动成分仍然较大。

四、整流二极管的选择

1. 流过二极管的平均电流 $I_{D(AV)}$

在全波整流电路中，由于两个二极管轮流导通，所以流过每个二极管的平均电流均为输出电流平均值 $I_{O(AV)}$ 的一半，即

$$I_{D(AV)}=\frac{1}{2}I_{O(AV)}=\frac{0.45U_2}{R_L} \tag{9.2.14}$$

2. 二极管承受的最高反向电压 U_{DRmax}

由图 9.2.3 可知，在 u_2 的正半周，二极管 D_1 导通，可将它看成短路；二极管 D_2 截止，变压器二次侧两个绕组的电压全部加在二极管 D_2 的两端，所以它所承受的最大反向电压为

$$U_{DRmax}=2\sqrt{2}U_2$$

在实际应用电路中，考虑电网电压的波动，选管时最大整流电流 I_F 和最高反向工作电压 U_{DRM} 应满足

$$I_F>1.1I_{D(AV)}=1.1\times\frac{0.45U_2}{R_L} \tag{9.2.15}$$

$$U_{DRM}>1.1U_{DRmax}=2.2\sqrt{2}U_2 \tag{9.2.16}$$

五、单相全波整流电路的特点

单相全波整流电路采用两个整流二极管，二极管轮流导通，输出波形脉动减小，输出直流电压是半波整流的两倍，但这种电路必须采用具有中心抽头的变压器，而且每个线圈只有一半时间通过电流，所以变压器的利用率不高。此外，整流二极管承受的反向电压比较高。

9.2.3 单相桥式整流电路

一、电路组成

图 9.2.5(a)所示是单相桥式整流电路，它由电源变压器、整流二极管和负载电阻 R_L 三部分组成。图中，四个整流二极管 $D_1\sim D_4$ 接成电桥形式，故称**桥式整流电路**。电桥的一条对角线(两个二极管的异名电极相连后)接电源变压器的二次电压 u_2，另一条对角线(两个二极管的同名电极相连后)接负载电阻 R_L。图 9.2.5(b)是单相桥式整流电路的简化画法。

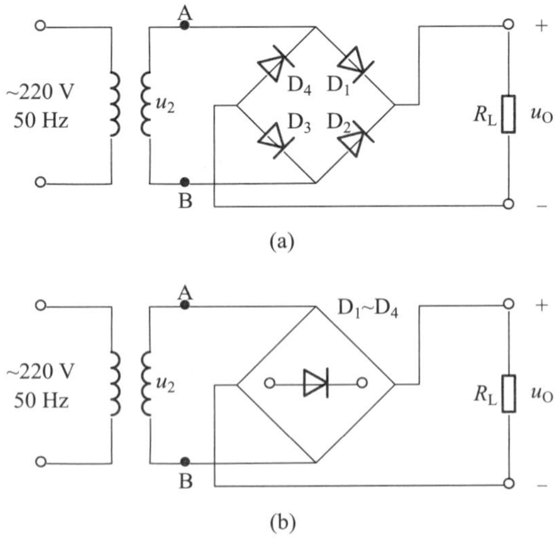

图 9.2.5 单相桥式整流电路

(a) 单相桥式整流电路 (b) 简化画法

二、工作原理

设变压器二次电压 $u_2=\sqrt{2}U_2\sin\omega t$。如图 9.2.6(a)所示，在 u_2 的正半周，电源变压器二次电压 A 端为正，B 端为负，D_1、D_3 承受正向电压而导通。此时有电流流过 R_L，电流流通的路径为：$A\to D_1\to R_L\to D_3\to B$。$D_2$、$D_4$ 因承受反向电压而截止。由于二极管是理想

的，故有 $u_O = u_2$，$i_O = \dfrac{u_2}{R_L}$。

如图 9.2.6(b)所示，在 u_2的负半周，电源变压器二次电压 B 端为正，A 端为负，D_2、D_4承受正向电压而导通。此时有电流流过 R_L，电流流通的路径为：$B \to D_2 \to R_L \to D_4 \to A$。$D_1$、$D_3$因承受反向电压而截止。由于二极管是理想的，故有 $u_O = |u_2|$，$i_O = \dfrac{|u_2|}{R_L}$。

由以上分析可知，在交流电压的整个周期中，始终有同方向的电流流过负载电阻 R_L，故在 R_L上得到了单方向的直流电压。

在单相桥式整流电路中，各部分的电压和电流的波形分别如图 9.2.7 所示。

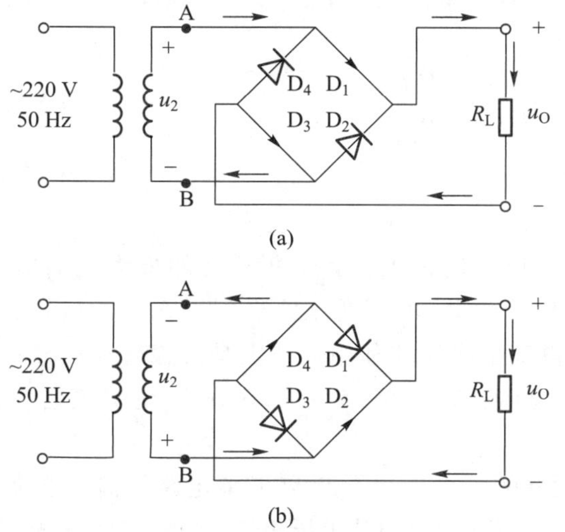

图 9.2.6 单相桥式整流电路的工作原理

（a）u_2正半周工作 （b）u_2负半周工作

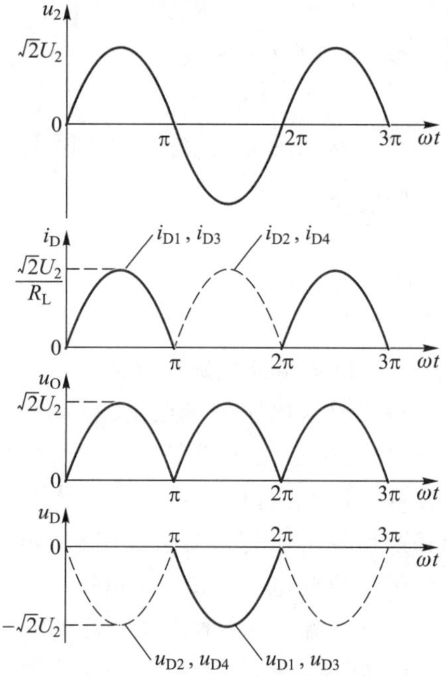

图 9.2.7 单相桥式整流电路的波形图

三、定量关系

由图 9.2.7 所示各部分的波形可知，桥式整流电路的各项基本参数与全波整流电路的相同。

1. 输出电压平均值（直流分量）$U_{O(AV)}$

$$U_{O(AV)} = \frac{2\sqrt{2}\,U_2}{\pi} \approx 0.9U_2 \tag{9.2.17}$$

2. 输出电流平均值（直流分量）$I_{O(AV)}$

$$I_{O(AV)} = \frac{U_{O(AV)}}{R_L} = \frac{0.9U_2}{R_L} \tag{9.2.18}$$

3. 脉动系数 S

$$S = 0.67 \tag{9.2.19}$$

四、整流二极管的选择

1. 流过二极管的平均电流 $I_{D(AV)}$

在桥式整流电路中，由于每两个二极管只导电半个周期，所以流过每个二极管的平均电流均为 $I_{O(AV)}$ 的一半，即

$$I_{D(AV)} = \frac{1}{2}I_{O(AV)} = \frac{0.45U_2}{R_L} \tag{9.2.20}$$

2. 二极管承受的最高反向电压 U_{DRM}

由图 9.2.6(a)可知，在 u_2 的正半周，D_1、D_3 导通时，可将它们看成短路，这样 D_2、D_4 就并联于 u_2 上，它们所承受的最大反向电压为 $U_{DRmax}=\sqrt{2}U_2$。同理，由图 9.2.6(b)可知，在 u_2 的负半周，D_1、D_3 承受的最大反向电压也为 $U_{DRmax}=\sqrt{2}U_2$。所以，桥式整流电路每个二极管承受的最大反向电压为

$$U_{DRmax} = \sqrt{2}U_2 \tag{9.2.21}$$

在实际应用电路中，考虑电网电压的波动，选管时最大整流电流 I_F 和最高反向工作电压 U_{DRM} 应满足

$$I_F > 1.1I_{D(AV)} = 1.1 \times \frac{0.45U_2}{R_L} \tag{9.2.22}$$

$$U_{DRM} > 1.1U_{DRmax} = 1.1\sqrt{2}U_2 \tag{9.2.23}$$

五、桥式整流电路的特点

桥式整流电路的优点是输出电压高，输出波形脉动减小。管子所承受的最大反向电压较低，同时电源变压器在正负半周内都有电流供给负载，电源变压器得到了充分的应用，效率较高。因此，这种电路在半导体整流电路中得到了广泛的利用。缺点是二极管用得较多，但目前市场上已有整流桥堆出售，如 QL51A～G、QL62A～L 等，其中 QL62A～L 的额定电流为 2 A，最大反向电压为 25～1 000 V。

三种整流电路参数比较如表 9.2.1 所示，在同样的 u_2 的作用下，半波整流电路的输出直流电压最低，脉动系数最高。全波整流电路和桥式整流电路的输出直流电压相等，脉动系数也相同，但桥式整流电路中每个整流管所承受的最大反向电压比全波整流电路低，因此它的应用比较广泛。

表 9.2.1 整流电路参数比较

电路	$U_{O(AV)}$	S	$I_{D(AV)}$	U_{DRmax}
单相半波	$0.45U_2$	1.57	$\frac{0.45U_2}{R_L}$	$\sqrt{2}U_2$
单相全波	$0.9U_2$	0.67	$\frac{0.45U_2}{R_L}$	$2\sqrt{2}U_2$
桥式全波	$0.9U_2$	0.67	$\frac{0.45U_2}{R_L}$	$\sqrt{2}U_2$

例 9.2.1 在图 9.2.5 所示电路中，要求输出 40 V 的直流电压和 2 A 的直流电流，已知电网电压的波动范围为±10%。试问：

(1) 二极管承受的最大反向电压 U_{DRM} 和二极管的最大整流电流 I_F 至少为多少？

(2) 若不小心将二极管 D_1接反了,会出现什么现象?

解 (1) 由式(9.2.17)可知,变压器二次电压有效值为

$$U_2=\frac{U_O}{0.9}\approx 1.11U_O=1.11\times 40\ \text{V}=44.4\ \text{V}$$

由式(9.2.23)可知,二极管承受的最大反向电压 U_{DRM}为

$$U_{DRM}>1.1\sqrt{2}U_2=1.1\times 1.414\times 44.4\ \text{V}=69.06\ \text{V}$$

由式(9.2.22)可知,二极管的最大整流电流 I_F为

$$I_F>1.1I_{D(AV)}=1.1\times 1\ \text{A}=1.1\ \text{A}$$

(2) 若不小心将二极管 D_1接反了,则在 u_2的正半周,四个二极管均处于截止状态,在 u_2的负半周,D_1和 D_2将会因电流过大而烧坏,变压器也有可能因二次电流过大而烧坏。

9.2.4 倍压整流电路

倍压整流电路不仅能将交流电转换为直流电,而且在一定的变压器二次电压之下,可以得到高出若干倍的直流电压。实现倍压整流的方法是利用二极管的整流和电容的储能作用,将较低的直流电压分别存储在多个电容器上,然后将他们按照相同的极性串接起来,从而达到较高的输出直流电压。

二倍压整流电路如图 9.2.8 所示,设变压器二次电压 $u_2=\sqrt{2}U_2\sin\omega t$。在 u_2的正半周,电源变压器二次电压 A 端为正,B 端为负,二极管 D_1导通,D_2截止,u_2向电容器 C_1充电,电流如图 9.2.9(a)实线所示,电压极性为右正左负,最大值可达$\sqrt{2}U_2$。在 u_2的负半周,电源变压器二次电压 B 端为正,A 端为负,C_1上的电压与变压器二次电压相加,使得 D_2导通,D_1截止,电容器 C_2充电,电流如图 9.2.9(b)虚线所示,电压极性为下正上负,最大值可达 $2\sqrt{2}U_2$。可见,通过电容 C_1的存储作用,使得输出电压为变压器二次电压最大值的 2 倍,利用同样原理,只要把更多的电容串联起来,并安排相应的二极管给它们充电,就可以实现所需倍数的输出电压。

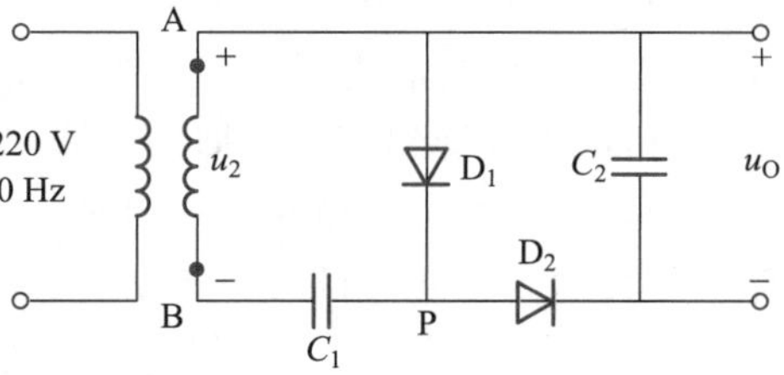

图 9.2.8 二倍压整流电路

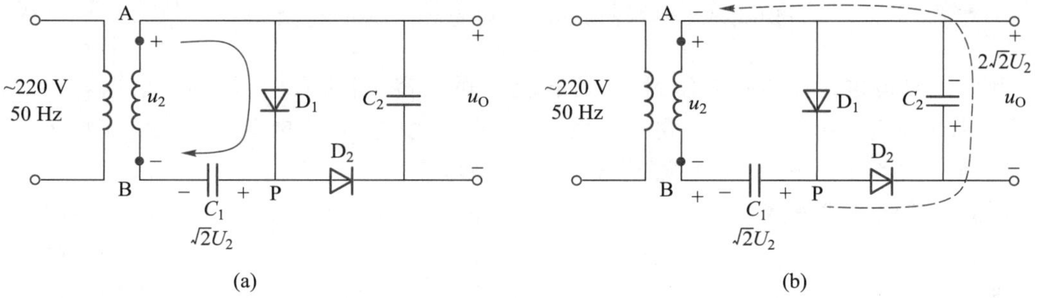

图 9.2.9 二倍压整流电路的工作原理

(a) u_2正半周工作 (b) u_2负半周工作

在二倍压整流电路中，二极管承受的最大反向电压 U_{DRM} 大于 $2\sqrt{2}U_2$，C_1 的耐压大于 $\sqrt{2}U_2$，C_2 的耐压大于 $2\sqrt{2}U_2$，所以倍压整流电路一般用于高电压、小电流（几毫安以下）和负载变化不大的直流电源中。

思考题

9.2.1 整流的作用是什么？

9.2.2 桥式整流和全波整流有什么区别？

9.2.3 倍压整流主要应用在什么场合？

9.2.4 桥式整流电路中如果一个二极管接反会有什么现象？

9.2.5 桥式整流电路中负载得到的输出电压为负方向电压，四个二极管应该如何接？

9.3 滤波电路

经过整流后的输出电压都含有较大的脉动成分，用脉动系数大的整流电压向电子电路供电，将引起严重的市电干扰。由式（9.2.19）可知，桥式整流的输出电压中，交流谐波成分（主要是100 Hz频率的基波）仍占相当大的比重，因此必须设法把整流输出的交流成分滤去，为此，在整流电路之后需要连接一个低通滤波电路，以使单相脉动电压或电流通过滤波电路之后，其交流成分受到较大的抑制，而平均直流成分减小不多，从而使输出电压的脉动系数大为减小。实用滤波电路的形式很多，一般采用无源元件电容或电感，利用其对电压、电流的储能特性达到滤波的目的。常见的滤波电路的基本形式如图 9.3.1 所示。

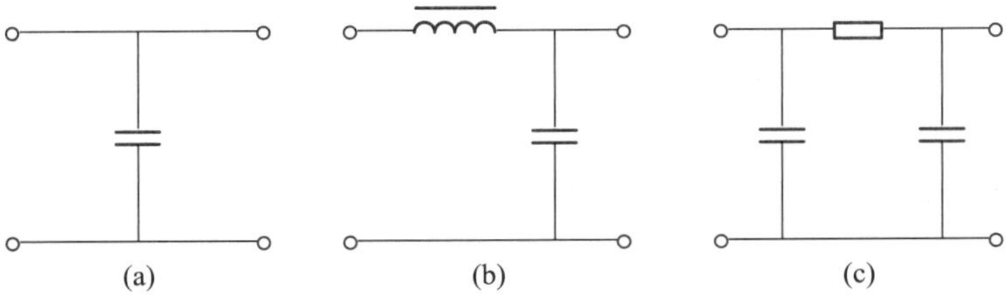

图 9.3.1 滤波电路的基本形式

（a）C 形滤波电路 （b）倒 L 形滤波电路 （c）π 形滤波电路

利用 L、C 电抗元件的储能作用，在负载上并联电容，当输入电压上升时，电容储能，反之，电容释放能量，使输出电压平滑。在负载回路中串联电感，当电源供给的电流增大时，电感储能，而当电流减少时，电感释放能量，平滑负载电流。

滤波电路的形式很多，为了掌握它的分析规律，把它分为电容输入式[电容器 C 接在最前面，如图 9.3.1(a)(c) 所示]和电感输入式[电感器 L 接在最前面，如图 9.3.1(b) 所示]。前一种滤波电路多用于小功率电源中，而后一种滤波电路多用于大功率电源中（而且当电流很大时仅用一电感与负载串联）。这里重点分析小功率整流电源中应用较多的电容滤波电路，然后再简要介绍其他形式的滤波电路。

9.3.1 电容滤波电路

一、电路组成

图 9.3.2 为单相桥式整流、电容滤波电路,其结构为在整流电路的输出端并联一较大容量的电解电容(几十到几千微法),因此在接线时要注意电解电容的正、负极性。电容滤波电路是利用电容的充放电作用使输出电压趋于平滑的。

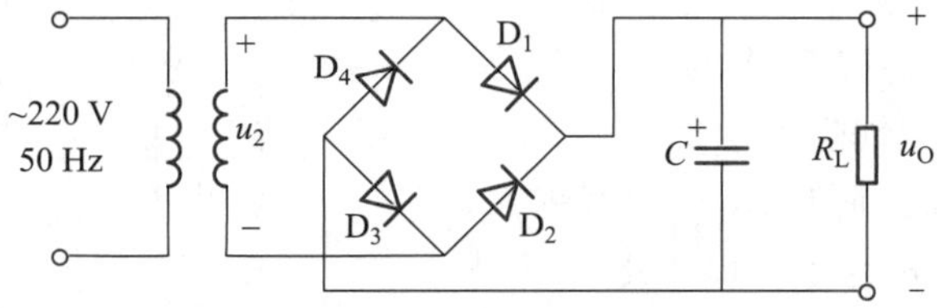

图 9.3.2 单相桥式整流、电容滤波电路

二、工作原理

为了讨论问题的方便,假设接入电网电压的瞬间正好是 u_2 过零的时刻,且电容 C 上的电压为零。合上交流电源后,在 u_2 的正半周,u_2 从零开始上升,并通过 D_1、D_3 向电容 C 充电。由于假设二极管的正向电阻为零,电容器的充电时间常数很小(因为变压器二次绕组的直流电阻很小),故可认为 C 上的电压是随 u_2 按正弦规律上升的,如图 9.3.3(a)的 $0a$ 段所示。在 a 点,u_2 达最大值,$u_C=u_O$ 也达最大值。a 点以后,u_2 开始下降,电容 C 开始向负载电阻 R_L 放电。因为放电时间常数 $\tau=R_LC$ 很大,所以 u_C 的下降速度要比 u_2 的下降速度慢得多,在此过程中,使 $u_C>u_2$,这样,在图 9.3.2 中,四个二极管都因承受反向电压而截止。在此期间,负载电阻 R_L 两端的电压是靠电容 C 的放电电流来维持的。当电容 C 放电到图 9.3.3(a)中的 b 点后,$|u_2|>u_C$,u_2 的负半周使 D_2、D_4 导通,C 又被充电,当 u_2 达最大值后,C 又放电。以上过程重复进行,就可得到如图 9.3.3(a)所示的波形。

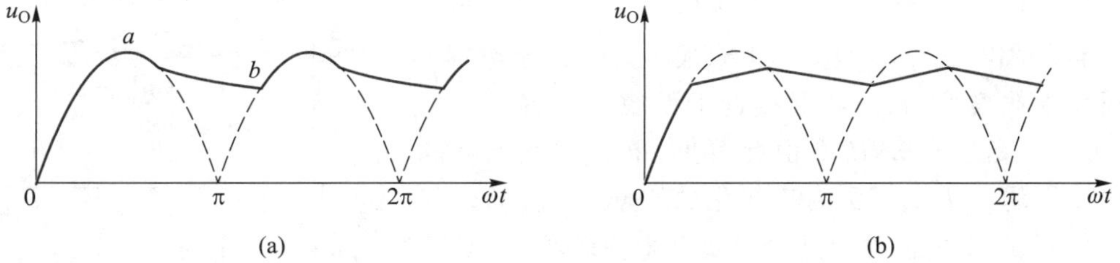

图 9.3.3 单相桥式整流、电容滤波电路的波形图

(a) 不考虑整流电路内阻时的波形 (b) 考虑整流电路内阻时的波形

由图 9.3.3(a)可知,经滤波后的输出电压不仅变得平滑,而且平均值 $U_{O(AV)}$ 也提高了。若考虑变压器内阻和二极管导通电阻,则波形如图 9.3.3(b)所示。

由以上分析可知,在 R_L 两端并联滤波电容 C 后,在电容充电时,回路电阻是整流电路的内阻,即变压器内阻和二极管导通电阻之和,其数值很小,充电时间常数很小。在二极管截止的时间内,由于回路电阻为 R_L,放电时间常数是 R_LC,电容 C 缓慢放电。可见,滤波电路的滤波效果取决于放电时间。滤波电容 C 越大,负载电阻越大,放电时间常数越大,滤波电容 C 放电越慢,输出电压的脉动越小,输出电压的平均值也越高,如图 9.3.4(a)所示。

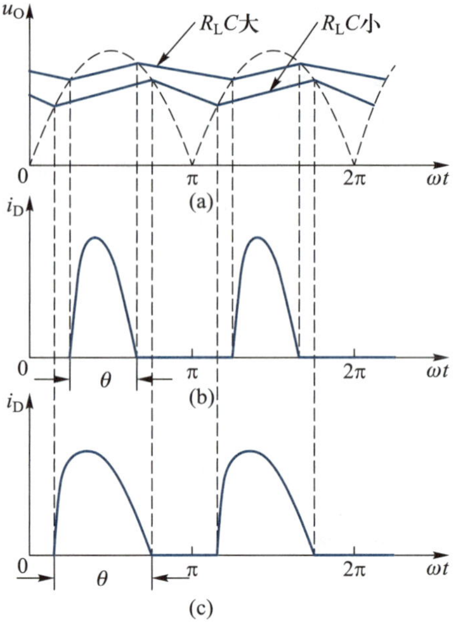

图 9.3.4　电容滤波电路中二极管的电流和导通角

(a) R_LC 变化时输出电压波形

(b) 二极管电流波形及 R_LC 增大时的导通角

(c) 二极管电流波形及 R_LC 减小时的导通角

三、特点

1. 二极管的导通角小于 π

所谓导通角是指在电网电压一个周期中,二极管导通时间所对应的角度。由图 9.2.7 可知,未加滤波电容时,二极管的导通角为 180°。加了滤波电容以后,在稳态工作的情况下,只有在 $|u_2|>u_C$ 时,二极管才能重新导通,所以二极管的导通角总小于 π。而且,R_LC 的值越大,滤波效果越好,导通角 θ 越小。由于电容滤波后输出平均电流增大,而二极管的导通角反而减小,所以整流二极管在短暂的时间内将流过一个比较大的冲击电流,如图 9.3.4(b)和(c)所示,这对二极管的寿命不利,所以必须选择较大容量的整流二极管,一般应选最大整流电流为平均电流两倍左右的整流二极管。

2. 外特性较差

所谓整流滤波电路的外特性是指电路输出电压平均值 $U_{O(AV)}$ 与输出电流平均值 $I_{O(AV)}$ 之间的关系曲线,它是整流滤波电路的一项性能指标。图 9.3.5 中画出了无滤波电容和有滤波电容时的两条外特性。上面已介绍过,加了滤波电容后,输出电压的平均值要提高,所以有滤波电容时的外特性在没有滤波电容时的外特性的上面。在加了滤波电容以后,在电容 C 值一定,R_L 开路(即 $I_{O(AV)}=0$)时,因电容充电后无放电回路,故 $U_{O(AV)}=\sqrt{2}U_2$;当负载电流 $I_{O(AV)}$ 很大(即 R_L 很小)时,由于电容 C 放电时间常数很小,u_O 的波形接近于无滤波电容时的波形,故 $U_{O(AV)}$ 接近于 $0.9U_2$。由此可见,电容滤波电路的输出电压平均值 $U_{O(AV)}$ 受负载变化的影响很大,即外特性较差。所以,电容滤波只适用于负载电流较小(当负载电流较大时,$U_{O(AV)}$ 将减小)或负载电流基本不变的场合。

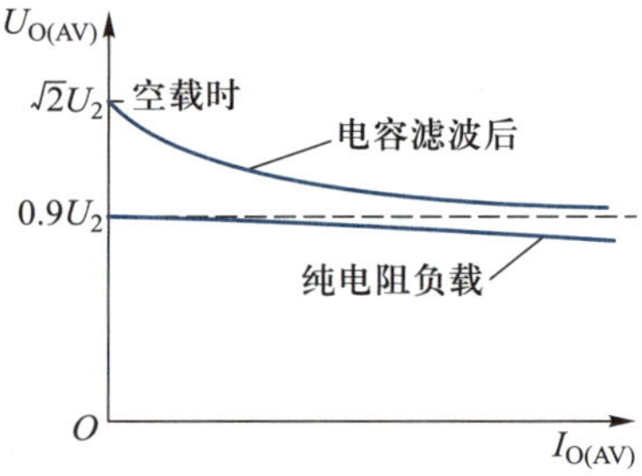

图 9.3.5　单相桥式整流电路在有、无电容滤波时的外特性

四、定量关系

在具有电容滤波的整流电路中,要对输出直流电压进行准确的计算是很困难的。在工程上,为了得到平滑的直流电压,一般应取放电时间常数为

$$\tau=R_LC\geqslant(3\sim5)T/2 \tag{9.3.1}$$

式中 T 为电网电压的周期。在这种情况下,输出直流电压可按下式来估算,即

$$U_{O(AV)}=(1.1\sim1.2)U_2 \tag{9.3.2}$$

输出的直流电流为

$$I_{O(AV)}=\frac{U_{O(AV)}}{R_L}=(1.1\sim1.2)\frac{U_2}{R_L} \tag{9.3.3}$$

总之,电容滤波电路结构简单,输出直流电压较高,可达$(1.1\sim1.2)U_2$,纹波较小。缺点是输出特性较差,适用于负载电压较高、负载变动不大的场合。

例 9.3.1 具有滤波电容的桥式整流电路如图 9.3.2 所示。设电网电压的频率$f=50$ Hz,某负载要求直流电压$U_L=20$ V,直流电流$I_L=0.2$A。试估算电源变压器二次电压的有效值U_2,并选择整流二极管和滤波电容C。

解 (1) 估算电源变压器二次电压的有效值U_2

根据式(9.3.2),取$U_{O(AV)}=1.2U_2$,可得变压器二次电压的有效值为

$$U_2\approx\frac{U_L}{1.2}=\frac{20}{1.2}\text{ V}\approx16.67\text{ V}$$

考虑到变压器绕组及二极管导通时有压降,应把二次电压提高 10%,否则实际工作时U_L会达不到 20 V,故取

$$U_2\approx1.1\times16.67\text{ V}\approx18.3\text{ V}$$

(2) 选择整流二极管

选择整流二极管的原则是:① 被选二极管的最大整流电流应大于电路中流过二极管的平均电流,而在电容滤波的整流电路中,被选二极管的最大整流电流应取管子实际平均电流的两倍左右;② 被选二极管的最高反向工作电压应大于电路中二极管所承受的最大反向电压。

根据式(9.2.20)可得流过二极管的平均电流为

$$I_{D(AV)}=\frac{1}{2}I_{O(AV)}=\frac{I_L}{2}=\frac{0.2}{2}\text{ A}=0.1\text{ A}$$

根据式(9.2.21)可得二极管承受的最大反向电压为

$$U_{DRmax}=\sqrt{2}U_2=\sqrt{2}\times18.3\text{ V}\approx25.9\text{ V}$$

因此可以选用 2CP31A 型二极管,它的最大整流电流为 250 mA,最大反向工作电压为 50 V。

(3) 选择滤波电容器

根据式(9.3.1),取$R_LC=5\times\frac{T}{2}$,得

$$T=\frac{1}{f}=\frac{1}{50}\text{ s}=0.02\text{ s}$$

又

$$R_LC=5\times\frac{T}{2}=5\times0.01\text{ s}=0.05\text{ s}$$

而

$$R_L=\frac{U_L}{I_L}=\frac{20}{0.2}\ \Omega=100\ \Omega$$

故电容的容值为

$$C=\frac{0.05}{100}\text{ F}=500\ \mu\text{F}$$

电容的耐压值为

$$U_{DRmax}=\sqrt{2}U_2=\sqrt{2}\times18.3\text{ V}\approx25.9\text{ V}$$

因此可以选用$C=500$ μF、耐压为 50 V 的电解电容器。

9.3.2 其他滤波电路

一、RC-π 形滤波器

图 9.3.6 是一个单相桥式整流、RC-π 形滤波电路。在这个电路中，电容 C_1、C_2和电阻 R 组成 RC 滤波器。由于这三个元件形成一个"π"字形，所以称为 π 形 RC 滤波器。这种滤波器可以看作是由电容滤波器 C_1和由 R、C_2、R_L组成的分压器一起构成的。C_1的作用与简单的电容滤波器相同，利用 C_1的充放电作用可在 C_1两端得到脉动较小的直流电压。这个脉动较小的直流电压又加在由 R 和 C_2、R_L组成的分压器上，只要电容 C_2的容抗 X_{C2}远小于 R 和 R_L，那么经 C_1滤波后剩余的交流分量将绝大部分降落在 R 上，R_L上所得到的交流分量就很小，达到了进一步滤波的效果。

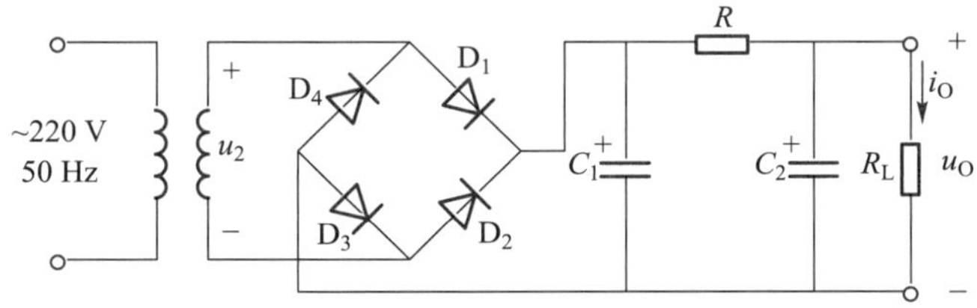

图 9.3.6 单相桥式整流、RC-π 形滤波电路

应该指出，R 上将产生直流压降，使输出直流电压下降，因此在选择 R 的阻值时应按 $RI_O=(0.1\sim0.2)U_O$来考虑。

RC-π 形滤波电路在 R 上将产生直流压降，因而必须提高变压器的二次电压；而整流二极管的冲击电流仍然比较大；同时由于 R 上将产生直流压降，外特性比电容滤波更软，只适用于小电流的场合。当负载电流比较大的情况下，可以采用电感滤波电路。

二、电感滤波电路

利用储能元件电感器 L 的电流不能突变的性质，把电感 L 与整流电路的负载 R_L相串联，如图 9.3.7 所示，也可以起到滤波的作用。对于直流分量，电抗 $X_L=0$，相当于短路，电压大部分降在 R_L上；对于谐波分量，频率 f 越高，电抗 X_L越大，电压大部分降在电感上。因此，在输出端得到比较平滑的直流电压。当忽略电感器 L 的电阻时，负载上输出的平均电压和纯电阻负载相同，即 $U_{O(AV)}=0.9U_2$。

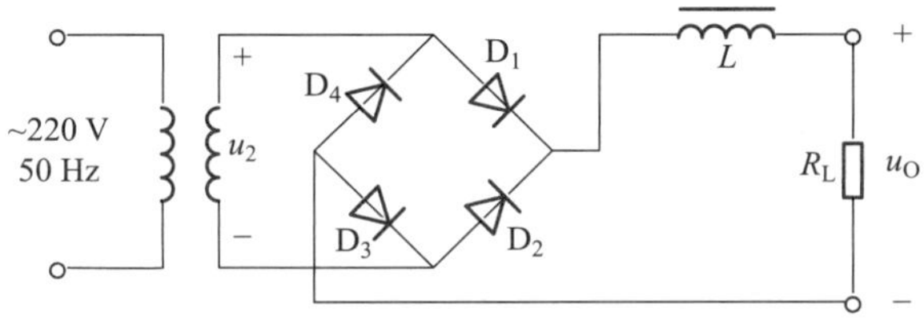

图 9.3.7 单相桥式整流、电感滤波电路

电感滤波的优点是，整流管的导电角增大，峰值电流减小，避免了过大的冲击电流，输出特性较平坦。缺点是由于电感器铁心的存在，其体积大，较笨重，会引起电磁干扰。电感滤

波电路一般适用于低电压、大电流场合。

三、各种滤波电路的比较

表 9.3.1 中给出了几种滤波电路性能的比较。其中曲线① ② ③ ④ ⑤分别对应电容滤波、$RC-\pi$ 形滤波、电感滤波、$LC-\pi$ 形滤波、LC 滤波的外特性。从表中可知，不同的滤波元件对整流电路的影响不尽相同。如电容滤波电路，输出直流电压高，但整流管的导电角小于 π，冲击电流大，外特性较软。电感滤波电路，输出直流电压与无滤波时相同，导电角较电容滤波时增大，冲击电流小。相较于电容滤波电路，电感滤波电路的外特性较硬。

表 9.3.1 各种滤波电路性能的比较

类型	性能			
	$U_{O(AV)}/U_2$（小电流）	适用场合	θ	外特性
电容滤波	1.2	小电流	小	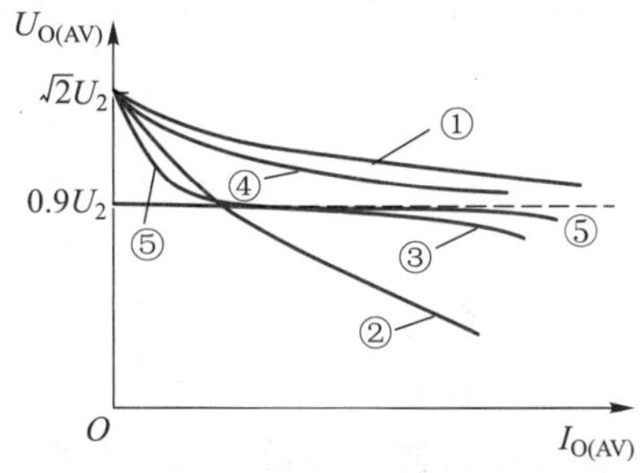
$RC-\pi$ 形滤波	1.2	小电流	小	
电感滤波	0.9	大电流	大	
$LC-\pi$ 形滤波	1.2	小电流	小	
LC 滤波	0.9	适应性较强	大	

思考题

9.3.1 整流电路之后为什么采用滤波电路？

9.3.2 常见滤波电路的结构有哪些？各有什么特点？

9.4 稳压管稳压电路

整流滤波电路虽然解决了把交流电变换为比较平滑的直流电的问题，但是它输出的直流电压是不稳定的，原因有两个：一是交流电网电压不稳定，会引起整流滤波电路输出直流电压的变化，一般交流电网电压可能有±10%的波动；二是整流滤波电路存在着内阻，当负载电流变化时，输出直流电压也要随之变化，这一点从表 9.3.1 所示的外特性上看得很清楚。

为了在交流电网电压波动和负载电流变化两种情况下都能得到稳定的输出直流电压，可在整流滤波电路和负载电阻之间加入稳压电路。

常用小功率稳压电路的主要类型有：稳压二极管稳压电路、线性稳压电路、开关型稳压电路。稳压二极管稳压电路最简单，但是带负载能力差，一般只提供基准电压。开关型稳压电路效率较高，目前用得比较多。

9.4.1 稳压电路的技术指标

稳压电路的技术指标分为两种：特性指标和质量指标。

一、特性指标

特性指标表示稳压电路规格，包括允许的输入电压、允许的输出电压、输出电流及输出电压调节范围等。

二、质量指标

质量指标是用来衡量输出直流电压的稳定程度，包括稳压系数、输出电阻、温度系数及纹波电压抑制比等。

由于输出直流电压 U_O 随输入直流电压 U_I（即整流滤波电路的输出电压，其数值可近似认为与交流电源电压成正比）、输出电流 I_O 和环境温度 T（℃）有关，即输出电压 $U_O=f(U_I, I_O, T)$，因而输出电压变化量的一般式可表示为

$$\Delta U=\frac{\partial U_O}{\partial U_I}\Delta U_I+\frac{\partial U_O}{\partial I_O}\Delta I_O+\frac{\partial U_O}{\partial T}\Delta T$$

或

$$\Delta U=K_u\Delta U_I+R_o\Delta I_O+S_T\Delta T$$

式中三个系数分别定义如下。

1. 输入电压调整系数 K_u

输入电压调整系数是指在负载电流和温度恒定的条件下，输出电压的变化量与输入电压变化量的比，即

$$K_u=\frac{\Delta U_O}{\Delta U_I}\bigg|_{\Delta I_O=0,\Delta T=0}$$

它反映了输入电压波动对输出电压的影响，常用输入电压变化时引起输出电压的相对变化来表示，称为**电压调整率**，即

$$S_u=\frac{\dfrac{\Delta U_O}{U_O}}{\Delta U_I}\times 100\%\bigg|_{\Delta I_O=0,\Delta T=0} \tag{9.4.1}$$

该参数反映了输入变化时能够维持输出电压基本不变的能力，直接反映了稳压电路的稳压特性，是一个非常重要的指标。

有时也以输出电压和输入电压的相对变化之比来表征稳压性能，称为**稳压系数**，其定义式为

$$\gamma=\frac{\dfrac{\Delta U_O}{U_O}}{\dfrac{\Delta U_I}{U_I}}\bigg|_{\Delta I_O=0,\Delta T=0} \tag{9.4.2}$$

为了测量方便，有时将电压调整率定义为：在温度和负载恒定条件下，输入电压变化10%时输出电压的变化，单位为 mV。

2. 输出电阻 R_o

输出电阻是指输入电压和工作温度不变的条件下，输出电压的变化量和输出电流的变化量之比，即

$$R_o = \frac{\Delta U_O}{\Delta I_O}\bigg|_{\Delta U_I = 0, \Delta T = 0} \tag{9.4.3}$$

R_o反映负载电流 I_O变化对 U_O的影响。衡量负载变化时输出电压的稳定程度。它的定义与放大电路的输出电阻相同，当输入电压不变时，改变负载，测得输出电压与输出电流的变化量之比。

3. 温度系数 S_T

温度系数是指电网电压和负载都不变的条件下，输出电压变化量和温度变化量的比，即

$$S_T = \frac{\Delta U_O}{\Delta T}\bigg|_{\Delta U_I = 0, \Delta I_O = 0} \tag{9.4.4}$$

温度系数指电网电压和负载都不变时，由于温度变化而引起的输出电压的漂移。

4. 纹波抑制比 S_R

纹波电压是稳压电路的输出电压中交流分量的有效值，毫伏数量级，表示输出电压的微小波动。最大纹波电压指在输出电压中存在的 50 Hz 或 100 Hz 交流分量，通常以有效值或峰峰值表示。

纹波抑制比是指稳压电路输入纹波电压峰值与输出纹波电压峰值之比，并取对数，即

$$S_R = 20\lg\frac{U_{IP}}{U_{OP}}\ \text{dB} \tag{9.4.5}$$

该指标反映稳压电路输入电压中含有 100 Hz 交流分量峰值或纹波电压有效值经稳压后减小的程度。S_R越大，表示输出纹波越小。

9.4.2 稳压管稳压电路

一、电路组成

图 9.4.1 中点画线框所示是最简单的用硅稳压管组成的稳压电路。经桥式整流、电容滤波电路输出的直流电压作为硅稳压管稳压电路的输入电压 U_I，稳压管 D_Z与负载电阻 R_L并联，故称**并联型稳压电路**。R 为调整电阻(也是硅稳压管的限流电阻)，是稳压电路中不可缺少的元件，当电网电压波动时，通过调节 R 上的压降来保持输出电压基本不变。接线时，应使硅稳压管工作在反向击穿状态，它的阴极应接直流电压的正端，阳极应接直流电压的负端。

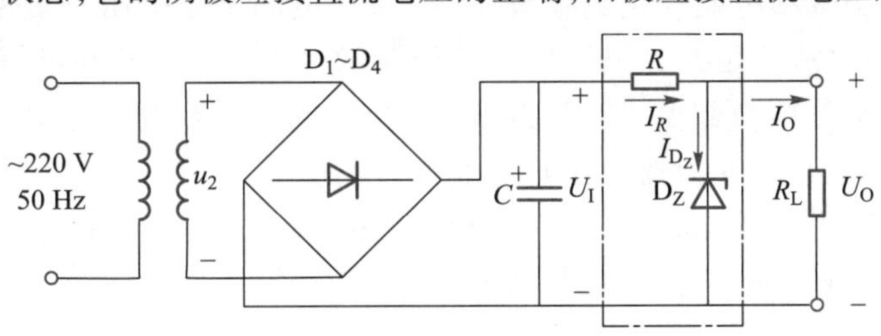

图 9.4.1 硅稳压管稳压电路

二、稳压原理

1. 当电网电压波动时

当 R_L 不变，若由于电网电压波动使 U_I 升高，引起输出电压 U_O 升高时，稳压管的反向电压升高，由图 9.4.2 所示的硅稳压管的伏安特性可知，D_Z 上反向电压稍有升高，流过稳压管 D_Z 的电流 I_Z 将急剧增加，使 $I_R=I_Z+I_O$ 增加很多，调整电阻 R 上的压降增大，U_I 的升高量绝大部分降落在 R 上，从而使输出电压 U_O 基本上保持不变。反之，当电网电压波动使 U_I 下降时，I_R 要减小，使调整电阻 R 上的压降减小，也能使输出电压基本上保持不变。

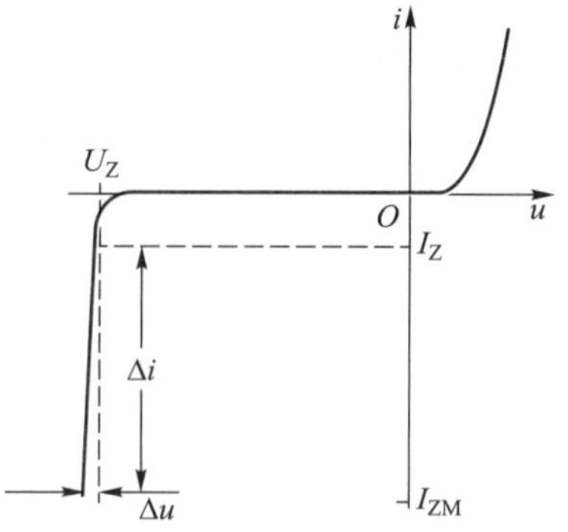

图 9.4.2 硅稳压管的伏安特性

2. 当负载电流变化时

假设稳压电路的输入电压 U_I 不变，当负载电流 I_O 增大（即 R_L 变小）时，限流电阻上的电流 I_R 增大，引起 R 上压降增大，从而使输出电压 U_O 下降，由图 9.4.2 所示的硅稳压管的伏安特性可知，D_Z 上反向电压稍有下降，流过稳压管 D_Z 的电流 I_Z 将急剧减小，即由 I_Z 的减小补偿了 I_O 的增大，使流过 R 的总电流 I_R 基本不变，从而保证 R 上的压降基本不变，最后保持输出电压基本不变。

由以上分析可知，在硅稳压管稳压电路中，硅稳压管自动调节电流的作用是稳定输出电压的关键。当输出直流电压（即硅稳压管的端电压）发生微小变化时，流过硅稳压管的电流将发生较大的变化，然后通过调整电阻的电压调整作用，就可达到稳定输出直流电压的目的。

三、元件的选择

1. 硅稳压管的选择

在硅稳压管稳压电路中，硅稳压管 D_Z 应按以下原则来选择：

（1）稳压管的稳定电压应等于所要求的输出电压，即 $U_Z=U_O$。如果一个管子的稳定电压值不够，可以用两个或多个稳压管串联。

（2）稳压管的最大稳定电流 I_{ZM} 大致上应该比最大输出电流 I_{Omax} 大两倍以上，即

$$I_{ZM} \geq 2I_{Omax} \tag{9.4.6}$$

（3）输入直流电压一般取

$$U_I=(2\sim3)U_O \tag{9.4.7}$$

2. 调整电阻的选择

在电网电压和负载都可能变化的情况下，选择合适的调整电阻 R 是很重要的。如果 R 选择得太大，则供应电流不足，当 I_O 较大时，稳压管的电流将减小到临界值以下，失去稳压作用；如 R 选择得太小，则当负载变大或开路时，I_R 都流向稳压管，可能会超过允许定额而造成损坏。为此，应合理地选择 R 以避免出现上述两种情况。

当直流输入电压为最高（U_{Imax}）、负载电流为最小（I_{Omin}）时，流过稳压管的电流最大。这个最大电流不应该超过稳压管的最大稳定电流，即

$$\frac{U_{Imax}-U_O}{R}-I_{Omin}<I_{ZM}$$

由此可得

$$R > \frac{U_{\mathrm{Imax}} - U_{\mathrm{O}}}{I_{\mathrm{ZM}} + I_{\mathrm{Omin}}} \tag{9.4.8}$$

当直流输入电压为最低(U_{Imin})、负载电流为最大(I_{Omax})时,流过稳压管的电流最小。这个最小电流应该大于稳压管的稳定电流,否则稳压管将失去稳压作用。这时要求

$$\frac{U_{\mathrm{Imin}} - U_{\mathrm{O}}}{R} - I_{\mathrm{Omax}} > I_{\mathrm{Z}}$$

由此可得

$$R < \frac{U_{\mathrm{Imin}} - U_{\mathrm{O}}}{I_{\mathrm{Z}} + I_{\mathrm{Omax}}} \tag{9.4.9}$$

综合考虑上述两种极端情况,调整电阻应在式(9.4.7)和式(9.4.8)所规定的范围内选择,即

$$\frac{U_{\mathrm{Imin}} - U_{\mathrm{O}}}{I_{\mathrm{Z}} + I_{\mathrm{Omax}}} > R > \frac{U_{\mathrm{Imax}} - U_{\mathrm{O}}}{I_{\mathrm{ZM}} + I_{\mathrm{Omin}}} \tag{9.4.10}$$

调整电阻的额定功率应按电阻上最大耗散功率的两倍到三倍来选择,即

$$P_R \geqslant (2 \sim 3) I_R^2 R = (2 \sim 3) \frac{(U_{\mathrm{Imax}} - U_{\mathrm{O}})^2}{R} \tag{9.4.11}$$

例 9.4.1 硅稳压管稳压电路如图 9.4.1 所示。要求输出直流电压 $U_{\mathrm{O}}=6\ \mathrm{V}$,最大输出电流 $I_{\mathrm{Omax}}=10\ \mathrm{mA}$,电网电压的波动范围为±10%。试选择稳压管 D_{Z} 和调整电阻 R。

解 (1) 选择稳压管 D_{Z}

根据 $U_{\mathrm{Z}}=U_{\mathrm{O}}=6\ \mathrm{V}$ 和式(9.4.6)算出的 $I_{\mathrm{ZM}} \geqslant 2I_{\mathrm{Omax}}=2\times 10\ \mathrm{mA}=20\ \mathrm{mA}$,可选择 2CW13 型稳压管,其参数为 $U_{\mathrm{Z}}=5\sim 6.5\ \mathrm{V}$,$I_{\mathrm{Z}}=10\ \mathrm{mA}$,$P_{\mathrm{ZM}}=250\ \mathrm{mW}$。取 $U_{\mathrm{Z}}=6\ \mathrm{V}$,则

$$I_{\mathrm{ZM}} \geqslant \frac{P_{\mathrm{ZM}}}{U_{\mathrm{Z}}} = \frac{250}{6}\ \mathrm{mA} \approx 41.7\ \mathrm{mA}$$

(2) 确定输入直流电压 U_{I}

根据式(9.4.7),取

$$U_{\mathrm{I}} = 2.5U_{\mathrm{O}} = 2.5 \times 6\ \mathrm{V} = 15\ \mathrm{V}$$

(3) 确定调整电阻 R

当电网电压波动±10%时,$U_{\mathrm{Imax}}=16.5\ \mathrm{V}$,$U_{\mathrm{Imin}}=13.5\ \mathrm{V}$,代入式(9.4.10)可得

$$\frac{13.5 - 6}{10 + 10}\ \mathrm{k\Omega} > R > \frac{16.5 - 6}{41.7 + 0}\ \mathrm{k\Omega}$$

由上式可算出

$$0.375\ \mathrm{k\Omega} > R > 0.252\ \mathrm{k\Omega}$$

取标称值电阻 $R=330\ \Omega$。R 的耗散功率可按式(9.4.11)算,取

$$P_R \geqslant 2.5\frac{(U_{\mathrm{Imax}} - U_{\mathrm{O}})^2}{R} = \frac{2.5 \times (16.5 - 6)^2}{330}\ \mathrm{W} \approx 0.84\ \mathrm{W}$$

因此,可选择 330 Ω、1 W 的电阻作为调整电阻。

思考题

9.4.1 衡量稳压电路的质量指标有哪几项，说明其含义。

9.4.2 简述稳压管构成的稳压电路的稳压原理。

9.4.3 说明稳压管电路中电阻 R 的作用及如何选择该电阻。

9.5 串联型稳压电路

当输出电压不需调节、负载电流比较小时，硅稳压管稳压电路的效果较好，所以在小型的电子设备中经常采用这种电路。但是，这种稳压电路还存在着一些缺点：首先，输出直流电压由稳压管的型号决定，不能任意调节；其次，硅稳压管稳压电路的输出电流受稳压管工作电流的限制，数值不能很大；最后，电网电压和负载电流的变化太大时，电路将不能适应，输出直流电压的稳定度还不够高。

因此，在要求输出电流大、输出直流电压连续可调、稳定度更高的场合，采用串联型稳压电路。

9.5.1 串联型稳压电路的引出

为了使负载电阻 R_L 上的直流电压 U_O 稳定，将 R_L 与可变电阻 R 串联，然后接到一个比 U_O 高的直流电压 U_I 上。当 R_L 不变，由于输入电压 U_I 增大使 U_O 增大时，可把 R 的阻值增大，以增大 R 上的压降，只要 R 上压降的增加量正好等于 U_I 的增加量，就可使输出直流电压 U_O 维持不变；当 U_I 保持不变，由于负载电流增加使 R 上的压降增加而导致 U_O 减小时，可把 R 的阻值减小，使 R 上的压降不变，这样，也可以使输出直流电压 U_O 维持不变。此过程可用图 9.5.1(a)所示的电路模拟，但是，由于电网电压和负载的变化都是十分复杂的，而且往往带有很大的偶然性，所以用人工方法去调节可变电阻 R 使 U_O 维持不变的做法是不现实的。在实际电路中，用晶体管代替可变电阻 R 来实现自动调节，如图 9.5.1(b)所示。

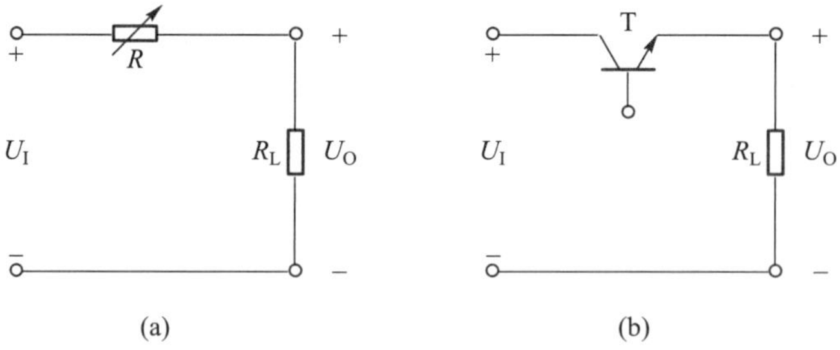

图 9.5.1 串联型稳压电路的原理
(a) 用可变电阻自动调节 (b) 晶体管替代电阻

晶体管为什么能起可变电阻的作用呢？从图 9.5.2 可以看出，只要晶体管 T 工作在放大区,它的集电极和发射极之间的电压降 U_{CE} 就受基极电流 I_B 的控制。当基极电流 I_B 较大时,I_C 较大,U_{CE} 较小;反之亦然。把晶体管的集电极和发射极之间等效为一个直流电阻,并记作 R_{CE},则

$$R_{CE}=\frac{U_{CE}}{I_C}$$

例如,当晶体管工作在 Q_2 点时,$R_{CE2}=\frac{U_{CE2}}{I_{C2}}$;当晶体管工作在 Q_1 点时,$R_{CE1}=\frac{U_{CE1}}{I_{C1}}$。显然,$R_{CE1}>R_{CE2}$。由此可见,工作在放大区的晶体管相当于一个可变电阻,并且它的集电极和发射极之间的直流电阻的大小是受基极电流控制的。

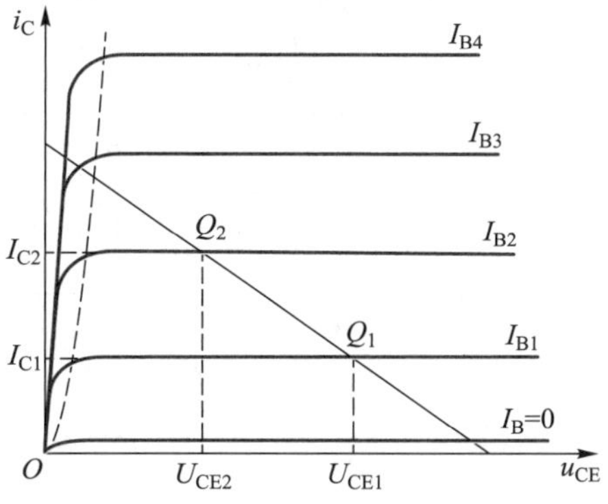

图 9.5.2 晶体管的共发射极输出特性曲线

解决了用晶体管代替可变电阻的问题以后,剩下的关键问题是如何根据输出电压 U_O 和负载电流 I_O 的变化来控制晶体管的基极电流 I_B 的大小。由图 9.5.1(b)可知,当 U_I 和 I_O 的变化使 U_O 增大时,应减小基极电流 I_B,使 U_{CE} 增大 ,才能维持 U_O 基本不变;反之,当 U_O 减小时,应使 I_B 增大。为了做到这一点,应该在输出端和晶体管的基极之间接入一个按负反馈原理工作的控制电路。它以 U_O 的变化作为输入信号,它的输出则使 I_B 做与 U_O 反方向的变化。

在图 9.5.1(b)中,由于晶体管在电路中起调整电压的作用,所以叫作**调整管**。由于调整管是与负载电阻 R_L 串联的,所以这种稳压电路称为**串联型稳压电路**。在此基础上引入负反馈后的稳压电路称**串联反馈式稳压电路**。调整管始终工作在放大区,所以又称为**线性稳压电源**。

9.5.2 具有放大环节的串联反馈式稳压电路

一、电路组成

图 9.5.3(a)是具有放大环节的串联型稳压电路的原理图。它的输入电压 U_I 是由整流滤波电路供给的。电阻 R_3 和稳压管 D_Z 组成硅稳压管稳压电路,用以提供基准电压,使 T_2 的发射极电位基本不变。电阻 R_1 和 R_2 组成采样电阻,其作用是把输出电压的变化量取出一部分加到由 T_2 组成的放大电路的输入端。T_2 为放大管,R_4 是它的集电极电阻。放大管的作用是将稳压电路输出电压的变化量先放大,然后再送到调整管 T_1 的基极。这样,只要输出电压有微小变化,就能引起调整管的管压降发生变化,提高了稳压效果,放大倍数越大,输出电压越稳定。

由图 9.5.3(a)可以看出,具有放大环节的串联型稳压电路是由调整元件、比较放大、基准电压和取样电路等几部分组成的,它的框图如图 9.5.3(b)所示。

二、稳压原理

如果由于电网电压降低或负载电流加大使输出电压 U_O 降低时,通过 R_1 和 R_2 的分压作用,T_2 的基极电位会下降。由于 T_2 的发射极电位 $U_{E2}=U_Z$ 基本不变,U_{B2} 和 U_{E2} 比较的结果使 T_2 的发射结正向电压 U_{BE2} 变小,从而使 T_2 的 I_{C2} 减小和 U_{C2} 升高,即 T_1 管的基极电位升高,

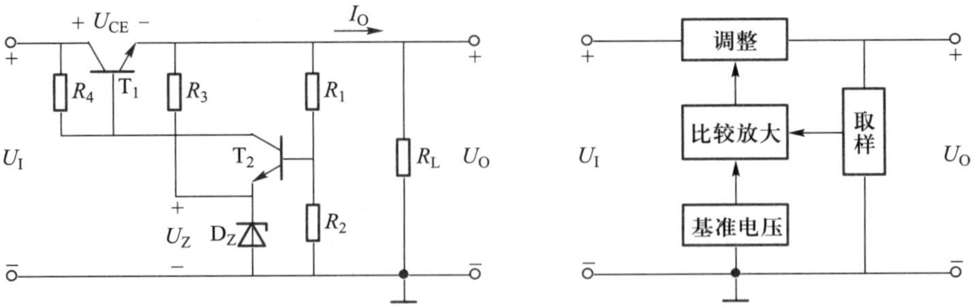

(a)　　　　　　　　　　　　(b)

图 9.5.3　具有放大环节的串联型稳压电路

(a) 原理图　(b) 框图

使 T_1 的 I_{C1} 增大、U_{CE1} 减小，最后使输出电压恢复到接近原来的数值，从而维持输出电压基本恒定。以上过程可表示为：

$$U_O\downarrow\rightarrow U_{B2}\downarrow\rightarrow U_{BE2}\downarrow\rightarrow I_{C2}\downarrow\rightarrow U_{C2}\uparrow\rightarrow U_{BE1}(=U_{C2}-U_O)\uparrow$$

$$U_O\uparrow\leftarrow U_{CE1}\downarrow\leftarrow I_{C1}\uparrow\longleftarrow I_{B1}\uparrow\leftarrow$$

通过分析，可以看出，稳压过程的实质是通过负反馈使输出电压维持稳定的过程。同理，当 U_O 升高时，通过负反馈作用，也会使 U_O 基本保持不变。

很明显，当放大电路的放大倍数越大时，输出电压的稳定度就越高。当调整管 T_1 采用大功率管时，就可提高稳压电路的输出电流。

三、输出电压的大小和调节方法

在图 9.5.3(a) 中，若忽略 T_2 基极电流的影响，则有

$$U_{B2}\approx\frac{R_2}{R_1+R_2}U_O=FU_O=U_Z+U_{BE2}$$

式中，$F=\dfrac{R_2}{R_1+R_2}$，称为**取样电路的分压比**。因为 $U_{BE2}\ll U_Z$，故有

$$U_O\approx\frac{R_2+R_1}{R_2}U_Z=\frac{1}{F}U_Z \tag{9.5.1}$$

由此可见，具有放大环节的串联型稳压电路输出电压的大小是由取样回路的分压比和基准电压决定的。因此，只要改变取样回路分压比的大小，就可以调节输出电压的大小。为了调节方便，可在取样电路中加入一个可变电阻 R_P。

四、改进的串联反馈式稳压电路

从反馈的角度看，图 9.5.3 所示的串联型稳压电路属于电压串联负反馈，反馈越深，调整作用越强，输出电压越稳定，为此，将比较放大电路用集成运算放大器代替，如图 9.5.4 所示。

由图可得

$$U_N\approx\frac{R_2+R''_P}{R_1+R_2+R_P}U_O=FU_O$$

利用“虚短”的概念，可得

$$U_N\approx U_P=U_Z$$

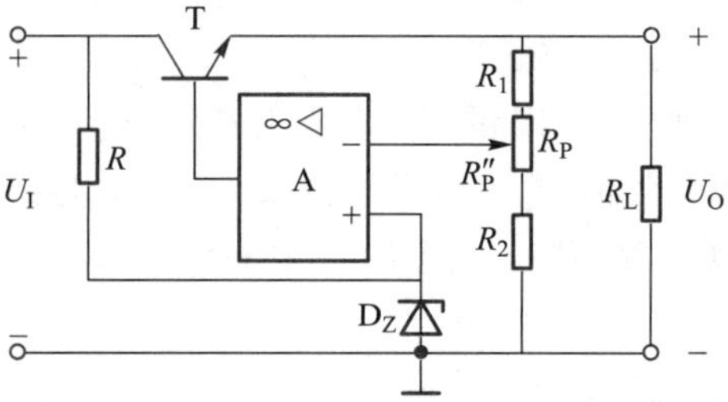

图 9.5.4　用集成运算放大器组成的串联型稳压电路

可得

$$\frac{R_2+R''_P}{R_1+R_2+R_P}U_O=FU_O\approx U_Z$$

因此有

$$U_O\approx\frac{1}{F}U_Z=\frac{R_1+R_2+R_P}{R_2+R''_P}U_Z \tag{9.5.2}$$

式(9.5.2)是设计稳压电路的基本关系式。改变可变电阻 R_P 滑动点的位置，达到连续调节输出电压的目的。

R_P 滑动端在最下端，输出电压最大

$$U_{Omax}\approx\frac{R_1+R_2+R_P}{R_2}U_Z \tag{9.5.3}$$

R_P 滑动端在最上端，输出电压最小

$$U_{Omin}\approx\frac{R_1+R_2+R_P}{R_2+R_P}U_Z \tag{9.5.4}$$

五、调整管的选择

调整管是串联稳压电路中的核心元件，它一般为大功率管，选用原则主要考虑三个极限参数 I_{CM}、$U_{(BR)CEO}$ 和 P_{CM}。调整管极限参数的确定，必须考虑输入电压的变化、输出电压的调节和负载电流变化的影响。

从图 9.5.4 所示电路可知，调整管的发射极电流等于采样电阻中的电流和负载电流的和，一般，采样电阻的电流可忽略，显然当负载电流最大时射极电流最大，即

$$I_{Cmax}\approx I_{Lmax} \tag{9.5.5}$$

T 管的管压降等于输入电压和输出电压之差，当电网电压最高（输入电压最高），同时输出电压又最低时，调整管承受管压降最大，即

$$U_{CEmax}=U_{Imax}-U_{Omin} \tag{9.5.6}$$

调整管的集电极电流最大（满载），且管压降最大时，调整管的功率损耗最大，即

$$P_{Cmax}=I_{Cmax}U_{CEmax} \tag{9.5.7}$$

据前面分析，在选择调整管时应保证其极限参数满足

$$I_{CM}>I_{Lmax} \tag{9.5.8}$$

$$U_{(BR)CEO}>U_{Imax}-U_{Omin} \tag{9.5.9}$$

$$P_{CM}>I_{Lmax}(U_{Imax}-U_{Omin}) \tag{9.5.10}$$

实际选用时，不但要考虑一定的余量，还应按手册上的规定采取散热措施。

例 9.5.1　稳压电源电路如图 9.5.5 所示。

（1）在原有电路结构基础（设 BJT 的 T_2、T_3 是正确的连接）上改正图中错误；

（2）变压器二次电压的有效值 $U_2=20$ V，问 $U_1=$？说明电路中 T_1、R_1、D_{Z2} 的作用；

（3）当 $U_{Z2}=6$ V，$U_{BE}=0.7$ V，可变电阻 R_P 在中间位置时，试计算 A、B、C、D、E 各点的电位和 U_{CE2} 的值；

（4）计算输出电压 U_O 的调节范围。

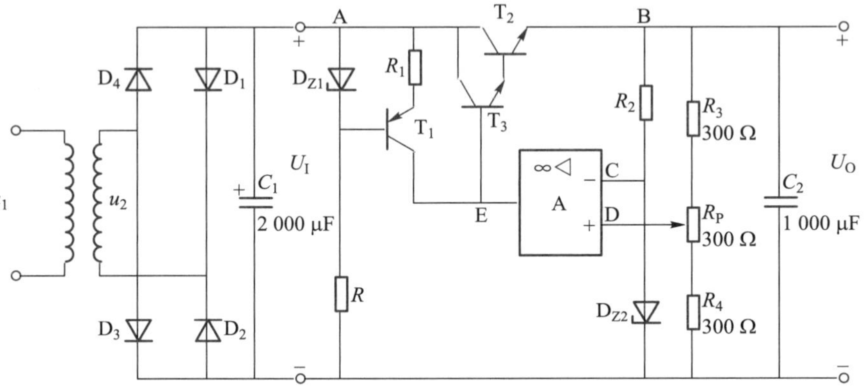

图 9.5.5　例 9.5.1 的电路

解　（1）二极管 D_1、D_3 和稳压管 D_{Z1}、D_{Z2} 极性接反，运放 A 的反相端“−”和同相端“+”接反，应对换。

（2）$U_I=1.2U_2=1.2\times20\text{ V}=24\text{ V}$，电路中 T_1、R_1 和 D_{Z1} 为稳压电源的起动电路。T_1 是起动管，R_1 和 D_{Z1} 组成基准电压环节。当接入不稳定的直流输入电压 U_I 后，T_1 导通，为 T_3、T_2 提供基极电流，T_3、T_2 和运放之间的正反馈作用，使 T_3 的基极电位迅速上升，从而使 D_{Z2} 稳压，电路便完成起动过程。

（3）R_P 箭头在中间位置，求 A、B、C、D、E 各点的电位和 U_{CE2} 的值

取
$$U_A=U_I=24\text{ V}$$
则
$$U_B=U_O=\left(\frac{R_3+R_P+R_4}{R_4+R_P/2}\right)U_{Z2}=\frac{300+300+300}{300+150}\times6\text{ V}=12\text{ V}$$
$$U_E=U_O+2U_{BE}=12\text{ V}+1.4\text{ V}=13.4\text{ V}$$
$$U_{CE2}=U_A-U_B=24\text{ V}-12\text{ V}=12\text{ V}$$

（4）输出电压的最大值与最小值分别为
$$U_{Omax}=\left(\frac{R_3+R_P+R_4}{R_4}\right)U_{Z2}=\frac{900}{300}\times6\text{ V}=18\text{ V}$$
$$U_{Omin}=\left(\frac{R_3+R_P+R_4}{R_4+R_P}\right)U_{Z2}=\frac{900}{600}\times6\text{ V}=9\text{ V}$$

输出电压调节范围为 9～18 V。

9.5.3 集成稳压电路

教学视频 9.1
集成稳压器

随着半导体集成电路工艺的迅速发展,可将稳压电路制作在一块硅片上,这就是集成稳压电路。与分立元件稳压电路相比,集成稳压电路具有体积小、重量轻、使用调整方便和工作可靠等一系列优点,因而应用越来越广泛。

目前我国已生产出多种形式的集成稳压电路,在线性集成稳压电路中,由于三端稳压器只有三个引出端子,故使用起来十分方便。常用的三端集成稳压器主要有两种:一种输出电压是固定的,称为**固定输出三端稳压器**;另一种输出电压是可调的,称为**可调输出三端稳压器**,其基本原理相同,均采用串联型稳压电路。使用时,只要从产品手册中查出其有关参数及外形尺寸,再配上适当的散热片,就可以按需要接成稳压电路。下面简单地介绍一下三端式集成稳压器及几种应用电路。

一、固定式三端稳压器

1. 种类、外形和符号

三端稳压器的通用产品有 W7800(输出正电压)和 W7900(输出负电压)系列,输出电压为5 V、6 V、9 V、12 V、15 V、18 V、24 V 等。具体型号中的后两个数字代表输出电压值,如 W7805 表示输出电压为+5 V,而 W7912 表示输出电压为-12 V。

另外,按输出额定电流,三端稳压器分为额定输出电流 1.5 A(W7800 及 W7900 系列)、500 mA(W78M00 及 W79M00 系列)、100 mA(W78L00 及 W79L00 系列)三个等级。

图 9.5.6(a)和(b)是三端稳压器的外形示意图。电路只引出输入、输出和公共端三个端子,故称三端式集成稳压器。其输出电压是固定的,不可调节,符号如图 9.5.6(c)所示。

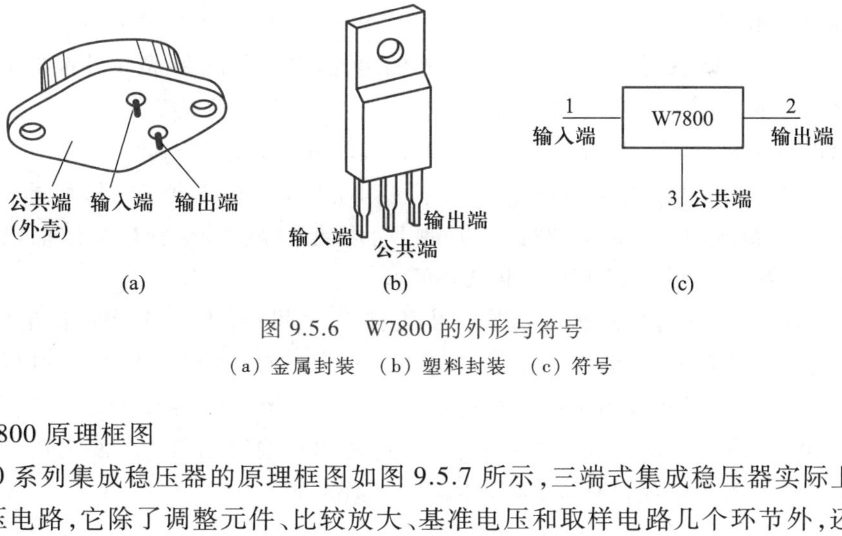

(a) (b) (c)

图 9.5.6 W7800 的外形与符号
(a) 金属封装 (b) 塑料封装 (c) 符号

2. W7800 原理框图

W7800 系列集成稳压器的原理框图如图 9.5.7 所示,三端式集成稳压器实际上也是一个串联型稳压电路,它除了调整元件、比较放大、基准电压和取样电路几个环节外,还包括起动电路和保护电路。

三端稳压器的调整管常采用复合管,其具有很大的电流放大系数。

起动电路在接通输入电压时,推动基准源电路及比较放大器进入正常工作状态,在稳压电路正常工作后,起动电路与其他电路的联系自动断开,它不影响稳压电路性能。

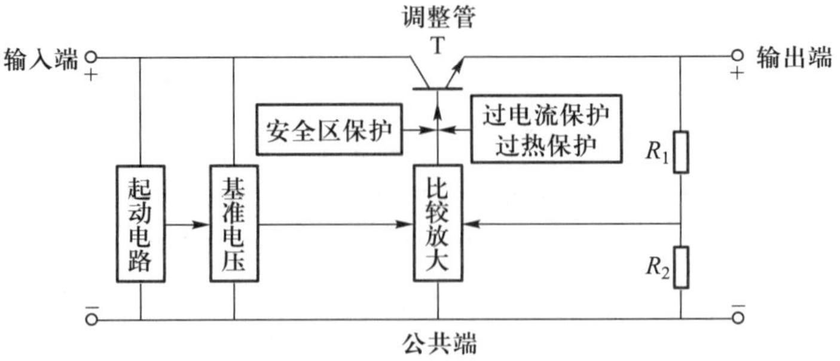

图 9.5.7 W7800 系列集成稳压器的原理框图

基准电压的特点是低噪声、零温漂、精度高。

比较放大常采用带恒流源的长尾式差分放大电路，提供高放大倍数，并解决了单管放大的零点漂移问题。

安全保护、过流保护和过热保护使稳压器在出现不正常情况时不至于损坏。因为串联型稳压电路的核心是调整管，它流过的电流近似等于负载电流，所以保护电路都与调整管紧密相关。安全保护是在额定输出电流时，避免调整管压降过大而使功耗越过安全区损坏，在过压时，为调整管基极分流使输出电流下降而保证调整管工作在安全区。芯片损坏的重要原因之一是长期通过大电流而引起结温超过允许值，在集成稳压器中调整管的结温决定芯片温度。当调整管温升超过允许值时，起动过热保护电路，为调整管分流使芯片温度下降到安全值。在稳压器输出电流超过额定值时，起动过流保护电路，限制调整管发射极电流在某一数值或使之迅速减小，从而使调整管不会因电流过大而烧毁。

R_1和 R_2构成取样电路，把输出电压变化量的一部分送到放大电路的输入端。

3. W7800 的电路图

图 9.5.8 是 W7800 系列三端式集成稳压器的电路图。图中，结型场效晶体管 T_1是起动管，T_5、T_6、R_3、T_2、R_2、R_1和 D_{Z1}组成基准电压环节。当接入不稳定的直流输入电压 U_I后，T_1导通，为 T_5、T_2提供基极电流。T_5导通后，T_6因发射结正偏而导通。T_6导通后，T_6、T_2和 T_5之间的正反馈作用，使 T_2的基极电位迅速上升，从而使 D_{Z1}导通，电路便完成起动过程。D_{Z1}中的电流是由 T_5和 T_6组成的恒流源电路提供的，故 D_{Z1}两端可提供一个比较稳定的电压，这个电压作为基准电压接在 T_4的发射极和公共端之间。

T_4是比较放大管，它的基极接在取样电阻 R_8和 R_9之间，由 T_8和 T_7组成的射极输出器的输入电阻作为 T_4集电极的有源负载电阻，由于此值很大，所以比较放大环节的电压放大倍数是很高的，这样就可以提高输出电压的稳定性。比较放大环节的输出信号经 T_8发射极输出后加到由 T_{10}和 T_{11}组成的复合调整管的基极，去自动调整输出电压 U_O，使它基本稳定不变。C_1是制造在硅片上的小电容，用以消除稳压器的自激振荡。

在图中，设有以下三种保护电路。

(1) T_9、R_6、R_7组成过流保护电路。当稳压器正常工作时，流过 R_7上的电流（基本上是稳压器的输出电流）在其上产生的压降不足以克服 T_9发射结的死区电压，T_9处于截止状态，对稳压电路的正常工作无影响；当输出电流过载时，R_7上的压降将超过 T_9发射结的死区电压，使 T_9导通，通过 T_8分流了恒流管 T_7的电流，从而减小了复合调整管的基极电流，使输出电流

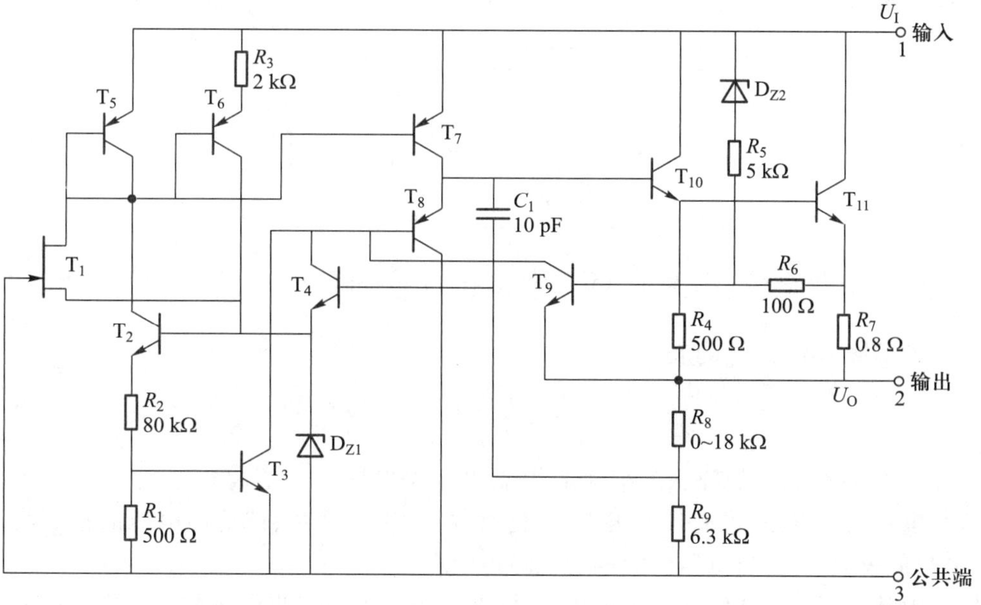

图 9.5.8 W7800 系列三端式集成稳压器的电路图

降低，达到了过流保护的目的。

（2）D_{Z2}、R_5、T_9组成过电压保护电路。这是为了防止调整管 T_{11}的集电极和发射极之间的压降过高而设置的。由于稳压器的最大输出电流可达 1.5 A，当 T_{11}的 U_{CE}过高时，会使集电极耗散功率超过 P_{CM}而损坏管子。D_{Z2}、R_5、R_6并联在调整管 T_{11}的集电极和发射极之间，当 $U_{CE11}>8$ V 时，D_{Z2}反向击穿，为 T_9提供基极电流，T_9导通，分流了恒流源 T_7的电流，减小了复合调整管的基极电流，保护了调整管。

（3）D_{Z1}、R_1、T_3组成过热保护电路。正常工作时，R_1上的压降仅为 0.4 V 左右，不足以克服 T_3发射结的死区电压，T_3是截止的，对电路工作无影响；当稳压器由于功耗过大或环境温度过高使硅片温度上升到某个额定值时，由于 D_{Z1}稳定电压上升和 T_3发射结死区电压下降，使 T_3变为导通，也会分流恒流源 T_7的电流，从而使输出电流下降，稳压器可免因过热而损坏。

4. W7800 的基本应用

（1）基本应用电路

图 9.5.9 是 W7800 系列输出为固定电压的应用电路。为了保证稳压器能正常工作，输入、输出电压的最小差值应有 2~3 V。当稳压器离整流滤波电路较远时，在输入端应接入 C_1，以抵消长线的电感效应，防止产生自激振荡，其取值范围在 0.1~1 μF 之间（若接线不长时可不用）。在输出端接入 C_2，一般取 1 μF 左右，以削弱高频噪声。

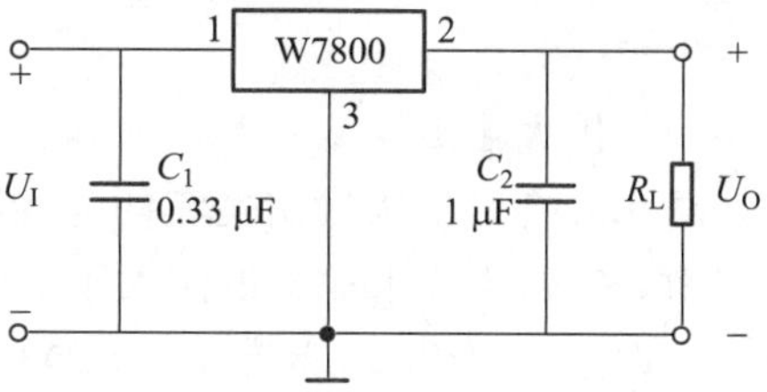

图 9.5.9 输出固定电压的应用电路

（2）扩展输出电压

图 9.5.10 是提高输出电压的应用电路。因为 W7800 和 W7900 系列集成稳压器的最高输出电压等级为 24 V，当需要大于 24 V 的输出电压时，就可以采用这种接线图。图中，R_1

上的电压是集成稳压器的标称输出电压 U_{XX}，R_2 接在稳压器的公共端和电源的公共端之间。

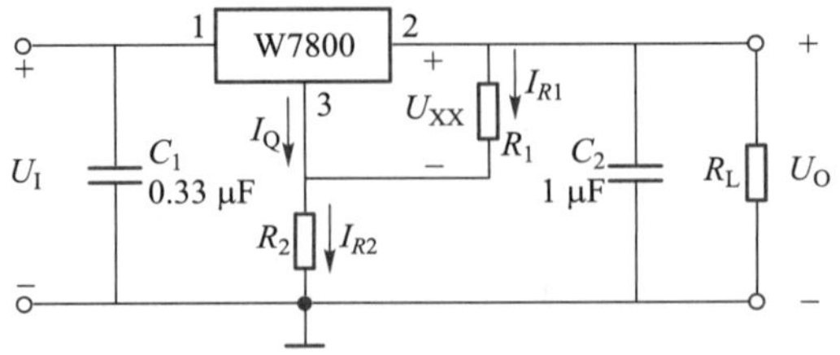

图 9.5.10 提高输出电压的应用电路

由图可得输出电压 U_0 的表达式为

$$U_0 = \left(1 + \frac{R_2}{R_1}\right) U_{XX} + I_Q R_2 \tag{9.5.11}$$

式中，I_Q 为稳压器公共端的静态工作电流，约为几个毫安。

这个电路的缺点是：当输入电压 U_I 变化时，I_Q 会发生变化，使输出电压的稳定度下降。当 R_2 的数值较大时，输出电压的稳定度下降得较多。

实用中常采用如图 9.5.11 所示的电路，它是可连续调节输出电压的接线图。图中，集成运算放大器接成电压跟随器形式，这样，分压器 R_1 与 R_2 上面部分的电压近似等于集成稳压器的标称输出电压 U_{XX}，因此输出电压为

$$\frac{R_1 + R_2 + R_3}{R_1 + R_2} U_{XX} \leqslant U_0 \leqslant \frac{R_1 + R_2 + R_3}{R_1} U_{XX} \tag{9.5.12}$$

当改变 R_2 滑动端的位置时，就可连续调节输出电压的大小。

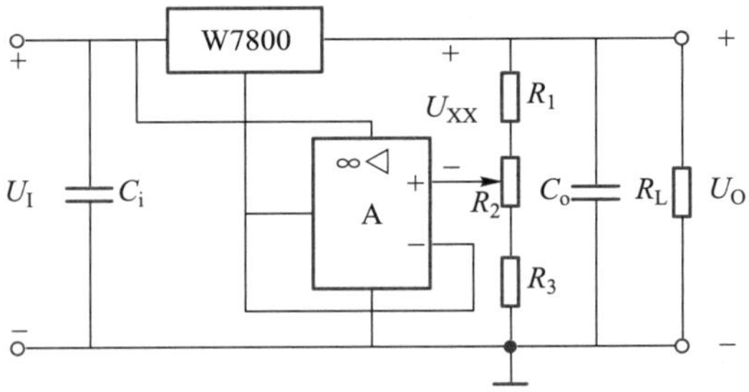

图 9.5.11 输出电压连续调节电路

(3) 扩大输出电流

图 9.5.12 是扩大输出电流的应用电路。W7800 和 W7900 系列集成稳压器的最大输出电流为 1.5 A，当要求输出电流大于 1.5 A 时，可如图所示采用外接功率管的方法来扩大输出电流。在图中，外接功率管 T_1 为 PNP 型（3AD35 型）。扩大后的输出电流 I_0 为集成稳压器的输出电流 I_{OXX} 与外接功率管 T_1 集电极电流 I_{C1} 之和。

图中，R_0 的阻值由功率管 T_1 的发射结正向压降 U_{BE1}（$\approx$0.3 V）和电流 I_{R0} 决定，即

$$R_0 = \frac{U_{BE1}}{I_{R0}}$$

而

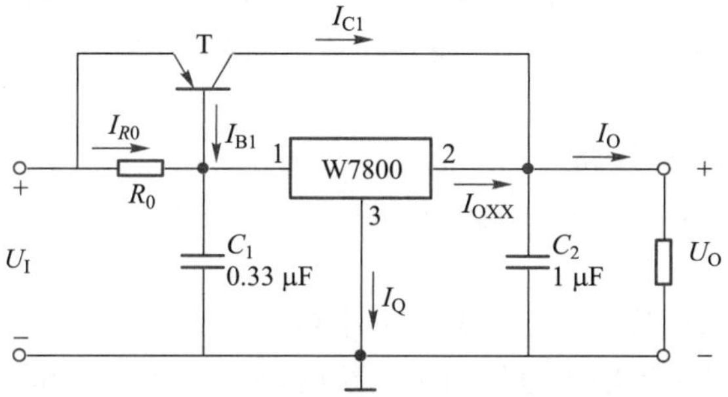

图 9.5.12　扩大输出电流的应用电路

$$I_{R0}=I_{OXX}+I_Q-I_{B1}=I_{OXX}+I_Q-\frac{I_{C1}}{\beta_1}$$

故有

$$R_0=\frac{U_{BE1}}{I_{OXX}+I_Q-\dfrac{I_{C1}}{\beta_1}} \tag{9.5.13}$$

（4）输出正、负电压的稳压电路

当需要正、负两组电源输出时，可选用 W7800 系列和 W7900 系列各一块，按图 9.5.13 所示进行接线，即可得到正、负对称的两组电源。

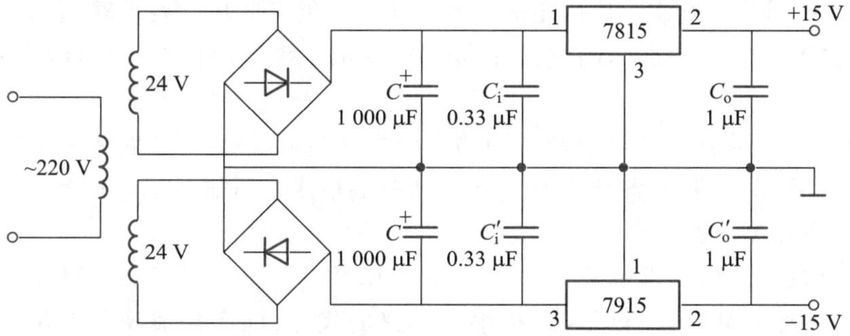

图 9.5.13　输出正、负电压的稳压电路

5. 注意事项

（1）防止引脚中的输入端与输出端反接

7800 与 7900 系列稳压器的生产厂家很多，由于不同厂家产品引脚的编号不统一，有的厂家引脚编号按 1、2、3 排列，有的厂家则按 1、3、2 排列，所以在使用前一定要将引脚的三个端弄清，区分出输入、输出端，最好先参阅生产厂家的产品说明，确认无误后再接入电路。否则，反接电压超过 7 V 时将会击穿功率调整管，损坏稳压器。

（2）防止稳压器的浮地故障

7800 系列稳压器外壳与接地端相连，而外壳通常又接在散热片上，如果认为有了散热器与地线的接触可以不必再接稳压器的接地端，那么是不正确的。因为机械接点时间一长，表面会因氧化、受振动等原因而接触不良，从而造成浮地故障。一旦接地端断开，输出电压 U_O

就可能接近未稳压的输入电压 U_I，这样就可能因 U_O 电压过高而造成负载电路的损坏。所以必须在稳压器的接地端接可靠的地线。发现浮地故障时，应先断电后接线，不然还有可能损坏稳压器。

(3) 防止稳压器输入端短路

当稳压器接有大电容负载，并且输出电压高于 6 V 时，应当在输入端与输出端接入保护二极管。

当输入端对地短路时，其电位迅速接近零电位，而输出端由于有大电容，储存很多电荷而来不及释放，其电位仍接近输出电压值 U_O，这时电容将通过稳压器的输出调整管释放电荷，其 PN 结在高于 7 V 的反向偏置电压下会被击穿。如果有了保护二极管，就能及时将电容的电荷释放，从而保护了稳压器。当然，如果在实际电路中输入端不会出现短路情况，也可以不接保护二极管。

(4) 瞬态过电压

在各型稳压器的参数中，都给出了最大输入电压值 U_{Imax}。在实际使用中一定要注意输入电压不能超过此值。如果一旦有瞬态电压超过额定输入电压的最大值，或者低于地电位 0.8 V 以上，并且有足够的能量时，就会损坏稳压器（特别是当输入端远离滤波电容时）。这时可以在输入端与公共端之间接入一个大于 0.1 μF 的电容加以解决。

在安装时，要注意尽量使滤波电容和防自激振荡的 0.33 μF 电容靠近稳压器，这样可以有效地防止瞬态过电压。

二、可调式三端稳压器

78××和 79××系列为输出电压固定的三端稳压器。但有些场合要求输出电压具有一定的调节范围，故使用它很不方便。现介绍一种外接很少元件就能工作的三端可调式集成稳压器。

1. 分类

17/37 系列三端集成稳压器是较常用的可调式三端集成稳压器，它的三个接线端分别称为输入端 U_I、输出端 U_O 和调整端 ADJ。17 系列三端集成稳压器为正电压型，37 系列三端集成稳压器为负电压型。图 9.5.14 是 317 和 337 的外形及封装图。

17 系列三端集成稳压器又有××117、××117L、××117M、××217、××217L、××217M、××317、××317L和××317M 等规格（“××”是生产厂家的代号，国产集成稳压器用“CW”或“W”表示，进口集成稳压器有 LM、TA、AN、MC、KA 等表示方法），它们的内部电路结构和输出电压（均为 1.25～37 V可调）相同，但输出电流和封装形式有所不同。

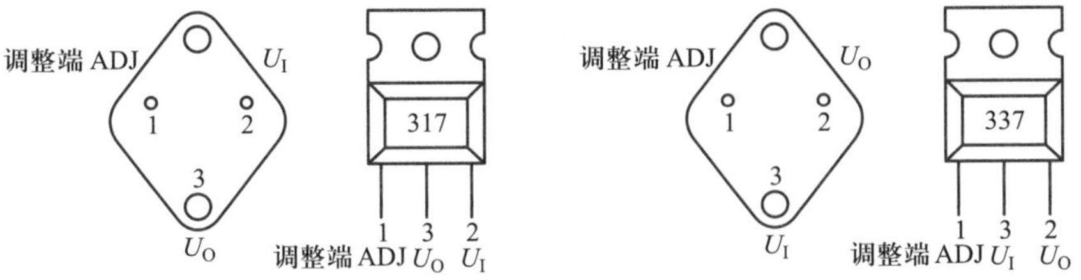

图 9.5.14 317 和 337 的外形及封装图

2. 原理框图

以 LM317 为例，其电路结构和外接元件如图 9.5.15 所示。它的内部电路有调整管、比较放大器、偏置电路(图中未画出)、恒流源电路和基准电压 U_{REF} 等,器件本身无接地端。内部的基准电压(约 1.2 V)接至比较放大器的同相端和调整端之间。

R_1、R_2 为外接的采样电阻,调整端接在它们的连接点上。与一般串联型稳压电路一样,电路中引入了深度电压负反馈,输出电压非常稳定。

输出电压为

$$U_O = U_{REF} + \left(\frac{U_{REF}}{R_1} + I_{adj}\right) R_2$$

LM317 的 $U_{REF}=1.2\ V$,$I_{adj}=50\ \mu A$,由于调整端电流 $I_{adj} \ll I_1$,故其可以忽略,上式可简化为

$$U_O = \left(1 + \frac{R_2}{R_1}\right) U_{REF} \tag{9.5.14}$$

LM337 稳压器是与 LM317 对应的负压三端可调集成稳压器,它的工作原理和电路结构与 LM317 相似。

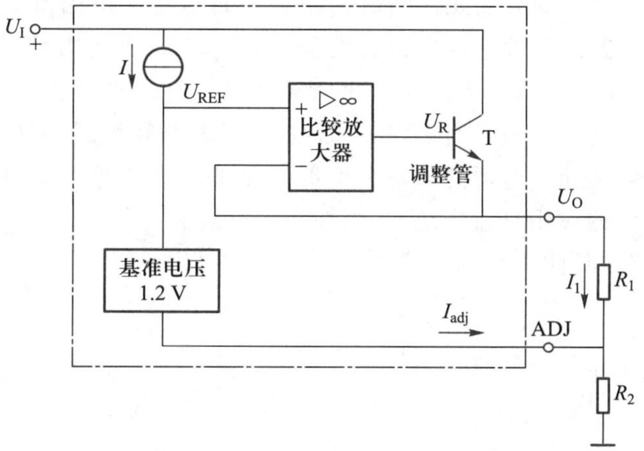

图 9.5.15 LM317 的原理框图

3. 基本应用

这类稳压器是靠外接电阻来调节输出电压的。典型应用电路如图 9.5.16 所示。可调输出的三端集成稳压器内部,在输出端和调整端之间是 1.2 V 的基准电压源 U_{REF},因此输出电压可通过可变电阻 R_2 调节。

$$U_O = \left(1 + \frac{R_2}{R_1}\right) U_{REF} \tag{9.5.15}$$

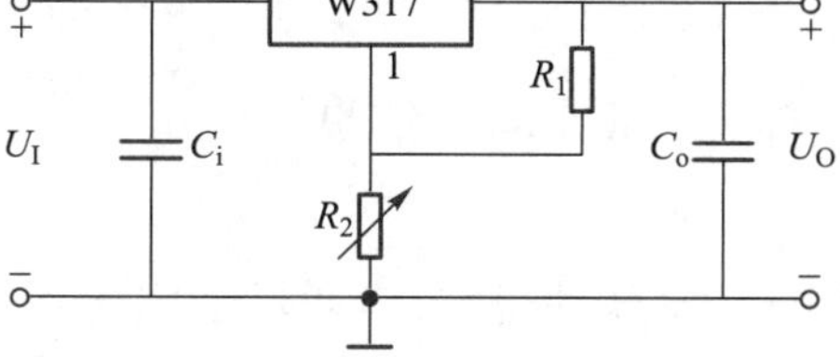

图 9.5.16 典型应用电路

思考题

9.5.1 串联反馈式稳压电源由哪几部分组成，各部分功能如何？

9.5.2 定性分析图 9.5.3 所示电路的稳压原理。

9.5.3 说明 78××型三端集成稳压器中由哪几部分组成，指出过流保护和过热保护电路并说明其原理。

9.6 开关型稳压电路

文档 9.1 开关型稳压电路

在直流稳压电源中，目前主要采用线性稳压方式和开关稳压方式，它们都是利用电子线路反馈控制技术实现输出电压稳定的。

前面介绍的分立元件组成的串联型直流稳压电路及集成稳压器均属于线性稳压电路。线性稳压电路的优点是结构简单，调整方便，输出电压脉动较小。但是这种稳压电路的主要缺点是电路中调整管总是工作在线性放大状态，在负载电流较大时，管耗较大，电源效率低，一般只有 20%～40%。由于调整管消耗的功率较大，有时需要在调整管上安装散热器，从而使电源的体积和重量增大，故比较笨重。而开关型稳压电路则克服了上述缺点，因而它的应用日益广泛。

开关型稳压电路的具体内容见文档 9.1。

9.7 可控整流电路

文档 9.2 可控整流电路

前面介绍了二极管组成的整流电路，当输入交流电压不变时，输出的直流电压值也是固定的，不能任意控制和改变，因此这种整流电路通常称为**不可控整流电路**。然而在实际工作中，有时希望整流器的输出直流电压能够根据需要进行调节，例如直流电动机的调速、随动系统等。这些情况需要采用可控整流电路，而晶闸管正是可以实现这一要求的可控整流元件。利用晶闸管不仅具有整流二极管的单向导电性，而且正向导通时间可以控制的特性，可以通过改变导通时间来实现输出电压可调的目的。

晶闸管以及可控整流电路的具体内容见文档 9.2。

9.8 稳压电源的 Multisim 仿真

文档 9.3 稳压电源的 Multisim 仿真

利用 Multisim 仿真软件研究：串联反馈式稳压电源的输出电压范围、输出电阻和稳压系数，并联型开关稳压电源的输出电压。具体内容见文档 9.3。

本 章 小 结

一、知识结构图

- 直流稳压电源的基本组成
- 整流电路
  - 分类
  - 电路结构
  - 输出电压的直流分量
  - 二极管的选择
  - 优缺点
- 滤波电路
  - 分类
  - 滤波电路的输出电压
- 稳压电路
  - 性能指标
  - 并联型稳压电路
  - 串联反馈式稳压电路的原理及计算
  - 三端集成稳压器及应用电路分析
- 开关稳压电源
  - 分类
    - 串联型开关稳压电源
    - 并联型开关稳压电源
  - 电路中各元件的作用及选择
  - 脉宽调制控制电路
  - 集成调制器 TL494 的应用
- 可控整流电路
  - 晶闸管
  - 可控整流电路的分析
  - 控制电路

PPT
第 9 章教学课件

二、归纳总结

电子设备通常都需要直流稳压电源。直流电源的获得有各种方式,其中最常用的是由交流电网电压转换为直流电压。为此,可通过整流、滤波、稳压等环节来实现。

1. 整流电路。最简单的整流电路是利用二极管的单向导电作用构成半波整流电路。全波整流能提高输出平均电压和减小纹波,桥式整流电路可进一步提高电源的利用率。各种整流电路的输出情况见表 9.2.1。但是,即使这样,输出电压的脉动成分依然很高。

2. 滤波电路。滤波电路是利用电容两端电压不能突变或电感中电流不能突变的特性来实现的。最简单的形式是将电容和负载并联,或者将电感和负载串联。前者适用于小负载电流,后者适用于大负载电流,将二者结合起来构成 *LC* 滤波,能使脉动成分降到更低。在负载电流不大的情况下,还可以利用阻容滤波的形式,各种滤波的性能见表 9.3.1。

3. 稳压电路。经过滤波的直流电压仍然受电网波动和负载变化的影响,因此还要加稳压措施。利用稳压管的稳压电路最为简单,但是稳压值不能任意调节且稳压性能不好。串联反馈式稳压电源可使输出稳定又能根据需要进行调节。随着集成电路的发展,按照串联反馈式稳压原理,生产出多种集成稳压电路,本章主要介绍三端稳压器的使用。

4. 开关电源。在直流稳压电源中，目前主要采用线性稳压方式和开关稳压方式，它们都是利用电子线路反馈控制技术实现输出电压稳定的。串联型直流稳压电路及集成稳压器均属于线性稳压电路。线性稳压电路的优点是结构简单，调整方便，输出电压脉动较小。但是这种稳压电路的主要缺点是电路中调整管总是工作在线性放大状态，在负载电流较大时，管耗较大，电源效率低，而开关型稳压电路则克服了上述缺点，因而它的应用日益广泛。本章介绍了串联开关电源和并联开关电源的原理及参数选择。

5. 可控整流电路。当输入交流电压不变时，二极管组成的整流电路输出的直流电压值也是固定的，不能任意控制和改变，因此这种整流电路通常称为不可控整流电路。然而在实际工作中，有时希望整流器的输出直流电压能够根据需要进行调节，例如直流电动机的调速、随动系统等。这些情况需要采用可控整流电路，本章介绍了晶闸管构成的单相桥式半控整流电路。

习　　题

9.1.1 直流稳压电源由哪几部分组成，各有什么功能？

9.2.1 单相半波整流电路及其输出波形如图 P9.2.1(a)(b)所示，已知变压器二次侧输出电压 $u_2=\sqrt{2}U_2\sin\omega t$。试确定电路下述参数的大小：

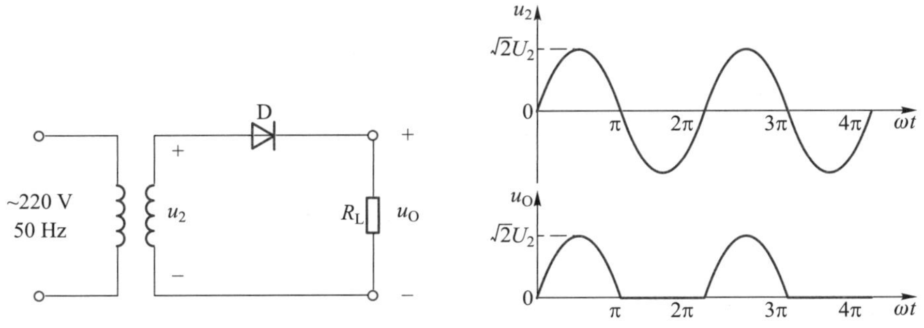

(a)　(b)

图 P9.2.1

(a) 电路图　(b) 波形图

(1) 输出电压平均值 $U_{O(AV)}$；

(2) 输出电压的脉动系数 S；

(3) 二极管平均电流 $I_{D(AV)}$；

(4) 二极管最大反向峰值电压 U_{DRM}。

9.2.2 电路如图 P9.2.2 所示，$u_{2a}=-u_{2b}=\sqrt{2}U_2\sin\omega t$，假设二极管是理想的，并忽略变压器内阻：

(1) 画出 u_{2a}、u_{2b}、u_{D1}、u_{D2} 和 u_O 的波形；

(2) 求输出电压平均值 $U_{O(AV)}$ 和输出电流平均值 $I_{O(AV)}$；

(3) 求二极管承受的最大反向电压 U_{DRM} 和二极管的平均电流 $I_{D(AV)}$；

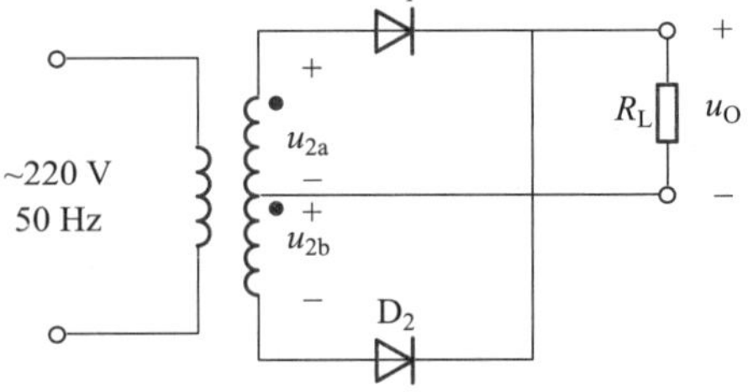

图 P9.2.2

(4) 若已知 $U_O=30$ V, $I_O=80$ mA, 计算 U_{2a}、U_{2b}的值,并选择整流二极管。

9.2.3 桥式全波整流电路如图 P9.2.3 所示。

(1) 和单相半波、单相全波整流电路相比,桥式全波整流电路的参量 $U_{O(AV)}$、S、$I_{D(AV)}$以及 U_{DRM}有何异同,试将结果列成表格形式。

(2) 图 P9.2.3 所示桥式全波整流电路若出现下述情况,会有什么问题?

① 二极管 D_1开路,未接通;

② 二极管 D_1被短路;

③ 二极管 D_1接反;

④ 二极管 D_1、D_2极性都接反;

⑤ 二极管 D_1开路,D_2被短路。

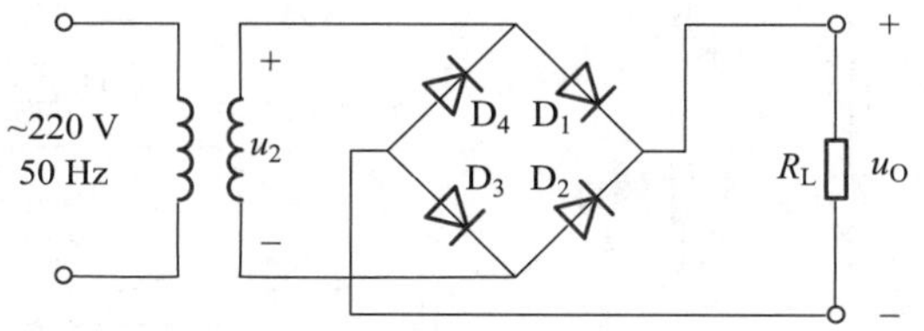

图 P9.2.3

9.2.4 某整流电路如图 P9.2.4 所示,试分析:

(1) 输出电压的大小;

(2) 电容器 C_1、C_2所承受的最大电压值。

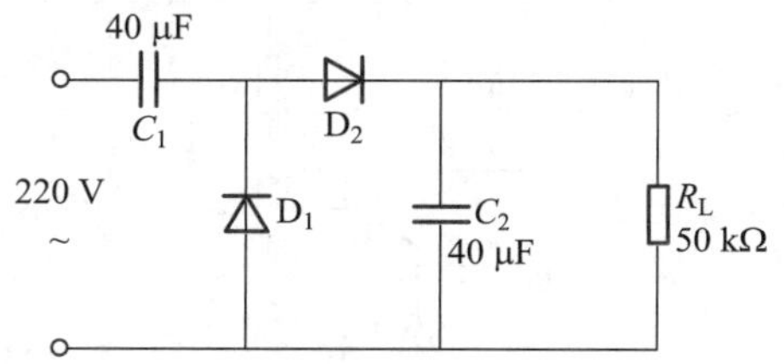

图 P9.2.4

9.2.5 画出能得到五倍压的整流电路。

9.3.1 整流滤波电路如图 P9.3.1 所示,$u=10\sqrt{2}\sin\omega t$ V。

(1) 在图中具体画出四个整流二极管;

(2) 求输出电压的直流分量 U_O;

(3) 若电容 C 脱焊,求 U_O;

(4) 若开路 R_L,再求 U_O。

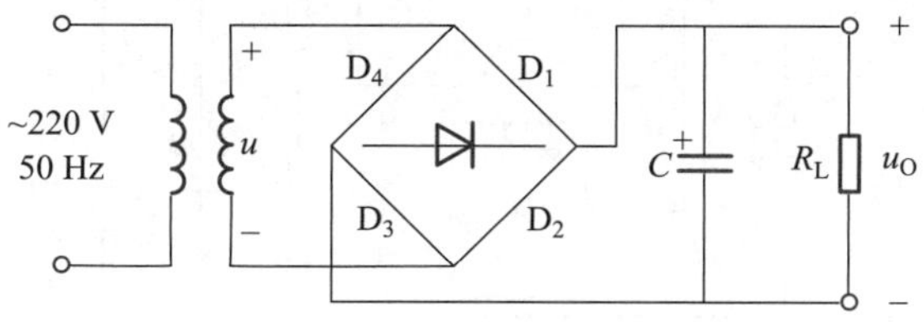

图 P9.3.1

9.4.1 稳压管稳压电路如图 P9.4.1 所示。已知 $U_I=20$ V,变化范围±20%,稳压管稳压值 $U_Z=+10$ V,

负载电阻 R_L变化范围为 1～2 kΩ，稳压管的电流范围 I_Z为 10～60 mA。

（1）试确定限流电阻 R 的取值范围。

（2）已知稳压管 D_Z的等效电阻 r_Z＝10 Ω，估算电路的稳压系数 S_r和输出电阻。

9.4.2　电路如图 P9.4.2 所示，稳压管的稳定电压 $U_Z=6.3$ V，晶体管的 $U_{BE}=0.7$ V。D_Z具有正的温度系数＋2.2 mV/℃，而晶体管的 U_{BE}具有负温度系数－2 mV/℃。（1）当输入电压 U_I增大（或负载电阻 R_L增大）时，说明电路的稳压过程和温度补偿作用；（2）问基准电压 U_{REF}＝？

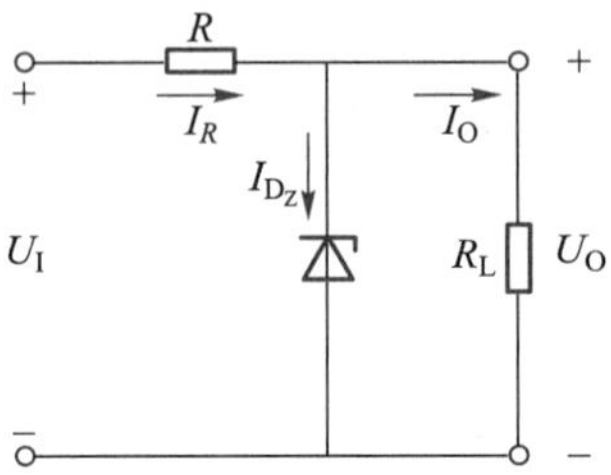

图 P9.4.1

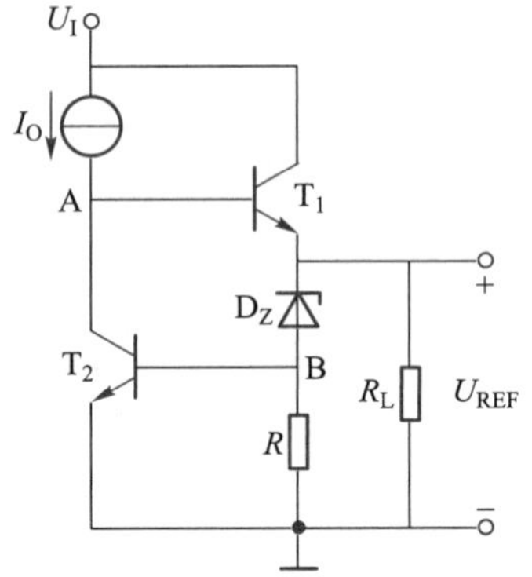

图 P9.4.2

9.5.1　具有放大环节的串联稳压电路如图 P9.5.1 所示，已知 $U_Z=7$ V，$R_1=150$ Ω，$R_2=300$ Ω，R_P为 680 Ω 的可变电阻，试计算输出电压的可调节范围。

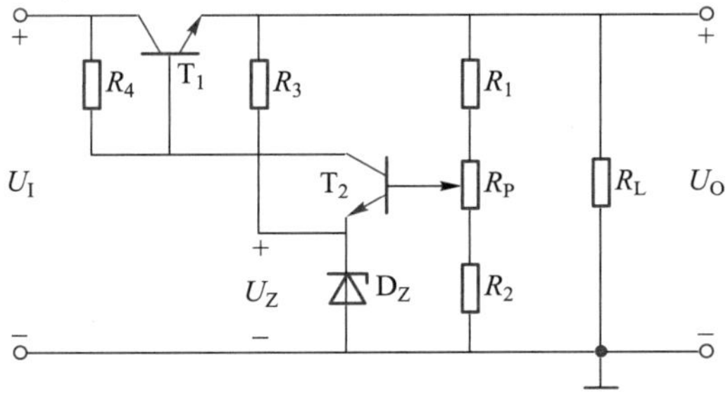

图 P9.5.1

9.5.2　串联稳压电路如图 P9.5.2 所示，已知 $U_Z=6$ V，$R_1=600$ Ω，$R_3=400$ Ω，R_2为 500 Ω。说明 R_0和 T_2的作用；求出输出电压；可变电阻的滑动端指在中间，负载变为原来的一半，求输出电压，说明输出与负载的关系。

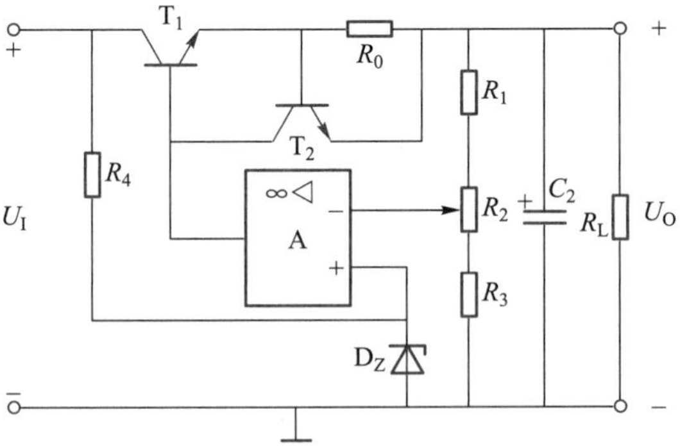

图 P9.5.2

9.5.3 电路如图 P9.5.3 所示。

(1) 若 U_O为 10~20 V,$R_1=R_3=1\ k\Omega$,则 R_2和 U_Z各为多少?

(2) 若电网电压波动±10%,U_O为 10~20 V,$U_{CES}=3$ V,U_I至少选取多少伏?

(3) 若电网电压波动±10%,U_I为 28 V,U_O为 10~20 V;晶体管的电流放大系数为 50,$P_{CM}=5$ W,$I_{CM}=1$ A;集成运放最大输出电流为 10 mA,则最大负载电流约为多少?

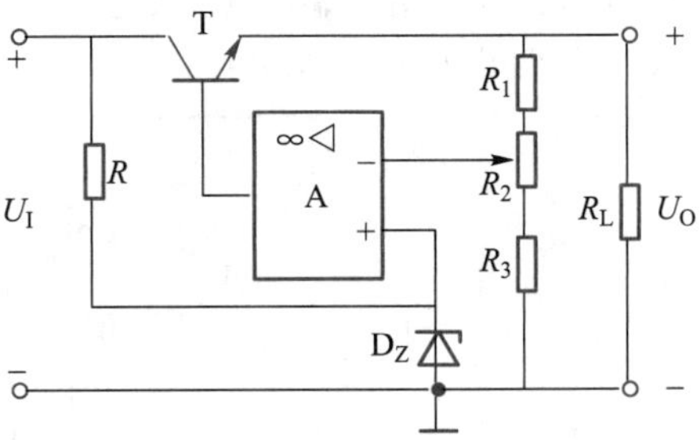

图 P9.5.3

9.5.4 实用串联型稳压电源电路如图 P9.5.4 所示。

(1) 标出集成运放的同相输入端和反相输入端;

(2) 电路由哪些部分组成?

(3) $U_I=21$ V,$R_1=R_2=R_3=300\ \Omega$,$U_Z=6$ V,$U_{CES}=3$ V,$U_O=$?

(4) 如何选取 R'和 R?

(5) 取样电阻的取值应大些还是小些,为什么? 它们有上限值吗?

(6) 若电路输出纹波电压很大,则其原因最大的可能性是什么?

(7) 说明 R_0和 T_3的作用。

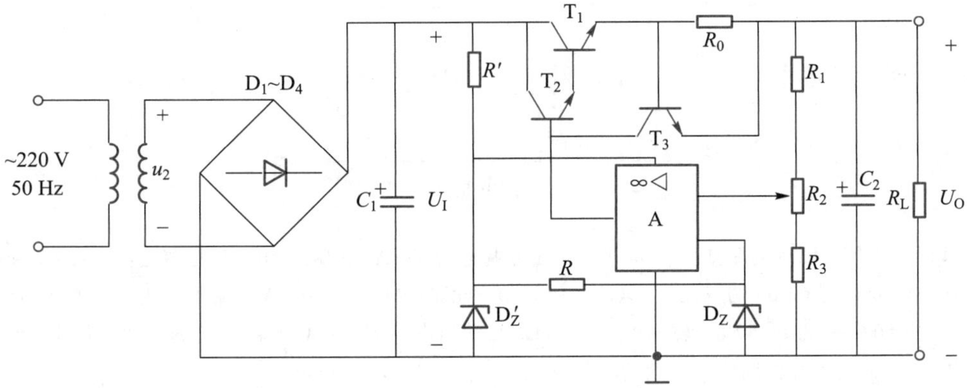

图 P9.5.4

9.5.5 三端稳压器的应用电路如图 P9.5.5 所示。

(1) 基准电压为多少?

(2) 写出 U_O的表达式。

(3) 为使 W7812 不因输入端和输出端之间电压太大而损坏,可采用什么方法?

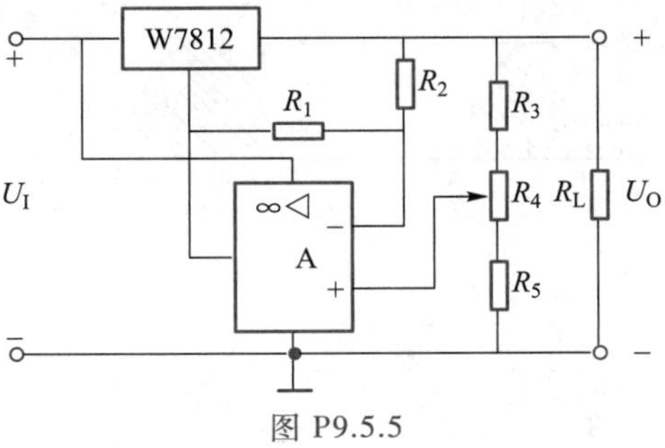

图 P9.5.5

9.5.6 电路如图 P9.5.6 所示,给出两个用三端稳压器组成的应用电路,已知 $I_W=5$ mA。

（1）写出图（a）中的输出电流表达式；

（2）写出图（b）中 U_O 的表达式。

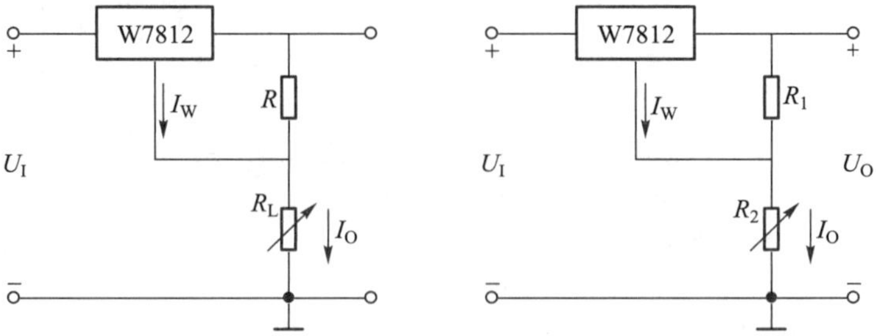

(a)　　(b)

图 P9.5.6

9.5.7　电路如图 P9.5.7 所示。已知 A 是理想运放，三端集成稳压器 2、3 端的输出用 U_{XX} 表示，写出电路的输出电压的表达式。

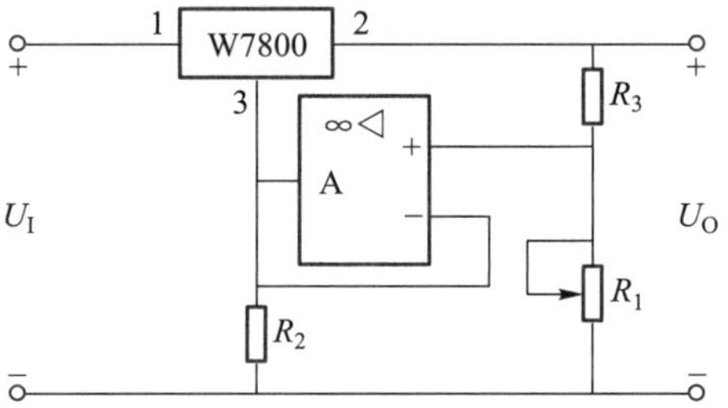

图 P9.5.7

9.6.1　串联开关稳压电路如图 9.6.6 所示，开关调整管 T 的饱和压降为 1 V，穿透电流 $I_{CEO}=1$ mA；u_T 为是幅度为 5 V，周期为 60 μs 的三角波；续流二极管 D 的正向电压 $U_D=0.6$ V。输入电压 $U_I=20$ V，u_B 脉冲波形的占空比 $q=0.6$，周期 $T=60$ μs，输出电压 $U_O=12$ V，输出电流 $I_O=1$ A，比较器 C 的电源电压 $V_{CC}=\pm10$ V。试画出电路中，在整个开关周期 i_L 连续情况下，u_T、u_B、u_E、u_L、i_L、u_O 的波形。

9.7.1　图 P9.7.1（a）和（b）中的阴影部分分别表示流过两个晶闸管的电流波形，其最大值为 I_m。

（1）试计算晶闸管电流的平均值 I_d，有效值 I_T 及波形系数 $K_f\left(K_f=\dfrac{I_T}{I_D}\right)$。

（2）选用 KP-100 型晶闸管，且不考虑安全裕量。试计算上述 2 种电流波形下晶闸管能承受的平均电流。对应的电流最大值 I_{mT} 各是多少？

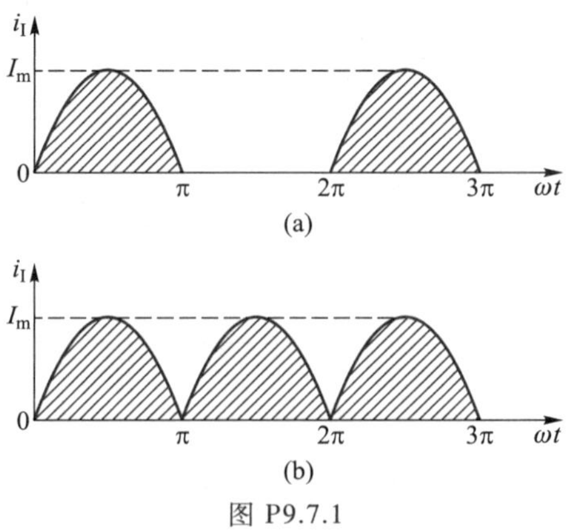

图 P9.7.1

9.7.2 有一个直接由 220 V 交流电源供电的单相半波可控整流电路，负载电阻 $R_L = 10\ \Omega$，控制角 $\alpha = 60°$。试计算输出电压的平均值。

9.7.3 单相桥式半控整流电路如图 9.7.6(a)所示，保持通过一个晶闸管的平均电流为 100 A，问在导通角为 180°和 90°时，通过晶闸管的峰值电流是多少？

9.7.4 单相桥式半控整流电路如图 9.7.6(a)所示，设输入交流电源电压为 380 V，负载电阻为 10 Ω，达到额定输出电压时晶闸管的导电角为 150°，求输出电压平均值、负载电流平均值，并选择晶闸管规格。

9.7.5 单相桥式半控整流电路如图 9.7.7(a)所示，由电网的 220 V 经电源变压器供电，接有大电感性负载并有续流二极管。若要求输出直流电压在 20～80 V 范围内连续可调，最大负载电流为 20 A，最小控制角 $\alpha_{min} = 30°$。试计算晶闸管、整流管、续流二极管的额定电流以及变压器的容量。

9.7.6 图 P9.7.6 为一种简单的舞台调光线路。

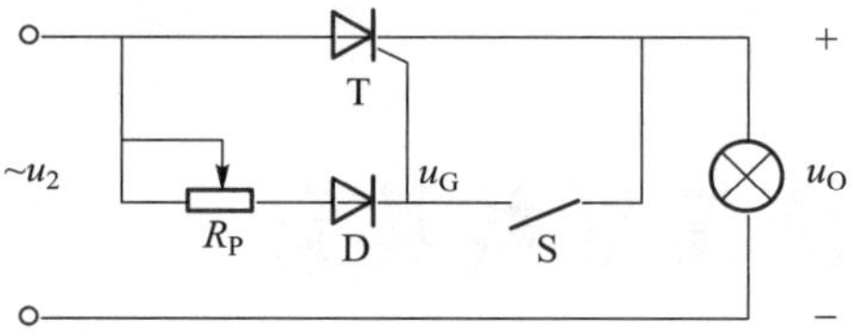

图 P9.7.6

(1) 根据 u_O、u_G 的波形分析电路调光的工作原理；

(2) 说明 R_P、D 及开关 S 的作用；

(3) 电路中晶闸管的最小导通角 θ_{min} 是多少？

9.8.1 电路如图 P9.5.5 所示，试用 Multisim 仿真电路的输出电压范围、输出电阻、稳压系数和纹波电压。

9.8.2 单相桥式半控整流电路如图 9.7.6(a)所示，设输入交流电源电压为 380 V，负载电阻为 10 Ω，晶闸管的导电角为 150°，试用 Multisim 仿真电路的输入输出波形。

文档 9.4
第 9 章重要题型分析

文档 9.5
第 9 章部分习题答案

第10章

电流模电路基础

在电子电路中，尤其是在模拟电子电路中，人们长久以来习惯于采用电压而不是电流作为信号变量，并通过处理电压信号来决定电路的功能，因此促成了大量电压信号处理电路或称电压模电路的诞生和发展。1965年第一片商用电压模集成运算放大器问世，更加确定了以电压模运算放大器为标准部件的模拟网络在模拟信号处理中的主宰地位。近二十年来，以电流为信号变量的电路在信号处理中的巨大潜在优势逐渐被认识并被挖掘出来，促进了一种新型电子电路——电流模电路的发展。

本章分析了电流传输器的原理及应用电路，重点介绍跨导线性原理及其电路分析，最后介绍了跨导集成运算放大器的原理及应用。

10.1 电流模电路的基本概念

模拟电子电路虽然一直以电压信号作为对象进行处理，但是电压型运算放大器存在着固有的缺点：其缺点之一是它的-3分贝闭环带宽与闭环增益的乘积是常数，当带宽向高频区域扩展时，增益成比例下降；缺点之二是它在大信号下输出电压的最高转换速率很低，一般只有0.2～20 V/μs。随着被处理信号的频率越来越高，电压型运算放大器的固有缺点开始阻碍它在高频、高速环境中的应用。人们发现，电流模电路可以解决电压模电路所遇到的一些难题，在速度、带宽、动态范围等方面可以获得更加优良的性能。其实，电子运动的直接结果是形成电流，而电流流过电阻才形成电压，晶体管和场效晶体管都是电流输出器件。随着集成电路的发展，电流模式的模拟信号处理和电流模式的集成电路设计越来越受到人们的关注，已经成为模拟信号处理的重点研究方向。

什么是电流模电路呢？电流模电路就是有效地传递、放大、处理电流信号的电路。在电流模电路中以电流为对象进行分析。电流模电路的基本形式有电流镜、电流传输器和跨导线性电路。

与传统的电压模电路相比较,电流模电路主要具有以下特点。

(1) 输入阻抗低。电压信号与电流信号的阻抗水平不同。电流信号具有高阻抗特点,要求低阻抗负载;电压信号具有低阻抗特点,要求高阻抗负载。因此,在实际使用时,把内阻很小的信号源作为电压源,把内阻很大的信号源作为电流源。要求理想电压信号放大器具有无穷大的输入阻抗和零输出阻抗,而理想电流信号放大器应具有零输入阻抗和无穷大输出阻抗。

(2) 频带宽,速度高。电流模电路无须考虑电压振幅,影响频宽和速度的是极间电容,极间电容都处在低阻抗节点上,充电电流大,充电时间很小,所以频率高,速度加快,并且电流模电路中的变量引起 U_{BE} 的变化很小,因此,达到平衡所需时间缩短了,又提高了速度。

(3) 电源电压低,功耗小,动态范围大。为了提高集成电路的集成度,减小功耗、降低电源电压将是必然趋势。对于电压模电路,降低电源电压可降低到 3.3 V,同时降低了其信号电压的最大动态范围。同时,电源电压的降低,对于设计高速度的电压模电路也会更加困难。电流模电路则不然,它可以在 0.7~1.5 V 的低电源电压下正常工作,保持电流信号在 nA 至 mA 数量级内变化。电流模电路中的最大电流及最大动态范围受半导体器件允许电流的限制,而不受电压降低的限制,只要半导体器件给出很大的电流,其动态范围就可以很宽。

(4) 易实现电流存储与转移的作用。例如动态镜,它可以在各种不同的电路中作为一个非常精密的 CMOS 基本单元,用来实现偏置电源或信号电流复制(1∶1 拷贝)、倍乘或整除。

(5) 非线性失真小,易实现模拟信号处理的高精度。在电流模领域,多采用匹配(match)技术,在电路结构上尽量对称,其结果是将非线性失真、线性失真以及温漂等绝大部分相互抵消,使得输出信号与输入信号极大地逼近。

(6) 电路简单。晶体管和场效晶体管都是电流输出器件,它们的被控制量都是电流。如果用电压变量进行信号处理,必须在电路内部设置高阻抗节点,进行电流-电压变换。相反,如果以电流作为信息载体,则无须进行电流-电压变换,这不仅减少了元件数目,简化了电路结构,而且避免了因为引入高阻值电阻对电路工作速度和高频特性的影响。用电流变量可以便捷地实现信号的多种运算关系。

电流模电路是一种以电流作为信号处理有源参数或变量的电路。电流模有源器件因电流反馈带来的精度、带宽等优良的性能,近年来获得了较大的发展。目前,几种常用电流模器件包括:电压电流转换器、电流跟随器、电流传输器(CCⅡ)、电流模跨阻放大器、运算跨导放大(OTA)、电流模运算放大器等。

镜像电流源也称为电流镜(current mirror,简称 CM),是一种信号处理的标准部件,它能将电路中某一支路的参考电流在其他支路上得以重现或复制。由于电流复制能力,它常被用来构成模拟集成电路和器件中的支路偏置电路,成了模拟集成电路中应用最为广泛的电路技术之一。

CM 被广泛应用于电压模电路中,如共射极放大器、共集电极放大器、差分放大器和集成运放等电路，使得放大器的增益相当高，并使其他性能指标得到改善。CM 也被广泛应用于电流模电路中。

电流镜是模拟集成电路中最基本的单元，利用电流镜可以构成电流模式的基本模块电路，如电流模式传输器、微分器、积分器等，也可以构成电流模式的集成电路，如连续时间滤波器、A/D 转换器等。可以说，没有哪一种电流模器件不使用 CM 技术。关于基本的电流源电路可参考第 4 章集成运算放大电路中的电流源部分。

本章主要讨论电流模基础电路中的电流传输器、跨导线性电路及运算跨导放大器的原理及应用。

10.2 电流传输器

文档 10.1
电流传输器

1968 年，加拿大学者 K.C.Smith 和 A.Sedra 提出了一个新的模拟标准部件——电流传输器（current conveyor，简称 CC）。电流传输器是功能很强的基本模块，将电流传输器与其他电子器件组合可以十分简单地构成各种特定的电路结构，实现多种模拟信号的处理功能。电流传输器是一种电流模电路，模拟电子技术中的几种最基本的信号处理功能（加/减、比例、积分等）用电流传输器都能方便地实现。而且，电流传输器具有电压输入端和电流输入端，因此，利用电流传输器可以方便地实现电压模信号处理电路，也可以方便地实现电流模信号处理电路。

按照其发展先后及端口的电流、电压特性，电流传输器可以分为第一代电流传输器（first-generation current conveyor，简称 CCⅠ）、第二代电流传输器（second-generation current conveyor，简称 CCⅡ）、第三代电流传输器（third-generation current conveyor，简称 CCⅢ）及第二代电流控制电流传输器（second generation current controlled conveyor，简称 CCCⅡ）。对每一种电流传输器来讲，根据端口电流的方向，其又可以分为正极型和负极型两种类型。

电流传输器是通用性很强的标准部件，其最基本的应用电路有两类：一类是有源网络元件模拟电路，如负电阻变换器、通用阻抗变换器、模拟电感等；另一类是模拟信号处理电路，如放大器、积分器、微分器等。

相关内容见文档 10.1。

10.3 跨导线性电路

文档 10.2
跨导线性
电路

1975 年，英国学者 Barrie Gilbert 提出了跨导线性原理（transconductance linearity principle，简称 TL 原理）。跨导线性原理是基于二极管和双极性晶体管的特性提出来的，但是它可以推广到具有指数伏安特性的其他器件。

跨导线性电路的主要性能是借助于双极型晶体管的跨导参数与其集电极电流成正比关系而得到的。它既适用于小信号，也适用于大信号，利用跨导线性原理可以大大简化非线性电路的分析。

对于双极型晶体管（BJT），集电极电流 I_C 与基-射结电压 U_{BE} 之间的关系可以表示为

$$I_C = I_S e^{\frac{U_{BE}}{U_T}} \tag{10.3.1}$$

式(10.3.1)中 I_S 为晶体管的饱和电流(或二极管 PN 结的反向饱和漏电流)，U_T 为温度的电压当量。对式(10.3.1)求微分，可以得到

$$\frac{dI_C}{dU_{BE}} = \frac{I_S e^{\frac{U_{BE}}{U_T}}}{U_T} = \frac{I_C}{U_T}$$

则其跨导由下式表示为

$$g_m = \frac{I_C}{U_T} \tag{10.3.2}$$

可见，晶体管的跨导与集电极静态电流成正比，即：理想 BJT 的跨导 g_m 是集电极静态电流 I_C 的线性函数，以此引出了“跨导线性”这一专业术语。

利用跨导线性原理设计出来的电路为跨导线性电路，跨导线性电路的输入和输出均以电流为参量，所以属于电流模电路的范畴。

相关内容见文档 10.2。

文档 10.3
运算跨导放大器(OTA)

10.4 运算跨导放大器(OTA)

运算跨导放大器(operational transconductance amplifier，简称为 OTA)就是通过控制工作电流的变化，使放大器的跨导发生变化，从而使电路的增益发生变化。其功能是将输入电压转换为电流输出，是一种通用性很强的器件。因为 OTA 是电流输出，所以将其归为电流模电路，OTA 作为电流模器件在自动增益控制、连续时间滤波器和模拟信号处理系统中应用非常广泛。

OTA 的符号如图 10.4.1 所示，它有两个输入端，一个输出端，一个控制端。“+”号代表同相输入端，“-”号代表反相输入端，i_O 是输出电流，I_B 是用于调节 OTA 跨导的外部控制电流。理想 OTA 的传输特性用以下方程来描述

$$i_O = g_m(u_P - u_N) = g_m u_{Id} \tag{10.4.1}$$

其中 u_P 和 u_N 是同相输入端和反相输入端的电压，u_{Id} 是差模输入电压(V)；g_m 是开环增益(S)，称为**跨导增益**。小信号下，跨导增益 g_m 是偏置电流 I_B 的函数，其关系式为

$$g_m = hI_B \tag{10.4.2}$$

跨导增益因子 h 为

$$h = \frac{q}{2kT} = \frac{1}{2U_T} \tag{10.4.3}$$

在室温条件($T = 300$ K)下，$U_T = 26$ mV，可以算出 $h = 19.2$，则

$$g_m = 19.2 I_B \tag{10.4.4}$$

根据传输特性方程式(10.4.1),可画出 OTA 的小信号理想模型如图 10.4.2 所示。OTA 理想模型中,两个电压输入端之间开路,差模输入电阻为无穷大;输出端是一个受差模输入电压控制的电流源,输出电阻为无穷大。

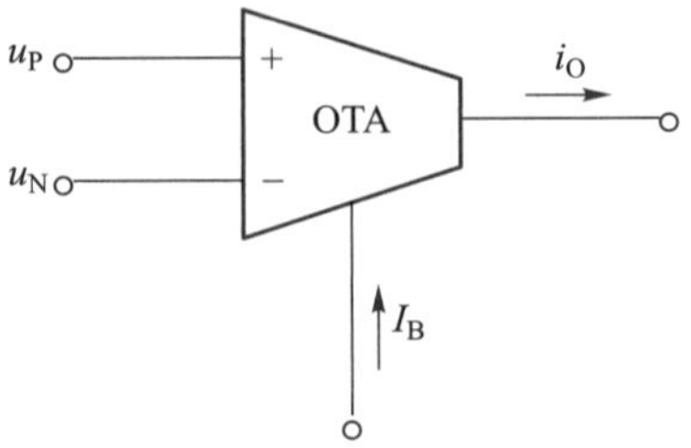

图 10.4.1 OTA 的符号

OTA 作为一种新型的运算放大器,具有以下特点:

(1) OTA 除具有差分输入级外,还有一个以放大器偏置电流输入形式出现的附加控制端,这就使 OTA 的特性及应用具有很大的灵活性,即可以通过改变偏置电流达到控制跨导的目的。

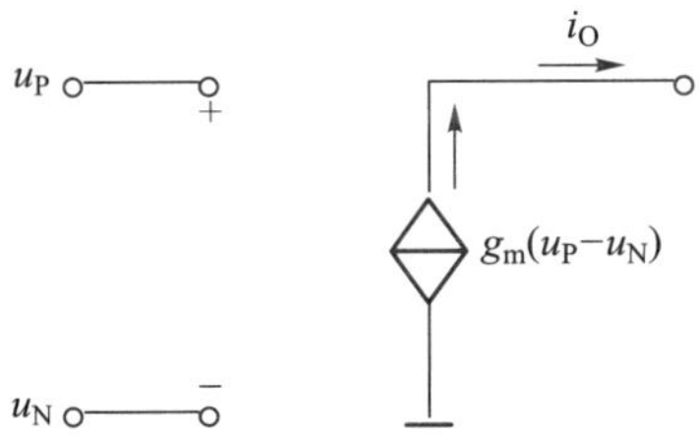

图 10.4.2 OTA 小信号理想模型

(2) 由于 OTA 是一种压控电流源,其输入级将输入电压信号转变为电流信号后,只进行电流放大,因此,由寄生电容所引起的密勒效应小,高频特性好,一般双极型的开环带宽可达 2 MHz 以上,远大于常规运算放大器的带宽。

OTA 的应用非常广泛,主要用途可以分为两方面:一方面,在多种线性和非线性模拟电路和系统中进行信号运算和处理,其中一个重要的应用领域是连续时间模拟滤波器;另一方面,在电压信号变量和电流模式信号处理系统之间作为接口电路,将待处理的电压信号变换为电流信号,再送入电流模式系统进行处理。

相关内容见文档 10.3。

10.5 OTA 应用电路的 Multisim 仿真

文档 10.4 OTA 应用电路的 Multisim 仿真

利用 Multisim 仿真软件,研究 OTA 组成的一阶低通滤波器的频率特性分析。具体相关内容见文档 10.4。

本 章 小 结

一、知识结构图

- 电流传输器
  - 分类
  - 特性、符号及等效电路
  - 内部电路结构
  - 应用
    - 电流放大电路
    - 电流运算电路
    - 回转器
    - 电压放大电路
- 跨导线性电路
  - 跨导线性原理
  - 跨导线性电路的分析
    - 平方与平方根电路
    - 甲乙类推挽电流模单元电路
    - 吉尔伯特电流增益单元电路
    - 乘除器
- 运算跨导放大器 OTA
  - 符号、特点及等效电路
  - 应用电路的分析
    - 电阻
    - 回转器
    - 运算电路
    - 滤波电路

二、归纳总结

电流模电路就是有效地传递、放大、处理电流信号的电路。在电流模电路中以电流为对象进行分析。电流模电路的基本形式有电流镜、电流传输器和跨导线性电路。

1. 电流传输器

电流传输器是功能很强的基本模块,将电流传输器与其他电子器件组合可以十分简单地构成各种特定的电路结构,实现多种模拟信号的处理功能。电流传输器是一种电流模电路,利用电流传输器可以方便地实现电压模信号处理电路,也可以方便地实现电流模信号处理电路。

按照其发展先后及端口的电流、电压特性,电流传输器可以分为第一代电流传输器(first-generation current conveyor,简称 CCⅠ)、第二代电流传输器(second-generation current conveyor,简称 CCⅡ)、第三代电流传输器(third-generation current conveyor,简称 CCⅢ)及第二代电流控制电流传输器(second generation current controlled conveyor,简称 CCCⅡ)。对每一种电流传输器来讲,根据端口电流的方向,其又可以分为正极型与负极型两种类型。

第二代电流传输器用途最为广泛,其端电流和端电压的关系为

$$\begin{cases} i_y = 0 \\ u_y = u_x \\ i_z = \pm i_x \end{cases}$$

电流传输器可用于放大、阻抗变换、信号运算等很多方面。

2. 跨导线性电路

跨导线性环 TL 是由正偏的发射结或二极管组成的闭合环路，其中顺时针方向（CW）的正偏结数等于逆时针方向（CCW）的正偏结数。

跨导线性原理：设环路中含有偶数个正向偏置发射结，且排列成顺时针方向（CW）PN 结的数目和逆时针方向（CCW）PN 结的数目相等，则顺时针方向的电流密度之积等于逆时针方向的电流密度之积。

如果 PN 结的面积均相同，则 TL 环路中顺时针方向集电极电流之积等于逆时针方向的集电极电流之积，这是跨导线性原理最简洁的表达形式。

所谓跨导线性电路，是指那些根据跨导线性原理设计出来的电路，或者可用跨导线性原理进行分析的电路。利用跨导线性原理分析了平方与平方根、甲乙类推挽电流模单元、吉尔伯特电流模单元、乘除器等电路。

3. 运算跨导放大器 OTA

运算跨导放大器（operational transconductance amplifier，简称为 OTA）就是通过控制工作电流的变化，使放大器的跨导发生变化，从而使电路的增益发生变化。其功能是将输入电压转换为电流输出，是通用性很强的器件。因为 OTA 是电流输出，所以将其归为电流模电路，OTA 作为电流模器件在自动增益控制、连续时间滤波器和模拟信号处理系统中应用非常广泛。

理想 OTA 的两个电压输入端之间开路，差模输入电阻为无穷大；输出端是一个受差模输入电压控制的电流源，输出电阻为无穷大。

OTA 应用电路名目繁多。输出量是电流，这使得它特别适合构成积分器、回转器和有源滤波器；输出电阻很高，当输出端开路或接高阻负载时，具有与电压型运算放大器类似的高电压增益特性，若加入负反馈形成闭环电路，可构成类似电压型运算放大器的应用电路，如电压跟随器、电压比例器等；增益与外偏置电流成线性关系，若将控制电压变换成外偏置电流，则可设计各种压控电路，如压控放大器、压控振荡器、压控滤波器等；若将跨导运算放大器的外偏置控制端作为另一个信号输入端，则可用来设计两个输入信号联合作用的电路，如模拟乘法器、幅度调制器等；外偏置控制端加入数字信号对主信号具有选通作用，使其处于开、关状态。

利用 OTA 构成了可变电阻、增益可控放大器、回转器、运算电路、滤波器等电路，并利用 OTA 电路的特点对电路的功能进行了分析。

习　　题

10.2.1 由 CCⅡ和电容构成的电路如图 P10.2.1 所示，分析输出与输入的关系。

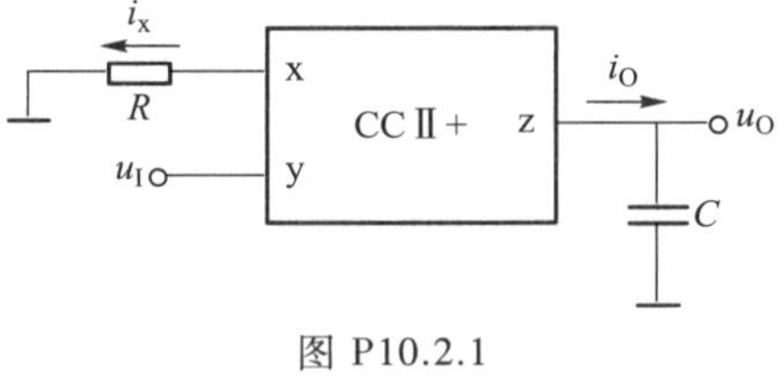

图 P10.2.1

10.2.2 电路如图 P10.2.2 所示，分析电压放大倍数。

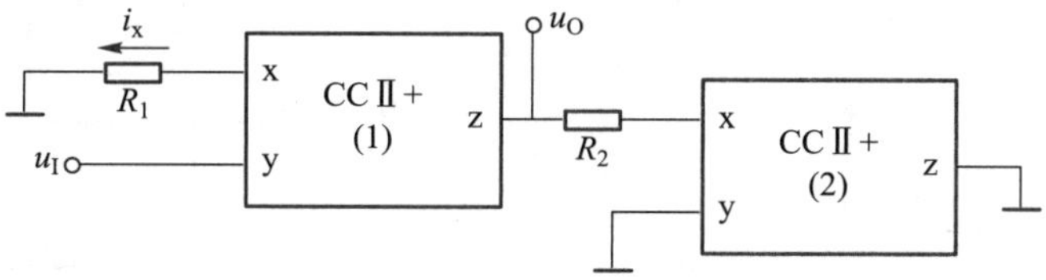

图 P10.2.2

10.2.3 电路如图 P10.2.3 所示。分析电路的输入等效电阻，说明电路功能。

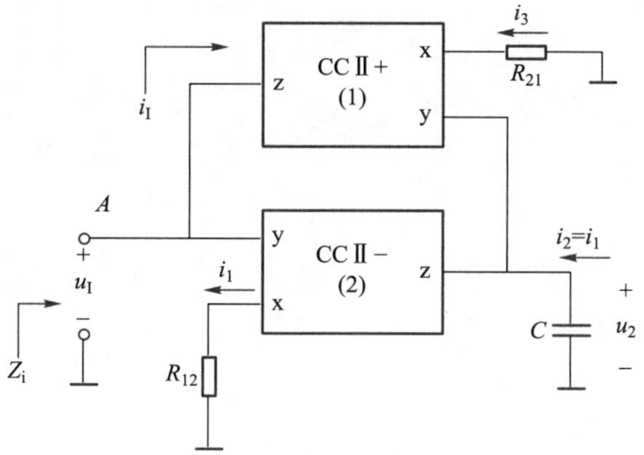

图 P10.2.3

10.2.4 由 CC Ⅱ 构成的阻抗变换器如图 P10.2.4 所示，分析输入等效阻抗的表达式，如果 z 是电容 C，说明输入等效元件的类型。

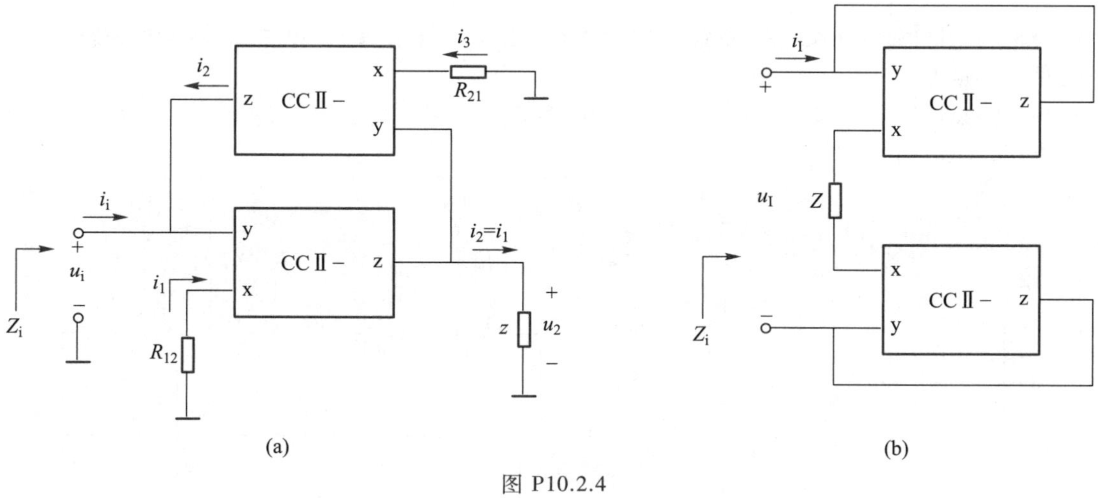

图 P10.2.4

10.2.5 电路如图 P10.2.5 所示，说明各电路的功能。

10.2.6 同相电压放大电路如图 P10.2.6 所示，写出电路的电压放大倍数。

10.3.1 电路如图 P10.3.1 所示。设晶体管的参数相同，发射结面积相同，且有 $I_a \gg I_{B1}$，$I_b \gg I_{B4}$，试利用跨导线性原理，推导出 I_o / I_i 关系式。

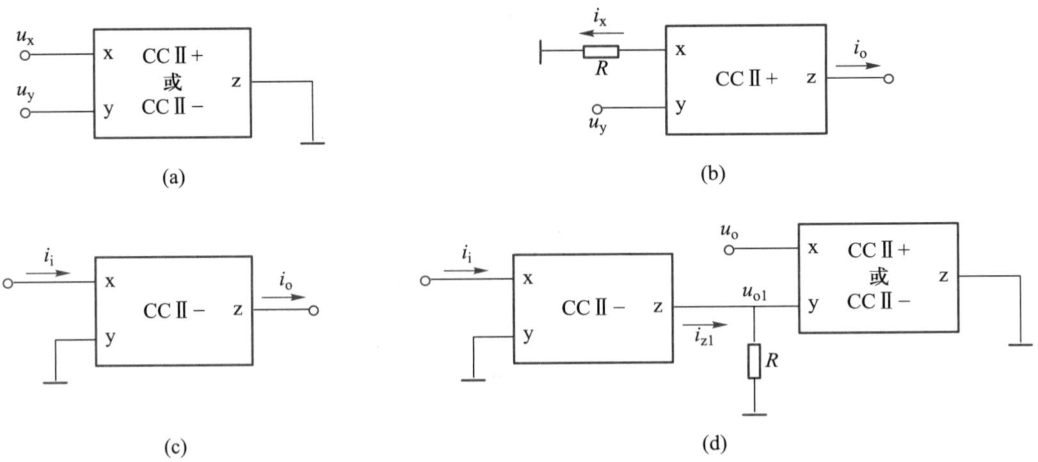

图 P10.2.5

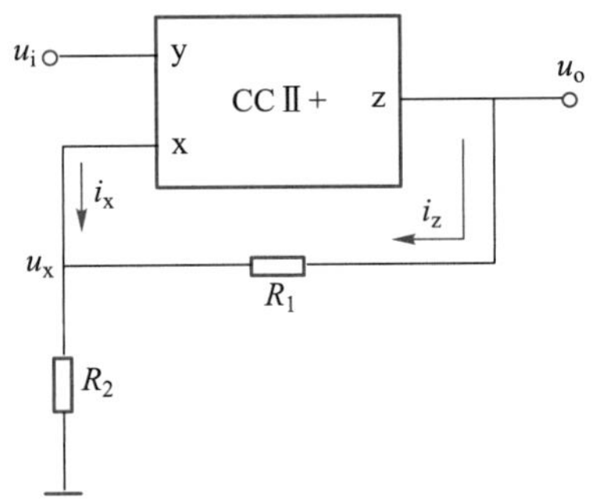

图 P10.2.6

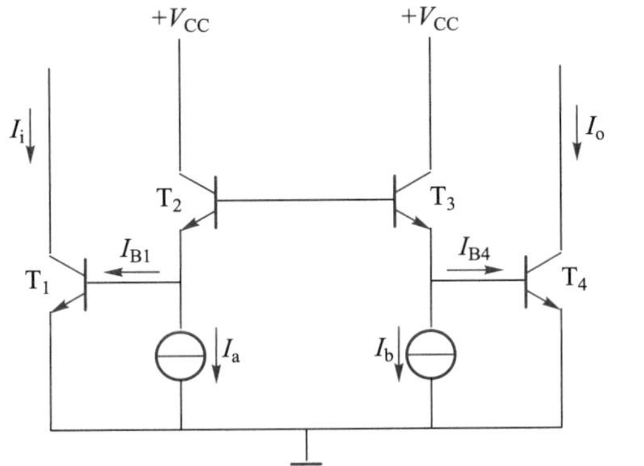

图 P10.3.1

10.3.2　试分析图 P10.3.2 所示电路。设晶体管的参数相同，发射结面积相同。试利用跨导线性原理，推导出 I_o 的表达式。

10.3.3　电路如图 P10.3.3 所示，四个晶体管的参数相同，发射结面积相同，求差分输出电流 (I_2-I_3) 与 I_{in} 的关系。

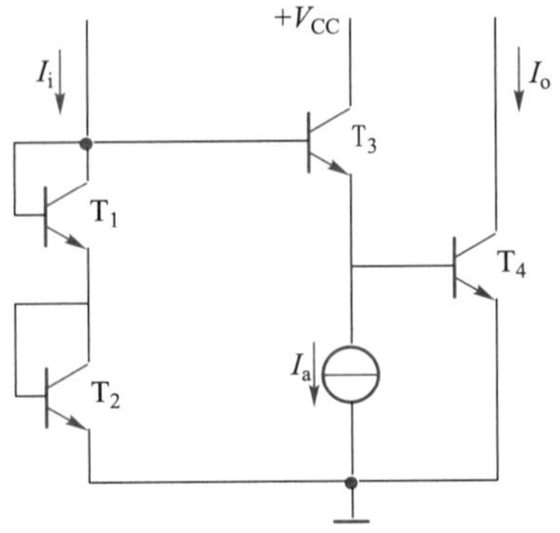

图 P10.3.2

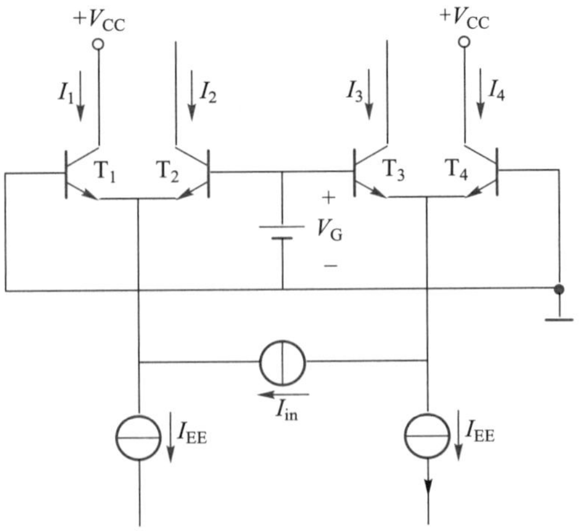

图 P10.3.3

10.3.4　电路如图 P10.3.4 所示，每个晶体管的参数相同，发射结面积相同，求输出电流 I_o与 I_i的关系。

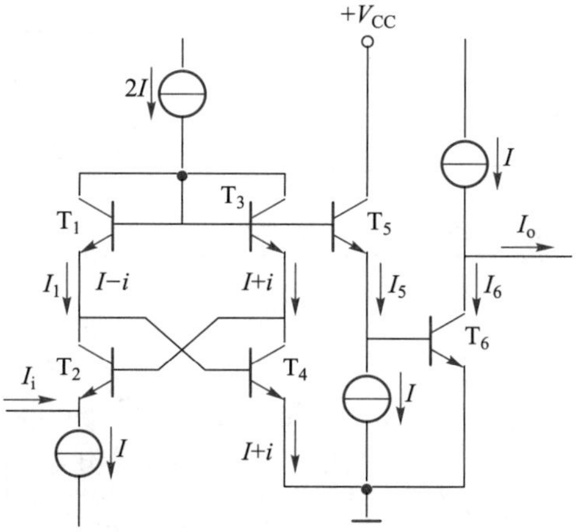

图 P10.3.4

10.3.5　电路如图 P10.3.5 所示，每个晶体管的参数相同，发射结面积相同，求输出电流 I_o的表达式。

10.3.6　电路如图 P10.3.6 所示。已知 T_1和 T_4的发射结面积是 T_3和 T_2发射结面积的 8 倍，问输出电流为1 mA时，I_R等于多少？

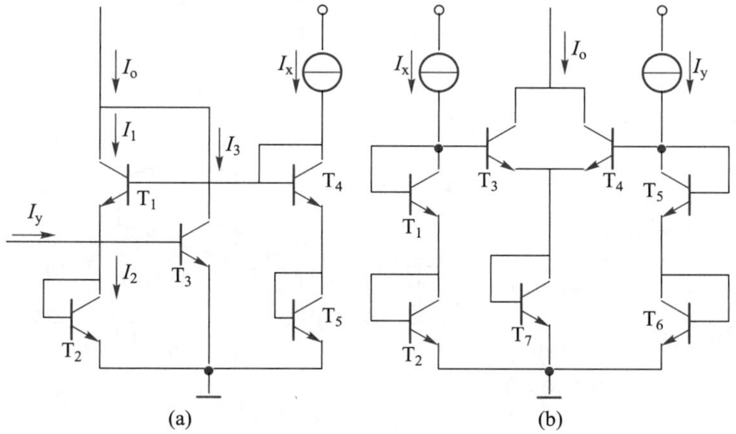

图 P10.3.5

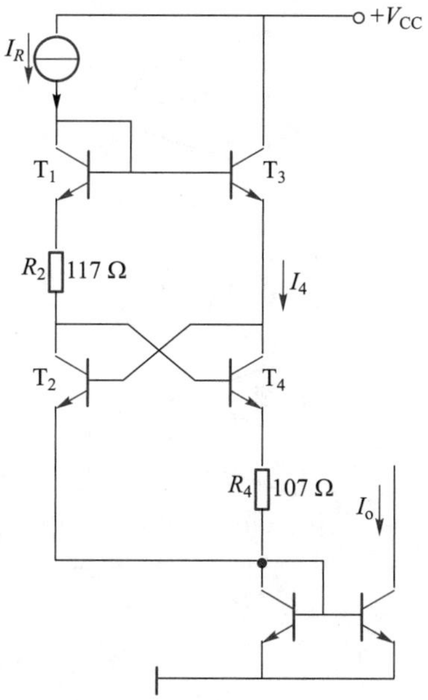

图 P10.3.6

10.4.1　电路如图 P10.4.1 所示，OTA 均为理想跨导运放，并且 $g_{m1}=g_{m2}=g_m$，分析输入端的等效阻抗。

10.4.2　电路如图 P10.4.2 所示。已知 OTA 均为理想跨导运放，写出输出电压的表达式。

10.4.3　电路如图 P10.4.3 所示。OTA 均为理想跨导运放，分析各电路的电压传输函数 $H(s)=U_o(s)/U_i(s)$。

10.4.4　电路如图 P10.4.4 所示。OTA 均为理想跨导运放，分析各电路的电压传输函数 $H(s)=U_o(s)/U_i(s)$，并说明属于哪类滤波器。

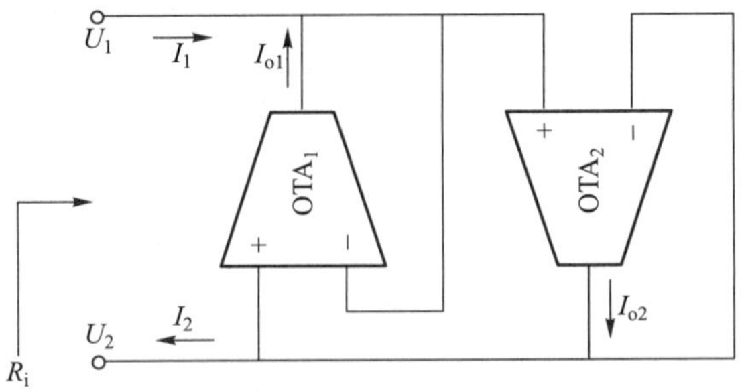

图 P10.4.1

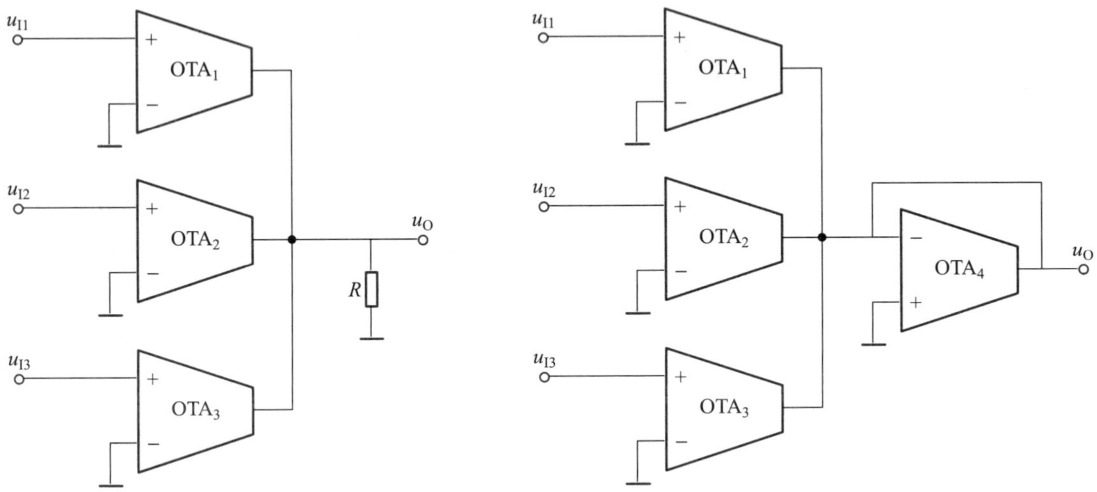

(a)　(b)

图 P10.4.2

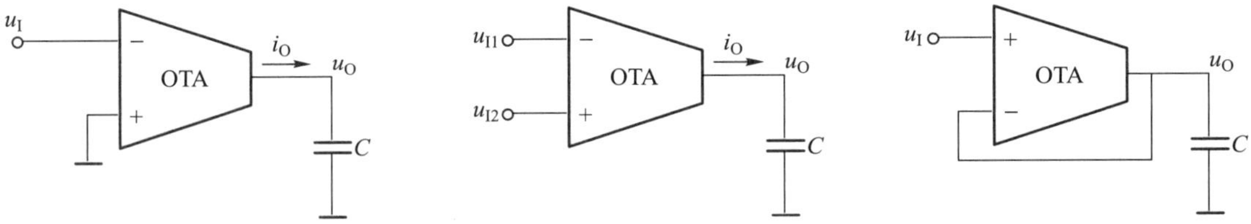

(a)　(b)　(c)

图 P10.4.3

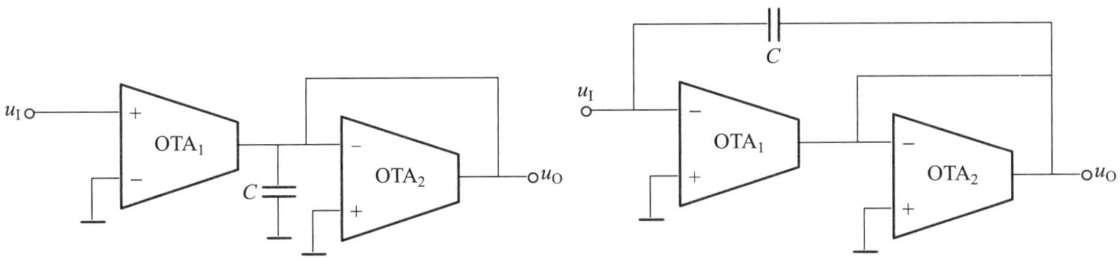

(a)　(b)

图 P10.4.4

10.4.5 二阶通用滤波器的原理电路如图 P10.4.5 所示。电路由 6 个 OTA 组成，其中有三个输出端，分别为低通输出（u_{OLP}）、高通输出（u_{OHP}）和带通输出（u_{OBP}）。请写出低通、高通和带通的电压传输函数。

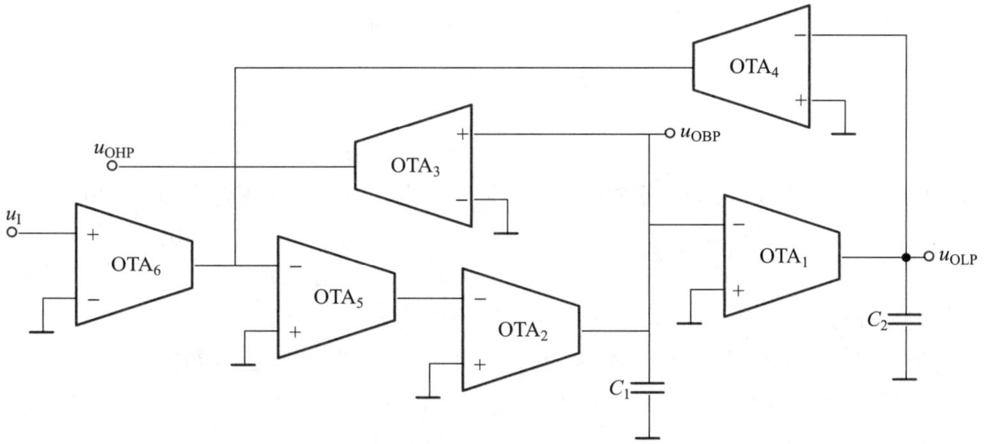

图 P10.4.5

10.5.1 用 Multisim 仿真图 P10.4.5 所示电路的幅频特性曲线，验证电路的功能。提示采用 OTA 的理想模型代替 OTA，即把 OTA 当作压控电流源看待。取 $C_1 = C_2 = 0.1\ \mu F$，$g_{m1} = g_{m2} = g_{m3} = g_{m4} = g_{m5} = g_{m6} = 0.02\ S$。

文档 10.5
第 10 章部分习题答案

参 考 文 献

[1] 康华光.电子技术基础模拟部分[M].7版.北京:高等教育出版社,2021.

[2] 童诗白,华成英.模拟电子技术基础[M].6版.北京:高等教育出版社,2023.

[3] 华成英.模拟电子技术基础教程[M].北京:高等教育出版社,2006.

[4] 沈尚贤.电子技术导论[M].北京:高等教育出版社,1985.

[5] 谢嘉奎.电子线路[M].4版.北京:高等教育出版社,1999.

[6] 谢沅清,解月珍.电子电路基础[M].北京:人民邮电出版社,1999.

[7] 衣承斌,刘京南.模拟集成电子技术基础[M].南京:东南大学出版社,1994.

[8] 秦世才,高清运.现代模拟集成电子学[M].北京:科学出版社,2003.

[9] C.Toumazou,F.J.Lidgey,D.G.Haigh.模拟集成电路设计——电流模法[M].姚玉杰,冯军,尹洪,等,译.北京:高等教育出版社,1996.

[10] 童诗白,何金茂.电子技术基础试题汇编(模拟部分)[M].北京:高等教育出版社,1992.

[11] 王远.模拟电子技术[M].2版.北京:机械工业出版社,2006.

[12] 陈大钦.模拟电子技术[M].2版.北京:高等教育出版社,2000.

[13] 周淑阁.模拟电子技术基础[M].北京:高等教育出版社,2004.

[14] 吴运昌.模拟电子线路基础[M].广州:华南理工大学出版社,2005.

[15] 张凤言.电子电路基础[M].2版.北京:高等教育出版社,1995.

[16] 周良权,傅恩锡,李世馨.模拟电子技术基础[M].4版.北京:高等教育出版社,2019.

[17] 邓汉馨.模拟电子技术基础基本教程[M].北京:高等教育出版社,1986.

[18] 张瑞华.电子技术基础简明教程[M].北京:水利电力出版社,1993.